■2025年度中学受験用

湘南白百合学園中学校

7年間スー

●収録内容一覧

入試問題と解説・解答の収録内容

2024年度　４教科	算数・社会・理科・国語	実物解答用紙DL
2024年度　１教科	算数・国語 （解答のみ）	実物解答用紙DL
2023年度　４教科	算数・社会・理科・国語	実物解答用紙DL
2023年度　１教科	算数・国語 （解答のみ）	実物解答用紙DL
2022年度　４教科	算数・社会・理科・国語	実物解答用紙DL
2022年度　１教科	算数・国語 （解答のみ）	実物解答用紙DL
2021年度　４教科	算数・社会・理科・国語	
2021年度　算数１教科	算数 （解答のみ）	
2020年度　４教科	算数・社会・理科・国語	
2020年度　算数１教科	算数 （解答のみ）	
2019年度	算数・社会・理科・国語	
2018年度	算数・社会・理科・国語	

～本書ご利用上の注意～　以下の点について，あらかじめご了承ください。

★別冊解答用紙は巻末にございます。実物解答用紙は，弊社サイトの各校商品情報ページより，一部または全部をダウンロードできます。

★編集の都合上，学校実施のすべての試験を掲載していない場合がございます。

★当問題集のバックナンバーは，弊社には在庫がございません（ネット書店などに一部在庫あり）。

合格を勝ち取るための『スーパー過去問』の使い方

本書に掲載されている過去問をご覧になって，「難しそう」と感じたかもしれません。でも，多くの受験生が同じように感じているはずです。なぜなら，中学入試で出題される問題は，小学校で習う内容よりも高度なものが多く，たくさんの知識や解き方のコツを身につけることも必要だからです。ですから，初めて本書に取り組むさいには，点数を気にしすぎないようにしましょう。本番でしっかり点数を取れることが大事なのです。

過去問で重要なのは「まちがえること」です。自分の弱点を知るために，過去問に取り組むのです。当然，まちがえた問題をそのままにしておいては意味がありません。

本書には，長年にわたって中学入試にたずさわっているスタッフによるていねいな解説がついています。まちがえた問題はしっかりと解説を読み，できるようになるまで何度も解き直しをしてください。理解できていないと感じた分野については，参考書や資料集などを活用し，改めて整理しておきましょう。

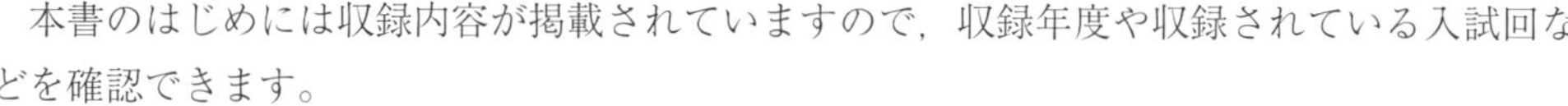

このページも参考にしてみましょう！

◆どの年度から解こうかな　「入試問題と解説・解答の収録内容一覧」

本書のはじめには収録内容が掲載されていますので，収録年度や収録されている入試回などを確認できます。

※著作権上の都合によって掲載できない問題が収録されている場合は，最新年度の問題の前に，ピンク色の紙を差しこんでご案内しています。

◆学校の情報を知ろう‼「学校紹介ページ」

このページのあとに，各学校の基本情報などを掲載しています。問題を解くのに疲れたら息ぬきに読んで，志望校合格への気持ちを新たにし，再び過去問に挑戦してみるのもよいでしょう。なお，最新の情報につきましては，学校のホームページなどでご確認ください。

◆入試に向けてどんな対策をしよう？「出題傾向＆対策」

「学校紹介ページ」に続いて，「出題傾向＆対策」ページがあります。過去にどのような分野の問題が出題され，どのように対策すればよいかをアドバイスしていますので，参考にしてください。

◇別冊「入試問題解答用紙編」

本書の巻末には，ぬき取って使える別冊の解答用紙が収録してあります。解答用紙が非公表の場合などを除き，（注）が記載されたページの指定倍率にしたがって拡大コピーをとれば，実際の入試問題とほぼ同じ解答欄の大きさで，何度でも過去問に取り組むことができます。このように，入試本番に近い条件で練習できるのも，本書の強みです。また，データが公表されている学校は別冊の１ページ目に過去の「入試結果表」を掲載しています。合格に必要な得点の目安として活用してください。

本書がみなさんの志望校合格の助けとなることを，心より願っています。

株式会社　声の教育社　編集部

湘南白百合学園中学校

所在地	〒251-0034 神奈川県藤沢市片瀬目白山4－1
電話	0466-27-6211
ホームページ	https://chukou.shonan-shirayuri.ac.jp/
交通案内	各線「藤沢駅」南口より江ノ電バス「片瀬山入口」下車徒歩3分 湘南モノレール「片瀬山駅」より徒歩7分

くわしい情報はホームページへ

トピックス

★2024年度入試より,1教科入試では国語と算数の両方を受験し,それぞれの教科で合格判定を受けられます。
★英語資格入試受験者は,英検の合格証明書（原本）を試験当日に持参（参考：昨年度）。

創立年 昭和13年 / 女子校 / 高校募集 なし

応募状況

年度	募集数		応募数	受験数	合格数	倍率
2024	算	20名	225名	216名	79名	2.7倍
	国		275名	269名	79名	3.4倍
	4科	45名	313名	192名	94名	2.0倍
	英	若干名	33名	26名	14名	1.9倍
2023	算	20名	152名	148名	60名	2.5倍
	国		271名	261名	70名	3.7倍
	4科	45名	332名	227名	116名	2.0倍
	英	若干名	23名	19名	11名	1.7倍

入試情報（参考：昨年度）

1教科入試
【試験日時】 2月1日　15：00または16：00集合
【試験科目】 算数または国語(60分・100点)
4教科入試
【試験日時】 2月2日　8：00集合
【試験科目】 国語，算数(各45分・各100点)
社会，理科(各40分・各100点)
英語資格入試
【試験日時】 2月2日　8：00集合
【試験科目】 国語，算数(各45分・各100点)
英語資格*(100点)
＊英検3級以上を得点化します。
※合格発表(HP)は，いずれも試験当日です。

説明会等日程（※予定）

○学校見学会【要予約】
6月13日　10：15～
7月13日　10：15～
9月6日　10：15～
10月5日　10：15～
＊以下の内容を実施予定です。
①本校の学校教育
②2025年度入試について
③生徒インタビュー
④校内見学
○オープンスクール【要予約】
6月8日　9：00～／13：00～
10月26日　9：45～
○入試説明会【要予約】
11月16日　10：00～／14：00～
＊校内見学も実施します。
○入試直前説明会【要予約】
12月7日　9：30～
＊小6生限定になります。
※詳細は学校HPをご確認ください。

2024年春の主な大学合格実績

<国公立大学・大学校>
東京大，東京工業大，横浜国立大，お茶の水女子大，防衛医科大，東京都立大，横浜市立大

<私立大学>
慶應義塾大，早稲田大，上智大，国際基督教大，東京理科大，明治大，青山学院大，立教大，中央大，法政大，学習院大，成蹊大，成城大，明治学院大，順天堂大，昭和大，東京女子医科大

編集部注―本書の内容は2024年4月現在のものであり，変更されている場合があります。正式な情報は，学校のホームページ等で必ずご確認ください。

算数　出題傾向＆対策

◆基本データ(2024年度４科)

試験時間／満点	45分／100点
問題構成	・大問数…５題 計算・応用小問１題(５問) ／応用問題４題 ・小問数…18問
解答形式	解答らんには単位などが印刷されている。また，応用問題では式を書く設問や作図もある。
実際の問題用紙	Ｂ５サイズ，小冊子形式
実際の解答用紙	Ｂ４サイズ

◆過去７年間の出題率トップ５

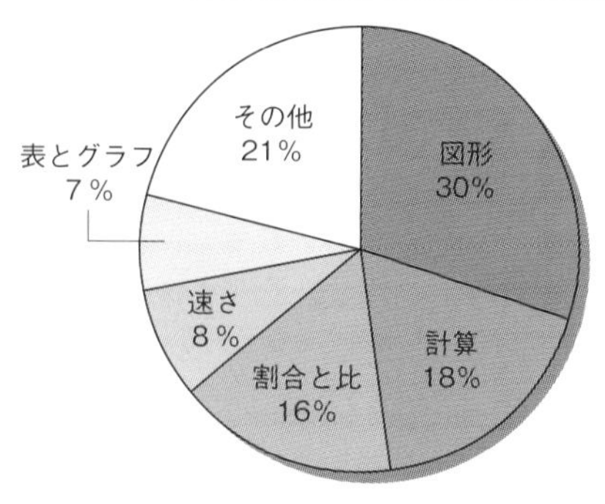

※　配点(推定ふくむ)をもとに算出

◆近年の出題内容

【 2024年度４科 】			【 2023年度４科 】		
大問	1	四則計算，逆算，差集め算，集まり，平均とのべ	大問	1	四則計算，逆算，素数の性質，相当算，集まり，速さ
	2	和差算，割合と比，条件の整理		2	差集め算
	3	旅人算		3	グラフ－図形上の点の移動，面積
	4	平面図形－相似，辺の比と面積の比		4	平面図形－面積，図形の移動
	5	立体図形－体積，表面積		5	水の深さと体積

◆出題傾向と内容

比較的**素直な問題が多く**，難問のたぐいや目新しい問題はほとんど見られません。

●計算・応用小問…計算問題は，四則計算や逆算が取り上げられています。応用小問は，数の性質，規則性，割合と比，場合の数，食塩水の濃度などで，特殊算もよく出される傾向にあります。

●応用問題…図形分野からの出題が非常に大きなウェートをしめています。単純な求積問題はもちろんのこと，図形上の点の移動と面積の変化，水の深さの変化とグラフなどからの出題もめだちます。残りは，割合，売買損益，旅人算，通過算，植木算，周期算など，特殊算を中心に取り上げられることが多いようです。

◆対策～合格点を取るには？～

まず，計算力は算数の基礎力養成の最低条件ですから，反復練習することが大切です。時間を計って，すばやく正確に求められるようにしましょう。

図形は，面積や体積ばかりでなく，長さ，角度，展開図，縮尺，相似比と面積比，体積比などの考え方や解き方をはば広く身につけ，割合や比を使ってすばやく解けるようになること。また，図形をいろいろな方向から見たり分割してみたりして，図形の性質もおさえておきましょう。さまざまなパターンの問題にあたって，その解法を身につけていくのが効果的です。

数量分野では，特に数の性質，規則性，場合の数などをマスターしましょう。教科書にある重要事項を自分なりに整理し，類題を数多くこなして，基本的なパターンを身につけてください。

また，特殊算からの出題は少なめですが，参考書などにある「○○算」というものの基本を学習し，問題演習を通じて公式をスムーズに活用できるようになりましょう。

なお，全体を通していえることですが，算数では答えを導くまでの考え方や式がもっとも大切ですから，**ふだんからノートに自分の考え方，線分図，式を，後から見返しやすいようにしっかりとかく習慣をつけておきましょう。**

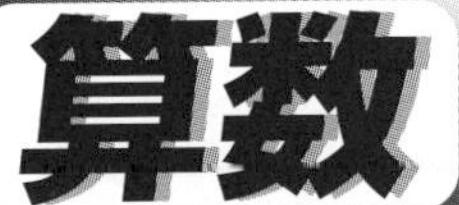

算数 出題分野分析表

分野＼年度		2024		2023		2022		2021		2020		2019	2018
		4科	算1	4科	算1	4科	算1	4科	算1	4科	算1		
計算	四則計算・逆算	◎	◎	◎	●	◎	◎	◎	●	◎	◎	◎	◎
	計算のくふう						○	○		○	◎		
	単位の計算		○		○	○					○		
和と差	和差算・分配算	○											
	消去算						○				○		
	つるかめ算				○				○				
	平均とのべ	○	○		○				○				
	過不足算・差集め算	○		○									
	集まり	○		○									
	年齢算				○								
割合と比	割合と比	○	○				◎			○	○	○	○
	正比例と反比例									○	◎		
	還元算・相当算			○				○				○	
	比の性質					○				○		○	
	倍数算				○				○				
	売買損益						○						○
	濃度		○		○	○	○	○	○		○		○
	仕事算				○		○						
	ニュートン算		○										
速さ	速さ			○		○						○	◎
	旅人算	○				○		○	○				
	通過算				○								
	流水算		○				○						
	時計算										○		
	速さと比		○							○			
図形	角度・面積・長さ		○	◎	◎	◎	○	○	○	◎	●	●	◎
	辺の比と面積の比・相似	○	○			○	○	○				◎	○
	体積・表面積	○	◎		○	○	○	◎	○		○	◎	◎
	水の深さと体積			○				○		●			
	展開図				○			○		○			○
	構成・分割				○		○		○	○			
	図形・点の移動			◎						○		○	○
表とグラフ			◎	○	○	○	○	○	○	○	◎	○	○
数の性質	約数と倍数												
	N進数						○						
	約束記号・文字式												
	整数・小数・分数の性質		○	○		○	○		◎		◎		
規則性	植木算								○				
	周期算		○						○				
	数列						○					○	
	方陣算												
	図形と規則				◎			○			○		
場合の数			○			○	○		◎			○	
調べ・推理・条件の整理		○	○						○	○			
その他													

※ ○印はその分野の問題が１題，◎印は２題，●印は３題以上出題されたことをしめします。

社会 出題傾向＆対策

◆基本データ（2024年度４科）

試験時間／満点	40分／100点
問　題　構　成	・大問数…３題 ・小問数…33問
解　答　形　式	用語の記入と記号選択を中心に構成されているが，20字～30字程度の記述問題も見られる。用語の記入は漢字指定のものもあり，記号選択には整序問題もある。
実際の問題用紙	Ｂ５サイズ，小冊子形式
実際の解答用紙	Ｂ４サイズ

◆過去７年間の分野別出題率

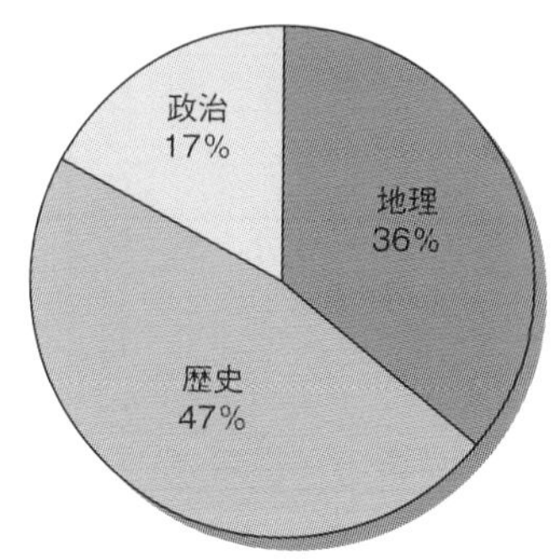

※　配点(推定ふくむ)をもとに算出

◆近年の出題内容

【 2024年度４科 】			【 2023年度４科 】		
大問	1	〔地理〕日本各地の地形や産業，地形図の読み取りなどについての問題	大問	1	〔地理〕日本各地の地形や産業，地形図の読み取りなどについての問題
	2	〔歴史〕各時代の歴史的なことがら		2	〔歴史〕各時代の歴史的なことがら
	3	〔政治〕生成AIを題材とした問題		3	〔政治〕文化財や文化事業を題材とした問題

◆出題傾向と内容

本校の社会は，試験時間のわりに**問題量が多め**です。政治分野の出題の量はやや少なめのようですが，時事問題や環境問題が独立して出題される場合もあります。なお，世界地理や国際情勢など，日本と世界の結びつきに着目した設問が多く見られるのも特ちょうのひとつといえるので注意が必要です。

●**地理**…地形図の読み取り，雨温図，政令指定都市，交通，全国各地の伝統的工芸品，日本三景，人口の増加率と密度，各地方の地勢と産業，食料自給率，わが国の貿易のようす，防災などが取り上げられています。

●**歴史**…各時代のさまざまなことがらを問う，小問集合題のような構成になっています。特定の時代にかたよることがないので，はば広い歴史の知識が必要になってきますが，内容は基礎的なものが多く見られます。

●**政治**…日本国憲法や三権のしくみ，日本の財政(歳入と歳出)のほか，近年行われた国政選挙や国際的な会議，SDGs(持続可能な開発目標)，オリンピックなど，時事的なできごとをからめた設問が見受けられます。

◆対策～合格点を取るには？～

地理分野では，地図とグラフを参照しながら，**白地図作業帳を利用**して地形と気候，産業のようすなどをまとめてください。なお，本校でよく出題される世界地理は小学校で取り上げられることが少ないため，日本とかかわりの深い国については，自分で参考書などを使ってまとめておきましょう。

歴史分野では，教科書や参考書を読むだけでなく，**自分で年表をつくって覚える**と学習効果が上がります。また，資料集などで，史料や歴史地図にも親しんでおくとよいでしょう。

政治分野では，**日本国憲法を中心に学習**してください。なお，**時事問題**などの対策としては，今年の重大ニュースをまとめた**時事問題集を活用**すると効果的です。

社会 出題分野分析表

分野 ＼ 年度			2024	2023	2022	2021	2020	2019	2018
日本の地理		地図の見方	○	○	○	○	★	○	○
		国土・自然・気候	○	○	○	○	○	○	○
		資源	○						
		農林水産業	○	○	★	○	○	★	○
		工業		○	○		○		★
		交通・通信・貿易	○	○		○			○
		人口・生活・文化	○	○			○	★	
		各地方の特色			○			★	
		地理総合	★	★	★	★	★		★
世界の地理							○	○	
日本の歴史	時代	原始～古代	○	○	○	○	○	★	○
		中世～近世	○	○	○	○	○	○	○
		近代～現代	○	○	○	○	★	★	★
	テーマ	政治・法律史							
		産業・経済史							
		文化・宗教史							
		外交・戦争史						★	★
		歴史総合	★	★	★	★	★	★	★
世界の歴史									
政治		憲法		○	○	○		○	○
		国会・内閣・裁判所	○	○	★	○	○		○
		地方自治	○	○	○		○		
		経済	○			○			
		生活と福祉		○					
		国際関係・国際政治	○	○			○	○	○
		政治総合	★	★		★	★	★	★
環境問題				○			○		○
時事問題			○				○	○	○
世界遺産					○	○	○		○
複数分野総合									★

※ 原始～古代…平安時代以前，中世～近世…鎌倉時代～江戸時代，近代～現代…明治時代以降
※ ★印は大問の中心となる分野をしめします。

出題傾向＆対策

◆基本データ（2024年度４科）

試験時間／満点	40分／100点
問題構成	・大問数…４題 ・小問数…30問
解答形式	記号選択と用語・計算結果の記入が大半をしめているが，１行程度の短文記述も出題されている。また，記号選択は複数選択のものもある。作図問題は見られない。
実際の問題用紙	Ｂ５サイズ，小冊子形式
実際の解答用紙	Ｂ４サイズ

◆過去７年間の分野別出題率

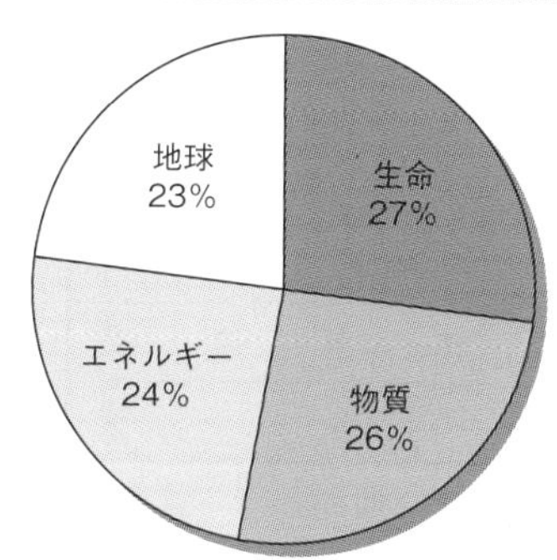

※　配点（推定ふくむ）をもとに算出

◆近年の出題内容

【 2024年度４科 】		【 2023年度４科 】	
大問	1〔生命〕生物どうしのつながり	大問	1〔生命〕子孫のふやし方
	2〔物質〕水と水溶液の状態変化		2〔物質〕食塩水の濃度，水の電気分解
	3〔地球〕気象		3〔地球〕海と気候
	4〔エネルギー〕ゴムののび		4〔エネルギー〕光の進み方

◆出題傾向と内容

「生命」「物質」「エネルギー」「地球」の**各分野からバランスよく出題**されています。また，実験・観察・観測をもとにした問題が多くなっています。なお，解答記入個所が多めなので，かなり**いそがしい試験**だといえます。

●生命…植物・動物の分類と特ちょう，植物の発芽に必要な条件，植物の成長とつくり，動物の進化，食物連鎖・生態系，呼吸，ヒトの血液の循環，生物の子孫のふやし方など，はば広く取り上げられています。

●物質…水の状態変化，金属の性質，水溶液の性質と中和反応，気体の発生と性質，気体の集め方などが出題されています。

●エネルギー…光と音，かん電池のつなぎ方と電流の大きさ，磁石，浮力のほか，物体の運動，ばねののびと力のつり合い，てこのつり合い，輪軸と滑車といった力に関する問題もひんぱんに出されています。

●地球…天体の動きと見え方，海水温と気象，地層のでき方，断層，地震の揺れ（Ｐ波とＳ波）などが出題されています。岩石の名前を漢字で書かせたり，火山の位置を答えさせたりするなどといった突っこんだ問いも見られます。

◆対策～合格点を取るには？～

第一に，**学校で行われる実験，観察，観測に積極的に参加し**，その結果を表やグラフなどを活用してノートにまとめておくこと。

第二に，基本的な知識を確実にするために，教科書・受験参考書をよく読み，**ノートにきちんと整理しておく**こと。

第三に，**問題をできるだけ多く解く**こと。特に，「物質」や「エネルギー」では計算問題が多いので，正確な計算力をつけるようにしましょう。

最後に，科学ニュースにも目を向け，新聞や雑誌の記事，テレビのニュース番組や科学番組などを，できるだけ関心を持って見るようにしましょう。

理科 出題分野分析表

分野 ＼ 年度		2024	2023	2022	2021	2020	2019	2018
生命	植物		○			★	○	
	動物		○	★	○		○	★
	人体				★			
	生物と環境	★					○	
	季節と生物							
	生命総合		★				★	
物質	物質のすがた	★						
	気体の性質				○			★
	水溶液の性質			○	★		○	
	ものの溶け方		○					
	金属の性質							
	ものの燃え方					★		
	物質総合		★	★		○	★	
エネルギー	てこ・滑車・輪軸			★				
	ばねののび方	★						★
	ふりこ・物体の運動					★		
	浮力と密度・圧力					○		
	光の進み方		★				○	
	ものの温まり方							
	音の伝わり方						○	
	電気回路				★			
	磁石・電磁石				○			
	エネルギー総合						★	
地球	地球・月・太陽系			★			★	
	星と星座							
	風・雲と天候	★	★			★		
	気温・地温・湿度		○		○	○		
	流水のはたらき・地層と岩石				★			★
	火山・地震							○
	地球総合							
実験器具								
観察								
環境問題				○				
時事問題								
複数分野総合								

※ ★印は大問の中心となる分野をしめします。

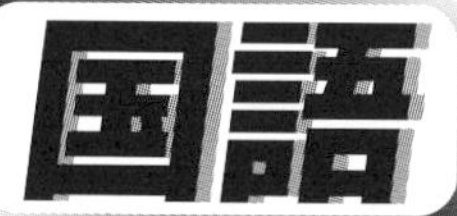

国語 出題傾向＆対策

◆基本データ(2024年度４科)

試験時間／満点	45分／100点
問題構成	・大問数…３題 知識問題１題／文章読解題２題 ・小問数…16問
解答形式	記号選択，書きぬき，記述問題などの混合。記述問題は，200字程度で書かせるものも見られる。
実際の問題用紙	Ｂ５サイズ，小冊子形式
実際の解答用紙	Ｂ４サイズ

◆過去７年間の分野別出題率

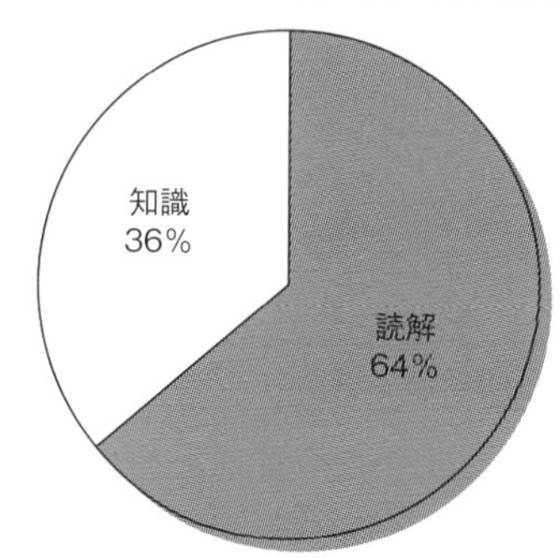

※　配点(推定ふくむ)をもとに算出

◆近年の出題内容

【 2024年度４科 】			【 2023年度４科 】		
大問	一	〔知識〕漢字の書き取りと読み，ことわざの知識，資料の読み取り	大問	一	〔知識〕漢字の書き取りと読み，資料の読み取り
	二	〔小説〕重松清『はるか，ブレーメン』(約3700字)		二	〔小説〕小手鞠るい『文豪中学生日記』(約4600字)
	三	〔随筆〕伊藤雄馬『ムラブリ　文字も暦も持たない狩猟採集民から言語学者が教わったこと』(約4700字)		三	〔説明文〕イアン・レズリー『子どもは40000回質問する』(約3400字)

◆出題傾向と内容

本校の国語は**長文読解に重点がおかれており**,「考える力」と「感じる力」をどれだけ身につけているかがためされます。

●**文章読解題**…取り上げられる文章のジャンルは，１題が小説・物語文，もう１題が説明文・論説文というパターンが続いています。受験生の年代，またはそれよりやや年上の人を対象に書かれた文章が多く，**文章全体の流れと筆者の考えをしっかり理解しなければ設問に答えられない構成になっています**。設問の内容を見ると，説明文・論説文では，論旨の展開を正しく理解しているかどうかをためすもの，小説・物語文では，状況や動作・行動，登場人物の性格などとからめ，心情を問うものが中心となっています。さらに，要旨・大意，指示語の内容，接続語などの補充に加え，語句の意味などといった知識問題も見られます。

●**知識問題**…漢字の読みと書き取りが毎年出題されています。また，語句の知識では，慣用句の完成，熟語の構成，四字熟語の意味と漢字の訂正，敬語の使い方など，はば広く出題されています。

◆対策～合格点を取るには？～

本校の国語は長文の読解問題がメインです。読解力を養成するには，多くの文章に接する必要があります。**読書は読解力養成の基礎**ですから，あらゆるジャンルの本を読んでください。

次に，**ことばのきまり・知識に関しては，参考書を一冊仕上げる**とよいでしょう。慣用句・ことわざは，体の一部を用いたもの，動物の名前を用いたものなどに分類して覚えましょう。ことばのきまりは，ことばの係り受け，品詞の識別などを中心に学習を進めます。また，漢字や熟語については，読み書きはもちろん，同音(訓)異義語，その意味についても辞書で調べ，ノートなどにまとめておきましょう。

出題分野分析表

分野		年度	2024		2023		2022		2021	2020	2019	2018
			4科	国1	4科	国1	4科	国1				
読	文章の種類	説明文・論説文		★	★	★	★	★	★	★	★	★
		小説・物語・伝記	★	★	★	★	★	★	★	★	★	★
		随筆・紀行・日記	★									
		会話・戯曲										
		詩										
		短歌・俳句						○				
解	内容の分類	主題・要旨	○	○	○	○	○	○	○	○	○	○
		内容理解	○	○	○	○	○	○	○	○	○	○
		文脈・段落構成			○	○	○					
		指示語・接続語	○	○	○	○		○	○			
		その他	○	○	○	○	○	○	○	○	○	○
知	漢字	漢字の読み	○	○	○	○	○	○	○	○	○	○
		漢字の書き取り	○	○	○	○	○	○	○	○	○	○
		部首・画数・筆順										
	語句	語句の意味									○	○
		かなづかい										
		熟語	○	○		○		○		○	○	★
		慣用句・ことわざ	○			○	○	○	○		○	★
	文法	文の組み立て									○	
		品詞・用法										
		敬語								○		
識	形式・技法											
	文学作品の知識			○								
	その他		○	○	○	○	★	○	○			★
	知識総合		★	★		★		★	★	★	★	
表現	作文											
	短文記述											
	その他											
放送問題												

※ ★印は大問の中心となる分野をしめします。

2025年度 中学受験用

湘南白百合学園中学校

7年間スーパー過去問

をご購入の皆様へ

お詫び

本書、湘南白百合学園中学校の入試問題につきまして、誠に申し訳ございませんが、以下の問題は著作権上の都合により掲載することができません。設問と解説、解答は掲載してございますので、ご必要とされる方は原典をご参照くださいますよう、お願い申し上げます。

記

2023年度　〈4教科入試〉国語　三　の問題文

2018年度　国語　六　の問題文

以上

株式会社　声の教育社　編集部

2024年度 湘南白百合学園中学校

【算　数】〈4教科入試〉(45分)〈満点：100点〉

1 次の□にあてはまる数を入れなさい。

(1) $0.25+\left(2.625-\frac{7}{3}\right)\div\frac{14}{9}=$□

(2) $\left(17\times\square-2\frac{10}{11}\times0.33\right)\div2.5=\frac{4}{25}$

(3) りんごを子どもたちに8個ずつ配ると1人は2個足らず，2人は1個ももらえなかったので，6個ずつ配ったところ，子ども全員に配ることができ，4個余りました。このとき，子どもたちの人数は［ア］人で，りんごの個数は［イ］個です。

(4) ある学校の中学1年生180人のうち，クッキーが好きな生徒は100人，どら焼きが好きな生徒は120人でした。クッキーとどら焼きのどちらも好きな生徒の人数は□人で，どちらも好きでない生徒の人数の3倍です。

(5) 6人の50m走の記録をとったところ，1人の記録は□秒で，他の2人の記録の平均は7.5秒，残りの3人の記録の平均は8.5秒でした。このとき，6人全員の記録の平均は8.2秒になります。

2 とある砂浜でビーチクリーンを行いました。集まったごみの種類は，可燃ごみ，プラスチックごみ，空き缶，ペットボトル，金属の5種類です。プラスチックごみと空き缶，ペットボトルの重さは全部で4.0kgで，プラスチックごみはペットボトルより0.5kg軽く，空き缶はペットボトルより0.3kg重いことがわかっています。また，可燃ごみと金属の重さの割合は2：7で，可燃ごみと金属の重さの合計は，5種類すべてのごみの重さの$\frac{9}{19}$倍であることがわかっています。

(1) プラスチックごみと空き缶の重さの差は何kgですか。

(2) 5種類のごみの重さはそれぞれ何kgかすべて求めなさい。

(3) 集めたごみのうち，ペットボトルは100gごとに□ポイント，空き缶は150gごとに□ポイント，金属は400gごとに□ポイントが付くようになっています。今回の合計ポイントは96ポイントでした。□にあてはまる数字を答えなさい。(ただし，□にはすべて同じ数字が入るものとします。)

3 百合子さんと太郎くんが学校と最寄りの駅の間を往復します。はじめに百合子さんが歩いて学校を出発し，その4分後に太郎くんが走って学校を出発しました。

太郎くんは学校を出発してから8分後に，学校から960mの地点で百合子さんを追い抜き，駅に着くとすぐに今度は歩いて学校へ引き返しました。

百合子さんは太郎くんが駅に着いた3分後に駅に着き，すぐに行きと同じ速さで学校に引き返したところ，学校を出てから42分後に，太郎くんと同時に学校に着きました。

それぞれの歩く速さ，走る速さは一定のものとします。次の問いに答えなさい。

(1) 百合子さんが学校を出発してからの時間(分)と，百合子さんと太郎くんそれぞれの学校までの道のり(m)の関係をグラフで表しました。正しいものを次の(ア)～(エ)の中から一つ選び記号で答えなさい。

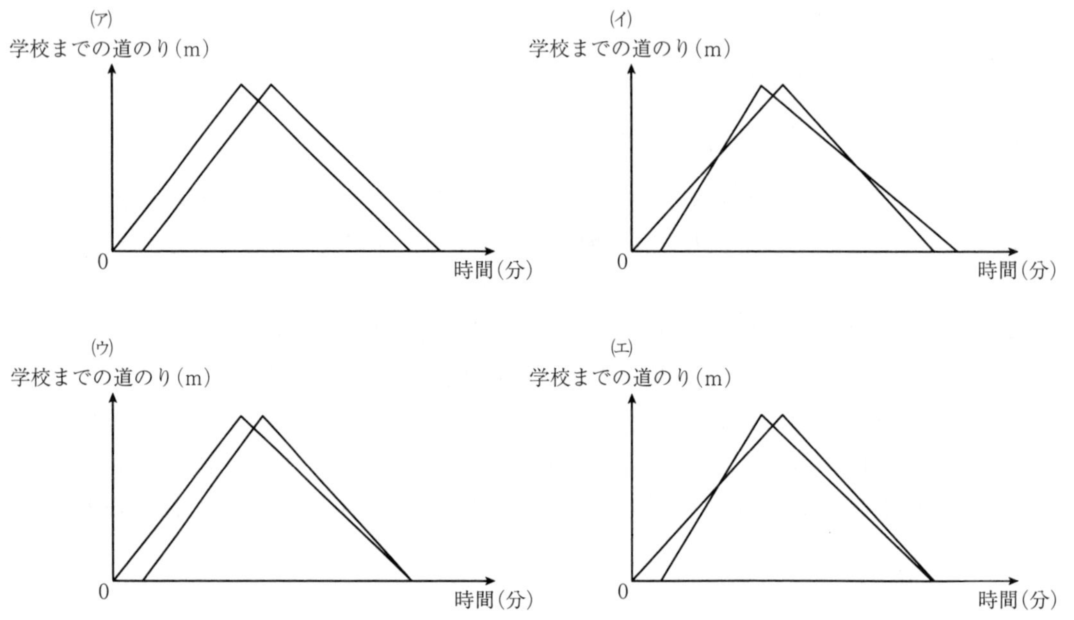

(2) 百合子さんの歩いた速さは毎分何mか求めなさい。

(3) 学校から駅までの道のりは何mか求めなさい。

(4) 太郎くんが駅から学校へ引き返すとき，歩いた速さは毎分何mか求めなさい。

(5) 百合子さんと太郎くんが2度目に出会うのは，百合子さんが学校を出発してから何分何秒後か求めなさい。

4 図のように AB＝8cm，AD＝12cm の長方形 ABCD があります。点Eは辺 AD の真ん中の点で，BF＝4cm です。次の問いに答えなさい。

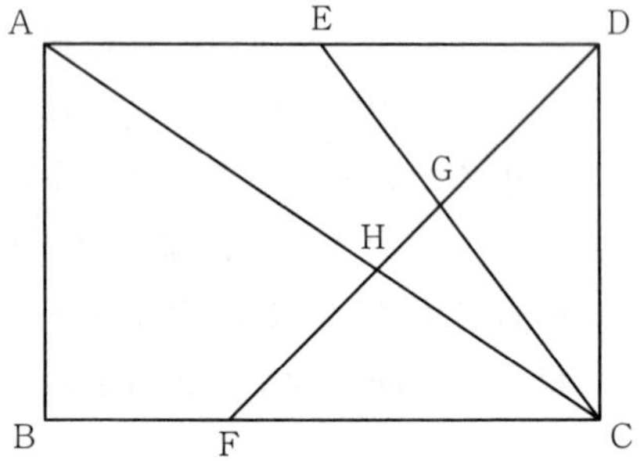

(1) DG：GF を，最も簡単な整数の比で答えなさい。

(2) (三角形 CDG の面積)：(三角形 CGH の面積)：(三角形 CHF の面積)を，最も簡単な整数の比で答えなさい。

(3) 三角形 CGH の面積は何 cm^2 ですか。式を書いて求めなさい。

5 底面が半径 5 cm，高さ 4 cm の円柱の上に，底面が 1 辺 6 cm の正方形の正四角すいをのせた立体Aがあります。右の図は立体Aを真上から見た図です。円柱の底面の円の中心と正四角すいの頂点が真上から見ると重なっています。この立体Aの体積が 362 cm^3 のとき，次の問いに答えなさい。ただし，円周率は3.14として計算しなさい。

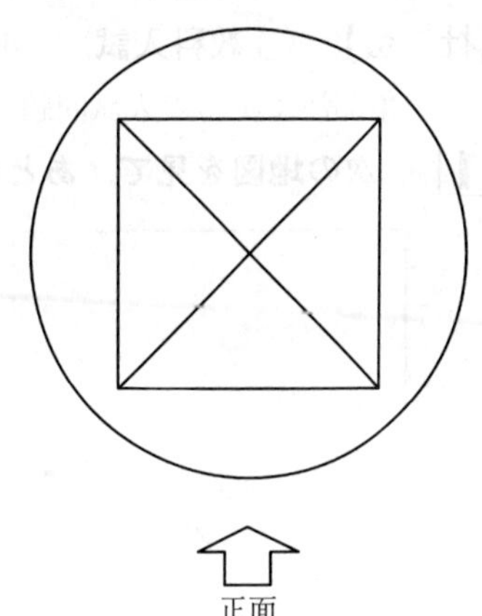

(1) 正四角すいの高さは何 cm ですか。式を書いて求めなさい。

(2) 矢印の向きを正面として，立体Aを真横から見た図をかきなさい。

(3) 円柱にのっている正四角すいの側面はすべて合同な二等辺三角形で，その二等辺三角形の 6 cm の底辺に対する高さは 5 cm です。立体Aの表面積は何 cm^2 か求めなさい。

【社　会】〈４教科入試〉（40分）〈満点：100点〉

〈編集部注：実物の入試問題では，写真はすべて，図やグラフも半数はカラー印刷です。〉

1　**次の地図を見て，あとの問いに答えなさい。**

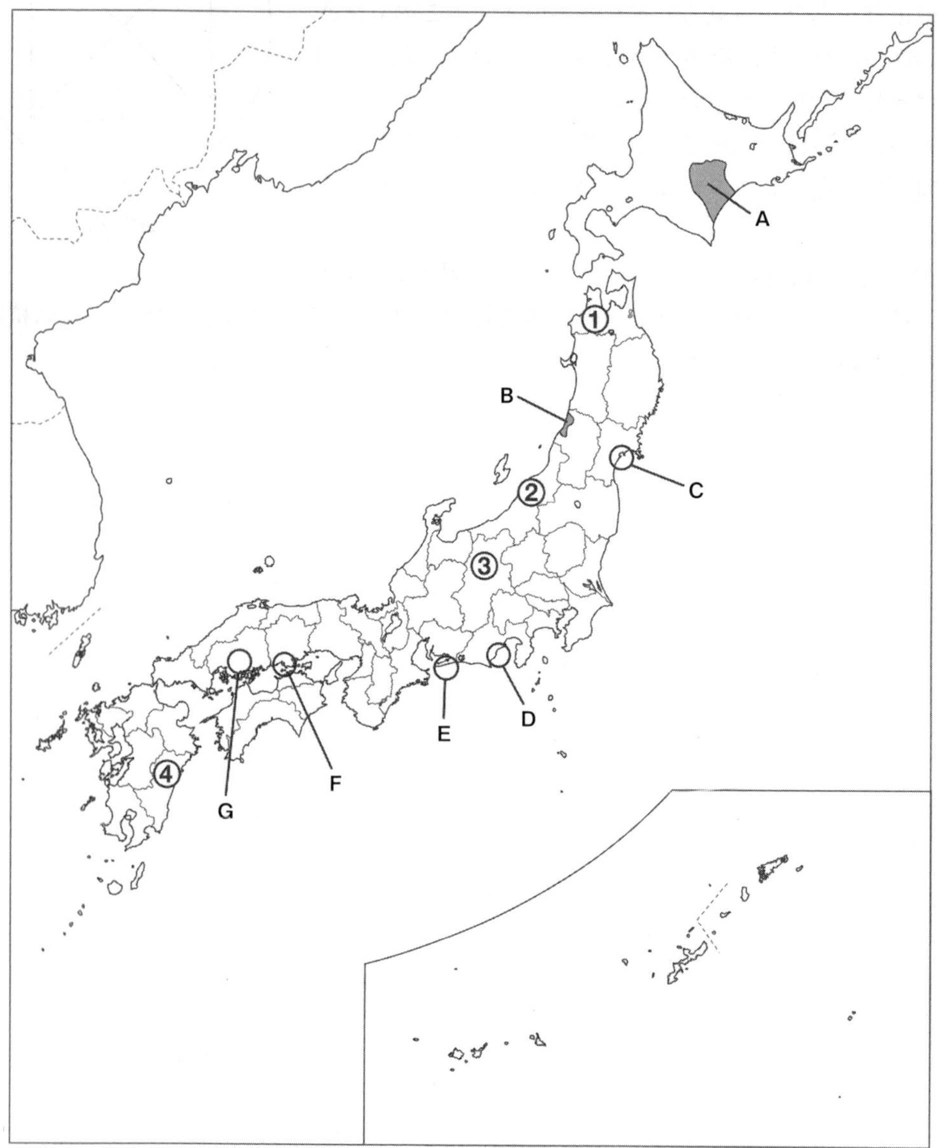

１．畑作がさかんであることで知られる地図中のＡ平野では，次の図のように，数種類の作物を同じ耕地に一定の順序で計画的に作付けしています。

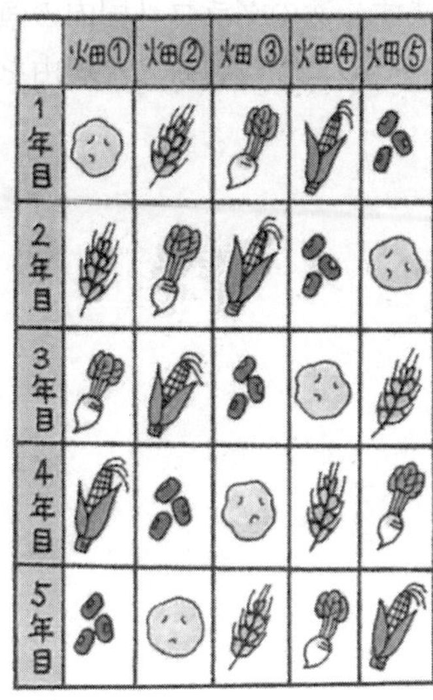

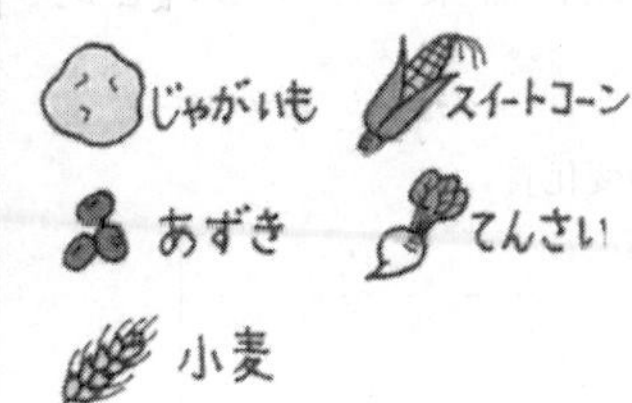

(1)　このような栽培方法を何といいますか。

(2)　(1)の方法を行うことで，どのような効果がありますか，２点あげなさい。

2．稲作がさかんであることで知られる地図中のＢ平野は，米どころとしての条件がそろっている地域です。Ｂ平野で見られる，良質な米ができる条件について述べた次のア～エから，誤っているものを１つ選び，記号で答えなさい。

ア．最上川などの大きな川がある

イ．出羽山地から栄養分をふくんだ水が流れてくる

ウ．日照時間の長い夏に昼と夜の気温の差が大きい

エ．夏は日本海側から北西季節風がふき稲をかわかす

3．ＡとＢの平野名を答えなさい。

4．地図中のＣには日本三景の一つがあります。Ｃの地名を答え，適する写真を次のア～ウから選び，記号で答えなさい。

ア

イ

ウ

5．地図中Dにある焼津(やいづ)は，遠洋漁業の基地として知られています。次のグラフ「国内の漁業別生産量の変化」中のア～エのうち遠洋漁業を示すものを選び，そのように判断した理由を簡潔に述べなさい。

「国内の漁業別生産量の変化」

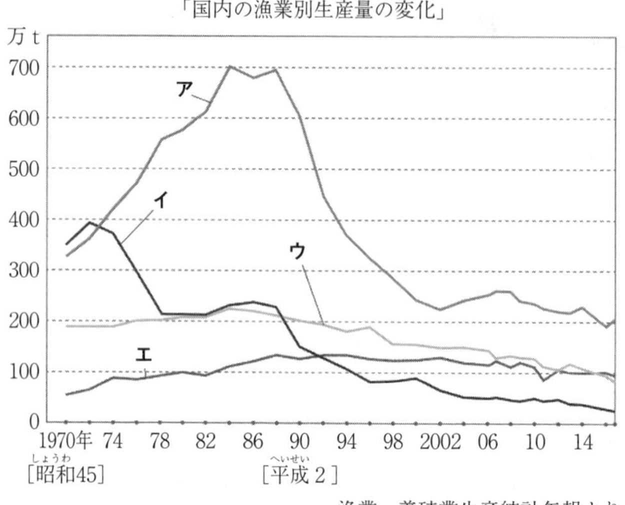

漁業・養殖業生産統計年報より

6．地図中Eの地域に関し，次のグラフは，東京の市場に出荷される，国内産の菊(きく)の県別割合を示したものです。

「東京都の市場に出荷される国内産菊の県別割合」

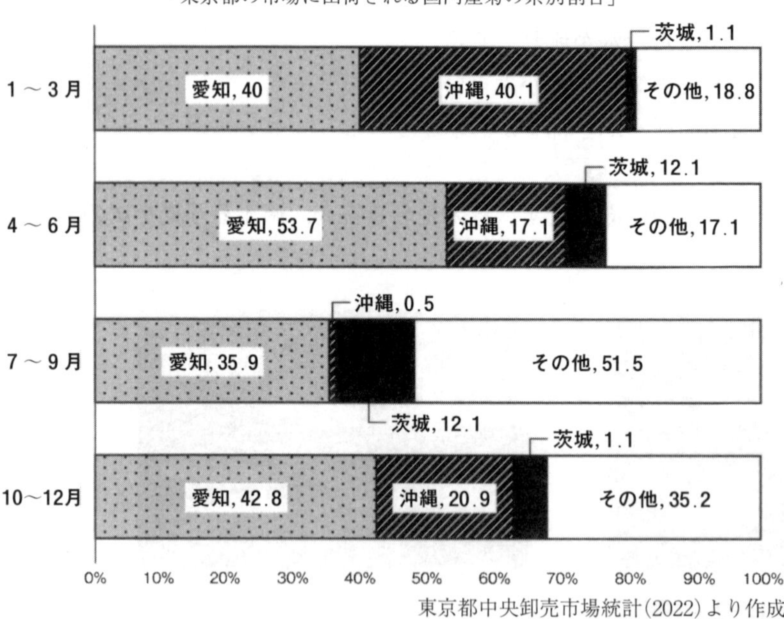

東京都中央卸売市場統計(2022)より作成

(1) グラフにあるように，愛知県では一年を通して菊が出荷されています。それは，地図中Eの地域で菊の特性を生かした栽培方法がさかんに行われているためです。その方法と菊の特性について，次のア～オから正しいものをすべて選び，五十音順で答えなさい。あてはまるものがないときは，解答欄(かいとうらん)に「カ」と記しなさい。

ア．日照時間が短くなると花が咲(さ)く性質を生かしている。

イ．日照時間が長くなると花が咲く性質を生かしている。

ウ．気温が下がると花が咲く性質を生かしている。

エ．扇風機(せんぷうき)を使って，花が咲く温度を調整している。

オ．電灯を使って，花が咲く時期を調整している。

(2)「1～3月」を見ると，沖縄県から出荷される割合が増します。この時期に，沖縄県から東京都へ飛行機を使って菊が出荷されている理由を述べた次の文章の空欄(くうらん)(a)に適することばを考えて答えなさい。

> 菊の需要(じゅよう)が増す春のお彼岸(ひがん)用に，気候が温暖な沖縄県では(a)を使わずに栽培することができるため，輸送費の高い飛行機を使ってもじゅうぶんに利益が出るから。

7．地図中Fには，日本を代表する石油化学コンビナートがあります。

(1) 右のグラフは日本の原油の輸入先の割合を示しています。グラフ中の(b)にあてはまる国名を答えなさい。

「原油の輸入先(2022)」

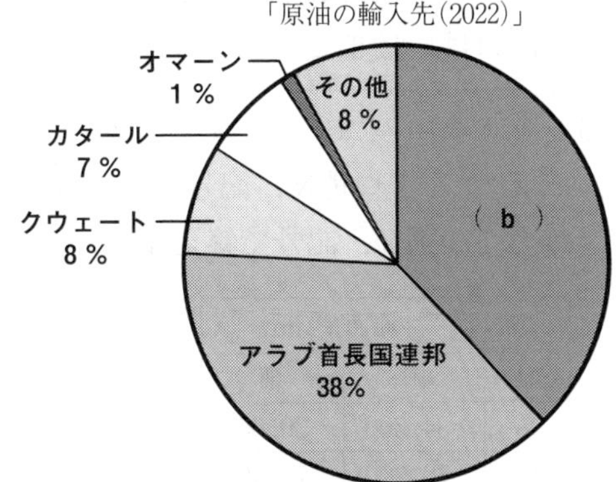

日本国勢図会(2023)より作成

(2) 右のグラフを見ると，原油の輸入は，その多くが西アジアの国々にかたよっていることがわかります。このように輸入先が特定の地域にかたよっていると，どのような問題が起きるおそれがあるでしょうか。次のア～ウのうち誤っているものを1つ選び，記号で答えなさい。

ア．輸入先の国で紛争(ふんそう)が起こると原油が輸入できなくなるおそれがあること。

イ．輸入先の国で赤潮が発生すると，原油が取れる量が大幅(おおはば)に減るおそれがあること。

ウ．輸入先の国と日本の関係が悪くなると，原油の価格がつり上げられるおそれがあること。

(3) 日本に原油を運ぶタンカーは次のア～エのうちどれですか，正しいものを選び，記号で答えなさい。

ア

イ

ウ

エ

８．地図中Ｇの地域では，今から10年前の2014年８月に，豪雨が引き起こした大規模な土砂災害が発生しました。

⑴　この地域には過去の災害を伝える石碑がありましたが，住民にじゅうぶんな防災意識が伝わっていませんでした。こうした反省をふまえて国土地理院がつくった「自然災害伝承碑」の地図記号を解答欄に記しなさい。

⑵　防災に関する次の文章を読み，文中の空欄（ｃ）～（ｅ）に最も適する**漢字１字**をそれぞれ記しなさい。

> 災害が起こった際には，国や都道府県・市町村が災害への対応として「（　ｃ　）助」を行うだけでなく，一人ひとりが自分や家族の命を守る「（　ｄ　）助」を行いつつ，近所や地域の住民どうしが互いに助け合う「（　ｅ　）助」を行って，災害と向き合っていかなければいけません。くわえて，自発的に支え合う「互助」という観点も重要です。

９．次の表中の あ～え は，地図中の①～④県のいずれかです。①の県にあてはまるものを，あ～え から１つ選び，記号で答えなさい。また，表中の（ｆ）にあてはまる作物を，下のア～エから１つ選び，記号で答えなさい。

	耕地面積(ha)		作物の収穫量(ｔ)		
県	田	畑	米	（　ｆ　）	りんご
あ	34,300	30,000	75,200	28,100	―
い	78,900	70,400	235,200	3,670	415,700
う	149,000	18,800	631,000	649	―
え	51,500	53,300	187,300	2,380	110,300

農林水産統計（2022年10月28日公表）／日本国勢図会（2023）より作成

ア．ぶどう　　イ．みかん
ウ．大根　　エ．ピーマン

２　歴史を学び終えた湘南白百合学園の皆さんは，登場した人物や人々に対して持った疑問を「お手紙」の形で書くことにしました。以下はその「お手紙」の一部を抜き出したものです。これらに関し，以下の問いに答えなさい。

【１】　①あなたのかいた絵に衝撃をうけました。ほとんど墨だけでかきながらなんと立体的，しかも正確に細かくかかれているのでしょうか。あなたが残した作品の中で一番の自信作はなんですか？

【２】　不思議なかたちをしたお墓だなぁ，と最初は思いました。でも，円墳や方墳もあるのですね。このお墓のまわりにたくさん並べられた②人型の人形はどのように作ったのですか？

【３】　中国の王朝を見本に天皇中心の政治体制を築こうとして有力な一族をほろぼしたんですよね。いっしょに改革を進めた中臣鎌足とはどうやって仲良くなったんですか？

【4】 日本列島の北方から伝わってきた米作りのおかげで豊かな生活になってきたみたいですけど，ねずみなどのひ害があったようですね。③米を保存した建物に工夫がありましたが，どれくらい効果がありましたか？

【5】 武士の棟梁(とうりょう)として平氏をほろぼして鎌倉幕府を開いたと聞きました。どうして鎌倉に幕府を開いたのですか，地理的な側面から教えてください。

【6】 私が一番共感できたのは「おたがいに信じ合いなさい」でした。でも，(A)を敬いなさいは理解できませんでした。ちなみに，どうして十七という数にしたのですか？

【7】 街道や日本海を通る西まわり航路が発達し，町人文化も栄えて，色々なものが流通し，人々も多く移動していたと聞きました。どんな町人文化が人気でしたか？

【8】 不景気，④戦争の開始と敗北，新しい憲法の成立，⑤高度経済成長と授業で学び，激動の時代だなと思いました。この時代を生きた人々に質問です。どの出来事が一番思い出に残っていますか？

【9】 ⑥仕えていた人物が急に暗殺され，大変あわてたのではないでしょうか？ その後，わずか8年で天下を統一したとはおどろきです。なぜそのような短期間で天下を統一できたのですか？

【10】「ざんぎり頭，たたいてみれば文明開化の音がする」という言葉を聞きました。新政府が成立して⑦新しい政策が次々と出てきましたが，みなさんの生活に最もえいきょうをあたえたのは何でしたか？

【11】「もし一本の草，ひとすくいの土を持って，大仏づくりを助けたいと願うものがいたら，願いの通り許可する」なんて素敵だと思いました。(A)によってなんとか国を平和にしたいという気持ちが伝わります。何人ぐらいが大仏づくりに参加したんですか？

【12】 9月1日は私たちの学校生活にも大きなえいきょうをあたえています。その日前後に防災訓練が行われるからです。震源地(しんげんち)に近い場所の被害は聞いたことがあるのですが，それ以外の地域ではどのようなえいきょうがあったのか，教えてください。

【13】 冬が寒い青森県なのに，竪穴(たてあな)住居でどうやって寒さをしのいでいたのかが気になります。石で作られた道具や動物の骨や角で作られた道具は出土していますが，服のようなものが出土しないのでわかりません。

1．空欄(A)に適する語句を**漢字2字**で答えなさい。

2．下線部①に関して，この【人物名】と，この人物がかいた【絵画の名称】，およびこの絵画が【かかれた場所】の組合せとして正しいものを，あとの《選択肢》より選び，その記号を答えなさい。

【人物名】

あ．歌川広重　　い．雪舟

【絵画の名称】

う．「天橋立図」

え．「東海道五十三次」鳴海 名物有松絞

【かかれた場所】

《選択肢》

ア．人物名－あ　絵画の名称－う　かかれた場所－お

イ．人物名－あ　絵画の名称－え　かかれた場所－お

ウ．人物名－あ　絵画の名称－う　かかれた場所－か

エ．人物名－あ　絵画の名称－え　かかれた場所－か

オ．人物名－い　絵画の名称－う　かかれた場所－お

カ．人物名－い　絵画の名称－え　かかれた場所－お

キ．人物名－い　絵画の名称－う　かかれた場所－か

ク．人物名－い　絵画の名称－え　かかれた場所－か

3．下線部②に関して，このお墓の周りに並べられたものを何といいますか，**ひらがな3文字**で答えなさい。

4．下線部③に関して，この建物の名前を答えなさい。

5．下線部④に関して，この戦争について正しいものを，次のア～エから選び，記号で答えなさい。

ア．日本はイギリスやアメリカと同盟を結び，アジア・太平洋戦争を戦った。

イ．沖縄島での戦いは兵士のみならず住民も巻きこまれ，集団自決を行った住民もいた。

ウ．ソ連が支援する北朝鮮とアメリカが支援する韓国が対立する朝鮮戦争が始まった。

エ．朝鮮をめぐって日本と中国(清)が争い，日本は下関条約でリアオトン(遼東)半島を獲得した。

6．下線部⑤に関して，この時期の「三種の神器」として誤っているものを，次のア～エから選び，記号で答えなさい。

ア．自動車

イ．携帯電話

ウ．クーラー

エ．カラーテレビ

7．下線部⑥に関して，この事件のことを何といいますか。

8．下線部⑦に関して，正しいものを次のア～エから選び，記号で答えなさい。

ア．富国強兵を目指し徴兵令を発布するとともに，殖産興業を推進した。

イ．坂本龍馬を中心とした欧米への視察団を派遣し，近代的な政治の仕組みを学んだ。

ウ．皇族や士族もふくめて全て平民とするとともに，男女平等も法で定められた。

エ．鹿児島の士族を率いた板垣退助に対して西南戦争を起こした。

9．【3】と【11】はどちらも当時の天皇に向けた疑問である。それぞれの天皇の名を答えなさい。

10．【4】の文書の中には誤りがある。誤りの語句を記すとともに，正しい語句を答えなさい。

11．【5】の疑問に対する回答として正しいものを次のア～エから選び，記号で答えなさい。

ア．朝廷に近く，また中国大陸や朝鮮からの使節が海から訪問しやすい地形であった。

イ．中国(宋)との貿易を活発にするための新しい港の建設がしやすい地形であった。

ウ．入り江や湿地をうめ立て，商業地や農地の拡大がしやすい地形であった。

エ．三方が山に囲まれ，一方が海に面しており，敵からせめこまれにくい地形であった。

12．【7】が示した時代について，以下の問いに答えなさい。

(1) 佐原(千葉県)の商人であった人物は天文学や測量術を学び，日本の地図を作成するために諸国を測量しました。この人物の名を答えなさい。

(2) この時代の人々の生活について，正しいものを次のア～エから選び，記号で答えなさい。

ア．千歯こきなどの農具を改良し，また備中ぐわを使って農産物の生産を高めた。

イ．国から割り当てられた土地を耕し，租・調・庸と呼ばれる税を納めていた。

ウ．征夷大将軍に任命された守護や地頭によって，農民たちが支配されていた。

エ．日本の植民地であった朝鮮半島や満州(満洲)に移住し，仕事をする人たちがいた。

13．【12】の文章が示す事柄は以下の【年表】中のア～オのどの部分にあてはまるか，記号で答えなさい。

【年表】

・〔　ア　〕
・第一次世界大戦が勃発し，日本もこの戦争に参加し中国に進出した。
・〔　イ　〕
・25歳以上の全ての男子が選挙権を持つ普通選挙が成立した。
・〔　ウ　〕
・政治や社会の仕組みを変えようとする運動や思想までも取りしまる治安維持法が制定された。
・〔　エ　〕
・満洲国(満州国)をめぐる問題に関連して，日本は国際連盟を脱退した。
・〔　オ　〕

14．以下の質問と同時代の疑問はどれか，【1】～【13】より選び，数字を答えなさい。ただし，該当するものがない場合は「14」と記しなさい。

「遣唐使を廃止したのはあなただと授業で学びました。また，朝廷での権力争いに敗れ，九州の大宰府に流されたことも知りました。現在では学問の神様として知られていますが，多くの受験生があなたをまつる神社のお守りを持っていることをどう思いますか？」

15．【1】～【13】を時代順に並べたものとして正しいものを次のア～エから選び，記号で答えなさい。

ア．【13】⇒【9】⇒【3】⇒【11】
イ．【6】⇒【8】⇒【7】⇒【2】
ウ．【2】⇒【1】⇒【9】⇒【6】
エ．【4】⇒【5】⇒【10】⇒【12】

16．【1】～【13】の疑問について，以下の生徒たちがコメントをしています。それぞれの【コメント】についての正誤が正しいものを《選択肢》より選び，記号で答えなさい。

【コメント】
桜子さん：【9】と【10】は同じ時代の人物や人々に対しての質問をしていますね。
菊子さん：【6】は源頼朝の政策についての疑問を記したものですね。
梅子さん：【13】は三内丸山遺跡の出土物から疑問を持ったんですね。

《選択肢》
ア．桜子さんだけが正しい。
イ．菊子さんと梅子さんはともに正しい。
ウ．梅子さんだけが正しい。
エ．ア・イ・ウの選択肢に正しいものはない。

17．あなたが，これまで学んできた歴史の内容から人物を1名選び，その人物の功績，言動をふまえた上でその人物への疑問を【1】～【13】の「お手紙」を参考にしつつ解答欄に記しなさい。解答に際しては，以下の条件を守るようにしてください。字数は20字以上30字以内とします。句読点や数字を書くときは，1マスに1字を記入すること。

条件1　選んだ人物の名を①の解答欄に記しなさい。
条件2　選んだ人物への疑問を記したお手紙を②の解答欄に記しなさい。

3 **以下の文章を読み，次の問いに答えなさい。**

ある大学の学園祭で，画期的な取り組みが行われました。AI裁判官による模擬(もぎ)裁判の実演です。架空(かくう)の事件をもとに裁判の一通りの流れを実演する中，①事件を裁く裁判官役を生成AIであるChatGPTが担いました。判決は無罪でした。

人間の代わりに仕事をするAIは模擬的な実演に限らず，実際の仕事にも姿を現しつつあります。昨年は初めて生成AIによって作られた質問が国会の場で首相に行われました。感染症対策にかかわる②法律についての質問をChatGPTで作成し，岸田首相に投げかけられました。また，より私たちに身近な③地方行政の場でも生成AIを導入する市町村が続々と現れ，会議記録の要約や市民からの質問回答に活かされています。

海外ではさらに革新的な動きがあります。デンマークではAIを党首とする政党が誕生しました。市民との「対話」の中で生み出された政策の目玉として，現在の平均月収のおよそ2倍の金額を毎月④国民に支給するという政策に注目が集まりました。また⑤SDGsの17の目標に「人間とAIのさらなる共存」を加えて18にすることもかかげています。

AIの進出は社会を動かす仕事のみに関わる話ではありません。昨年7月，⑥文部科学省は教育現場での生成AIの利用に関するガイドラインを発表しました。考える訓練をする段階である児童生徒が，自動で文章を生み出すAIにふれられる時代が訪れたのです。そもそも生成AIとは，AIに命令をして自動で文章や画像などを生み出すシステムです。学校の授業においても，〔　⑦　〕ことができるようになってしまいました。

1．下線部①について，裁判官は最高裁判所の長官を除き，すべてある機関によって任命されます。この機関の名前を答えなさい。

2．下線部②について，以下の問いに答えなさい。

(1) 国会議員は最終的には本会議での多数決で法律を制定したり，改正したりしますが，本会議の前段階で法律案について質問をしたり議論したりする場を何といいますか，**漢字3字**で答えなさい。

(2) 国会の制度上，国民が質問をする場は設けられていませんが，意見や希望を伝えることはできます。このことを何といいますか，**漢字2字**で答えなさい。

3．下線部③について，昨年は関東大震災(かんとうだいしんさい)からちょうど100年の年であり，現代も災害があとを絶たない中，地方行政の動きに注目が集まっています。以下の緊急(きんきゅう)時の地方行政の動きとして最も適切なものを選び，記号で答えなさい。

ア．被災(ひさい)した市町村は，ほかの市町村に応援要請(おうえんようせい)をすることはできない。

イ．被害状況(ひがいじょうきょう)の報告は，はじめに都道府県から市町村に行われる。

ウ．救助に当たる消防などの機関は，都道府県，市町村の間で調整を要する。

エ．大規模な災害時，都道府県は自衛隊に出動の命令ができる。

4．下線部④について，国民に対してお金を支給するのは，国の会計にかかわっています。次の円グラフX・Yは，2022年度の国の収入支出を示しています。X・Yのうち，収入を示す円グラフはどちらですか，またそれぞれのグラフが示す総額の金額として最も適切なものを以下のア～エから一つ選び，それぞれ記号で答えなさい。

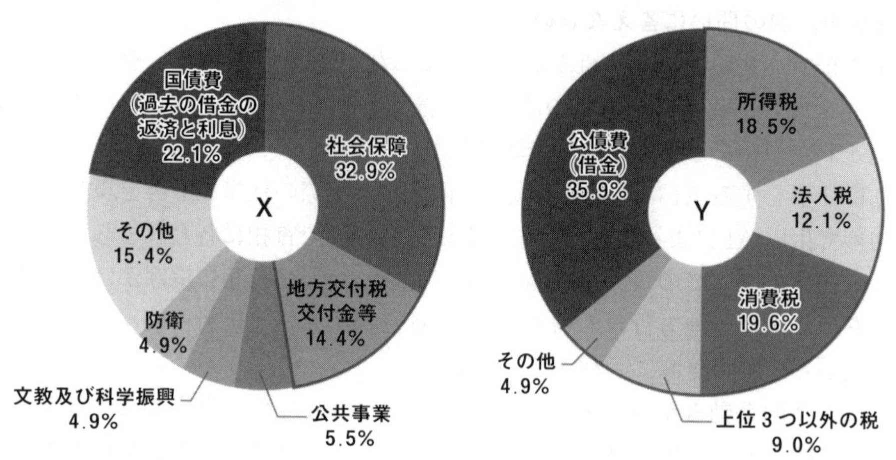

ア．1100億円　　イ．1.1兆円　　ウ．11兆円　　エ．110兆円

5．下線部⑤について，2015年，国際連合において「持続可能な開発目標」が設定され，各国，各企業が実現に向けて取り組んでいます。以下の図の空欄あ・い にあてはまる適切な語句を答えなさい。

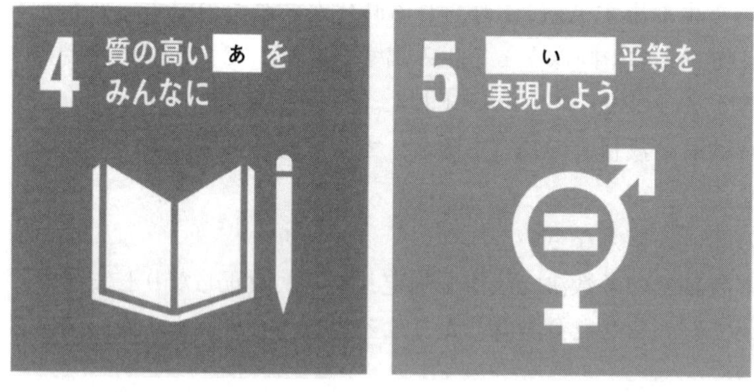

6．下線部⑥について，文部科学省を取り仕切るのは国務大臣の一人である文部科学大臣です。この役職について説明する以下のア〜エのうち，適切なものをすべて選び記号で答えなさい。

ア．文部科学大臣は，首相によって任命される。

イ．文部科学大臣は，衆議院を解散させることができる。

ウ．文部科学大臣は，衆議院総選挙の度に国民審査を受けなければならない。

エ．文部科学大臣は，他の国務大臣と会議で，政治の進め方を話し合う。

7．文中〔⑦〕について，生成AIの普及は，私たちの学校での活動にも大きく影響をあたえることが考えられます。例えば，読書感想文への活用も，部分的であれば内容を深めることに活かせますが，活用が全体におよぶと，かえって心配される点もあります。読書感想文へ活用する場合，心配される点を答えなさい。

【理　科】〈4教科入試〉（40分）〈満点：100点〉

1　次の生態系に関する文章を読み，以下の問いに答えなさい。

生態系は，生物とそれを取り巻く水，大気，土壌（じょう）などから構成されている。地球上の物質は，その生態系の中をめぐり，循環（じゅんかん）する。また，太陽からのエネルギーは生物に消費されながら生態系の中を流れていく。環境問題は人間活動によって，生物の種や数に大きな変動が起こった結果，地球上の物質循環やエネルギーの流れのバランスがくずれることで起こる。

生物の種や数のバランス

大陸から遠くはなされて周囲を海で囲まれている島では，長い年月の間に生き物が独自の進化をし，その島でしか見られない生物が生息している。それらを a 固有種と呼ぶ。b 奄美（あまみ）大島は亜（あ）熱帯の島で，固有種が多くいることでも有名である。しかし近年，c 本来は島に生息していない生物を人間が持ち込み，島で野生化して問題となっている。これらの生物は，島本来の生態系のバランスをくずし，元々生息していた生物を脅（おびや）かしている。

物質循環やエネルギーの流れ

例えば，大気中・海水中に含まれる二酸化炭素は，植物や藻（そう）類などによって行われる光合成の材料として吸収され，デンプンなどの有機物（ゆうきぶつ）に形を変えてからだにたくわえられる。これらの有機物は，d 食物連鎖（れんさ）によって生物の間を循環する。そして，生きるために使われた有機物は，再び二酸化炭素として大気と海水に放出される。また，使われないまま残った有機物は，地下に閉じ込められる。石炭・石油などは，古い時代の生物の遺骸（いがい）である。

二酸化炭素は，海にすむ生物の殻（から）や骨格などの材料としても使われる。有孔虫（ゆうこうちゅう）は，温かい海に生息する e からだが1つの細胞（さいぼう）でできた原生動物である。大型の場合は，からだの大きさが1mmほどで，海水の二酸化炭素を利用して f 炭酸カルシウムが主成分の殻をつくる。殻には小さな孔（あな）があり，そこからからだの一部を出してゆっくりと移動する。また，g 有孔虫はからだの中に小さな藻類をすまわせ，たがいに利益を受けながら生活している。南日本の海岸では，星の砂や太陽の砂などに代表される有孔虫の遺骸をたくさん観察することができる。有孔虫は，5億年前の地層からも発見されていて，その時代ごとに姿を変え，現代まで存在している。そのため，有孔虫の化石は，それがふくまれる h 地層ができた時代や i 地層ができた環境を知る手がかりにも使われる。

(1) 下線部**a**について，次の生物**A**～**D**は日本の固有種です。

① 生物**A**～**D**の名称(しょう)として最も適切なものを，次の**ア**～**エ**よりそれぞれ選び，記号で答えなさい。

ア：アマミノクロウサギ　**イ**：キノボリトカゲ
ウ：ヤンバルクイナ　**エ**：アマミハナサキガエル

② 生物**A**～**D**はすべて背骨をもちます。このような動物のグループの名称を答えなさい。

③ 生物**A**～**D**の分類として最も適切なものを，次の**ア**～**オ**からそれぞれ選び，記号で答えなさい。

ア：甲殻(こうかく)類　**イ**：鳥類　**ウ**：ほ乳類　**エ**：は虫類　**オ**：両生類

④ 生物**A**～**D**の特徴(ちょう)として適切なものを，次の**ア**～**カ**よりそれぞれすべて選び，記号で答えなさい。ただし，同じ記号を使ってよいものとします。

ア：じょうぶな殻でつつまれた卵　**イ**：寒天質でつつまれた卵
ウ：胎生　**エ**：恒(こう)温動物
オ：変温動物　**カ**：えら呼吸をする時期がある

⑤ 生物**A**～**D**は，いずれも絶滅(ぜつめつ)のおそれがあります。このような生物を何と呼びますか。

(2) 下線部**b**は，どの都道府県にありますか。最も適切なものを次の**ア**～**オ**から選び，記号で答えなさい。

ア：東京都　**イ**：新潟県　**ウ**：長崎県　**エ**：鹿児島県　**オ**：沖縄県

(3) 下線部**c**のような生物を何と呼びますか。

(4) 下線部**d**について，次の**ア**～**エ**を『食べられる生物←食べる生物』の順に記号で並べなさい。

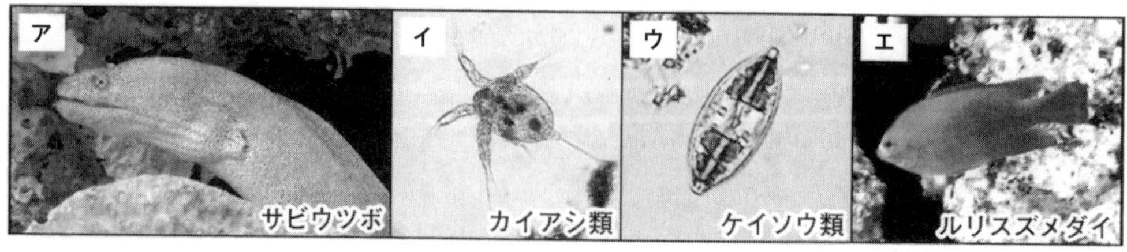

(5) 下線部**e**に分類されるものを，次の**ア**～**オ**から2つ選び，記号で答えなさい。

ア：オオカナダモ　**イ**：アメーバ　**ウ**：オキアミ

エ：ウミウシ　**オ**：ゾウリムシ

(6) 下線部**f**について，炭酸カルシウムが主成分であるものを次の**ア**～**オ**から2つ選び，記号で答えなさい。

ア：大理石　**イ**：花こう岩　**ウ**：石灰岩　**エ**：安山岩　**オ**：せん緑岩

(7) 下線部**g**について，次の①～③の問いに答えなさい。

① このような生物どうしの関係性を何と呼びますか。漢字2字で答えなさい。

② この場合の有孔虫と藻類の関係性の説明として適切なものを次の**ア**～**エ**から2つ選び，記号で答えなさい。

ア：藻類は光合成でできた二酸化炭素を有孔虫に提供する

イ：藻類は光合成でできた有機物を有孔虫に提供する

ウ：有孔虫はとらえた動物プランクトンを藻類に提供する

エ：有孔虫は安全なすみかと養分を藻類に提供する

③ 下線部**g**のような関係性をもつ生物の組み合わせとして，最も適切なものを次の**ア**～**オ**から選び，記号で答えなさい。

ア：アリとキリギリス

イ：アリとアブラムシ

ウ：アブラムシとテントウムシ

エ：ジンベイザメとコバンザメ

オ：ジェンツーペンギンとヒョウアザラシ

(8) 下線部**h**を知る手がかりになる化石を何と呼びますか。

(9) 下線部**i**を知る手がかりになる化石を何と呼びますか。

(10) 奄美大島の海の砂には，有孔虫やサンゴ，貝殻の遺骸が流水によって細かく砕(くだ)かれ，大量にふくまれています。島内の砂浜海岸Ⅰ～Ⅳにおいて砂を採取し，**有孔虫A**，**有孔虫B**，および小型の**巻き貝**の遺骸数を調べました。このとき，遺骸は砕けたものがほとんどであったため，種類が判別できるもののみを数えました。

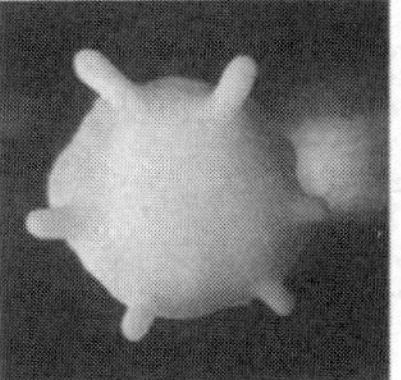

有孔虫A

有孔虫B

また，j それぞれの砂に塩酸を加えて生物の遺骸をとかし，中にふくまれるれきや岩石の割合を調べました。これらの結果を表にまとめました。次の①～④の問いに答えなさい。

表

奄美大島の砂浜海岸Ⅰ～Ⅳにおける採取した砂の量，生物の遺骸数，れき・岩石のふくまれる割合

調べたもの	砂浜海岸			
	Ⅰ	Ⅱ	Ⅲ	Ⅳ
採取した砂の量	42.0g	16.2g	17.0g	21.9g
採取した砂の中の**有孔虫A**の遺骸数	8	36	145	33
採取した砂の中の**有孔虫B**の遺骸数	3	19	208	69
採取した砂の中の**巻き貝**の遺骸数	12	44	19	19
れき・岩石のふくまれる割合	23%	15%	10%	11%

① 下線部 j の操作で発生する気体の物質名を答えなさい。

② 砂1gあたりにふくまれる**巻き貝**の遺骸数が最も多いのは，砂浜海岸 **I** ～ **IV** のどれかを答えなさい。

③ れきや岩石などの土砂は川によって海へ運ばれて堆積(たいせき)します。このことから，砂浜海岸 **I** ～ **IV** を川の河口から近い順に並べるとどうなりますか。以下の**ア**～**カ**より最も適切なものを選び，記号で答えなさい。

ア：**I→II→III→IV**　　**イ**：**I→II→IV→III**
ウ：**II→III→IV→I**　　**エ**：**III→IV→II→I**
オ：**III→II→IV→I**　　**カ**：**III→IV→I→II**

④ 有孔虫の主な生息場所は，海岸から数百m～数km離れた岩礁(がんしょう)にあり，遺骸は運ばれる距離(きょり)が長いほど破損します。このことから，波や海流の強さなどの他の条件が同じであった場合，生息地と砂浜海岸 **I** ～ **IV** の距離が近い順番に並べたものはどれですか。

有孔虫A，**有孔虫B**について，以下の**ア**～**カ**より最も適切なものをそれぞれ選び，記号で答えなさい。ただし，同じ記号を使ってよいものとします。

ア：**I→II→III→IV**　　**イ**：**I→II→IV→III**
ウ：**II→III→IV→I**　　**エ**：**III→IV→II→I**
オ：**III→II→IV→I**　　**カ**：**III→IV→I→II**

2 **次の文章を読み，以下の問いに答えなさい。ただし同じ記号の空らんには同じものが入ります。**

水は液体の状態のほかに氷，水蒸気の状態をとることが知られています。氷の状態を［ A ］，水蒸気の状態を［ B ］といいます。また，液体から［ A ］になる変化を［ あ ］，液体から［ B ］になる変化を［ い ］といいます。［ い ］は温度に関わらず起こりますが，温度を高くしていくと激しい変化となり，［ C ］℃で［ D ］という現象が起こります。水は，この3つの状態を移り変わりながら地球上を循環(じゅんかん)し，さまざまな現象を起こしています。一方，二酸化炭素は通常は液体の状態にならないので，二酸化炭素の［ A ］である［ E ］は直接［ B ］になることが知られています。この変化を［ う ］といいます。

函館(はこだて)に住んでいる小百合さんは，雪が積もると道路に白い粉がまかれることに興味を持ち，この粉について調べてみたところ，以下のことがわかりました。

・白い粉は融雪剤(ゆうせつざい)という薬剤で，主な成分として塩化カルシウムが含(ふく)まれ，他に塩化ナトリウムや塩化マグネシウムが含まれる。

・氷である雪が水になる温度はふつう［ F ］℃だが，融雪剤を雪の積もった道路にまくと，a <u>氷が水になる温度が下がる</u>ことで，気温の低い冬でも雪がとけやすくなる。

・塩化カルシウムは少量であれば生物への影響(えいきょう)は少ないが，量が多かったり，濃(こ)い水溶(よう)液になったりすると，b <u>植物を枯(か)らしたり，金属をさびさせたりする</u>ので注意が必要である。

(1) 文中の空らん［ A ］～［ F ］にあてはまる語句または数字を答えなさい。

(2) 文中の空らん［ あ ］～［ う ］にあてはまる語句をそれぞれ以下の**ア**～**オ**から選び，記号で答えなさい。

ア：蒸発　**イ**：凝縮（ぎょう）　**ウ**：凝固

エ：融解　**オ**：昇華（しょうか）

(3)　文中の下線部**a**に関して，小百合さんは塩化カルシウムによってどのくらい氷のとける温度が下がるのかを調べるため，以下の実験を行いました。この実験で小百合さんは，氷が水になる温度と水が氷になる温度が同じであることを利用して，後者の温度を計ることにしています。

【方法】

表1に示す量で混ぜた純粋（すい）な水および塩化カルシウム水溶液**P**～**T**を用意した。

図1の装置を使って，**P**～**T**を一定の割合で温度を下げていき，氷ができ始める温度が［F］℃から何℃下がったかを測定した。

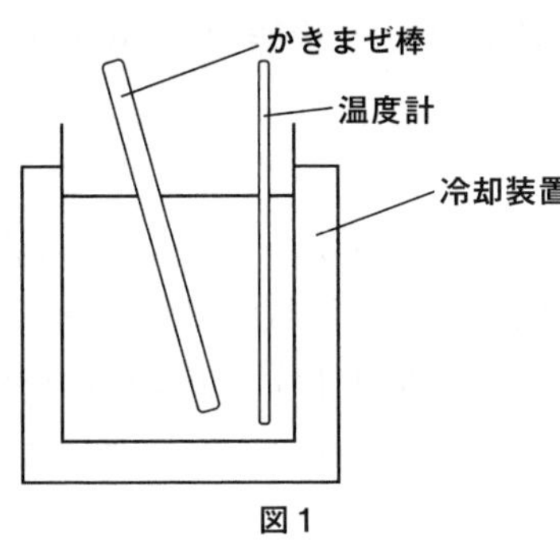

図1

表1

	水	塩化カルシウム
P（純粋な水）	100g	0g
Q	100g	1.0g
R	100g	2.0g
S	50g	1.0g
T	200g	1.0g

【結果】

表2のようになった。

表2

P	—
Q	0.5℃
R	1.0℃
S	1.0℃
T	0.25℃

①　水500gに塩化カルシウム3.0gを溶かした水溶液でこの実験をした場合，氷になり始める温度は［F］℃から何℃下がると考えられますか。

②　氷になり始める温度を［F］℃から1.6℃下げたい場合，1000gの水に溶かす塩化カルシウムは何gにすればよいですか。

③　この実験において**P**と**Q**の実験開始からの時間と温度変化をグラフにすると**図2**のようになりました。この実験で**P**は氷ができ始めてから温度が一定になっているのに対し，**Q**は氷ができ始めてからも温度が下がり続けています。これは水溶液が氷になり始めるとき水だけが氷になることで残った溶液の濃さが変化するからと考えられます。このことから**図2**の点**X**において生じている氷は何gと考えられますか。

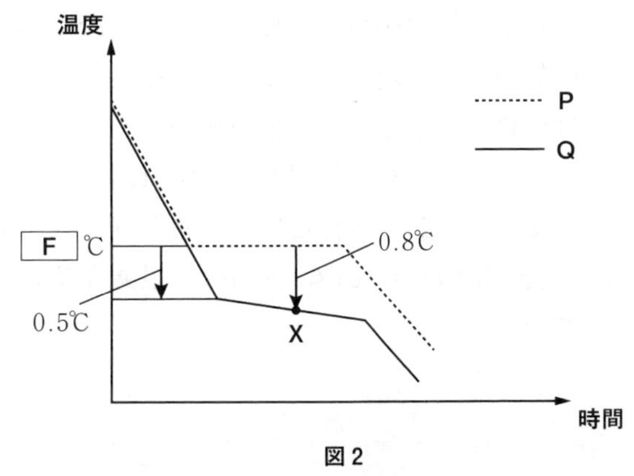

図2

④　**図2**の点**X**で生じた氷に塩化カルシウムが含まれていないことを確かめるにはどのような実験をすればいいですか。実験の方法と予想される結果を簡潔に答えなさい。

(4)　下線部**b**のような被害は，海岸沿いの街路樹や住宅でも起こっています。このような被害を何といいますか。漢字2字で答えなさい。

3　**次の文章を読み，以下の問いに答えなさい。**

近年，地球温暖化の加速によって，異常気象の頻(ひん)発が私たちの日常生活にも影響を及ぼしています。次の文章は，気象に関する基本的な仕組みを説明したものです。文章をよく読み，以下の各問いに答えなさい。

天気予報などでよく耳にする「大気の状態が不安定である」という状態は，「低気圧」や「高気圧」などの，空気の密度(1Lあたりの重さ)の違いから生じます。

低気圧の説明

周囲よりも気圧が低いと低気圧になります。空気は暖められると密度が小さくなり，気圧の低い状態になりやすいです。このとき，相対的に気圧の高い周囲の風が低気圧に集まります。低気圧に集まる風は地球の(**X**)の影響で(**A**)回りのうず巻きになります。低気圧の周囲から集まった風は，お互いにぶつかって，低気圧の上へ逃げることになりますが，これによって上昇(しょう)気流が生じるわけです。

高気圧の説明

周囲よりも気圧が高いと高気圧になります。空気は冷やされると密度が大きくなり，高気圧が生じやすいです。高気圧から低気圧へと空気が下方向へ流れる(これを「下降気流」と呼びます)と，高気圧の上空の空気が地上へと引っ張られ，雲が消えて天気が良くなりやすいです。高気圧から生じる下降気流は，地球の(**X**)の影響で(**B**)回りのうず巻きになります。

気圧の違いによって，雲の生じやすさに違いがあることがわかりました。さらに，気象は空気のかたまり(これを「気団」といいます)どうしの関わり合いからも影響を受けます。

気団と前線の説明

暖かい気団と冷たい気団がぶつかるところを前線といいますが，前線は大きく4つに分けることができます。

冷たい気団の方が強く，冷たい気団が暖かい気団にぶつかって生じるのが寒冷前線であり，(**C**)雲が発生しやすいです。(**C**)雲は局地的に強い雨を降らせるのが特徴です。

暖かい気団が強く，暖かい気団が冷たい気団にぶつかって生じるのが温暖前線であり，冷たい気団の上に暖かい気団がゆるやかに乗って上昇し，(**D**)雲が発生しやすいです。(**D**)雲は(**C**)雲と比べると広い範囲に雨を降らせる傾(けい)向があります。

さらに，冷たい気団と暖かい気団が同じぐらいの力でぶつかっているのが停滞(たい)前線です。

また，(**E**)前線とは，温暖前線に寒冷前線が追いついている部分のことです。

(1)　文章中の空らん(**A**)～(**E**)に最適な語句の組み合わせを次の**ア**～**ク**から選び，記号で答えなさい。

	(A)	(B)	(C)	(D)	(E)
ア	時計	反時計	積乱	乱層	閉鎖
イ	時計	反時計	積乱	乱層	閉塞
ウ	時計	反時計	乱層	積乱	閉鎖
エ	時計	反時計	乱層	積乱	閉塞
オ	反時計	時計	積乱	乱層	閉鎖
カ	反時計	時計	積乱	乱層	閉塞
キ	反時計	時計	乱層	積乱	閉鎖
ク	反時計	時計	乱層	積乱	閉塞

(2)　文章中の空らん(**X**)に最適な語句を答えなさい。

(3)　文章中の下線部の「大気の状態が不安定である」ときは，雲が生じやすくなりますが，これはどのような状態を指すでしょうか。次の**ア**～**オ**から最適なものを1つ選び，記号で答えなさい。

ア：密度の大きな空気のみがある状態

イ：密度の小さな空気のみがある状態

ウ：密度の大きい空気が密度の小さい空気の上に乗っている状態

エ：密度の小さい空気が密度の大きい空気の上に乗っている状態

オ：密度の大きい空気のとなりに密度の小さい空気がある状態

(4)　次の図**ア**・**イ**は，温暖前線と寒冷前線の断面の様子を表したものです。寒冷前線を表している方を記号で選びなさい。ただし，点線は気団の境目を示しています。

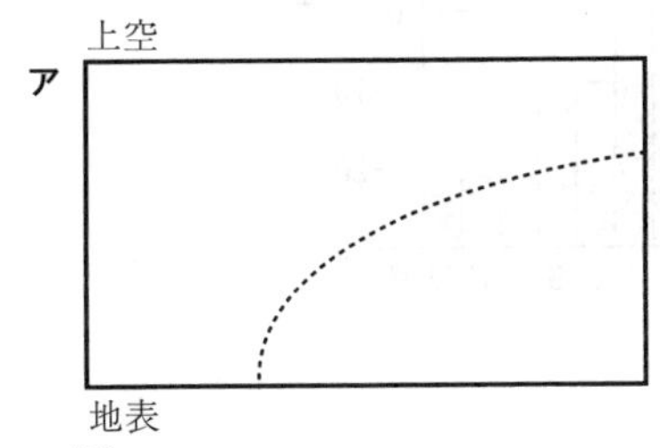

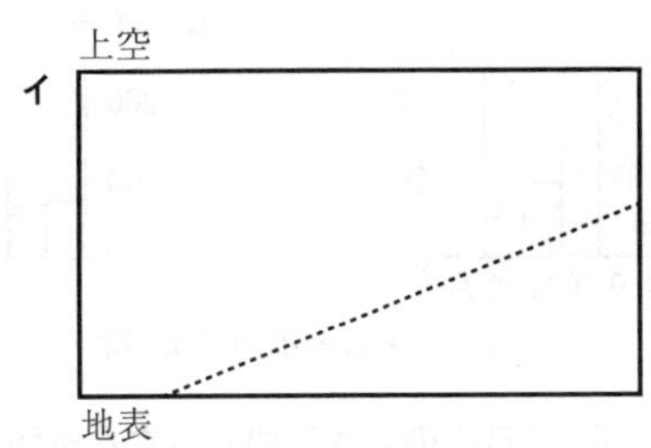

(5)　冒頭の文章や，先の問題の前線の断面図などを踏まえ，いわゆる集中豪雨は，温暖前線と寒冷前線のどちらでより起こりやすいと考えられるでしょうか。「**ア**：温暖前線」か「**イ**：寒冷前線」のどちらかを記号で答えなさい。

(6)　異常気象について，2023年の夏は，局地的に豪雨が続くことが多く，複数の地域で被害が生じました。繰り返される集中豪雨の原因として線状降水帯の発生があります。線状降水帯の発生に関わるバックビルディング現象の過程と発生条件を示した次のフローチャート中の①・②について，それぞれ**ア**と**イ**のどちらか正しい方をそれぞれ選び，記号で答えなさい。

積乱雲が発生し，発生した積乱雲が発達する

↓

① [**ア**：その積乱雲が風上に移動し，もとあった場所に下降気流が生じる。
イ：その積乱雲が風下に移動し，もとあった場所に上昇気流が生じる。]

↓

発達した積乱雲のとなりに新しい積乱雲が生じる

↓

ここまでの過程を繰り返す

↓

積乱雲がいくつも連なる

これらは,

〔② **ア**:上空に風の流れがない　**イ**:上空に適度な風の流れがある〕と起こる。

(7) 次に示すのは,東京と福岡の雨温図(その地域の気温と降水量を表すグラフ)です。2つの雨温図の6月~7月を比較(かく)すると,梅雨の時期の降水量は明らかに福岡の方が多いことがわかります。同じ梅雨の時期であるにもかかわらず,このような降水量の差が生じるのはなぜでしょうか。表「日本の気候に関わる主な気団」を参考にし,その理由を説明した次の文章の①~③にそれぞれ最適な気団の名称(しょう)を記号で答えなさい。

理由:西日本の梅雨は(①)と(②)でできる梅雨前線によるものだが,関東地方の梅雨は(②)と(③)でできる梅雨前線によるものだから。これは,気団の湿(しつ)度の差によってできる梅雨前線の方が,気団の温度差によってできる梅雨前線よりも激しい雨が降る傾向があることが要因の一つである。

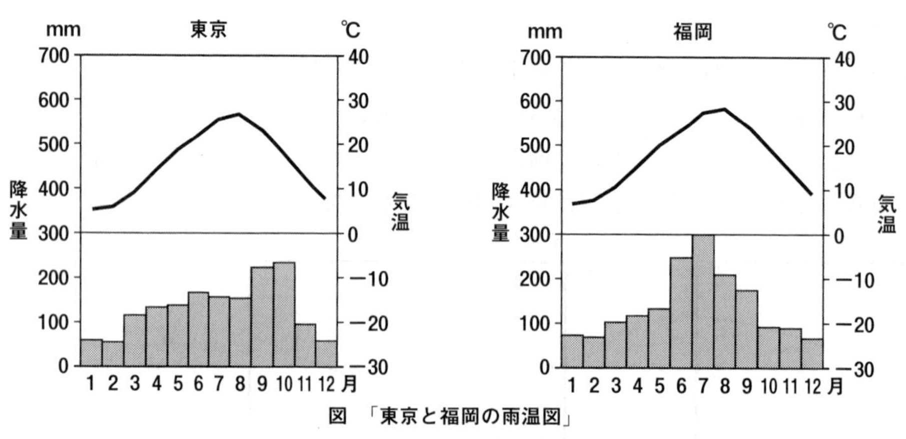

図 「東京と福岡の雨温図」

表 「日本の気候に関わる主な気団」

記号	名称	気団の様子
ア	シベリア気団	本来は乾燥(かんそう)した気団であるが,日本海を越えることで大量の水分を含むことになる。
イ	揚子江(ようすこう)気団 (移動性高気圧)	乾燥した気団であり,中国大陸南東部で発生する。
ウ	小笠原(おがさわら)気団	赤道付近で温められて上昇した空気が下降してできる。
エ	オホーツク海気団	冷たく湿(しめ)った空気でできている。

4 **次の文章を読み,以下の問いに答えなさい。**

図1のようにゴムのひもを使っておもりをつるし,ゴムの長さがどのようになるかを調べる実験をしました。

まず,ゴムのひもを3本用意し(ゴム**A**,**B**,**C**とします。),それぞれにおもりをつるしたときの，ゴムの長さとおもりの重さの関係を示したところ，**図2**のように直線のグラフになりました。おもりは1gずつ増やしたり減らしたりすることができ，ゴムの重さやおもりの大きさは考えないものとします。

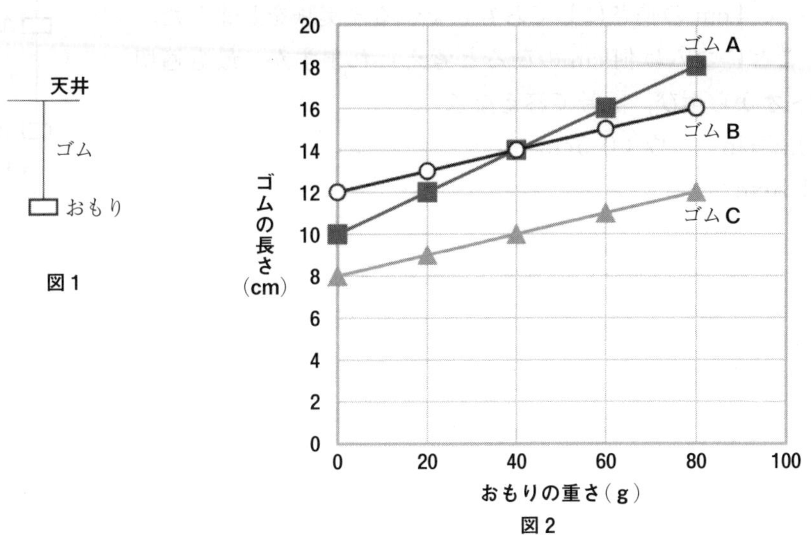

図1

図2

(1)　おもりの重さが2倍，3倍になると，ゴムの何が2倍，3倍になりますか。

(2)　グラフのゴム**A**とゴム**B**の「のび」が同じになったとき，ゴムに加えた力について正しく説明しているのはどれですか。グラフから考え，次の**ア**〜**ウ**から選び記号で答えなさい。

ア：ゴムに加えた力が大きいのはゴム**A**の方である。

イ：ゴムに加えた力が大きいのはゴム**B**の方である。

ウ：ゴムに加えた力はどちらも同じである。

(3)　ゴム**A**をある長さから1.5cmのばすためには，つるすおもりを何g加えればよいですか。

(4)　グラフより，ゴム**C**の長さが9.6cmになったとき，ゴム**C**につるしたおもりは何gといえますか。

(5)　ゴム**B**と**C**のゴムの長さを同じにするためには，ゴム**C**につるすおもりはゴム**B**より何g重ければよいですか。次の**ア**〜**オ**から選び記号で答えなさい。

ア：20g　　**イ**：40g　　**ウ**：60g　　**エ**：80g　　**オ**：100g

(6)　ゴム**A**，**B**について，グラフよりわかることを文で書きました。(**ア**)〜(**エ**)にあてはまる整数を書きなさい。

ゴム**A**と**B**に同じ重さのおもりをつるしたとき，ゴムののびの比は(**ア**)：(**イ**)である。また，ゴム**A**と**B**を同じ長さだけのばすのに必要なおもりの重さの比は(**ウ**)：(**エ**)である。

(7)　ゴム**A**とゴム**B**を**図3**のようにまっすぐにつないでおもりをつるす実験をしました。ただし，ゴムのつなぎ目の長さなどは考えないものとします。

天井
ゴムA
ゴムB
おもり
図3

①　次の文中の(**ア**)〜(**オ**)にあてはまる整数を書きなさい。

おもりが20gのとき，ゴム**A**，**B**が引きのばされる力の大きさはそれぞれ(**ア**)g，(**イ**)gであり，ゴム**A**，**B**はそれぞれもとの長さより(**ウ**)cm，(**エ**)cmのびるため，全体では(**オ**)cmのびる。

②　おもりをつるしたとき，ゴム全体の長さが28cmでした。おもりを追加し

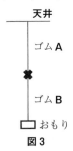

たらゴム全体の長さが32.5cmになりました。追加したおもりは何gですか。

(8) **図4**のように，ゴム**A**，ゴム**B**，35gのおもり，12gのおもりをつなぎ，つるしました。このとき，ゴム**A**とゴム**B**はそれぞれ何cmになりますか。

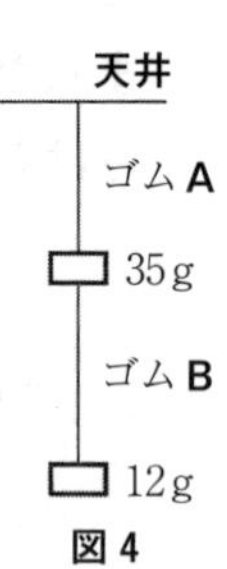

図4

(9) ゴム**C**を半分に切って4cmの長さにしておもりをつるす実験をしました。おもりを10g増やすごとにゴムは何cmのびると考えられますか。最も適切であるものを次の**ア**～**オ**から選び，記号で答えなさい。

ア：0.1cm　**イ**：0.25cm　**ウ**：0.5cm

エ：1cm　**オ**：1.5cm

□に入る言葉を、「**『上』は悪く、『下』は良い？**」の文中から二十字以上、三十五字以内で探し、初めと終わりの五字を答えなさい。

筆者は、□ができるから。

問六 ――線部④「人類史的にはごくありふれた心の風景なのかもしれない」とありますが、なぜこのように考えられるのですか。「現代人の感性」と「ムラブリの感性」を対比して、百字以上、二百字以内で説明しなさい。

＊9　概念メタファー…物事の捉え方の比喩。(例)「難しいこと」を「敵」と考えたり、「未来」は「前」、「過去」は「後ろ」と考えたりすること。
＊10　チルい…リラックスした様子やまったりと落ち着いた様子。
＊11　ウドムさん…アメリカ人の両親をもつが、タイで生まれ育ち、小さいころからムラブリと暮らしていたのでタイ語もムラブリ語も話すことができる男性。
＊12　ハグ…抱きしめること。
＊13　タシー…ムラブリの一人で、作者のムラブリ語の調査や研究に協力した男性。
＊14　異端…正統とは外れていること。

問一　[Ⅰ]～[Ⅳ]に入る言葉の組み合わせとして最もふさわしいものを次から選び、記号で答えなさい。

ア　Ⅰ　動的に好ましい　Ⅱ　静的に悪い
　　Ⅲ　動的に悪い　Ⅳ　静的に好ましい
イ　Ⅰ　静的に好ましい　Ⅱ　動的に好ましい
　　Ⅲ　動的に悪い　Ⅳ　静的に悪い
ウ　Ⅰ　動的に好ましい　Ⅱ　静的に好ましい
　　Ⅲ　動的に悪い　Ⅳ　静的に悪い
エ　Ⅰ　静的に好ましい　Ⅱ　動的に悪い
　　Ⅲ　動的に悪い　Ⅳ　静的に好ましい

問二　――線部①「図」とありますが、図の[A]～[D]に入る語の組み合わせとして最もふさわしいものを次から選び、記号で答えなさい。

ア　A　興奮　B　不安　C　冷静　D　無気力
イ　A　不安　B　冷静　C　興奮　D　無気力
ウ　A　興奮　B　冷静　C　無気力　D　不安
エ　A　不安　B　無気力　C　冷静　D　興奮
オ　A　興奮　B　無気力　C　冷静　D　不安

問三　――線部②「ムラブリ語は『クロル(心)』を用いて感情を表すのだが、そのなかでも『クロル　クン(心が上がる)』と『クロル　ジュール(心が下がる)』という感情表現がおもしろい」とありますが、筆者はどのような点をおもしろいと感じていますか。最もふさわしいものを次から選び、記号で答えなさい。

ア　ムラブリ語には「感情」を表す語がないにも関わらず、語彙と迂言的な表現によって感情表現の細かいニュアンスの違いを表現することができる点。
イ　ムラブリ語の迂言的な感情表現は、ポジティブな感情もネガティブな感情も表さないので、もっとも普遍的な概念メタファーの例外となり、珍しい点。
ウ　ムラブリ語には「感情」を表す語がなく、「心が上がる」「心が下がる」という語で感情を表現することが、世界の言語からすると例外的な点。
エ　ムラブリ語の「心が上がる」は悪い感情を表すので、「上がる」ことは「よい」ことと考える世界の言語の普遍的な特徴にあてはまらない点。

問四　[Ⅴ]に入る言葉として最もふさわしいものを、次から選び、記号で答えなさい。

ア　胸あたりの前で手を上下に
イ　胸あたりの前で手を左右に
ウ　顔あたりの前で手を上下に
エ　顔あたりの前で手を左右に

問五　――線部③「そう考えると」とありますが、このように筆者がムラブリの感性を考えることができるのはなぜですか。次の

連れてって欲しい」とお願いしてくることがよくあるそうだ。何度も何度もお願いされるので、ある日ウドムさんは仕事を休んで、車を出すことにした。ピックアップトラックの荷台に、老若男女、たくさんのムラブリを乗せて、3時間ほどかけて北にあるターワッ村へ遊びに行った。散々「会いたい会いたい」と言っていたから、さぞ喜ぶだろう、ウドムさんはそう思ったらしい。

ターワッ村は小さく、3つの家族だけが住んでいたから、その村総出で歓迎された。けれど、あれだけ会いたいと騒いでいたムラブリたちが、いざ再会してみると、ちっとも喜んでいるように見えない。少なくとも外側から見える仕草や言動からは、うれしそうに見えない。*12ハグなどの身体接触がないのは予想できたけれど、一緒にご飯を食べたりもしないし、会話が盛り上がる様子もない。ただ一緒に横にいて、顔も見ずに座っているだけ。1時間もしないうちに、会いに行きたいと言い出したムラブリ男性が「いつ帰るんだ」と言い出す始末。結局、その日は着いて1時間程度で帰ったそうな。

ウドムさんとしては、久しぶりの再会に喜ぶムラブリの姿を期待していたのだろう。けれど、ムラブリの感性は「DOWN is HAPPY」だ。自分の視界の端に会いたかった人がいる。その距離感で十分なのだろう。そのときの「心が下がる」気持ちを、わざわざ他人にもわかるように表に出す必要を感じない。それどころか、それを表に出すのは「心が上がる」こととして、慎んでいるのかもしれない。③そう考えると、このエピソードも微笑ましく思えてくる(往復で6時間も運転したら違うかもしれないけれど)。

現代人の感性として、一緒に笑い、騒ぎ、抱き合って、ポジティブな感情を表現して認め合うことが幸せであり、感情は外に出してこそ、誰かに知られてこそ、より幸福を感じられると信じられているようだ。人々のSNSに対する情熱を見れば、それは明らかだ。仲間とはしゃいだときに感じる楽しさはぼくも知っている。けれど、それはひとつの信仰でしかない。感情のあり方や表現の仕方に、絶対の正解はない。ぼくらが「幸福」だとありがたがるものは、ごく最近にはじまった一時的な流行りに過ぎないのかもしれない。

写真を用いた調査で、*13タシーが「心が下がる」と言った写真に、丸太が積まれている写真があった。間違いだと思って聞き直したが、タシーはたしかに、丸太が積まれている写真を見て、「心が下がる」と言う。「いい木がたくさんある。よいことだ」という理由だった。

誰かといることでも、他人に認めてもらうことでもない幸福が、タシーを含め、ムラブリには見えているように思えてならない。そしてそれは、ぼくにとってもどこか懐かしさを感じられる類のものだ。森から雲が生まれている。風が穏やかに顔を撫でている。太陽が照って背を温めている。ムラブリ語の「心が下がる」瞬間は、学術的には*14異端とされるけれど、④人類史的にはごくありふれた心の風景なのかもしれない。

(伊藤雄馬『ムラブリ　文字も暦も持たない狩猟採集民から言語学者が教わったこと』)

(注)
*1　迂言…まわりくどい言い方。
*2　翻訳…ある言語で表現された文章の内容を、他の言語になおすこと。
*3　マッピング…分布や配置を図示すること。
*4　ポジティブ…前向き。
*5　逐語訳…原文の一語一語に、忠実に訳すこと。
*6　ネガティブ…後ろ向き。
*7　認知言語学…言葉の様々な面を、知覚などの認知という角度から分析する言語学のこと。
*8　普遍…全てのものにあてはまるさま。

ムラブリ語には「感情」も「興奮」もない。ムラブリが行為から感情を分離する感性がないとも捉えられる。「心が上がる／下がる」も、ある種の身体的な行為に近い感覚として見るべきなのかもしれない。

これはムラブリの感性を紐解く大きなヒントになる。感情は直接観察することができない。しかし、ムラブリ語という体系を通して、彼らの感じている世界を想像することはできるかもしれないのだ。

ムラブリの幸福観

そもそも、ムラブリは自分の感情を表すことがほとんどない。森に生きていた時代、彼らは他の民族との接触をできるだけ避けてきた。森に息を潜めて暮らすなかで、必然的に感情を表に出すことを慎むようになったのかもしれない。実際、まだ森の中で遊動生活しているラオスのムラブリは、タイのムラブリに比べて表情がずっと乏しく見えた。大きな瞳は黒く深く、一見なにを考えているかわからない感じがして、少し怖いと感じることもあった。

こんなエピソードがある。教員時代に大学の学生をムラブリの村に連れて行ったときのことだ。旅行気分があったのだろう、学生たちが盛り上がって少しうるさい夜があった。そんなとき、1人のムラブリの男性がそろそろとぼくに近寄ってきて、こう言った。

「わたしは怒っているわけではない、本当だよ。けれどあなたたちが大声を出すと、村の子どもたちが怖がるかもしれない、怖がらないかもしれない。わたしは怒っているわけではないよ、本当だよ」

彼はぼくらに「静かにしてほしい」と伝えようとしているのは明らかだ。しかし、その言い方はとても繊細で、臆病にさえうつる。遠回し過ぎてなにが言いたいのかわからないほど、ささやかな訴えになっていた。繰り返し、「わたしは怒ってはいないよ、本当だよ」と挟みながら、言いたいことを伝えようとする光景は、ムラブリと暮らしていると珍しいものではない。ムラブリ同士でも、相手になにかを主張するときには、この言い回しをたびたび聞くことができる。ムラブリにとっては、なにかを主張したり感情を相手に向けることは、よっぽどの一大事であることが窺い知れる。

感情を表すのをよしとしないなら「心が上がる」、いわば感情が迫り上がってくる事態は、避けるべきこと、悪いことと捉える感性があっても不思議ではないだろう。

そんな感情を表に出さず、「心が下がる」ことをよいとするムラブリと長年一緒にいて、ぼく自身も感情の表し方が変化している。たとえば、友人と出かけていると、突然「怒ってる？」と確認されることが増えてきた。そんなときはたいてい真逆で、ぼくはむしろ機嫌よくすごしている。友人が言うには、「顔に表情がないから、怒ってるのかと思った」ということらしい。楽しいときに、ニコニコしていないと、怒っていると思われるようだ。ぼくはその期待とは反対に、気分がいいと口数が少なくなり、表情もぼーっとしてくるようになった。それが日本人の感性では「不機嫌」とみなされることがあるのだろう。ムラブリの「心が下がる」は、少し日本人の感性から離れているかもしれない。ただ最近では「＊[10]チルい」という言葉が日本で流行していた。「脱力した心地よさ」は、ムラブリの「心が下がる」に通じるところがあるように思える。森の中でタバコを吸うムラブリの姿は、最高に「チルい」。

ファイホム村でムラブリと住む＊[11]ウドムさんから聞いたおもしろい話があるので紹介しよう。

タイのムラブリは現在いくつかの村に分かれて生活しているため、親族と離れて暮らすムラブリは多い。別の村に行くときは、歩いて行くのは遠いため、車の運転できるウドムさんに「会いに行きたいから

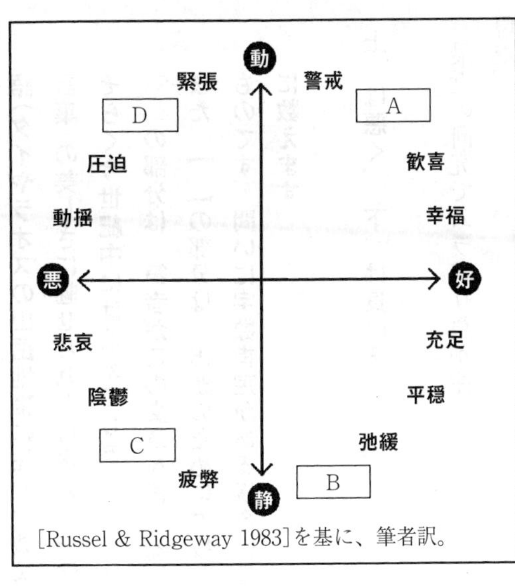

[Russel & Ridgeway 1983]を基に、筆者訳。

(図の注)
＊歓喜－たいそう喜ぶこと。
＊充足－満ちたりること。
＊平穏－おだやかなこと。
＊弛緩－ゆるむこと。
＊疲弊－つかれること。
＊陰鬱－うっとうしい感じがすること。
＊悲哀－悲しくあわれなこと。
＊動揺－気持ちが不安定になること。
＊圧迫－おさえつけること。
＊緊張－張りつめてゆるみのないこと。

ここで注目したいのが、ムラブリ語の迂言的な感情表現だ。②ムラブリ語は「クロル(心)」を用いて感情を表すのだが、そのなかでも「クロル　クン(心が上がる)」と「クロル　ジュール(心が下がる)」という感情表現がおもしろい。

直感的には「心が上がる」はポジティブな意味で、「心が下がる」は＊6ネガティブな意味に聞こえるだろう。しかし、実際は逆で、「心が上がる」といえば「悲しい」とか「怒り」を表し、「心が下がる」は「うれしい」とか「楽しい」という意味を表す[Wnuk & Ito 2021]。

＊7認知言語学という分野では、世界の言語に見られる＊8普遍的な特徴として、「上がる」ことは「よい」こと、つまり〝Up is GOOD〟【アップ　イズ　グッド(上がることはよいことだ)】が主張されている。これは＊9概念メタファーと呼ばれ、とくに〝Up is GOOD〟は世界中で見つかるため、もっとも普遍的な概念メタファーのひとつと考えられている。しかし、ムラブリ語の「心が上がる」はネガティブな感情を表すため、普遍的だと主張される〝Up is GOOD〟の例外となり、とても珍しい。

あまりにもよく見られる〝Up is GOOD〟だから、ムラブリ語の分析が誤りである可能性もある。ぼくも「心が上がる／下がる」は上下運動ではなく、別の意味ではないかとも考えた。しかし、「心が上がる／下がる」というときのジェスチャーを見ると、［ V ］動かしている。やはり、「心臓の辺りが上がる／下がる」という感覚経験にこの表現の源があるようだ。

感情の評価軸は「好／悪」と「動／静」だったが、「心が上がる」は「好／悪」というより、「動／静」に左右されるのではないか、と考える人もいるかもしれない。ぼくも初めはそう考えた。しかし、ぼくたちのおこなった実験によれば、「心が上がる／下がる」は「動／静」に関係なく、「好／悪」を表すのだ。

結果として、動的か静的かにかかわらず、心理学的に良い感情に結びつくものは「心が下がる」、悪い感情に結びつくものは「心が上がる」と表すことから、ムラブリの感性には、〝UP is UNHAPPY〟【アップ　イズ　アンハッピー(上がることは不幸せだ)】と〝DOWN is HAPPY〟【ダウン　イズ　ハッピー(下がることは幸せだ)】の概念メタファーがあると言えるかもしれない。

また、ムラブリ語には「興奮」などに相当する語がない。狩りや性交、祭りなどで感じる感情は、ぼくたちからすれば「興奮」と呼べるものだろう。しかし、ムラブリはそれらの感情を言葉で表すことをしない。「狩りに行くときの感情はなんという?」と質問しても、ぼくの意図がよくわからないようだった。あたかも「ジャック　クェール(狩りに行く)」という言葉に、行為も感情もひっくるめて表現されていると言わんばかりだ。

イ　神手さんが気づかないところで、葛城さんが走馬灯の絵を描き直していたから。

ウ　つらい過去にもきちんと向き合ったことで、自分の人生をなつかしむことができたから。

エ　お墓参りを終えるたびに、葛城さんが神手さんに対して前向きになれるような言葉をかけていたから。

問六　――線部④「走馬灯から消えてしまう。それでいい」とありますが、なぜですか。理由を「経験」という語を用いて、四十字以内で説明しなさい。

問七　――線部「ブレーメン・ツアーズの仕事の流儀」とありますが、なぜブレーメン・ツアーズはお客さんに旅をしてもらう方法をとっているのですか。人間の記憶の特徴をふまえて、七十字以内で説明しなさい。

三　**次の文章を読んで、後の問いに答えなさい。筆者は、ムラブリ語（タイやラオスの山岳地帯に住む少数民族の中で話されている言葉）の美しさに魅せられた日本の言語学者で、ムラブリ語はおそらく今世紀中には消えてしまうだろうと考えられています。また、［　］の部分は、筆者がこの文章を書く際に参考とした資料であり、【　】の部分は、出題のために本校が参考としてつけ加えたものです。問いに字数指定がある場合には、句読点なども一字分に数えます。**

「上」は悪く、「下」は良い？

　最近の研究でムラブリ語が注目されている分野のひとつは、感情表現だ。

　感情表現とひと口に言っても、その定義は難しい。「感情」という語や表現は言語によって対応するものがまちまちだからだ。

　たとえば、トルコ語は「感情」に相当する語彙が3つある[Smith & Smith 1995]。反対に、ガーナなどで話されるダバニ語は、「感情」を意味する語彙を持たないとされる[Dzokoto & Okazaki 2006]。ムラブリ語も同じで、「感情」を表す語がなく、タイ語を使って表現するしかない。

　このような状況で、どの言語にもあてはまる「感情」を定義するのは難しく、哲学的な問いにまで発展するので、ここでは深く立ち入らないことにして、常識的な意味で「感情」を用いることにする。

　感情を表す表現は、大きく分けて2つある。ひとつは語彙だ。日本語で言うと「うれしい」とか「悲しい」などになる。もうひとつは*1迂言的な表現だ。「心が躍る」とか「気分が沈む」などがそうだ。ほとんどの言語で両方の表現方法を用いることが知られている。ムラブリ語もそうだ。

　感情表現は、とくに*2翻訳が難しい。日本語の「幸せ」と英語の「happy」【ハッピー】のニュアンスが異なることからも、その難しさを想像できると思う。だから、研究者は感情表現の意味を「好／悪」と「動／静」の2軸を用いて、平面上に*3マッピングすることで表現する[Russel & Ridgeway 1983]。

　左の①図の右上が「Ⅰ」、右下が「Ⅱ」、左上が「Ⅲ」、そして左下が「Ⅳ」の領域だ。

　たとえば、日本語の「幸せ」は*4ポジティブで、英語の"happy"と共通するが、英語よりも少し静的なので下に位置づけられる。このような違いは、*5逐語訳では見落とされがちだが、図示することで、細かいニュアンスの違いを座標の位置によって表現することができる。

望の大学に受かれば大事な喜びの場面として走馬灯に描かれるだろうし、落ちたら落ちたで、悲しくて悔しい場面として走馬灯に残る」

でも、三十歳を過ぎて、四十歳を過ぎて、五十歳を過ぎて……長く生きていけば、大学受験の結果なんてどうでもよくなる。

④走馬灯から消えてしまう。それでいい。十八歳のときの失敗を一生ひきずる人生は哀しいし、十八歳のときの成功に一生すがる人生は、もっと哀しくて、寂しくて、むなしい。

「なんか、わかるような気がします」

「だろう?」

社長はにやりと笑って、「人生をたどり直す旅をすることは、ほんとうに走馬灯に描くべき絵を選び直すことなんだよ」と言った。

（重松　清『はるか、ブレーメン』）

（注）＊1　ナンユウくん…遥香の友人。

＊2　一縷の望み…細い糸一本のように今にも絶えそうな、かすかな望み。

＊3　フラッシュバック…過去の強い嫌な記憶が突然鮮明に思い出されること。

＊4　悄然…うちしおれているさま。

問一　[I]～[III]に入る語句として最もふさわしいものを次から選び、記号で答えなさい。

ア　もちろん　　イ　ところが

ウ　そのうえ　　エ　とにかく

問二　[A]に入る語句として最もふさわしいものを次から選び、記号で答えなさい。

ア　サイ　　イ　サキ

ウ　サジ　　エ　サマ

問三　――線部①「『けっこう変わるんだぞ』と笑った」ときの社長の気持ちとして最もふさわしいものを次から選び、記号で答えなさい。

ア　依頼してくるお客さんの多くが思い直すからこそ、会社が成り立つとありがたがっている。

イ　思い出のとらえ方が変わるお客さんを見てきて、人の記憶など、はかないものだと笑い飛ばしている。

ウ　何人ものお客さんと接し、人間の身勝手さを痛感させられ、あきれている。

エ　お客さんに人生を振り返ってもらうという会社の流儀に自信を持っている。

問四　――線部②「墓参りを拒否された場合も、とにかくぜんぶ、そのまま伝えてる」とありますが、その理由として最もふさわしいものを次から選び、記号で答えなさい。

ア　伝えないと神手さんが勝手にお墓参りをしてしまうかもしれないから。

イ　遺族の怒りに共感し、代わりに神手さんに伝えないと気持ちが収まらなかったから。

ウ　伝えることと伝えないことの選別をする手間を省くことで仕事を効率化したいから。

エ　厳しい対応をされるということも含めて全てが神手さんの人生であるから。

問五　――線部③「旅を続けるにつれて、走馬灯に描かれる絵は、どんどん幸せに満ちたものになっていったのだ」とありますが、その理由として最もふさわしいものを次から選び、記号で答えなさい。

ア　苦い記憶が色褪せるくらいの素敵な記憶があったことを思い出すことができたから。

そして、三つめ――。

「なつかしむ力だ」

社長は虚空を見つめて微笑んだ。まさに遠い昔をなつかしむ顔になって、続けた。

「私は思うんだ、遥香さん。『なつかしい』というのは、あんがいと深い感情だぞ」

あの頃に戻りたいから、なつかしい。あの頃にはもう戻れないからこそ、なつかしい。あの頃の、あの出来事を、全面的に肯定するから、なつかしい。苦い後悔があるからこそ、なつかしい。満面の笑みで、なつかしい。泣きだしそうに顔をゆがめて、なつかしい。

「旅をして、自分の人生をなつかしんでほしい。そこから、最後に、走馬灯に残す絵を決めてほしい。私はそう考えているんだ」

心臓外科医の神手さんも、自分が助けられなかった患者さんにまつわる記憶はすべて走馬灯から消してほしい、と願っていた。

でも、葛城さんは「亡くなった患者さんのお墓参りに出かけませんか」と提案して、遺族との再会もセッティングした。神手さんは墓参を続け、遺族との再会を繰り返し……記憶は少しずつ、形を変えていったのだ。

遺族の対応は、さまざまだった。恐縮する人や感謝する人がいる一方で、線香を手向ける神手さんの背中を恨めしそうににらむ人もいたし、当時のことを蒸し返して怒りだす人もいた。お墓参りのあとで会食の席まで設けてくれた遺族がいたかと思えば、神手さんの挨拶すら拒んで、お墓の場所をどうしても教えてくれなかった遺族もいた。

半年がかりで二十人以上の墓参りをした。ようやく折り返しを過ぎたところだという。ツアーの日程はすべて葛城さんが決める。遺族への事前連絡もして、お墓参りができる場合はすべて――遺族が歓迎しているかどうかにかかわらず、神手さんに出かけてもらうことにしている。

「恨まれているのがわかっていても、案内するんですか？」

「ああ……②墓参りを拒否された場合も、とにかくぜんぶ、そのまま伝えてる」

「神手さんがショックを受けたり、傷ついたりしても？」

「もちろん」

「記憶、やっぱり変わっていくんですか？」

「ああ、変わる」

「いいほうに？」

「そうなるときもあれば、逆もある」

神手さん自身の予想とはまったく違う対応をされることが、何度もあった。

「十年前に裁判沙汰になりそうなほど揉めた遺族が温かく迎えてくれたり、逆に、二十年後になって初めて恨みつらみをぶつけてくる遺族がいたり……いろいろあったらしい」

神手さんは、むしろ、厳しく対応した遺族と会ったあとのほうが、すっきりしていた。そして、③旅を続けるにつれて、走馬灯に描かれる絵は、どんどん幸せに満ちたものになっていったのだ。

走馬灯の絵師の仕事は、自分が絵を描き直すことだけではない。むしろ、それは最後の最後の手段だった。

「そんなことをしなくてすめば、それに越したことはない。一番いいのは我々がなにもしなくても、走馬灯が幸せなものに変わっていくことだ」

「そんなにすぐに変わるものなんですか？」

「変わるさ。だから、人生は面白いんだ」

たとえば、と社長は続けた。

「遥香さんのような高校生にとって、大学受験は大きいよな。第一志

消すことは簡単だった。オフィスの一室で、相応の時間をかければ、リクエストには応えられる。でも、葛城さんは、神手さんが救えなかった患者さんの墓参りのツアーを組んだ。

「それはそうだろう？　ウチは旅行会社だ。お客さんに旅をしてもらうのが仕事なんだから」

「……旅をすると、なにが違うんですか？」

社長は「その前に、ちょっと遠回りさせてくれ」と、デジタルのデータと人間の記憶の違いを語った。

デジタルのデータは時間がたっても変わらない。でも、人間の記憶は時間がたてば薄れていく。鮮やかだったものがぼんやりとして、前後の脈絡が読み取れなくなって、そのまま消えてしまうことだってある。

わたしが「劣化しますよね」と相槌を打つと、社長は苦笑交じりにかぶりを振って「私の考えは逆なんだ」と言う。

「……逆って？」

「記憶が薄れることや色褪せることは、必ずしもマイナスじゃない。いつまでも細かく覚えていたくないこともあるし、忘れたいことだってある。そうだろう？」

「それは……はい……わかります」

「なんでもかんでも、つい昨日のことのようにしっかり覚えていなくちゃいけないのは、かえってつらいぞ。川の石が水に削られてまるくなるのと同じだ。うまいぐあいに磨り減って、まるくなってくれたおかげで背負いやすくなる思い出だってあるんだ」

そうかもしれない、確かに。

「忘れるっていうのは、神さまが人間に授けてくれた、大切な力かもしれないよな」

大げさな言い方のはずなのに、社長の顔と声の力なのだろうか、不思議とすんなりと耳に入って、胸に染みた。

そこまでが――デジタルとの違い。

「でもな」と社長は続けた。

「思い出は、富士山と同じだ。登ってるときには、富士山の形はわからない。すぐ麓にいても、全体の姿はわからない。富士山の、あの形と高さを実感するには、だいぶ離れないといけないんだ」

思い出も、離れて振り返ると、見え方が違ってくる。

「幸せな思い出のはずだったのに、何十年後に振り返ると色褪せていたり、二度と思いだしたくなかったはずの日々が、むしょうに愛おしく思えてきたりもするんだ」

だから、お客さんに旅をしてもらう。そのうえで、あらためて走馬灯の絵を決める。それが、ブレーメン・ツアーズの仕事の流儀だった。

時間はかかる。手間暇もかかる。最初に「これを消して、あれを描き足して」と注文されたことをそのままやっていけば、仕事は早くすむ。そのほうが会社の経営としてもずっと率がいい。

「でも、私は、そういうことはしたくないんだ。お客さんに、もう一度、人生の記憶をたどり直してから、あらためて決めてほしいんだ。走馬灯から消したい思い出は、ほんとうに消すべきなのか、残したい思い出は、ほんとうに残すに価するものなのか……」

社長はそこで言葉を切って、①「けっこう変わるんだぞ」と笑った。

旅を終えたあと、最初のオーダーでは消すはずだった思い出が「やっぱり残してほしい」となることがある。逆に、走馬灯に描き入れてほしかった思い出を「やっぱり、やめておきます」と断ることもある。

「私は、人間には三つの力があると思う」

一つめは、記憶する力。でも、記憶していても、それはデジタルとは違って、薄れたりぼやけたりする。だから、二つめは、忘れる力になる。

(2) **資料1**の「一汁三【④】」の【④】に入る漢字と同じ漢字が含まれるものを次から選び、記号で答えなさい。

ア サイ度、同じ問題を解く。
イ 犬に吠えられてサイ難だった。
ウ 友達と山サイ採りを楽しんだ。
エ 小さなサイは気にしない。

(3) **資料2**を見て、【①】、【③】に当てはまる言葉として最もふさわしいものを次から選び、記号で答えなさい。

ア ① 増加 ③ 増加
イ ① 増加 ③ 減少
ウ ① 減少 ③ 減少
エ ① 減少 ③ 増加

(4) 【②】に入る数字を次から選び、記号で答えなさい。

ア 1　イ 2
ウ 3　エ 4

二

次の文章を読んで、後の問いに答えなさい。なお、問いに字数指定がある場合には、句読点なども一字分に数えます。

ブレーメン・ツアーズは、依頼者の走馬灯(この文章では、死ぬ間際に見る思い出や記憶のこと)を描くための旅を企画する特殊な会社である。社長や葛城さんは、人の走馬灯をのぞいたり描きかえたりできる力を持っている。本文は、社長が高校生の遥香に仕事内容について語っている場面である。

社長が例に挙げてくれたのは、＊1ナンユウくんのお母さんにビデオ通話で話していた、心臓外科の名医の墓参りのツアーだった。

「守秘義務で名前は明かせないから……」

社長は少し考えて、その名医が「神の手」と呼ばれていたので、「神手さんにするか」と言った。そのセンス、わたしとはちょっと違うかも。

でも、［ I ］、神手さんの話だ。

世界的に注目される難しい手術を何度も成功させた神手さんだけど、［ II ］、すべての手術がうまくいったわけではない。

「名医の宿命だ。神手さんのもとには、ほかの医者が［ A ］を投げた患者ばかり、藁にもすがる思いで、＊2一縷の望みを託して来るわけだ。難しい手術ばかりで、分は悪い。だめで元々だ。患者も家族もそれは承知のはずなんだが、実際に亡くなってしまうと、やっぱり、医者のせいになるんだ」

遺族からじかに抗議されたこともある。でも、それ以上に、感情を抑えた声で「ありがとうございました」と挨拶されるときのほうがキツかった。

もっとも、現役の頃には「神の手」のプライドもある。一人の患者の命を救えなくても、まだ次の患者が待っている。しかたないだろう、こっちもベストは尽くしたんだ、と割り切って前に進むしかなかった。

［ III ］、歳をとって現役を退くと、手術に失敗したときの夢をしょっちゅう見て、うなされるようになった。昼間でも、遺族に頭を下げる場面が＊3フラッシュバックする。

「そんなことがしばらく続いて、不安になって、ウチに来たんだ」

自分の走馬灯には、失敗した手術のことや、亡くなった患者や、その遺族の顔が描かれているのではないか——。

葛城さんが記憶を覗いた。神手さんの不安は当たっていた。手術台で息を引き取った患者や、頭を下げる神手さんに＊4悄然としたまま挨拶する遺族の姿が、いくつも、色つきで記憶に残っていたのだ。

資料2

【「和食文化」のユネスコ登録認知】

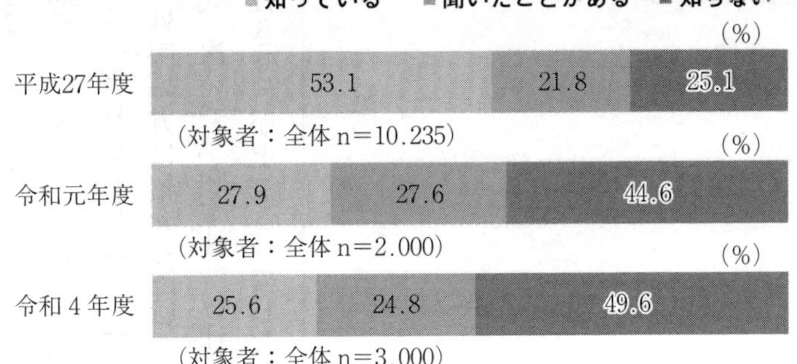

(農林水産省(https://www.maff.go.jp/j/keikaku/syokubunka/culture/attach/pdf/chousa-1.pdf)を加工して作成)

【外国の方に紹介したい「和食文化」の有無】

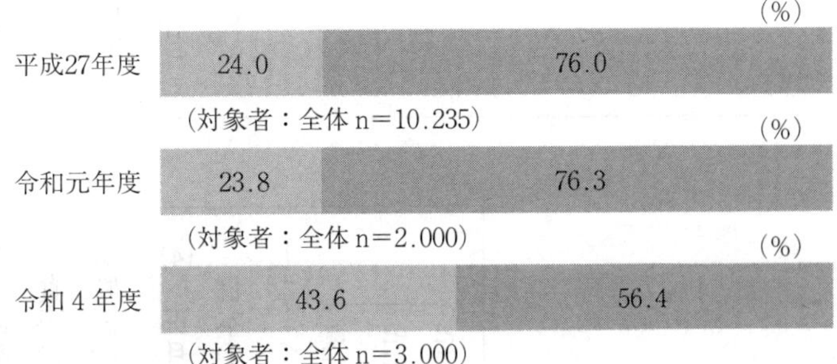

(農林水産省(https://www.maff.go.jp/j/keikaku/syokubunka/culture/attach/pdf/chousa-1.pdf)を加工して作成)

(1) **資料1**の〈A〉～〈D〉に入る文の組み合わせとして最もふさわしいものを後から選び、記号で答えなさい。

1 また、「うま味」を上手に使うことによって動物性油脂の少ない食生活を実現しており、日本人の長寿や肥満防止に役立っています。

2 季節の花や葉などで料理を飾りつけたり、季節に合った調度品や器を利用したりして、季節感を楽しみます。

3 自然の恵みである「食」を分け合い、食の時間を共にすることで、家族や地域の絆を深めてきました。

4 また、素材の味わいを活かす調理技術・調理道具が発達しています。

ア A―1 B―2 C―4 D―3
イ A―3 B―1 C―2 D―4
ウ A―4 B―2 C―1 D―3
エ A―1 B―3 C―2 D―4
オ A―4 B―1 C―2 D―3

問三 次の枠内の文章、**資料1**、**資料2**について、後の(1)～(4)の問いにそれぞれ答えなさい。

　２０２３年12月、「和食：日本人の伝統的な食文化」がユネスコ無形文化遺産に登録されて10周年でした。農林水産省のサイトによると、和食の特徴は**資料1**にある通りでした。また、令和5年に同省から発表された**資料2**によると、「和食文化」ユネスコ登録認知度は平成27年度に比べて、令和元年では大幅に【①】しました。その傾向は令和4年度まで続いていて、「知っている」の割合は全体の【②】割台半ばに留まりました。一方、外国の方に紹介したい「和食文化」の有無については、「ある」の割合が、令和元年度に比べて、令和4年度には大幅に【③】しました。なお、同調査によると、外国の方に紹介したい「和食」として、「寿司」が最も多く、次いで「味噌汁／豚汁」、「だし」、「天ぷら」、「ご飯／おにぎり」が上位5つでした。

資料1

(1) **多様で新鮮な食材とその持ち味の尊重**
日本の国土は南北に長く、海、山、里と表情豊かな自然が広がっているため、各地で地域に根差した多様な食材が用いられています。〈　A　〉

(2) **健康的な食生活を支える栄養バランス**
一汁三【④】を基本とする日本の食事スタイルは理想的な栄養バランスと言われています。〈　B　〉

(3) **自然の美しさや季節の移ろいの表現**
食事の場で、自然の美しさや四季の移ろいを表現することも特徴のひとつです。〈　C　〉

(4) **正月などの年中行事との密接な関わり**
日本の食文化は、年中行事と密接に関わって育まれてきました。〈　D　〉

（農林水産省Ｗｅｂサイトより
https://www.maff.go.jp/j/keikaku/syokubunka/ich/index.html）

2024年度 湘南白百合学園中学校

【国　語】〈四教科入試〉（四五分）〈満点：一〇〇点〉

一 **次の問いに答えなさい。**

問一 次の――線部のカタカナは漢字に、漢字はひらがなに直しなさい。

① デンチュウを見上げる。
② 植物のメが出る。
③ ハラが立つような出来事。
④ 三人目のマゴが生まれる。
⑤ チョウカンを読む。
⑥ お年寄りを敬う。
⑦ 地道な努力が勝利に導く。
⑧ 貴族の館を見学する。
⑨ 養蚕が盛んな村を訪れる。
⑩ 実験が成功に至る。

問二 次の①～⑥は世界のことわざです。これらのことわざは、日本のどのことわざの意味に近いですか。最もふさわしいものを後から選び、それぞれ記号で答えなさい。

① 〈フランス〉　犬は猫（ねこ）を生まない
　：Les chiens ne font pas des chats.
② 〈イタリア〉　天は明るい人を助ける
　：Gente allegra il ciel l'aiuta.
③ 〈スペイン・メキシコ〉　空中に城を建てる
　：Hacer castillos en el aire.
④ 〈インドネシア〉　命が髪（かみ）の毛一本にかかっている
　：Jiwa bergantung di ujung rambut.
⑤ 〈オランダ〉　治療（ちりょう）より予防
　：Voorkomen is beter dan genezen.
⑥ 〈ドイツ〉　馬に乗りながら馬を探す
　：Er sitzt auf dem Pferde und sucht es.

ア　風前の灯（ともしび）
イ　灯台もと暗し
ウ　絵に描（か）いた餅（もち）
エ　転ばぬ先の杖（つえ）
オ　笑う門（かど）には福来る
カ　蛙（かえる）の子は蛙

（日本ことわざ文化学会『世界ことわざ比較辞典』を参考）

2024年度 湘南白百合学園中学校 ▶解説と解答

算　数　＜４教科入試＞（45分）＜満点：100点＞

解　答

1 (1) $\frac{7}{16}$　(2) $\frac{2}{25}$　(3) **ア**…11人，**イ**…70個　(4) 60人　(5) 8.7秒　2 (1) 0.8kg　(2) **可燃ごみ**…0.8kg，**プラスチックごみ**…0.9kg，**空き缶**…1.7kg，**ペットボトル**…1.4kg，**金属**…2.8kg　(3) 3ポイント　3 (1) (エ)　(2) 毎分80m　(3) 1680m　(4) 毎分70m　(5) 19分36秒後　4 (1) 3：4　(2) 15：6：14　(3) $5\frac{17}{35}$cm^2　5 (1) 4 cm　(2) 解説の図3を参照のこと。　(3) 306.6cm^2

解　説

1 四則計算，逆算，差集め算，集まり，平均とのべ

(1) $0.25+\left(2.625-\frac{7}{3}\right)\div\frac{14}{9}=\frac{1}{4}+\left(2\frac{5}{8}-2\frac{1}{3}\right)\div\frac{14}{9}=\frac{1}{4}+\left(2\frac{15}{24}-2\frac{8}{24}\right)\div\frac{14}{9}=\frac{1}{4}+\frac{7}{24}\times\frac{9}{14}=\frac{1}{4}+\frac{3}{16}=\frac{4}{16}+\frac{3}{16}=\frac{7}{16}$

(2) $2\frac{10}{11}\times0.33=\frac{32}{11}\times\frac{33}{100}=\frac{24}{25}$より，$\left(17\times\square-\frac{24}{25}\right)\div2.5=\frac{4}{25}$，$17\times\square-\frac{24}{25}=\frac{4}{25}\times2.5=\frac{4}{25}\times\frac{5}{2}=\frac{2}{5}$，$17\times\square=\frac{2}{5}+\frac{24}{25}=\frac{10}{25}+\frac{24}{25}=\frac{34}{25}$　よって，$\square=\frac{34}{25}\div17=\frac{34}{25}\times\frac{1}{17}=\frac{2}{25}$

(3) 全員に８個ずつ配るためには，２＋８×２＝18(個)足りない。よって，１人に８個ずつ配るのに必要な数と１人に６個ずつ配るのに必要な数の差は，18＋４＝22(個)とわかる。これは，８－６＝２(個)の差が子どもの人数だけ集まったものだから，子どもの人数は，22÷２＝11(人)(…ア)である。また，りんごの個数は，６×11＋４＝70(個)(…イ)と求められる。

(4) どちらも好きでない生徒の人数を①として図に表すと，右の図１のようになる。また，図１の太線部分を右へ①だけ移動すると，右下の図２のようになる。図２から，②にあたる人数が，100＋120－180＝40(人)とわかるので，①にあたる人数は，40÷２＝20(人)と求められる。よって，どちらも好きな生徒の人数は，③＝20×３＝60(人)である。

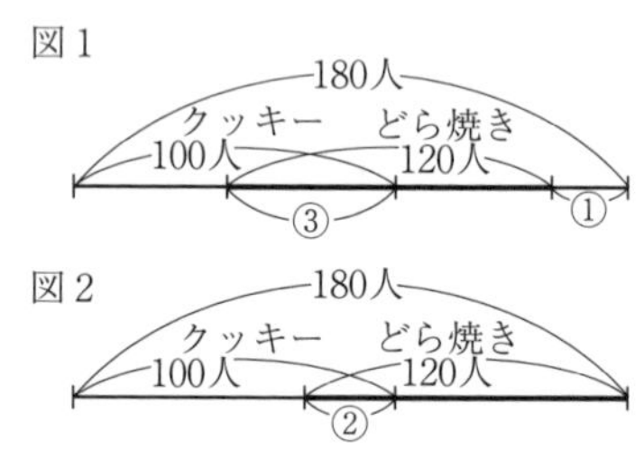

(5) (平均)＝(合計)÷(人数)より，(合計)＝(平均)×(人数)となるから，平均が7.5秒の２人の合計は，7.5×２＝15(秒)，平均が8.5秒の３人の合計は，8.5×３＝25.5(秒)とわかる。また，６人全員の合計は，8.2×６＝49.2(秒)なので，求める１人の記録は，49.2－(15＋25.5)＝8.7(秒)である。

2 和差算，割合と比，条件の整理

(1) プラスチックごみ，空き缶，ペットボトルの関係を図に表すと，下の図１のようになる。図１から，プラスチックごみと空き缶の重さの差は，0.5＋0.3＝0.8(kg)とわかる。

(2) プラスチックごみの重さの３倍が，４－0.8－0.5＝2.7(kg)だから，プラスチックごみの重さは，2.7÷３＝0.9(kg)，空き缶の重さは，0.9＋0.8＝1.7(kg)，ペットボトルの重さは，0.9＋0.5＝1.4(kg)

とわかる。また，(可燃ごみ)＋(金属)と，(プラスチックごみ)＋(空き缶)＋(ペットボトル)の重さの比は，$\frac{9}{19}:\left(1-\frac{9}{19}\right)=9:10$なので，右下の図２のように表すことができ，(可燃ごみ)＋(金属)の重さは，$4\times\frac{9}{10}=3.6$(kg)とわかる。さらに，可燃ごみと金属の重さの比は２：７だから，可燃ごみの重さは，$3.6\times\frac{2}{2+7}=0.8$(kg)，金属の重さは，$3.6-0.8=2.8$(kg)と求められる。

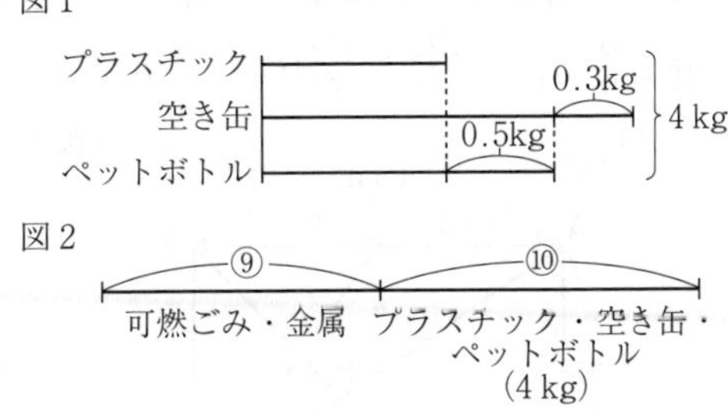

(3)　ペットボトルの重さは1.4kg(＝1400ｇ)なので，1400÷100＝14より，ペットボトルでは14回分のポイントをもらうことができる。同様に，空き缶の重さは1.7kg(＝1700ｇ)だから，1700÷150＝11余り50より，空き缶では11回分のポイントをもらうことができ，金属の重さは2.8kg(＝2800ｇ)なので，2800÷400＝７より，金属では７回分のポイントをもらうことができる。よって，もらったポイントの合計は，14＋11＋７＝32(回)分であり，これが96ポイントにあたるから，１回分のポイントは，96÷32＝３(ポイント)と求められる。

3 旅人算

(1)　２人の進行のようすを表すグラフは右のようになる。よって，正しいグラフは(エ)である。

(2)　百合子さんは12分で960ｍ歩いたから，百合子さんの速さは毎分，960÷12＝80(ｍ)とわかる。

(3)　百合子さんが往復にかかった時間は42分なので，百合子さんが片道にかかった時間は，42÷２＝21(分)である。よって，学校から駅までの道のりは，80×21＝1680(ｍ)と求められる。

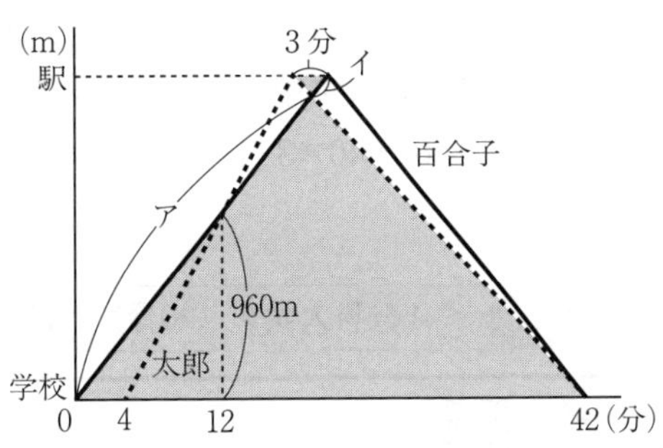

(4)　太郎くんが帰りにかかった時間は，百合子さんが帰りにかかった時間よりも３分長いから，21＋３＝24(分)である。よって，太郎くんの帰りの速さは毎分，1680÷24＝70(ｍ)とわかる。

(5)　グラフのかげをつけた２つの三角形は相似である。このとき，相似比は，３：42＝１：14なので，ア：イ＝14：１とわかる。この和が21分だから，アの部分の時間は，$21\times\frac{14}{14+1}=19.6$(分)と求められる。60×0.6＝36(秒)より，これは19分36秒とわかるので，２人が２度目に出会うのは百合子さんが出発してから19分36秒後である。

4 平面図形―相似，辺の比と面積の比

(1)　12÷２＝６(cm)，12－４＝８(cm)より，下の図１のようになる。三角形EGDと三角形CGFは相似であり，相似比は，ED：CF＝６：８＝３：４だから，DG：GF＝３：４とわかる。

(2)　３つの三角形CDG，CGH，CHFは高さが等しいので，面積の比は底辺の比(DG：GH：HF)と等しくなる。また，三角形AHDと三角形CHFは相似であり，相似比は，AD：CF＝12：８＝３：２だから，DH：HF＝３：２とわかる。そこで，DFの長さを，３＋４＝７と，３＋２＝５の最小公倍数である35にそろえると，DG：GF＝３：４＝15：20，DH：HF＝３：２＝21：14より，DG：GH：HF＝15：(21－15)：14＝15：６：14となる。したがって，３つの三角形の面積の比も15：６：14である。

(3)　三角形DFCの面積は，$8 \times 8 \div 2 = 32(\text{cm}^2)$だから，(2)より，三角形CGHの面積は，$32 \times \frac{6}{15+6+14} = \frac{192}{35} = 5\frac{17}{35}(\text{cm}^2)$と求められる。

図１

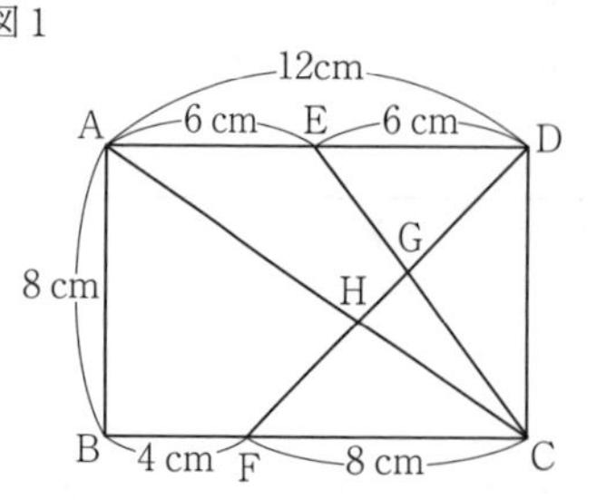

図２

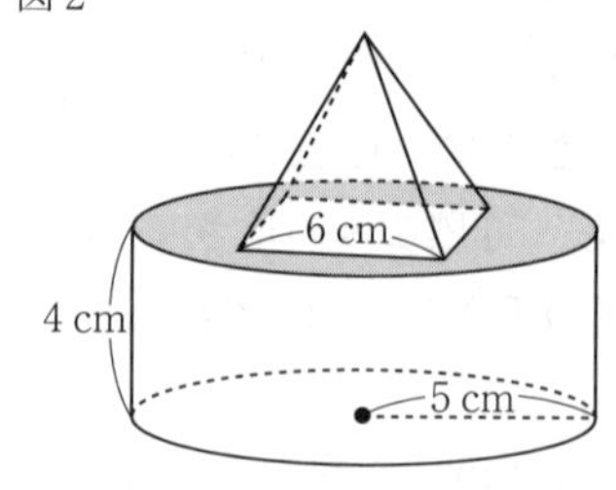

図３

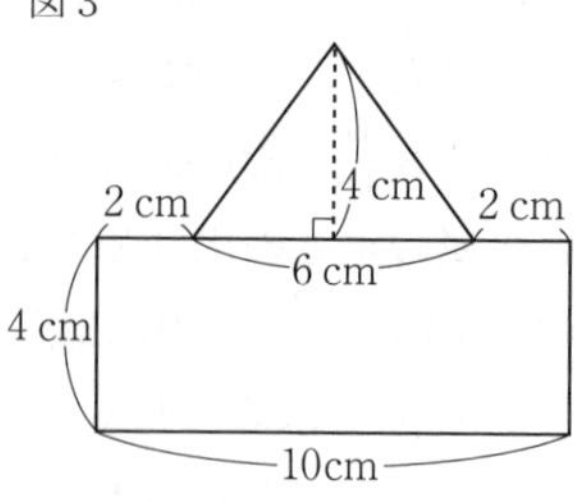

5　立体図形—体積，表面積

(1)　立体Ａの見取図は上の図２のようになる。円柱の体積は，$5 \times 5 \times 3.14 \times 4 = 314(\text{cm}^3)$だから，正四角すいの体積は，$362 - 314 = 48(\text{cm}^3)$とわかる。よって，正四角すいの高さを□cmとすると，$6 \times 6 \times □ \div 3 = 48(\text{cm}^3)$と表すことができるので，$□ = 48 \times 3 \div 6 \div 6 = 4(\text{cm})$と求められる。

(2)　立体Ａを真横から見た図は，上の図３のようになる。

(3)　円柱の底面積は，$5 \times 5 \times 3.14 = 25 \times 3.14(\text{cm}^2)$だから，図２のかげをつけた部分の面積は，$25 \times 3.14 - 6 \times 6 = 25 \times 3.14 - 36(\text{cm}^2)$となる。また，円柱の側面積は，$5 \times 2 \times 3.14 \times 4 = 40 \times 3.14(\text{cm}^2)$，正四角すいの側面積は，$6 \times 5 \div 2 \times 4 = 60(\text{cm}^2)$なので，立体Ａの表面積は，$25 \times 3.14 + (25 \times 3.14 - 36) + 40 \times 3.14 + 60 = 90 \times 3.14 + 24 = 282.6 + 24 = 306.6(\text{cm}^2)$と求められる。

社　会　＜４教科入試＞（40分）＜満点：100点＞

解　答

1　**1**　(1)　輪作　(2)　(例)　作物が病気になることを防ぐ。／肥料を節約することができる。　**2**　エ　**3**　**A**　十勝　**B**　庄内　**4**　**地名**…松島　**写真**…ウ　**5**　**遠洋漁業**…イ　**理由**…(例)　1970年代に生産量が激減しているため。　**6**　(1)　ア，オ　(2)　ビニルハウス(暖ぼう)(温室)　**7**　(1)　サウジアラビア　(2)　イ　(3)　ウ　**8**　(1)　[illegible]　(2)　**c**　公　**d**　自　**e**　共　**9**　**①の県**…い　**f**…エ　**2**　**1**　仏教　**2**　オ　**3**　はにわ　**4**　高床倉庫　**5**　イ　**6**　イ　**7**　本能寺の変　**8**　ア　**9**　**【3】**　天智天皇　**【11】**　聖武天皇　**10**　**誤りの語句**…北方　**正しい語句**…(例)　西方　**11**　エ　**12**　(1)　伊能忠敬　(2)　ア　**13**　イ　**14**　14　**15**　エ　**16**　ウ　**17**　(例)　①　卑弥呼　②　女性であるのに，どうやって権力を握ることができたのですか？　**3**　**1**　内閣　**2**　(1)　委員会　(2)　請願　**3**　ウ　**4**　**収入**…Ｙ　**金額**…エ　**5**　**あ**　教育　**い**　ジェンダー　**6**　ア，エ　**7**　(例)　事実と異なる文章がつくられる可能性がある。(文章全体をAIで作成すると自分で考える力が養われなくなる。)

解　説

1　都道府県についての問題

1　(1)，(2)　Ａの十勝平野(北海道)では，土地がやせたり病気や害虫が発生したりしないように，畑に植える作物を年ごとに変える輪作が行われていて，じゃがいも，小麦，てんさい，スイートコーン，あずきなどの作物が順番につくられている。また，輪作をすることによって土の栄養バランスが良くなるため，肥料を節約できるという利点もある。

2　Ｂの庄内平野（山形県）は，日本海側に位置し，最上川の下流に形成されている。北西の季節風は冬に大陸から吹いてくる湿った風で，夏は南東の季節風が太平洋側に吹く（エ…×）。

3　１，２の解説を参照のこと。

4　Ｃの松島湾（宮城県）には大小260余りの島々がある。松の緑と海の青さが美しい景勝地であることから，京都府の天橋立，広島県の宮島（イ）とともに，「日本三景」と呼ばれている。なお，アは木曽三川（木曽川・長良川・揖斐川）の下流域に見られる輪中地域である。

5　1977年から各国で200海里漁業専管水域（排他的経済水域）が制定されたことにより，沿岸国が主張する水域の200海里以内では，自由に漁業ができなくなった。その影響により，1970年代前半は最も生産量の多かった遠洋漁業がその後激減し，現在は４つの漁業形態の中で最も生産量が少なくなった。よって，イが遠洋漁業である。なお，アは沖合漁業，ウは沿岸漁業，エは養殖漁業である。

6　(1)　菊は秋になって日照時間が短くなると花芽がつき，つぼみがふくらんで開花する性質がある（ア…○）。Ｅの渥美半島（愛知県）は戦後，豊川用水が通り安定して水が供給できるようになったことと，温暖な気候で野菜や花きを栽培しやすかったことから園芸農業が発達した。電照菊は花芽ができる前の菊に，夜間に電灯の光を当てることで花芽の形成と開花の時期を遅らせ（オ…○），最も菊が売れる時期である正月から春の間に出荷するようにしている。　(2)　一年中温暖な沖縄では冬も暖かいため，渥美半島とは時期をずらして菊の栽培が可能である。そのため，ビニルハウスでの栽培に暖ぼうを使う必要がなく，施設費や燃料費をかけなくてすむので費用のかかる航空機でも輸送することができる。

7　(1)　日本は石油のほぼ100％を輸入に頼っており，サウジアラビア（38.1％）とアラブ首長国連邦（38.0％）からの輸入量が全体の約４分の３を占めている（2022年）。　(2)　工場排水や生活排水などが原因で，海や湖などにおいてプランクトンが大量に発生する現象を赤潮という。赤潮が発生すると，漁獲量が大幅に減るおそれがあるが，原油の生産量の増減とは関係ない（イ…×）。　(3)　大型のタンクを持つ貨物船をタンカーといい，原油を運ぶタンカーには原油の積み下ろしを行うためのパイプラインやポンプが備わっている（ウ…○）。なお，アは多様な製品をコンテナに収納して輸送するコンテナ船，イは天然ガスを輸送するLNG船，エは乗客を乗せるフェリーである。

8　(1)　過去に発生した津波や洪水，土砂災害などの情報を伝える自然災害伝承碑の地図記号は（ ）である。記念碑の地図記号に，碑文を示す縦線を加えてつくられた。後世の人々に災害の起きた地であることを伝えるため，2019年に国土地理院によって制定された。　(2)　防災においては，自分自身で身の安全を守る「自助」（ｄ），住民どうしが互いに助け合う「共助」（ｅ），国や市町村などの公的機関によって救助する「公助」（ｃ）を行うことが大切である。

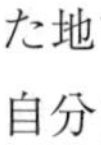

9　地図中の①は青森県，②は新潟県，③は長野県，④は宮崎県である。表のうち，田の面積と米の収穫量が最も多いことから「う」は新潟県，りんごの収穫量が最も多いことから「い」は青森県，「い」に次いでりんごの収穫量が多いことから「え」は長野県である。残った「あ」は宮崎県で，米の収穫量が最も少ないことからも判断できる。また，ｆは，宮崎県での収穫量が多いことか

ら，全国第２位(第１位は茨城県)の収穫量をほこるピーマンが当てはまる。

2 歴史上の人物についての問題

1 「どうして十七という数にしたのですか？」などの記述から，十七条憲法を制定した聖徳太子へのお手紙だとわかる。よって空欄には，その条文の１つである「仏教を敬いなさい」が当てはまる。

2 雪舟は，室町時代に明(中国)にわたって絵の修行を重ね，墨の濃淡を利用して自然の情景をあらわす水墨画を大成した。代表作の１つに，京都府北部にある日本三景の一つを描いた『天橋立図』がある。なお，愛知県にある東海道の鳴海宿を題材に，『東海道五十三次』鳴海名物有松絞を描いたのは，歌川広重である。

3 はにわは，円墳や方墳などの古墳の頂上や周りに並べられた素焼きの土器で，人物や動物をかたどったもの，円筒形のものなどがつくられ，古墳のかざりやくずれ止めなどの役割を果たした。

4 高床倉庫は，弥生時代に米などの収穫物を保存するためにつくられたもので，湿気を防いで風通しをよくするために床が高く，ねずみの侵入を防ぐために「ねずみがえし」が柱につけられていた。

5 「新しい憲法の成立」や「高度経済成長」から昭和時代のことであるとわかるので，「この戦争」は太平洋戦争(1941～45年)を指している。1945年４月から行われた沖縄の地上戦において，アメリカ兵に捕まることよりも集団自決を選んだ住民もいた(イ…○)。なお，日本は太平洋戦争において，ドイツ，イタリアと同盟を結び，イギリスやアメリカと戦った(ア…×)。ウは朝鮮戦争(1950～53年)について，エは日清戦争(1894～95年)についての説明である(ウ，エ…×)。

6 高度経済成長期後半の1970年ごろから普及し始めた，カラーテレビ，カー(自動車)，クーラーを，この時代の三種の神器(新三種の神器，３Ｃ)という。なお，高度経済成長期が始まった1950年代から1960年代にかけては，白黒テレビ，電気洗濯機，電気冷蔵庫を三種の神器と呼んだ。

7 天下統一をなしとげたのは豊臣秀吉で，1590年のことである。その８年前は1582年なので，秀吉の主君である織田信長が家臣の明智光秀に背かれ，暗殺された本能寺の変のことを指している。

8 「文明開化」が起こった明治時代初め，新政府は欧米諸国に並ぶ強い国をつくるため，国を豊かにし，軍事力を強化する「富国強兵」をスローガンに，近代的な国づくりを目指していた。そのための手段として，産業をおこし経済を発展させる「殖産興業」が推進された(ア…○)。なお，坂本龍馬は幕末に暗殺されたので当てはまらない。また，当時欧米へ派遣された視察団の中心は岩倉具視である(イ…×)。公家や大名を華族，武士を士族とし，それ以外の町民や百姓などを平民とした。また，当時の大日本帝国憲法では男女平等は定められていない(ウ…×)。1877年に新政府に対して西南戦争を起こしたのは板垣退助ではなく，西郷隆盛である(エ…×)。

9 【**3**】「中臣鎌足」と「天皇中心の政治体制を築こうとし」たとあるので，天智天皇(即位前は中大兄皇子)のことだとわかる。２人は645年，天皇をしのぐほどの権力をふるっていた蘇我蝦夷・入鹿父子を滅ぼし，唐から帰国した留学生たちの協力を得て，大化の改新と呼ばれる天皇中心の政治を目指す改革を行った。　【**11**】「国を平和にしたい」ために「大仏づくり」をしたことから，聖武天皇のことだとわかる。聖武天皇は，混乱した世の中を仏教の力でしずめ，国を安らかに治めようとして，743年に大仏造立を命じた。

10 稲作は，縄文時代の終わりごろに大陸から朝鮮半島や島を経由するなどして九州北部に伝わったとされ，弥生時代には西日本だけでなく東日本にも定着した。

11　源頼朝は，源氏ゆかりの地であったこと，三方が山に囲まれ，一方が海に面して敵から攻められにくい地形であったこと，東国に支配権を確立したかったことなどから，鎌倉に幕府を開いた(エ…○)。

12　(1)　西廻り航路は江戸時代の1672年に河村瑞賢によって整備された。商人であった伊能忠敬は家業を引退した後，日本の地図を作成するために17年にわたって全国各地を測量し，忠敬の死後の1821年に弟子たちが「大日本沿海輿地全図」を完成させた。　(2)　江戸時代には，脱穀用の千歯こき，深く耕すための備中ぐわ，かんがい用の踏車，米つぶを選別するための唐箕や千石どおしなど，農具が改良された(ア…○)。租・調・庸は奈良時代の税制度(イ…×)，守護や地頭が農民を支配していたのは鎌倉時代(ウ…×)，朝鮮半島に日本人が移住したのは明治時代，満洲は昭和時代のことである(エ…×)。

13　９月１日に防災訓練が行われるのは，1923年９月１日に関東大震災が発生したことに由来する。また，この時期は台風の発生が多く，1959年には戦後最大の被害といわれる伊勢湾台風が起きたこともあり，1960年に「防災の日」として制定された。年表は，ア→1914年(第一次世界大戦勃発)→イ→1925年３月(普通選挙法の成立)→ウ→1925年４月(治安維持法の公布)→エ→1933年(国際連盟の脱退を通告)→オであるので，【12】の文章が入るのはイである。

14　「遣唐使を廃止」し，「九州の大宰府に流され」た「学問の神様」とあることから，菅原道真への質問だとわかる。よって該当するのは平安時代である。【１】は室町時代，【２】は古墳時代，【３】は飛鳥時代，【４】は弥生時代，【５】は鎌倉時代，【６】は飛鳥時代，【７】は江戸時代，【８】は昭和時代，【９】は安土桃山時代，【10】は明治時代，【11】は奈良時代，【12】は大正時代，【13】は縄文時代であるので，該当するものがない。

15　14より，時代順に並べたものは，【４】→【５】→【10】→【12】となる。

16　14より【９】と【10】の時代は異なるので，桜子さんのコメントは誤り(ア…×)。【６】は聖徳太子の政策についての疑問を記したものであるので，菊子さんのコメントは誤り(イ…×)。【13】は三内丸山遺跡の出土物についてであるので，梅子さんのコメントは正しい(ウ…○，エ…×)。

17　卑弥呼は，弥生時代の2世紀末～3世紀前半ごろに邪馬台国の女王であったとされる人物である。解答例では，女性であるとされる卑弥呼がどのようにして力を持ったのか，という点に焦点を当てているので，それを参考にするとよい。

3　生成AIを題材とした公民分野の問題

1　最高裁判所の長官以外の裁判官は内閣によって任命される。なお，下級裁判所の裁判官は最高裁判所の作成した名簿の中から任命される。

2　(1)　衆・参いずれかの議院に提出された法律案は，議長を経て委員会に送られ，審議される。ここで趣旨説明→質疑→討論→採決が行われた後，本会議に送られる。　(2)　損害の救済，公務員の罷免，法律の制定・改正などに関し，国や地方公共団体に意見や希望を表明することを請願といい，日本国憲法第16条によってこの権利が保障されている。

3　消防組織法では，消防に関する都道府県の任務として，都道府県と市町村の間の連絡や調整が定められている(ウ…○)。なお，被災した市町村は，他の自治体に応援を求めることができる(ア…×)，被害状況の報告は市町村から都道府県に対して行われる(イ…×)。自衛隊への出動命令は国からの要請が必要である(エ…×)。

4　国の収入の３分の２を占めるのは税金(主として消費税，所得税，法人税)で，不足分は公債費でまかなっている。一方，支出は国を成り立たせるために必要な費用で，社会保障関係費と地方交付税交付金等が約半分を占めている。また，2022年度当初予算における一般会計の総額は107兆5964億円である(エ…○)。

5　国際連合において設定された持続可能な開発目標(SDGs)は，あらゆる課題に対し世界全体で取り組み，より良い社会を実現するために17の目標を設定している。例えば，「１　貧困をなくそう」，「２　飢餓をゼロに」，「３　すべての人に健康と福祉を」，「４　質の高い教育をみんなに」，「５　ジェンダー平等を実現しよう」，などである。

6　国務大臣は首相によって任命される(ア…○)。また，首相を中心に国務大臣によって開かれる会議を閣議といい，政治の方針を話し合っている(エ…○)。なお，実質的に衆議院を解散させることができるのは首相である(イ…×)。任命後初めて行われる総選挙と，その後10年を経過した後初めて行われる総選挙ごとに国民審査を受けなければならないのは最高裁判所の裁判官である(ウ…×)。

7　生成AIが作成した文章は必ずしも事実であるとは限らないので，その正誤を判断しなくてはならない。また，生成AIにたよりすぎると自分の言葉で考え，表現する力が養われなくなるおそれが高くなる。

理　科　＜４教科入試＞（40分）＜満点：100点＞

解　答

1　(1)　①　**A**　エ　**B**　ウ　**C**　ア　**D**　イ　②　せきつい動物　③　**A**　オ　**B**　イ　**C**　ウ　**D**　エ　④　**A**　イ，オ，カ　**B**　ア，エ　**C**　ウ，エ　**D**　ア，オ　⑤　絶滅危惧種　(2)　エ　(3)　外来生物　(4)　ウ←イ←エ←ア　(5)　イ，オ　(6)　ア，ウ　(7)　①　共生　②　イ，エ　③　イ　(8)　示準化石　(9)　示相化石　(10)　①　二酸化炭素　②　Ⅱ　③　イ　④　**有孔虫A**…オ　**有孔虫B**…エ　2　(1)　**A**　固体　**B**　気体　**C**　100　**D**　ふっとう　**E**　ドライアイス　**F**　0　(2)　**あ**　ウ　**い**　ア　**う**　オ　(3)　①　0.3℃　②　32 g　③　37.5 g　④　(例)　**方法**…加熱して水を蒸発させる。　**結果**…何も残らない。　(4)　塩害　3　(1)　カ　(2)　自転　(3)　ウ　(4)　ア　(5)　イ　(6)　①　イ　②　イ　(7)　①　イ　②　ウ　③　エ　4　(1)　のび　(2)　イ　(3)　15 g　(4)　32 g　(5)　エ　(6)　**ア**　2　**イ**　1　**ウ**　1　**エ**　2　(7)　①　**ア**　20　**イ**　20　**ウ**　2　**エ**　1　**オ**　3　②　30 g　(8)　**A**　14.7cm　**B**　12.6cm　(9)　イ

解　説

1　動物の分類と特ちょう，自然界でのつながりについての問題

(1)　①　Aは鹿児島県の奄美大島と徳之島だけにすむアマミハナサキガエル，Bは沖縄島の北部地域だけにすむヤンバルクイナ，Cは奄美大島と徳之島だけにすむアマミノクロウサギ，Dは奄美大

島や沖縄島，およびそれらの周辺の島々にすむキノボリトカゲである。　② 背骨を中心とする骨格を体内にもつ動物のなかまは，せきつい動物という。　③ Ａはカエルのなかまなので両生類である。Ｂは鳥類だが，ほとんど飛ぶことができない。Ｃはウサギの一種で，ほ乳類に属する。Ｄはトカゲのなかまで，ワニやカメなどと同じは虫類である。　④ 一般的な両生類，は虫類，鳥類，ほ乳類について，アはは虫類と鳥類，イは両生類，ウはほ乳類，エは鳥類とほ乳類，オは両生類とは虫類，カは両生類（子のときにえら呼吸する）にそれぞれあてはまる。　⑤ 絶滅してしまうおそれのある生物のことを絶滅危惧種という。

⑵ 奄美大島やその周辺の島々（奄美群島）は鹿児島県に属している。

⑶ もともとその地域に存在していなかったが，人間の活動により持ち込まれた生物のことを外来生物（または，固有種に対して外来種）と呼ぶ。

⑷ 一般に水中における食物連鎖は，「食べられる生物←食べる生物」と表すと，「植物プランクトン←動物プランクトン←小型の魚など←大型の魚など」というつながりになっている。

⑸ ここではイのアメーバとオのゾウリムシが，からだが１つの細胞でできた原生動物である。

⑹ 石灰岩や，それが大きな圧力や高温によって変化してできた大理石は，炭酸カルシウムをおもな成分としている。そのため，両方とも塩酸をかけると二酸化炭素を発生しながら溶ける。花こう岩，安山岩，せん緑岩はマグマが冷え固まってできた火成岩である。

⑺ ① ある生物が特定の他の生物とたがいに利益を受けながら生活している関係を共生という。なお，この関係を相利共生と呼び，共生により一方の生物は利益を受け，もう一方の生物は利益も害も受けない関係（片利共生）と区別することもある。　② 有孔虫が小さな藻類を体内にすまわせることは，有孔虫にとっては藻類が光合成でつくり出した有機物（でんぷん）を受け取れるという利点があり，小さな藻類にとっては安全なすみかと養分（肥料に相当するもの）をもらえるという利点がある。　③ アリとアブラムシの場合，アリはアブラムシが出す甘い汁を受け取り，アブラムシはアリに天敵のテントウムシから守ってもらうという関係にある。

⑻ 地層ができた時代を推定する手がかりとなる化石を示準化石という。たとえば，サンヨウチュウやアンモナイトがあてはまる。

⑼ 地層ができた当時の環境を知る手がかりとなる化石を示相化石という。たとえば，サンゴの化石はあたたかくてきれいな浅い海であったことを示す。

⑽ ① 有孔虫やサンゴ，貝殻の主成分は炭酸カルシウムなので，塩酸を加えると溶けて二酸化炭素を発生する。　② 砂１ｇあたりに含まれる巻き貝の遺骸数は，（巻き貝の遺骸数）÷（採取した砂の量）で求められるから，その数が最も多いのは，巻き貝の遺骸数が最も多く，採取した砂の量が最も少ない砂浜海岸Ⅱである。　③ れき・岩石の含まれる割合が大きいところほど，川の河口に近い。　④ 採取した砂の量に対する有孔虫の遺骸数の割合が大きいほど，生息地と砂浜海岸の距離が近いと考えられる。そこで，表の数値をもとに調べると，有孔虫Ａの場合は近い順にⅢ→Ⅱ→Ⅳ→Ⅰ，有孔虫Ｂの場合は近い順にⅢ→Ⅳ→Ⅱ→Ⅰとなることがわかる。

２ 水と水溶液の状態変化についての問題

⑴ **Ａ，Ｂ** 物質の状態は固体，液体，気体の３つに分けられる。物質としての水の場合，液体であれば水というが，固体の状態は氷，気体の状態は水蒸気と呼ぶ。　**Ｃ，Ｄ** 水の温度を上げて100℃になると，水中からあわが激しく発生するようになる。このようすをふっとうという。

E　二酸化炭素を冷やして固体の状態にしたものをドライアイスという。　**F**　液体の水がこおって固体の氷になるとき，また，氷がとけて水になるときの温度は０℃である。

⑵　アの蒸発は液体から気体に変化すること，イの凝縮は気体から液体に変化すること，ウの凝固は液体から固体に変化すること，エの融解は固体から液体に変化すること，オの昇華は固体から液体の状態を経ないで直接気体に変化することである。

⑶　①　表１，表２より，氷ができ始めるときの０℃から下がる温度は，水100ｇあたりに溶けている塩化カルシウムの重さに比例すると考えられる。したがって，水500ｇに塩化カルシウム3.0ｇを溶かした水溶液の場合は，水100ｇあたりに溶けている塩化カルシウムの重さが，$3.0\times\frac{100}{500}=0.6$（ｇ）なので，氷になり始めるときの０℃から下がる温度は，$0.5\times\frac{0.6}{1.0}=0.3$（℃）と求められる。
②　氷になり始めるときの０℃から下がる温度を1.6℃にするには，水100ｇあたりに溶けている塩化カルシウムの重さを，$1.0\times\frac{1.6}{0.5}=3.2$（ｇ）にすればよいから，1000ｇの水には塩化カルシウムを，$3.2\times\frac{1000}{100}=32$（ｇ）溶かせばよい。　③　氷になり始める温度が０℃より0.8℃下がるのは，水100ｇあたりに溶けている塩化カルシウムの重さが，$1.0\times\frac{0.8}{0.5}=1.6$（ｇ）のときである。よって，図２の点Ｘにおいて，液体の状態で残っている水の重さを□ｇとすると，□：1.0＝100：1.6より，□＝62.5（ｇ）とわかるので，生じている氷は，100－62.5＝37.5（ｇ）となる。　④　生じた氷を取り出し，加熱して水分を蒸発させるとよい。生じた氷に塩化カルシウムが含まれていれば，蒸発させた後に塩化カルシウムの固体が残り，逆に含まれていなければ，蒸発させた後に何も残らない。

⑷　塩分を含んだ水（水溶液）によって海岸沿いの植物や建物などに生じる被害を塩害という。

3 気象についての問題

⑴　低気圧の中心に向かって集まる風は，地上付近では反時計回りのうず巻きになっていて，高気圧の中心から吹き出す風は，地上付近では時計回りのうず巻きとなっている。また，寒冷前線の上空には垂直方向に発達する積乱雲が発生しやすく，温暖前線の上空には広い範囲に広がる乱層雲が発生しやすい。さらに，低気圧の中心から南西方向に寒冷前線，南東方向に温暖前線がのびていると，寒冷前線の方が温暖前線よりも速く移動するため，やがて寒冷前線が温暖前線に追いつき，一体となった前線ができる。これを閉塞前線という。

⑵　北半球では高気圧から低気圧に向かって空気が風となって移動するさい，地球の自転の影響によって風の向きが進行方向に対して右回りに少しずれる。このため，高気圧や低気圧の周囲ではうずを巻いた風の流れができる。

⑶　密度の小さい空気が上にあり，密度の大きい空気が下にあると，空気の対流が起こりにくいので，安定した状態となる。ところが，密度の小さい空気が下にあり，密度の大きい空気が上にあると，密度の小さい空気は上昇しようとし，密度の大きい空気は下降しようとするため，空気の対流が激しく起こり，雲が発生しやすくなる。このようすを大気の不安定な状態という。

⑷　寒冷前線は，暖かい気団の下に冷たい気団がもぐり込むようにして暖かい気団を押し上げるため，気団の境目がアのように急な傾きになる。

⑸　寒冷前線では，気団の境目が急な傾きになり，その上空には局地的に強い雨を降らせる積乱雲が生じる。よって，広い範囲に雨を降らせる乱層雲をつくる温暖前線に比べ，いわゆる集中豪雨が起こりやすい。

(6)　発生した積乱雲が風に流されて風下に移動し，空いたところに新たな積乱雲が発生することが繰り返されると，積乱雲がいくつも連なった状態になる。これを線状降水帯と呼ぶ。積乱雲が移動していく風下側の地域にとっては，積乱雲が次々とやってくることになるので，大雨が長時間にわたって続きやすくなり，大きな災害が発生するおそれが非常に高くなる。

(7)　梅雨前線は夏に向けて南の小笠原気団が勢力を強めることにより，北側の気団とぶつかるために発生するものである。北側の気団は，文章後半の「気団の湿度の差によって～激しい雨が降る傾向がある」を参考にすると，西日本に関係する梅雨前線の場合は小笠原気団と湿度の差を生じる揚子江気団であり，関東地方に関係する梅雨前線の場合は小笠原気団と温度差を生じるオホーツク海気団であることがわかる。

4　ゴムののびと力についての問題

(1)　一方の値が□倍になると，もう一方の値も□倍になるという関係を比例という。図2で，おもりの重さと比例しているのは，ゴムの長さから自然長(おもりの重さが0gのときの長さ)を引いた値，つまりゴムののびである。

(2)　図2より，ゴムＡはおもりの重さが20gのときに2cmのびているが，ゴムＢはおもりの重さが40gのときに2cmのびている。よって，ゴムＡとゴムＢののびが同じとき，ゴムに加えた力はゴムＢの方が大きい。

(3)　ゴムＡはおもりの重さ40gあたり4cmのびるので，のびを1.5cm増やすには，$40\times\frac{1.5}{4}=15$(g)のおもりを加えればよい。

(4)　ゴムＣはおもりの重さ40gあたり2cmのびる。ゴムの長さが9.6cmになったとき，のびは，$9.6-8=1.6$(cm)だから，つるしたおもりの重さは，$40\times\frac{1.6}{2}=32$(g)である。

(5)　図2より，ゴムＣに80gのおもりをつるすと，ゴムＢの自然長と同じ12cmの長さになる。そして，ゴムＢもゴムＣもおもりの重さ40gあたり2cmのびるので，ゴムＣにつるすおもりの重さがゴムＢにつるすおもりの重さよりも80g重ければ，ゴムＢとゴムＣの長さが同じになる。

(6)　ゴムＡはおもりの重さ40gあたり4cmのび，ゴムＢはおもりの重さ40gあたり2cmのびる。よって，同じ重さのおもりをつるした場合ののびの比は，$4:2=2:1$である。また，同じ長さだけのばすのに必要なおもりの重さの比は，$\frac{40}{4}:\frac{40}{2}=1:2$となる。

(7)　①　図3で，おもりの重さが20gのとき，ゴムＡにもゴムＢにも20gの重さがかかるので，ゴムＡは，$4\times\frac{20}{40}=2$(cm)のび，ゴムＢは，$2\times\frac{20}{40}=1$(cm)のびて，全体では，$2+1=3$(cm)のびる。　②　おもりを追加したことによって，$32.5-28=4.5$(cm)さらにのびている。①より，全体ではおもりの重さ20gあたり3cmのびるので，追加したおもりは，$20\times\frac{4.5}{3}=30$(g)とわかる。

(8)　図4で，ゴムＡは，2つのおもりの重さの合計，$35+12=47$(g)がかかるので，$4\times\frac{47}{40}=4.7$(cm)のび，$10+4.7=14.7$(cm)になる。また，ゴムＢは，12gのおもりの重さだけがかかるので，$2\times\frac{12}{40}=0.6$(cm)のび，$12+0.6=12.6$(cm)となる。

(9)　ゴムを半分の長さにすると，のびも半分になる。ゴムＣはおもりの重さ10gあたりでは，$2\times\frac{10}{40}=0.5$(cm)のびるから，これを半分に切ったものはおもりの重さ10gあたりののびが，$0.5\div2=0.25$(cm)になる。

国　語　＜４教科入試＞（45分）＜満点：100点＞

解　答

□一 **問１**　①～⑤　下記を参照のこと。　⑥　うやま(う)　⑦　みちび(く)　⑧　やかた　⑨　ようさん　⑩　いた(る)　**問２**　①　カ　②　オ　③　ウ　④　ア　⑤　エ　⑥　イ　**問３**　(1)　オ　(2)　ウ　(3)　エ　(4)　イ　□二 **問１**　Ⅰ　エ　Ⅱ　ア　Ⅲ　イ　**問２**　ウ　**問３**　エ　**問４**　エ　**問５**　ウ　**問６**　（例）　過去にとらわれることなく，さまざまな経験を十分に味わうことが大事だから。　**問７**　（例）　時間の経過や経験で記憶は変わるので，人生をもう一度ふり返り，自分にとって本当に大切な思い出が何なのかを考え直すことができるから。　□三 **問１**　ウ　**問２**　ウ　**問３**　エ　**問４**　ア　**問５**　ムラブリ語～像すること　**問６**　（例）　現代人の感性では，前向きな感情を外に出し，誰かに知られてこそ幸福を感じるが，ムラブリの感性では，誰かといることでも，他人に認めてもらうことでもないことに幸福を感じていると思われる。しかし，現代人が幸福だとありがたがるものは，ごく最近にはじまった一時的な流行りに過ぎず，充足や平穏をありがたいと感じるのは，長い歴史の中では人類にとってありふれた感情だから。

●漢字の書き取り

□一 **問１**　①　電柱　②　芽　③　腹　④　孫　⑤　朝刊

解　説

□一 **漢字の書き取りと読み，ことわざの知識，資料の読み取り**

問１　①　電線をわたすための柱。　②　音読みは「ガ」で，「発芽」などの熟語がある。　③　音読みは「フク」で，「腹痛」などの熟語がある。　④　音読みは「ソン」で，「子孫」などの熟語がある。　⑤　朝に発行される新聞。　⑥　音読みは「ケイ」で，「敬語」などの熟語がある。　⑦　音読みは「ドウ」で，「導入」などの熟語がある。　⑧　音読みは「カン」で，「館内」などの熟語がある。　⑨　かいこを育ててまゆをとること。　⑩　音読みは「シ」で，「至上」などの熟語がある。

問２　①　犬が産むのは犬であって猫(ねこ)ではないという意味だと考えられる。よって，子が親に似るものであることを表すカに近い。　②　明るい性格を持った人物が得をすることを“天は助ける”と表現していると考えられるので，明るく朗(ほが)らかでいれば幸せがやってくるという意味のオが選べる。　③　現実には達成できないものごとを指していると推測できるので，実現のみこみがないことをいうウが合う。　④　命にかかわるような，ひじょうに危機的な状況(じょうきょう)を表していると考えられるので，危険が目の前にせまっているようすや，はかない命であることを意味するアがよい。　⑤　けがや病気をしてから対応するのではなく，そうならないように努めるべきだという意味だと想像できるので，万一に備えて準備しておくことをいうエがふさわしい。　⑥　自分が乗っている馬を探すというのだから，身近なものには案外気づきにくいという意味を表すイがよい。

問３　(1)　A　見出しに「持ち味の尊重」とあるので，「素材の味わいを活(い)かす調理技術・調理道具が発達して」いると書かれた４がよい。　B　見出しに「健康的な食生活」とあるので，「動物性油脂」を控えた和食が,「日本人の長寿や肥満防止に役立って」いるとした１が選べる。　C　見出しに「季節の移ろいの表現」とあるので，食事で季節感を楽しむことを取り上げた２がふさわしい。　D　正月の雑煮やおせち料理，ひな祭りのちらしずしやはまぐりのうしお汁，年末のもちつきなど，日本の食文化は年中行事と深くかかわっている。よって，家族で食卓を囲んだり，地域の行事で食べ物がふるまわれたりすることが取り上げられた３があてはまる。　⑵「一汁三菜」は，一点の汁物と三点のおかずがふくまれた食事のこと。ウの「山菜」に同じ漢字がふくまれている。なお，アは「再度」，イは「災難」，エは「差異」と書く。　⑶　①「和食文化」のユネスコ登録認知度については，平成27年度に「知っている」と答えた人は，53.1％だったが，令和元年度には，27.9％と大幅に「減少」している。　③　外国の方に紹介したい「和食文化」の有無については，「ある」の割合が令和元年度の，23.8％から令和４年度には，43.6％へと大幅に「増加」している。　⑷「和食文化」のユネスコ登録認知度は，令和４年度での「知っている」割合を見ると全体の，25.6％に留まり，全体の２割台半ばとなっている。

二　出典：重松清『はるか，ブレーメン』。自分の人生をたどり直し，本当に大切な思い出は何かをお客さんに考え直してもらう旅を企画する「ブレーメン・ツアーズ」について描かれている。

問１　Ⅰ　社長が仕事内容を説明するために取り上げた「心臓外科の名医」について，守秘義務にもとづき仮に「神手さん」と呼んだセンス(のよしあし)はさておき，遥香はその具体的な話に目を向けているので，ほかの問題は保留として当面の問題を取り上げるときに使う「とにかく」がよい。Ⅱ「世界的に注目される難しい手術を何度も成功させた神手さん」といえど，当然「すべての手術がうまくいったわけではない」のだから，“言うまでもなく”という意味の「もちろん」があてはまる。　Ⅲ「現役の頃には『神の手』のプライド」もあって，患者の命を救えなかったとしてもベストを尽くしたのだから仕方がないと「神手さん」は割り切っていられたが，「歳をとって現役を退くと」手術に失敗したときの夢が自身を苦しめた，というのである。よって，前のことがらを受けて，それに反する内容が後に続くときに用いる「ところが」が合う。

問２「神手さん」のもとには，「難しい手術」の必要な「だめで元々」の患者ばかりが訪れていたのだから，“先の見こみがなくあきらめる”という意味の「さじ(ここでは「サジ」)を投げる」が合う。

問３「最初に『これを消して，あれを描き足して』と(お客さんに)注文されたことをそのままやって」さえいれば，手間も少なく会社の利益にもつながるだろうが，思い出は年月とともに「見え方が違ってくる」ため，「ブレーメン・ツアーズ」では今一度お客さんに「人生の記憶をたどり直」す「旅」をしてもらう，と社長は語っている。実際に「旅」を終えてみると，お客さんにとっての思い出の形に違いが生まれ，「走馬灯の絵」も「けっこう変わる」のだから，社長は自分のやり方に確かな自信を抱いているものと想像できる。よって，エがふさわしい。

問４　自分たちが「なにもしなくても，走馬灯が幸せなものに変わっていくこと」が「一番いい」と考えている社長は，温かい対応ばかりではなく，墓参りを拒否されるほどの厳しい対応をされることもふくめすべて「神手さん」に伝え，受け止めてもらうことで本人が満足できる形におさまるのを望んでいるのだから，エがふさわしい。

問５　すぐ前に，「神手さんは，むしろ，厳しく対応した遺族と会ったあとのほうが，すっきりしていた」とあることに注目する。社長が「なつかしい」とは「あんがいと深い感情」だと言っているが，苦い後悔があるからこそ「なつかしい」と感じられることがあるように，誠実に向き合ったことで，「神手さん」のつらい過去も「なつかしい」ものになったと考えられる。よって，ウが合う。

問６　直後に，「十八歳のときの失敗を一生ひきずる人生は哀しいし，十八歳のときの成功に一生すがる人生は，もっと哀しくて，寂しくて，むなしい」とあることをおさえる。過去にとらわれず，年齢を重ねるなかでさまざまな経験を積んでいくことこそが大事だと社長は考えているのである。

問７　人間の記憶は時間とともに薄れるほか，「離れて振り返ると」その形を変えることもある。「ブレーメン・ツアーズ」では人生の経験を振り返り，走馬灯に描くべき大切な思い出は何なのかを考え直してもらうため，お客さんに旅をしてもらっているのである。

三　出典：伊藤雄馬『ムラブリ　文字も暦も持たない狩猟採集民から言語学者が教わったこと』。筆者は世界の言語のなかでも例外的な特徴を持つムラブリ語の体系から，ムラブリの感性をひも解き，現代人の感性と比較し考察している。

問１　図に書かれた，「好／悪」と「動／静」の二つの軸に注目する。　Ⅰ　右上は「動」と「好」にはさまれた領域なので，「動的に好ましい」が入る。　Ⅱ　右下は「静」と「好」にはさまれた領域なので，「静的に好ましい」となる。　Ⅲ　左上は「動」と「悪」にはさまれた領域なので，「動的に悪い」があてはまる。　Ⅳ　左下は「静」と「悪」にはさまれた領域なので，「静的に悪い」が合う。

問２　Ａ 「動的に好ましい」語が入るので，「興奮」があてはまる。「不安」は「好ましい」感情ではない。　Ｂ 「静的に好ましい」のは「冷静」である。「無気力」は静的だが，「好ましい」感情ではない。　Ｃ 「静的に悪い」のは「無気力」である。　Ｄ 「動的に悪い」のは「不安」にあたる。

問３　世界の言語ではふつう，「上がる」ことは「よい」ことだととらえられているが，ムラブリ語の「心が上がる」はネガティブな感情を表し，世界の言語の普遍的な特徴にあてはまらないのである。これを受けて筆者は「おもしろい」と述べているので，エが合う。

問４　前後で筆者は，ムラブリの「『心が上がる／下がる』というときのジェスチャー」は，「『心臓の辺りが上がる／下がる』という感覚経験」から来ているのだろうと述べている。つまり，「胸あたり」の前で手を「上下」にしていると考えられるので，アがふさわしい。

問５　久しぶりの再会にさぞムラブリは喜ぶだろうと想像していたウドムさんの期待に反し，「ちっとも喜んでいるように見えな」かったのは，彼ら（彼女ら）がそのときに感じた「心が下がる」気持ちを表出させる必要性を感じず，むしろそれを「心が上がる」こととして慎んだからではないかと，筆者は考えている。このように考えられるのは，筆者が「ムラブリ語という体系を通して，彼らの感じている世界を想像すること」ができるからである。

問６　ぼう線部④のように言われているのは，ムラブリ語の「心が下がる」瞬間についてである。最後から三つ目の段落にあるとおり，現代人はポジティブな感情を外に出し，誰かに知られてこそ幸福を感じる。一方，最後の段落にあるように，ムラブリは「誰かといることでも，他人に認めてもらうことでもない」別のところに幸福を感じている。「DOWN is HAPPY」という感性を持つムラブリにとっては，「丸太が積まれている」，「森から雲が生まれている」，「風が穏やかに顔を撫でている」といったものごとに抱いた，「静的に好ましい」感情（「平穏」や「充足」）が幸福に近いのだろうと考えられる。SNSなどを通じて他者と交流をはかり，楽しむような，現代人の「一時的な流行(はや)りに過ぎない」幸福と比べ，何気ないものごとに静かな喜びを感じるムラブリの姿に，筆者は長い歴史の中で人類が感じてきたのであろう幸福のあり方を見たのである。

2024 年度 湘南白百合学園中学校

※この試験は，算数・国語のいずれかを選択します。

【算　数】〈１教科入試〉（60分）〈満点：100点〉

1 次の □ にあてはまる数を入れなさい。

（１） $\left\{56 \times \left(1.125 - \frac{10}{9}\right) - 0.125 \div 1\frac{1}{8}\right\} \div \frac{1}{6} = \square$

（２） $8\frac{3}{5} \div \left\{\left(\square - \frac{3}{7}\right) \times 1.2 + \frac{11}{21}\right\} = 3$

（３） $0.165\text{ha} + 0.009\text{km}^2 - 71.9\text{a} - 982\text{m}^2 = \square\ \text{m}^2$

（４） １×２×３×……×199×200 の積は、１の位から０が連続して □ 個並びます。

（５） ２や25、32のように２を含んでいる整数を小さい順に並べます。このとき、2024は、はじめから数えて □ 番目です。

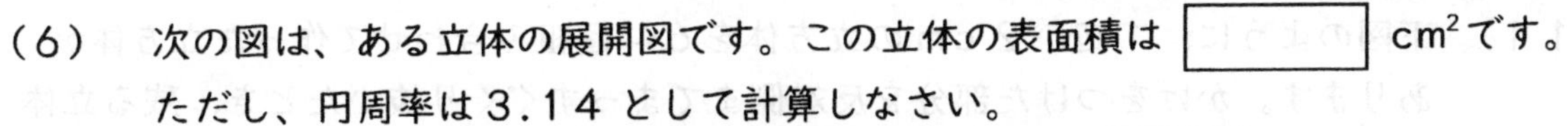

（６）　次の図は、ある立体の展開図です。この立体の表面積は □ cm² です。ただし、円周率は３.１４として計算しなさい。

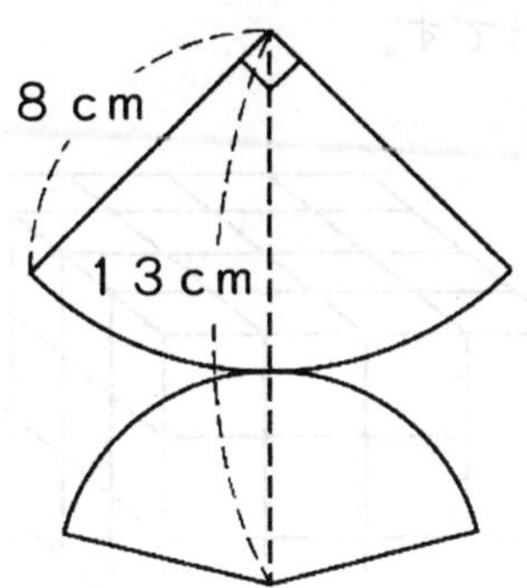

（７）　４％の食塩水と１０％の食塩水を混ぜて、８％の食塩水３００ｇを作りました。このとき、混ぜた４％の食塩水は □ ｇです。

（８）　６枚のカード 0、1、2、3、4、5 の中から異なる４枚を並べて４けたの偶数を作るとき、全部で □ 通りの数を作ることができます。

（９）　姉と妹が、家を同時に出発して学校に向かいました。姉は毎分１５０ｍの速さで歩き、妹は毎分９０ｍの速さで歩いて学校へ向かったところ、姉は学校の予鈴時刻の４分前に着き、妹は予鈴時刻の２分後に着きました。このとき、家から学校までの道のりは □ ｍです。

（１０）　とある牧場に、草が生えています。草は毎日一定の割合で生え続けます。この牧場に牛を４0 頭入れると８日で草がなくなり、５0 頭入れると６日で草がなくなります。牛を９0 頭入れると □ 日で草がなくなります。ただし、１頭の牛が１日で食べる草の量は一定とします。

（１１）　下図のように、１辺が２ｃｍの立方体を６４個組み合わせて作った立方体があります。かげをつけた部分を反対側までまっすぐくり抜いたとき、残る立体の体積は［　　　］cm^3です。

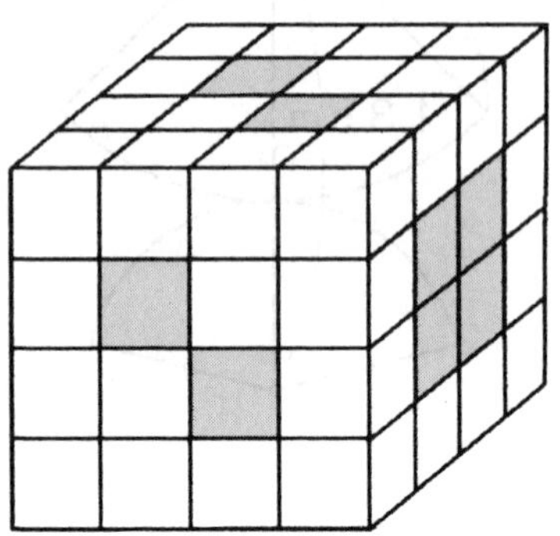

（１２）　あるボートで、長さ４８ｋｍの川を往復するのに、上りは８時間、下りは６時間かかります。川の流れの速さが３倍になったとき、この川沿いにあるＡ地点とＢ地点の間を往復するのに７時間かかりました。Ａ地点とＢ地点の間の距離は［　　　］ｋｍです。

（１３）　桜組３０人の生徒と菊組３０人の生徒が算数の小テストを受けた結果、下の表のようになりました。このとき、菊組の算数の平均点が桜組の平均点を上回るには、８点の人が最低［　　　］人必要です。

点数（点）	5	6	7	8	9
桜組（人）	1	12	11	5	1
菊組（人）	2		7		1

(14) 次の図のように、AD＝DE＝EB、AF＝FCの三角形ABCがあります。

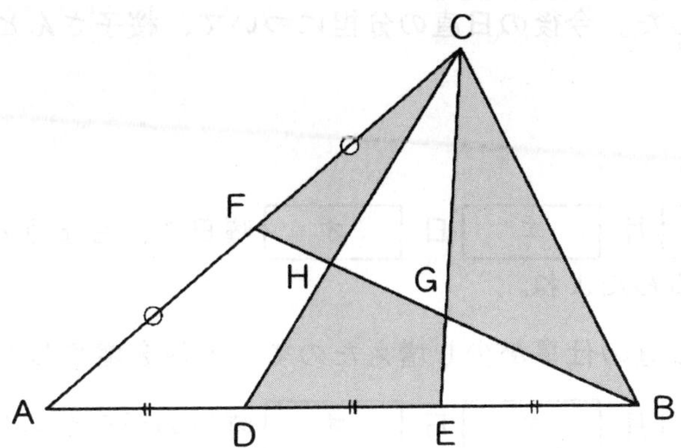

(色のついた部分の面積の合計)：(色のついていない部分の面積の合計)
＝ [(ア)] ： [(イ)] です。
ただし、空欄のアとイは最も簡単な整数の比で表すこと。

2 次の会話は、あるクラスの学級委員の桜子さんと百合子さんの会話です。
[　　] にあてはまる数字または言葉を答えなさい。

・4月9日火曜日の放課後

桜　子さん：1学期のクラスの日直の当番表を作ろう。

百合子さん：このクラスは43人いるよね。日直は1日2人ずつでいいかな。出席番号順で前から順に組んでいこう。2回転目はクラスの人数が奇数だから、組む相手が変わるね。

桜　子さん：いいと思うよ。明日、4月10日の水曜日から、7月23日までの期間の月曜日から金曜日に割り振っていこう。

百合子さん：この期間の月曜日から金曜日のうち、祝日などで日直が必要ない日数は、4月に1日、5月に2日、7月に1日あるから、日直が必要な日数は全部で [ア] 日だね。

桜　子さん：出席番号順に2人で1日ずつ担当していくと、[イ] 日間で全員が2回ずつ終わることになるね。全員が2回ずつ終わるのは、
[ウ] 月 [エ] 日 [オ] 曜日だね。

・［ウ］月［エ］日［オ］曜日の翌日から、クラスの１人が１年間の留学に行くことになりました。今後の日直の分担について、桜子さんと百合子さんが話しています。

桜　子さん：［ウ］月［エ］日［オ］曜日で、ちょうど１人２回ずつ日直が終わるんだよね。

百合子さん：最近、日直の仕事が少し増えたので、人数を増やしてもいいかもね。

桜　子さん：［ウ］月［エ］日［オ］曜日の翌日から7月23日までで日直が必要な日数は［カ］日だから、1日の日直を［キ］人ずつにするとちょうどあと２回ずつ担当すればよくなるね！

3　次の表１は、２０２２年の富士山の開山日から９月１０日までの登山者数を、４つの登山道のルート別にまとめたものです。表１の数字はすべて十の位を四捨五入しています。次の問いに答えなさい。ただし、答えは**小数点以下を四捨五入して一の位まで**求めなさい。

表１：富士山の登山者数及び登山道別の登山者数

	7月	8月	9月	全数
吉田ルート	32,000	46,700	15,300	94,000
須走ルート	3,600	6,300	2,700	12,600
御殿場ルート	3,900	6,700	1,400	12,000
富士宮ルート	13,500	23,400	4,600	41,500
全数	53,000	83,100	24,000	160,100

（出典：「富士山の登山者数及び登山道別の登山者数」環境省）

（１）　８月の吉田ルートの登山者数は、８月の全登山者数の何％ですか。

（２）　８月の登山者数について、４つの登山道のルート毎の内訳を円グラフに書き込み、完成させなさい。

表２は、どのルートも７月、８月は３１日間、９月は１０日間開山しているものとして計算したものです。

表２：富士山の登山道別の一日あたりの登山者数

	７月	８月	９月
吉田ルート	１，０３２	１，５０６	１，５３０
須走ルート	１１６	２０３	２７０
御殿場ルート	１２６	２１６	１４０
富士宮ルート	４３５	７５５	４６０

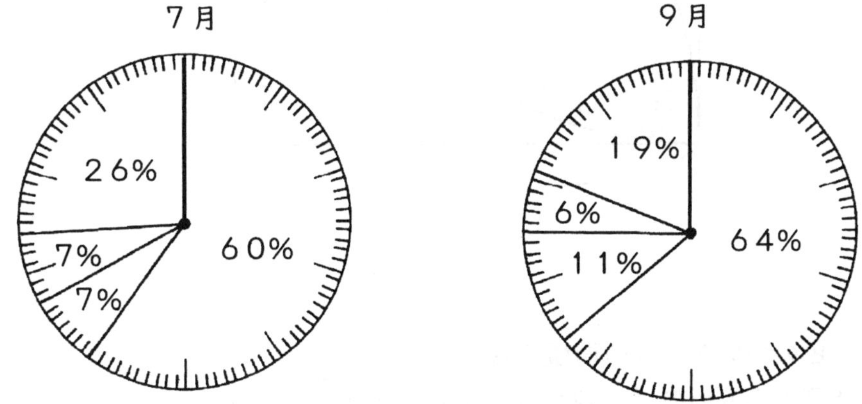

図１：富士山の登山道別の登山者数の月毎の割合

（３） 表１、表２、および図１の円グラフと、（２）で作成した円グラフの資料から分かることとして、次の選択肢の中から最も適切なものを選び記号で答えなさい。

① ９月の吉田ルートは登山道別の一日あたりの登山者数が一番多いので、登山をするには人が込み合っていて一番危険である。

② 須走ルートの登山道別の登山者数の割合は、月が進んでいく毎に増えている。

③ ７月の須走ルートは一日あたりの登山者数が少ないので、安全に登山をすることができる。

④ 富士宮ルートを登る際、８月は登山者数が一番多いので、登山をするには人が込み合っていて危険である。

4 次の問いに答えなさい。ただし、円周率は３.１４として計算しなさい。

（１） 図１の色のついた部分の面積は５ × ５ × ０.５７ と計算して求めることができます。上記のように計算できる理由を説明しなさい。

図１

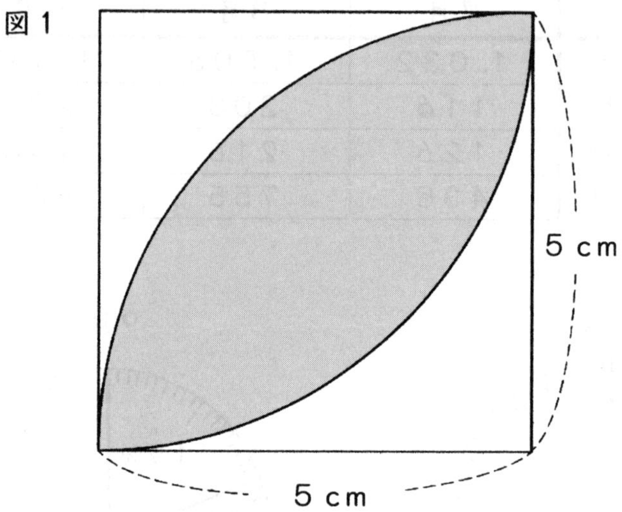

（２） 図２の色のついた部分の面積の合計は、

外側の正方形の（１辺）×（１辺）× ［　　　］

と計算して求めることができます。［　　　］にあてはまる数値を答えなさい。

図２

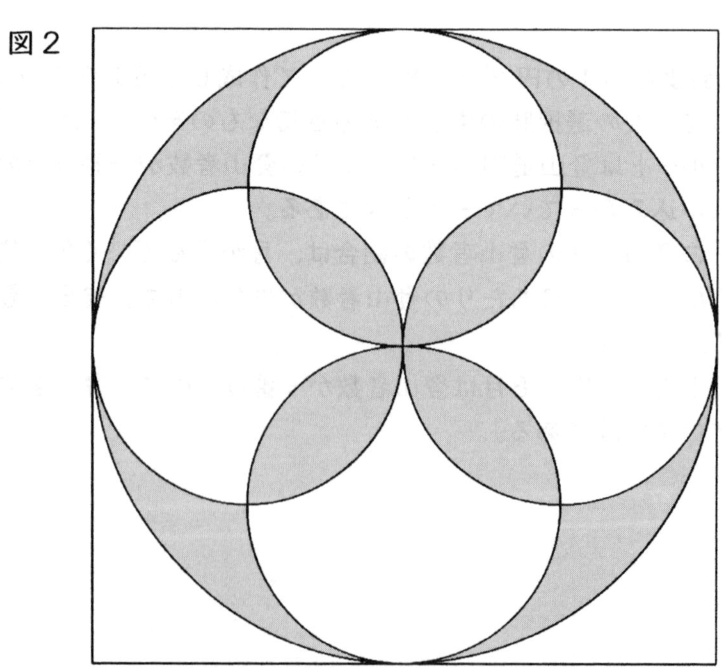

問九　――線部⑥「みなさんの頭の中のイメージと一致していましたか？」とありますが、筆者はこの問いかけでどのようなことを読者に伝えたいと考えられますか。最もふさわしいものを次から選び、記号で答えなさい。

ア　スーパーマーケットの店員さんについての属性情報を、読み手が無意識のうちに思い込みで判断をしてしまうことへの注意。

イ　スーパーマーケットの店員さんについての属性情報を示したことで、読み手が自由に発想をできなくなってしまうことへのおわび。

ウ　ハイタッチをするアメリカ人という情報に読み手が頼らず、これまでの経験を生かして判断することへのはげまし。

エ　読み手が偏見による物の見方であったとしても、白人の高齢男性という真実に自力でたどり着くことができたことへの称賛。

問十　次の1～4について、本文に述べられている内容として正しいものは「○」で、正しくないものは「×」で答えなさい。なお、すべて同じ答えにしてはいけません。

1　日常生活において情報を処理する際に、ステレオタイプ的な理解は必要不可欠なので、多少の偏見や差別はやむを得ないことである。

2　様々な社会集団の存在を子どもの頃より知ることが必要であり、同じ社会集団にも多様な人たちが存在することを理解するように努めるべきである。

3　ジャッドたちの研究では、温かさと能力の高さには相補性があり、温かければ温かいほど能力は高い集団と低い集団の二極化が目立つという結果がみられた。

4　ステレオタイプ的な理解は、自分と同じ属性を共有しない「あの人たち」がどのような人たちであるのかを認識することを可能にし、偏見を低減させることにおいて有効である。

問五 ――線部③「いくつかの研究」とありますが、この研究についての説明としてふさわしくないものを次から一つ選び、記号で答えなさい。

ア 第一の研究では2つの集団の一方は能力が高いが、温かさは2つの集団にはほぼ差がないという特徴を、情報として事前に研究参加者には伝えていた。

イ 第一の研究では2つの集団は温かさはほぼ同じであるという情報を呈示したにもかかわらず、研究参加者は2つの集団の温かさには差があると評価した。

ウ 第二の研究では研究参加者に温かさが低いと評価された集団は、事前に呈示した情報と同様に、他方より「能力が高い」と評価された。

エ 第二の研究では2つの集団の能力の高さには違いはなく、一方の集団が他方より温かいという情報を呈示したところ、研究参加者は情報とは異なる評価をした。

問六 表4-1の E ・ F に入る言葉として最もふさわしいものを次から選び、それぞれ記号で答えなさい。

ア 優しさ　イ マイペース　ウ プライド
エ 怒り　オ 公平

問七 ――線部④「妬み感情が、より加害者の非人間化を強めるかもしれません」とありますが、これはどのようなことだと考えられるでしょうか。最もふさわしいものを次から選び、記号で答えなさい。

ア 私たちが、加害者は社会的地位により優遇されるのに違いないと思い込み、責め立てたいという気持ちを正当化しようと思うこと。

イ 私たちが、加害者の社会的地位があまりにも低いので、自分はこのような人間にならないようにしようと思うこと。

ウ 私たちが、加害者を同じ人間ではなく憧れの理想像と見なすことで、自分には手の届かない存在として位置づけようとすること。

エ 私たちが、加害者と自分を同等の人間ではないと見なすことで、今の地位や財産に対して無理やりにでも満足しようとすること。

問八 ――線部⑤「どうすれば偏見や差別を減らせるでしょうか」とありますが、筆者の考えとしてふさわしくないものを次から一つ選び、記号で答えなさい。

ア それぞれの心にある個人や集団に対して感じるさまざまな印象を、差別や偏見という言動で社会に表現するべきではない。

イ 意図的に発信することばの使い方にそれぞれが注意し、差別的な発言をしないように気をつけるべきである。

ウ さまざまな社会集団の人たちと触れ合うことや、共通の目標を持って行動するという経験をするべきである。

エ ステレオタイプによる情報処理はやめることはできないが、社会の仕組みを変え、他者との触れ合いを減らすべきである。

問一 ――線部①「右側の男性よりも左側のイラストの男性を『能力が高く』、『温かい』と判断します」とありますが、なぜそのように判断するのですか。最もふさわしいものを次から選び、記号で答えなさい。

ア 左側の男性を右側の男性よりも「能力が高い」と多くの人が深く考えずに思いつきで答えてしまうのは、物事を選ぶための時間がもったいないと考えているから。

イ 左側の男性を右側の男性よりも「温かい」と思っているのは、多くの人が「実際はそうとも限らない」という判断基準を大切にしているから。

ウ 「能力の高さ」と「温かさ」に関して多くの人が共通したイメージを抱き、人びとはそのイメージに基づいて他者の第一印象を決める傾向があるから。

エ 「能力の高さ」と「温かさ」は他者の印象を決める重要な特徴だが、多くの人は自分で決めず、他の人の判断を優先して周囲との和を大切にしようとするから。

問二 ――線部②「不思議」とありますが、何に対して不思議なのですか。このことにふさわしくないものを次から一つ選び、記号で答えなさい。

ア 多くの人が２つのイラストをじっくりと見ることなく、自然と半数ずつにイラストを選択していることに対して。

イ 多くの人が２つのイラストから得られる情報だけで判断し、同じイラストを選んでしまうことに対して。

ウ イラストの２人の男性たちは実在する人物ではなく、判断材料が少ないなか、多くの人が一方を選択することに対して。

エ イラストの２人の男性たちの日常の言動や性格を知らずに、多くの人が同じ一方を選んでしまうことに対して。

問三 A ・ B にあてはまる言葉として最もふさわしい組み合わせを次から選び、記号で答えなさい。

ア A 判断 ・ B 回答

イ A 判断 ・ B 提供

ウ A 一貫 ・ B 実感

エ A 一貫 ・ B 検証

問四 C ・ D にあてはまる言葉として最もふさわしいものを次から選び、それぞれ記号で答えなさい。

ア 一方　イ しかし　ウ そのうえ

エ つまり　オ すると

しかし、同じカテゴリーに属する人（息子の経験の場合、アメリカ人）だからといって、全員が同じように振る舞うわけではないということを実際に経験したり、学習したりすることは、偏見の低減に少なからず役立つ可能性はありそうだと、私自身は感じました。自分とは異なる社会集団の存在を早い時期から知り、また、そのような社会集団にも多様な人たちが存在するのだと理解する努力をこつこつと続けていくことが何よりも大切なのではないかと思います。

（村山　綾『「心のクセ」に気づくには　社会心理学から考える』）

（注）＊1ポジティブ……積極的。
＊2ネガティブ……消極的。
＊3カテゴリー化……分類すること。
＊4ステレオタイプ……多くの人に広まっている先入観。
＊5偏見……かたよった見方。思い込み。
＊6メディアコンテンツ……新聞やインターネット等で発信する情報。
＊7属性情報……その物が持ち合わせている特性の内容。
＊8醸成する……ある状況を作り出す。
＊9コミュニティレベル……地域社会の段階。
＊10抑制……おさえとどめること。
＊11泥棒洞窟実験……1954年に行われた実験。この実験結果から、たまたま振り分けられた集団でも同じ集団のメンバーには仲間意識を、異なる集団のメンバーには敵対感情を持ちやすく、お互いの関係性の改善には両集団が協力することで解決できるような目標設定が有効であるということが示された。
＊12媒体……伝達する際の手段。

くないという社会規範を＊8醸成する＊9コミュニティレベルでの取り組みや、差別の＊10抑制を目指した社会制度の出番です。差別が許されない「状況」に取り囲まれることで、発言をコントロールできるようになる人たちが増える可能性は高まるでしょう。

同時に、特定の社会集団に対するステレオタイプや偏見を心の中で極力芽生えさせない、そしてそれを大きく成長させないことも重要です。1950年代から継続して進められている偏見の低減を目指した研究では、さまざまな社会集団の人たちとさまざまな形で触れ合うことに一定の効果を見出しています。＊11泥棒洞窟実験のときのように、単に触れ合うだけではなく、そこに共通の上位目標を設定できればなお良いです。直接対面でやり取りする以外にも、間接的に話を聞いたり、メディアを使った情報収集も「触れ合い」にあたります。ですから、広告などの影響力のある＊12媒体が逆効果の情報を発信しないことには意味があるのです。

近年では、自分たちがよく知らない「あの人たち」、つまり外集団が、みな同じような人たちで構成されているわけではなく、多くの異なる特徴を持つ人たちなのだと理解する方法で偏見を低減させるアプローチも注目されています。また、偏見を抑制する目的で行われる介入やアプローチは、小学生から大学生と、教育を受けている真っ只中の人たちに対して、より効果を発揮するようです。

私と息子の経験を少しお話しします。新型コロナウイルスによる行動制限がかかるより以前に、アメリカのポートランドで行われた学会に当時小学校2年生だった息子を連れて参加しました。私にとっては久しぶりのアメリカ、息子にとっては初めてです。ホテル近くのスーパーマーケットまでの道すがら、ホームレスとおぼしき人が、1人地面に座って何かぶつぶつと言っているのが見えました。2月のまだとても寒い時期です。通り過ぎる際に、案の定といっては悲しいですが、人種差別的な言葉を浴びせられました。これまでの経験から、何か言われてもとにかく目をあわせない、無視する、という方法をとることを決めており、幸いそれ以上何か危害を加えられることはありませんでした。

しかし息子は「あの人何？」と、何が起こったのか、よくわかっていない様子でした。そこで、アメリカにおけるホームレスや人種差別の問題について少し話をしました。息子は「でも、いい人たちもいっぱいいたね」と返してきました。たしかに、機内でトイレを譲ってくれた人、スーパーマーケットでハイタッチをしてくれた店員さん、テイクアウトのハンバーガーができるまでにこれどうぞ、とポテトがたくさん入ったカップを渡してくれた店員さんと、優しくしてもらう経験をこの一件の前にたくさんしていました。息子にはそちらの方が強く印象に残っていたようです。

さて、このエピソードに出てきた「アメリカ人」について、私はあえて、人種や性別、年齢といった属性情報を示しませんでした。でもおそらくみなさんは、これまでの経験や知識などから属性情報を頭で補ってその場面をイメージしたのではないでしょうか。それがまさに、ステレオタイプや偏見です。1人だけ実際の属性情報を追加しますと、スーパーマーケットで息子とハイタッチをしてくれた店員さんは、白人の高齢男性でした。⑥みなさんの頭の中のイメージと一致していましたか？

繰り返しになりますが、偏見や差別の問題は大変複雑で、何か1つの解決方法があるわけではありません。良かれと思ってしたことですら、効果が得られない場合もあるでしょう。また、偏見を抑制するために開発されたアプローチが、長期にわたって効果を発揮するのかどうかという点については、まだ十分なデータが揃っていない段階です。

		能力	
		低い	高い
温かさ	冷たい	1 侮蔑的偏見／ステレオタイプ 2 侮蔑、嫌悪、［ E ］、敵意 (例:貧困層、薬物中毒者、犯罪者)	1 羨望的偏見／ステレオタイプ 2 妬み、ジェラシー (例:アジア人、ユダヤ人、お金持ち、フェミニスト)
	温かい	1 温情主義的(家父長的)偏見／ステレオタイプ 2 同情･共感 (例:高齢者、障がい者、主婦)	1 賞賛(問題となりうる偏見やステレオタイプなし) 2 ［ F ］、賞賛 (例:内集団、同盟国…いわゆる、仲間)

表４－１　ステレオタイプ内容モデル (Fisk, et al., 〈2002〉 を参考に作成)

※1：偏見やステレオタイプ　／　2：生じる感情

能力の高さと温かさの組み合わせにおいて、どちらか一方が高く、もう一方が低くなるような社会集団は両面価値的な人たちであると言えます。能力が高く冷たい集団には、アジア人、ユダヤ人、お金持ち、フェミニストといった社会集団が分類されます。これらの社会集団には、妬み感情が生じやすいことがわかっています。また、能力が低く温かい集団としては高齢者や障がい者、主婦が含まれ、同情や共感といった感情が生じます。

両面価値的な特徴を持つ社会集団に属する人たちとは、自分が仲間に対してするような直接的で親密なコミュニケーションを行う機会は少ないかもしれません。しかし、非対面でのコミュニケーションや、テレビのニュースやさまざまな*6メディアコンテンツを通した接触の機会はあります。

事件や事故のニュースでは、被害者や加害者が属する社会集団の種類によって印象が変わることもあります。例を挙げると、傷害事件や交通事故の加害者が裕福で社会的地位の高い人だった場合、そのような人に対して抱かれがちな④妬み感情が、より加害者の非人間化を強めるかもしれません。また、被害者が高齢者や女性だった場合は、より一層、同情や共感の感情が生じるかもしれません。しらずしらずのうちに、私たちは*7属性情報のステレオタイプや偏見に基づいた印象や憶測をしてしまっているかもしれないという点には、自覚的でありたいです。

（中略）

偏見や差別を少なくするには

⑤どうすれば偏見や差別を減らせるでしょうか。偏見や差別の源泉となるステレオタイプを通した情報処理は、私たちが生活する上で必要不可欠だという話をしました。また、私たちは世界のあらゆる社会集団と直接コミュニケーションをとることは不可能ですから、偏見を完全になくすというのも難しいでしょう。したがって、実質的に不利益を被る人をできるだけ少なくするという視点に立つとしたら、まずは私たちの心の中にあるステレオタイプや偏見を、差別という形で表に出さないというのがひとつの方向性であろうと考えられます。

特に「ことば」に関しては、そのほとんどが意識的、意図的に発信されるものです。ですから、差別的な発言をしないように、少なくとも気をつけようとすることはできるはずです。ただし、そうはいってもなかなか自分一人では難しい、と感じる人もいるかもしれません。そこで、差別は良

の高さには違いがあるものの、温かさには違いはない、ということになります。そのような情報を呈示した上で、2つの集団の「能力の高さ」と「温かさ」について、その程度を回答するように求めました。C、能力の高さに関しては、呈示した情報と一貫して、「能力が高い」と説明された集団の方が、もう一方の集団よりも能力が高いと評価されました。

ここまではある意味当たり前の結果で、面白いのはここからです。「温かさ」に関しては、2つの集団で情報に差をつけていません。したがって、情報通りに評価されれば、2つの集団でその程度に違いは見られないはずです。D結果は異なるものでした。「能力が高い」と描写した集団ではない、もう一方の集団の方が、より「温かい」と評価されたのです。

続く第二の研究では、「能力の高さ」と「温かさ」を入れ替えてみました。つまり、「温かさ」に関しては、一方の集団がより温かいけれど、「能力の高さ」はどちらの集団も同程度になるような情報を呈示しました。その後、1つ目の研究と同様に、2つの集団の能力の高さと温かさの程度をそれぞれ評価してもらいました。すると今度は、温かさの評価に関しては、呈示した情報と一貫して、一方の集団の方がもう一方の集団よりも「温かい」と評価されました。しかし、能力の高さに関しては、温かさの得点が低い集団の方が、より「能力が高い」と評価されました。

この2つの研究から、能力が高いと冷たい、温かいと能力が低いと評価されるという、2つの次元の相補的な関係性が見いだされたのです。ちなみに、温かく能力が高い人と、冷たく能力が高い人では、後者、つまり冷たく能力が高い人の方が、より「能力が高い」と評価されることも別の研究で示されています。

ステレオタイプ内容モデル

能力の高さと温かさの二次元の組み合わせに基づいて、さまざまな社会集団が[*3]カテゴリー化され、[*4]ステレオタイプ的な理解がなされることもわかっています。そして、そのような理解がなされる社会集団に対して人が抱きやすい感情、つまり[*5]偏見についても整理されています。ステレオタイプ内容モデルをもとに作成した表4-1をご覧ください。

まず、能力が高く温かい集団とは、自分にとっての仲間に分類される人々です。同じ部活のメンバーや、同盟国の人々などがそれに当たります。このような社会集団に対しては、賞賛や誇らしさといった感情が伴うため、差別につながるような偏見は生じにくいと考えていいでしょう。一方、能力が低く冷たい集団としては、薬物中毒者や犯罪者が該当します。このカテゴリーに分類される社会集団には嫌悪や敵意の感情が抱かれやすく、それは侮蔑的な偏見につながります。現代において、能力が低く冷たいと認識されるような社会集団を形成する人々は相対的に少なく、日常で接触する機会は限られています。

三　**次の文章を読んで、後の問いに答えなさい。（設問の都合上、本文を一部省略しています。）**

「能力の高い男性はどちらだと思いますか」

印象判断における重要次元――「能力の高さ」と「温かさ」

さて、私たちはいろいろな言葉を使って個人や集団に抱く印象を表現できます。＊1ポジティブなものでいうと、優しそう、器用そう、親切そう、＊2ネガティブなものとしては、だらしがなさそう、不真面目そう、無礼そう、など、他にもたくさん挙げることができます。ただし、さまざまな表現がある中で、私たちは「能力の高さ」、「温かさ」という2つの次元を基準に、人や集団に対する印象を形成しやすいことが示されています。

この2つの次元の重要性をみなさんにも実感してもらうために、まずは「能力の高さ」と「温かさ」に基づいた判断を経験してもらうことにしましょう。上の2つのイラストを見てみてください。左右ともに、20～30代の男性でしょうか。ここで、「能力が高い男性はどちらだと思いますか」、と聞かれたら、あなたはどちらを選びますか？　深く考える必要はないので、ぱっと頭に思いついた方を選んでください。続いて、「温かいのはどちらだと思いますか」、と聞かれた場合も考えてみてください。

この質問を授業などで行うと、ほとんどの場面において、多くの人が、①右側の男性よりも左側のイラストの男性を「能力が高く」、「温かい」と判断します。よくよく考えたら、②不思議です。ただのイラストで、実在する人物ではありません。また、このイラストの男性たちが具体的にどのような行動傾向や性格上の特徴を持っているのか、まったく情報が提供されていません。

本来であれば、能力の高さや温かさについて聞かれたら、半分の人が左側、残りの半分の人が右側の男性を選択するような、いわゆる当てずっぽうでみんなが選んだ場合に示される結果がでてもおかしくありません。しかし、この質問をすると、毎回［A］して、一方に偏った結果になるのです。これはつまり、私たちが「能力の高さ」と「温かさ」に関して共通したイメージを持ち、そのイメージをもとに他者の第一印象（外見）を判断していることを意味しています。

能力の高さと温かさの判断には、相補性があることもわかっています。相補性とは、一方が多くなると、もう片方が少なくなるような関係（お互いがお互いを補いあうイメージ）のことを言います。ジャッドたち（Judd, et al, 2005）が行った③いくつかの研究では、集団に対する印象形成の文脈から能力の高さと温かさの相補的な役割が［B］されています。

彼らは第一の研究で、まずは研究参加者に「緑組」と「青組」の集団の特徴について書かれた情報を読んでもらいました。一方の集団の方が能力は高いけれど、どちらの集団も同程度に「温かい」ことを示す内容でした。つまり呈示された情報に基づくと、緑組と青組には、能力

【Cさん】 それにしても、ミツが病院に戻ったのはなぜだったんだろう? ハンセン病の苦しみの中にいる患者たちへの 1 からかな。あるいは世の中の不幸に対して自分のできることで奉仕しようと考えたのかな。

【Dさん】 わたしはCさんが考えた理由とはちがった感想を持ったのだけれど、ミツは患者たちに対して共感する気持ちがあったからじゃないかなと思うわ。患者たちは病気そのものの苦しさ以上に、ほかの病気とはちがってひとりぼっちの不幸を抱えている。ミツもまた頼る家族も愛してくれる人もいない孤独の中にいる。ミツは 2 を選んだんじゃないかなと思ったわ。あるいは、そうせざるを得ない感情を持つ女性とも言えるかもしれない。

【Cさん】 なるほど。わたしはこの物語の続きも読んだけれど、スール・山形が書いた手紙にこんな一節があったわ、「自分一人だけが苦しんでいるという気持ちほど、希望のないものはございません。しかし、このことをミッちゃんにどう、わかってもらえるか。いいえ、ミッちゃんはその苦しみの連帯を、自分の人生で知らずに実践していたのです」と。Dさんの意見は、この手紙の一節の内容と重なり、この物語をより深くとらえることにつながったわ。

1

ア 激励の気持ちや、生活を支援する気持ち
イ あわれみの気持ちや、同情する気持ち
ウ あこがれの気持ちや、理想とする気持ち
エ 感謝する気持ちや、敬愛する気持ち

2

ア ほかの人のあたたかな愛情で、自分の孤独を包んでもらおうとする生き方
イ 自分が笑顔を生みだすことで、ほかの人の苦しみを和らげようとする生き方
ウ ほかの人の不幸に自分の不幸を重ねて、手を差しのべようとする生き方
エ ほかの人の孤独や世の中の不幸を取りのぞき、しあわせな風を吹きこもうとする生き方

問八　——線部⑧「林のふちに立ちどまった」とありますが、このときのミツの心情として最もふさわしいものを次から選び、記号で答えなさい。

ア　夕陽の光が束のように林と傾斜地とにふり注ぎ、自然が生み出す美しい光景に心から感動している。
イ　畠で働く患者たちの姿を見て、心を寄せることができる場所に戻ったような情緒的な気持ちになっている。
ウ　夕刻まで懸命に畠で働く患者たちに感動して、いち早く仕事を手伝いたいとわくわくしている。
エ　農作業の過酷な経験が思い出されたが、この嫌悪感を克服することで過去の自分から抜け出す決意をしている。

問九　次の1～5について、本文の表現や内容の説明として正しいものは「○」で、正しくないものは「×」で答えなさい。なお、すべて同じ答えにしてはいけません。

1　——線部ⓐ「霧雨が降っていた」や、ⓑ「あかるく晴れあがっていた」という天候の情景描写には、ミツのその時の心情が反映されている。
2　——線部ⓒ「靴の先で地面を丹念に掘っていた」という表現には、ミツの、東京へ戻ることに積極的でない気持ちと、冷ややかな視線を向けた患者たちを許そうかどうするかに悩む思いが同時にあらわされている。
3　——線部ⓓ「ぼんやりと立っている娘」という表現には、「ミツ」という具体的な固有名詞から「娘」という一般名詞が用いられていて、より孤独でより存在が小さいことが印象づけられている。
4　——線部ⓔ「一枚の札をだして娘に渡してやっている」という表現には、東京行きの汽車の切符を落とさず大切に持って行きなさいと思う母親の精一杯の愛情があらわされている。
5　この物語は「ミツ」という登場人物の一人称で描かれており、文章中にくり返し出てくる「（　）」は、「ミツ」の心の声を率直にあらわす表現として効果的に用いられている。

問十　この物語を読んだ生徒たち（A～D）の感想を読み、［1］・［2］にあてはまる語句として最もふさわしいものを後から選び、それぞれ記号で答えなさい。

【Aさん】　この物語は登場人物のミツがハンセン病によって身体的にも精神的にも苦しむ人々と接したことによって、みずからの置かれた状況に思いをめぐらせ、さまざまな迷いや悩みの末に、これからの生き方を決断しようとしているものですね。

【Bくん】　そうだね。ミツは自分も病気であるかもしれない不安を感じていたんだろうけれど、その背景の一つには、ハンセン病に対する社会的な偏見があったことが推察できるね。病院を退院するときはミツ自身にもわだかまりがあったことを感じさせる描写もあり、そんな自分が許せなくて悩み苦しんでいたことが伝わってきたね。

ウ　ミツは今まさに故郷を離れようとする土地の娘の姿と自分とを重ねながら、その後に待ち受けるであろう貧しくさびしい生活をうれえて心配しているが、それでも土地の娘は故郷や家族を温かみのある心のより所としていけるのに、家族との関わりを絶った自分にはそのようなものもないという孤立感をいっそう深めている。
エ　たった一人きりで頼る家族も友人もいなかった東京での生活を過ごしていたミツは、これから東京行きの汽車に乗ろうとしている土地の娘と自分の境遇があまりにも重なるため、一緒に汽車を乗り合わせることによって少しでも関係性を築き、知り合いになっていくべきかどうかを真剣に考えている。

問六　――線部⑥「ミツはトランクをもったまま駅の外に出た」とありますが、ミツはどうして駅の外に出たのですか。次から最もふさわしいものを選び、記号で答えなさい。
ア　だれにも心配されることもなくひとりぼっちで生きるミツは、退院してきた病院の患者たちもまた孤独の中で生きざるを得ない苦しみを抱えていることをよく知り、その思いが心の中に呼び起こされ、病院へ戻ろうと思ったから。
イ　ハンセン病をわずらっていなかったことが何よりもうれしかったので、いまだ病気を抱える不幸な患者たちに自分の幸せを少しでも分けてあげたいという感情が心の中にわき起こり、病院へ戻ろうと思ったから。
ウ　駅で過去のさまざまな記憶がよみがえる中、社会に対して有益なことを何もしてこなかった自分を反省し、この先は看護の仕事で社会貢献していこうとする思いが高まり、病院へ戻ろうと思ったから。
エ　退院をしてみたものの東京に行ったところで生活の基盤はすでに失われているので、それならば慣れ親しんだ場所で生活の安定をはかって生きていくことがよいと考え、病院へ戻ろうと思ったから。

問七　――線部⑦「森田さんじゃないの」とありますが、病院に戻ってきたミツに対して、スール・山形が示した態度として最もふさわしいものを次から選び、記号で答えなさい。
ア　病院に戻る理由がどのような考えに基づくものであれ、責任者として信念をもって許可できないことを言明している。
イ　ミツがなぜ病院に戻ってきたのかを心の中ではよく理解していて、母親や姉のように優しく寄りそっている。
ウ　ミツは人生を前向きに生きる姿勢がやや欠けているので、現実的な東京での生活をまじめに考えさせようとしている。
エ　病院で生活する理由がないことやその苦しさを諭しながらも、ミツの意見を尊重し、その決定を待とうとしている。

ウ　平常心を保ちながら一生懸命に笑顔で退院を祝福していたが、思わぬ運命によってミツに裏切られることになってしまった結末に、悲しみを感じずにはいられなかったから。
エ　ミツとは短い期間でありながらも親密な友情関係を築くことができたと思っていたが、自分の深い苦しみまでは理解してもらえず、そのもどかしさを感じたから。

問四　――線部④「ふてくされた顔をしてみせた」とありますが、ミツのこのような態度の意味や理由はどのようなこととして読み取ることができるでしょうか。次から最もふさわしいものを選び、記号で答えなさい。
ア　停留所でバスを待つミツが旅行にでも行くようなトランクを持っていることに好奇の目で眺めまわした農婦たちに対して、誤った見方で自分が見られていることが恥ずかしく感じ、自分は旅行に行こうとしているわけではないということをささやかに伝えようとしていることが読み取れる。
イ　停留所でバスを待つミツに好奇の目を向けている農婦たちに対して反発心をあえて示そうとしているからであるが、同時に社会と隔絶して生きている患者に対して、かたよった思いをミツ自身も宿していたことが読み取れる。
ウ　病舎で生活する患者たちがどれほど苦しい日々を過ごしているかをまったく知りもしない農婦たちに対して、怒りの気持ちを表情にあらわしたからであるが、こうすることによってミツ自身も農婦たちと同じように何の不自由もない生活に戻ってきたことが読み取れる。
エ　バスの停留所まで来てみると退院するときに向けられた患者たちからの心ない敵意が思い出され、療養施設と自分は関わりがないことをあらわしたかったからであり、同時にそんなミツの思いを理解しない農婦たちへの釈然としない怒りがわき起こっていたことが読み取れる。

問五　――線部⑤「土地の娘」とありますが、東京へ就職にいくであろうこの娘の姿を目にしながら、ミツはどのようなことを感じたり考えたりしていますか。次から最もふさわしいものを選び、記号で答えなさい。
ア　土地の娘の母親や弟が見送りに来ている様子をながめているミツは、自分がはじめて東京へ就職するために汽車に乗るときにも伯母から切符を落としてはいけないことや、行先の住所を忘れてはいけないことなどのさまざまな注意を受けたことを思い出し、人生の出発点では細やかな注意を払わなければいけないという戒めをあらためて感じている。
イ　中学を出たばかりにもかかわらず社会人としての生活を東京で過ごしていかなければいけない土地の娘に対して、ミツはどのような生活が待っているかを知っているだけに、温かいまなざしでこれからの前途を見守ると同時に、自分自身に対してもがんばって人生を切り開かなければいけないことを強く自覚している。

(2) 療養施設の登場人物たちに焦点をあてたとき、その説明として最もふさわしいものを次から選び、記号で答えなさい。

ア 共感を示す患者たちはミツの退院を喜びながらも、自分の将来の不安を抱えざるを得ないが、ねたみにとらわれる患者たちはミツを敵視するあまり、自分たちの居場所を失ってしまっている。

イ 共感を示す患者たちはミツの精神的な成長を支えるだけでなく、自分たちも退院に向けた努力をするが、一方、ねたみにとらわれる患者たちは自分の未熟さに気づけず、結果的に孤立してしまっている。

ウ 共感を示す患者たちはしあわせだった過去の自分と重ね合わせ、ミツの自由を祝福しているが、ねたみにとらわれる患者たちは自分と他人との幸福度合いを比較することによって、自尊心を保とうとしている。

エ 共感を示す患者たちはミツをはげましながらもみずからの境遇と向き合い、そのつらさに耐えようとするが、一方、ねたみにとらわれる患者たちはミツの自由を喜べず、反感的な姿勢をあらわにしている。

問二 ――線部②「銀色の指輪」とありますが、この物語の中でどのような意味をあらわすものとして描かれていますか。次から最もふさわしいものを選び、記号で答えなさい。

ア 加納たえ子の孤独と閉ざされた未来の輝きを暗示的に象徴しており、また、自分が全うすることができなかったリサイタルの夢を自分の代わりにミツに実現してもらいたいと願う思いが託された、まさに闇と光を示している。

イ 加納たえ子の人生の目標はかなえられないというきびしい現実を強調する役割を持つとともに、親密な関係を築けたミツの今後の生活を案じ、唯一、自分が贈ることができる高価な品として位置づけられた、まさに現実と理想を示している。

ウ 加納たえ子にとって夢の実現を不可能にしてしまった過去のあやまちと、今の現実を受け入れられない自分の甘えを断ち切る道具としてイメージされながら、ミツの将来を明るく光らせるものとしても示された、いわゆる決断と祝福を具体化している。

エ 加納たえ子にとってリサイタルで晴れやかに演奏する夢との決別を示すとともに、ミツとの友情の深まりのあかしでもあり、自分のかなえられなかった人生の喜びを託す思いが込められた、いわば葛藤と希望を象徴している。

問三 ――線部③「その背が泣いているのか、小刻みに震える」とありますが、加納たえ子はなぜこのような様子をしていたのでしょうか。その理由として最もふさわしいものを次から選び、記号で答えなさい。

ア ミツの退院を心から祝福する一方、隔絶された病舎に残り続けなければいけないことへのつらさや悲しみがこらえきれずにいたから。

イ 姉妹のような親しい関係を築くことができたミツが病気ではなかったことを心の底からうれしく思い、退院する姿に感極まってしまったから。

（注）＊１ハンセン病……らい菌と呼ばれる細菌に感染することによって顔や手足の皮膚の変形や神経障害を引き起こす病気のこと。現在、適切な治療と特効薬によって完全に治るものであるが、この小説の時代背景をふくめ不治の病として偏見の対象とされてきた経緯がある。
＊２娑婆……自由な外の一般の社会。
＊３羨望……うらやましく思うこと。
＊４忍従……がまんして従うこと。
＊５スール……カトリック教会に属する修道女（共同生活する女性）の呼び名。
＊６リサイタル……ここでは、ピアノの独奏会を指す。
＊７スエータ……セーター。
＊８寂寞……ひっそりとしてさびしいさま。
＊９一瞥……ちらりと見ること。
＊10三浦マリ子……以前ミツと同じ工場で事務員をしていた美しい女性。
＊11蝦蟇口……口金のついた袋形の銭入れ、さいふ。
＊12おセンチ……感じやすく涙もろいさま。

問一 ――線部①「ミツが退院する」とありますが、このことについて次の（１）・（２）の問いにそれぞれ答えなさい。

（１） ハンセン病ではないことが判明し、療養施設を退院するミツは、どのような心情でいましたか。次から最もふさわしいものを選び、記号で答えなさい。

ア　精密検査の結果を知ってうれしさがあふれているが、その後の自分の将来への高まる不安の気持ちを他の患者たちへ隠したいと思っている。
イ　誤診に対する怒りやくやしさを感じつつも、療養施設の隔離生活で築いた仲間との絆を大切にして、今後の未来の生活に向けた希望を抱いている。
ウ　ハンセン病の疑いが解けて安心し、新たな生活に胸をふくらませる一方、ともに過ごした他の患者たちとの間に複雑な思いを感じている。
エ　誤診が判明したことで自分の価値や存在意義を肯定的にとらえる感情を取りもどし、隔離生活の孤独に打ち勝ったことを喜んでいる。

でも一度、この病院にきて、患者さんたちの姿を見たり、嗄れ声をきく時、蒼くなって逃げだすのよ。」
「あたしはもう、そんな声をきいたわ。」
ミツは膝の上に手を組み合わせながら笑ってみせた。なぜ、スール・山形が自分を迷惑がるのか今、彼女にはわからなくなったぐらいである。
「でも、あたしが残っちゃ、いけないと言うなら帰るけど……」
「いけないってわけじゃないけど。」
修道女はほとほと困った顔をして、
「でもあんたの親御さんたちが。」
「父ちゃんならいいの。あたしもう一人で長い間、生活してきたんだもの。」
「困ったわねえ……じゃ今晩一晩、ゆっくりもう一度、考えて頂戴。一時の気持ちだっていうことがきっとよくわかるはず。そして明日は東京に戻るのね。わかった？」
ミツは微笑してうなずいた。修道女はどうして問題を複雑にするのであろう。しかし兎も角も一晩だけこの病院に残ることを許してくれたのだ。一晩は二晩になり二晩は一週間になるだろう。
「加納さんは？」
「え？」
「たえ子さん、どこにいるう？」
「ああ。」スール・山形は立ちあがって窓ガラスをあけながら、「あなたが帰ったので随分、しょんぼりしていたけど……さっき畠のほうを歩いていたわ。」
「行っていい？」
「もちろんよ。」
ミツは急いで事務室を飛びだした。病棟と病棟との間の中庭をぬけ、雑木林のふちにそって傾斜地をおりると畠に出るはずだった。
雲の間から幾条かの夕陽の光が束のように林と傾斜地とにふり注いでいた。その畠で三人の患者が働いている姿が豆粒のように小さく見える。
ミツはその落日の光を背にうけながら⑧林のふちに立ちどまった。あれほど嫌悪をもって眺めたこの風景がミツには今、自分の故郷に戻ったような懐かしさを起こさせた。林の一本の樹にもたれて森田ミツはその懐かしさを心の中で嚙みしめながら、夕陽の光の束を見あげた。

（遠藤周作『わたしが・棄てた・女』）

「⑦森田さんじゃないの。」

スール・山形は眼をまるくして事務所の玄関にたっているミツを凝視した。

「え？　汽車に乗り遅れたの？」

ミツは人の好さそうな例の笑いを顔いっぱいに浮べながら、

「ううん。」

首をふった。

「どうしたのよ。」

それでもスール・山形はミツの古トランクを受けとって誰もいない応接室に入った。茜色の西陽がガラス窓に反射している。

「どうしたのよ、本当に。」

今度は不安そうに修道女は娘の顔をみた。

「あたし、戻ってきちゃった。」

「まア……なぜ？」

「なぜって……」ミツは恥ずかしそうに自分の気持ちを表現する言葉に口ごもりながら、

「なぜって……」

それからすねたように机の上に指で何か字を書いた。

「どこに行ったたって……結局、同じだしさ。」

「でも……ここは病院でしょ。病気の患者さんたちのいる所じゃないの。」

「あたし、もう、こわくないな。始めはそりゃイヤだったけど、馴れちゃったから。」

「こわくなくったって……もう患者でもないあなたが。」とスール・山形は困惑の表情をみせて、

「居る所じゃないわ。患者でない人、あなたたちには住む世界があるでしょ。病気や苦しみしかない場所にわざわざ住みつく必要はないのよ。」

「だって、あんただって……ここに居るじゃない。」

その声はあまりに無邪気だったので修道女は驚いたように顔をあげた。

「あたしは……あたしたち修道女は……病人の世話をしたり、友だちになるのが一生の仕事だから。」

「じゃ、あたしも患者の世話をする。ここで働いたら、いけないですか。」

「冗談じゃないわよ。森田さん。」

少し、きっとなってスール・山形は椅子からたち上った。

「一時の感傷や出来心から、そんなことを口に出しちゃ駄目よ。この病院にも時々、そんな*12おセンチな申し込みをしてくる女学生がいるわ。

捨てたミツにはあたたかく思いだすものもない。天井をみあげて、うすい布団をあごまでかけながら、電燈の影がゆらゆらと揺れるのをじっと見ていただけだ。

　戻っても孤独な生活がまた続くのだと言うことが今、ミツの胸にはっきりとわかってきた。捨てられた猫のように、一人だけでかじかんだ手を火種の乏しい火鉢におきながら送った昨年の歳末の夜。電車の音が、割れ目を新聞紙で押さえたガラス窓を細かくゆらしていた。いやだ。もう、そんな生活はいやだ。

（でも、仕方ないもん。ほかに行くとこがないもん。）

　ミツは真実、今、自分の体を暖めてくれる人をそばに欲しかった。体だけではなく、時には＊8寂寞としたこの毎日、疲れた自分が頭をそこにもたれさせる母親のような相手がほしかった。鈍い、愚かな自分の愚痴を聞いてくれる相手。石浜朗の映画を見る時、一緒になって笑える友だち。そしてその友だちが一生、自分のそばにいてくれ、離れていかなければいい。そんな暖かい存在が何処かにいないのか。

　無駄とは知りながら彼女はこの駅のなかの人々を目で追った。だが誰もがこの古いトランクをぶらさげて、ⓓぼんやりと立っている娘に＊9一瞥も与えなかった。忙しそうに彼等は切符売場に近づき、改札口に並び、駅から外に出ていく。

「間もなく、二番線に東京行き、上り普通列車が……」

　スピーカーから抑揚をつけた駅員の声がきこえてくる。ゆっくりと蒸気を吐きだして灰色の機関車と古ぼけた客車とがホームにすべりこんでくる。

　東京に行く汽車。しかし東京とあの雑木林の宿舎と何処がちがうのだろう。人々は新宿でも川崎でもこの駅の中と同じように忙しく、つめたく、無関心にミツの横を通り過ぎていくだろう。たまに机をならべた人もあの＊10三浦マリ子と同じように、やがてはミツのことを忘れて去っていくだろう。

　改札口から客車にむかって駈けていく。席は充分あいているのに駈けないと乗り遅れると思うらしいのだ。さっきの三つ編みの娘が真ん中の窓から顔を出し、弟にむかって何かを言っている。

　改札口にもたれてミツはその娘と母親と弟とをじっと眺めた。母親が大きな＊11蝦蟇口からⓔ一枚の札をだして娘に渡してやっている。

　発車をつげるベルがすり切れた音をたててなりはじめた。

（今、走ればいい。今、走ったら、まだ汽車に間にあう。）

　彼女の心のなかにそう懸命に囁く声がした。と同時にもう一つの心の隅でミツは雨にふるえた雑木林と兵舎のような病棟のことを考えていた。自分が捨ててきたあの病棟では今、女患者たちは文化刺繍の作業を続けているだろう。加納たえ子は一人だけであの病室に坐っているかも知れぬ。ミツは胸がしめつけられるような気持ちで退院していく自分を眼で追っていた彼女たちの顔を思いうかべた。

　ベルがやみ、しばらく沈黙が続き、汽車が鈍い音をたてて動きはじめた。機関車の煙が車輛にからみながら、ホームを流れていく。

⑥ミツはトランクをもったまま駅の外に出た。そしてバスの停留所の方向にむかって広場をゆっくりと横切った……

（そんなに、見ないでよ。あの病院から来たんじゃ、ありませんからね。）ミツは心の中でその農婦たちに言いきかせる。（あんなとこの患者だと思わないでくださいよ。こっちは病気じゃないんですからね。ウソだと思ったら聞いてきなさいよ。）
だが、その時、こちらに背をむけて肩を震わせながら泣くのを怺えていた加納たえ子の姿がミツの心に浮びあがった。
細目にあけた窓ガラスから、ミツを羨望と妬みのこもる眼で眺めていた幾人かの女性患者の顔が浮びあがった。
その人たちは昨日まで、ミツにやさしく話しかけたり、刺繍を教えてくれたりした人たちだった。
まるで今、それらの患者たちを裏切ったような痛さを胸に感じる。あたしは悪い女だと思い……
バスがくる間、うつむいて、Ⓒ靴の先で地面を丹念に掘っていた。

（中略）

三つ編みの髪をミツと同じように垂らした⑤土地の娘がトランクをさげてそのうしろに立っている。見送りにきた彼女の母親らしい中年女と弟らしい子供がその横で不安そうにあたりを見まわしながら、
「落とすんじゃねえぞ。切符を。」
「うん。」
「むこうの住所、ポケットに入れてあるだろな。」
娘がいくらうなずいても、母親は心配そうに風呂敷包を解いたり結んだりしている。
「ええか。叔父さんとこに葉書、だしときな。」
「わかってるよ。」
娘の頬はまだ林檎のように赤い。中学を出たばかりでこれから東京に就職にいくに違いない。
ミツは自分が始めて東京に出た時のことを思いだした。駅から汽車に乗る時、これと同じように送りにきた伯母がミツの風呂敷包を解いたり、結んだりした。この母親と同じように切符を落とすなとか、住所を忘れるなとか、列車がくるまでくどいほど繰りかえしたものである。
（この子、東京のどこで働くのかな。）
東京でこの娘がこれから送るであろう生活をミツは知っていた。田舎者と言われまいとして懸命に背伸びをしながら自分の一挙一動にもビクビクする毎日。一週に一度の休日、新宿や渋谷に出て驚くこと。星空をみてぼんやり弟や妹のことを思いだす夜。そして今日から自分もふたたび、その東京で昔と同じような一人ぼっちの生活を送らねばならぬのだ。
ミツは川崎の下宿の小さな冷たい部屋のことを思いだした。電燈の笠がないので、電気がゆれるたびに部屋のなかに暗い縞の影がうつる。窓の下の汚水のながれた路に酔客が放尿をしている。この娘ならそんな時、故郷の家のことや母親のことを考えることができるだろうが、家を

「本当？　本当にくれるの？」

うなずいて、たえ子は指輪を縁(ふち)のすり切れた古トランクの上においた。

下着や*7スエータを入れるとミツにはもうすることはなかった。時刻は既(すで)に昼近かった。もうすぐ作業場や畠(はたけ)に出かけている患者たちが戻ってくるだろう。今日も昨日や一昨日と同じようにこの病舎では一日の営みが続けられるのだ。どんな世界にあっても、みすぼらしい日常を人々は背負わねばならぬ。そしてそれが終わる時、雑木林のなかの泥(どろ)によごれた墓地(ぼち)が彼等を待っていた。

「もう、出かける？」

「うん。」

二人はたがいの眼を見つめながら立ちあがった。

「送らないわよ。送ると辛いから。」

「うん……」

トランクを片手にミツは部屋の閾(しきい)で立ちどまった。たちどまったまま、小さな声で、

「さいなら。」

と呟(つぶや)いた。

「さよなら。」

加納たえ子はこちらに背をむけていたが、③その背が泣いているのか、小刻みに震(ふる)えるのがミツにも痛いほど、はっきりわかった。

ここに到着(とうちゃく)した日はⓐ霧雨(きりさめ)が降っていたのに、同じようにトランクを片手にして病舎を出ていく今、空はミツの心のようにⓑあかるく晴れあがっていた。

病舎からバス路にいたる両側のアカシヤに風が吹(ふ)いて、裏がえしになった葉は銀色にかがやいていた。栗林のかげから、小川のさわやかな音がきこえてくる。この栗林の前でミツはしゃがみこみ、修道女の一人に見つけられたのである。

小川を渡ると彼女はもう一度、病棟(びょうとう)の方角をふりかえった。小川が世間とあの悲惨(ひさん)な病舎とを隔(へだ)てる境界線ならば、今、ミツはふたたび自由な世界に足をふみ入れることができたのである。

病棟からは何の物音もきこえなかった。修道女たちの住んでいる宿舎の煙突(えんとつ)から黒い細い煙(けむり)が一すじ青空にのぼっていく。だが、静かなその内側に、どんな顔の人が生き、どんな生活をしているかをミツは知っていた、どんな苦しみやどんな眠(ねむ)れぬ夜があるかもミツは知っていた。

(でも……もう、こっちに関係したことじゃないわ。)

バスの停留所で地面にトランクをおいて、彼女はわざと今、病院の方角を見ないように④ふてくされた顔をしてみせた。同じようにバスを待っている二人の農婦が好奇心のこもった眼でミツを眺(なが)めまわしたからである。

部屋に戻ると、加納たえ子が窓から洩れる日差しのなかで刺繍をやっていた。ミツの跫音に気づくと顔をあげて、
「おめでとう。よかったわ。」
一生懸命、笑顔をみせて退院を祝福してくれた。しかしたえ子の笑顔が一生懸命であればあるほど、その裏側に、とり残される者の辛さと哀しみとがあらわれてくる。
「悪いわ……。」
ミツは畳の上に横ずわりになって思わず溜息をついた。
「なにが……。」
「あたし、なんだか悪い気がするんだもん。」
「馬鹿ね。あんた。」たえ子は声をあげて言った。「つまらぬことを気兼ねするもんじゃないわよ。あたしたちにはあたしたちの運命があるの。羨んだり妬んだりするのはこちらが間違いなの。誰だって、こんな場所に一日だっていたくないはずよ。それがあたり前のことじゃない？　さあ。荷物をつくりなさいよ。」
促されてミツは戸棚をあけ、古いトランクを引きずりだした。だが荷物といってもこのトランクの中にわずかの下着や洋服をつめればそれで終わりだった。
「あのね。」
「なあに。」
「あなたにね。」
加納たえ子は自分の引き出しをあけて②銀色の指輪をとりだした。
「これ、あげたいんだけれど。」
「あたしに……。」眼をまるくしてミツは、「あたしに……。」
「そうよ。」
「あたしに……なぜ、こんなもの呉れるの。」
「だって。」たえ子は哀しそうに微笑した。「もうあたしには用のないものですもの。それをはめて、始めての*6リサイタルに出るはずだったの。でも、その指輪は病気のわたしには用はないわ。第一、それをはめる指が、こう歪んじゃったんですもの。」
たえ子は麻痺してまがった指に視線を落とした。うすら陽をあびたその姿からミツは思わず眼をそらした。
「ね、取っといてよ。嫌でなかったら。」
「嫌なことなんか……あたし、こんな立派なもん……高いだろうなあ、こんな指輪。」
「じゃ、指にはめて。」

二 次の文章を読んで、後の問いに答えなさい。（設問の都合上、本文を一部省略しています。また漢字を一部ひらがなやカタカナに直したり、送りがなを一般的な表記に改めたりしています。）

《森田ミツは＊1ハンセン病の疑いで、御殿場にある療養施設の病院で隔離生活をしていたが、精密検査の結果、ハンセン病の診断は誤りであることが判明する。》

二時の汽車ならば、今からでもたっぷり時間はあった。その汽車で東京に戻ってから、どんな所に住み、どんな仕事をするのか見当もつかなかったが、今は悦びが不安など圧倒していた。①ミツが退院するというニュースは敏感な彼等の耳に次から次へと伝わりはじめたらしい。患者たちが少しずつ集まってきた。

「森田さん。退院するんだってな。」

いつか、ヒヨコを追いかけていた中野さんが足を曳きずりながら、そばに寄ってきて、

「よかったじゃねえか。」

「うん。」素直にミツはうなずいて、「有難と。」

「退院ときまったら、何時までもこんなとこにいるもんじゃねえよ。」

「でも、これからさ、どうしようかと考えてんの。」

「なんでも出来るさ。＊2娑婆がつれえって言ったって、ここよりは、ましにきまってるもんな。」

中野さんはそう言って自分の屈曲した指に眼を落としながら寂しそうに笑った。

その時、ミツは病舎の幾つかの窓からこちらを向いている幾つかの眼を痛いほど感じた。それは女の患者たちの眼だった。細目にあけた窓から女子患者たちはまるで今朝とはうって変わったような強張った顔でミツをぬすみ見ている。

その眼には＊3羨望と敵意さえ感じられる。ミツがふりむいた瞬間、大きな音をたてて窓をしめる者もいた。急にたち上がって窓から離れていく者もいた。自分たちに決して与えられなかった倖せをただこの森田ミツが受けるのが、彼女たちには理解できず、許せなかったのである。

だが、中には中野さんのように寂しそうにこちらを凝視している年輩の患者たちもいた。諦めと＊4忍従とがその皺のふかい顔にきざみこまれている。

「さあ、早く、部屋に戻って仕度しましょうね。」

＊5スール・山形は病舎の微妙な雰囲気を感じとって、急いでミツをこの場からつれ去ろうとした。

(1) 見出し①にあてはまる最もふさわしいものを次から選び、記号で答えなさい。

ア

小説・図鑑「電子書籍」で
学校読書調査小中高生支持

イ

小説・図鑑「紙の本」で
学校読書調査保護者支持

ウ

小説・図鑑「電子書籍」で
学校読書調査小学生支持

エ

小説・図鑑「紙の本」で
学校読書調査小中高生支持

(2) ②・③にあてはまる最もふさわしい組み合わせを次から選び、記号で答えなさい。

ア ②上回った・③高かった　　イ ②下回った・③低かった

ウ ②上回った・③低かった　　エ ②下回った・③高かった

(3) ④にあてはまる最もふさわしいものを次から選び、記号で答えなさい。

ア ページを拡大しながらしっかり

イ ページを行き来しながらじっくり

ウ 文字情報を直感的にすばやく

エ 絵や文字の情報を手の感覚をとおしてじんわり

問五 次の新聞記事を読んで、後の（1）～（3）の問いに答えなさい。

見出し①

紙の本と電子書籍のどちらが読みやすいかを小中高生に尋ねたところ、小説や図鑑、辞典などは「紙の本」を選ぶ傾向にあることが、全国学校図書館協議会の学校読書調査でわかった。

調査は6月に実施し、全国128校の小4～高3計1万812人が回答した。

電子書籍の読書経験がある4900人に「紙の本と電子書籍のどちらが読みやすいか」を聞いたところ、物語や小説は「紙の本」が小学生39.5%、中学生38.5%、高校生42.8%で、「電子書籍」「どちらも同じ」を②。図鑑や辞典・事典も「紙の本」だったが、マンガは「電子書籍」が読みやすいと思う割合が③。

群馬大の柴田博仁教授（認知科学）は「内容をきちんと理解したい図鑑・辞典や、想像力を働かせながら読む小説は、④読める紙の優位性を感じているのだろう」と分析した。

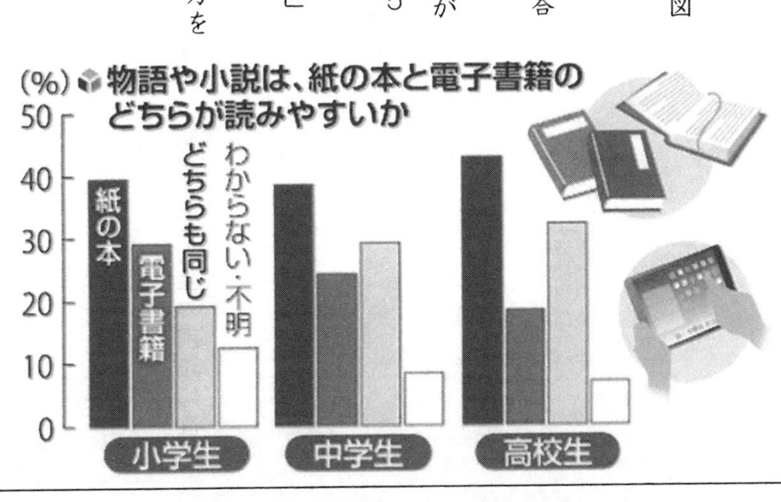

（『読売新聞　2023年10月28日朝刊』）

問三　次のア～カについて、読み手にしっかり伝わる望ましい文にするために、特に直した方がよい部分をふくむものが**四つ**あります。それらをすべて選び、記号で答えなさい。

ア　わたしの好きな食べ物は、海鮮(かいせん)類と肉とホタテです。

イ　昨年の夏は連日暑い日が続きましたが、わたしは体調をくずすこともなく元気に過ごせました。

ウ　わたしは来週フランス留学することを担任の先生に伝えます。

エ　Ｋアリーナ横浜で行われたコンサートは、はなやかで大変すばらしかったです。

オ　わたしの考えでは、政府の地球温暖化対策は不十分だと主張したい。

カ　「オズの魔法(まほう)使い」の主人公が自分の履(は)いていた銀の靴(くつ)によって困難から救われたように、私たちも人生の困難に直面したときは、まず自分の身近にあるものに目を向けてみることが大切です。

問四　次の①～④の作者の作品に**あてはまらないもの**をそれぞれ一つずつ選び、記号で答えなさい。

①松尾芭蕉(まつおばしょう)　ア「おらが春」　イ「おくのほそ道」　ウ「野ざらし紀行」

②夏目漱石(なつめそうせき)　ア「こころ」　イ「三四郎」　ウ「春と修羅(しゅら)」

③芥川龍之介(あくたがわりゅうのすけ)　ア「鼻」　イ「小僧(こぞう)の神様」　ウ「蜘蛛(くも)の糸」

④川端康成(かわばたやすなり)　ア「金閣寺(きんかくじ)」　イ「雪国」　ウ「伊豆(いず)の踊子(おどりこ)」

2024年度

湘南白百合学園中学校

【国　語】〈一教科入試〉（六〇分）〈満点：一〇〇点〉

〈編集部注：実際の入試問題では、一の問五の図とグラフはカラー印刷です。〉

一　後の問いに答えなさい。

問一　次の――線部の漢字はひらがなに、カタカナは漢字に直しなさい。

①家族の無病息災を願う。
②ファッションは十人十色のよさがある。
③のるか反るかやってみよう。
④荏柄天神には紅梅が咲いている。
⑤「教うるは学ぶの半ば」ということわざ。
⑥ヒキこもごもの人生がある。
⑦入試の合格発表がアイツぐ。
⑧今までの体制をサッシンする。
⑨チュウヤを問わず営業する。
⑩経済にとってよいチョウコウが見える。

問二　次の①～③の意味を表す言葉（二字の熟語）を、後の漢字を組み合わせてそれぞれ答えなさい。

①自分の認識の対象となるすべてのもの。外界・自然などのように心の外にあるもの。
②他に比較するものがないこと。他から何の条件も制限も受けないこと。
③一定の時間内にできる仕事の割合。あることをするのに費やした力や時間に対する効果。

習　観　知　率　徳　異　対　未
差　絶　則　主　原　客　学　能

2024年度

湘南白百合学園中学校　▶解　答

※　編集上の都合により，１教科入試の解説は省略させていただきました。

算　数　＜1教科入試＞（60分）＜満点：100点＞

解　答

[1] (1)　4　(2)　$2\frac{8}{21}$　(3)　2478m^2　(4)　49個　(5)　567番目　(6)　81.64cm^2　(7)　100ｇ　(8)　156通り　(9)　1350m　(10)　３日　(11)　320cm^3　(12)　20km　(13)　８人　(14)　(ア)　8　(イ)　7　[2] **ア**　71日　**イ**　43日間　**ウ**　６月　**エ**　12日　**オ**　水曜日　**カ**　28日　**キ**　３人ずつ　[3] (1)　56％　(2)　右の図　(3)　②　[4] (1)　(例)　半径５cmの四分円の面積から，直角をはさむ２辺がどちらも５cmである直角二等辺三角形の面積を引くと，色のついた部分の面積の半分になる。そこで，色のついた部分の面積は，$\left(5\times5\times3.14\times\frac{1}{4}-5\times5\times\frac{1}{2}\right)\times2=5\times5\times\left(3.14\times\frac{1}{2}-1\right)=5\times5\times(1.57-1)=5\times5\times0.57$と計算して求めることができる。　(2)　0.285

富士宮
ルート
28％
吉田
ルート
56％
御殿場
ルート
８％
８％
須走
ルート

国　語　＜1教科入試＞（60分）＜満点：100点＞

解　答

[一] **問1**　①　そくさい　②　といろ　③　そ(る)　④　こうばい　⑤　なか(ば)　⑥～⑩　下記を参照のこと。　**問2**　①　客観　②　絶対　③　能率　**問3**　ア，イ，ウ，オ　**問4**　①　ア　②　ウ　③　イ　④　ア　**問5**　(1)　エ　(2)　ア　(3)　イ　[二] **問1**　(1)　ウ　(2)　エ　**問2**　エ　**問3**　ア　**問4**　イ　**問5**　ウ　**問6**　ア　**問7**　エ　**問8**　イ　**問9**　**1**　○　**2**　×　**3**　○　**4**　×　**5**　×　**問10**　**1**　イ　**2**　ウ　[三] **問1**　ウ　**問2**　ア　**問3**　エ　**問4**　**C**　オ　**D**　イ　**問5**　ウ　**問6**　**E**　エ　**F**　ウ　**問7**　ア　**問8**　エ　**問9**　ア　**問10**　**1**　×　**2**　○　**3**　×　**4**　×

●漢字の書き取り

[一] **問1**　⑥　悲喜　⑦　相次(相継)(ぐ)　⑧　刷新　⑨　昼夜　⑩　兆候(徴候)

2023 年度

湘南白百合学園中学校

【算　数】〈４教科入試〉(45分)〈満点：100点〉

1 次の□にあてはまる数を入れなさい。

(1) $\left(\frac{3}{4}+1.375\times\frac{4}{9}\right)\div2\frac{11}{12}=\square$

(2) $\left\{3-2\frac{8}{9}\div\left(\square-0.5\right)\right\}\times4\frac{1}{2}=9\frac{1}{2}$

(3) ２の倍数の積 2×4×6×8×…×96×98×100 を計算すると，一の位から数えて□けた目に初めて０でない数字が現れます。

(4) 生徒の数が40人のクラスがあります。犬と猫が好きかきらいかアンケートをしました。猫が好きと答えた人の数は全体の60％で，犬が好きと答えた人の数の80％です。犬と猫がどちらもきらいな人はいませんでした。犬と猫がどちらも好きな人は□人です。

(5) 駅から学校前のバス停までバスに乗ると９分で到着します。駅で次のバスの発車まで16分あるとき，すぐに出発して毎時□km より速く歩けば，次のバスに乗るより早く学校前に到着します。ただし，バスの速さは一定で，毎時 15km とします。

2 百合子さんの学校の６年生は修学旅行に行きます。宿には部屋が全部で35部屋あります。部屋のタイプは大きい部屋と小さい部屋の２種類があります。大きい部屋に５人ずつ，小さい部屋に３人ずつにすると，２人が入れなくなります。１部屋あたりの人数を増やし，大きい部屋に必ず７人ずつ，小さい部屋に必ず３人ずつにすると，６年生全員が入ることができ，大きい部屋と小さい部屋がそれぞれ１部屋ずつ余ります。

(1) 大きい部屋，小さい部屋はそれぞれ何部屋ずつありますか。

(2) ６年生の人数は全部で何人ですか。

(3) 何人か欠席者が出たので，急いで部屋割りを変更することになりました。そこで大きい部屋５部屋に７人ずつ入れたところ，小さい部屋20部屋に残りの６年生全員を均等に入れることができました。このとき，小さい部屋は何人ずつで，欠席者は何人ですか。欠席者の人数は６年生の人数の１割以下であることが分かっています。

3 右の図は，正方形から長方形を切り取った図形です。点Ｐは頂点Ｏを出発して毎秒１cm の速さで，辺上を頂点Ａ，Ｂ，Ｃを通り頂点Ｄまで進みます。次のグラフは点Ｐが頂点Ｏを出発してからの時間と，三角形 OCP の面積の関係を途中まで表したものです。ただし三角形 OCP が存在しない場合は面積を 0 cm^2 とします。

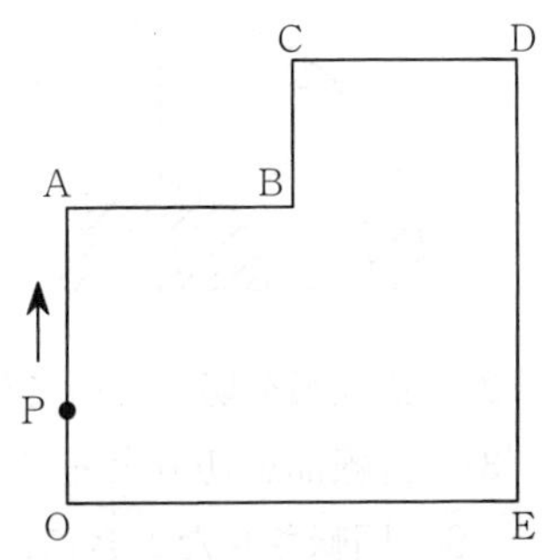

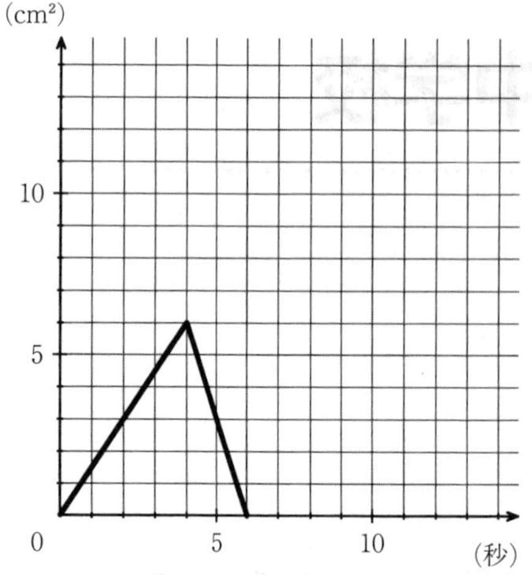

(1)　辺OA，AB，BCの長さをそれぞれ求めなさい。

(2)　点Pが頂点Dまで動くときのグラフの続きを完成させなさい。

(3)　三角形OCPの面積が最後に5.5cm²となるのは点Pが頂点Oを出発してから何秒後か求めなさい。

4　半径５cmの半円の紙を，図のように２回折り，斜線部を切り落とすとき，下の問いに答えなさい。ただし，円周率は3.14とし，直径の真ん中の点をOとします。

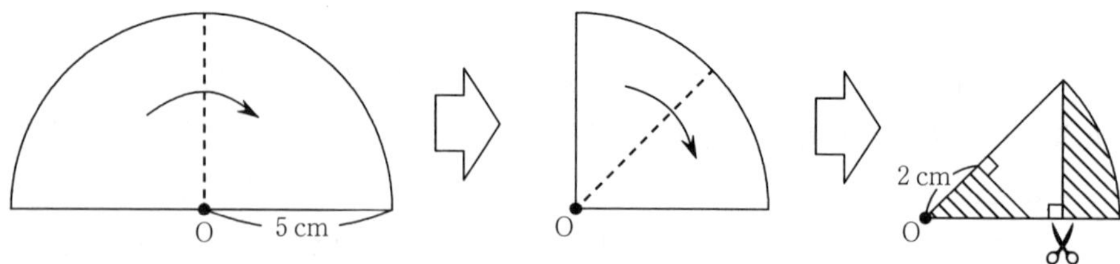

(1)　斜線部を切りとって残った紙を広げると，どのような図形になりますか。次の①～④のうち，正しい図形を選び番号で答えなさい。ただし，白い部分が残った紙の部分を指しています。

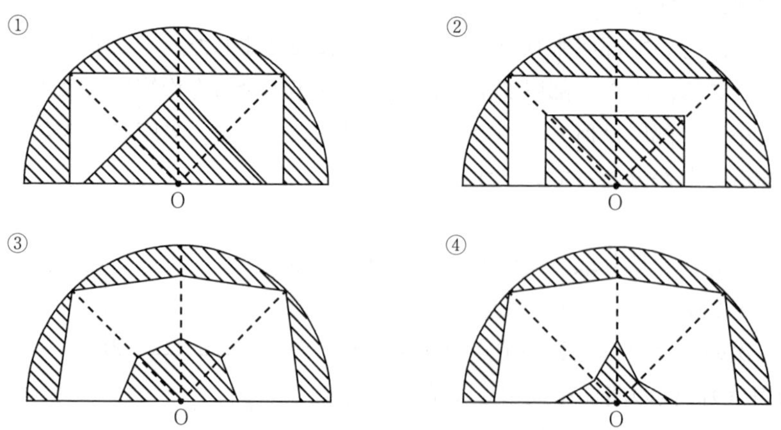

(2)　斜線部を切りとって残った紙を広げた図形の面積を，式を書いて求めなさい。

(3)　斜線部を切りとって残った紙を広げたときの図形を，点Oを回転の中心として時計回りに90°回転させたときに，図形が通る部分の面積を求めなさい。

5 図1のような直方体の容器に288cm^{3}の水を入れて密閉します。このとき，次の問いに答えなさい。

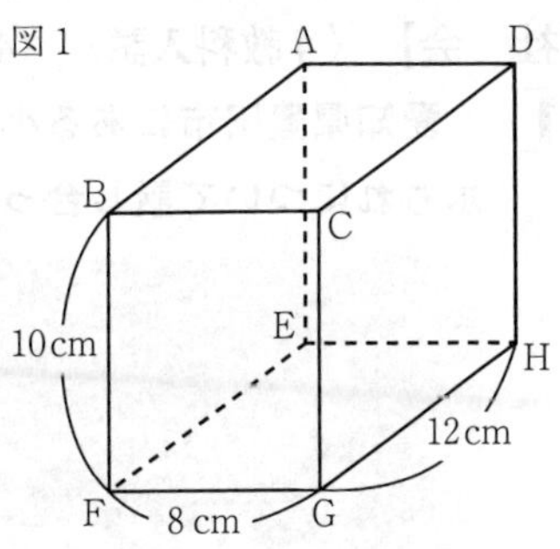

(1) 直方体の一つの面が床につくように置くとき，床から水面までの高さは最も低い場合何cmですか。

次に，面EFGHが床につくように置き，辺GHを床につけたまま直方体を傾けていき，面CGHDが床につくまで倒します。図2の①→②→③→④→⑤はその様子を面BFGCの正面から見た図です。

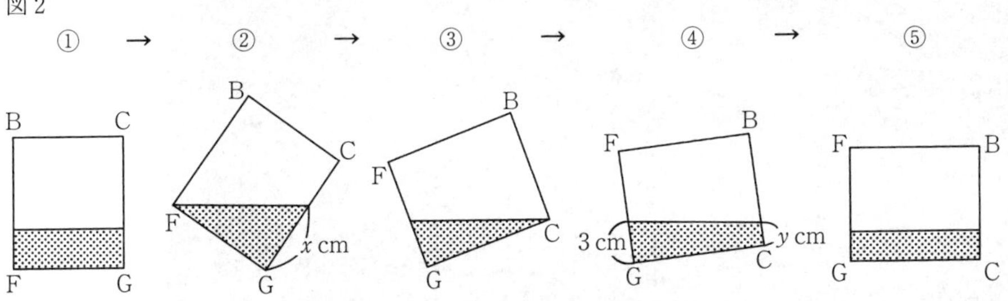

(2) 図2の②の長さx，④の長さyをそれぞれ求めなさい。

(3) ①→②→③→④→⑤と動かしても変化しないものはどれですか。次の(ア)～(エ)の中からあてはまるものをすべて選び記号で答えなさい。

(ア) 水面の面積

(イ) 水面の周の長さ

(ウ) 床から水面までの高さ

(エ) 面BFGCと水が接している部分の面積

(4) 図2の②から③の間の状態で，床から水面までの高さが4.5cmのとき，水面の面積を求めなさい。

【社　会】〈4教科入試〉(40分)〈満点：100点〉

1　**愛知県豊田市にある小学校の教室で，2022年5月に市内で起きた明治用水頭首工(とうしゅこう)の大規模な水もれについて話し合っています。下の会話文に関する各問いに答えなさい。**

【写真】　豊田市矢作川研究所より

先　生「a 愛知県は用水の多い地域です。中でも明治用水は，愛知県の三大用水の中で最も歴史が古く，水不足になやむ地域を豊かな農業地帯に変えた重要な施設(しせつ)です。秋になると水門を閉じて水田を畑に変え，冬には麦や b 野菜などを栽培(さいばい)する[①：漢字3字]を行ってきました。」

桜　子「頭首工は，小さなダムのように見えますね。」

先　生「ダムの機能の一つに，下流地域の[②：漢字2字]を防ぐために水を貯めこむ機能がありますが，頭首工は川をせき止めて水位を上げ，用水に水を送ります。今回，この貯めていた水が，川底に出来た穴を通って c 矢作川の下流側に大量に流れてしまいました。」

菊(きく)　子「事故が起きたのが d 5月半ばだったので，水が必要な時期に農業用水が止まって農家は大変だったみたいですね。」

先　生「頭首工から取り入れた水は，農業用水だけでなく e 生活用水や工業用水にも使われていました。」

梅　子「豊田市は f 自動車の生産がさかんだけれど，工業は大丈夫(だいじょうぶ)だったのでしょうか。g 輸出にも影響(えいきょう)が出たのではないでしょうか。」

百合子「工業用水の復旧は早かったし，地下水や井戸水の使用に切りかえた工場もあったと h ニュース番組で言っていました。」

桜　子「いい水を育てるために，明治用水では水源の i 森林で100年以上前から植林事業を行っているそうです。」

先　生「私たちは当然のように水を使っていますが，地球上に存在する水のうち97.5%を占(し)めるのは海水です。川や地下水など，私たちが利用できる淡水(たんすい)は，地球全体の水の0.02%程度の量だといわれています。」

菊　子「2015年に j 国連総会で採択された，17項目の[③：漢字4字]な開発目標にも『安全な水とトイレを世界中に』という目標がありました。身近な水を大事にするよう校内で呼びかけたいですね。」

梅　子「k 川をよごさないために，家で私たちがどんなことができるのかを考えて，ポスターをつくってきます！」

1．文中の[①]～[③]にふさわしい語句を，[　]の中の指示に従う形で答えなさい。

2．下線部aについて，(1)・(2)の問いに答えなさい。

(1)　次の図は，石川県・愛知県・香川県・沖縄県の各県庁所在地の雨温図です。愛知県の県庁所在地を答え，雨温図として適しているものを次から一つ選び，記号で答えなさい。

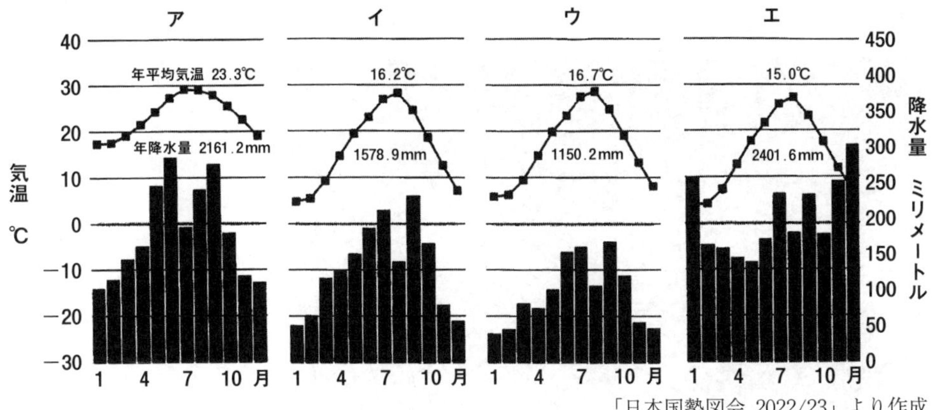

「日本国勢図会 2022/23」より作成

(2)　次の表は，北海道・青森県・東京都・愛知県の各都道府県の産業別人口の比率を比較したものです。愛知県に当てはまるものを一つ選び，記号で答えなさい。

	第一次産業(%)	第二次産業(%)	第三次産業(%)
ア	7.4	17.9	74.7
イ	0.4	17.5	82.1
ウ	12.4	20.4	67.2
エ	2.2	33.6	64.3

「日本国勢図会 2022/23」より作成

3．下線部bについて，愛知県はキャベツの一大産地です。次の①～③のグラフは，季節ごとのキャベツの産地を示しています。①～③は，それぞれいつの季節の収穫量(しゅうかくりょう)を示しているか，組み合わせとして正しいものを次のページから選び，記号で答えなさい。

①
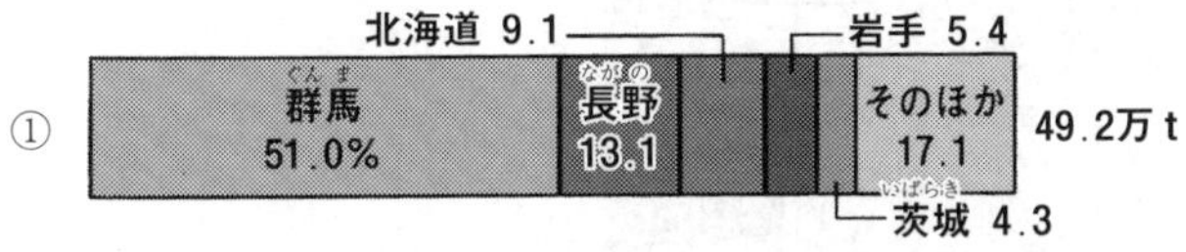

②
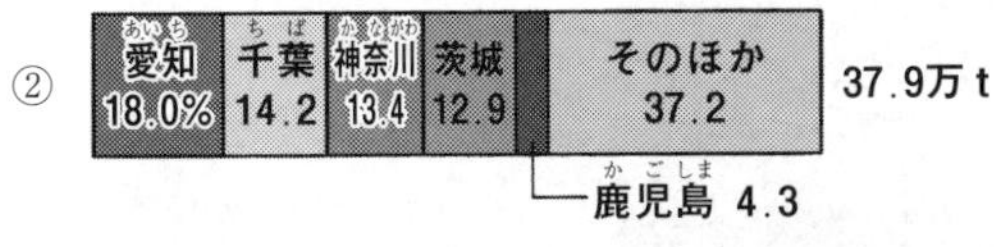

③
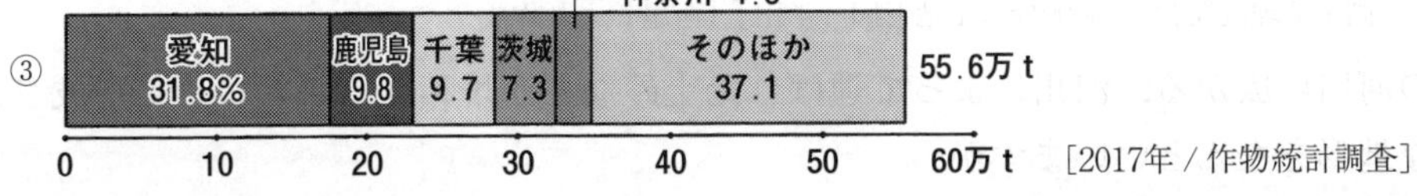

[2017年 / 作物統計調査]

ア．①ー春(4～6月)　②ー夏秋(7～10月)　③ー冬(11～3月)
イ．①ー春(4～6月)　②ー冬(11～3月)　③ー夏秋(7～10月)
ウ．①ー夏秋(7～10月)　②ー春(4～6月)　③ー冬(11～3月)
エ．①ー夏秋(7～10月)　②ー冬(11～3月)　③ー春(4～6月)
オ．①ー冬(11～3月)　②ー春(4～6月)　③ー夏秋(7～10月)
カ．①ー冬(11～3月)　②ー夏秋(7～10月)　③ー春(4～6月)

4．下線部**c**について，次の地形図を見て下の(1)・(2)の問いに答えなさい。※地図は縮小されています。

国土地理院発行　25000分の1地形図「半田」「西尾」より作成

(1)　矢作川の河口に広がる，河川によって運ばれた土砂などが堆積(たいせき)することにより形成されたこのような地形をなんといいますか。

(2)　矢作川大橋の地図上の長さは2cmでした。実際は何kmですか。

5．下線部**d**について，この時期の水田の農作業としてふさわしいものを次から選び，記号で答えなさい。

ア．田おこし

イ．しろかき

ウ．中ぼし

エ．田植え

オ．いねかり

6．下線部**e**について，次の図は川から取り入れた水がきれいになるまでのしくみです。「水に薬品を混ぜて小さなごみをしずめて取り除く」のはどこですか，図中の①～④から選び，番号で答えなさい。また，その施設の名前を，下のア～エから選び，記号で答えなさい。

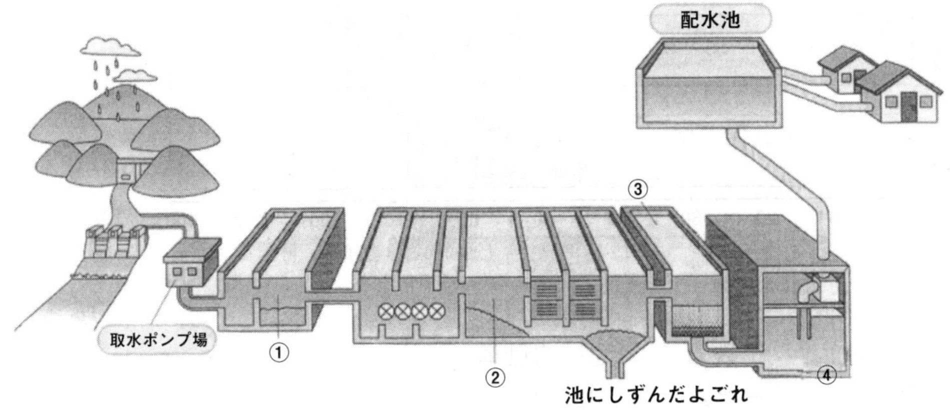

ア．ちんでん池

イ．ちんさ池

ウ．ろか池

エ．浄水池

7．下線部**f**について，自動車の生産について述べた次の文章の中から誤っているものを一つ選び，記号で答えなさい。

ア．自動車は，組み立て工場である大工場のほか，関連工場と呼ばれる多くの中小工場で細かい部品がつくられて完成する。

イ．組み立て工場では，働く人が作業しやすいように車体をつり上げたり，組み立てラインのベルトコンベヤーの上に車体をのせたりしながら作業を行う。

ウ．東日本大震災（だいしんさい）の際，関連工場の多くが被災（ひさい）したが，組み立て工場の生産には影響しなかった。

エ．新しく開発した自動車をつくる際は，組み立て工場だけでなく関連工場にも新しい機械を入れる。

オ．自動車会社は多くの国に工場をつくり，現地で生産し，売ることもある。

8．下線部**g**について，(1)・(2)の問いに答えなさい。

(1)　次のグラフは，主な輸出品の取りあつかい額の割合の変化を示しており，①～③は，せんい品，鉄鋼，自動車，のいずれかが入ります。その組み合わせとして正しいものを下から一つ選び，記号で答えなさい。

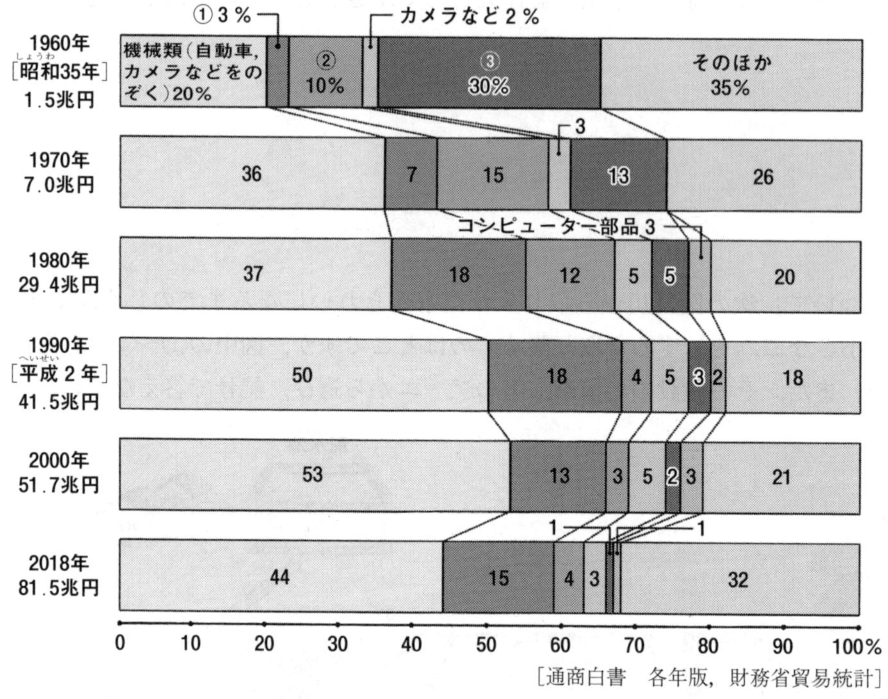

ア．①―せんい品　②―自動車　③―鉄鋼

イ．①―せんい品　②―鉄鋼　③―自動車

ウ．①―鉄鋼　②―せんい品　③―自動車

エ．①―鉄鋼　②―自動車　③―せんい品

オ．①―自動車　②―せんい品　③―鉄鋼

カ．①―自動車　②―鉄鋼　③―せんい品

(2) (1)のグラフについて述べた次の文章の中から誤っているものを一つ選び，記号で答えなさい。

ア．輸出品の取りあつかい額は，1960年以降ずっと増え続けている。

イ．1960年からの10年で，③の輸出品の取りあつかい額は2倍に増加した。

ウ．2000年と比較して，2018年は機械類の輸出品の取りあつかい額が減少した。

9．下線部**h**について，次の文章の［　　］に入る言葉を答えなさい。

> ニュース番組の放送で大切なことは，「［　　　］伝えること，早く伝えること，わかりやすく伝えること」の3点だといわれています。

10．下線部**i**について，日本の森林について述べた次の文章の中から誤っているものを一つ選び，記号で答えなさい。すべて正しい場合は，解答らんに「オ」と答えなさい。

ア．日本の森林面積は，国土面積の66％ほどを占めている。

イ．日本の森林のうち，天然林よりも人工林の森林面積の方が大きい。

ウ．国や都道府県は，国産木材を用いて公共施設を建設する取り組みを進めている。

エ．間ばつ材や廃材を木質バイオマスとして利用する取り組みが広がっている。

11．下線部**j**について，次のグラフは国連の活動費用の負担割合を示し，①～④は日本・中国・

アメリカ合衆国・イギリスのいずれかを示しています。日本を示しているものを選び，①～④の番号で答えなさい。

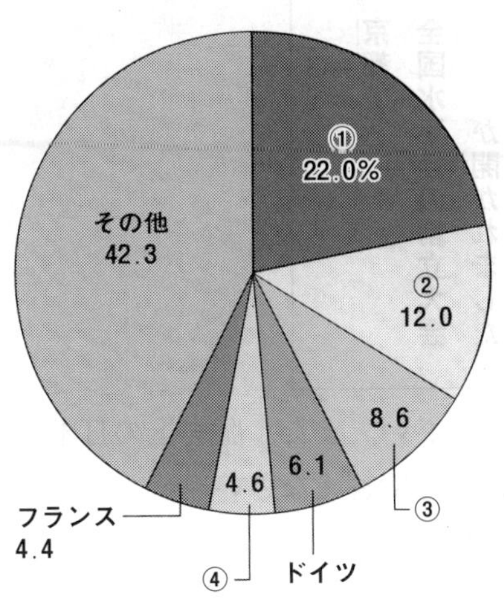

(2019～2021年 国連広報センターより作成)

12．下線部**k**について，梅子さんたちは「川の水をよごさないために各自が家庭でできること」についてポスターを作成することにしました。そのポスターの見出しを考えて，答えなさい。

2 **小学生の皆さんに歴史を楽しく学んでもらいたいと思い，湘南白百合学園の生徒たちが「歴史かるた」を作りました。次の【カード1】～【カード9】は，かるたの「取り札」として作られたものです。これらのカードについて下の問いに答えなさい。**

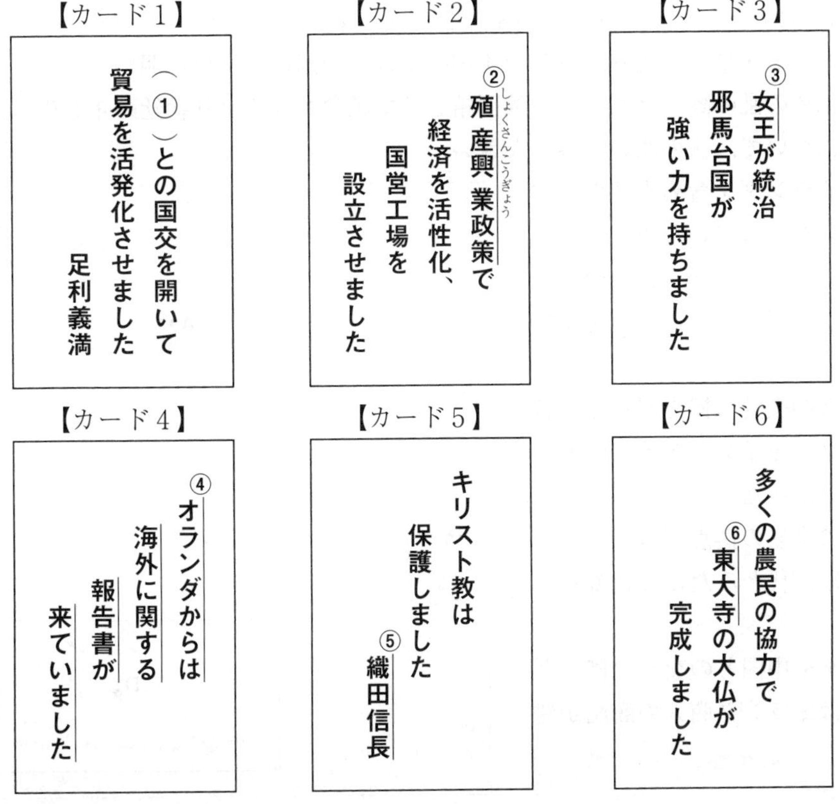

【カード1】
（①）との国交を開いて
貿易を活発化させました
足利義満
【カード2】
②殖産興業政策で
経済を活性化、
国営工場を
設立させました
【カード3】
③女王が統治
邪馬台国が
強い力を持ちました
【カード4】
④オランダからは
海外に関する
報告書が
来ていました
【カード5】
キリスト教は
保護しました
⑤織田信長
【カード6】
多くの農民の協力で
⑥東大寺の大仏が
完成しました

【カード7】

基地移転や
⑦騒音の問題は
大きな課題として
残されています

【カード8】

電信や郵便が登場し、
（⑧）～横浜間に
鉄道が開通しました

【カード9】

⑨京都で
全国水平社の創立大会
が開かれました

1．【カード1】の(①)に入る中国の王朝名を漢字一字で答えなさい。また，歴史上の日本と中国の関係について述べた文として正しいものを次から選び，記号で答えなさい。

ア．源頼朝は神戸の港を整備して中国(宋)との貿易を活発化させた。

イ．日中戦争の際，日本は中国の全土を制圧することになった。

ウ．中国(清)にも従っていた琉球王国を，明治政府は廃藩置県の後に沖縄県とした。

エ．杉田玄白と前野良沢は，中国語で書かれた人体かいぼう書をほん訳した。

2．【カード2】の②について，群馬県に作られた工場の名前を答えなさい。なお，この工場は2014年に世界遺産に登録されています。

3．【カード3】の③について，歴史上の女性の活躍について述べた文として正しいものを次から選び，記号で答えなさい。

ア．室町時代に活躍した紫式部は，かな文字を使って『源氏物語』を書いた。

イ．「原始，女性は太陽であった」と訴えた与謝野晶子は，女性の地位向上を目指した。

ウ．岩倉使節団と共にアメリカへ渡り学習した津田梅子は，帰国後に学校を開いた。

エ．北条政子は，承久の乱の際，御家人を一致団結させて鎌倉へ攻め上り朝廷の軍を破った。

4．【カード4】の④について，次の問いに答えなさい。

(1) 右の地図は，オランダを含め当時の日本が海外とかかわりを持っていた拠点を示しています。それぞれの拠点A～Dについて述べている文として誤っているものを選び，記号で答えなさい。

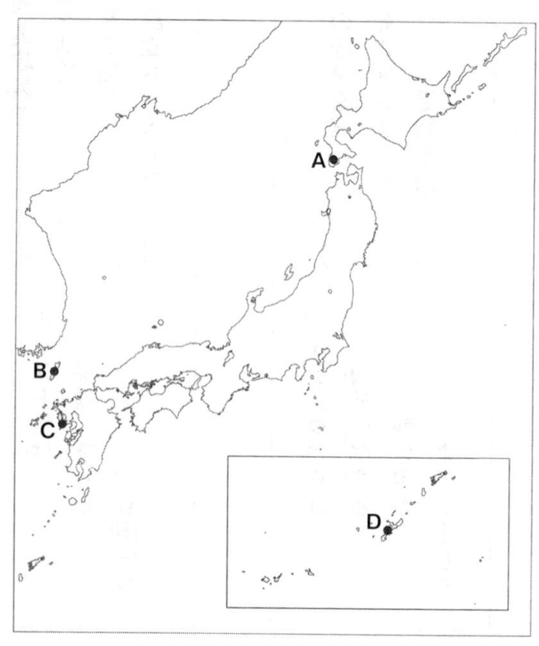

ア．Aはアイヌとの交易の拠点だった。17世紀にはシャクシャインがアイヌの人々とともに立ち上がった。

イ．Bは朝鮮との交易の拠点だった。この佐渡島には将軍が代わるたびに朝鮮通信使が訪れた。

ウ．Cはオランダや中国との交易の拠点だった。出島にはオランダ商人の商館が建てられた。

エ．Dは中国との交易の拠点だった。17世紀初めには薩摩藩が実質的な統治を始め，毎年の年貢を納めさせていた。

(2) この出来事が含まれる時代に行われたことについて，図と説明の組み合わせとして正しいものを選び，記号で答えなさい。

【図】

図Ⅰ

図Ⅱ

【説明】

① 町や村では，僧，庄屋，武士などが塾を開き，百姓や子どもたちを教えました。

② 公家や武士の子どもたちは学校の制度に従って教育を受けました。

【選択肢】 ア．図Ⅰ－説明①　　イ．図Ⅰ－説明②

ウ．図Ⅱ－説明①　　エ．図Ⅱ－説明②

5．【カード5】の⑤について，生徒が資料Ⅰ，資料Ⅱを見つけてきました。これらの資料に関する発言について内容が誤っているものを選び，記号で答えなさい。

【資料Ⅰ】「［ X ］合戦図屏風」(一部)

およそ1万5千の武田軍とおよそ3万8千の織田・徳川連合軍が，現在の愛知県にある［ X ］で戦った様子をえがいたもの。織田信長は，武田軍の騎馬隊(きばたい)に備えて，木のさくをつくり，そこに多数の鉄砲隊を並べて戦ったといわれています。

【資料Ⅱ】 楽市令(一部要約)

一、この町は楽市としたので，いろいろな座(商工業組合)は廃止し，さまざまな税や労役は免除する。

一、街道を行き来する商人は，[Y]を通らない街道の通行を禁止し，必ず[Y]に宿を取るようにせよ。

一、他の国や領地から住み着いた者(商人)でも，以前から住んでいた者と同じあつかいとする。

(近江八幡市共有文書)

ア．織田信長は外国からの技術を導入して戦っているんだね。

イ．織田信長は城下で自由に商売ができるようにしたんだね。

ウ．[X]に当てはまる語句は「桶狭間」だね。

エ．[Y]に当てはまる語句は「安土」だね。

6．【カード6】の⑥について，東大寺にはシルクロードを通じて伝えられた宝物が数多く残されています。これらの宝物を納めている建物の名前を答えなさい。

7．【カード7】の⑦について，騒音を含め日本はさまざまな公害を経験してきました。次の短文の空らんに入る語句の組み合わせとして正しいものを下のア～エより選び，記号で答えなさい。

戦前，栃木県の[A]では，銅山から渡良瀬川に流れ出た鉱毒で農作物や家畜に被害が出るようになりました。戦後，熊本県の水俣では[B]が河川や海に流れ出て海産物に影響，さらには周辺住民にもいわゆる水俣病を発症させました。

ア．[A]―神岡　[B]―カドミウム

イ．[A]―神岡　[B]―水銀

ウ．[A]―足尾　[B]―カドミウム

エ．[A]―足尾　[B]―水銀

8．【カード8】の(⑧)に当てはまる駅名を右の路線図より選び，答えなさい。

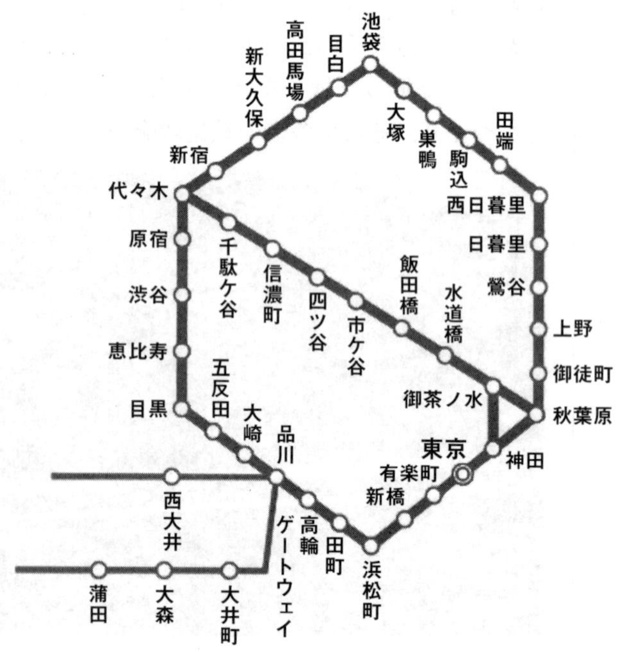

(JR東日本HPより作成)

9．【カード9】の⑨について，京都で起こった出来事として正しいものを選び，記号で答えなさい。

ア．中大兄皇子と中臣鎌足が蘇我氏を滅ぼした。

イ．源義経が壇ノ浦の戦いで平氏を滅ぼした。

ウ．大名が二手に分かれて対立した応仁の乱が発生した。

エ．天草四郎がキリスト教信者を含む百姓を率いて一揆を起こした。

10．次の文が示す時代と同時代のカードを選び，その番号を答えなさい。

> 「千歯こき」や「とうみ」などの進んだ農具を発明し，農作業を速く楽にできるようにしました。また，「備中ぐわ」を使って土を深く耕したり，「油かす」や「干したイワシ(ほしか)」といった肥料を使ったりして農業技術を進歩させました。

11．【カード１】～【カード９】には，ほぼ同時期の内容を記したものがある。そのカードの組み合わせを解答らんに合う形で答えなさい。

12．【カード１】～【カード９】のいずれかに対応する「読み札」の文章として誤っているものを次から選び，記号で答えなさい。すべて正しい場合は「キ」と答えなさい。

ア．「ざんぎり頭」，文明開化の音がする
イ．聖武天皇が行基に協力をお願いしたから
ウ．アメリカから沖縄が返還されたけど
エ．京都の北山に金閣を建設したね
オ．貿易を制限する鎖国が行われていたけれど
カ．日清戦争と日露戦争で勝利したことで

13．【カード１】～【カード９】を生徒の菊子さん，梅子さん，百合子さんが時代順に並べ替えた結果，次のようになりました。これに関する内容として正しいものを下のア～エより選び，記号を答えなさい。

> 菊子　：【カード６】⇒【カード９】⇒【カード８】⇒【カード７】
> 梅子　：【カード１】⇒【カード４】⇒【カード７】⇒【カード２】
> 百合子：【カード５】⇒【カード３】⇒【カード２】⇒【カード７】

ア．菊子さんだけが正しい　　イ．菊子さんと梅子さんだけが正しい
ウ．三人とも正しい　　エ．三人とも誤っている

14．本問で示されている札や問題文を参考にしながら，21世紀以降(2001年以降)の歴史的事柄を題材に，「読み札」と「取り札」の文章を１組作りなさい。文章については，以下の条件に従って答えなさい。
条件：読み札と取り札の文章はそれぞれ15字～20字程度とします

3　**以下の文章を読み，下の問いに答えなさい。**

昨年２月に始まったロシアによるウクライナへの侵攻(しんこう)では多くの文化財が壊(こわ)されました。

文化財といえば，日本では今年の５月に文化庁という①行政機関が東京から②京都に完全移転します。日本の伝統文化が集まる京都の方が積極的に情報発信を強化できるという理由です。また，すでに③国会では2006年に「海外の文化遺産の保護に係る国際的な協力の推進に関する法律」が制定され，日本は外国の文化遺産の保護も積極的に行っています。

京都や鎌倉などにある伝統的な建築物や工芸品がミサイルによって壊されることを想像すると胸が痛みます。文化財はその地域の歴史・伝統・文化を集約した象徴(しょうちょう)的な存在であるからです。なお，国際機関「 ④ 」によると，ロシアの侵攻によって少なくとも150以上の文化財が壊されたと発表しています。

一方，文化活動の一つとして挙げられるスポーツの世界に目を向けると，ロシアの選手がドーピング問題などにより，出場停止の処分を受けたことがあります。これに対し，一部の選手がこの処分の取り消しを求めて⑤スポーツ仲裁裁判所に訴(うった)えるという出来事がありました。

また，ロシアは今回の軍事侵攻を理由に北京パラリンピックへの参加が認められませんでした。政治とスポーツは切り離すべきとする考え方がある中，隣(となり)の国への軍事侵攻を行う国出身の選手をどうあつかうべきか，実際に⑥戦争が終わるまで議論が決着することはないでしょう。

1．下線部①について，次の文中の［a］・［b］に当てはまる語句を答えなさい。

> ・日本の行政機関をとりまとめるのが内閣であるが，内閣は内閣総理大臣と複数の［a］によって構成される。
> ・文化庁という行政機関は［b］省と連携(れんけい)して仕事を行っている。［b］省には学校で使われる教科書が正しく書かれているか点検する業務がある。

2．下線部②について，(1)・(2)の問いに答えなさい。

(1) 京都市役所では2021年11月から市営バス・地下鉄の安定した経営のために「市民からの意見募集」が行われました。このように役所の計画に対して市民から意見を寄せる制度を何といいますか，カタカナで答えなさい。

(2) 2021年12月に開かれた京都市議会のある委員会で次のような発言がありました。［c］に当てはまる語句を漢字4字で答えなさい。

> …(前略)…それに引き換(か)えて，京都市はどんどん市民が他府県に流出している。今，住みにくいということで，さっきの産業観光局のところでも，市民の流出を防ぐようにということで，※陳情(ちんじょう)が上がっていたりとかしているんですけど，住みやすいようにするためにも，やっぱり公共交通，不便にするべきではない。他都市の方が住みやすいと思われているんだから。市内の保育園や，昔はちょっと前までは［c］問題になっていたのが，今や定員割れで児童確保が競争になっているという時代になってきているんです。
>
> ※陳情…役所等に伝える市民からの要望

3．下線部③について，(1)～(3)の問いに答えなさい。

(1) 国会の主な仕事は法律を制定することです。次の図中の［d］・［e］に当てはまる適切な語句をそれぞれ漢字三字で答えなさい。

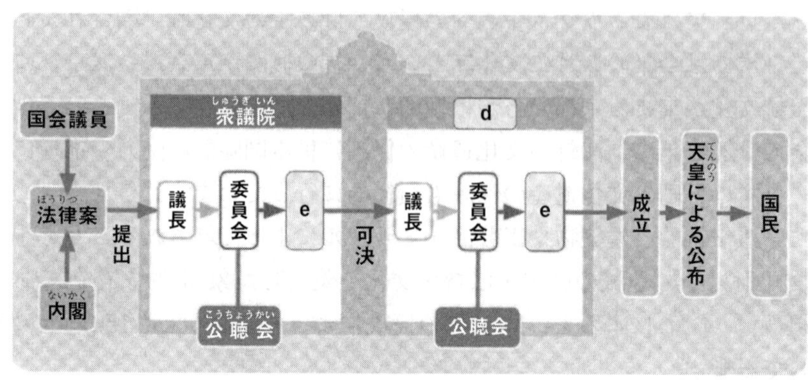

(2) 国会には法律を作る以外にも多くの仕事があります。国会の行う仕事として正しいものを一つ選び，記号で答えなさい。

ア．憲法に違反する法律を無効と宣言できる。　イ．衆議院の解散を決める。
ウ．内閣を信任しないことを決議する。　エ．最高裁判所の長官を指名する。

(3) 次の文中の［ f ］に当てはまる語句を答えなさい。

> 国会議員になるための選挙に投票する権利は国民の重要な権利であるが，日本初の選挙では，定められた金額以上の［ f ］を行った25歳以上の男性にしか投票権は認められなかった。

4．文中の「④」には国連の機関が入ります。この機関は世界遺産の選定や文化財の保護を業務の一つとして行っていますが，この機関名をカタカナで答えなさい。

5．下線部⑤について，スポーツ仲裁裁判所では訴えに対して一度しか裁判を行いませんが，日本の裁判所では一つの事件に対して複数回異なる裁判所で裁判を行うことができます。この制度を何といいますか。また通常，刑事裁判の場合２回目の裁判はどの裁判所で行われますか。

6．下線部⑥について，日本は敗戦後，平和主義を掲げた憲法を制定し武力をもつことを禁止しました。これをふまえて次の問いに答えなさい。

(1) 日本国憲法で平和主義について定めているのは第何条ですか，解答らんに合うように適切な数字を答えなさい。

(2) 核兵器は戦争で２度使用されました。それはいずれも日本の都市であり，これらの場所では核兵器の使用を戒(いまし)める式典が毎年行われると共に，文化財が設置されています。次のア～エの写真のうち，該当する文化財を二つ選び，記号で答えなさい。また，それぞれの文化財がある都道府県名を答えなさい。

ア

イ

ウ

エ

【理　科】〈４教科入試〉（40分）〈満点：100点〉

〈編集部注：実物の入試問題では，**4** の図の半数はカラー印刷です。〉

1　**次の文章Ⅰ，Ⅱを読んで，以下の問いに答えなさい。**

［Ⅰ］　ヒトは，母親のおなかの中で大きく成長して誕生の日を迎えます。ヒトの始まりは，一つの細胞です。この細胞を［あ］といい，女性の体内でつくられた［い］と男性の体内でつくられた［う］が［え］することでできます。［あ］はしばらくたつと心臓や鼻などの形が次第につくられ，胎児と呼ばれるようになります。**図１**は胎児の様子を表しています。胎児は，外部からの衝撃を和らげるための［お］で満たされた子宮の中で，［か］と［き］で母親とつながっています。成長に必要な養分などは［か］から［き］を通して母親から胎児へ運ばれます。［あ］から誕生するまでにおよそ［X］週かかるのが一般的です。

図１　胎児の様子（問題文の記号と図中の記号には同じものが入る）

ヒトの誕生に対し，植物であるアサガオは，［い］と［う］による［え］ではなく，［く］と［け］を持ち，［け］から出る［こ］が［く］につくことで［さ］し，［く］のもとがふくらみ，［し］ができます。［し］の中には次の生命である［す］ができるのです。

アサガオと同じ植物のなかまであっても，例えばジャガイモのように，［す］以外にも，**a**からだの他の部分が増殖に関わる生物種もいます。

(1)　文章中の空らん［あ］～［す］に最も適当な語句を次の【語群】から選んで答えなさい。

【語群】				
めしべ	おしべ	実	卵	精子
受精	受精卵	種子	受粉	花粉
胎ばん	羊水	へそのお		

(2)　文中の空らん［X］にあてはまる最もふさわしいものを**ア**～**エ**から１つ選び，記号で答えなさい。

ア：8　　**イ**：18　　**ウ**：29　　**エ**：39

［Ⅱ］　文章Ⅰの下線部**a**について，百合さんと先生の会話を次に記します。ただし，「生殖」という言葉は，植物や動物が子孫を殖やすことを指します。

百合さん　生殖に関わらないからだの部分が子孫を増やすことに関わるとは，いったいどういうことですか？

先　　生　それは，例えばジャガイモでは，ある部分が大きくなって私たちが普段食べるあのジャガイモになるわけですが，さらにジャガイモを増やそうと思ったら，一般的にジャガイモの種子ではなく，**b**普段私たちが食べるジャガイモの部分を種子のように土に植えて増やすということです。

百合さん　わかりました。でも，種子でなくとも，からだのどこかの部分を植えたら植物が増えるのであれば，他の植物も花やくきや根などをばらばらにして土に植えればたくさん植物を育てることができるということですか？

先　　生　私たちヒトには想像しづらいかもしれませんが，実はそういう風に増える生物もいます。

百合さん　自分のからだをばらばらにして，ばらばらになったそれぞれが成長して数が増えるということですか？

先　　生　その通りです。プラナリアという水中に生息している生物は，からだが半分に分かれると，分かれたそれぞれが成長して2匹(ひき)に増えることができます。プラナリア以外にも，オスとメスがいなくても，数を増やすことができる生物がいます。このような生物の数の増え方を無性生殖といいます。それに対して，ヒトのように数を増やすのにオスとメスが必要な増え方は有性生殖というのです。

百合さん　なぜ生物には，有性生殖と無性生殖があるのでしょうか？

先　　生　無性生殖では，オスとメスが出会う必要がなく，1匹でも増えることができます。赤ちゃんのもとになる細胞をつくる必要もないので，その分のエネルギーもいりません。そのかわり，特徴(ちょう)の多様性は増えないのです。

百合さん　特徴の多様性とは何ですか？

先　　生　例えば，ヒトの子供ではお父さんの特徴とお母さんの特徴が混ざっていますね。つまり，生まれてくる子供はお父さんともお母さんとも違(ちが)う，新しい特徴を持って生まれてくるわけです。このように，同じ種類の生物でも，色々な特徴を持つ生物は，特徴の多様性が豊富といえます。

百合さん　わかりました。では，特徴の多様性が豊富だと，何かよいことがあるのでしょうか？

先　　生　ある生物種の中で特徴の多様性が豊富だと，周りの環境(かんきょう)が変わったときに，全滅(めつ)するのを防ぐことができます。これから地球温暖化でさらに地球の気温が上がるといわれていますが，多様性が豊富であれば，暑さに弱いものが生存できなかったとしても，暑さに強いものが生き残り，子孫を絶やさずに済みます。でも，多様性にとぼしく，暑さに弱いものばかりでは，全滅の危機に直面することになります。

百合さん　わかりました。では，私たちが食べるジャガイモの部分を植えて成長したジャガイモの特徴の多様性はどのようになっているのでしょうか？

先　　生　**c**<u>有性生殖</u>と比べると，多様性はとぼしくなると予想できますね。

(3)　右の**表1**は会話からわかったことをまとめたものです。空らん①～④に最も適切な説明文を**ア**～**カ**からそれぞれ1つずつ選び，記号で答えなさい。

表1

	利点	欠点
有性生殖	①	②
無性生殖	③	④

ア：数が増えるのに時間とエネルギーを要する。
イ：短時間で効率的に数を増やせる。
ウ：豊かな多様性が生じ，効率的に数を増やせる。
エ：豊かな多様性が生じ，環境変化時の種の存続の可能性が広がる。
オ：多様性にとぼしいため数を増やすのに時間がかかる。
カ：多様性にとぼしいため環境の変化に弱い。

(4)　下線部**b**について，次の①～③において普段私たちが食べている部分が植物のからだのどこなのか，それぞれ答えなさい。ただし，からだの部分は「葉・くき・根」のいずれかとします。

① ジャガイモ　② ニンジン　③ サツマイモ

(5) 下線部**c**について，有性生殖について述べたものを次の記述**ア**～**オ**からすべて選び，記号で答えなさい。

ア：ゾウリムシは，親のからだがほぼ同じ大きさに分かれて増える。

イ：ジャガイモが花をさかせて実がなって増えた。

ウ：アブラムシのメスが生存に適した環境で卵を産むと，その卵からかえる子はすべて親と同じ特徴を持つ。

エ：カブトムシのメスとオスが交尾(こうび)をして卵から幼虫が出てきた。

オ：バナナの木の根本をいくつかに切り分けて土に植えると新しいバナナの木ができた。

2 **次の文章Ⅰ～Ⅲを読んで，以下の問いに答えなさい。**

［**Ⅰ**］ わたしたちの学校からは，海がよく見えます。時間帯や季節によって変わった表情を見せる海は，とても魅力(みりょく)的な場所です。海にたたえられた海水には，さまざまな成分が溶(と)けています。海水に含(ふく)まれている成分として，**a** 塩化ナトリウムという物質があります。塩化ナトリウムは食塩の主な成分です。日本では，海水から塩を取り出す **b** 塩田という場所で調味料の塩を作る技術が受け継(つ)がれています。塩田では，粘土(ねんど)層の上にある砂に海水をまき，風や太陽の熱で水分を蒸発させて乾燥(かんそう)させた後，塩分が残った砂を集めて海水で洗い，“濃(こ)い海水”を作ります。それを大きな鍋(なべ)で煮詰(につ)めて塩を取り出すのです。

(1) 下線部**a**について，塩化ナトリウムは，海水中に2.7％の濃さで含まれています。海水が180gあるとき，含まれる塩化ナトリウムは何gですか。

(2) 下線部**b**について以下の①，②に答えなさい。

① 塩田で使うのは，小石よりも砂の方が効率的に塩を得られることがわかっています。小石より砂の方が“濃い海水”を作るために都合がよい理由を，粒(つぶ)の大きさに注目して簡単に答えなさい。

② １時間あたり1500gの水分を蒸発させることができるとすると，100kgの“濃い海水”から塩を取り出すために水分を全て蒸発させるには，何時間かかりますか。ただし，煮詰める前の“濃い海水”の塩分の濃さは10％だったとします。

［**Ⅱ**］ 水に他の物質が溶けている溶液に電流を流そうとすると，溶けている物質によって電流が流れるものと流れないものがあります。

電流を通しやすいように工夫した水に，電極を入れて右下の図のように電流を流すと，電極からそれぞれ気体が出てきました。気体が混ざらないようにそれぞれ集め，気体Ａ，Ｂとして性質を調べました。**表１**は気体Ａ，Ｂの性質をまとめたものです。

表１

	気体Ａ	気体Ｂ
色・におい	なし	なし
水への溶けやすさ	溶けにくい	溶けにくい
空気と比べた重さ	重い	軽い
特徴(ちょう)	もえているものを入れるとはげしくもえる	火を近づけるとポンッと音をたててもえる

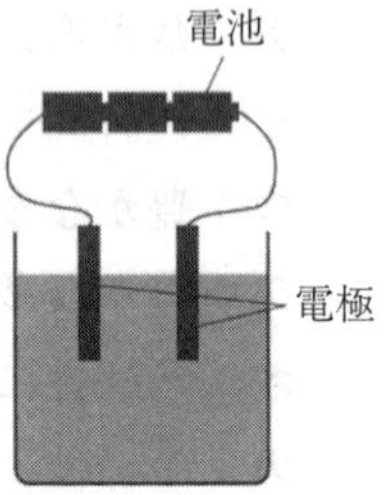

電池

電極

(3)　最も電流を通しにくい水溶液を次の**ア**～**エ**から1つ選び，記号で答えなさい。

ア：水酸化ナトリウム水溶液

イ：レモン水

ウ：塩酸

エ：アルコール水溶液

(4)　気体A，Bについて以下の①，②に答えなさい。

①　**表1**の内容を参考に，気体Aと気体Bの名前をそれぞれ答えなさい。

②　気体A，気体Bを集める方法として，最も適切なものを次の**ア**～**ウ**からそれぞれ選び，記号で答えなさい。ただし同じものを答えてもよいものとします。

ア

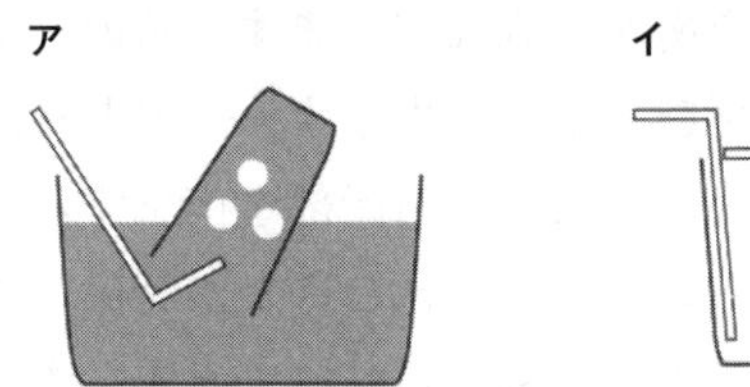

イ

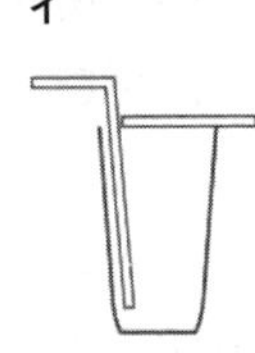

ウ

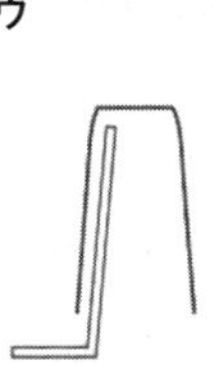

[**Ⅲ**]　文章Ⅱの実験を電流の強さと電流を流す時間によって，気体が生じる量がどのように変化するかを調べたところ，**表2**に示す結果になりました。ただし，電流の強さの単位はmA(ミリアンペア)といいます。

表2

電流の強さ(mA)	時間(分)	気体Aの体積(cm^3)	気体Bの体積(cm^3)
20	10	2.8	5.6
35	20	9.8	19.6
50	10	7.0	[あ]
60	20	[い]	[う]
75	10	10.5	21.0

(5)　**表2**の空らん[あ]～[う]にあてはまる数字を答えなさい。

(6)　**表2**から考えられることについて述べた次の項目の空らん[え]，[お]にあてはまる最も適切な語句を，空らん[か]～[け]にあてはまる数字を答えなさい。

・電流を一定時間流すとき，電流の強さと生じる気体の体積は[　え　]する。

・電流の強さが同じとき，電流を流した時間と生じる気体の体積は[　お　]する。

・気体Aと気体Bの体積の最も簡単な整数比は[　か　]：[　き　]である。

・100mAの電流を50分流すと，気体Aは[　く　]cm^3，気体Bは[　け　]cm^3生じることがわかる。

3　**次の海と気候についての文章を読んで，以下の問いに答えなさい。**

地球は水の惑星と呼ばれ，海が地球表面の約[　A　]割を占めています。海の水は，太陽の光が当たるところでは熱を多く受けとって温められ，影になるところでは宇宙空間に向けた熱の放射が大きくなって冷やされます。この違いによって生じる，地球上の温度分布の差は，水や空気の移動によって緩和されています。

地球は${}_{\text{a}}$<u>1日に1回転</u>しながら，${}_{\text{b}}$<u>太陽の周りを1年かけて1周</u>しています。1年を平均して考えると c 赤道付近は太陽の光がたくさん当たるため温まりやすく，d 北極・南極の付近は温まりにくくなります。しかし，海の水が海流となり地球全体を循環(じゅんかん)することで，温まりにくい北極・南極付近にも熱を運び，水温や気温を上げています。また，水には温まりにくく冷めにくい性質があります。海水は，これらのはたらきにより地球全体の温度差を緩和して安定させていて，日本付近の海でもそのはたらきがよくわかります。

日本の南側では，太平洋の赤道付近で温められた海流は，太平洋の北側を大きく時計回りして再び赤道付近へもどります。日本の本州近くでは，太平洋側を九州から房(ぼう)総半島にかけて北に向かって南岸を流れ，房総半島沖(おき)から東へ向かいます。e この海流は，温度が高く，流れが速く，透(とう)明度が高いことが特徴(ちょう)で，日本付近の海水温を上昇(しょう)させています。

日本の北側では，北からの冷たい海流が千島列島沿いを南西に流れてきます。その一部はオホーツク海に入り，オホーツク海を反時計回りに流れ，再び太平洋に出ます。そのとき，千島列島沿いをそのまま南西に流れてきたものと混ざり，北海道や東北の沿岸部を南下する海流となります。f この海流は，温度が低く，養分やプランクトンを豊富に含(ふく)むことが特徴です。また，オホーツク海は氷が生じる海としては南限に位置することでも知られています。冬のオホーツク海では，表面の海水が沈(しず)みにくく，西から日本に冷たい空気を運ぶ［ B ］高気圧に冷やされて凝(ぎょう)固し，海氷ができます。g 海氷は，多い時期にはオホーツク海の海面の7割をおおい，気候にも影響(えいきょう)があります。

また，遠くはなれた海水が世界各地の気候に影響をあたえる現象も知られています。ペルー沖の海水温が平年よりも数℃高くなると起こる h ［ C ］現象は，日本にも異常気象をもたらすことで有名です。

(1) 文中の［ A ］～［ C ］に適切な整数または語句を答えなさい。

(2) 文中の下線部 **a**，**b** について，この地球の運動の名前をそれぞれ答えなさい。

(3) 文中の下線部 **c** について，北緯(い)何度かを答えなさい。

(4) 文中の下線部 **d** について，以下の①～③に答えなさい。

① 北極点は北緯何度かを答えなさい。

② 北極・南極付近では，冬になると一日中太陽が昇らない状態が1か月余り続きます。これを何と呼ぶか答えなさい。

③ 北極・南極付近では，夏になると一日中太陽が沈まない状態が1か月余り続きます。これを何と呼ぶか答えなさい。

(5) 文中の下線部 **e**，**f** の海流の名前を答えなさい。

(6) 文中の下線部 **g** について，海氷の影響として考えられることを**ア**～**カ**から3つ選び，記号で答えなさい。

ア：海水の熱が大気に伝わらなくなり，気温が上がる。

イ：海水の熱が大気に伝わらなくなり，気温が下がる。

ウ：雲が発生しにくくなる。

エ：雲が発生しやすくなる。

オ：放射冷却(きゃく)が起こりにくくなり，気温が下がる。

カ：放射冷却が起こりやすくなり，気温が下がる。

(7) 文中の下線部 **g** に関連して，次のページの**図1**は，塩分を含まない水1gあたりの体積

(cm³)と温度との関係を示しています。**図1**では示していませんが，温度が10℃以上になると，体積はさらに増えていきます。これについて以下の①～③に答えなさい。

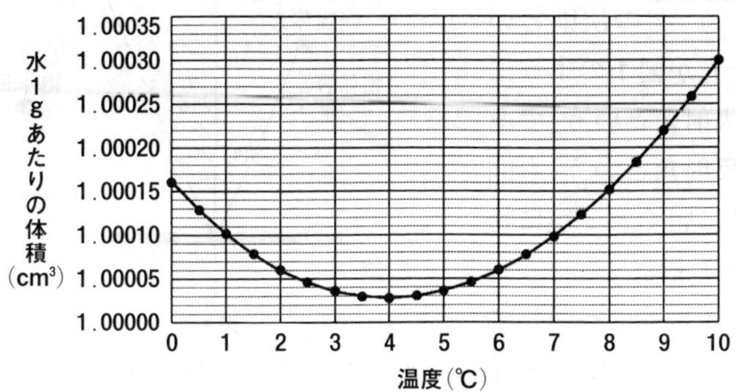

図1　水1gあたりの体積と温度との関係

①　水1cm³あたりの重さが最も大きくなる温度は何℃ですか。整数で答えなさい。

②　①のとき，水1gあたりの体積は何cm³ですか。次の**ア**～**カ**より最も適切なものを選び，記号で答えなさい。

ア：1.00016　　**イ**：1.00030　　**ウ**：0.99999

エ：0.99998　　**オ**：1.00002　　**カ**：1.00003

③　①のとき，水1cm³あたり何gとなりますか。②の値より計算し，四捨五入して小数第5位まで答えなさい。なお，解答らんは以下の例の通りに記入すること。

(例)　答え　3.141592　→　解答らん　[3].[1][4][1][5][9]

(8)　文中の下線部**h**について，どのような気象となりますか。**ア**～**エ**から最も適切なものを選び，記号で答えなさい。

ア：夏は冷夏，冬は厳寒になる。

イ：夏は猛暑(もう)，冬は厳寒になる。

ウ：夏は冷夏，冬は暖冬になる。

エ：夏は猛暑，冬は暖冬になる。

4　**次の文章Ⅰ～Ⅲを読んで，以下の問いに答えなさい。**

［**Ⅰ**］「物が見える」ことについて考えましょう。暗やみでは物は見えません。物が見えるためには自分から光を出している[光源(こうげん)]が必要です。たとえば，近くにある鉛筆(えんぴつ)を見るとき，光源から出た光が物である鉛筆にあたって［　あ　］をし，その光が空気中を［　い　］して目に届き，鉛筆の形や色を「見る」ことができます。この［　い　］する光が目に届くまでの間に反射や屈折(くっせつ)をする例について鏡(かがみ)やレンズを使って実験をしました。

鏡に物がうつるのは，鏡の表面で光が［　う　］する性質によって起こる現象であり，虫メガネで物が大きく見えたり光が集まるのはレンズで光が［　え　］する性質によって起こる現象であるといえます。

(1)　[光源]の例を1つ書きなさい。

(2)　［あ］～［え］にあてはまる語句を**ア**～**エ**から選び，記号で答えなさい。ただし，同じものをくり返し選んでもよいものとします。

ア：反射　　**イ**：直進　　**ウ**：屈折　　**エ**：分散

［Ⅱ］ **図1**のように，物体Aからの光が鏡の表面で［ う ］をするとき，鏡に垂直な線に対して2つの角度が同じになります。これを［ う ］の法則といいます。たとえば，物体Aから出た光が**図1**のように鏡に垂直な線に対して30度(これを入射角という)であたったとき，はね返る角度(これを反射角という)も図のように30度になり，これが人の目に届くと「鏡に物体Aの像(ぞう)が見える」ということになります。

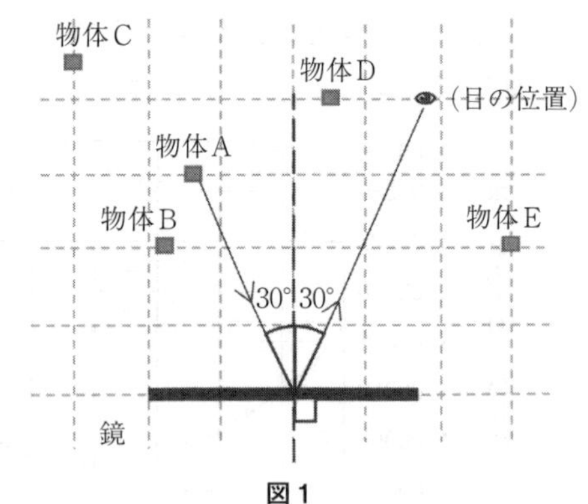

図1

(3) **図1**の中の物体Bを同じ目の位置から鏡にうつして見たとき，物体Bから出た光の鏡の入射角は30度と比べてどのようになりますか。正しいものを**ア**～**ウ**から選び，記号で答えなさい。

ア：変わらない　　**イ**：大きくなる　　**ウ**：小さくなる

(4) **図1**の物体C，D，Eのうち，同じ目の位置から鏡の中にうつって見えないものの記号をすべて書きなさい。見えないものがない場合は「なし」と書きなさい。

(5) 次に，鏡を2枚(鏡1と鏡2とします)を使って実験をしました。

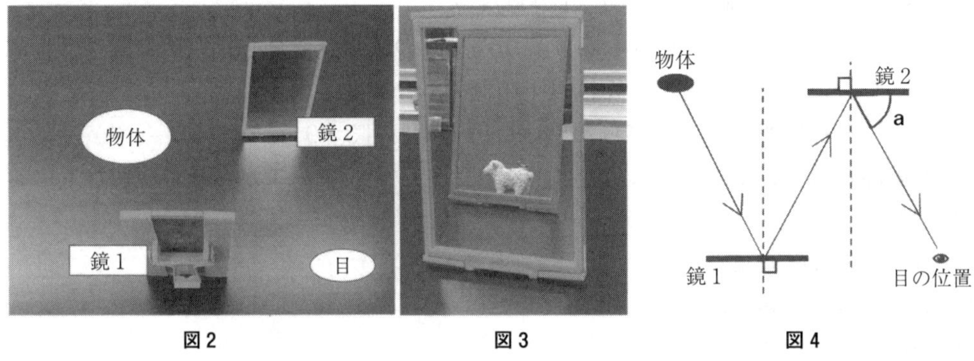

図2　**図3**　**図4**

図2のように，机の上に2枚の鏡を平行に少しずらして向かい合わせに置き，「目」の方から鏡2をのぞくと，物体の像が**図3**のように見えました。**図4**は，このようすを机の真上から見た図です。このとき，物体から出る光の鏡1での入射角は30度でした。

① **図4**の角度**a**は何度ですか。

② 物体は，鏡1側から見て，どのように置かれていると考えられますか。下図の**ア**または**イ**の記号で答えなさい。

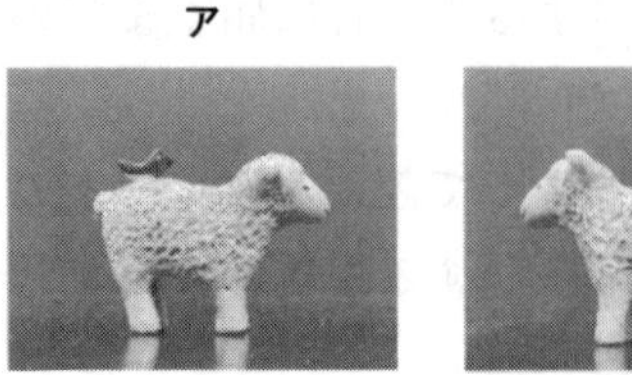

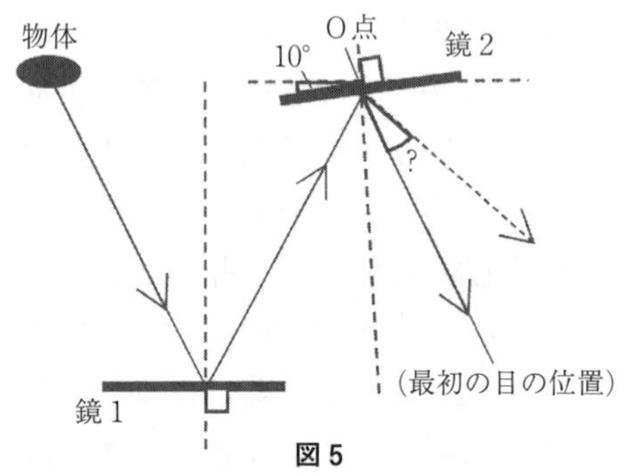

図5

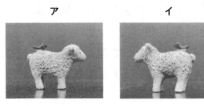

(6) **図4**の状態から，鏡2を**図5**のようにO点を軸として10°傾けました。以下の文章の空らん(①)～(③)にあてはまる数字を答えなさい。

このとき，鏡2での光の入射角は(①)度大きくなり，反射角は(②)度大きくなるので，目の位置を**図4**の位置からO点を軸として(③)度ずらせば，鏡2に物体の像を見ることができます。

[**Ⅲ**] 虫メガネを使って，太陽の光を集めることができます。これは，凸レンズを光が通過するときに，光が曲げられるために起こる現象です。

(7) **図6**のように，屋外で虫メガネに太陽の光をあてると，凸レンズのしょう点に光が集まりました。しょう点のところにスクリーンを置いたときの光の道すじを表したものが**図7**です。**ア**の線の凸レンズを通る前と，**イ**の線の凸レンズを通った後の線をかき，光の道すじの線を完成させなさい。

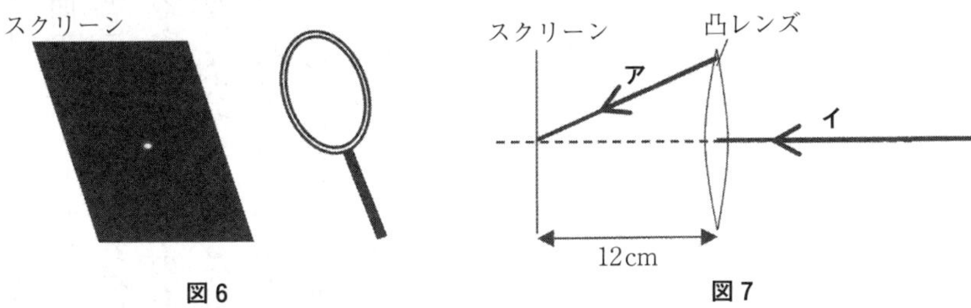

図6 **図7**

(8) この凸レンズの直径は8cm，しょう点距離は，12cmであったとします。この状態から，凸レンズを左向きに動かしたとき，スクリーンにうつる光は**図8**のように半径3cmの円になりました。凸レンズを**図7**の状態から左向きに何cm動かしたと考えられますか。

半径3cmの円

図8

(9) 以下の文章の空らん①，②にあてはまる語句を答えなさい。

図6と**図8**は凸レンズの位置だけを変えてあり，他の条件は同じとすると，**図6**と**図8**のスクリーン上の光は，「大きさ」，「 ① 」，「 ② 」の違いがあります。

ア　Ａでは万物の長としての人間の能力のすばらしさについて述べ、Ｂでは具体例を示してその主張を裏付けている。

イ　Ａでは情緒的に人間のすばらしさについて述べ、Ｂは実験結果を論理的に述べるという対照的な表現になっている。

ウ　Ａは歴史を振り返った時間の広がりのある内容、Ｂは諸外国の例を比較した空間的な広がりのある内容となっている。

エ　Ａでは人間がもつ特性である文化と好奇心について述べ、Ｂでは好奇心についてもっとくわしく分析している。

エ　祖父から戦争の体験談を聞き、平和について思いを深める。

オ　クラブ活動で上級生たちの見事なチームワークを参考にする。

問三　――線部②「自動車が誕生したのは、その発明者が車輪から発明しなくてすんだからだ」とありますが、この自動車の例からどういうことを言おうとしていますか。五十字以上六十字以内でわかりやすく説明しなさい。

問四　――線部③「これら二つの領域」とは何を指していますか。最もふさわしいものを次から選び、記号で答えなさい。

ア　面白いことと、壮大さや難しさのせいで挫折しそうなこと。

イ　少しだけ知識があることと、まったく興味を抱けないこと。

ウ　何も知らないことと、すでに知り尽くしているという自負があること。

エ　すでに知り尽くしているという自負があることと、知りたくないこと。

問五　B の文章の★印の部分には、好奇心と知識の関係を表すグラフが添えられています。どのようなグラフでしょうか。★印の部分の内容を参考にして、最もふさわしいものを次から選び、記号で答えなさい。

ア
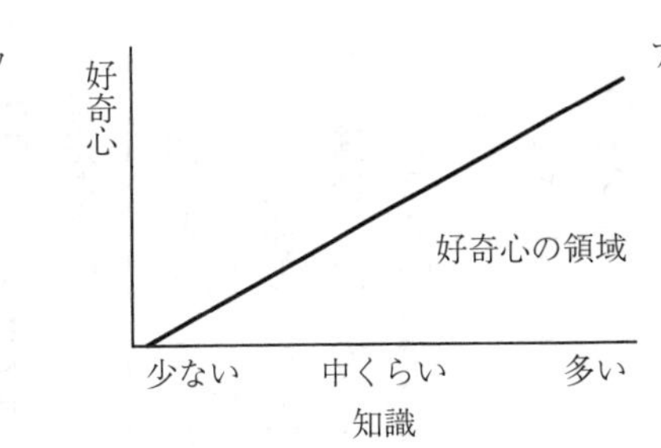

イ
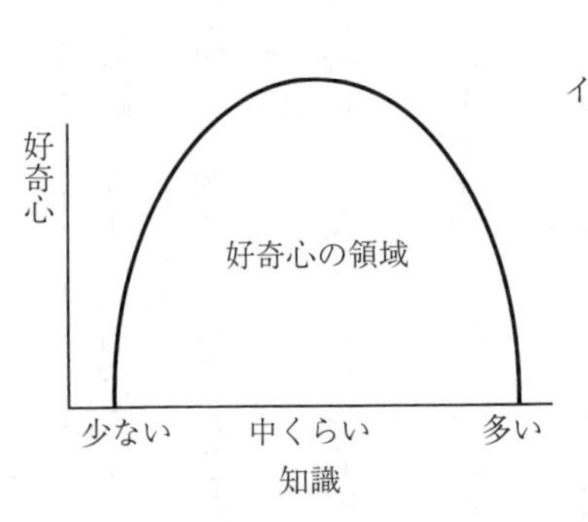

ウ

好奇心

好奇心の領域

少ない　中くらい　多い

知識

エ
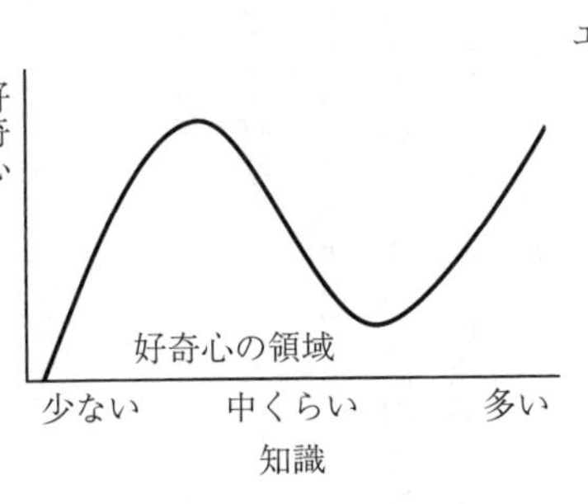

問六　――線部④「クリックを続ける傾向が格段に高くなった」のはなぜですか。次の文の（　）に入る最もふさわしい言葉を文章中から十二字で書きぬきなさい。

クリックして現れる画像が、なんの動物が隠れているかという（十二字）となるから。

問七　本文の内容や表現の特徴として最もふさわしいものを次から選び、記号で答えなさい。

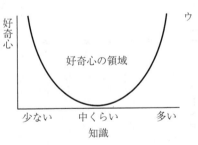

イ　春希が田山以外の人間を部長にふさわしいと部員の前で示したから。
ウ　他の部員の自分への評価が思っていたよりも低かったから。
エ　山田のうれしそうな様子が自分に対しての当てつけのようだったから。

問四　[a]～[d]にあてはまる語句として最もふさわしいものを次から選び、それぞれ記号で答えなさい（同じ記号を何回用いてもかまわない）。

ア　感情　　イ　情熱　　ウ　普通　　エ　理性

問五　――線部④「親友Aの心をひどく傷つけてしまった」とありますが、その出来事を説明した次の文の①・②に入る言葉を文章中より探し、それぞれ漢字四字で書きぬきなさい。

親友Aが「（①）」を「いっきいっかい」と読んだときに、いっしょにいた春希が（②）だったため、Aは国語の授業中に間違ったまま読んでしまい、笑われてしまった。

問六　友人Aは春希に対してどのように感じていますか。【憂鬱その2】以降の内容をふまえて、その心の動きを六十字以上七十字以内で説明しなさい。

三　**次のA・B二つの文章を読んで、後の問いに答えなさい。なお、問いに字数指定がある場合には、句読点なども一字分に数えます。（設問の都合上、本文を一部省略しています。）**

A

〔編集部注…課題文は著作権上の問題により掲載しておりません。作品の該当箇所につきましては次の書籍を参考にしてください〕

・イアン・レズリー　著　須川綾子　訳『子どもは40000回質問する』（光文社　二〇一六年四月初版一刷発行）五二ページ二行目～五四ページ七行目

B

〔編集部注…課題文は著作権上の問題により掲載しておりません。作品の該当箇所につきましては次の書籍を参考にしてください〕

・同書八二ページ八行目～八六ページ四行目（途中に省略された箇所があります。）

（注）＊1　端的…要点だけをはっきりと示すさま。
＊2　模倣…まねること。
＊3　駆使…自由に使いこなすこと。
＊4　マーク・パーゲル…生物学者。
＊5　いきり立つ…激しく怒って興奮する。
＊6　拡散的好奇心…目新しいことすべてに引き付けられること。
＊7　ジョージ・ローウェンスタイン…心理学・行動経済学者。
＊8　ダニエル・バーライン…心理学者。

問一　次の一文は本文中[a]～[c]のどの位置に入りますか。記号で答えなさい。

> 人間はどうしてこれほど順応性が高いのだろうか。

問二　――線部①「水平的学習」の例として最もふさわしいものを次から選び、記号で答えなさい。

ア　クラスの中での話し合いで、友人の意見を聞いて刺激を受ける。
イ　いとこのお姉さんから中学受験の体験談を聞き、勉強の参考にする。
ウ　伝記を読んで偉人がどのようにして目標を達成したかを知る。

編集長のコメントは、こうだった。

――詩の中で一瞬と永遠がひとつにつながっている。これが詩というものの持っている力だと感じた。言葉の遠近法が素晴らしい。

言葉の遠近法って、なんだろう?

よくわからなかったけれど、とにかくうれしい。うれしくてたまらない。

大空に舞いあがりながら、地上のコメントをひとつひとつ読んでいく。

目を皿のようにして、ことばを拾いあげていく。

――ばり感激、ばり感動、ばりすごかねー。

こんなのもあった。

どこの方言だろう。「ばり」は「ものすごく」ってことなのか。

三月の最後の日。

いちごっこに投稿したばかりの「ちいさなことば」に、早くも、いくつかのコメントが寄せられていた。そのなかに、ボクはあることばを発見して、うれし涙を浮かべてしまった。

それは、友人Aのことばであった。Aは、ボクがこのサイトに投稿していることも「かすみ草」というペンネームも知っている。二月には「応援する!」と熱く語ってくれていた。Aのハンドルネームは「まりもちゃん」である。

まりもちゃんのコメントは、こうだった。

――いい詩だと思います。傷ついていた心、癒されました。「ちいさなことば」はきっと私のために書かれた詩だと思う。そうなんじゃろ、かすみ草さん?

ボクは叫びたくなった。

許してくれたのだ、Aは。

ボクの「ごめんねとだいすき」を、そのまんま、受けとめてくれたんだ。

照れくさくて、恥ずかしくて、直接そのことをボクには言えないから、このサイト内でさり気なく伝えようとしてくれた。

泣ける。

憂鬱な三月がどこかへ飛んでいく。

ボクの手のひらのなかに、輝く春がもどってきた。

(小手鞠るい『文豪中学生日記』)

問一 ――線部①「消しゴムを右から左へ動かすかのように」とありますが、この例えが表現していることとして最もふさわしいものを次から選び、記号で答えなさい。

ア 強弱　イ 長短　ウ 容易　エ 早速

問二 ――線部②「迷うことなく『山田』を指名した」とありますが、春希が田山ではなく山田を指名したのはなぜですか。理由を二十字以上二十五字以内で答えなさい。

問三 ――線部③「人前で恥をかかされた」とありますが、田山がそのように感じたのはなぜですか。最もふさわしいものを次から選び、記号で答えなさい。

ア 先生が新しい部長を決める権利をあっさりと春希に与えたから。

三月のテーマは「心の輝き」である。Aのことを想いながら書いた。

ちいさなことば

ちいさいほうがいいね
ことばは
ちいさくて、さりげなくて、目立たない
だれの目にもとまらない
野の花のような
ちいさなことばがいいね

おおきいことばはいらない
おおきいことばはうるさい
おおきいことばは傷つける

ちいさいほうがいいね
こころは
ちいさくて、やさしくて、輝いている
だれの心も傷つけない
朝つゆの玉のような
ちいさな輝きがいいね

あなたにあげるよ
ちいさなことば
ごめんね
あなたにあげるよ
ちいさなこころ
だいすき
それらがたくさん集まれば
いつか新しい輝きを得る
あなたの胸のなかで

ビッグニュース到来!!!
大空に舞いあがりたくなる。
いや実際にボクの背中に翼が生えて、ボクは空を飛んでいってしまったのである。
このところずっと憂鬱ざんまいだったので「いちごっこ」のサイトをのぞくこともなかった。詩で遊べるような気分じゃなかったのだ。けれど、三月の詩を投稿したついでに、二月の入選作コーナーへふらりと立ちよってみたところ、なんと、ボクの作品は、入選作十五編のうちの一編に選びだされていて、ああ、それだけじゃなくて(興奮を抑えつつ)じゃじゃじゃじゃじゃ――ん。
かすみ草作「いちごいちえ」は、二月の「ベスト1」に輝いていたのである。
びっくりした。
自分の目を疑った。
まさにほっぺをつねりたくなる。
夢のようだった。
すみからすみまでずずいーっとサイトをチェックして、すみからすみまで読んでみた。夢ではなかった。ボクの詩は、2位を大きく引きはなして、断トツでトップ。編集部内でも文句なくトップ。とにかく満場一致の金メダル受賞だったのである。
ずらりと居並ぶコメントはどれも、絶賛、ブラボーの雨あられ。

あのときすぐに、ボクはその間違いを指摘してあげるべきだったのに、それをしなかった。Bもいっしょだったし、なんというか、Aに恥をかかせたくなかった。しかし、それはボクの怠慢というか、逃げというか、自己保身に過ぎない卑怯な行為であった。

ああ、神よ、神よ、あなたさまはなぜ、こんないたずらをなさるのですか?

と言いたくもなるのだが、三日後の国語の授業中、指名されたAが読みはじめた文章のなかに偶然「一期一会」が出てきたのである。

Aは「いっきいっかい」と読んだ。

大きな声で、自信たっぷりに、はきはきと。

教室のなかに、笑いの渦が巻きおこった。

当然のことながら、ボクは笑ったりしていない。できなかった。

ボクの顔はまっ青になっていた。いや、まっ赤だったかもしれない。とにかくたいへんなことが起こったと思い、あせっていた。

案の定、休み時間に話をしようとして近づいていったボクを、Aは寄せつけなかった。ことばは、なかった。ただ、にらみつけただけだ。でもその「にらみ」がすべてを物語っていた。

ボクは何度も謝った。ひたすら謝罪した。

夜にはメールも送ったし、電話もかけた(留守番電話になっていたけど、録音メッセージを残しておいた)。

でも、Aの傷ついた心を治すことはできなかった。それどころか、ボクの謝罪によって、かえって傷が深まったようなのだ。五通ほど送ったメールに対して返ってきた一通には、ただ一文だけが記されていた。

――あとで謝らなくてはならないとわかっていることを友だちならしない。

確かにその通りだと思ったし、今もそう思っている。

友だちならしない、ということは、そういうことをしてしまったボクは、もうAの友だちでいる資格はない、ということか。

Bは一応、慰めてくれた。

「だいじょうぶじゃ、時間が経ったらきっと、だいじょうぶになるから。今はそっとしておいてあげれば?」

頭ではわかっている。

けれど、心は泣いている。つらい。全身、田山状態。

憂鬱その3――書けない作文

そんなこんなで、ボクは作文が書けなくなっている。

市内の全中学校が参加する春の作文コンクールの提出の締め切りは、三月二十日。

文芸クラブの部員は全員、応募することになっていて、みんなから作文を集めて、まとめて先生に手渡すのがボクの部長としての最後の仕事。

なのに、そのボクがまだ一文字も書けていない、というこの体たらく。

何を書こうとしても、田山のこととAのことが浮かんでくる。

ボクの心には今、このふたつの憂鬱しか存在していない。だから何をどう書いたとしても、それは作文にはならず、憂鬱文になるだけだ。

〈中略〉

いちごモデラート主催「いちごっこ」に投稿した詩(三月分として)。

そんな声も上がって、全員が同意し、ボクにその大役が課せられた。

実はそのときにはボクは別段、心配はしていなかった。

山田は、頭がすごくいい。切れる。人の上に立って、人をまとめていく力を持っている。成績優秀な子だ。国語以外の成績もトップクラス。もちろん文章もうまい。学校内外の作文コンクールでは入選の常連で「コンクール荒らし」との異名まで取っている。

田山は、とにかく優しい。性格がいい。おだやかで、慈愛に満ちあふれていて、後輩たちのめんどうをよく見ている。いわゆるマリアさまタイプだ。ただし、ここだけの話ではあるけれど、田山の文章は人柄ほど素晴らしいとは言えない。まあ、普通だろう。

そんなこんなで、ボクは②迷うことなく「山田」を指名した。

われらが文芸クラブを引っぱっていく部長として、リーダーシップ抜群の山田を選ぶのは当然だろう、と思っていた。

山田はうれしそうだった。張りきるタイプなのである。

先生も、部員も、そして田山も「決まり！」と、賛成してくれた。

はずだったのに、なんということか、数日後、田山からボクに一通のメールが舞いこんできた。部内で使っているグループメールじゃなくて、ボクだけに宛てたものだった。

それを読んで、ボクは愕然としてしまった。

あろうことかそこには、田山のボクに対する怨みがるいるいと、涙ながらに、綴られていたのである。田山は、ボクに選ばれなかったことがよほどショックだったみたいだ。

信じていたボクに「裏切られた」とまで書いてあった。

「③人前で恥をかかされた。退部も考えている」ということだった。

ああ、これ以上、書いていると、つらくなってくる。

メールを送ってきたのが山田だったら、ボクはきちんと返事を書いたと思う。なぜなら山田は、[a]じゃなくて、[b]の人だからだ。また、たとえ指名されなかったとしても「その理由が知りたい」と言ってくるだけで、ボクが理由を説明すれば納得する。山田はそういう奴だ。

しかし、田山に返事は書きづらい。何を書いても、また泣き言を言われそうだ。

田山は[c]の人なのだ。田山に論理は通用しない。「理由もなく悲しい」と言って泣く。田山はそういうタイプなのだ。

それにしても、ボクはボクの、人を見る目がいかになかったか、を、思いしらされている。田山に、こんな、じめじめ・うじうじ・鬱々とした（鬱という字、マスターできてる！）ところがあったなんて。いつも優しげに涼やかに微笑んでいる、あの、マリアの田山に、こんな、

昨日、急用が発生して中断してしまった「憂鬱論」のつづきである。

が、田山のことはもう書かない。書くと気分が落ちこんでくる。あれは田山の問題であって、ボクの問題ではないのではないか。と、ボクは[d]的にそう思うのである。

憂鬱その2――一期一会事件勃発

これについては、ボクが悪かった。反省している。

自業自得というのは、こういうことなのかもしれない。

ボクはボクの怠慢（と言っていいのか？）によって、④親友Aの心をひどく傷つけてしまった。何もかもボクの優柔不断のせいである。

事の発端は、親友A・Bと三人で出かけた、あこがれの作家のサイン会。

作家はボクらの本に「一期一会」ということばを書いてくれた。

Aはそれを「いっきいっかい」と読んでいた。

号で答えなさい。
ア　映画館に　行くことを　固辞します。
イ　映画館に　行かないかも　しれません。
ウ　映画館に　行くことを　やめます。

二

次の文章を読んで、後の問いに答えなさい。なお、問いに字数指定がある場合には、句読点なども一字分に数えます。（設問の都合上、本文を一部省略しています。）

《主人公西城春希は岡山県の女子校に通う中学三年生である。一月から日記をつけ始めているが、男になりきって書くことにしたため、自分のことを「ボク」と書いている。詩を書くことが好きで、学校では文芸クラブの部長であり、次のクラブ活動では次期部長を決めることになっている。また、インターネット上のサイト「いちごっこ」に、「かすみ草」というペンネームで先月の二月から詩を投稿している。》

庭の梅のつぼみが膨らみはじめている。
世の中には、春が訪れようとしている。
しかし、吾輩はゆううつである（筆者注・吾輩は猫ではない）。
ゆううつな三月。三月のゆううつ。
漢字で書こうと思ったが、吾輩には書けない。情けない。文芸クラブの部長としても、作家志望の西城春希としても、たいへんに恥ずかしい。辞書を引く。
憂鬱。
ボクの頭のなかで「鬱」という文字のパーツがばらばらに解体されて、それからゆっくりとひとつにまとまる。
うん、これでいい。
さて、前途有望で、青い春まっさかりで、若さをほしいままにしており、未来にはいいことしか待っていないはずの十代のボクは、なぜこんなにも憂鬱なのか。
本日はこのことについて書こう。
名づけて「憂鬱論」である。

憂鬱その1――新規部長選出のごたごた

まったく、なんでこんなことになったのか。頭をかきむしりたくなる。
前回のミーティングで決めていた通り、部員全員による投票をおこなったところ、二年の山田（仮名）と田山（仮名）が同点で並んだ。その下にはいろんな人の名前が挙がっていたが、それらは脇へ置いておき。第一回の結果を受けて、山田と田山の決戦投票なるものをおこなったところ、なんとふたたび、ふたりはまったく同じ数の票を獲得してしまったのである。
一年から三年までの部員総数＝二十二名だったのがまずい。二で割れない数だったら、こんな問題は起こらなかった。
顧問の先生は言った。
「仕方がないわね。だったら、西城さんに決めてもらいましょうか」
あっさりと、深い考えもなく（おそらく）①消しゴムを右から左へ動かすかのように。
「西城さんは部長なんだから、バトンを渡す相手を決める義務があるでしょう。みんな、それでいいかしら？」
「いいでーす」
「異議なし」
「さんせー」

問三 次の大阪市のホームページ『やさしい日本語』で話してみませんか?」から引用した文章、および **資料1**・**資料2** を見て、後の(1)・(2)の問いにそれぞれ答えなさい。

「やさしい日本語」は、外国人の方など日本語があまり得意でない方に伝えるため、わかりやすい言葉や表現に言い換えた日本語のことです。「やさしい日本語」を使えば、日本語があまり得意でない方と話すことができます。

資料1

「やさしい日本語」で伝えるポイント

1 全体的にゆっくり話し、言葉ははっきり発音する。
2 一文を短く、区切って話す。
3 難しい言葉は、簡単な言葉に言い換える。
4 外来語(カタカナ語)はできるだけ使わない。
5 曖昧な表現はせずに、具体的に伝える。
6 方言はできるだけ使わず、標準語で話す。

資料2

「やさしい日本語」の例

通常の日本語	やさしい日本語
「今朝はめっちゃ暑かったなぁ」	「今日の朝は　とても　暑かった　ですね」
「土足厳禁」	「靴を　脱いで　ください」
「参加費は無料です」	①
「映画館に行くことをキャンセルします」	②

(1) **資料2** の ① に入る最もふさわしいものを次から選び、記号で答えなさい。

ア 参加費は　フリーです。
イ 参加するとき　お金は　いりません。
ウ 参加するとき　費用は　けっこうです。

(2) **資料2** の ② に入る最もふさわしいものを次から選び、記

資料1 在留外国人の国籍・地域別内訳

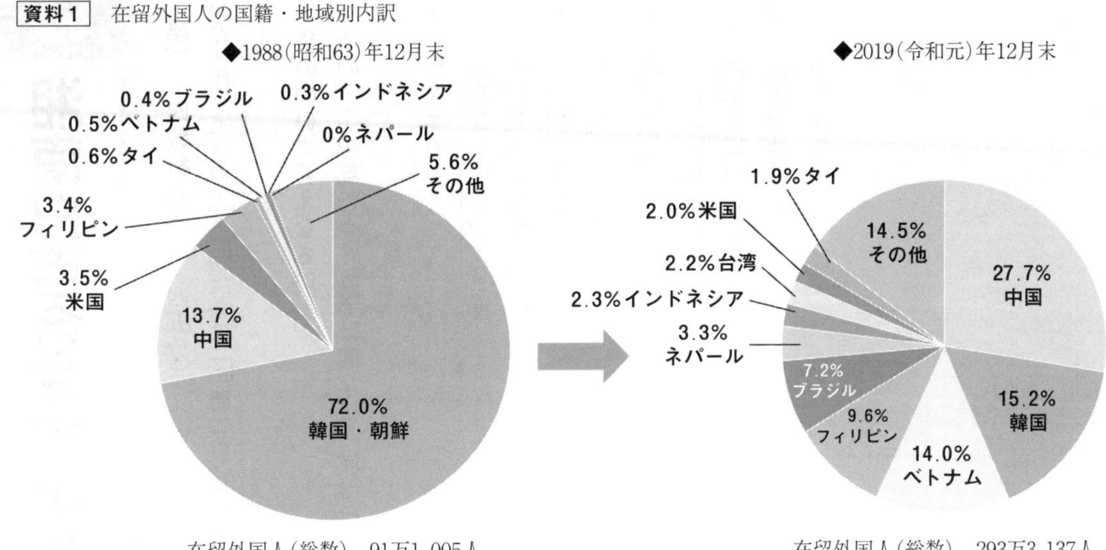

資料2 在留外国人の国籍・地域,公用語,人数(2019年12月)

	国籍・地域	公用語	人数
1	中国	中国語	813,675
2	韓国	韓国語	446,364
3	ベトナム	ベトナム語	411,968
4	フィリピン	フィリピノ語・英語	282,798
5	ブラジル	ポルトガル語	211,677
6	ネパール	ネパール語	96,824
7	インドネシア	インドネシア語	66,860
8	台湾	中国語	64,773
9	アメリカ合衆国	英語	59,172
10	タイ	タイ語	54,809

2023年度

湘南白百合学園中学校

【国　語】〈**四教科入試**〉（四五分）〈満点：一〇〇点〉

〈編集部注：実物の入試問題では、一 問二の 資料１・資料２ はカラー印刷です。〉

一　**後の問いに答えなさい。**

問一　次の――線部のカタカナは漢字に、漢字はひらがなに直しなさい。

①　街をネり歩く。
②　成功をシュクフクする。
③　オンダンな地域に住む。
④　テッキョウを渡る。
⑤　ユウビン局に行く。
⑥　版画を刷る。
⑦　祖母の直伝のレシピ。
⑧　雑木林について学ぶ。
⑨　健康な状態を保つ。
⑩　布を織る。

問二　次の文化庁ホームページ「在留支援(しえん)のためのやさしい日本語ガイドライン」から引用した文章、および 資料１・資料２ を見て、後の(1)～(4)の問いにそれぞれ答えなさい。

外国人住民の増加と【Ａ】

日本に住む外国人は、ほぼ毎年増えている

日本に住む外国人の数は、ほぼ毎年増えていて、２０１９年末には約２９３万人で過去最多になり、３０年で【Ｂ】に増えています。また、日本に住む外国人の国籍(こくせき)を見ると、１９８８年には全体の７割強が韓国(かんこく)・朝鮮(ちょうせん)でしたが、２０１９年には中国、韓国、【Ｃ】、フィリピン、ブラジルの5か国を合わせて7割強になっており、上位１０の国籍・地域の公用語だけで【Ｄ】言語に上ります。

外国人が日本で安全に安心して生活するためには、法律などのルール、在留や社会保険などの手続、災害・避難(ひなん)情報をはじめとする国や地方公共団体からのお知らせなどを正しく理解することが必要です。

(1)　【A】に入る最もふさわしい言葉を文章中から書きぬきなさい。

(2)　【B】に入るものとして最もふさわしいものを次から選び、記号で答えなさい。

ア　約2倍　　イ　約3倍
ウ　約4倍　　エ　約5倍

(3)　【C】に入る国名を答えなさい。

(4)　【D】に入る言語数を答えなさい。

2023年度

湘南白百合学園中学校　▶解説と解答

算　数　＜４教科入試＞（45分）＜満点：100点＞

解　答

1 (1) $\frac{7}{15}$　(2) $3\frac{3}{4}$　(3) 13けた目　(4) 14人　(5) 毎時5.4km　2 (1) **大きい部屋**…６部屋，**小さい部屋**…29部屋　(2) 119人　(3) **小さい部屋**…４人，**欠席者**…４人　3 (1) **OA**…４cm，**AB**…３cm，**BC**…２cm　(2) 解説の図４を参照のこと。　(3) $10\frac{5}{6}$秒後　4 (1) ①　(2) 17cm²　(3) 41.47cm²　5 (1) 2.4cm　(2) x　６cm　y　1.8cm　(3) (エ)　(4) 128cm²

解　説

1 四則計算，逆算，素数の性質，相当算，集まり，速さ

(1) $\left(\frac{3}{4}+1.375\times\frac{4}{9}\right)\div2\frac{11}{12}=\left(\frac{3}{4}+1\frac{3}{8}\times\frac{4}{9}\right)\div\frac{35}{12}=\left(\frac{3}{4}+\frac{11}{8}\times\frac{4}{9}\right)\div\frac{35}{12}=\left(\frac{3}{4}+\frac{11}{18}\right)\div\frac{35}{12}=\left(\frac{27}{36}+\frac{22}{36}\right)\div\frac{35}{12}=\frac{49}{36}\times\frac{12}{35}=\frac{7}{15}$

(2) $\left\{3-2\frac{8}{9}\div(\square-0.5)\right\}\times4\frac{1}{2}=9\frac{1}{2}$より，$3-2\frac{8}{9}\div(\square-0.5)=9\frac{1}{2}\div4\frac{1}{2}=\frac{19}{2}\div\frac{9}{2}=\frac{19}{2}\times\frac{2}{9}=\frac{19}{9}$，$2\frac{8}{9}\div(\square-0.5)=3-\frac{19}{9}=\frac{27}{9}-\frac{19}{9}=\frac{8}{9}$，$\square-0.5=2\frac{8}{9}\div\frac{8}{9}=\frac{26}{9}\times\frac{9}{8}=\frac{13}{4}$　よって，$\square=\frac{13}{4}+0.5=3\frac{1}{4}+\frac{2}{4}=3\frac{3}{4}$

(3) 2×4×6×…×100を素数の積で表したとき，２と５の組み合わせが１組できるごとに，一の位から続けて０が１個増える。また，２から100までの偶数(ぐうすう)のうち，５の倍数でもある数は{10，20，30，…，100}の10個あり，これらを素数の積で表したとき，50(＝2×5×5)と100(＝2×2×5×5)には５が２個ずつ現れ，ほかの８個の数には５が１個ずつ現れるので，５は全部で，2×2＋1×8＝12(個)現れる。さらに，2×4×6×…×100を素数の積で表したとき，２は，100÷2＝50(個)以上現れる。よって，２と５の組み合わせは12組できるので，一の位から数えて，12＋1＝13(けた)目に初めて０でない数が現れる。

(4) 猫(ねこ)が好きと答えた人の数は，40×0.6＝24(人)である。よって，(犬が好きと答えた人の数)×0.8＝24(人)と表すことができるので，犬が好きと答えた人の数は，24÷0.8＝30(人)とわかる。したがって，右上の図のように表すことができるから，どちらも好きな人の数は，24－(40－30)＝14(人)と求められる。

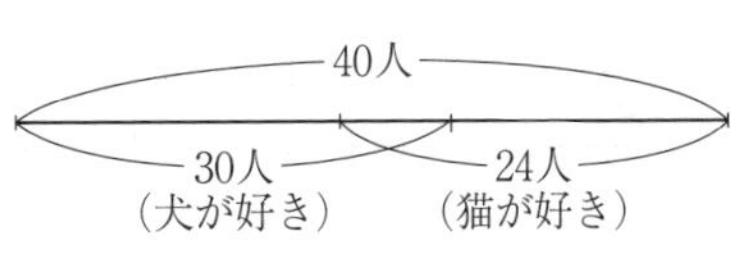

(5) 駅から学校前のバス停までの道のりは，$15\times\frac{9}{60}=\frac{9}{4}$(km)である。また，16分後に発車するバスと同時に学校前のバス停に到着(とうちゃく)するためには，駅から学校前のバス停まで，16＋9＝25(分)で歩けばよい。よって，このときの速さは毎時，$\frac{9}{4}\div\frac{25}{60}=5.4$(km)だから，毎時5.4kmより速く歩けば，16分後に発車するバスに乗るより早く学校前のバス停に到着する。

2 差集め算

(1)　大きい部屋に５人ずつ，小さい部屋に３人ずつの場合，右の図の㋐のように表すことができる。また，大きい部屋に７人ずつ，小さい部屋に３人ずつの場合，大きい部屋と小さい部屋がそれぞれ１部屋ずつ余り，あと，７＋３＝10(人)入ることができるので，㋑のようにすべての部屋をうめるには，10人足りない。㋐と㋑の人数の差は，２＋10＝12(人)であり，これは，７－５＝２(人)の差が大きい部屋の数だけ集まったものだから，大きい部屋の数は，12÷２＝6(部屋)とわかる。すると，小さい部屋の数は，35－６＝29(部屋)と求められる。

35部屋
㋐　５人，…，５人，３人，…，３人 → ２人余る
㋑　７人，…，７人，３人，…，３人 → 10人足りない
大きい部屋　小さい部屋

(2)　㋐より，６年生の人数は全部で，５×６＋３×29＋２＝119(人)となる。

(3)　欠席者の人数は，119×0.1＝11.9(人)以下なので，１人以上11人以下である。すると，参加者の人数は，119－11＝108(人)以上，119－１＝118(人)以下とわかる。このうち，大きい部屋に入った人は，７×５＝35(人)だから，小さい部屋に入った人は，108－35＝73(人)以上，118－35＝83(人)以下となる。さらに，小さい部屋20部屋に残りの６年生全員を均等に入れることができたので，小さい部屋の１部屋あたりの人数は，73÷20＝3.65(人)以上，83÷20＝4.15(人)以下と求められる。よって，小さい部屋には４人ずつ入ったことがわかる。また，参加者の人数は，35＋４×20＝115(人)だから，欠席者の人数は，119－115＝４(人)である。

3　グラフ―図形上の点の移動，面積

(1)　問題文中の図で，三角形OCPの面積は，点Ｐが辺OA上を進むときには０cm²から増えていき，点Ｐが辺AB上を進むときには減っていき，０cm²になってからまた増えていく。よって，問題文中のグラフより，４秒後に三角形OCPは下の図１のかげをつけた部分になるので，辺OAの長さは，１×４＝４(cm)である。また，このときの三角形OCPの面積が６cm²だから，辺ABの長さは，６×２÷４＝３(cm)と求められる。さらに，図１の，６－４＝２(秒後)には下の図２のようになる。図２で，三角形AOPと三角形BCPは相似であり，相似比は，AP：BP＝２：１だから，辺BCの長さは，$4\times\frac{1}{2}$＝２(cm)と求められる。

図１
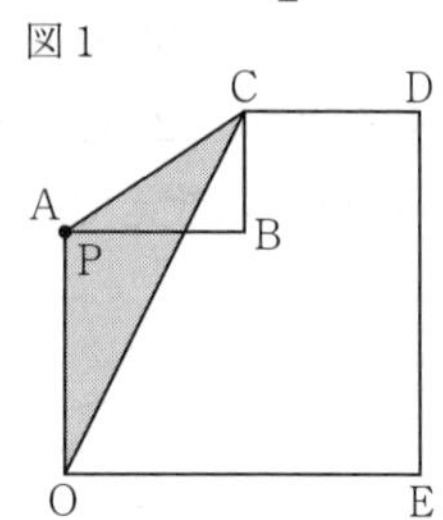

図２
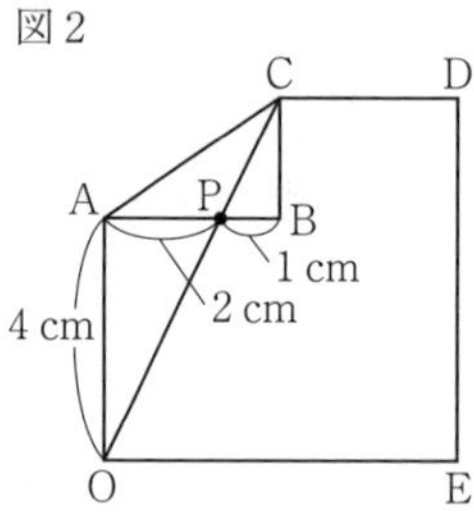

図３
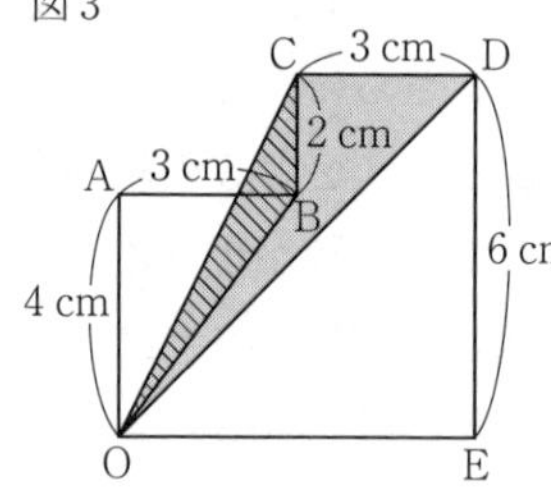

図４
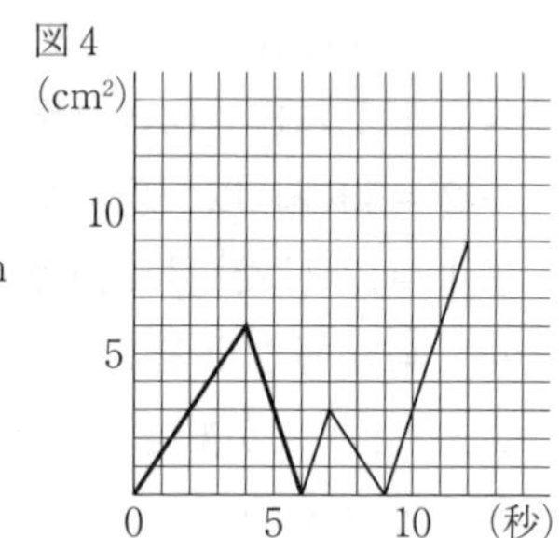

(2)　もとの正方形の１辺の長さは，４＋２＝６(cm)なので，辺CDの長さは，６－３＝３(cm)とわかる。上の図３で，図２の１秒後に点Ｐが頂点Ｂにきて，三角形OCPの面積は斜線(しゃせん)部の，２×３÷２＝３(cm²)になる。また，その２秒後に点Ｐが頂点Ｃにきて，三角形OCPの面積は０cm²になる。さらに，その３秒後に点Ｐが頂点Ｄにきて，三角形OCPの面積はかげをつけた部分の，３×６÷２＝９(cm²)となる。よって，グラフは上の図４のようになる。

(3)　図４より，三角形OCPの面積が最後に5.5cm²になるのは９秒後と12秒後の間とわかる。このとき，３秒間で９cm²増えるので，１秒間に，９÷３＝３(cm²)の割合で増える。よって，5.5cm²増

えるのにかかる時間は，$5.5\div3=1\frac{5}{6}$(秒)だから，最後に5.5cm^2になるのは，$9+1\frac{5}{6}=10\frac{5}{6}$(秒後)である。

4 平面図形―面積，図形の移動

⑴ 斜線部もふくめて，折ったのとは逆の方向に広げると，下の図１のようになる。よって，正しい図形は①である。

図１

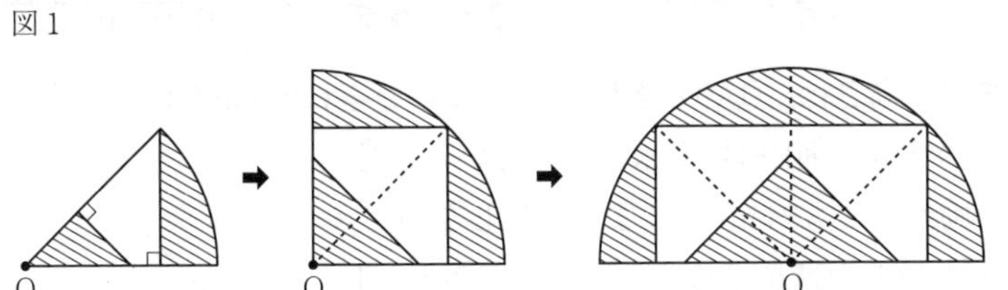

図２

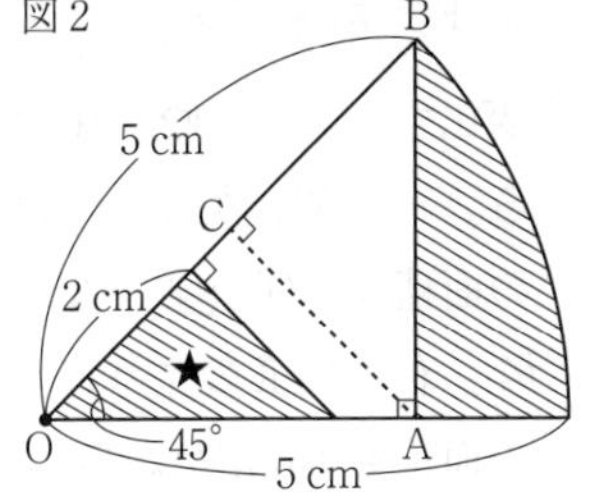

⑵ 求める面積は，上の図２の白い部分の面積の４倍になる。三角形OABは直角二等辺三角形だから，ACの長さは，$5\div2=2.5$(cm)であり，三角形OABの面積は，$5\times2.5\div2=6.25$(cm²)となる。また，★印の三角形も直角二等辺三角形であり，その面積は，$2\times2\div2=2$(cm²)である。よって，図２の白い部分の面積は，$6.25-2=4.25$(cm²)なので，斜線部を切りとって残った紙を広げた図形の面積は，$4.25\times4=17$(cm²)と求められる。

⑶ 斜線部を切りとって残った紙を広げたときの図形は，右の図３の太線で囲んだ部分にあたる。この図形を点Oを中心として時計回りに90度回転させると，うすいかげをつけた部分とこいかげをつけた部分を通る。うすいかげをつけた部分は，半径５cmの半円から半径２cmの半円を除いたものなので，その面積は，$5\times5\times3.14\div2-2\times2\times3.14\div2=12.5\times3.14-2\times3.14=(12.5-2)\times3.14=10.5\times3.14=32.97$(cm²)となる。また，こいかげをつけた２か所の部分は，それぞれが図２の白い部分と合同だから，面積は合わせて，$4.25\times2=8.5$(cm²)である。よって，図形が通る部分の面積は，$32.97+8.5=41.47$(cm²)と求められる。

図３

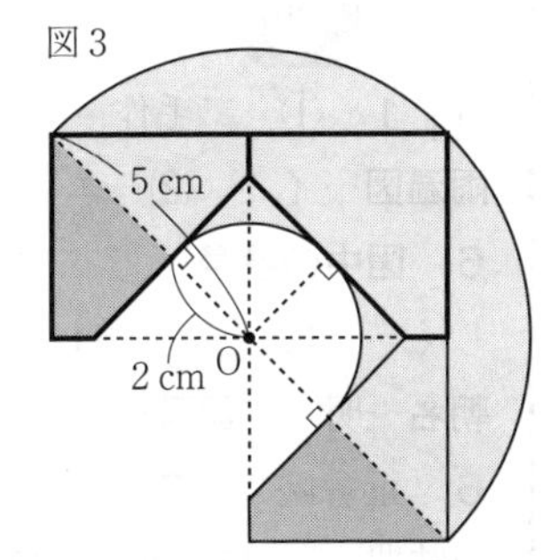

5 水の深さと体積

⑴ 床(ゆか)から水面までの高さが最も低くなるのは，面積が最も大きい面を底面にしたときである。面積が最も大きいのは面CGHD(または面BFEA)であり，その面積は，$10\times12=120$(cm²)である。よって，面CGHDを底面にしたときの床から水面までの高さは，$288\div120=2.4$(cm)になる。

⑵ 問題文中の図１で，面EFGHの面積は，$12\times8=96$(cm²)だから，面EFGHを底面にしたときの床から水面までの高さは，$288\div96=3$(cm)になる。よって，正面から見ると，下の図Ⅰの①のようになる。また，①～⑤はどれも，かげをつけた部分を底面とする四角柱や三角柱と考えることができるので，かげをつけた部分の面積はどれも，$288\div12=24$(cm²)である。したがって，②のxの長さは，$24\times2\div8=6$(cm)，④のyの長さは，$24\times2\div10-3=1.8$(cm)と求められる。

⑶ ㋐ 水面の面積は，①のときに96cm²，⑤のときに120cm²だから，変化する。 ㋑ 水面の周の長さは，①のときに，$(8+12)\times2=40$(cm)，⑤のときに，$(10+12)\times2=44$(cm)なので，

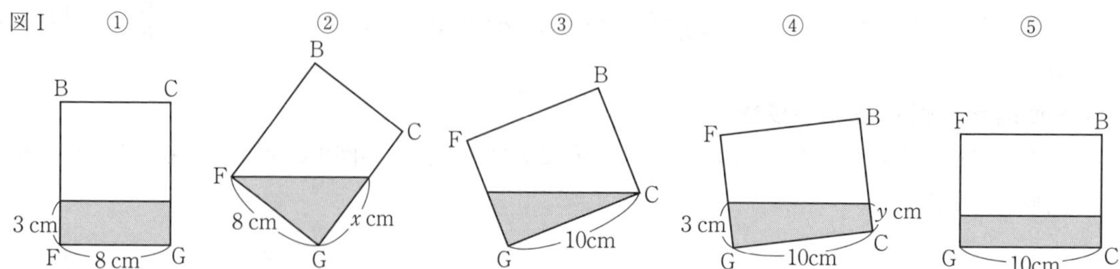

変化する。　(ウ)　床から水面までの高さは，①のときに３cm，⑤のときに2.4cmなので，変化する。　(エ)　かげをつけた部分，つまり，面BFGCと水が接している部分の面積は，①→②→③→④→⑤と動かしても24cm²のままで変化しない。

(4)　右の図Ⅱのようになるときの水面の面積を求める。図Ⅱの三角形GJIの面積も24cm²だから，IJの長さは，$24\times2\div4.5=\frac{32}{3}$(cm)とわかる。さらに，このときの容器の奥(おく)行きの長さは12cmなので，水面の面積は，$12\times\frac{32}{3}=128$(cm²)と求められる。

社　会　＜４教科入試＞（40分）＜満点：100点＞

解　答

1　1　①　二毛作　②　水害(洪水)　③　持続可能　2　(1)　**県庁所在地**…名古屋(市)　**雨温図**…イ　(2)　エ　3　ウ　4　(1)　三角州(デルタ)　(2)　0.5(km)　5　エ　6　**図中の番号**…②　**施設の名前**…ア　7　ウ　8　(1)　カ　(2)　ウ　9　(例)　正しく　10　イ　11　③　12　(例)　油よごれ　水に流さず　ふき取ろう　2　1　**王朝名**…明　**記号**…ウ　2　富岡製糸場　3　ウ　4　(1)　イ　(2)　ウ　5　ウ　6　正倉院　7　エ　8　新橋　9　ウ　10　4　11　(カード)２(とカード)８(が同時期)　12　カ　13　エ　14　(例)　**「読み札」**…新型コロナウイルスが流行したことで　**「取り札」**…予定されていた東京オリンピックが延期されました　3　1　a　国務大臣　b　文部科学(省)　2　(1)　パブリック・コメント　(2)　待機児童　3　(1)　d　参議院　e　本会議　(2)　ウ　(3)　納税　4　ユネスコ　5　**制度**…三審制　**２回目の裁判**…高等裁判所　6　(1)　(憲法第)９(条)　(2)　**文化財**…ア　**都道府県名**…長崎県　**文化財**…ウ　**都道府県名**…広島県

解　説

1　明治用水を題材とした問題

1　①　米の裏作として小麦をつくるなど，１つの耕地で１年に２回，異なる作物を生産することを二毛作という。なお，１つの耕地で同じ種類の作物を１年に２回生産することを二期作という。　②　ダムの機能の１つに，水量を調節して水害(洪水)を防ぐといった防災の働きがある。　③　2015年，国連総会で「持続可能な開発目標(SDGs)」が採択(さいたく)された。これには，2030年までに世界が達成すべき17分野の目標(ゴール)が盛りこまれている。

2 (1) 愛知県の県庁所在地は名古屋市で，徳川御三家の１つである尾張藩(愛知県西部)の城下町から発展した。雨温図について，年平均気温が高いアは，亜熱帯の気候に属する那覇市(沖縄県)と判断できる。また，冬の降水量(降雪量)が多いエは，日本海側の気候に属する金沢市(石川県)とわかる。残ったイとウのうち，夏の降水量が多いイが太平洋側の気候に属する名古屋市，年降水量が少ないウは瀬戸内の気候に属する高松市(香川県)となる。 (2) 豊田市などで自動車工業が発達した愛知県は，製造品出荷額等が日本一の中京工業地帯の中心となっており，第二次産業(製造業・建設業)の割合が高い。よって，エが選べる。なお，第一次産業(農林水産業)の割合が低く，第三次産業(商業・サービス業)の割合が高いイは東京都。残ったアとウのうち，第三次産業の割合がより高いアは北海道，もう一方のウは青森県と判断できる。

3 キャベツは冬野菜で，愛知県ではおもに冬にキャベツの露地栽培がさかんなので，出荷量が最も多い③は冬であると判断できる。また，群馬県の嬬恋村や長野県の野辺山原などの高地では，夏でも涼しい気候を利用し，キャベツやはくさい，レタスなどの収穫時期を，通常よりも遅くする抑制栽培(高冷地農業)がさかんに行われている。ほかの産地の露地栽培のものの出荷量が減って価格が高くなる夏から秋にかけて，「高原野菜」として首都圏などに出荷し，大きな利益をあげているので，①は夏秋とわかる。残った②は春である。

4 (1) 河口付近では，川の流れがかなり遅くなって粒の細かい土砂が堆積するようになり，川の真ん中に島のような地形ができることがある。それが三角形に近い形になることから，この地形は三角州(デルタ)とよばれる。三角州は水利がよいので，水田に利用されることが多い。なお，矢作川は愛知県中央部を南西に流れて知多湾に注ぐ川で，明治用水は矢作川の水を愛知県中央部の岡崎平野に導く用水である。 (2) 地形図上の長さの実際の距離は，(地形図上の長さ)×(縮尺の分母)で求められる。この地形図の縮尺は25000分の１なので，この地形図上の２cmの実際の距離は，２(cm)×25000＝50000(cm)＝500(m)＝0.5(km)となる。

5 稲作のおもな作業としては，春に育苗と並行して，田を耕すアの「田おこし」，田に水を入れてかき混ぜるイの「しろかき」を行い，初夏にエの「田植え」を行う。その後は，田を乾燥させるウの「中ぼし」や草取りなどを行い，秋にオの「いねかり」や脱穀(稲穂からもみをはずすこと)などの収穫作業を行い，乾燥やもみすり(もみ殻を取り除いて玄米にすること)などの作業を経て，出荷にいたる。

6 資料は上水道システムの模式図である。原水(水道水の原材料になる水)は，川・湖・ダム・地下水などから浄水場に取り入れられる。一般に浄水場では，沈砂池で砂を沈めてから取水ポンプで水を①の着水井に送り，その後，「⊗⊗⊗⊗」のところで薬品を入れてかき混ぜることでにごりやごみの固まりをつくり，それを②の沈殿池で沈める。そして，③のろ過池で砂や砂利の層に水を通して細かなごみなどをこし取り，④の浄水池に水道水としてたくわえる(途中，塩素による消毒を行う)。このようにしてつくられた水道水は，いったん配水池に送られ，そこから家庭などに供給される。

7 2011年の東日本大震災のさいには，東北地方の自動車部品工場が被害を受けて部品をつくれなくなったため，愛知県の自動車組み立て工場も操業を一時休止することになった。よって，ウが誤っている。

8 (1) せんい品は年々減少し，鉄鋼は1980年代以降減少し，自動車は現在大きな割合を占めているので，カが選べる。　⑵　機械類の輸出品の取りあつかい額は，2000年が，51.7(兆円)×0.53＝27.401(兆円)，2018年が，81.5(兆円)×0.44＝35.86(兆円)なので，増加している。よって，ウが誤っている。

9　放送局では，正しく，早く，わかりやすく情報を伝えるために，取材や編集などの仕事を分担しながら番組を制作し，視聴者に合わせてニュース番組などを編成して，情報を届けている。

10　日本の森林は，人工林より天然林のほうが面積が広く，約６割を占めている。よって，イが誤っている。

11　グラフの①はアメリカ合衆国，②は中国(中華人民共和国)，③が日本，④はイギリスである。

12　家庭からの排水にふくまれるもののうち，環境に対する負荷が最も大きいのは油である。したがって，ポスターの見出しとしては，「油よごれは　ふき取って」などが考えられる。

2 「歴史かるた」をもとにした問題

1　15世紀の初め，明(中国)が倭寇(日本の武装商人団・海賊)の取りしまりを幕府に求めてきたのをきっかけに，室町幕府の第３代将軍を務めた足利義満は明と国交を開いて貿易を始めた(日明貿易)。また，琉球王国は15世紀前半，沖縄諸島に成立した国で，中国・日本や東南アジアとの中継貿易で栄えていた。地理的には大陸に近いため中国(明・清)に朝貢(貢ぎ物をさし出して臣下の礼をとる)していたが，江戸時代に薩摩藩(鹿児島県)に征服され，中国と日本の両方に属する形になった。1871年に廃藩置県を実施した明治政府は，琉球王国については1872年に琉球藩を置いたのち，1879年に沖縄県として日本に編入した(琉球処分)。よって，ウが正しい。なお，アは「源頼朝」ではなく「平清盛」が正しい。イについて，日中戦争(1937～45年)のさい，日本は中国(中華民国)の全土を制圧できず，戦いは日本の敗戦まで続いた。エは「中国語」ではなく「オランダ語」が正しい。

2　明治政府は殖産興業政策の一環として，群馬県に官営の模範工場として富岡製糸場を建設し，製糸業の発展をうながした。富岡製糸場は「富岡製糸場と絹産業遺産群」として，2014年にユネスコ(国連教育科学文化機関)の世界文化遺産に登録されている。

3　津田梅子は岩倉使節団とともにアメリカへ渡り，初の女子留学生となった。帰国すると，女子英学塾(後の津田塾大学)を創立し，女子教育に力をつくした。よって，ウが正しい。なお，アは「室町時代」ではなく「平安時代」が正しい。イは「与謝野晶子」ではなく「平塚らいてう」が正しい。エの北条政子は鎌倉に集まった御家人を一致団結させた。

4　⑴　イは，「佐渡島」(新潟県)ではなく「対馬」(長崎県)が正しい。江戸時代には対馬藩の宗氏が朝鮮(李氏朝鮮)との交渉を担当し，幕府から交易も認められた。　⑵　江戸時代，一般庶民の子どもの教育機関として寺子屋が設けられ，読み書きのほか，商業地などではそろばんも教えた。図Ⅱがその寺子屋のようすを描いた絵である。よって，組み合わせはウがあてはまる。なお，武士の子弟は幕府の学問所や藩が設けた藩校で学んだ。また，図Ⅰは明治時代の小学校の授業のようすである。

5　ウは，「桶狭間」(愛知県)ではなく「長篠」(愛知県)が正しい。桶狭間の戦い(1560年)は，織田信長が今川義元を破った戦いである。

6　東大寺(奈良県)の正倉院は聖武天皇の愛用品などが収められていたことで知られる宝庫で，宝物の多くは奈良時代に遣唐使が唐(中国)から持ち帰った品々である。そのなかには，ペルシア(現在のイラン)やインドなどのものがシルクロード(絹の道)を通って中国に伝わり，日本にもたらされたものもある。

7　明治時代，栃木県の足尾銅山の製錬所から流された鉱毒により，渡良瀬川が汚染される公害問題が起こった。この足尾銅山鉱毒事件では，地元出身の衆議院議員田中正造がその解決のために生涯をささげたことで知られる。また，戦後の高度経済成長期(1950年代後半～1970年代初め)には公害が深刻になり，熊本県の水俣市周辺では有機水銀(メチル水銀)を原因とする水俣病が発生している。よって，エが正しい。なお，新潟県の阿賀野川流域でも，有機水銀を原因とする第二(新潟)水俣病が発生した。また，三重県の四日市市では亜硫酸ガス(二酸化硫黄)を原因とする四日市ぜんそくが，富山県の神通川流域では神岡鉱山(岐阜県)から流されたカドミウムを原因とするイタイイタイ病が発生した。水俣病，第二水俣病，四日市ぜんそく，イタイイタイ病は，合わせて四大公害病とよばれる。

8　1872年，日本で最初の鉄道が開通し，新橋(東京都)―横浜(神奈川県)間を結んだ。

9　応仁の乱(1467～77年)の主戦場は京都で，そのため京都の町の大半は焼け野原となった。よって，ウが正しい。なお，アのできごとは645年に飛鳥(奈良県)で，イの壇ノ浦の戦い(1185年)は山口県で，エの島原・天草一揆(1637～38年)は長崎県と熊本県で起こった。

10　【カード１】は室町時代，【カード２】は明治時代初め，【カード３】は弥生時代，【カード４】は江戸時代，【カード５】は安土桃山時代，【カード６】は奈良時代，【カード７】は昭和時代，【カード８】は明治時代初め，【カード９】は大正時代である。示されている文は江戸時代の農業について述べたものなので，【カード４】が選べる。

11　【カード２】と【カード８】は，どちらも明治時代初めの内容を記したものである。

12　アは【カード２】と【カード８】，イは【カード６】，ウは【カード７】，エは【カード１】，オは【カード４】に対応する。しかし，カは明治時代後半のことで，対応するカードがない。

13　時代順に並べると，【カード３】⇒【カード６】⇒【カード１】⇒【カード５】⇒【カード４】⇒【カード２】と【カード８】⇒【カード９】⇒【カード７】となる。よって，三人とも誤っている。

14　近いできごととしては東京オリンピック(2021年)，少しさかのぼると東日本大震災(2011年)などがある。

3　文化財と文化事業についての問題

1　**a**　内閣は，内閣総理大臣と，内閣総理大臣が任命する国務大臣で構成される。　**b**　文部科学省は，教育や学術，スポーツ，文化をさかんにし，科学技術をおし進めるための仕事を担当しており，文化庁やスポーツ庁などの外局も持っている。

2　(1)　行政機関が行う政策について，その原案を公表して国民の意見を求め，それを政策決定に反映させようという制度を，パブリック・コメント制度(意見公募手続)という。「パブリック」は“公共に関する”，「コメント」は“意見”という意味の英語で，全省庁に導入されており，地方自治体でも同様の制度が取り入れられている。　(2)　保育園などの保育施設に入ることを希望し，その資格があるにもかかわらず，施設が不足しているため入れない児童のことを，待機児童という。

3　(1)　**d**　国会は，衆議院と参議院の二院制である。　**e**　法律案は衆参両議院とも，専門の委員会で審議したあと，本会議で可決・成立する。　(2)　国会(衆議院)は，内閣不信任案(信任案)を議決できるので，ウが正しい。なお，アの違憲立法審査権は裁判所，イの衆議院の解散の決定とエの最高裁判所長官の指名は内閣の権限である。　(3)　1890年の国会(帝国議会)の開設にともなう第１回衆議院議員総選挙では，選挙権は直接国税15円以上を納める満25歳以上の男子に限定され，有権者の割合は全国民のわずか1.1％に過ぎなかった。つまり，性別や納税額などの制限があった。

4　世界遺産にかかわる国連の機関はユネスコである。

5　日本の裁判では，審理を慎重に行うため，同一事件について３回まで審判が受けられるようになっている。これを三審制といい，通常，刑事事件で２回目の裁判は高等裁判所で行われる。

6　(1)　日本国憲法の「平和主義」の原則は，前文と第９条に明記されている。　(2)　太平洋戦争末期の1945年８月６日に史上初の原子爆弾が広島に投下され，９日には長崎にも投下された。写真アは長崎市にある「平和祈念像」，ウは広島市にある「原爆死没者慰霊碑」(この奥に「原爆ドーム」がある)。なお，イは沖縄戦で犠牲となった女学生らを慰霊する「ひめゆりの塔」，エは沖縄戦で亡くなったすべての戦没者を慰霊する「平和の礎」で，どちらも沖縄県糸満市にある。

理　科　＜４教科入試＞(40分)＜満点：100点＞

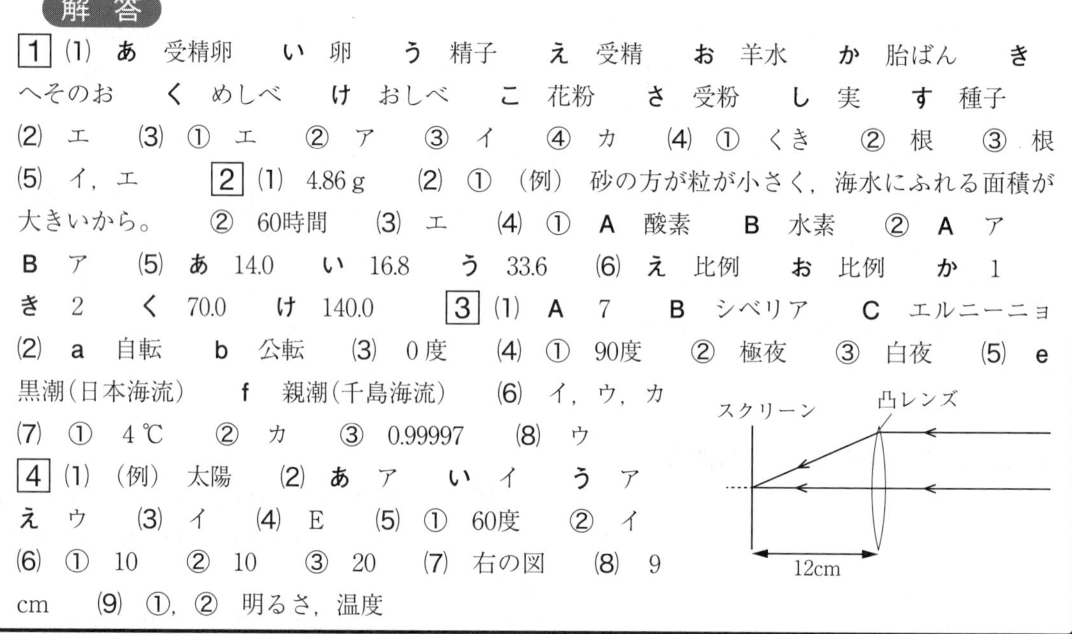

解　答

[1]　(1)　**あ**　受精卵　**い**　卵　**う**　精子　**え**　受精　**お**　羊水　**か**　胎ばん　**き**　へそのお　**く**　めしべ　**け**　おしべ　**こ**　花粉　**さ**　受粉　**し**　実　**す**　種子　(2)　エ　(3)　①　エ　②　ア　③　イ　④　カ　(4)　①　くき　②　根　③　根　(5)　イ，エ　[2]　(1)　4.86 g　(2)　①　(例)　砂の方が粒が小さく，海水にふれる面積が大きいから。　②　60時間　(3)　エ　(4)　①　**A**　酸素　**B**　水素　②　**A**　ア　**B**　ア　(5)　**あ**　14.0　**い**　16.8　**う**　33.6　(6)　**え**　比例　**お**　比例　**か**　1　**き**　2　**く**　70.0　**け**　140.0　[3]　(1)　**A**　7　**B**　シベリア　**C**　エルニーニョ　(2)　**a**　自転　**b**　公転　(3)　0度　(4)　①　90度　②　極夜　③　白夜　(5)　**e**　黒潮(日本海流)　**f**　親潮(千島海流)　(6)　イ，ウ，カ　(7)　①　4℃　②　カ　③　0.99997　(8)　ウ　[4]　(1)　(例)　太陽　(2)　**あ**　ア　**い**　イ　**う**　ア　**え**　ウ　(3)　イ　(4)　E　(5)　①　60度　②　イ　(6)　①　10　②　10　③　20　(7)　右の図　(8)　9 cm　(9)　①，②　明るさ，温度

解　説

[1]　生物の子孫の残し方についての問題

(1)　女性の体内にある卵巣でつくられた卵と，男性の体内にある精巣でつくられた精子が１つになることを受精といい，そのときにできた細胞を受精卵という。胎児のからだは，受精卵が細胞分裂をくり返すことで，次第につくられていく。外部からの衝撃を和らげるための羊水につつまれた胎児は，母親の子宮内にある胎ばんとへそのおでつながれていて，そこから成長に必要な養分と酸素を受け取っている。一方，アサガオなどの花をさかせる植物の受精のしかたは，ヒトなどの動物

とは異なっている。おしべの先のやく(花粉の入った袋)から出た花粉が柱頭(めしべの先端)につくことを，受粉という。子房(めしべのもとのふくらんだ部分)にははいしゅが入っており，受粉してからしばらくすると，花粉から花粉管という細い管がめしべの中で伸び，受精が行われる。その後，子房が成長して果実(実)になり，はいしゅが成長して種子になる。

(2)　ヒトの場合，受精から誕生するまでにおよそ39週かかるのが一般的である。

(3)　有性生殖は，両親の特徴が混ざることによって豊かな多様性が生じ，環境変化時の種の存続の可能性が広がる利点があるが，数が増えるのに時間とエネルギーが必要となる。一方，無性生殖は，オスとメスが出会う必要がないので，短時間で数を増やせるが，多様性にとぼしいために環境の変化に弱い。

(4)　ジャガイモは，地下で伸びたくきの先がふくらんだものを食用としている。ニンジンとサツマイモはどちらも，根の部分を食用としている。

(5)　花をさかせる植物が受粉して種子を残すことや，動物のオスとメスが交尾をして受精卵ができることは，どちらも有性生殖の例である。

2　食塩水の濃さ，水の電気分解についての問題

(1)　水溶液の濃さは，水溶液全体の重さに対する溶けているものの重さの割合で表される。よって，2.7％の濃さの海水180ｇに含まれる塩化ナトリウムは，180×0.027＝4.86(ｇ)と求められる。

(2)　①　砂は，粒が細かく，海水とふれ合う面積が大きいため，同じ体積あたりでは多くの塩がつくので濃い海水を集めるのに適している。　②　煮詰める前の濃い海水には水分が，100×(１－0.1)＝90(kg)含まれている。よって，１時間あたり1500ｇ，つまり，1500÷1000＝1.5(kg)の水分を蒸発させることができるとすると，水分を全て蒸発させるには，90÷1.5＝60(時間)かかる。

(3)　酸性のレモン水や塩酸，アルカリ性の水酸化ナトリウム水溶液など，酸性やアルカリ性の水溶液は電流を通す。また，中性の水溶液には，食塩水のように電流を通すものと，アルコール水溶液や砂糖水のように電気をほとんど通さないものがある。

(4)　表１より，気体Ａは酸素，気体Ｂは水素とわかる。酸素と水素はどちらも水に溶けにくいので，気体を水と置き換えるアの水上置換法で集める。水上置換法には，集めた気体の体積を目で見て確かめられること，純粋な気体を集められることなどの利点がある。

(5)　表２で，電流を流す時間が10分のとき，電流の強さを，50÷20＝2.5(倍)にすると，気体Ａの体積も，7.0÷2.8＝2.5(倍)になっているので，電流を一定時間流すとき，電流の強さと生じる気体の体積は比例すると考えられる。したがって，20mA，10分のときの結果をもとにすると，「あ」は，$5.6\times\frac{50}{20}=14.0(\mathrm{cm}^3)$となる。同様に，35mA，20分のときの結果をもとにすると，「い」は，$9.8\times\frac{60}{35}=16.8(\mathrm{cm}^3)$，「う」は，$19.6\times\frac{60}{35}=33.6(\mathrm{cm}^3)$と求められる。

(6)　(5)で述べたように，電流を一定時間流すとき，電流の強さと生じる気体の体積は比例する。また，60mA，20分のときの結果をもとにすると，20mA，20分のとき，気体Ａは，$16.8\times\frac{20}{60}=5.6(\mathrm{cm}^3)$，気体Ｂは，$33.6\times\frac{20}{60}=11.2(\mathrm{cm}^3)$発生するとわかる。これは，20mA，10分の２倍の体積だから，電流の強さが同じとき，電流を流した時間と生じる気体の体積も比例するとわかる。さらに，気体Ａと気体Ｂの体積の最も簡単な整数比は，2.8：5.6＝１：２である。よって，20mA，10分のときの結果をもとにすると，100mAの電流を50分流したとき，気体Ａは，$2.8\times\frac{100}{20}\times\frac{50}{10}=70.0$

(cm^3)，気体Ｂは，$70\times\frac{2}{1}=140.0(cm^3)$生じることがわかる。

3 海水温と気候についての問題

⑴　Ａ　地球の表面における海洋と陸地の面積比は約７：３である。　Ｂ　日本の北西にあたるロシアのシベリア地方には，冷たくかわいた空気の集まり(気団という)があり，冬になってこのシベリア高気圧の勢力が強くなると，日本列島に強い寒気がもたらされる。　Ｃ　ペルーは南アメリカ大陸の北西部に位置する太平洋に面した国で，ペルー沖の海面温度が平年より１年程度のあいだ高くなる現象をエルニーニョ現象，低くなる現象をラニーニャ現象という。

⑵　地球が地軸を中心として１日に１回転することを自転といい，太陽の周りを１年かけて１周することを公転という。地球の自転の向きと公転の向きは，どちらも北極側から見て反時計回りである。

⑶　赤道は０度の緯線で，地球は赤道を基準に北半球と南半球に分けられる。

⑷　①　北極点は北緯90度，南極点は南緯90度にあたる。　②，③　地球は公転面に垂直な線に対して約23.4度，地軸を傾けたまま自転している。そのため，北極付近では，夏至の前後の時期に，太陽が１日中沈まないか，沈んでも少し明るい状態が続く夜があり，これを白夜という。また，白夜がみられる地域では，冬至の前後の時期に，太陽が１日中，地平線の上に昇らない日があり，そうした日は極夜と呼ばれる。南極付近でも，北極付近と同様の現象がみられる。

⑸　北半球では，低緯度地方から北上する海流が暖流，高緯度地方から南下する海流が寒流となっている。日本付近では，太平洋側の沖合を北上する黒潮(日本海流)と，東シナ海と日本海側の沖合を北上する対馬海流が暖流で，太平洋側の沖合を南下する親潮(千島海流)と，ロシアや北朝鮮の沿岸近くの日本海を南下するリマン海流が寒流である。

⑹　海面が海氷におおわれると，海水の熱が大気に伝わりにくくなって気温が下がったり，海面から蒸発する水蒸気の量が減って雲が発生しにくくなったりする。また，氷の方が水よりも温まりやすく冷めやすいので，夜の間に熱が宇宙空間へ逃げていきやすく(放射冷却という)，気温の下がり方が大きくなることが多い。

⑺　①　図１より，４℃のときに，水１ｇあたりの体積が最も小さくなる。したがって，このときに水$1cm^3$あたりの重さが最も大きくなる。　②　図１で，４℃のときの水１ｇあたりの体積は$1.00003cm^3$と読み取れる。　③　$1\div1.00003=0.999970\cdots$より，４℃のときの水$1cm^3$あたりの重さは0.99997ｇと求められる。

⑻　日本では，エルニーニョ現象が発生すると夏は冷夏，冬は暖冬になることが多く，ラニーニャ現象が発生すると夏は猛暑，冬は厳冬になることが多い。

4 光の進み方についての問題

⑴　光源の例としては，太陽や電球などがあげられる。

⑵　光源から出た光が物体に反射し，直進して目の中に入ってくることで，ヒトは物体の形や色がわかる。光は，直進する途中に鏡があるときには，その表面で反射して進む。また，ガラスや水など異なる物質の中にななめに入るときには，その境界で屈折して進む。

⑶　図１で，物体Ｂから出た光が鏡で反射して目に届くとき，光が反射する位置は，物体Ａから出た光が鏡で反射する位置よりも左側になる。そのため，入射角，反射角はどちらも30度より大きくなる。

(4)　鏡にうつる像は，鏡について線対称(たいしょう)な位置にできる。図１で，物体Ｃ，物体Ｄ，物体Ｅの像を鏡について線対称な位置にかき入れると，物体Ｃ，物体Ｄの像は鏡を通して見ることができるが，物体Ｅの像は鏡を通して見ることができない。

(5)　①　図４で，鏡１と鏡２は平行で，鏡１での入射角，反射角は30度なので，鏡２での入射角，反射角も30度である。よって，角度ａは，90－30＝60(度)と求められる。　②　鏡に１回反射させるたびに像の左右が反対になるので，図２のように２枚の鏡で反射させると，像の左右が物体と同じ向きになる。したがって，図３の像の向きと同じ向きのイが選べる。

(6)　図４で，鏡２をＯ点を軸として10度傾けると，鏡２での入射角が10度大きくなるので，反射角も10度大きくなる。そのため，目の位置を図４の位置からＯ点を軸として，10＋10＝20(度)ずらせば，鏡２に物体の像を見ることができる。

(7)　太陽から地球に届く光は平行光線である。また，凸(とつ)レンズに入射する平行光線は，屈折してしょう点に集まる。よって，解答の図のようになる。

(8)　しょう点距離(きょり)と凸レンズの半径の比は，12：(８÷２)＝３：１なので，図８のスクリーンにうつる光の半径が３cmのとき，しょう点からスクリーンまでの距離は，$3\times\frac{3}{1}=9$ (cm)とわかる。したがって，凸レンズを図７の状態から左向きに９cm動かしたと考えられる。

(9)　スクリーンにうつる円が小さくなるほど，光がせまい面積に集中して明るくなるだけでなく，熱も集中して温度が上がる。

国　語　＜４教科入試＞（45分）＜満点：100点＞

解　答

□一　**問１**　①～⑤　下記を参照のこと。　⑥　す(る)　⑦　じきでん　⑧　ぞうきばやし　⑨　たも(つ)　⑩　お(る)　**問２**　(1)　(国籍の)多様化　(2)　イ　(3)　ベトナム　(4)　9　**問３**　(1)　イ　(2)　ウ　□二　**問１**　ウ　**問２**　(例)　人をまとめる力があり，成績優秀で文章もうまいから。　**問３**　イ　**問４**　ａ　ア　ｂ　エ　ｃ　ア　ｄ　エ　**問５**　①　一期一会　②　優柔不断　**問６**　(例)　自分の間違いを指摘しなかった春希を友だちとは思えなくなっていたが，いちごっこに投稿された詩を読んで，春希の謝罪を受け入れることができた。　□三　**問１**　ａ　**問２**　ア　**問３**　(例)　先人の発明をいかし後世の人が高度な機械をつくったように，人間には世代を超えて知識を伝え文化を蓄積する力があるということ。　**問４**　ウ　**問５**　イ　**問６**　重要な問題を解き明かす鍵　**問７**　エ

●漢字の書き取り

□一　問１　①　練(り)　②　祝福　③　温暖　④　鉄橋　⑤　郵便

解　説

□一　漢字の書き取りと読み，資料の読み取り

問１　①　音読みは「レン」で，「練習」などの熟語がある。　②　幸福を祝うこと。　③　気候があたたかく，おだやかなようす。　④　鉄でできた橋。　⑤　手紙や小包などの荷物を，あて名の人のところに届ける仕事。　⑥　音読みは「サツ」で，「印刷」などの熟語がある。

⑦　直接に伝授されること。　⑧　いろいろな種類の木が入りまじって生えている林。　⑨　音読みは「ホ」で，「保持」などの熟語がある。　⑩　音読みは「ショク」「シキ」で，「織機」「組織」などの熟語がある。

問２　⑴　続く文章の最初の一文に「日本に住む外国人の数は，ほぼ毎年増えていて」とあり，その直後の一文には「また，日本に住む外国人の国籍の多様化が進んでいます」とある。よって，これら二つの内容が一目でわかる見出しにするため，Ａには「(国籍の)多様化」を入れるのがよい。
⑵　資料１で，在留外国人(総数)は1988年が約91万人，2019年が約293万人となっているので，約30年間で約３倍に増えている。　⑶　資料１，資料２のどちらでも，2019年時点での在留外国人の国籍は，多い順に中国，韓国，ベトナム，フィリピン，ブラジルとなっている。よって，Ｃには「ベトナム」が入る。　⑷　資料２によると，在留外国人の上位10の国籍・地域の公用語は，中国語，韓国語，ベトナム語，フィリピノ語，英語，ポルトガル語，ネパール語，インドネシア語，タイ語の「９」言語である。

問３　⑴　資料１のポイント３に「難しい言葉は，簡単な言葉に言い換える」とあるので，「参加費」を“参加するときにはらうお金”，「無料」を“お金はいらない”という形にしたイがよい。なお，アはポイント４の「外来語(カタカナ語)」にあたる「フリー」を，ウはポイント５の「曖昧な表現」にあたる「けっこう」を使っているので，ふさわしくない。　⑵　資料１のポイント４をふまえて「キャンセルします」を「やめます」と言い換えたウがよい。なお，アの「固辞」は難しい言葉なのでポイント３に，イは曖昧な表現なのでポイント５に反している。

二　**出典は小手鞠るいの『文豪中学生日記』による。**詩を書くことが好きで文芸クラブ部長を務める「ボク」(春希)が，日記に書いた憂鬱について取り上げている。

問１　直前に，「あっさりと，深い考えもなく」という，たやすいようすを表す表現がある。ぼう線部①はこれをたとえたものなので，簡単でたやすいようすをいうウが選べる。

問２　ぼう線部②の理由は，二つ前の段落で説明されている。「人をまとめていく力を持っている」，「成績優秀な子だ」，「文章もうまい」など，「われらが文芸クラブを引っぱっていく部長」としての資質を中心にまとめる。

問３　田山の「ボク」宛てのメールに「田山のボクに対する怨みがるいるいと，涙ながらに，綴られていた」とあるので，「ボク」の行為を責めているイがあてはまる。

問４　ａ～ｄ　「田山に論理は通用しない。『理由もなく悲しい』と言って泣く」とあるので，田山の人がらを表すｃには「感情」がふさわしい。一方，このような田山に対して「あれは田山の問題であって，ボクの問題ではないのではないか」という「ボク」の態度を表すｄには「理性」が合う。また，田山とは対照的な，「ボクが理由を説明すれば納得する」であろう山田について述べたａとｂをふくむ一文は，「なぜなら山田は，感情じゃなくて，理性の人だからだ」とするのがよい。

問５　①　親友Ａが「いっきいっかい」と読んだのは，「一期一会」(一生に一度しかない出会い)である。　②　「あのときすぐに，ボクはその間違いを指摘してあげるべきだったのに，それをしなかった」と「ボク」は悔やんでいるので，決断力のないようすを表す「優柔不断」がぬき出せる。

問６　友人Ａは，自分の間違いを指摘しなかった「ボク」に対して，「あとで謝らなくてはならないとわかっていることを友だちならしない」と腹を立てていた。しかし，いちごっこに投稿された

「ボク」の詩を読んで，「きっと私のために書かれた詩だと思う」と書くことで，「ボク」の謝罪を受け入れている。

三　出典はイアン・レズリー著，須川綾子訳の『子どもは40000回質問する―あなたの人生を創る「好奇心」の驚くべき力』による。人間の持つ特性としての文化や好奇心について述べている。

問１　もどす一文の内容から，直前の部分では人間の順応性の高さについて述べられていると推測できる。よって，人間が「どこに移り住んでもその場に適した住環境をつくり，うまく生き延びる方法を考え出した」ことについて説明している最初の段落の直後のａがよい。

問２　直前の内容から，「水平的学習」とは「仲間から学ぶこと」だとわかる。よって，「友人」から学んでいるアが選べる。なお，ア以外は，「いとこのお姉さん」，「偉人」，「祖父」，「上級生たち」から学んでいるので，「親や年長者から学ぶこと」と説明されている「垂直的学習」にあたる。

問３　ぼう線部②は，人間が行う「発明」の，「知識は知識の上に，アイディアはアイディアの上に積み重ねられてゆく」という特徴を説明している例である。「積み重ね」を可能にしているのが「世代を超えて知識を伝えられる能力」と「文化を蓄積する能力」であることをふまえてまとめる。

問４　「これら」とあるので，直前の部分に注目する。同じ段落の最初の三文では，「何も知らないこと」について述べられている。また，「反対に」で始まる四つ目の文では，「何も知らないこと」とは対照的な位置づけの「すでに知り尽くしているという自負がある事柄」について述べられている。よって，ウがふさわしい。

問５　問４をふまえたうえで考える。「好奇心の領域」は，「学習の最近接領域」とよばれるもので，「これら二つの領域の中間」，つまり，「何も知らないこと」と「すでに知り尽くしているという自負がある事柄」の中間にある。よって，知識の少ないところと多いところが低く，中くらいのところが高くなっているイがよい。

問６　最後の段落であげられている「実験例」の「最初の設定条件」と「次の設定条件」が，「新しい情報を得ても，既存の知識にほんの少し上乗せになるだけのこともあれば，それが重要な問題を解き明かす鍵になることもある」ことを示すためのものであることに注意する。ぼう線部④は「次の設定条件」についてのものなので，「重要な問題を解き明かす鍵」がぬき出せる。

問７　Ⓐでは，人間は「文化的な生き物」で，「好奇心」を持つからこそ発展してきたと述べられている。Ⓑでは，「好奇心」について，その領域や何によって高まるかといった，よりくわしい分析が行われている。したがって，エがあてはまる。

Memo

2023年度 湘南白百合学園中学校

※この試験は，算数・国語のいずれかを選択します。

【算　数】〈１教科入試〉（60分）〈満点：100点〉

〈編集部注：実際の入試問題では，**3**のグラフと文字の一部はカラー印刷です。〉

1　次の □ にあてはまる数を入れなさい。（６）には記号を入れなさい。

（１）　$9-\frac{11}{15}\times\frac{45}{77}\div1.125\times0.7=$ □

（２）　$\left\{\left(1\frac{1}{7}+0.8\right)\div\square\times1.25-0.375\right\}\times\frac{4}{13}=2\frac{1}{2}$

（３）　４日４時間２０分÷２時間５２分　＝ □

（４）　２０２３年に桜さんが４才、お母さんが２８才になるとき、桜さんの年齢がお母さんの年齢の $\frac{1}{3}$ 倍になるのは □ 年です。

（５）　学校の校庭を修理するのに、６人で１５日かかるという仕事があります。６人で７日間修理をしたところで、あとの５日間で修理を終えなければならなくなりました。あとの５日間を１日に最低 □ 人で修理をすれば間に合います。ただし、１日に同じ人数で修理を行うこととします。

（６）　ある規則で下に段々と記号を並べています。このとき６２段目の左端の記号は［（ア）］で、右端の記号は［（イ）］です。

１段目　○
２段目　●　□
３段目　■　△　▲
４段目　○　●　□　■
５段目　△　▲　○　●　□
⋮

（７）　ある数に８をたして１２で割るところ、あやまってある数を１２で割って８をたしたので、答えが３３$\frac{1}{3}$となりました。正しい計算をすると答えは［　　　］になります。

（８）　４％の食塩水１９５ｇに８％の食塩水を［　　　］ｇ混ぜたところ、５％の食塩水ができました。

（９）　１万円札と５千円札と千円札が合わせて２０枚あり、合計金額は１０万円です。お札は３種類とも１枚以上使われていて、千円札は１０枚未満です。このとき、５千円札は［　　　］枚あります。

（10）　白い大きな正三角形があります。白い正三角形のそれぞれの辺の真ん中の点をつないで出来た正三角形を黒くぬると図１（１回目）のようになります。同じように白い正三角形の辺の真ん中の点をつないで出来た正三角形を黒くぬることを続けると図２（２回目）、図３（３回目）のようになります。これを繰り返したとき６回目に現れる白と黒の三角形の個数の比は、
［（ア）］：［（イ）］です。ただし、最も簡単な整数の比で答えなさい。

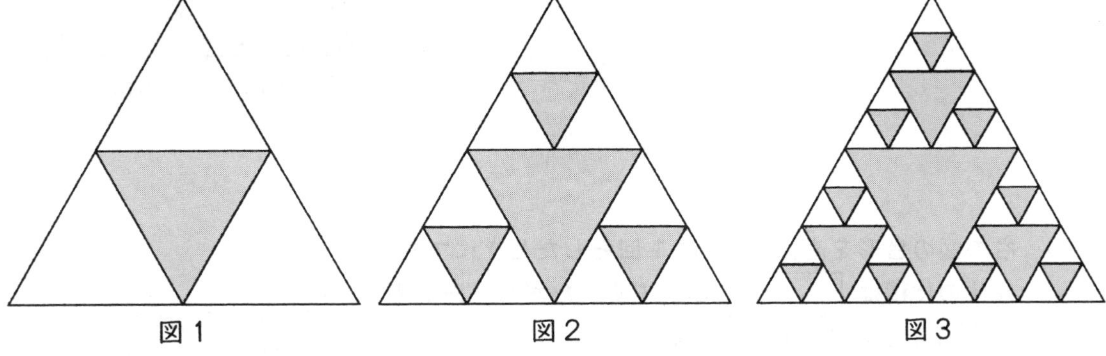

図１　図２　図３

（11）　姉は妹の３倍のおこづかいをもっています。姉と妹は２人でお金を出しあって２０００円の本を買い、残ったお金を一緒にしてそれぞれ半分ずつ分けたところ、姉の所持金は初めのおこづかいの半分になりました。このとき、姉は最初におこづかいを［　　］円もっていました。ただし、消費税については考えないものとします。

（12）　長さ１５０ｍの特急列車の先頭がトンネルに入り始めてから列車が完全に出るまでに４０秒かかります。長さ２５０ｍの普通列車の先頭がトンネルに入り始めてから列車が完全に出るまでに９０秒かかります。ただし、普通列車の速さは、特急列車の速さの半分です。この特急列車の速さは時速［（ア）］ｋｍ、トンネルの長さは［（イ）］ｍです。

（１３）　右の図はＯを中心とする円の一部です。右の図の色のついた部分の面積は［　　　］cm²です。ただし、点Ｂ、ＣはＡからＤまでを３等分した点です。また、円周率は３.１４として計算しなさい。

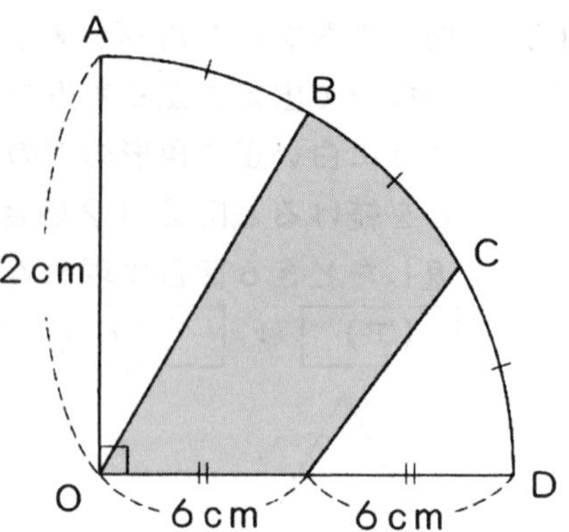

（１４）　右の図の台形を直線ℓを軸に１回転したときにできる立体の体積は［　　　］cm³です。ただし、円周率は３.１４として計算しなさい。

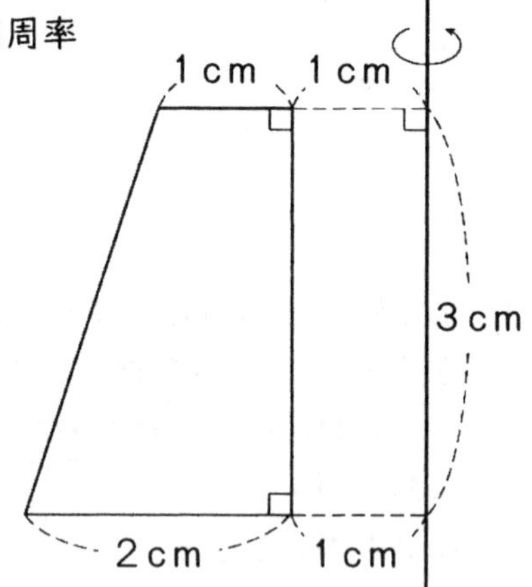

2 次の文章は、先生と生徒２人の授業中の会話です。下の黒板の板書も参考にしながら、会話文中の①～③にあてはまる言葉を、下の［　　　］から選んで、記号ア～ケで答えなさい。同じ記号を何回使ってもかまいません。
また、会話文中の（Ａ）、（Ｂ）には、あてはまる数字を答えなさい。

ア．底面の円の半径	イ．底面の円の直径	ウ．底面の円の面積
エ．底面の円の円周の長さ	オ．円周率	カ．おうぎ形の中心角
キ．おうぎ形の面積	ク．おうぎ形の半径	ケ．おうぎ形の弧の長さ

黒板の板書

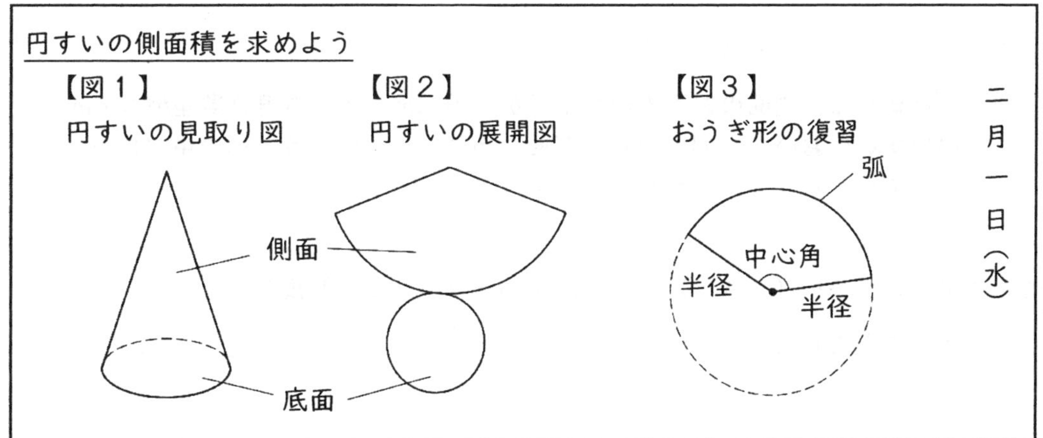

先　　　生：今日は、円すいの側面の面積（側面積）について勉強します。円すいの見取り図は【図１】ですが、展開図が【図２】のようになるのはわかりますか？

桜　子さん：はい。展開図を組み立てると、おうぎ形の曲線部分の長さは、底面の円の円周の長さと同じになります。

先　　　生：そうですね。【図３】でおうぎ形の復習をすると、おうぎ形の曲線の部分を『弧（こ）』といいます。そして２つの半径のつくる角が『中心角』でした。では、円すいの側面になるおうぎ形の面積の求め方を考えましょう。

百合子さん：１つの円では、おうぎ形の面積は、中心角に比例するから……

桜　子さん：おうぎ形の面積は中心角がわかれば計算できるわ。

百合子さん：そうね。おうぎ形の面積は、

$$(\text{おうぎ形の半径}) \times (\quad ① \quad) \times (\text{円周率}) \times \frac{(\quad ② \quad)}{360°}$$

で求められるわ。

先　　　生：その通りです。他にも、おうぎ形の面積を、

$$\frac{1}{2}\times（おうぎ形の弧の長さ）\times（おうぎ形の半径）\cdots\cdots\cdots\cdots Ⓐ$$

で求めることもできるのですよ。

桜　子さん：ちょっと待って。最初におうぎ形の弧の長さは底面の円の円周の長さと同じと言ったじゃない。先生がおっしゃったⒶ式の、（おうぎ形の弧の長さ）の部分を（底面の円の円周の長さ）におきかえることができるわ。そしたら……

（円すいの側面積）＝（　③　）×（おうぎ形の半径）×（円周率）

という式ができるわ。

先　　　生：すばらしい、その通りです。

では皆さん、側面のおうぎ形の半径が１８cm、底面の円の半径が６cmの円すいにおいて、側面のおうぎ形の面積と、そのおうぎ形の中心角を求めてみてください。ただし、円周率は３.１４とします。
桜子さん、できましたか？

桜　子さん：はい。面積が（　A　）cm^2で、中心角は（　B　）度です。

先　　　生：よくできました。

3　あるクラスには３０人の生徒がいます。下の表１は、このクラスで実施した体力テストの『立ち幅跳び（横軸）とハンドボール投げ（縦軸）』のデータ（記録）です。空らんは０人とします。次の問いに答えなさい。

表１：体力テストの結果

ハンドボール（m以上－m未満）

5	30－35				1人	1人	
4	25－30	1人	4人	**人**	2人		
3	20－25	2人	4人	5人		1人	
2	15－20		2人	1人	1人		
1	10－15		1人	1人			
		130 - 140	140 - 150	150 - 160	160 - 170	170 - 180	立ち幅跳び
		1	2	3	4	5	（cm以上－cm未満）

〈編集部注：表の外側の数字１～５は赤字で示されています。〉

（1）　表１の太枠に入る人数を求めなさい。

（２） 立ち幅跳びのデータを柱状グラフ（ヒストグラム）にしたとき、正しいものを記号で選びなさい。

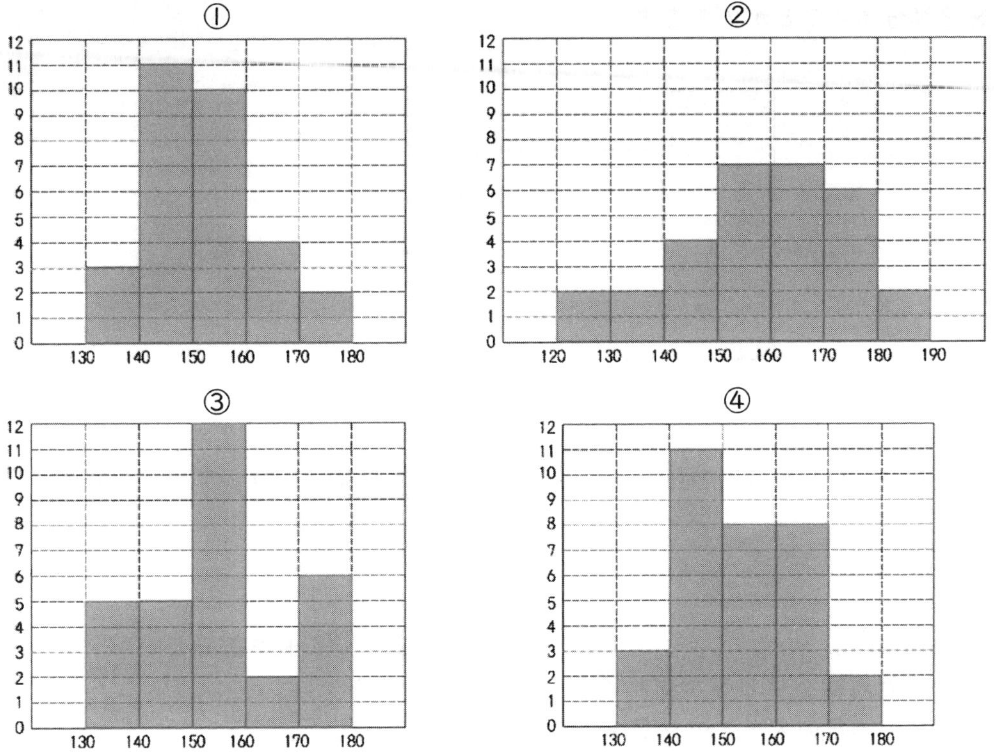

それぞれの記録ごとに赤字１～５のポイントが全員に与えられます。

（３） このクラスの立ち幅跳びのポイントの平均値を求めなさい。

（４） 立ち幅跳びとハンドボール投げのポイントが、両方とも平均値を超えている人の人数を求めなさい。

１週間後に再び立ち幅跳びとハンドボール投げのテストをしたところ、立ち幅跳びはだれもポイントアップしませんでしたが、ハンドボール投げは前回１ポイントの人と２ポイントの人がそれぞれ１ポイントアップする結果となりました。

（５） ２回目のハンドボール投げのポイントの平均値を求めなさい。

4 次の図形は合同ではない２つの長方形を組み合わせた図形です。この図形は長方形のもつある特ちょうのため、図形の各辺の長さがわからなくても一本の直線で面積を２等分することができます。

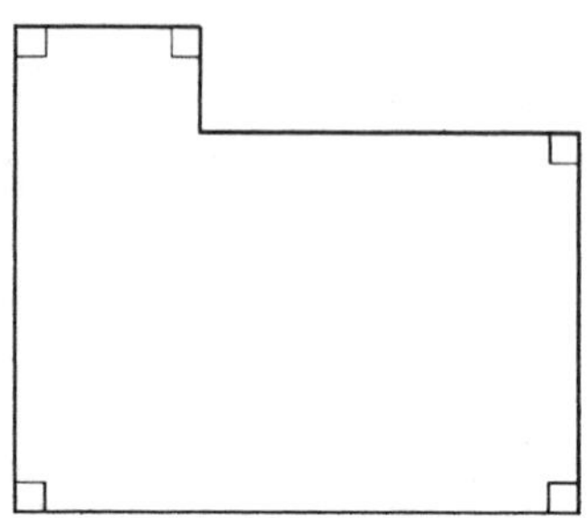

（１） 次の選択肢の中から長方形の特ちょうとして**当てはまらない**ものを１つ記号で選びなさい。

【選択肢】

① 線対称な図形
② ２つの対角線の長さが等しい
③ ２つの対角線が９０度で交わる
④ 点対称な図形
⑤ すべての内角の大きさが９０度

（２） 上の図形の面積を２等分する直線を一本書きなさい。また、その直線がなぜ面積を２等分するのかを詳しく説明しなさい。ただし、説明する際には図などを用いてもかまいません。面積を２等分する直線を書くために使った（書いた）補助線は消さずに残しておきなさい。

問十 ――線部⑦「この人間理解にはゴールがない」とありますが、そう言えるのはどうしてですか。筆者の考え方とは**異なるもの**を次から一つ選び、記号で答えなさい。

ア 人間の存在について考えることは、重要で難しい問題であるばかりでなく、科学技術や社会の変化に応じて、「人間」とは何であるかということも変化していくから。

イ 例えば魂や命について考えた場合、脳がコンピュータとつながった状態をどう捉えるかなど、人間にとっての「生」のあり方や考え方は変化していく可能性があるから。

ウ 将来の夢や生きる目的が何であるのかという問題は、様々に変化するものであるので、だれもが常に明確な答えを出せるものではないから。

エ 人間の定義は何であるのかという問題は、科学技術の進歩や社会の変化に伴い変わり続けているため、ただ疑問が膨らむだけで有益ではないから。

問十一 「 」の文章に述べられている筆者の考え方として、正しいものは「○」で、正しくないものは「×」で答えなさい。なお、すべて同じ答えにしてはいけません。

ア 筆者は、幸せとは相対的な価値観によるものであるため、人間の未来が確実に人間にとって幸せであるかどうかは、人間が今後どのように感覚器官や脳の機能を発展させることができるかに大きく関わっていると考えている。

イ 筆者は、人は科学技術を発展させることで膨大な情報が扱えたり、輸送機器を発展させ速く遠くまで移動することが可能になったり、また人工義肢や人工臓器などによって完全な肉体を持つことができるようになったりしたと考えている。

ウ 筆者は、未来を考える上で大切なことは、複数の価値観を受け入れる多様性を拡張させていくことであり、科学技術を取りこみながら、その多様性を増し進化させていくことに可能性があると考えている。

エ 筆者は、人間として生きることの意味は変化していくものであるかもしれないが、そうありたいと願う未来を考えながら、人間の可能性を探り、理解しようとすることそのものにあると考えている。

オ 筆者は、ロボットの技術を発展させた未来は人間にとって完全な肉体を必要としない幸福をもたらし、福祉の充実と可能性が拡張していけるので、ロボットと人間が有機的に結合していくことが望ましいと考えている。

（2）では「勘違い」をせずに、どのようなことが必要であると言えるでしょうか。最もふさわしいものを次から選び、記号で答えなさい。

ア　平安時代が今と比べて不幸であったわけではなかったことを改めて検証し、これからの未来を築いていくには、過去の歴史に目を向け、相対的な考え方を大切にしていくことが必要である。

イ　人間の幸せや心の仕組みを考えながら、未来にはどのような価値が社会に生まれてくるのかを予測する能力を高め、少しでも今まで以上に幸せな生活にしていくことが必要である。

ウ　未来が幸せになるとは限らないが、将来がどのようになるかを考えていく中で、自分のなすべきことを考え、生きる意味を感じながら生きていくことが必要である。

エ　これからの未来が幸せになるわけではないという事実から目をそむけず、人間は動物よりももろく簡単に生きる力を失ってしまうという前提に立つことが何よりも必要である。

問九　――線部⑥「自分が思い描いた未来である『ロボット社会』」とありますが、筆者が思い描くのはどのような社会ですか。最もふさわしいものを次から選び、記号で答えなさい。

ア　人間についての深い知識を記憶（きおく）させて開発したロボットが、社会の変化に伴いながら、無自覚の人間に向けて人はなぜ存在するのかを教えてくれる社会。

イ　多くのロボットが人間の能力だけでは取り組むことができない場面や分野で活躍し、あくまでも人間の補佐的役割を担っていける社会。

ウ　人間が備える脳の機能や身体的能力の仕組みを人間から多くを学び取り反映されたロボットが、自立した意思を持って存在していける社会。

エ　人間そのものが反映されたロボットが身近で活躍し、人間とはどのようなものであるのかという存在意義を考えることができる社会。

問七　――線部④「そういった心と同じようなもの」とありますが、どういうことですか。その説明として最もふさわしいものを次から選び、記号で答えなさい。

ア　心と同様に魂や命も、それがどのようなものであるかを判然と定義することはできないが、人間にはとても重要なものであり、その存在はお互いの関係の中で感じられるものであるということ。

イ　心と同じように魂や命が自分自身に存在しているかどうかを確信することはできないが、他者にあると感じることは間違いないので、その仕組みを解明することで心を解明することができるということ。

ウ　生と死の境界がどこにあるのかが曖昧のままである魂や命はその定義も判然としないが、今後研究を重ねていけば、心と同じように魂や命を持つロボットを開発することができるということ。

エ　魂や命は人間に存在するものであり、事故や病気など何らかの要因によって機能が停止すれば死にいたるものであるが、心も人間の生死にかかわる点で同じであるということ。

問八　――線部⑤「勘違いしてはいけない」とありますが、

（１）筆者はなぜこのように言うのですか。最もふさわしいものを次から選び、記号で答えなさい。

ア　何も考えずに未来には必ず幸せがやってくるものと信じてしまうと、人間が引き起こしてしまった過去の失敗を簡単に忘れてしまい、正しい歴史認識ができなくなってしまうおそれがあるから。

イ　未来が今よりも幸せになるかどうかは、相対的な価値観によって変わるものであるのに、そのことを十分に考えることなく幸せは必ず到来するものであると思ってしまうおそれがあるから。

ウ　幸せとは相対的な価値観でその感じ方が変わるものであるので、幸せがずっと続けば当たり前となるが、不幸が続いてしまうと人は生きるのが難しくなってしまうおそれがあるから。

エ　本来人間は多くの動物たちと同じように何か特別な目的のために生きているわけではないのに、悲しい性のせいで、今自分が生きている意味を考えて生きようとしてしまうおそれがあるから。

問四　[1]・[4]にあてはまる言葉として最もふさわしいものを次から選び、それぞれ記号で答えなさい。

ア　そして　　イ　また　　ウ　むろん　　エ　つまり
オ　すなわち　　カ　ただ　　キ　いわば

問五　――線部③「人に心を感じるという神経回路がある」とありますが、人間にこのような神経回路があることでもたらされることはどのようなことですか。最もふさわしいものを次から選び、記号で答えなさい。

ア　人間どうしお互いに様々な意見や考えを分かち合うことができる中で、適切な関係を作り上げることが可能であること。
イ　夕日を見たときに感動するように、美に対する反応が細やかになり、社会生活で重要な美的感覚を築くことが可能であること。
ウ　社会生活全般にかかわる入力情報と出力情報の結びつきに作用するため、健康的で躍動(やくどう)的な人生を歩むことが可能であること。
エ　現象的意識やクオリアが生み出されることに関係し、自分は他者から愛されているという幸福感を得ることが可能であること。

問六　[2]・[3]にあてはまる言葉として最もふさわしい組み合わせを次から選び、記号で答えなさい。

ア　2－表情や動作　　3－経験
イ　2－言葉や表情　　3－ディープラーニング
ウ　2－魂(たましい)や命　　3－遺伝
エ　2－思考や意識　　3－人間関係
オ　2－発話や動作　　3－神経回路

(２)筆者がこう考えたのは、アンドロイド演劇がどのような様子だったからだと想像できますか。最もふさわしいものを次から選び、記号で答えなさい。

ア　演劇に出演するアンドロイドが人間の役者に向かって、「友達になれてうれしい」と語った。

イ　演劇に出演するアンドロイドが読み上げる詩の朗読に、多くの観客が心を動かして涙を流した。

ウ　演劇に出演する人間の役者がアンドロイドの歌う表現にあわせて、感情豊かに歌い返した。

エ　演劇に出演する人間の役者が公演ごとに演技を変えても、アンドロイドは的確に役を演じた。

問三　――線部②「相手に心があると互いに感じることができる」とありますが、

(１)このことについての説明として、最もふさわしいものを次から選び、記号で答えなさい。

ア　筆者は、私たち人間はそれぞれ自分に心があるかどうかをはっきり意識して生活しているわけではないのだろうと、自身の体験をもとに結論づけている。

イ　筆者は、私たち人間は自分自身に心が存在しているように感じているが、じつは錯覚であるのにそのことに気がついていないのだという証拠を述べている。

ウ　筆者は、私たち人間はある種の条件を満たせば、関わり合う相手に思いを届けることができる心の仕組みがあるのではないだろうかという仮説を述べている。

エ　筆者は、私たち人間はお互いの関係で相手の心の存在を認め合うから、自分自身にも心があるように思えているのではないだろうかと推論している。

(２)このことの具体例として考えられる最もふさわしいものを次から選び、記号で答えなさい。

ア　公演途中で私はチェロの音を外してしまいとても悲しかったが、他のメンバーは私のミスを補いながら高い技術力で演奏を終えた。

イ　友達のゆりさんから「誕生日おめでとう！」と言葉をかけられ、その優しい気持ちがうれしくて、ありがとうと笑顔でこたえた。

ウ　「ハイ、メルセデス」とクルマに呼びかけ駅の名を告げると、すぐに道案内をしてくれたので、その便利な機能にわくわくした。

エ　藤沢市で募集していた湘南海岸の清掃ボランティアに妹と参加してみたが、その有意義な活動に私は充実した気持ちになった。

人間は「完全な肉体」を持つことが必要かと問われれば、今はYESという人はほとんどいないだろう。義手や義足、人工骨、人工臓器などを使っている人は、ますます増えている。技術は、人間の可能性を拡げ、多様性をもたらしてきているのである。

肉体が人間の要件にないなら、人間は未来においてさらに多様性を拡げる可能性がある。人間の肉体という制約に縛(しば)られずに、自由に身体や感覚器や脳の機能を拡張することができる。

このようにして、私たち人間は科学技術を取り込みながら、多様性を増し、さらに進化していく。未来は幸せかどうか解からないが、いろいろな可能性に満ちていることは間違いなく、その可能性は科学技術によって、さらに拡張されていく。

どのような人間に進化したいのか、人間一人ひとりが思い描く未来のすべてが可能性としてある。多様性を生み出す科学技術を発展させながら、それぞれがなりたい未来の人間を思い描きながら、人間の可能性を探究し、人間を理解しようとしている。いまのところ、これが人間として生きることの意味だと思う。」

（石黒(いしぐろ)　浩(ひろし)『ロボットと人間　人とは何か』）

（注）＊1　クオリア……意識的、主観的に感じたり経験したりする「質」のことを指すと言われている。

＊2　ディープラーニング……データの特徴(とくちょう)をより深く学習し、複雑な処理ができるようになること。

問一　次の文は、本文中の［a］〜［d］のどこにあてはまりますか。記号で答えなさい。

人間は、人間と関わるための脳の機能や体を持っている。

問二　――線部①「その仕組みの問題ではない」とありますが、

(1) どういうことですか。最もふさわしいものを次から選び、記号で答えなさい。

ア　演劇では人間の役者が心をこめたセリフや行動をとれば、相手役のアンドロイドに心の仕組みがなくても思いは伝わるということ。

イ　心の仕組みがなくても、演劇に登場するアンドロイドのセリフや動きを人間が制御(せいぎょ)することで、演劇は成立するということ。

ウ　相手に心を感じるというのは、脳や体の中の感情や意識にかかわる複雑な仕組みに関係しているわけではないということ。

エ　心は自分と相手がお互いを思いやる発言や行動をしたときの空間に生じるもので、脳や体に存在するかどうかは問題ではないということ。

ただ、⑦この人間理解にはゴールがない。人間理解はほとんどの科学技術の目的であるように、最も難しく、最も重要な問題であるとともに、質が悪いのはこの問題の答えは常に変化するということである。

人間の「定義」は科学技術の進歩とともに、少しずつ変化してきた。今後も科学技術の進歩や社会の変化に伴い、その「定義」は変わっていく。それゆえ、理解したと思っても次の瞬間変化し、また疑問が膨らむ。それでも私たち人間は、人間理解をやめないだろうと思う。

未来は可能性に満ちている

「そうした人間の未来は、人間にとって幸せなものになるのだろうか。

先にも述べたように、幸せとは相対的な価値観であって、過去にも未来にも、幸せも不幸もある。幸せがずっと続けばそれは言わば当たり前になり、幸せでなくなる。ゆえに、未来において幸せは保証されない。

しかし、その中で、多様性は重要だと思う。

もし未来が一つだったら、それを幸せと思う人にとってはいいことだが、それも変化しなければ、幸せはすぐに薄れていく。未来がどうあるべきかと考えれば、いくつもの価値観を受け入れてくれる多様性があることだろうと思う。

多様性で思い出されるのは、動物や人間の進化である。未来に向けてよりよい形態に自らを変えていく進化は、未来を予測しているわけではなく、多様な個体をたくさん生み出し、そのうち偶然環境に適応したものだけが生き延びる。[4]、個体が学んだことが社会の中で引き継がれて、よりよい個体が生まれていくということもあるだろう。しかし、多様性を失ってしまっては、進化は難しい。

では、ロボットの技術は、ひいては科学技術一般は、未来において多様性を生み出すのだろうか。私の答えはYESである。

科学技術は特に人間について、その可能性をどんどん拡げてきた。[d]人間は科学技術を取り込むことによって、膨大な情報を扱えるようになり、また秀でた身体能力を持てるようになった。

スマートフォンを使えば、いつでもどこでも世界中に散らばる情報にアクセスできるとともに、自分の記憶能力を代行させることもできる。自動車や飛行機を使えば、走るよりもはるかに速く別の場所に移動できる。

今は、優れた人工義肢が開発され、身体能力はときに「健常者」を上回ることもある。パラリンピックの選手のプレイをみれば、その凄さに感動することも多い。

ロボットを通して人間を考える

⑥自分が思い描いた未来である「ロボット社会」を実現して、何をしたいのか。単にロボットがたくさん活躍する社会を創りたいのか。

そうではなく、私が創りたいロボット社会とは、ロボットとの関わりを通して人間について多くを学べる社会である。

人間と関わるロボットを開発するには、人間について深い知識が必要になる。そして開発したロボットと人間との関わりを観察すれば、そのロボットがどれほど人間に近づいたか知ることができる。

［ C ］ゆえに、人間と関わるロボットを実現するというのは、人間そのものをロボットの技術で創り上げるということでもある。

このように、私が創りたいロボット社会を実現するためには、人間について深く理解する必要があり、人間に対する深い興味がなければならない。

思い返せば、私自身、小さいころから気にかけていたのは、自分とは何か、人間とは何かという問題である。小学五年生くらいのときに、大人に「人の気持ちを考えなさい」と言われたことがある。そう言われて、何をどうしていいか解からず、逆にその意味を知っている大人はすごく偉いと思った。

「気持ち」とは何か、具体的にどんなものを指すのか。「考える」とは、どうすることなのか。単に記憶することでも、計算することでもないはずだ。

むろん、この小学五年生の疑問に対する答えは今も得られていない。「気持ち」や「考える」というものは、非常に理解が難しいことである。そしてもっと難しいのが「人」の理解である。「人の気持ちを考えなさい」とは何をどうすることなのか、今でも疑問のままに残っている。

しかし、この疑問こそが人間にとって最も重要な疑問なのだと思う。夢とは何か、生きる目的とは何か、そういったことがはっきりしないままに、目の前のことに取り組みながら生きてきた。ただ、小学五年生以来、人間や自分に関する様々な疑問が沸き起こっては、生活に紛れて消えることを繰り返していた。そして、そうした疑問が研究を続ける中で、徐々に明確になり、自分の解くべき問題、創るべき社会のイメージが明らかになってきた。

私が創りたい社会とは、自分を映し出し、人間とは何かを考えるヒントをたくさん与えてくれるロボットが身の周りで活動する社会、ロボットを通して自分たち人間の存在について深く考えることができる社会である。

この心に関する議論は、おそらく魂（たましい）や命にもあてはまる。魂や命も心と同様に、人間にとっては非常に重要で、多くの人がその存在を信じているが、実際にどのような仕組みが、魂や命を司（つかさど）っているのかは明らかになっていない。命でさえも、その定義はいまだに曖昧（あいまい）なままである。心臓死が死なのか？　脳死が死なのか？　脳死はどこまで脳が死ねば死なのか？　その脳がコンピュータと繋（つな）がっている場合はどうなのか？　命についても、生と死の境界について改めて考えると、それがいかに曖昧であるかが解かる。

心は、相手にあると感じるものであるという話しをしたが、魂や命も現時点では、④そういった心と同じようなものかもしれない。

（中略）

未来を考える力

私は研究者だが、研究者にとって、おそらく研究者以外の者にとっても、未来のことを考えることは大事である。しかし⑤勘違（かんちが）いしてはいけないのは、未来には必ず幸せがやってくると何も考えずに信じることだ。もし常に未来が幸せなら、過去は未来に比べて不幸だったのかということになる。平安時代は今に比べてものすごく不幸だったのだろうか？　決してそんなことはない。

幸せとは相対的な価値観であって、過去にも未来にも、幸せも不幸もある。幸せがずっと続けば、それは言わば当たり前になり、ときには幸せでなくなるとともに、少しの不幸が大きな不幸に感じるようにもなる。

大事なことは、未来は幸せにならないかもしれないけれど、それでも未来に向かって人間は生きていくということである。そうなると、人間は幸せになるために生きているのではなく、何か別の目的があるか、目的のないままに生きていることになる。何の目的もなく、ただひたすらに生きる。本来人間はそうした生き物だったに違いない。動物を見れば、ただひたすらに生きているように見える。しかし、未来を予測する力を持った人間にとって、未来を考えずに今をただひたすらに生きるということは、もはや難しい。未来について考え、そこから今自分がすべきことを考えることで、今自分が生きる意味を感じながら生きることができる。

未来を考える力を持ったがゆえに、未来について期待が持てなくなったとき、人間は動物よりももろく、生きる力を失ってしまう。そこに人間の悲しい性（さが）があるように思う。

（中略）

アと呼ばれることがある。この現象的意識は、どのような仕組みで作られているのであろうか。少なくともそれは脳の機能であって、神経回路で構成されているものであることは間違(まちが)いないだろう。ならば、あとは、その神経回路をコンピュータで再現することができれば、ロボットは現象的意識を持ち、相手に心を感じることができるようになる。

この現象的意識を作り出す神経回路は、近年盛んに研究されている＊2ディープラーニングで再現できる可能性がある。

夕日に感動したり、相手に心を感じたりするということは、人間が人間社会で生きてゆくうえで、非常に重要なことである。だからこそ、人と美しいものを共有したり、共感したり、適切な人間関係を築くことができる。 b

このような機能を、人間は長い進化の過程で獲得(かくとく)してきた可能性がある。多くの経験から、夕日を見たら感動し、人間には心を感じるという神経回路はまさに、ディープラーニングで人工的な神経回路が、入力情報と出力情報を結びつけるのと同様に、学習してきたのではないだろうか。その理由は、考えてみても解からない。でも感じてしまう。そのことはすなわち、

〈夕日を見たら感動し、③人に心を感じるという神経回路がある〉

ということを意味している。

現在、研究室ではこのような神経回路の構成をめざして、まずはきれいなものに反応する人工的な神経回路を構成することを試みている。あらゆるきれいな画像と、そうではない画像を入力して、何かを見たときに「きれいだ」と反応する神経回路をディープラーニングで造ろうとしている。人間の場合は、そのような神経回路が遺伝的にも引き継(つ)がれながら、また、生まれた後の経験も用いて、適切に反応するようにトレーニングされていると、私たちは考えている。

これまでの議論を踏(ふ)まえて、再度、心とは何かという質問に答えるなら、

〈心とは、その存在を互いの 2 を見て感じ合う、 3 によってもたらされるもの〉

ということになる。この仮説が正しいかどうかを確かめるには、実際にこの仮説にもとづいて心を持つロボットを開発し、そのロボットとの関わりで、人間が互いに心を持つと確信する必要があるのだが、そうした実験が近い将来できることを期待している。

三　次の文章を読んで、後の問いに答えなさい。（設問の都合上、本文を一部省略しています。）

《筆者はロボットの研究者である。様々な研究では、ロボットの一種であるアンドロイドが登場する演劇も活用している。》

心とは？

さて、では心とはいったい何であろうか？心の仕組みをいっさい持たないロボットやアンドロイドにも、演劇の中では、人間の役者に匹敵（ひってき）するか、または、それ以上の心を感じることができる。そうしたことから考えると、どうも心とは、①その仕組みの問題ではないようである。脳や体の中に仕組みがあるから、相手が心を感じるのではなく、

〈人間には相手の発話や行動から、相手に心があると感じるという機能がある〉

と考えたほうが、つじつまが合う。

人間どうしの関わりの場合、②相手に心があると互（たが）いに感じることができる。自分自身が心の機能を持っているか、自分の中に心があるかどうか解からないが、相手には心があるように感じられる。人間どうしの関わり合いでは、「あなたには心があるように思う」と互いに心の存在を認め合うことになり、それゆえに、自分自身に心があるように思えているのではないだろうか。［ａ］

こうなると、アンドロイド演劇を見て、アンドロイドの役者にも人間の役者にも心を感じ、アンドロイドの役者にも人間の役者にも、心があると考えてもよさそうである。

［１］、アンドロイドと人間の違（ちが）いは、アンドロイドは、人間に心があるように感じさせることができても、アンドロイド自身が人間との関わりを通して、人間に心があると感じることができないことである。

アンドロイドは演技として、人間との関わりにおいて、「人間のあなたの行動から、あなたに心があるように感じられます」と話させ、相手の人間に心の存在を感じさせることは可能である。しかし、アンドロイドが本当にそのように感じることは可能なのだろうか？

私は、近い将来、アンドロイドが人の発言や行動に心を感じるようになることは、可能になると想像している。

相手に心を感じる仕組みというのは、何か複雑な論理的な思考を巡（めぐ）らせて感じるものではなく、夕日を見て感動するように何か理由は解からないけれども、感動してしまうというようなものだと考えている。夕日を見て感動する人間の機能は、現象的意識や*1クオリ

ウ　対比型

＊登場人物の六花と伊澄の違(ちが)いは？

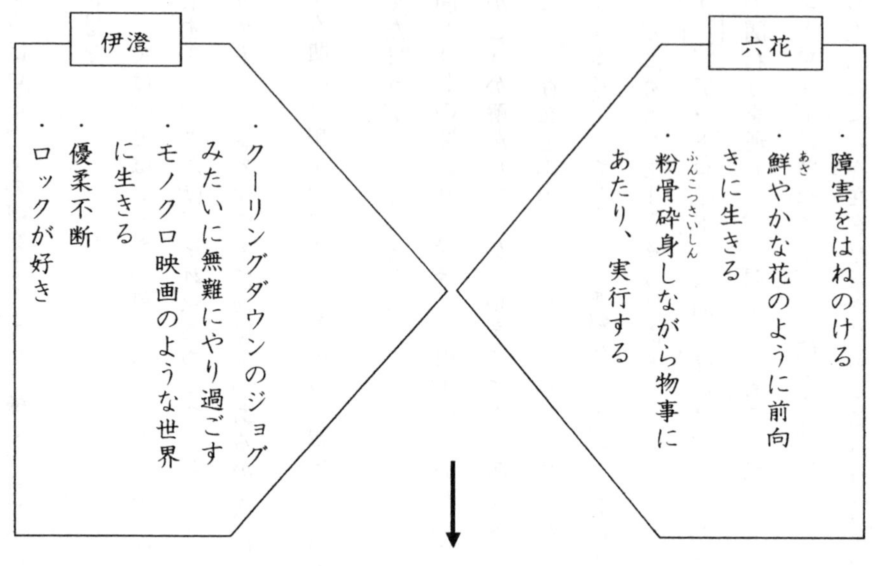

六花
・障害をはねのける
・鮮(あざ)やかな花のように前向きに生きる
・粉骨砕身(ふんこつさいしん)しながら物事にあたり、実行する
伊澄
・クーリングダウンのジョグみたいに無難にやり過ごす
・モノクロ映画のような世界に生きる
・優柔不断
・ロックが好き

切磋琢磨(せっさたくま)するよきライバルとして高校生活を過ごす

問八　この物語の読み取りを表したものとして、最もふさわしいものを次のア・イ・ウから選び、記号で答えなさい。

ア　変容型

＊登場人物の伊澄は、変わった？

【伊澄の心をイメージする色】

高校入学　モノクロ　・無難に過ごす

↓　中学でのけががきっかけ

出会い　・車いすユーザーの六花　純真で前向きな姿

↓

現在　カラフル　・六花の姿に感化され、物事への新たな視点を得る

イ　ベン図型

＊登場人物の六花と伊澄の共通点は？

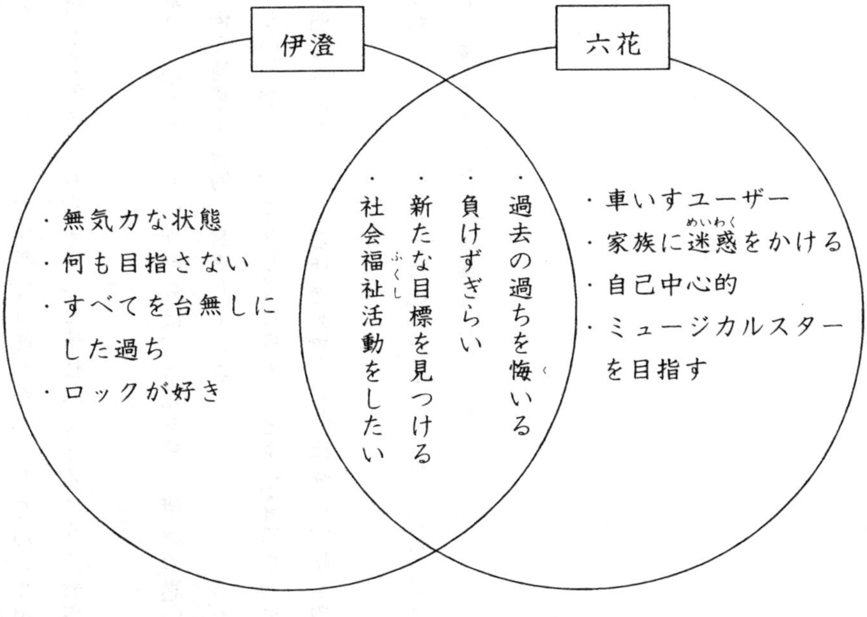

伊澄
・無気力な状態
・何も目指さない
・すべてを台無しにした過ち
・ロックが好き

共通点
・過去の過ちを悔いる
・負けずぎらい
・新たな目標を見つける
・社会福祉活動をしたい

六花
・車いすユーザー
・家族に迷惑をかける
・自己中心的
・ミュージカルスターを目指す

問七　この物語の表現や内容の説明として、ふさわしくないものを次から一つ選び、記号で答えなさい。

ア　━━線部ⓐ「微苦笑」や、ⓒ「眉根をよせる」や、ⓔ「斜に構える」などの、日ごろ青少年では使わない言葉をあえて用いることで、大人に向かう時期の複雑な心情を持つ六花や伊澄に対して、読者が自分のことのように感情移入できるように表現している。

イ　━━線部ⓑ「六花の目が時間をかけて大きく見開かれて、水の膜を張り、ゆれた」という部分は、六花を思う伊澄の思いがじんわりと心に届き涙となりながらも、緩(ゆる)やかに瞳(ひとみ)を覆(おお)う様子として、繊細な情感を詩的に表現している。

ウ　━━線部ⓓ「頭の中に、胸の中に、名前のないまま咲いているもの」という部分は、どうして自分のことを親身になって考えてくれるのかがわからないと思っている六花に対して、明確な理屈(りくつ)では説明しきれないでいる伊澄の思いを、比喩(ひゆ)の一種を用いて表現している。

エ　伊澄の心中や会話で繰(く)り返される「扉(とびら)」の言葉は、同様に繰り返される「窓」の言葉と対比して用いられている。この「窓」の言葉は、自分や六花のこれからの夢や希望と深く関係のあるものとして置き換(か)えられて表現されている。

問六　――線部⑦「だけどそれは違うんだと、今は思う」とありますが、伊澄のこれまでの心情から「今」の心情への変化について、最もふさわしいものを次から選び、記号で答えなさい。

ア　これまでは高校入学から決めたようにあらゆることに本気にならず、自分が取り組んでいたことを台無しにする過ちをおこさないことを決意する思いだった。しかし、今は前向きな六花の姿に感化され、走る能力に代わる別の能力を夢中で探すことができれば、痛みを超えた先にある希望を手にできる思いでいる。

イ　これまでは百メートルのタイムもそこそこに出せるなど、健常者としての能力を最大限高めようとすることだけに目が向く思いだった。けれども、今は車いすユーザーとして障害のある人たちの日常生活の困難にも関心を持つことができるようになり、前よりも人間が好きになっていることを実感する思いでいる。

ウ　これまでは何かを失ったときの痛みを感じないように、何事も正面から向き合うことはせずに、流れに身を任せて生きていこうとする思いだった。しかし、今は何かに精いっぱい取り組んだことが報われず痛みを負うことになったとしても、本気で向き合うことの意味を必死で見出そうとする思いでいる。

エ　これまでは車いすユーザーの六花が経験し苦労してきた姿を知ることで、少しでもそばにいて助けてあげようとするなど、他者への愛を惜しまない思いだった。けれども、今は何かを失うことや傷つくことや痛むことを考える前に、自己をまず考えの中心に置き、できることに本気で取り組もうとする思いでいる。

問四　――線部⑤「彼女であり続けるための闘い」とありますが、「伊澄」が感心する「六花」の「闘い」として最もふさわしいものを次から選び、記号で答えなさい。

ア　理解を欠いた指摘に対して、感情的な非難で問題を解決することを目指し、自分の意思が正しく伝わり理解してもらえるように努力していること。

イ　不合理な考えによって自分の考えが正しく理解されないような場合は、相手の矛盾する点を指摘して、誤った理屈が立ちいかないように努力していること。

ウ　日々生活する中で、周囲の人たちが発する声をしっかり受け止め、自分が大切にしている思いや考えは二の次にするように努力していること。

エ　大切にするものや譲れないものが異なる人間どうしであっても、対立のままにせず少しでも認め合い、物事が少しずつでも良くなるように努力していること。

問五　――線部⑥「何年か前に公開されたミュージカル映画の歌」とありますが、六花と伊澄は、この曲をどのように聴いていますか。最もふさわしいものを次から選び、記号で答えなさい。

ア　六花は勇気が湧き何度も映画館へ足を運ぶほど元気であった日々を思い出し、懐かしむようにこの曲を聴いている。一方、伊澄はよく聴くロックの魅力とは異なるが、ミュージカル音楽のジャンルにも新たな魅力を感じ、好みにしようと聴いている。

イ　六花は車いすユーザーとして臆することなく自分らしい生き方をしようとする思いを、この曲に重ね合わせて聴いている。また、伊澄は懸命に人としての誇りを大切にしようとする純真な六花の姿を、この曲から見出して聴いている。

ウ　六花は車いすユーザーとして、日常生活で感じる暗い思いをはねのけてくれる誇り高い曲として聴いている。他方、伊澄も「青嵐強歩」の参加をめぐってもめていた問題を吹き飛ばす気持ちにさせる力強い曲調に喜びを感じて聴いている。

エ　六花は映画で描かれている者たちが誇り高く歌う姿に、ミュージカルを目指していた自分を反映させて聴いている。そして、伊澄はそんな六花が身体の障害を乗り越え、再びミュージカルを目指せることを高らかな気持ちで確信しながら聴いている。

問二　――線部②「六花に寄り添ってなぐさめる言葉をかけなければいけないのに、何ひとつ出てこない」の部分や、――線部③「何かを言わなければいけないと伊澄は口を開いたが、ただ息の音しか出てこなかった」の部分では、伊澄が六花に声をかけられないことが示されていますが、その理由として**ふさわしくないもの**を次から一つ選び、記号で答えなさい。

ア　六花が自分自身のことや周囲の人たちとの関係のことで苦しんでいる本質的な痛みを、伊澄は十分に理解できているわけではないと感じているから。

イ　六花が車いすユーザーにならなければならなかった苦しみを理解しつつも、伊澄は母親が家族として六花の繊細(せんさい)な気持ちを適切に受けとめてほしかったとも感じているから。

ウ　伊澄は六花が抱えている苦しい心情に寄り添う言葉をかけたいと思うが、その言葉は六花の心情からは遠く、むしろ六花を傷つけてしまわないかと恐れているから。

エ　伊澄は六花を理解しているつもりでいたが、実は表層上の理解にすぎないのではないかと思ったり、また六花を手助けするための行動に思い悩(なや)んだりしているから。

問三　――線部④「『私ぶっちゃけ、そういう人たちにどうしてあげたらいいのか、わかんないの』」とありますが、どういうことですか。最もふさわしいものを次から選び、記号で答えなさい。

ア　率直に言えば、車いすユーザーの障害者が健常者主体の行事に出場するのは迷惑(めいわく)になるので参加をやめてもらいたいが、どのような言葉で言えばいいかわからないということ。

イ　正直に言えば、様々な困難に向き合わざるを得ない人生に同情できると言う人の言葉は、うそがまぎれていることもあるので、判断できるかどうかわからないということ。

ウ　秘密をさらけ出して言うならば、他者への想像力には限界があり、実際に自分が体験していないつらいことはまるで理解することができなくてわからないということ。

エ　包み隠(かく)さずに言えば、障害を持った人たちの気持ちをそこなうことなく物事を考え対応していきたいが、その向き合い方がわからないということ。

綾峰高校に入学が決まった時に決めたのだ。これからは何にも本気にならないと。クーリングダウンのジョグみたいに、何も目指さず、適当に毎日を流して生きていこうと。そうすればもう、走ることにのめり込むあまりに全部を台無しにしたような過ちをくり返すことはない。

でもそれは結局のところ、もう傷つくのが嫌だったのだ。斜に構えて何もかもどうでもいいと言っていれば、いつか何かを失う時が来ても、たいした痛みを感じずにすむから。

⑦だけどそれは違うんだと、今は思う。どんなふうに生きたとしても、失うことからも、傷つくことからも、痛むことからも、たぶん逃げることはできない。

けれど、精いっぱいの力と誠意を尽くすことは、たとえ骨身に食いこむ痛みを負うことになっても、きっと何かを残す。それはすぐに目に見えて手にとることのできる結果ではないかもしれない。だがほんの少しだけ先に続く希望のようなものが残るはずだと、今は思う。

だから自分にできることをやってみよう。もう一度、本気で。

(『青春と読書2022年4月号』所収、阿部暁子「カラフル」)

問一 ――線部①「世界がいきなり裏返されたその日を思い出すように、六花は遠い目をした」とありますが、どういうことですか。最もふさわしいものを次から選び、記号で答えなさい。

ア 病気によって生活が大きく変化してしまったことで、思いがけない苦しみやいら立ち、また不安におそわれた思いを母親にぶつけてしまったが、その日々のことをひどく反省しているということ。

イ 病気によって車いす生活にならざるを得なくなってしまい悲しいことも続いたが、家族をはじめ、自分の身のまわりにいる多くの人たちに助けられてきたことに感謝の思いを感じているということ。

ウ 病気によって自力歩行ができなくなってしまい、それまでミュージカルスターになる夢のために努力してきた日々の生活が一変してしまったことへの思いをはせているということ。

エ 病気によって自力歩行ができなくなってしまう前の、ミュージカルスターを目指し、様々な技能の習得に努力しながら、学校の勉強にも励んでいた日々を懐かしんでいるということ。

伊澄が聴くのはたいていロックでミュージカルは守備範囲外なのだが、興味をひかれて「へー」と六花のイヤホンを見ていたら、六花が控えめに言った。

「……聴いてみる?」

さし出された片方のワイヤレスイヤホンと六花の顔を十秒くらい交互に見てしまってから、伊澄はそれを自分の左耳に差し込んだ。六花がスマホを操作すると、ピアノの前奏が始まった。きれいでピュアで、少し心もとなくすらある雰囲気。次に始まった女性の英語の歌声も、暗がりでささやくように儚げだった。

けれど次第に歌声はバックコーラスも加わって、高らかに、力強くなっていく。これが自分と何度もくり返しながら、普通からこぼれ落ちた人々が誇り高く行進していく姿が見えるようだった。歌声に耳をすましているだけで、自分も勇気を与えられる気分になる。

本当は、六花が心配でこっちの車両まで歩いてきたのだ。不安そうだったり、元気がないようだったら六花を励まそうと思っていた。ひとりじゃないから大丈夫だと言おうと思っていた。だけど、そんな必要はなかった。歌を聴きながら窓を見つめる六花は、真摯な横顔をしている。不安も恐れもあるのかもしれない。それでも六花はことさら力むこともなく、殺気立つわけでもなく、覚悟を決めた目をしている。

「……神様は扉を閉める時、別のどこかで窓を開けてくれるって」

まわりの乗客の耳障りにならない程度の声を出すと、六花がこちらに顔を向けた。イヤホンは片方ずつ分け合っているから、歌を聴きながらでもお互いの声は聞こえる。

「渡辺さんに聞いてから、俺も何か探そうって思ったんだ。中学までは俺の扉は走ることで、それは俺が自分でだめにしたけど、別のものがあるなら探してみようって、そう思って」

「……うん」

「まだ見つかったわけじゃないけど、とりあえず全部本気でやってみようって、今思った」

六花は、なんとか理解しようと努力はしたのだがやっぱりおまえの言うことがちっともわからない、という心情がものすごく伝わる表情を浮かべた。さすがはミュージカルスターになるために演技の勉強を積んできただけはある。

「意味がわからないよ」

「うん。わかんなくていい」

見送りに玄関まで出てきた六花は、小さな声で言った。明日の金曜日は祝日だから、次に学校が始まるのは五月初頭の月曜日だ。六花の表情は注射の順番待ちをしている子供みたいに不安と緊張をおびていたが、それでも、行くと言ったなら彼女は必ず来るだろう。

「わかった、待ってる」

だから伊澄も、それだけ答えた。それだけ答えたことがよかったみたいで、六花は少しやわらいだ表情でほほえんだ。

学校の授業では教えてもらえないことを知っていく。まったく違う人間と人間がともに暮らしていく時、そこにはどうしても、闘わなければいけない時が来るのだということを。

それは相手を論破して打ちのめして再起不能にさせるための闘いではない。

おまえはこうなのだろう、だからこうあるべきだろう、と自覚も悪意もなく押しつけられるものに、そうではないのだと声を上げる闘い。大事にするものも譲れないものもまるで違う人間同士が、たとえ心底理解し合うことはできなくとも、せめて認め合うための闘い。

扉を閉ざされ、それでも窓を探す彼女が、⑤彼女であり続けるための闘い。考えよう。そんな彼女に、自分は何をできるのか。

五月最初の月曜日。いつもの電車の四両目に乗りこんだ伊澄は、まだそれほど混雑していない車両の中を歩いて、一両目に移動した。車両の奥に設えられた車いす用スペースに、制服のブレザー姿の六花がいた。声をかけたが反応がなく、よく見てみると、ショートヘアーからのぞく耳にワイヤレスイヤホンがはまっていた。トン、と指で肩を軽く叩くと、ぱっと六花はふり向いて、左耳のイヤホンを外した。

「……おはよう」

「おはよ。何聴いてんの？」

「⑥何年か前に公開されたミュージカル映画の歌。聴いてると勇気が湧いてくる気がして、大好きなの。あんまり好きで、この曲聴くために十回も映画館行ったの」

「へー……どんな曲？」

「ちょっと『普通』から外れた、はみだし者の人たちが、自分をつらぬくために歌う曲。これが自分だ、って誇り高く歌うの」

幼げな表情でⓒ眉根をよせる彼女に、どう言えばいいのか考える。ⓓ頭の中に、胸の中に、名前のないまま咲いているものを、どんな言葉なら形にできるのか。

「初めて会った日……入学式の日、渡辺さん俺に『私は車いすじゃなくて人間です』ってめちゃくちゃ喧嘩腰に言ったけど」

「……失礼ね、別に喧嘩腰じゃなかったでしょ」

「あれから、なんか俺の世界、カラフルになったんだ」

今ふり返ればわかる。あの時までの自分の世界が、どれほど色褪せていたか。

耳にイヤホンを突っこんで、ガンガン音楽を流して、外界から自分を閉ざしていた。速水との一件以来、自分のまわりで何が起きようとどうでもいいとしか思えなかったし、情熱を注ぐことができるものも見つからず、何ひとつ本気にならないとⓔ斜に構えながら、息苦しい一日一日をやり過ごすように生きていた。

あの時の自分には目に映るもの全部がモノクロ映画みたいに色褪せていて、でもだから、毅然と顔を上げて自分自身であるために闘う彼女が、とても色あざやかに見えた。

「前の俺は『あんた車いすなのに』って深く考えずに言うようなやつだったけど、今は、トイレのドアが内側に開くタイプだったりすると『これ車いすユーザーってどうするんだろう』って思ったりする。そういう風に、自分とは違う、いろんな人がこの世界にはいるってことを、前よりも少しだけよく知ってる。前までは自分のしようとすることが邪魔されるとすぐにイラッとしてたけど、今は、いろんな違う人たちが共同生活してるんだからそういうこともあるなって思う。俺、前の俺よりもまるくなったし、人間が好きになってると思う。それで俺は、今の俺のほうが好きなんだ」

「――そういうのは、荒谷くんが自分で変わったからだよ。別に私、何もしてない」

「渡辺さんは何もしてないつもりかもしれない。でもやっぱり、渡辺さんに会ってなかったら、今の俺はこうじゃなかった」

変わるきっかけを与えてくれたのは、まぎれもなく彼女だ。

「俺は渡辺さんからもらったものがある。だから、今度は俺が渡辺さんにそれを返したい」

六花の黒目の下に透明な水がふくらんで、頬に光のすじを描きながら流れ落ちた。

（中略）

「……月曜日は、ちゃんと学校に行くから」

「もし――現実はそうじゃないんだけど、それでも、もし俺と渡辺さんが逆だったら。俺が車いすユーザーでも学校のめちゃくちゃ歩くイベントに出たいって言ったら、渡辺さんはそれ、迷惑だって思う？」

うつむいていた六花が少しだけ顔を上げ、前髪の隙間から赤くなった目を向けた。

「……思わないよ。でもそれは、現実には私が車いすユーザーだからで、だからそれがどういう気持ちかわかるから、迷惑って思わないだけの話だよ」

「確かにそうかも。現実には、俺は中学の時のけがも運よく治った普通に歩けて百メートルもそこそこのタイム出せる健常者だし。けど、渡辺さんが青嵐強歩に出たいって思うことを、迷惑とかわがままとは思わない。それはどうしてかっていうと、俺が渡辺さんのこと、いくらか知ってるからだと思う。学級委員になるのを遠回しにやめとけって言われた時、腹を立てたり責めたりするんじゃなくて、これから自分のことをみんなに知ってもらえるようにがんばるって渡辺さんは言った。あの時だけじゃなく、車いすを使っている渡辺さんと、そうじゃない俺たちが一緒にいる毎日の中で、俺たちに気を配って、でも自分の気持ちもしっかり声上げて伝えて、俺たちにとっても、渡辺さんにとっても、少しずつ何かが良くなるように努力してる。俺はそういう、いつも闘っている渡辺さんを知ってるから。青嵐強歩のことも、イベントに出るか出ないかだけの話じゃなくて、そのもっと向こうにあるものにつながる話なんだって知ってるから。だから俺は、迷惑とかわがままなんて思わないんだと思う。俺も何かを手伝いたいって、思うんだと思う」

ⓑ六花の目が時間をかけて大きく見開かれて、水の膜を張り、ゆれた。だけど気丈な彼女は、こみあげたものをあふれさせることを良しとせず、ぐっと口元と目に力を込める。

そんな意地っ張りで、いつも自分の力で立とうとする意志を捨てない彼女が、好きだ。

「火曜日の朝に聞いたこと、やっぱり傷ついた思う。あの時は俺もろくなこと言えなくて、ずっと引っかかったままだった。でも、俺に渡辺さんのこと言ってきたあの人たちも、渡辺さんが嫌いなわけじゃない。『何かあった時に責任とれない』って言い方してたけど、つまり、怖いんだよ。車いすユーザーが困ってたらどうすればいいのか、自分にそれができるのか、もしもの事態にはどうすればいいのか、どれもよくわからないから、なんか怖い。自分がよくわかってないせいで相手を傷つけたり失敗したりするんじゃないかって怖い。だけど、逆にそれがわかれば、怖くなくなると思う。怖くなくなった後、その次に来るのが『面倒だから関わりたくない』とかだったら、それはもう仕方ない。違う人間同士なんだから全員とわかり合うのは無理だ。でもまだそうやって『仕方ない』って済ませる段階じゃないと思うから、まだ決めるのは待って。俺に時間をもらいたい」

「……どうして？どうして、そんなにしてくれるの？」

「……迷惑とか、思ってないと思う。それは迷惑とは違うんじゃないのか」

「どう違うの？私がいると、誰かが何かを負担しなきゃいけなくて、それを『嫌だな』って思う。火曜日の朝、あの人たちが言ってたみたいに。あれは正しいよ。私は、どうしてもそうなっちゃうの。誰かの手を借りないと、助けてもらわないと、どうにもできない時がある。迷惑をかけなきゃそこにいられない時がある。でも――」

声が震えて、六花がうつむいた。

「本当は誰にも迷惑なんてかけたくないよ、私だって。自分のことは全部自分でやって、好きな時に好きな場所に好きなように行きたい。段差も坂道も気にしないで階段しかないところにも出かけていきたい。歌いたい。踊りたい。いろんな人を演じて大雨みたいな拍手をもらいたい、ステージの上で。毎日毎日そう思うの。本当の私に戻りたいって。だけど、もうどうしようもないから、今はこの私が本当の私なんだから、がんばろうって思うの。でも夜にはまた、どうして、戻りたいって――毎日、毎日、それのくり返し」

リビングにはレースのカーテンをかけた大きな窓があり、そこから射しこむ夕方のオレンジ色の光が、六花を照らしていた。頬の輪郭線が淡くかがやき、繊細な産毛が光っている。うつむき加減のその姿が、とても深いかなしみを帯びている。

③何かを言わなければいけないと伊澄は口を開いたが、ただ息の音しか出てこなかった。

④『私ぶっちゃけ、そういう人たちにどうしてあげたらいいのか、わかんないの』

青嵐強歩に出るという六花を傷つけることなく諭してくれと頼んだ女子生徒が、苦しそうにこぼした言葉を思い出す。今なら、彼女があぁ言った気持ちがわかる。

六花がつらい気持ちでいる。それはわかるのに何も言葉が出ないのは、自分はきっと何もわかっていないという引け目があるからだ。良かれと思ってかけた言葉が実は見当はずれで、それによって六花を傷つけてしまうのではないかと怖いからだ。実際、自分は何もわかっていないのだと思う。本当は少しばかり六花を理解しているつもりでいた。だけどたった今、六花が吐露したことを聞いて、自分の「理解」なんてほんの表層をなでるくらいのものでしかなかったのだとわかった。自分にはわからない。六花の抱える苦しさが本当にはどんなものなのか、どれほどのものなのか。どんな言葉が彼女の心の真ん中に届き、どんな行動が本当の意味で彼女の助けとなるのか。情けないくらい、何も、わからない。

――だけど、わからないからといって、黙り込んだままではいられないのだ。

彼女が唇を噛んで必死に耐えている今この時に、何もできず、何も言えないのだとしたら、自分が今ここにいる意味なんてない。

二 **次の文章を読んで、後の問いに答えなさい。（設問の都合上、本文を一部省略しています。）**

《車いすユーザーの少女・渡辺六花は、綾峰高校に通っている。四月下旬、伝統行事である「青嵐強歩（長距離歩行大会）」の開催に向け準備が進められている。六花はこの青嵐強歩に参加するつもりでいたが、同じ班のある女子生徒が六花に休んでほしいと思っていることを偶然に聞いてしまう。その後二日も学校を休む六花を心配した同級生の少年・荒谷伊澄は、自宅を訪ねてみる。》

「中二の時にいきなり病気になって、治療がうまくいったおかげで命は助かったけど、もう自分の足で歩くことはできないって言われた。それから私、すごく荒れたの。どうして私がこんな目に遭わなきゃいけないの、どうして私なの、って。小さい頃からミュージカルスターになりたくて、歌もダンスもがんばったし、演技の勉強もしてた。留学する時のために英語の勉強も自分でテキスト買って毎日したし、夢を認めてもらうために学校の勉強もがんばってた。でも、それが、ある日いきなり全部だめになっちゃった」

①世界がいきなり裏返されたその日を思い出すように、六花は遠い目をした。

「あんまり苦しくて、死ぬほど腹が立って、いつも不安で頭がパンパンで、もうおかしくなりそうで、それで私、母に当たったの。わがまま言って、怒鳴り散らして、傷つけることもたくさん言った。それでも平気だと思ってた。大人は傷ついたりしないし、お母さんはお母さんだから私が何を言っても何をしても受け止めてくれるって、本当に馬鹿だけど、思い込んでたの。でもね、母はある日、心を壊して倒れちゃった」

何も、言葉が出てこない。気の利いた相づちを、②六花に寄り添ってなぐさめる言葉をかけなければいけないのに、何ひとつ出てこない。

「私が歩けなくなったことで、苦しいのは私だけだと思ってた。でもそうじゃなくて、父も同じだけ苦しんでたし、母はもしかしたら私以上に苦しんでたかもしれない。それなのに、たくさんひどいこと言って、八つ当たりして、私は母の心をぼろぼろにしちゃった。母は私を責めたことは一度もないんだよ。受験勉強の時も助けてくれたし、今も毎朝駅まで送ってくれるし、雨が降れば迎えに来てくれて、夕ご飯も毎日作りに来てくれる。だけど、今でも、母は私と同じ家で暮らせない。それだけ、私はひどいことをした」

この期に及んでもまだ何も言えない伊澄に、六花は透きとおるように ⓐ微苦笑した。

「だから、これ以上私のせいで迷惑をかけたくないんだ」

（１）左に示す「**図　住居についてのつながりのある知識**」は、本文を図式化したものです。空らんＡ〜Ｄにあてはまるものを次から一つずつ選び、記号で答えなさい。

ア　雪が積もりにくい　　イ　家をつくる　　ウ　アメリカ　　エ　インディアンが住む
オ　雨が少ない　　カ　バッファローを追う　　キ　北西海岸　　ク　材料が手に入る

（２）筆者は住居の例を用いて、どのようなことを伝えようとしていますか。次から最もふさわしいものを選び、記号で答えなさい。

ア　社会科の学習においては、反復・丸暗記するより図を書いて整理すると、理解がより深まりやすくなるということ。
イ　アメリカは国土が広く環境が複雑であるために、住居の形態はその地域、住民によって多種多様であるということ。
ウ　意味や構造を見出すために接続的知識を使うと、ただくり返し覚えるだけの学習よりも理解が定着するということ。
エ　新しく家を建てるときは、接続的知識を活用しながら、その地域の気候を調べることが大切であるということ。

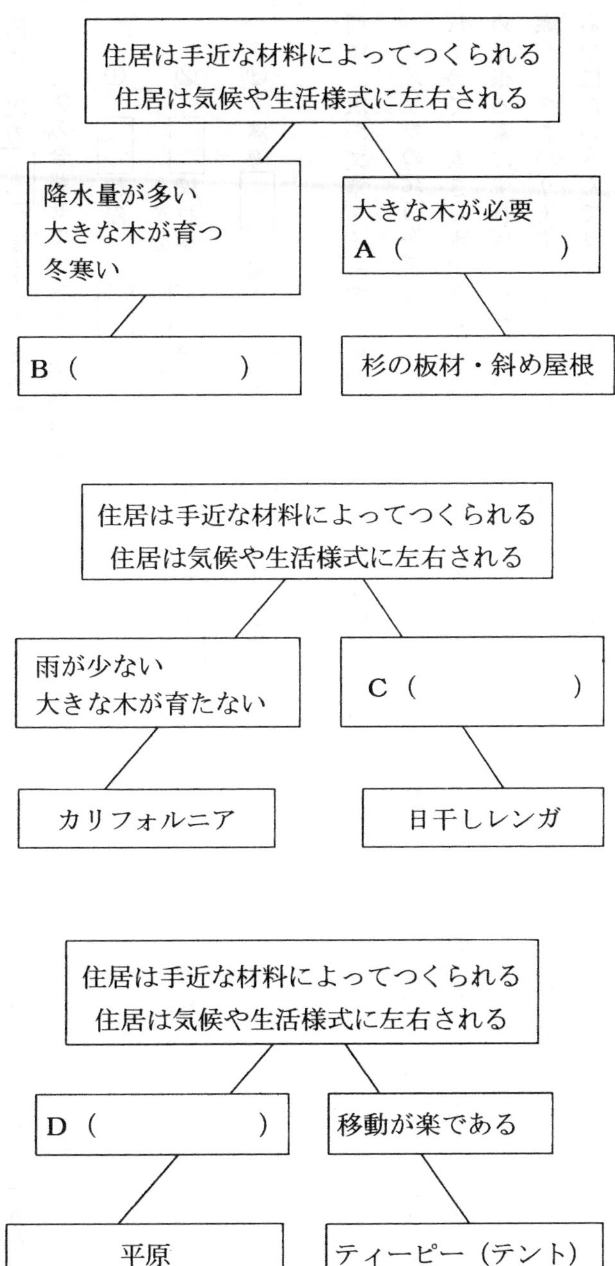

図　住居についてのつながりのある知識

問三　次の□に漢字一字を入れて熟語を完成させたとき、①～③のそれぞれの組には一つだけ共通点のない漢字があります。その漢字を組み合わせてできる三字熟語を答えなさい。

①　□輪際　□二才　□一点　□式美

②　□網打尽（もうだじん）　□里霧中（むちゅう）　晴耕□読　□面楚歌（そか）

③　深海□　暗中□索（さく）　花□風月　森羅万□（しんら）

問四　次の文章を読んで、後の（1）・（2）の問いに答えなさい。

アメリカの北西海岸というのはどんなところかというと、降水量が多い。たとえば、シアトルという都市のあたりはよく雨が降るといわれていて、大きな木が育ちます。冬は寒い。家に関する一般的なルールからいうと、大きな木が必要です。そこで、杉（すぎ）の板でつくった斜（なな）め屋根の家にすれば、材料がたくさん手に入りますし、屋根が斜めだから、冬でも雪が積もりにくいということで、一つの結びついた知識ができあがります。そうすると「北西海岸のインディアンが、杉の板でできた斜め屋根の家に住んでいる」ということを覚えるのは、そんなにたいへんではなくなってきます。理由がわかればあたりまえのことになるのです。

ほかも同様です。一般的なルールとして、住居が「手近な材料でつくられる」ということと、「気候や生活様式に左右される」ということを使います。次に、接続的知識を使います。カリフォルニアは雨が少ない。大きな木が育ちません。雨が少ないことから日干しレンガみたいな材料はつくりやすいですよね。では平原ではどうかというと、ここではバッファローを追う生活をしています。そうすると、移動が楽であることが、家をつくるときに大事になってきます。そこで、ティーピーと呼ばれるテントで、バッファローを追って移動しやすいような家に住んでいる、これですんなりとつながってきます。

こういう知識を使うことなしにただ覚えておきなさいと言われたら、反復・丸暗記するしかありませんでした。「北西海岸では杉の板でできた斜め屋根の家…」と、呪文（じゅもん）のように唱えてくり返すしかなかったのに比べて、このほうがずっと覚えやすくなるし、忘れにくいということになります。

（市川伸一（いちかわしんいち）『勉強法の科学』）

2023年度

湘南白百合学園中学校

【国　語】〈一教科入試〉（六〇分）〈満点：一〇〇点〉

一　後の問いに答えなさい。

問一　次の――線部のカタカナは漢字に、漢字はひらがなに直しなさい。

①　オクガイで活動する。　②　カクシン的な技術。　③　新しいエネルギー社会をテイショウする。
④　世界記録をジュリツする。　⑤　想像力にトむ考えが必要だ。
⑥　美しい音色が聞こえる。　⑦　背面からの光が美しい。　⑧　内省する力が求められている。
⑨　険しい山々がそびえる。　⑩　彼は新世紀文学の旗手だ。

問二　次の（1）・（2）の会話から導かれることわざとして最もふさわしいものを後から選び、それぞれ記号で答えなさい。

（1）
A「先生、このひもは何かに使えそうですか。」
B「段ボールを束ねるのにも、袋（ふくろ）の口をしばるのにも使いにくそうだね。」

ア　大は小を兼（か）ねる　イ　長い物には巻かれろ　ウ　帯に短したすきに長し
エ　小異を捨てて大同につく　オ　木を見て森を見ず

（2）
A「さくらさんを怒（おこ）らせてしまったから謝（あやま）りたいな。」
B「優しいさくらさんが怒ったのを見たことがないわ。何をしたの。」
A「私が先週も今週も待ち合わせに遅（おく）れてしまったの。」

ア　急がば回れ　イ　早起きは三文の徳　ウ　初心忘るべからず
エ　仏の顔も三度　オ　三人寄れば文殊（もんじゅ）の知恵

2023年度

湘南白百合学園中学校　▶解　答

※　編集上の都合により，１教科入試の解説は省略させていただきました。

算　数　＜１教科入試＞（60分）＜満点：100点＞

解　答

1 (1) $8\frac{11}{15}$　(2) $\frac{2}{7}$　(3) 35　(4) 2031年　(5) 10人　(6) (ア) ●　(イ) □　(7) 26　(8) 65ｇ　(9) 11枚　(10) (ア) 729　(イ) 364　(11) 6000円　(12) (ア) 時速72km　(イ) 650m　(13) 55.68cm^2　(14) 50.24cm^3　**2** ① ク　② カ　③ ア　**A** 339.12cm^2　**B** 120度　**3** (1) 3人　(2) ①　(3) 2.7ポイント　(4) 7人　(5) 3.4ポイント　**4** (1) ③　(2) （例）**図**…右の図／**説明**…長方形は点対称な図形なので，対称の中心を通る直線は面積を二等分する。長方形は対角線の交点が対称の中心となる。右の図形は２つの長方形に分けることができるので，対称の中心が２つでき，その２つを結べば面積を二等分する直線となる。

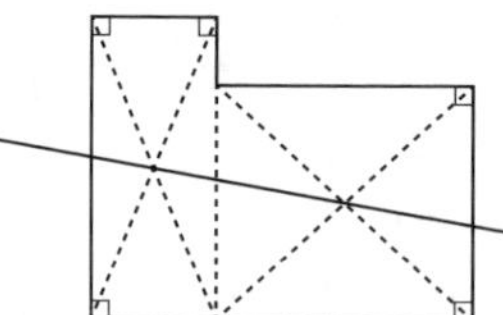

国　語　＜１教科入試＞（60分）＜満点：100点＞

解　答

一 **問１** ①〜⑤ 下記を参照のこと。　⑥ ねいろ　⑦ はいめん　⑧ ないせい　⑨ けわ(しい)　⑩ きしゅ　**問２** (1) ウ　(2) エ　**問３** 雨模様　**問４** (1) **A** ア　**B** キ　**C** オ　**D** カ　(2) ウ　**二** **問１** ウ　**問２** イ　**問３** エ　**問４** エ　**問５** イ　**問６** ウ　**問７** ア　**問８** ア　**三** **問１** c　**問２** (1) ウ　(2) イ　**問３** (1) エ　(2) イ　**問４** **1** カ　**4** ウ　**問５** ア　**問６** オ　**問７** ア　**問８** (1) イ　(2) ウ　**問９** エ　**問10** エ　**問11** **ア** ×　**イ** ×　**ウ** ○　**エ** ○　**オ** ×

●漢字の書き取り

一 **問１** ① 屋外　② 革新　③ 提唱　④ 樹立　⑤ 富(む)

2022年度　湘南白百合学園中学校

〔電　話〕 (0466) 27－６２１１
〔所在地〕 〒251-0034　神奈川県藤沢市片瀬目白山４－１
〔交　通〕 小田急線─「片瀬江ノ島駅」より徒歩18分
江ノ島電鉄─「江ノ島駅」より徒歩15分

【算　数】 〈４教科入試〉 (45分) 〈満点：100点〉

1 　次の□にあてはまる数を入れなさい。

(1) $2.8 \div \left\{2.5 - \left(1\frac{1}{3} - \frac{1}{2}\right) \div 0.625\right\} = \square$

(2) $1\frac{3}{5} - \left\{4 \times \left(\square - \frac{1}{2}\right) \div 3\right\} \div 2\frac{1}{2} = \frac{4}{15}$

(3) 22000mL－7dL×13＋0.3L×6＝□cm³

(4) 200個の分数 $\frac{1}{6}$, $\frac{2}{6}$, $\frac{3}{6}$, …, $\frac{198}{6}$, $\frac{199}{6}$, $\frac{200}{6}$ を約分したとき，整数になるものは全部で (ア) 個あり，まったく約分できないものは全部で (イ) 個あります。

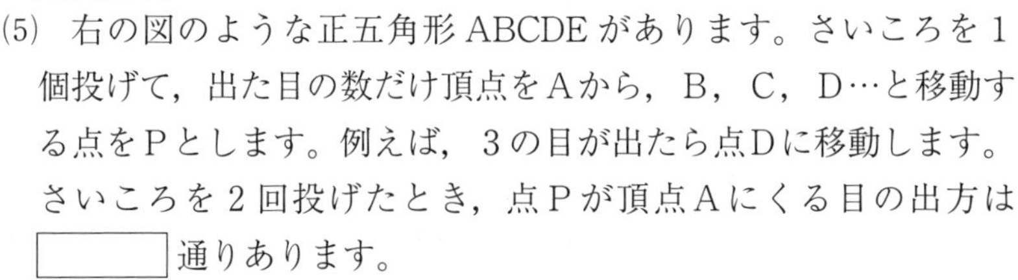

(5) 右の図のような正五角形ABCDEがあります。さいころを１個投げて，出た目の数だけ頂点をAから，B，C，D…と移動する点をPとします。例えば，３の目が出たら点Dに移動します。さいころを２回投げたとき，点Pが頂点Aにくる目の出方は□通りあります。

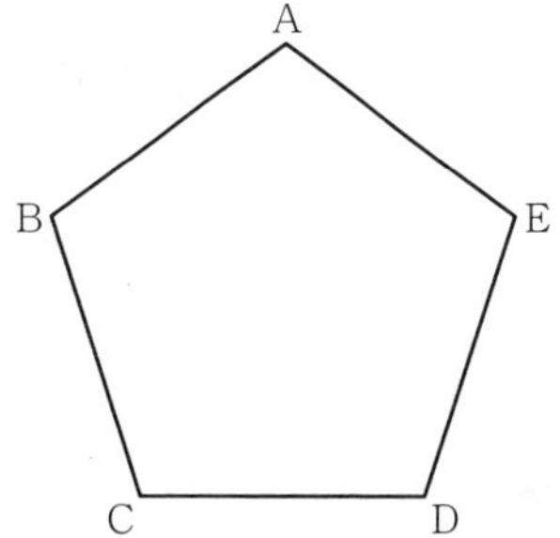

2 　AとBの２種類の食塩水があります。食塩水Aと食塩水Bの重さの比は，4：5です。また，食塩水A，Bに含まれる食塩の重さの比は2：1で，水の重さの比は3：4です。次の問いに答えなさい。

(1) 食塩水Aと食塩水Bの濃度の比を，最も簡単な整数の比で表しなさい。

(2) 食塩水Aと食塩水Bの濃度はそれぞれ何％か求めなさい。

3 　A地点からD地点までの距離は6kmです。その間にB地点とC地点があります。百合子さんは9時ちょうどにA地点をスタートし，30分後にB地点に到着しました。

次のページのグラフはA地点をスタートしてからの時間(分)と，A地点と百合子さんとの距離(km)の関係を表したものです。

百合子さんはB地点で15分間休憩してからC地点に向かうとき，A地点からB地点までの速さより毎時1km遅く歩いて，30分後にC地点に到着しました。C地点で15分休憩してからD地点に向かうとき，B地点からC地点までの速さより毎時1km遅く歩いて，30分後にD地点に到着しました。

下の問いに答えなさい。

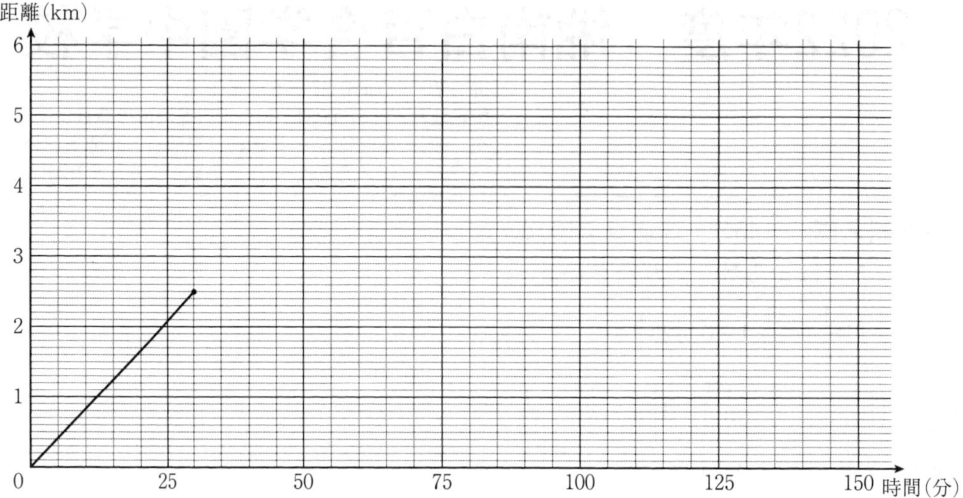

(1) 百合子さんがA地点からB地点まで歩く速さを求めなさい。

(2) 百合子さんがD地点に到着する時刻を求めなさい。

(3) 百合子さんがD地点に到着するまでのグラフを完成させなさい。

(4) 百合子さんがA地点をスタートしてから50分後に，姉の乗ったタクシーがD地点からA地点に向かって出発しました。タクシーの速さが時速40kmのとき，百合子さんと姉の乗ったタクシーがすれ違う時刻を求めなさい。

4 1辺の長さが18cmの正方形ABCDにおいて，各辺の真ん中の点E，F，G，Hと頂点を結んだ図です。また，BGとDF，CHとDFの交点をP，Qとします。下の問いに答えなさい。

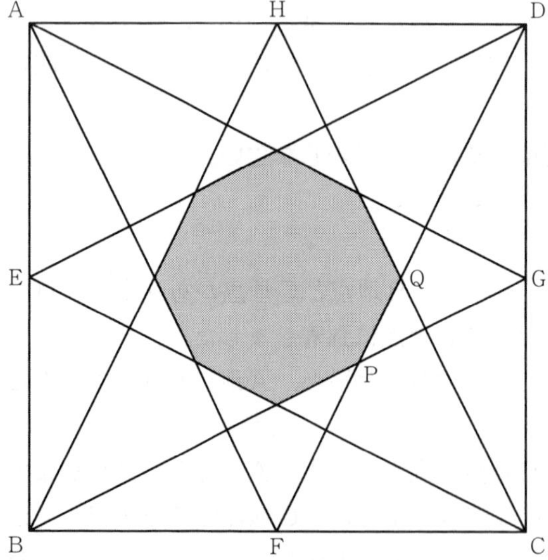

(1) BP：PGを，最も簡単な整数の比で表しなさい。

(2) △BFPの面積を式を書いて求めなさい。

(3) 図の色を付けた部分の面積を求めなさい。

5　右の図のように，同じ大きさの正三角形８枚でできた立体 ABCDEF があります。BD＝12cm です。次の問いに答えなさい。ただし，円周率は3.14として計算しなさい。

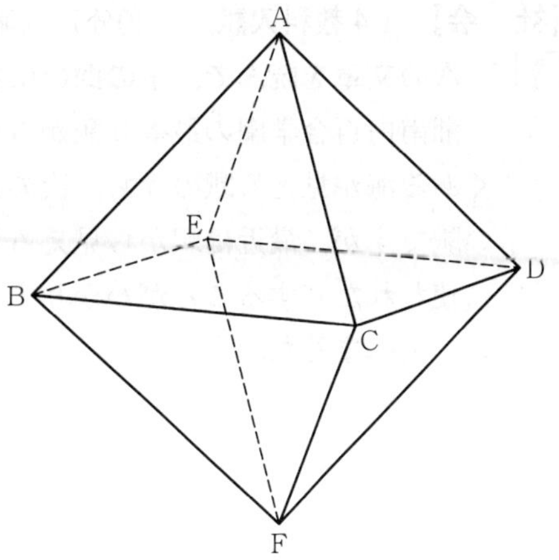

(1)　立体 ABCDEF の体積を式を書いて求めなさい。

(2)　直線 AF を軸として回転させたとき，四角形 ABFD が通過した部分の立体の体積を求めなさい。

(3)　直線 AF を軸として回転させたとき，辺 BC が通過した部分の面積を求めなさい。

【社　会】〈４教科入試〉（40分）〈満点：100点〉

1　次の文章を読んで，下の問いに答えなさい。

湘南白百合学園の最寄り駅からは，天気が良い日は海が見えます。ゆり子さんは全国に数多くある海が見える駅のうち，次の地図と表にある５つの駅について調べました。どの駅も小さい駅ですが，最近は駅から見える景色を目当てに観光に来る人がいたり，テレビドラマのロケに使われたりすることがわかりました。さらに，ゆり子さんはこれらの駅や駅のある道県について調べました。

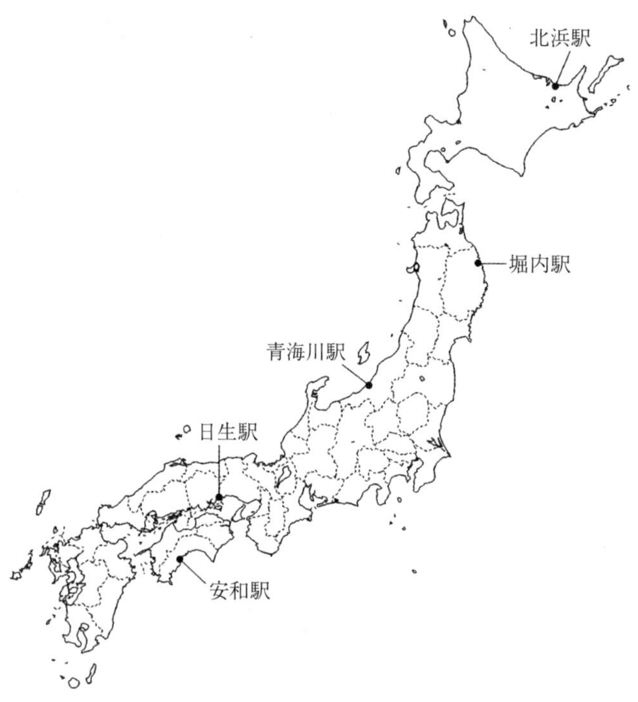

駅名	路線	所在地
北浜(きたはま)駅	JR 釧網本線	北海道
堀内(ほりない)駅	三陸鉄道リアス線	岩手県
青海川(おうみがわ)駅	JR 信越本線	新潟県
日生(ひなせ)駅	JR 赤穂線	岡山県
安和(あわ)駅	JR 土讃線	高知県

1．次のア～オはそれぞれ5つの駅付近の降水量と気温を表わしたグラフです。日生駅付近と安和駅付近のグラフをそれぞれ選び，記号で答えなさい。

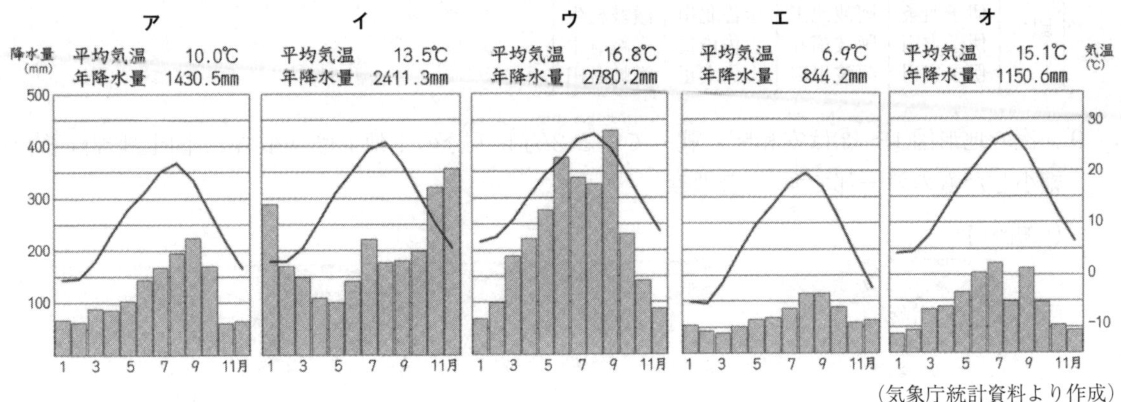

(気象庁統計資料より作成)

2．次の表は，それぞれの駅がある道県の2017年の水田率と耕作地のうち牧草地，果樹園，小麦栽培(さいばい)面積の割合を表わしたものです。北海道はア～オのうちどれか1つ選び，記号で答えなさい。

(%)

	水田率	牧草	果樹	小麦
ア	78.2	4.3	4.0	1.1
イ	62.7	24.0	1.9	2.7
ウ	75.4	1.5	7.7	0.0
エ	19.4	46.7	0.2	10.6
オ	88.7	0.8	1.0	0.0

(農林水産省「作物統計調査」より作成)

3．北浜駅は「流氷が見える駅」として知られています。北浜駅から見える海の名前を答えなさい。

4．堀内駅のある岩手県では林業が盛んです。林業に関連する次のア～エの文のうち，**誤っているもの**を1つ選び，記号で答えなさい。

ア．水産資源を守るために重要な役割を果たしている森林もある

イ．森林を守るために，人工林での間伐(かんばつ)は行わない方が良い

ウ．森林には水をたくわえ，土砂災害を防ぐ役割がある

エ．人工林を守ってゆくためには，適切に木材を活用する方が良い

5．青海川駅のある新潟県を流れる，長さが日本一の川の名前を答えなさい。

6．日生駅のある岡山県の伝統的工芸品を次のア～エから1つ選び，記号で答えなさい。

ア．備前焼

イ．有田焼

ウ．信楽焼

エ．美濃焼

7．安和駅から見える海を流れる海流を何というか，**漢字二字**で答えなさい。

8．安和駅のある四国地方には旧国名がつく駅がたくさんあります。次のア～エのうち，高知県はどれか，1つ選び記号で答えなさい。

県	**ア**	**イ**	**ウ**	**エ**
駅名	伊予三島 伊予西条 伊予吉田 伊予立川	阿波大宮 阿波池田 阿波福井 阿波川口	土佐山田 土佐北川 土佐佐賀 土佐大正	讃岐白鳥 讃岐相生 讃岐府中 讃岐財田

9．次の地形図①～③は安和駅が載(の)っている2万5千分の1地形図「須崎」(国土地理院発行)を縮小したものの一部です(一部改変)。

【地形図①】

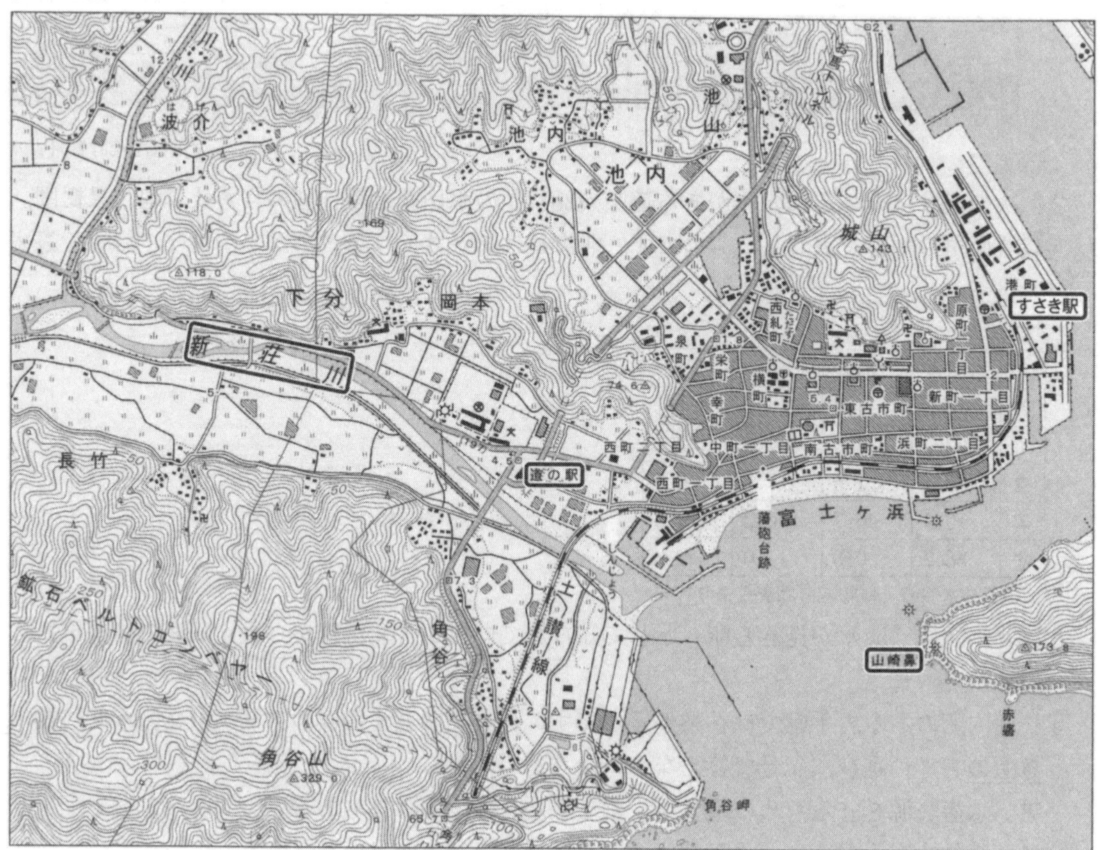

(1) 地形図①から読み取れる内容として，正しいものを次の**ア**～**エ**から1つ選び記号で答えなさい。

ア．「すさき駅」から北西にある市役所が見える

イ．「新荘川」は東から西に向かって流れている

ウ．「山崎鼻」付近には灯台がある

エ．「道の駅」の近くには川沿いに工場がある

(2) 地形図①の新荘川は1979年に日本で最後にニホンカワウソが目撃(もくげき)された川です。ニホンカワウソは日本全国の川の中下流や沿岸部に生息していましたが，現在では絶滅したと考えられています。ニホンカワウソが絶滅した原因として**誤っているもの**を次の**ア**～**エ**から1つ選び記号で答えなさい。

ア．川岸がコンクリートなどで固められ，住む場所が減ったから

イ．毛皮などを人間が利用するために乱獲されたから

ウ．農薬などの使用によってえさになる魚などが減ったから

エ．すみかがラムサール条約に指定されたため，エサが取れなくなったから

(3)　次の写真は安和駅周辺を写したものです。この写真は下の地形図②の**ア**～**エ**のどの地点から写したものか1つ選び，記号で答えなさい。

【地形図②】

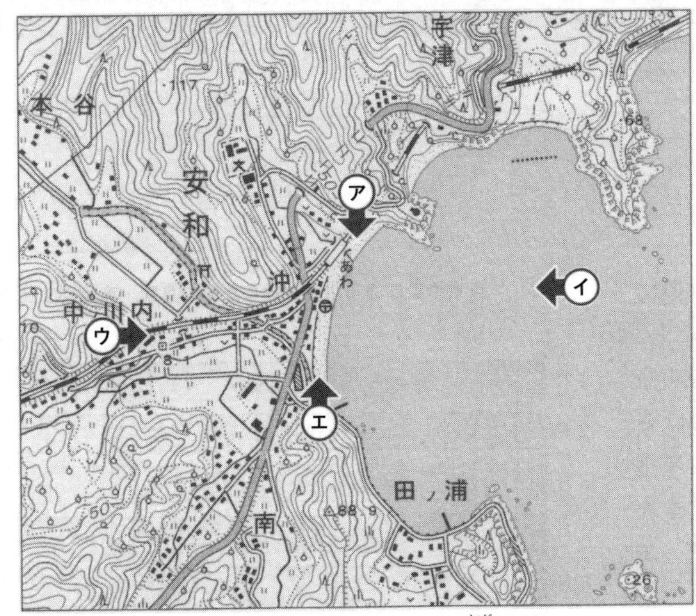

(4)　次のページの地形図③を見ると「野見湾」は穏やかな海であると予想できます。なぜ，「野見湾」が穏やかな海だと予想することができるのか，地形図中に見られる「野見湾」の特徴を1つ挙げて答えなさい。

【地形図③】

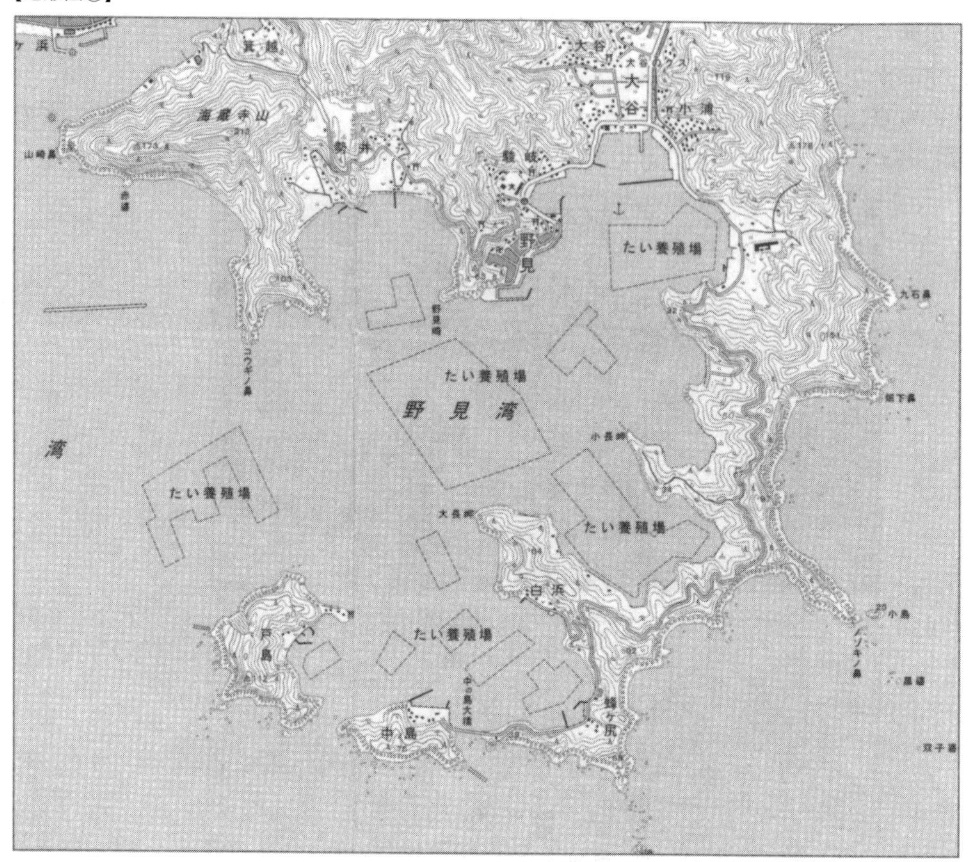

10. 安和駅のある高知県では「なす」の栽培が盛んです。右のグラフは東京中央卸売市場における「なす」の月ごと・産地ごとの取引量の割合を表わしたものです。**ア～エ**は，それぞれ茨城県，栃木県，群馬県，高知県のいずれかを示したものです。高知県を示したものはどれか1つ選び，記号で答えなさい。

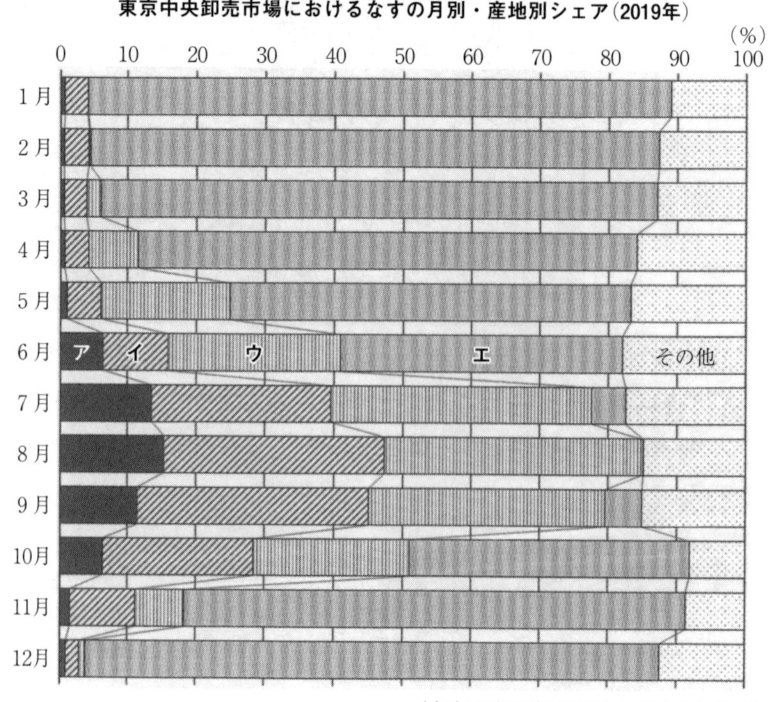

(東京中央卸売市場統計情報より作成)

11. 津波の被害が予想される一方で，近くに避難する場所が少ない場所には，次のページの写真のような津波避難タワーが作られることがあります。Aは一般的な津波避難タワーです。Bは高知県にある「グッドデザイン賞」という賞を受賞した津波避難タワーです。Bの津波避難タワーは，周囲の景観に溶け込むように作られるなどデザインが工夫されていますが，他にもAの津波避難タワーには見られない工夫が見られます。どのような工夫が見られ，その工夫でどんな良いことがあるのか答えなさい。

【A】

【B】

2　**次の文章を読んで，下の問いに答えなさい。**

農林水産省は，2020年度の①**食料自給率**が37％であったと発表しました。これは1993年度と2018年度に並ぶ，過去最低の水準です。新型コロナウィルスの感染拡大で外食の機会が減ったことや，もともと②**輸入に頼っている小麦**の生産量の落ち込みが影響していると考えられますが，最大の要因は国内自給率の高い米の消費が減っているためです。

米の消費量は50年前と比べると今は半分ほどに減っており，③**全国の農業生産額**にしめる米の割合は20％を切っています。2021年に作られる主食用の米の作付面積は，前年度よりも６万5000ヘクタールほど減りましたが，これは昨年度の④**宮城県**の作付面積に相当します。

米の消費量が減ったころから2018年まで，国による生産調整が行われてきました。農家も米の消費量を増やす試みに取り組んだり，費用を下げる努力を進めたりしています。苗代をつくらず田に直接種もみをまくことで(⑤)の作業を省く「じかまき法」の試みなどはその一例です。

国内の産地どうしの競争が激しくなる一方で，価格の安い外国産の米との競争もあります。政府は2030年の食料自給率目標を45％としていますが，私たち消費者が自分の食生活を意識し，見直していかなくてはなりません。

1．下線部①について

(1)「食料自給率の説明」と「食料自給率を求める計算式」として正しいものを，次の**ア**～**ウ**，ａ～ｄからそれぞれ選び，記号で答えなさい。

ア．ある国で１年間に消費する食料のうち，どのくらい国内で生産しているのかを割合で示したもの

イ．ある国で１年間に消費する食材のうち，どのくらい国外から輸入しているのかを割合で示したもの

ウ．ある国で１年間に消費する食料のうち，どのくらい国外に輸出しているのかを割合で示したもの

ａ．国内消費量÷国内生産量×100　　ｂ．国内生産量÷国内消費量×100
ｃ．(国内消費量－国内生産量)×100　　ｄ．(国内生産量－国内消費量)×100

(2)　次の［**資料１**］は，日本のおもな食料自給率のうつり変わりを示しており，グラフ中の**ア**～**エ**は大豆・小麦・魚かい類・肉類を示しています。「魚かい類」「大豆」を示しているものをそれぞれ選び，記号で答えなさい。

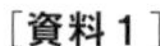
［**資料１**］

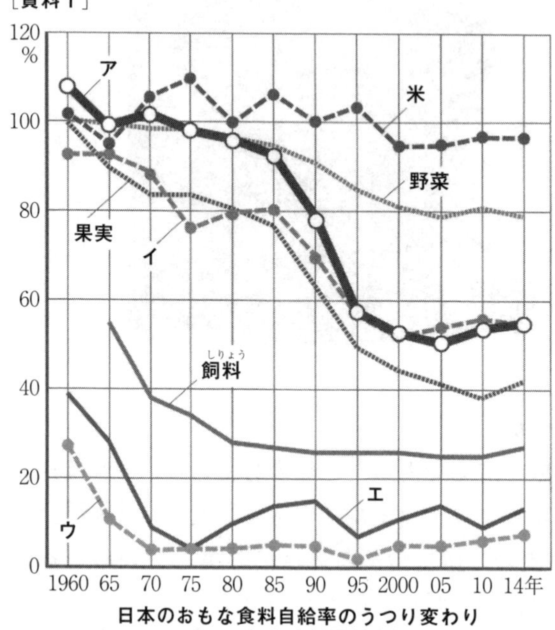

日本のおもな食料自給率のうつり変わり
［2015年度 食料需給表］

２．下線部②について，次の［**資料２**］は，小麦の主な輸入先を示しています。グラフ中のＡに入る国名を下の**ア**～**エ**から１つ選び，記号で答えなさい。

［**資料２**］

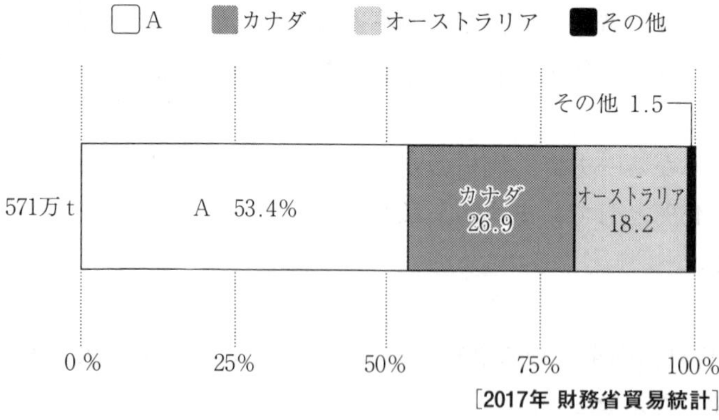

［2017年 財務省貿易統計］

ア．中国　　**イ**．フランス　　**ウ**．アメリカ合衆国　　**エ**．ブラジル

３．下線部③について，次のページの［**資料３**］は全国の主な農産物の生産額の割合を示しており，グラフ中のＡ～Ｃは，野菜，果物，畜産物（ちくさん）のいずれかに当たります。Ａ～Ｃの正しい組み合わせを下の**ア**～**カ**から１つ選び，記号で答えなさい。

［資料3］

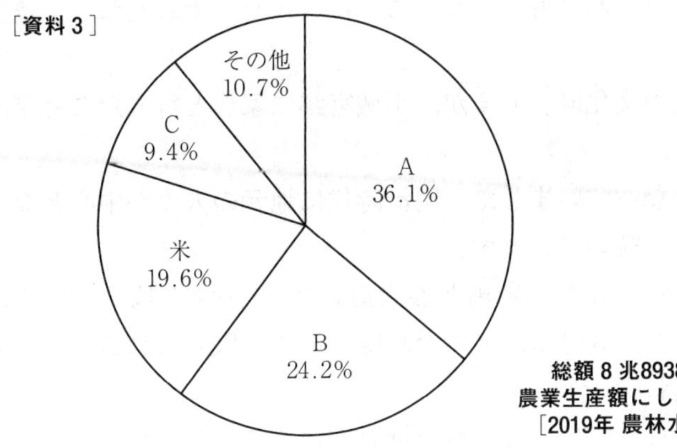

総額8兆8938億円
農業生産額にしめる割合
［2019年 農林水産省］

	ア	イ	ウ	エ	オ	カ
A	野菜	野菜	果物	果物	畜産物	畜産物
B	果物	畜産物	畜産物	野菜	野菜	果物
C	畜産物	果物	野菜	畜産物	果物	野菜

4．下線部④について，宮城県について述べた次の**ア**～**カ**の文章のうち，**誤っているものを2つ選び**，記号で五十音順に答えなさい。

ア．県庁所在地の仙台は，東北地方で唯一(ゆいいつ)の政令指定都市である

イ．仙台湾ではかき，のり，わかめの養殖(ようしょく)がさかんである

ウ．宮城県では「ひとめぼれ」という品種の米の生産がさかんである

エ．宮城県は日本で一番米の生産量の多い県である

オ．宮城県と県境を接している距離(きょり)が最も長いのは岩手県である

カ．毎年8月に開催(かいさい)される仙台七夕まつりは東北三大祭りの一つである

5．空欄(くうらん)⑤に適する農作業名を答えなさい。

3　次の文章を読んで，下の問いに答えなさい。

先生とゆりこさんは，新聞に掲載(けいさい)されていた日本の世界文化遺産についての記事と，日本の世界文化遺産の一覧表を見ながら話をしています。

先　生：この新聞記事は，去年「北海道・北東北の縄文遺跡(いせき)群」が世界文化遺産に登録されたときのものです。

ゆりこ：記事の写真は社会の授業でも見た①**三内丸山遺跡**ですね。

先　生：日本の世界文化遺産の一覧表を見ると，授業で勉強したものが他にもありますね。2019年に登録された「百舌鳥・古市②**古墳**(こふん)群」についても勉強しましたね。

ゆりこ：（　1　）古墳は日本で最大の古墳ですよね。

先　生：そうですね。他にも，2011年に登録された「平泉」も覚えていますか？

ゆりこ：はい，授業で見た中尊寺金色堂の写真には感動しました。

先　生：金色堂は1124年に**あ藤原清衡**(きよひら)が建てました。奥州藤原氏はのちに源頼朝によって滅ぼされてしまいます。平泉といえば，**い松尾芭蕉**(ばしょう)が訪れて俳句をよんだことでも有名ですね。

ゆりこ：2007年に登録された「（　2　）遺跡とその文化的景観」も覚えています。

先　生：(2)の銀は③**南蛮貿易**でヨーロッパにも知られることになったのでしたね。う**豊臣秀吉**の財力を支えました。

ゆりこ：1998年に登録された「古都奈良の文化財」ですが，平城宮跡に家族と行ったことがあります。奥の方で工事をしていました。

先　生：④**平城京**の跡は田畑や荒れ地になっていました。明治時代に地元の人々が中心となって保存運動を始め，今も調査や復原が続いています。

ゆりこ：奈良県の世界文化遺産には，「紀伊山地の霊場と参詣道」と，「法隆寺地域の仏教建造物」もありますね。法隆寺を建てた(3)は，進んだ制度や文化を取り入れるためにえ**小野妹子**を⑤**中国**に送ったのですよね。

先　生：ところで，学校のある藤沢市の近くでは，鎌倉市が世界文化遺産の登録を目指しています。他にもいくつか候補地があって，そのリストの中から［　　　］の世界遺産センターに推薦書が提出され，登録が決められます。

ゆりこ：今年のNHK大河ドラマは鎌倉が舞台になっているので見ています。

先　生：主人公は鎌倉幕府で執権という職についていた北条義時という人ですね。義時が執権のときにおこった(4)の際，義時の姉のお**北条政子**が鎌倉の武士たちに頼朝のご恩を説いて団結をうったえた話は有名です。

ゆりこ：もし鎌倉が世界文化遺産に登録されたらうれしいです。

先　生：先人たちが残した遺産をみんなで大切にしていきたいですね。

1．文中の空欄(1)～(4)にあてはまる語をそれぞれ答えなさい。

2．文中の［　　］にあてはまる機関名として適切なものを次から1つ選び，記号で答えなさい。

ア．UNICEF　　**イ**．WHO　　**ウ**．ASEAN　　**エ**．UNESCO

3．波線**あ**～**お**の人物について，活躍した時期の早い順に並べかえ，記号で答えなさい。

4．下線部①について，次の問いに答えなさい。

(1)　三内丸山遺跡がある都道府県を答えなさい。また，三内丸山遺跡の写真として適切なものを1つ選び，記号で答えなさい。

ア

イ

ウ

エ

(2) 三内丸山遺跡のような縄文時代の遺跡から出土したものとして**明らかに適切でないものをすべて選び**，記号で答えなさい。複数ある場合は五十音順に答えなさい。

5．下線部②について，埼玉県の稲荷山古墳や熊本県の江田船山古墳を調べた結果，このころの大和政権の勢力は広範囲に及んでいたと考えられるようになりました。その理由としてもっとも適切なものを１つ選び記号で答えなさい。

ア．大王の姿をかたどったはにわが大量に作られ古墳に並べられていたから

イ．古墳のそばで大王の命令で建てられた寺の跡(あと)が見つかったから

ウ．大王の名前が刻まれた刀剣が古墳から出土したから

エ．中国の皇帝からおくられた金印が古墳におさめられていたから

6．下線部③について，この貿易が行われていたころの説明として**適切でないものをすべて選び**，記号で答えなさい。複数ある場合は五十音順に答えなさい。

ア．南蛮貿易では鉄砲や火薬がもたらされ，戦国大名たちの戦いに影響を与えた

イ．今も日本語として使われているカステラなどはこのころ伝わった

ウ．南蛮貿易では主にイギリスやオランダと貿易を行っていた

エ．貿易船の来航は，長崎に限って認められていた

オ．このころ，宣教師の活動により日本でキリスト教が広まった

7．下線部④について，右の写真は平城宮跡から出土した木簡です。これについての説明を読み，[　　]にあてはまる適語を答えなさい。

この木簡は，伊豆国(静岡県)の特産物であるかつおが，[　　　　]とよばれる税として納められたことを示している。

8．下線部⑤について，中国と日本の関係について述べた文のうち，文中の空欄(４)より後におこったできごとをすべて選び，時期の早い順に記号で答えなさい。

ア．朝鮮でおこった農民の反乱に中国と日本が軍を送り，戦争がおこった
イ．中国の軍が2度にわたり九州北部に攻めてきて，御家人たちが戦った
ウ．武士としてはじめて太政大臣となった人物が兵庫の港を整え，中国と貿易を行った
エ．金閣を築いた将軍が中国と貿易を行い，大きな利益を得た

4 **次の文章を読んで，下の問いに答えなさい。**

1853年アメリカの使節ペリーが四せきの軍艦(ぐんかん)で(1)に来航しました。ペリーの強い態度におされた江戸幕府は，翌年アメリカと国交を開き，鎖国(さこく)の状態は終わりました。その後，幕府はアメリカの求めに応じ，①**(2)を結んで貿易を開始**し，ヨーロッパの国々とも同様の条約を結びました。

この安政の五ヵ国条約をもって，日本が本格的に外国に対して門戸を開いたとされます。しかしこれらの条約では，外国人は開港地に設けられた居留地以外では商業活動や住居を構えることは禁じられ，決められた区域にしか自由な散策は許可されていませんでした。そのような中で，日本で最初の銀行を設立したことでも知られる(3)は，いち早く観光産業の可能性に着目し，外国人観光客を積極的に受け入れ，もてなすための団体を設立しましたが，ちょうどその頃，②**日本の工芸品や浮世絵(うきよえ)**などが欧米(おうべい)諸国に紹介(しょうかい)されて人気を博していました。

1899年に条約が撤廃(てっぱい)されると，外国人は自由に国内を旅行できるようになりました。イギリス人のアーネスト・サトウが『明治日本旅行案内』という旅行案内書を発行し，日本の見どころを外国人向けに紹介しています。その中で，東京や京都に次いでページをさいて紹介したのが日光や③**富士山**などでした。

日本を訪れる外国人旅行者の数は，④**日露戦争**を経て日本の国際的地位が高まると増加しましたが，大正年間でその動向に最も大きな影響を与えたのは，⑤**第一次世界大戦**の勃発です。開戦と同時にヨーロッパからの訪日客が激減しました。それでも1915年に開かれた万国博覧会で宣伝に努め，これが功を奏して，大戦中にもかかわらず欧米からの旅行者数は戦前の水準を超(こ)えるほどまでに回復しました。

第一次世界大戦後，観光事業が世界的に注目されるようになると，日本でも国による機関が誕生しました。そのような中，ペキン郊外(こうがい)で戦いを始めたことがきっかけとなり⑥**1937年7月(4)戦争が始まる**と，東京で開かれるはずだったオリンピックは中止になりましたが，日本はアメリカやアジアの国々からの旅行客を呼び込(こ)もうとしました。

1．(1)～(4)に当てはまる語を答えなさい。

2．下線部①について，この条約は不平等なものであったといわれていますが，どのような内容が不平等であったのか，正しい文をあるだけ選び記号で答えなさい。答えが複数ある場合は五十音順に答えなさい。

ア．日本の裁判所には，アメリカ人の裁判官をおかねばならない
イ．アメリカの許可がないと，日本で生糸の生産ができない
ウ．日本でアメリカ人が犯罪をおかしても，日本の法律で裁けない
エ．日本の製品は，アメリカの許可なく他国へ輸出できない

3．下線部②に関連して，江戸時代の文化や学問について説明した以下の**ア**～**エ**の文章のうち最も適切なものを選び，記号で答えなさい。

ア．全国各地の藩では寺子屋をつくり，武士の子どもたちに対して儒学を中心に教育をほどこした

イ．庶民に親しまれる狂言が誕生し，近松門左衛門が町人の姿を生き生きと描いた脚本を数多く残した

ウ．鎖国下でも交流があったオランダ語の書物を通してヨーロッパの学問を研究する国学が盛んになり，杉田玄白らは『解体新書』を出版した

エ．８世紀に天皇の命令により作られた『古事記』を研究した本居宣長は『古事記伝』を書きあげ，古くからの日本人の考え方を明らかにした

４．下線部③について，江戸時代には信仰を目的とした，富士山登山が庶民の間で流行しました。下の浮世絵はその様子を描いたもので，1865年に出版されました。登山の一行の笠や着物には「米」，「青物」，「油」，「竹」などの品物の名前が記されており，これは出版当時の世相を風刺していると考えられます。どのような世相を表したものか，以下から最も適切なものを選び，記号で答えなさい。

ア．地租改正で苦しい生活を強いられたことを，身近な品物の名前を出して富士山の登山になぞらえて描いた

イ．外国との貿易が始まり，米などの生活必需品が値上がりしたことを風刺して描いた

ウ．新政府軍と旧幕府軍の間での戦いが続いたことで，物価が値上がりしたことを描いた

エ．「天下の台所」と呼ばれた江戸を起点に五街道が整備され，多くの人や物が行き来した様子を描いた

５．下線部④について，この戦争について述べた以下の**ア**～**エ**の文章のうち**誤っているもの**を１つ選び，記号で答えなさい。すべて正しい場合はオと答えなさい。

ア．この戦争に反対した与謝野晶子は「君死にたまふことなかれ」から始まる詩を発表し，戦場の弟を思う気持ちを表明した

イ．ロシアの艦隊を日本海海戦で破った東郷平八郎らの活躍で，多くの犠牲者を出しながらも日本が戦争に勝利した

ウ．アメリカのなかだちでポーツマス条約が結ばれ，日本からは小村寿太郎が出席し，締結に関わった

エ．講和会議で，日本は台湾と遼東半島をゆずり受けるとともに，多額の賠償金を受け取ることが決まった

6．下線部⑤について，以下の資料AとBを見て読み取れることとして記したⅠ・Ⅱの文章の正誤を判定し，正しい組み合わせを**ア**～**エ**の中から選び記号で答えなさい。

【資料A】 日本の生産総額の推移

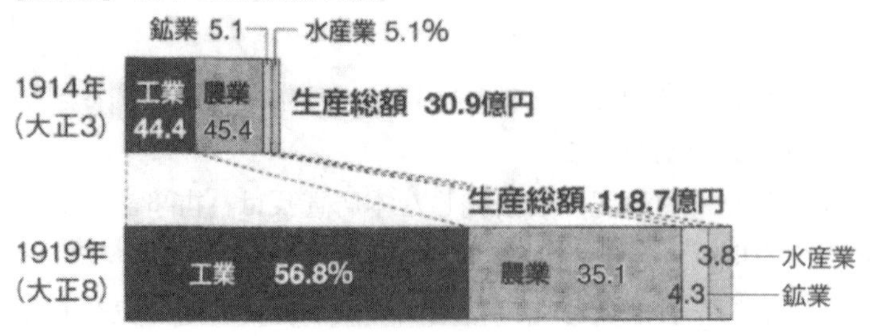

(『日本資本主義発達史年表』による)

【資料B】 日本の輸出額の動向

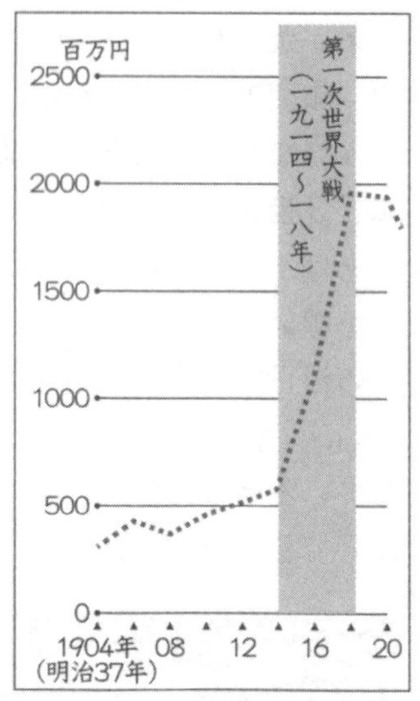

(『日本資本主義発達史年表』)

> Ⅰ．日露戦争が勃発してから第一次世界大戦の終結までに，日本の輸出額は3倍以上になった。
> Ⅱ．日本の鉱業生産額は第一次世界大戦を経て減少した。

ア．Ⅰ一正　Ⅱ一正　　**イ**．Ⅰ一正　Ⅱ一誤

ウ．Ⅰ一誤　Ⅱ一正　　**エ**．Ⅰ一誤　Ⅱ一誤

7．下線部⑥に関連し，以下の表は20世紀に日本が関わった戦争に関連することをまとめたものです。下の問いに答えなさい。

1914	【あ】 日本は，ヨーロッパで第一次世界大戦が始まると，この戦争に加わった
1931	【い】 中国東北部にいた日本軍は，鉄道の線路を爆破(ばくは)し，これを中国軍のしわざであるとして攻撃(こうげき)を始めた
1941	【う】 日本は，ハワイの軍港やマレー半島を攻撃し，アメリカやイギリスとの戦争を始めた
1951	【え】 日本は，講和会議で世界の48か国と平和条約を結び，独立を回復した

(1) 【あ】と【い】の間の時期には，各地で社会運動が高まりを見せました。身分制度が改められてからも就職や結婚(けっこん)で差別されてきた人びとが，1922年に創立した団体名を答えなさい。

(2) 【う】の戦争では，2度にわたって日本に原爆(げんばく)が投下されました。戦後，核軍縮(かくぐんしゅく)が進みましたが，2017年に採択され，21年1月に発効した核兵器廃絶(はいぜつ)のための条約を何といいますか。

(3) 【あ】と【え】の間の時期におきたできごと**ア**～**エ**を，時期が早い順に記号で並べかえたとき，前から3番目の記号を答えなさい。

ア．25才以上のすべての男子に選挙権が与えられた

イ．日本が国際連盟の脱退を表明した

ウ．日独伊三国同盟が結ばれた

エ．米の安売りを求める米騒動がおきた

5 **次の文章を読んで，下の問いに答えなさい。**

2021年6月23日，①**最高裁判所**は，「結婚(けっこん)するときに夫婦は同じ名字にならなければならない」という決まりは憲法違反(いはん)ではない，という決定を下しました。日本では，結婚すると夫婦は同じ名字になる，と②**法律**によって決まっています。夫か妻か，どちらかの名字を選び，③**自治体の役所**に届けなければ結婚できないのです。

この決まりに対して，これまで多くの反対意見があげられていて2021年8月には日本弁護士連合会から④**内閣**へ意見書も提出されています。今回の裁判では，もともとの名字を名乗れなくなるこの決まりは⑤**日本国憲法**にある結婚する自由への制限であるから憲法違反だ，と訴えていましたが，聞き入れられませんでした。

裁判の結果は以上の通りでしたが，結婚してもそれぞれで名字を選びたい，という意見は，社会では受け止められつつあり，結婚前の名字の使用を様々な場面で認める動きは近年広まってきています。これは，もとからある決まりを当たり前のものとせず，⑥**現実に不利益と感じる声を社会で受け止め，具体的に制度として発展させ，環境(かんきょう)を整えてきた**成果といえます。

1．下線部①について，以下の問いに答えなさい。

(1) 次の**ア**～**エ**のうち，正しいものを1つ選び，記号で答えなさい。

ア．最高裁判所は国会の召集(しょうしゅう)を決める

イ．最高裁判所は内閣を信任しないことを決議できる

ウ．最高裁判所の裁判官をやめさせる制度に，国民審査(しんさ)がある

エ．最高裁判所の裁判官は国会によって任命される

(2) 裁判所に関する次の説明文の(**あ**)～(**う**)にあてはまる語句をそれぞれ答えなさい。

> 裁判所では，人々の間に起きた争いなどについて，原告側と(**あ**)側に分かれて裁判を行い，判決を出します。このうち刑事(けいじ)裁判の場合は，原告側につくのが(**い**)で，(**あ**)人側につくのが弁護士という職業です。(**い**)と弁護士とともに，判決を下す裁判官の3人を含(ふく)めて法曹(ほうそう)三者とよびますが，2009年より始まった(**う**)制度では，3人の裁判官とともに6人の(**う**)も一部の刑事裁判に加わることになりました。

2．下線部②に関連して，国会に関する，以下の問いに答えなさい。

(1) 国会に関する以下の日本国憲法条文の□に適切な語句を入れなさい。ここには「法律を作る」という意味の語句が入る。

> 第41条：国会は，国権の最高機関であつて，国の唯一(ゆいいつ)の□機関である。

(2) 国会議員に関する次の**ア**～**エ**のうち，憲法や法律の規定として正しいものをすべて選び，記号で答えなさい。答えが複数ある場合は五十音順に答えなさい。

ア．衆議院議員よりも参議院議員の方が人数は少ない

イ．衆議院議員よりも参議院議員の方が任期は長い

ウ．内閣総理大臣は衆議院議員から必ず選ばれる

エ．年齢(ねんれい)が30歳(さい)に達したら参議院議員の選挙に立候補できる

3．下線部③について，各自治体の役所が，その自治体の議会で決まったことを実際に実行します。以下の**ア**～**エ**の文を見て，正しいものをすべて選び，記号で答えなさい。答えが複数ある

場合は五十音順に答えなさい。

ア．市議会議員は選挙によって選ばれる

イ．各自治体は国や県から補助金をもらうことがある

ウ．市議会では，主に法律や条例の制定を行う

エ．各自治体の子育て支援（しえん）事業は国の仕事であり，自治体では取り組めない

4．下線部④について，以下の問いに答えなさい。

(1)　内閣の仕事について以下の**ア**～**エ**のうち，正しいものをすべて選び記号で答えなさい。答えが複数ある場合は五十音順に答えなさい。

ア．国会が行う国事行為（こうい）に助言と承認をあたえる

イ．外国と条約を結ぶ

ウ．最高裁判所の長官を任命する

エ．衆議院の解散を決める

(2)　内閣の仕事として，予算案を国会に提出することがあげられる。右のグラフは，2018年度の国の一年間の支出の内訳を示している。グラフ中の**B**にあてはまる支出として，正しいものを以下の**ア**～**エ**から1つ選び，記号で答えなさい。

ア．国の借金を返済するための支出

イ．国を防衛するための支出

ウ．国民の健康や生活を守るための支出

エ．教育や科学技術を盛んにするための支出

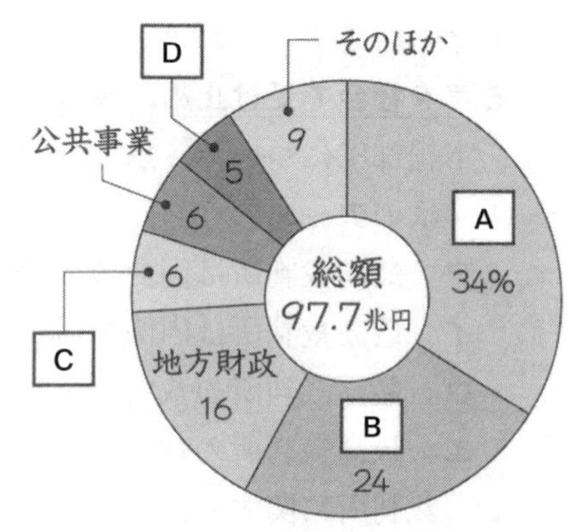

歳出（2018年）

5．下線部⑤について，以下の文章を読み，問いに答えなさい。

> 日本国憲法第11条には，人が生まれながらにもっているおかすことのできない権利は尊重されなければならない，として「（　1　）の尊重」という原理がある。日本国憲法には自由・権利とともに，義務も定められていて，子どもに教育を受けさせる義務，勤労の義務，あと一つは（　2　）の義務である。

(1)　（1）にあてはまる語句を答えなさい。

(2)　（2）にあてはまる語句を**漢字二字**で答えなさい。

6．下線部⑥にともない，2016年よりそれまで20歳以上の人にのみ認められていたある国民の権利の年齢制限が引き下げられた。その権利は何か，**漢字三字**で答えなさい。

【理　科】〈４教科入試〉（40分）〈満点：100点〉

1　**次の文章を読み，以下の問いに答えなさい。**

小百合さんは，夏休みに神奈川県の海で磯遊びをすることになりました。あらかじめ磯遊びについて調べると，生物観察に適した時間帯や$_{\text{i}}$注意点がわかりました。海水面の高さは，地球の運動や太陽・月などの引力の影響で常に変化しています。一日のうちで海水面が最も高い状態を（ **あ** ），最も低い状態を（ **い** ）といいます。磯の生物観察をする場合には，（ **い** ）の前後１時間ごろに行うと，岩の間の潮だまりに残された生き物や，岩の表面に固着した生き物がよく見つけられるようです。小百合さんは，最も観察に適した時間帯に合わせて磯遊びを行い，様々な生き物を見つけることができました。**図１**は，小百合さんが観察した生き物の写真です。

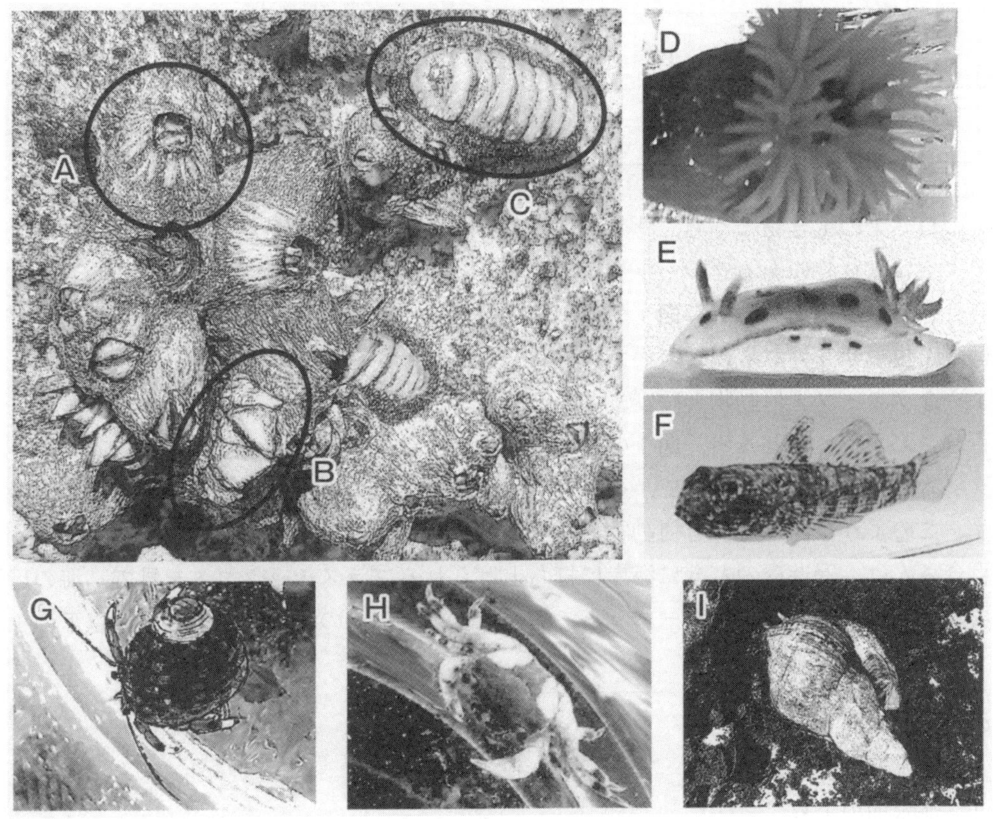

図１　神奈川県の磯で観察した生き物

(1)　文中の下線部ｉの説明として，誤っているものを下の**ア**～**エ**から１つ選び，記号で答えなさい。

ア：磯の生き物は，自然のものなのですべて採取してよいが，有毒な危険生物はさわらないように気をつける必要がある。

イ：磯の石の下にも生き物がいるため，必要であれば石をひっくり返してもよいが，観察後には石を元の状態にもどす必要がある。

ウ：海にゴミが流出し，海の環境悪化を引き起こすため，ゴミはすべて持ち帰る必要がある。

エ：観察に適した春～夏ごろは，多くの生き物の繁殖期にあたるため，生育に影響がないように気をつけて観察する必要がある。

(2) 文中の空らん(**あ**)，(**い**)に当てはまる最も適切な語を，それぞれ答えなさい。

(3) **図1**の**A**～**C**の生き物は岩にはりついてさわっても動きませんでした。これらの名まえを，下の**ア**～**エ**から選び，それぞれ記号で答えなさい。

ア：カメノテ　　**イ**：フナムシ

ウ：フジツボ　　**エ**：ヒザラガイ

(4) 小百合さんは，**図1**の**D**～**I**の生き物をおおまかに観察して，特徴(とくちょう)を下の表にまとめました。**D**～**I**は，表の**ア**～**カ**のどれですか。それぞれ1つずつ選び，記号で答えなさい。

生物	こん虫のようなあし	背びれ 胸びれ	貝殻(がら)	自由に 動き回るようす
ア	−	+	−	+
イ	−	−	−	−
ウ	−	−	−	+
エ	+	−	+	+
オ	−	−	+	+
カ	+	−	−	+

＋　ある　　−　ない

(5) **図1**の**D**～**I**の生き物のうち，背骨のあるものをすべて選び，記号で答えなさい。

(6) (5)のように，背骨のあるグループを何動物と呼びますか。

(7) 小百合さんが調べたところ，**図1**の**A**，**B**の生き物は，**G**，**H**のなかまでした。このグループにはこん虫やザリガニも属していて，外骨格をもち，からだやあしが節に分かれています。このようなグループを何動物と呼びますか。

(8) 小百合さんが調べたところ，**図1**の**E**の生き物は，**C**，**I**のなかまでした。このグループにはカタツムリやイカも属していて，やわらかいからだで外骨格がなく，種類によっては殻をもちます。このようなグループを何動物と呼びますか。

小百合さんは，磯遊びのときに海岸に打ち上げられるプラスチックゴミを見て，海の環境問題に興味をもちました。インターネットで調べてみると，海の環境問題には主に以下のⅠ～Ⅶのようなものがありました。

海の環境問題
- Ⅰ　海水温の上昇(しょう)
- Ⅱ　海水面の上昇
- Ⅲ　海洋の水質の(**う**)性化
- Ⅳ　プラスチックゴミの増加
- Ⅴ　水質汚染(おせん)
- Ⅵ　河川や海岸の開発による環境破壊(かい)
- Ⅶ　海洋生物の減少・絶滅(ぜつめつ)

さらに調べていくと，Ⅰ～Ⅶの問題は，それぞれが複雑に関係しあって起こっていることがわかりました。小百合さんは，人間活動は自然やそこにすむ生き物の犠牲(ぎせい)で成り立っていること，現在の便利な生活を続けると，自分が大人になるころには多くの自然が失われ，人間でさえ生活ができない地域が広がっていくことを知りました。

国際連合は『ⅱ2030年までに持続可能でよりよい世界を目指す国際目標』として17のゴールを掲げ，世界各国が次の世代へよりよい地球環境や社会を残すための取り組みをしています。

(9) 海の環境問題Ⅰ～Ⅲは主に地球温暖化が要因とされています。次の①～③の問いに答えなさい。

① 地球温暖化の原因とされる，二酸化炭素やメタンなどの気体をまとめて何と呼びますか。

② 海の環境問題Ⅱの直接的な原因として誤っているものを下の**ア～オ**から２つ選び，記号で答えなさい。

ア：アラスカやグリーンランドの氷河がとける

イ：北極海の氷がとける

ウ：南極大陸の氷がとける

エ：海水温上昇により，海水の体積がふくらむ

オ：植物の蒸散が活発になり，降雨量がふえる

③ 海の環境問題Ⅲは，大気中の二酸化炭素が海水中に溶けこむことによって起こります。空らん(**う**)に当てはまる最も適切な語を答えなさい。

(10) 海の環境問題Ⅳについて，プラスチックの原料を答えなさい。

(11) 次の①～③は，海の環境問題Ⅰ～Ⅵのどれと直接的に関わりが深いですか。それぞれ１つずつ答えなさい。

① フィジー共和国，ツバル，マーシャル諸島共和国などの海抜の低い国で，井戸水に塩水が混ざる。

② 日常で使用する洗剤を，合成洗剤から石けんに変える。

③ マイボトルを使用してペットボトルを買わないようにする。

(12) 文中の下線部ⅱは，通称で何と呼ばれていますか。下の**ア～エ**から最も適切なものを選び，記号で答えなさい。

ア：WWF　**イ**：WHO　**ウ**：IOC　**エ**：SDGs

2 **次の文章を読み，以下の問いに答えなさい。**

成分：界面活性剤，水

図

百合子さんは，幼いころからシャボン玉を作るのが好きで，市販のシャボン液を使ってよくシャボン玉を作ります。自分でシャボン液を作ることができないか，と考えた百合子さんは，売っているシャボン液の成分を調べてみたところ，容器の裏には右上の図のような表示がありました。界面活性剤の意味を調べてみたところ，『水と油のように異なる性質を持つ物質同士の境目にはたらき，２つを混ぜ合わせるもの』というものでした。石けんや洗たく用洗剤などが界面活性剤の性質を持っています。

これだけではシャボン液の作り方がわからなかったので，インターネットで作り方を調べてみました。すると，洗剤，水の他に，洗たくのり(洗たく物のしわなどを防ぐもの)を使う作り方がわかったので，実際に作ってみることにしました。各成分をどのように混ぜたらよいかを調べるため，全部で５種類の組み合わせ(ａ～ｅ)を作って実験しました。各成分の重さ(ｇ)と結果は，以下の**表１**のようになりました。結果は，シャボン玉ができて，しかも長もちしたものは◎，シャボン玉ができたものは○，できなかったものは×としました。実験で使う洗剤と洗たくのりは，すべて同じものを使ったこととします。

表1　シャボン液を作る組み合わせと結果

	洗剤(g)	洗たくのり(g)	水(g)	結果
a	17	17	166	◎
b	3	12	85	×
c	24	6	170	○
d	5	18	90	×
e	30	10	140	○

(1)　石けん水の性質について述べた文として，適切なものはどれですか。下の**ア**～**エ**からすべて選び，記号で答えなさい。

ア：BTB溶液を加えると青色になる

イ：BTB溶液を加えると黄色になる

ウ：青色リトマス紙が赤色になる

エ：赤色リトマス紙が青色になる

(2)　**表1**の実験について，次の①～④の問いに答えなさい。

①　組み合わせaの溶液(ようえき)中の洗剤の濃(こ)さ(%)，組み合わせcの溶液中の洗たくのりの濃さ(%)はそれぞれどのような値になりますか。濃さとは，全体の重さ(g)の中で，求める成分の重さ(g)がどれくらいの割合(%)になるのかを示す値です。

②　a～eの実験をするときに，そろえた方がよい条件として，シャボン液を吹(ふ)くストローの形状をそろえることが考えられます。他にどのような条件をそろえる必要がありますか。考えられることの中から2つ，簡単に書きなさい。

③　そろえるべき条件に気をつけて実験を行ったとき，実験a～eからわかることとして，下の**ア**～**オ**から最も適切なものを選び，記号で答えなさい。

ア：全体の重さが同じとき，洗剤の割合が多いほどシャボン玉が作りやすい

イ：全体の重さが同じとき，洗たくのりの割合が多いほどシャボン玉が作りやすい

ウ：洗剤と洗たくのりをちがう重さにするとき，洗剤が多い方がシャボン玉が作りやすい

エ：洗剤と洗たくのりをちがう重さにするとき，洗たくのりが多い方がシャボン玉が作りやすい

オ：洗剤と洗たくのりが同じ重さであれば常に安定したシャボン玉が作れる

④　『安定したシャボン玉を作るためには水の割合が多すぎてもよくない』ということを確かめるには，組み合わせa～eの他にどのようなシャボン液を作って確認すればよいですか。組み合わせa～cのいずれかを参考にし，溶液全体を100gとして作成するとき，洗剤，洗たくのり，水の量を考えて組み合わせfの例を作りなさい。答えは解答らんの表の中に記入すること。

(3)　衣類の洗たくについて考えます。次の①～③の問いに答えなさい。

①　水と油をコップに入れてしばらく放置したときについて述べた次の文の穴うめをしなさい。ただし，**ア**，**ウ**は(　)内から正しい語句を選びなさい。

水と油は両方とも液体だが，よく混ぜた後に放置すると，(**ア：水　油**)が上に，もう一方が下になって分かれる。これは同じ体積で比べたときの重さ，つまり(　**イ**　)が異なるためである。両者を比べると，(**ウ：水　油**)の方が(　**イ**　)が大きい。

② 界面活性剤は，どのようなはたらきをするために衣類の汚れを落とすことができると考えられますか。簡単に述べなさい。なお，衣類の汚れは油を多くふくむものとします。

③ 洗たく物が乾(かわ)くのは，もののすがたが変わるためです。この変化を何といいますか。漢字2文字で答えなさい。また，下の**ア**～**エ**から，これと同じ変化について述べたものを1つ選び，記号で答えなさい。

ア：砂糖を水に入れて放っておくと砂糖が見えなくなる

イ：冷たい飲み物を入れたコップを放っておくとコップの周囲に水滴(すいてき)がつく

ウ：冷凍(れいとう)庫の中にある氷が少しずつ小さくなる

エ：手指消毒用のアルコールを手にぬるとすぐに消える

3 **次の文章を読み，以下の問いに答えなさい。**

宇宙には，私たちが住む地球以外にもたくさんの星が存在しています。地球は太陽という恒(こう)星(せい)の周りをまわっている惑星(わくせい)ですが，地球の周りを月という衛星がまわっています。また，月や太陽から比べ物にならないくらいはるか遠くには，数えきれないほどの星があります。そして，私たちは様々な天体現象を観測することができます。身近なものでは，A月の満ち欠け，B日食，月食，C星の日周運動や年周運動があります。また，1年のうちの決まった時期にD流星群と呼ばれる流星(流れ星)がまとまって見られる現象も有名です。

(1) 下線部Aに関して，北半球のある場所で9月13日の午前0時に月が西にしずんでいくようすが観察されました。次の①～③の問いに答えなさい。

① この日の月の形として最も近いものを，下の**ア**～**ク**から選び，記号で答えなさい。

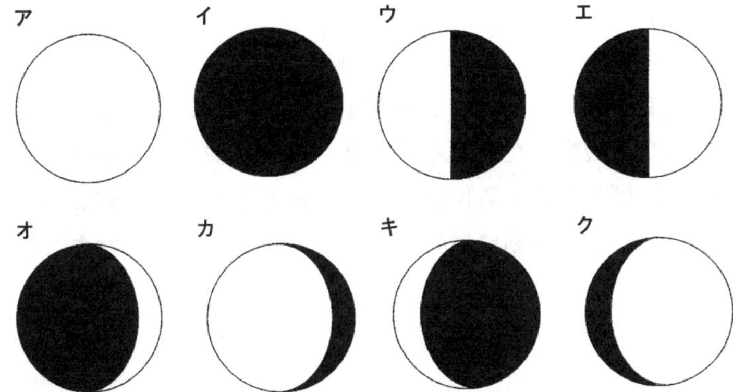

② 満月が観察されると考えられる日を，下の**ア**～**カ**から選び，記号で答えなさい。

ア：9月6日　**イ**：9月9日
ウ：9月16日　**エ**：9月20日
オ：9月24日　**カ**：9月28日

③ 9月6日の月の出として考えられる時刻は下の**ア**～**エ**のどれですか。最も近いものを選び，記号で答えなさい。

ア：午前0時　**イ**：午前6時
ウ：午後0時　**エ**：午後6時

(2) 下線部Bに関して，日食および月食は月が太陽と地球に対してどの位置にあるときに起こりますか。次のページの**図1**の**a**～**h**の中から選び，記号で答えなさい。ただし，図は地球を北側から見たものです。

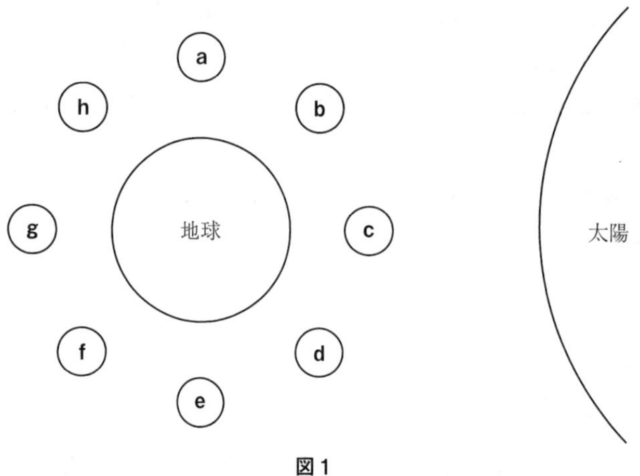

図１

(3) 下線部Ｃに関して，次の①～③の問いに答えなさい。

① 星の日周運動とは，１日の中で星の見える位置が動いていくことです。日本において東の空および北の空で観測できる星の動きを下の**ア**～**カ**の中から選び，記号で答えなさい。

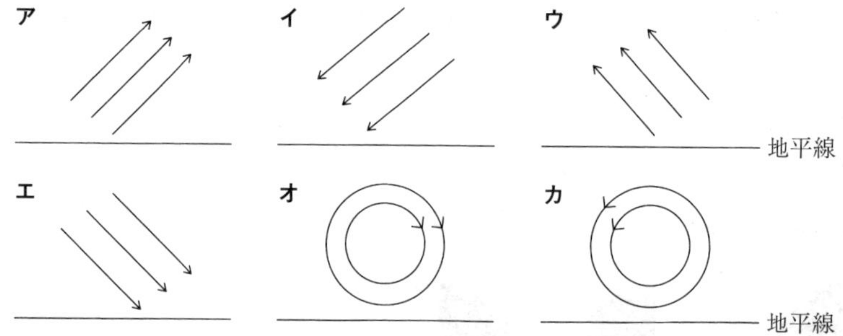

② 星の年周運動とは，同じ時刻で観測される星の位置が１日ごとに動いていくことです。ある年の８月１日午前０時に南の空を観察したところ，**図２**の★の位置に星Ｘが見えました。同じ年の以下の１)，２)の時刻に星Ｘが見える位置として，最も近いものを**図２**中の**ア**～**カ**の中から選び，記号で答えなさい。その時刻には見えないと考えられる場合は**キ**と答えなさい。

１) ８月30日午前０時

２) ７月15日午後９時

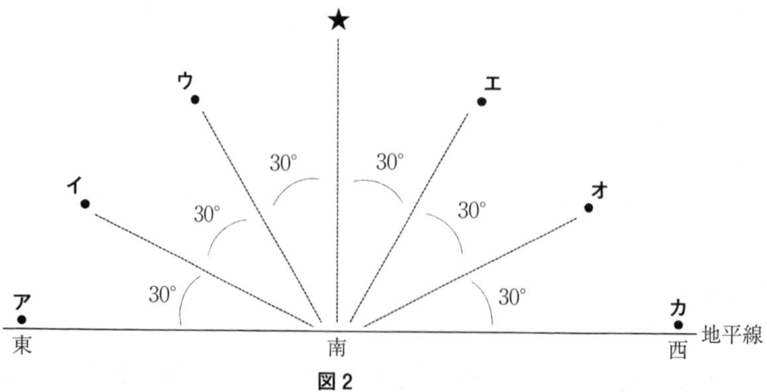

図２

③ 星の年周運動によって季節ごとに観測できる星座が変わっていきます。以下の星座のうち，

夏に南の空に見える星座を3つ選び，それぞれの星座の一等星の名前を答えなさい。

おおぐま座	わし座	カシオペア座	はくちょう座
おおいぬ座	こいぬ座	オリオン座	こと座

(4)　下線部Dに関して，以下の文章は流星群について述べたものです。空らんXには**図3**中の**a**～**h**の記号のうち当てはまるものを，空らんYには解答群**ア**～**カ**から当てはまるものを，空らんZには「長い」あるいは「短い」のうち当てはまる語句を答えなさい。

流星(流れ星)とは，宇宙空間に浮かんでいる直径数mmから数cm程度の小天体が地球の大気に衝突し，超高温になることで発光する現象です。流星の元となる小天体の多くはすい星から放出されたもので，それらはすい星の軌道(通り道)上にたくさん存在しています。すい星の軌道が地球の軌道と交わっていると，その場所を地球が通るときに地球にたくさんの小天体がぶつかって，流星群が観測されるようになります。

昨年(2021年)は8月13日の明け方にペルセウス座流星群が極大(最も流星をたくさん観測できる時期)になり，E その他の条件も比較的良かったことから話題になりました。(実際には日本では天候が悪く，見られた地域は限られていたようです。)

図3はすい星の軌道を地球が横切るときのようすを北側から表したものです。図中の点は小天体を表しています。地球から見ると流星群は図中の矢印［　X　］の方向に動くように見えます。これを地上から観測すると流星群は［　Y　］のようになります。

流星群が極大になる時間帯はF 1年ごとに約4分の1日ずつずれていきます。これは地球の公転周期が365日より［　Z　］からです。

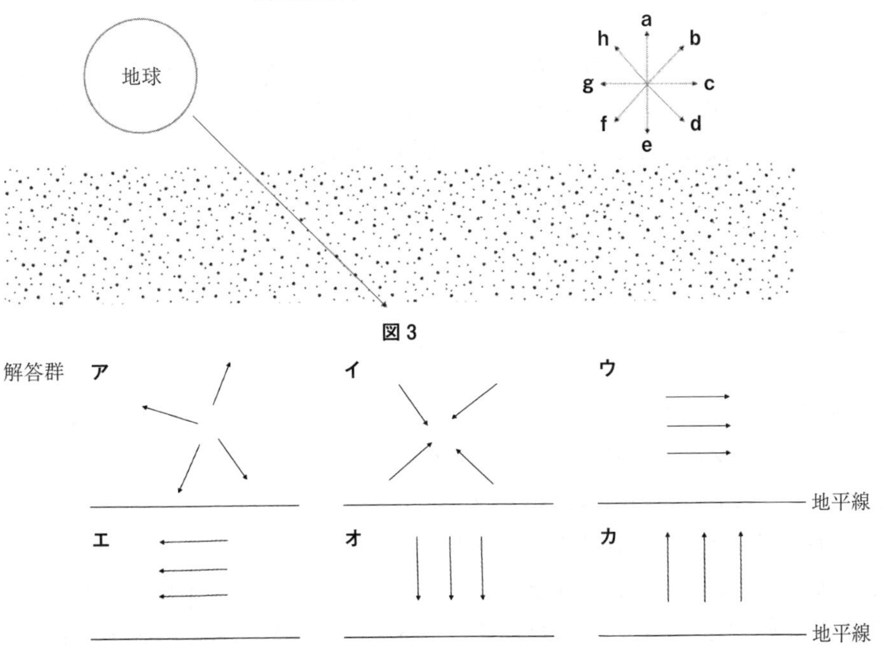

図3

(5)　(4)の文中の下線部Eに関して，流星群の観測に適した条件として考えられることがらを1つ答えなさい。

(6)　(4)の文中の下線部Fに関して，4年たつと極大の時間はもとに戻ります。この理由を簡単に答えなさい。

4 **次の文章Ⅰ，Ⅱを読み，以下の問いに答えなさい。**

［Ⅰ］ 次の文章は，道具と力の関係についての会話です。

先　生　：釘(くぎ)抜きやハサミなどの道具にはいろいろな工夫がされていますね。力の入れ具合など，考えてみましょう。

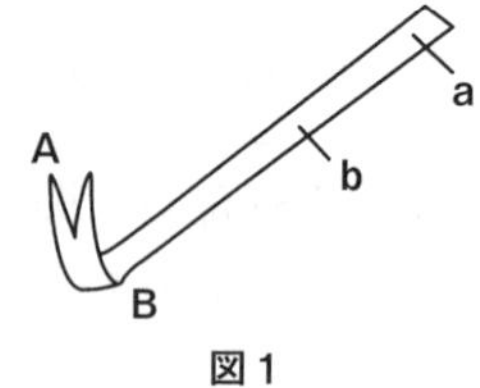

図1

百合さん：先生！　釘を抜きたいとき，右のような釘抜きという道具で，**A**点に釘の頭を引っかけて使いました。このとき，**図1**の**a**点と**b**点では，（　**X**　）点に手で力を加えた方が小さな力ですんで楽でした。

図2

先　生　：そうですね。**図1**では，**A**点を（ ① ），**B**点を（ ② ）と言いますね。「（ ② ）から（ ③ ）のところほど，必要な力は小さくなる。」と言えますね。同じように，ハサミについて考えてみましょう。ハサミでかたいものを切るときは，同じ力をかけるとすると，**図2**の**c**点と**d**点ではどちらが切りやすいでしょうか？

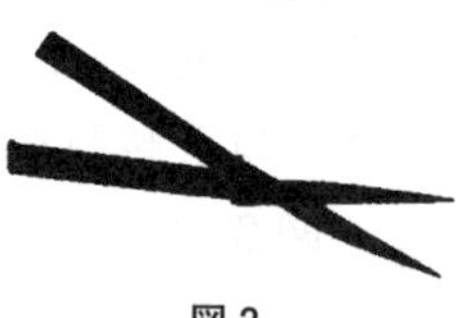
図3

百合さん：はい！　同じ力で同じものを切ろうとしたとき，**c**点と**d**点では（　**Y**　）点を使って切った方が切りやすいです。このことから，（ ② ）から（ ④ ）のところで切る方が，切るものに力がかかりやすいと言えます。

先　生　：よく考えましたね。**図3**のような庭木を手入れする刈(か)りこみ(枝切り)バサミは，手で持つところは（ ② ）から（ ⑤ ）に，枝を切るところは（ ② ）から（ ⑥ ）になるように工夫されていますね。

　公園のシーソーについても考えてみましょう。シーソーは，まっすぐで太さや材質が一様なものでできているとします。体重の大きい大人と小さい子供がシーソーに乗って遊ぶとき，シーソーのバランスをとるためには，大人の方が子供よりも（ ② ）から（ ⑦ ）に座らなければならないということになりますね。

(1)　**X**，**Y**にあてはまるものを，図の**a**，**b**，**c**，**d**の中から選び，記号で答えなさい。

(2)　①～⑦にあてはまる言葉を，下の**ア**～**オ**から選び，記号で答えなさい。

ア：作用点　　**イ**：力点
ウ：支点　　**エ**：近く
オ：遠く

(3)　「加えた手の力よりも(①)ではたらく力の方が大きくなる身のまわりの道具」の名前を１つ書きなさい。ただし，上の文章に出てきた道具以外を書くこと。

［Ⅱ］ 次の実験について，以下の問いに答えなさい。

　図4のように，長さ50cm，重さが100gの棒の中央を糸でつるしました。この棒におもりをつるし，棒が水平になるようにする実験を行いました。この棒は太さや材質がどこも同じで，重さは真ん中にかかっているものとします。端(はし)から5cmごとのところにおもりをつるせるようになっていて，その位置を，**図4**のように⓪～⑩で表すものとします。また，おもりは１個25gのものを使い，糸の重さは考えないものとします。

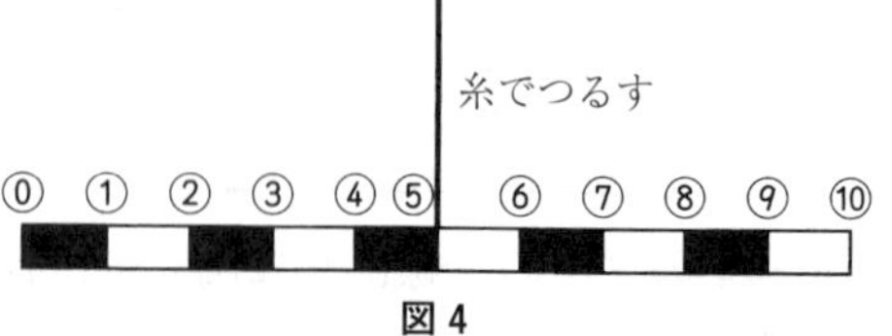

図4

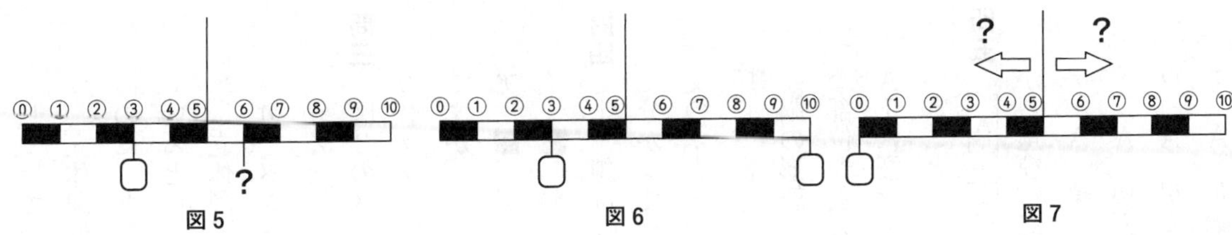

図5　**図6**　**図7**

(4)　**図5**のように，③の位置におもり１個をつるしました。棒を水平にするには⑥の位置におもりを何個つるせばよいですか。

(5)　**図6**のように，③の位置と⑩の位置にそれぞれおもりを１個ずつつるしました。棒を水平にするには，あとどの位置におもりを何個つるせばよいですか。２通りの答えを書きなさい。ただし，つるす位置はそれぞれ⓪～⑩のうちの１か所とします。

(6)　**図7**のように，⓪の位置におもりを１個つるした状態で，棒を水平にするには，棒をつるしている糸を⓪～⑩のどの位置にずらせばよいですか。

(7)　(6)の状態で，⓪の位置のおもりを１個加えて２個つるしました。棒を水平にするには，１個のおもりを⓪～⑩のどの位置につるせばよいですか。

(8)　この棒を２本用意し，**図8**のようにしたところ，２本とも水平になりました。次の**a**～**c**にあてはまる数を答えなさい。

図の**A**と**B**につるしたおもりの数は，**A**が(　**a**　)個，**B**が(　**b**　)個，また，図のばねばかりが示す値は(　**c**　)gである。ただし，棒は２本とも**図4**で示したものと同じ長さ，重さのものを使ったとします。

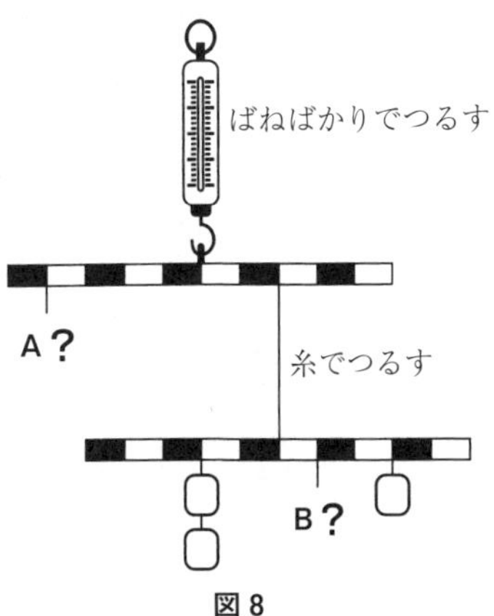

図8

性は平面図形である地図の読み取り能力が低いということにこじつけているということ。

ウ　立体図形を別の角度から見る力は地図を読む力と関係がないのに、女性には立体図形を頭の中で展開できないと決めつけているということ。

エ　立体図形の読み取りと平面図形の読み取りは密接な関係があり、メンタルローテーションの結果はすぐに男女の差へとつながるということ。

問三　図2のメンタルローテーション課題の男女別成績分布の典型例のグラフで用いられている■と●はどちらが男性でどちらが女性ですか。正しい組み合わせを次から選び、記号で答えなさい。

ア　■　男性　●　女性

イ　■　女性　●　男性

問四　――線部③「手持ちの武器である高性能なｆＭＲＩ装置を使って分かってきたこと」とありますが、実験について説明した次の文の(①)・(②)に入る言葉を、文章中よりそれぞれ五字～十字で探し、書きぬきなさい。

脳の形態や血流を考慮し、(　①　)の組み合わせの中で様々な部位が別の部位とどれくらい強くつながっているかを色分けし、ＡＩに認識させると、(　②　)の違いぐらいしか分からないということ。

問五　Ａ・Ｂに入る組み合わせとして最もふさわしいものを次から選び、記号で答えなさい。

ア　Ａ　集団　Ｂ　個人

イ　Ａ　個人　Ｂ　集団

ウ　Ａ　男女　Ｂ　年齢

エ　Ａ　年齢　Ｂ　男女

問六　(④)に入る慣用句を次から選び、記号で答えなさい。

ア　脛(すね)をかじる　　イ　鵜呑(うの)みにする

ウ　大風呂敷(おおぶろしき)を広げる　　エ　肩で風を切る

問七　〰〰線部「科学的であろうとすると、導き出せる結論も地味なことになりがちで」あるとはどういうことですか。文章中の四本さんの研究の例を使って、一〇〇字程度で説明しなさい。

男性は半球〝内〟のつながりが強い傾向があるというものでした。その後、論文から＊7プレスリリースになり、ニュースにとりあげられてブログの記事になり、ニュースのコメント欄、＊8ヤフコメみたいなところにいくにつれて、本来は「結合パターンに統計的な差が見つかった」って話なのに、「女性はマルチタスクにすぐれていて、男性は難しい課題に集中することができる。だから女性は家にいて家事をやるのが得意で、男性は外で仕事をするのがいいということがわかったと報告された」になってしまうと。いかに細心の技術と知識を使って、二群の差をあらわそうとして、単純化できないような差を見つけたとしても、そんなものは社会に必要とされていないんだなあと思い知らされます」

科学的であろうとすると、（　④　）のを自制して、地味になる。にもかかわらず、こと脳神経については、自分の研究がすぐに「神話」に組み込まれてしまう可能性と常に隣り合わせだ。では、どう伝えればいい？

四本さん自身もジレンマを抱えているわけだが、何時間もお話をうかがって、今、この原稿を書いているぼくにしてみても、やはり大いなるプレッシャーを感じざるを得ない。

さて、ここまで読んでくださったみなさん。

ぼくが描いた四本さんの研究は、地味だけど充分に知的好奇心を刺激しましたか？　それとも、「はっきりした結論を出さない」がゆえに、もどかしく不親切なものだったでしょうか。

前者なら、いいなあと、心から願う。

（川端裕人『科学の最前線を切りひらく！』）

（注）＊1　ジレンマ…二つの対立する事柄の板ばさみになること。
＊2　脳梁…左右の大脳半球をつなぐ、せんいの太い束。
＊3　ヒストグラム…縦軸に度数、横軸に階級をとった統計グラフの一種。
＊4　fMRI…磁気を利用して画像を映し、無害に脳活動を調べる方法。
＊5　自家薬籠…自分の使いたいときに自由に使える物や技術。
＊6　面目躍如…得意な分野で実力が十分発揮されて、目をひくさま。
＊7　プレスリリース…報道機関に向けた、情報の提供・告知・発表のこと。
＊8　ヤフコメ…「Yahoo!ニュース」におけるコメント投稿サービスの略称。

問一　――線部①「神経神話」について、筆者はどのようなものとして説明していますか。最もふさわしいものを次から選び、記号で答えなさい。

ア　男性の脳と女性の脳のしくみが違うことは、昔から言い伝えられている真実であるということ。
イ　OECDが公表して、有名になったもので、科学的な根拠に基づく、神がかった真実であるということ。
ウ　脳の性差は間違いだが、男女それぞれ、脳梁の太さを測ったら、女性のほうが太かったということが正しいことである。
エ　脳のしくみについて、科学的な根拠がなく拡大解釈しているのに、世間での関心が高いため、真実だと受け取ること。

問二　――線部②『女性は地図が読めない』という理由付けに使われていた」とありますが、どういうことですか。最もふさわしいものを次から選び、記号で答えなさい。

ア　立体図形が見える角度によって形が変わることで、別の形を想像してしまう発想の豊かさが女性にはあるということ。
イ　立体図形の読み取りが女性は男性より劣るという結果を、女

性と女性のプロットを比べると、女性はちょっとだけ全体的に左にずれている。これは統計的にはめちゃめちゃ有意なんです。確実に男女差がある。でも、有意だというのと、大きな差があるかというのは別で、男女のヒストグラムがこれだけ重なって、男女の平均の差よりも、個人差の方が大きいよねってくらいのものですよね。一番、はっきり差がでるものでもこれくらいですから」

すごく大事なのは、集団Ａと集団Ｂの間に差があると分かった時、それが統計的に「有意」であったとしても、それだけで、集団Ａの構成員はこうで、集団Ｂの構成員はこうだ、とは決めつけられないということだ。集団間にある分布の違いを明らかにすることと、構成員の個々の特性を明らかにすることは全く違うことなのに、しばしば混同される。

さて、それでは、四本さんが、以上のような前提に立って、また、③手持ちの武器である高性能な＊４ｆＭＲＩ装置を使って分かってきたことは？

「先にも言いましたが、最近の男女差研究って、スキャンして見たら、この部分が男女で形態的に違うみたいなことはもうないんです。では、何が違うのかというと、脳内部でのつながりの強さなんです。私たちの研究では、脳の中の場所を八四カ所に取り分けて、そのつながりの強さの違いを、八四×八四の組み合わせで考えてます」

これは四本さんが＊５自家薬籠中の物とするｆＭＲＩの＊６面目躍如たる研究だ。脳の形態も血流もすべて考慮して、八四×八四の組み合わせ(正確には二で割って三五〇〇くらいの組み合わせ)を総当り的に見ている。様々な部位が、別の部位とどれくらい強くつながっているかを丹念に確かめ、その結合の強さで色分けすると、ちょっと訳のわからない模様が浮き上がってくる。

「八四×八四の組み合わせの表を男女別に作って、女性と男性の差を計算してあるんです。八四カ所、それぞれ脳の場所の名前がついています。それで、皆さん、関心があるのは、こういった組み合わせで何が言えるだろうってことだと思うんですけど、それはわからないです。ただ、こういったもののパターン認識は、最近の機械学習が得意なので、パターンの違いを学習したＡＩに分類させると、まあまあの精度で男女を見分けることができる、くらいのことは言えるんです。でも、これって、たぶん男女じゃなくても、これくらいの差は出るんですよね。例えば、二〇代の人と三〇代の人、というふうに比べてもやっぱり差はでると思います」

違いはある。パターンの違いで見分けることもできる。

男女という分け方だけでなく、年齢差やほかの分け方でも、ネットワークの結合パターンの違いは見えてくる。

今わかっているのは、それくらいだ。

ここから新たな神話を引き出すというような話ではないらしい。

やがて、こういったネットワークの結合パターンが男女の認知や行動などの違いとどう関係しているのか分かる日が来るかもしれないが、それも、おそらくは「メンタルローテーション課題」の場合と同じで、[Ａ]としての分布の違いは言えても、[Ｂ]の差をはっきりと語るものにはならないだろう。

それでも！　相変わらず、神経神話は量産され続けている。四本さんは、同じくｆＭＲＩを使って、男女の脳のネットワークに統計的な差を見つけたとする論文が、その後、どのように伝わっていったか追跡した論文(ややこしい！)を見せてくれた。

「これ、二〇一四年の『プロスワン』誌に科学コミュニケーションの研究者たちが書いたものです。まず、注目した論文というのが『ＰＮＡＳ(米国科学アカデミー紀要)』に出たｆＭＲＩを使った脳研究で、脳の中のネットワークが、女性は半球〝間〟のつながりがやや強くて、

神話」“Neuromyths”には、「人間の脳は全体の一〇%しか使っていない」「右脳人間・左脳人間が存在する」「脳に重要なすべては三歳までに決定される」「男性の脳と女性の脳は違う」などが挙げられている。

脳の性差は、まさにこの「①神経神話」の代表的なもののようだ。四本さんは、そこにどう切り込むのか。

「間違った心理学で、男性がこう、女性がこうとか、世の中ではよく言われていますね。例えば、男女の脳の違いとして、男性の方が左右の脳の連携がよくないとか。これには、元になった論文がありまして、一九八二年に『サイエンス』誌で発表されています。男女それぞれ、*2脳梁の太さを測ったら、女性のほうが太かったと。でも、この論文のデータは男性九人、女性五人からしかとってないんです。それだけで、女性のほうが左右の脳の連絡がよくできているっていう結果にしている。そもそも信頼性がないし、その後、いろいろな研究者が再現しようとしたものの、結局できていません。今さすがにこれを信じている脳科学者はあんまりいないんですよ」

現在の知見では、少なくとも形態上、男女の脳に違いはない、ということになっているそうだ。しかし、「男女の脳」「脳梁」といったキーワードで検索すると、驚くほどたくさんの結果がヒットして、「脳梁が太いから女性はおしゃべりで、感情的」みたいなことが平気で書いてある。

〈小見出し省略〉

では、「脳の性差」を研究する四本さんは、「性差がない」と見越した上で研究を進めているのだろうか。

もちろん、「ない」ことを証明するのは難しいし、科学的な議論としては、検出できる違いがあるか、あるならどの程度か、ということになるのだろうが、それでも、見通しがどの方向なのかというのは知りたい。

「私、別に男女の脳に差がないとは全然思ってなくて、絶対あると思っているんです。でも、じゃあ、それがどんな差なんだろうっていうときに、気をつけてもらいたいことがあります。たとえば、これを見てください(図1)。メンタルローテーション課題というんですけど、立体図形を頭の中でクリクリッと回して、一致するものを探す課題ですね。これって、世の中にある諸々の課題の中で一番、男女差が出やすいっていわれてます」

これはぼくも聞いたことがある。②「女性は地図が読めない」という理由付けに使われていた。それ自体、神話の香りがする説だが、そこはスルーして、四本さんの説明をさらに聞く。

「じゃあ、この課題での男女差ってどのくらいだろうっていうときに、横軸に点数をとって、縦軸にその点数をとった人の人数をプロットした*3ヒストグラムを作ります(図2)。右にいくほど成績がいい人で、左にいくほど成績が悪い人で、平均あたりに一番人数が多いという形になった時、男

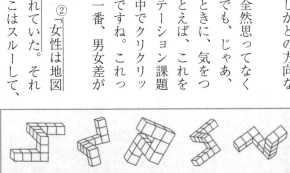

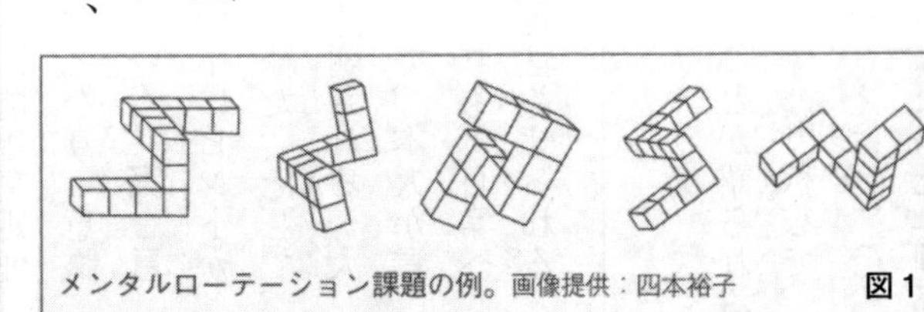
メンタルローテーション課題の例。画像提供：四本裕子　図1

メンタルローテーション課題の男女別成績分布の典型例

その成績をとった人の割合(%)　40　20　0

メンタルローテーション課題の成績　低 ←→ 高

最も差が出るテストでも、男女の平均の差よりも個人差のほうが明らかに大きい。画像提供：四本裕子　図2

問二　朱理が想像している話の世界から現実世界へと切り替わっている部分を探し、現実世界について書かれている部分のはじめの五字を書きぬきなさい。

問三　――線部①「この世のすべては、魔法にほかならない」とありますが、魔女が朱理に教えようとした魔法とは何ですか。文章中より三字で書きぬきなさい。

問四　――線部②「わたしは顔を上げた」とありますが、このときの朱理の気持ちとして最もふさわしいものを次から選び、記号で答えなさい。

ア　やっと自分から理緒に謝ることができ、気分が晴れてまっすぐ向き合うことができている。

イ　自分は謝ることが苦手だが、そのまま理緒に対して謝罪の言葉を続ける覚悟を決めている。

ウ　自分が話し出す前に理緒が謝罪の言葉を口にしたことが意外で驚いている。

エ　理緒がやっと謝ってくれたので、自分も理緒を許そうという気持ちになっている。

問五　次の文は、――線部③「小さな痛み」を感じたときの朱理の気持ちを説明したものです。空らんに入る言葉を、文章中の言葉を用いて答えなさい。

今まで〈十五字程度〉ことを後悔する気持ち。

問六　朱理が～～線部「偉大な魔法」を使ったことで、理緒はどのように変わりましたか。魔法が指す内容を明らかにしつつ、六十字以内で述べなさい。

六　**次の文章は、ノンフィクション作家の筆者が、脳科学者である東京大学大学院総合文化研究科准教授の四本裕子さんにインタビューしたものである。よく読んで、後の問いに答えなさい。なお、問いに字数指定がある場合には、句読点なども一字分に数えます。（設問の都合上、本文は一部省略があり、「図1」「図2」の語の追加と配置を変えています。）**

> 脳科学はとても人気がある領域で、その分、多くの俗説が充分な検証もないまま、世に流布している。〈中略〉科学的であろうとすると、導き出せる結論も地味なことになりがちで、声も通りにくい。東京大学大学院総合文化研究科の四本裕子さんはそんな＊1ジレンマの中、あくまで科学の側に立つ。小さなステップを踏みながら、我々が脳内でどんなふうに情報を処理し、統合していくのか、それらがどうやって知覚となり、意識となっていくのか、慎重かつ綿密に追い求めていく。実を言うと、四本さんの研究の「入口」は、日常生活の中にヒントがある場合が多く、たとえば「錯視」は格好の入門編だ。そして、研究の成果としても、将来、世界中の人たちに感謝される一大発明につながる(かもしれない)ものもある。決して、本人が言うような「地味」な話ばかりではないし、なによりも、日常への眼差しが科学の入口になるという部分には、興奮させられる。

〈中略〉

さて、脳にかかわる世間の関心は強く、さまざまなことが語られる。科学的な根拠がなかったり、あったとしても曲解、拡大解釈して、結果、誤った理解を広めてしまうことが絶えない。たとえば、二〇〇九年、OECD(経済協力開発機構)が公表して、有名になった「神経

③小さな痛み。

「わたし、理緒ちゃんとほんとの友だちになりたい。だから、理緒ちゃんのこと、もっと知りたい」

想いをのせて、わたしは言の葉を放った。

そうすることしかできなかった──ううん、ちがう。

そうすることができたって、思うべきなのかも。

ギター弾きの魔女に教わった偉大な魔法。

言の葉の力に、わたしは自分の想いをたくしたんだ。

理緒はだまりこんだ。なにかを考えているようだった。

わたしは待った。

いつまでも待つつもりだった。

理緒の言の葉を。そこにたくされた、理緒自身の気持ちを。

しばらくして、理緒は C と、こんなことを言った。

「うちは、染岡さんがおしゃべりしているの、聞くのが好き。染岡さんがさ、楽しそうにしているの見ると、なんていうか、うちまで幸せな気持ちになるっていうか……」

アスファルトの地面に視線をさまよわせながら、理緒は言葉を探す。

「なんか、世の中ってたいへんなこと、いっぱいあるけど、染岡さんと話していると、なんだか、この世界もまだまだ捨てたもんじゃないって、そんなふうに思える」

そして、照れくさそうに理緒は言った。

「染岡さん、お日さまみたいだって思う。染岡さんがとなりにいてくれて、楽しそうに話しているだけで、うちにそうやって話しかけてくれるだけで、超ハッピーっていうか」

わたしは、胸のおくが「きゅうっ」てなるのを感じた。

こう、「きゅうっ」って。しめつけられるような。でも、それがうれしいような。

愛おしいような。

「ありがとう」

わたしが言うと、理緒はうなずいた。

「ううん、でも、そうだね。うちもたまには、自分のこと話すことにする。おもしろくないかもだけど、染岡さんが聞いてくれるなら」

「うん。いっぱい、おしゃべりしようね」

くすぐったそうに笑って、理緒はわたしに手のひらを見せた。

「ね、手」

わたしはその手に、そっと自分の手のひらを重ねる。

ふれあった理緒の手は冷たくて、指が長くて、表面がさらさらしていた。

そうやって手を合わせたまま、理緒はつぶやくように言った。

「あのね、染岡さんにだから言うけれど、うち、バドミントン、きらい。だから、染岡さんといるときは、その話、したくない」

その声には、ちょっぴり影が差していた。

だけど、その影を見せてくれたことが、今はうれしかった。

わたしはうなずいた。「わかった。じゃ、楽しい話をしようね」

（村上雅郁『りぼんちゃん』）

（注）＊1　ノゾミがリカに…朱理が図書室で読んでいた本の登場人物。

問一　A ～ C にあてはまる語句として最もふさわしいものを下から選び、それぞれ記号で答えなさい。

A　ア　おずおず　イ　ぐいっ　ウ　ぽーん　エ　のろのろ

B　ア　さらり　イ　めきめき　ウ　ぎゅっ　エ　がつん

C　ア　ぺらぺら　イ　ぽつぽつ　ウ　ぐだぐだ　エ　ねちねち

れど。

しばらく、わたしたちは無言だった。さっきまでぽつぽつ話していたことのなかみも、よく覚えていない。右から左へどんどん流されて、どこかに消えてしまったようだ。なにも心に残らないような、うわべだけのやりとり。

ごめんね――それだけの言葉が、どうしても出ない。

なんだろう、こわい。

理緒がゆるしてくれない、とは思わない。

きっと理緒は、「いいよ。気にしないで」って言うだろう。

でも、それじゃだめなんだ。それじゃいやなんだ。むりして笑ってほしくないんだ。わたしがなにかいやな気持ちにさせちゃったなら、そう言ってほしい。

そうじゃなきゃ、ほんとうの友だちだなんて、言えない。

理緒の言葉に、かすれた声に、顔を上げた。

「ごめんね」

②わたしは顔を上げた。

「え……?」

理緒は気まずそうな顔をしていた。

「今朝からなんか、へんな空気にしちゃって、ほんとごめん」

「なに言ってるの。ごめんはわたしのほうだよ」

わたしは泣きそうになりながら言った。

「わたしがへんなこと聞いたから。わたしこそごめん。なんだろ、わたし、理緒ちゃんのこと、こまらせちゃったんだよね。こうなるなんて、ぜんぜん思ってなかった。ごめん」

理緒は首を横にふった。

「ううん、気にしないで。こんなことで、ごめんなんて言わせて、逆にごめんだよ」

笑ってそんなふうに言う。

だけど、やっぱりその笑いかたは、ほんとじゃない。

こまったような。むりしているような。かなしそうな。

苦しんでいるような。

そんな表情を見て、わたしはようやく気づく。

きっとわたし、理緒のこと、傷つけちゃったんだ。

「あのね、理緒ちゃん」

わたしは言った。祈(いの)るような気持ちで。

「わたしさ、いつも理緒ちゃんが話を聞いてくれるの、すごくうれしかったの」

不思議そうな顔をする理緒。わたしは続ける。

「ほら、わたし、みんなに子どもあつかいされてるっていうか、まあ子どもなんだけど、なんだか、みんなわたしの話なんて、真剣に聞いてくれなかったから。だから、理緒ちゃんがこの学校に来て、わたしといっしょにいてくれて、いっつもにこにこしながら、話聞いてくれるの、すごくうれしかったんだ」

理緒はだまっていた。じっとわたしの目を見て、なかなかうまくまとまらない言葉を、それでも待っていてくれた。

「だけど、気づいちゃったんだよね。わたし、自分の話ばっかりしてて、理緒ちゃんのこと、よく知らないって。わたしばっかりしゃべっちゃって、理緒ちゃんの気持ち、考えてなかったって。それ、よくないなって思ったの」

「そんなこと……」

理緒はつぶやくように言った。わたしは首をふる。

「そんなことじゃないの。大事なことなの」

わたしは［B］とこぶしをにぎった。つめが手のひらに食いこむ感触(かんしょく)。

にする魔法です。

　音楽をかなでることは、楽器をあやつり、すてきな音色で、聴く人の魂をゆさぶる魔法です。

　勉強することは、〈未知〉という暗闇を照らし、世界を知識の光で満たす魔法です。

　そう、①この世のすべては、魔法にほかならない。

　それに気づくことこそが、魔法使いとしての第一歩。

　だけど――。

「でも、わたし、だからってなにかができるわけじゃないよ。得意なことも、とくになにもないし。魔法があることを知っていても、使えなかったら意味ないじゃない」

　あかずきんちゃんの言葉に、魔女はあきれたように眉を上げました。

「なーにを言っているんだい。なにかができるわけじゃない？　そんなはずないだろう。今、きみはその力を使っているよ。だれもが使える、それゆえにだれも魔法だと思わない、だけど、なによりも強い力を持つ偉大な魔法だ」

　だれもが使える、だけどなによりも強い力を持つ偉大な魔法。

　そう言われても、あかずきんちゃんにはさっぱり思い当たりません。

「わたし、そんなの使えないよ」

「ほら、また使った」

　楽しそうに、魔女がそう言います。

　あかずきんちゃんはすこしばかり考えて、たずねました。

「言葉？」

　魔女は笑いました。

「そう。自分にしかとらえられない心を、目に見える〈文字〉や、耳に聞こえる〈声〉にして、相手に伝える力。そうやって、相手の心をふるわせ、ゆさぶり、動かす力」

　ふっと視線を上げる魔女。

　あかずきんちゃんもつられて空を見あげます。

　風がふき、空からおどるように落ちてきた一枚の木の葉を、魔女の右手がとらえました。

　あかずきんちゃんにそれを差しだして、魔女はしずかに言いました。

「言の葉の力だ」

　魔女の手のひらにのった、一枚の木の葉。

　それをじっと見て、あかずきんちゃんは言いました。

「なんて言ったら、いいんだろう」

「きみが思っていることを、そのまま言えばいいんだよ。上手に言おうとしなくていい。聞こえがいいようにかざる必要もない。心配しないで。ちゃんと伝わるよ」

　魔女の言葉に、あかずきんちゃんは［　A　］と手を伸ばします。

　指先でふれた木の葉はやわらかく、軽く、だけどしっかりとそこにありました。

　チャイムの音。わたしは心の森の中から、図書室にもどってくる。

　ページに目をもどすと、こんなセリフが目に入った。

「あとは、きみが一歩踏みだすだけだよ。だいじょうぶ。きっとうまくいく」

　それは、物語の中で、＊1ノゾミがリカに向けて言った言葉だけれど、わたしはそれを魔女からのはげましのように感じた。

　放課後、わたしは理緒といっしょに帰りながら、考えていた。

　言わなきゃいけないことはわかっている。だけど、それでわたしの気持ちがすべて伝わるのかどうかは、やっぱり自信がなかった。

　そのまま言えばいい。かざる必要もない。魔女さんはそう言ったけ

ゆりこ　「昔の文章ってただ教えてもらうだけかと思っていたから、びっくり」
みなみ　「　④　」

【選択肢】
ア　やっぱり
イ　私は国語は苦手だけど、ちょっと楽しみになってきた気がする
ウ　ということは、私たちが知っていることはまだほんの一部ということなの？
エ　知ってる！　かぐや姫のお話でしょう？　それなら小学校の低学年の子でも知っているお話よね。わざわざ中学校の授業で習うなんて意味があるのかな

四　**友人が私の家に初めて遊びに来ることになり、駅からの道順を教えてほしいと言われました。図を参考にして各文を適切な順に直し、順番を記号で答えなさい。**

ア　大きな木が三本並んでいるところを曲がります。
イ　橋を渡り、最初の交差点を左に曲がります。
ウ　海とは反対側の駅の改札から出ます。
エ　右手に見える公園を通り過ぎて五番目が私の家です。
オ　川ぞいに山の方に向かってしばらく進みます。

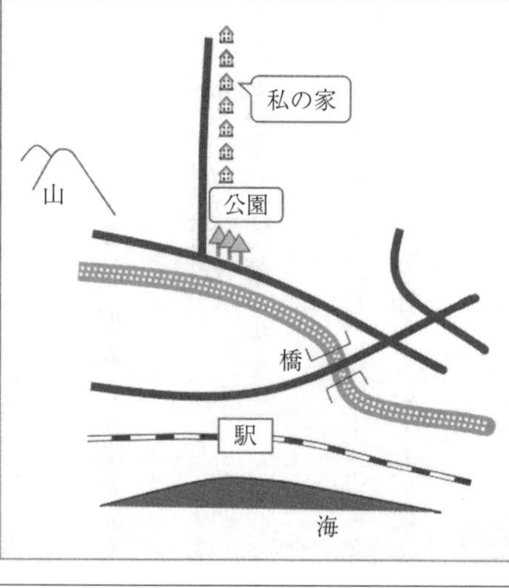

五　**次の文章を読んで、後の問いに答えなさい。なお、問いに字数指定がある場合には、句読点なども一字分に数えます。（設問の都合上、本文を一部省略しています。）**

《小学六年生の染岡朱理は、幼い容姿から「あかちゃん」とあだ名をつけられ、周囲の友人や大人から子ども扱いされることに悩んでいた。そんな中、クラスに転入してきた理緒が真剣に話を聞いてくれるので、もっと仲良くなりたいと感じていた。しかしある時、理緒の苦手な話題をふってしまったことで、二人は気まずい雰囲気になってしまう。朱理は日々の出来事やお気に入りの小説をもとに自分なりの「あかずきんちゃんのおはなし」を考えるのが好きで、次の文章は朱理が考えた「おはなし」の途中から始まっている。》

この世界は魔法にあふれている——それは、この世に存在するあらゆることは、つきつめてしまえばすべてが魔法であるということ。
毎朝、お日さまがのぼること、それは魔法です。
ニワトリが卵をうむこと、それは魔法です。
人と人が出会うこと、それは魔法です。
だれかを好きになること、それは魔法です。
テレビは、遠くの景色を映す魔法の道具です。
はさみは、ひとつのものをふたつに切り分ける魔法の道具です。
電話は、離れたところにいる人と心を通わせる、魔法の道具です。
時計は、見えないはずの〈時間〉を、目に見える形に変える、魔法の道具です。
絵をかくことは、世界をキャンバスの上に絵の具で閉じこめる魔法です。
料理を作ることは、食べものをおいしく変身させて、だれかを元気

二〇二二年度 湘南白百合学園中学校

【国　語】〈四教科入試〉（四五分）〈満点：一〇〇点〉

一　次の——線部のカタカナは漢字に、漢字はひらがなに直しなさい。

① 長いコウカイから無事に帰る。
② 念願がかなって犬をカい始めた。
③ 庭にはオモに百合を植えている。
④ 飛行機のジョウム員になる。
⑤ サトウの原料はサトウキビである。
⑥ 周囲からの愛情により大切に育まれた。
⑦ 治安の良い国なので安心して旅行に行く。
⑧ 猫(ねこ)の額ほどの土地に家を建てる。
⑨ 薬が効いてだんだん熱が下がってきた。
⑩ 留守にするので戸じまりを確認する。

二　次の——線部には複数の訓読みがあります。例を参考にして、送りがなをそれぞれ答えなさい（送りがなは空らんの数に合わせること）。

例　その人と彼は全□関係がない。　答（く）
　　全□の責任を負うつもりだ。　答（て）

(1) ① 編み目が細□□ので気を付けて編み進める。
　　② 細□道路を通りぬけると海が広がっていた。
(2) ① 毎日を大切に生□ていくことを心にとめる。
　　② 生後六か月くらいに乳歯が生□はじめる。

三　次の文章は小学校六年生の会話です。みなみの発言の空らん①〜④に合うものを後の選択肢(せんたくし)から選び、それぞれ記号で答えなさい（記号の使用は一回のみ）。

しょうこ「中学生になったら、小学校の時よりも高度な学習をするらしいね」
ゆりこ「そうなの？　例えば国語ではどんなことを学ぶのかしら」
しょうこ「私の姉は今度中学三年生だけど、一年生の時の教科書をこの前見せてもらったの。そうしたら、現代の物語文や説明文に交じって『竹取物語』があって…」
みなみ「　①　」
ゆりこ「そうよね、もっと難しい文章を読むのかと思っていたのに」
しょうこ「私もそう思ったの。それで姉に同じ質問をしてみたの。そうしたら、姉もそう思っていたって」
ゆりこ「そうよね」
みなみ「　②　」
しょうこ「でもね、姉は続けてこう言ったの。『自分が知っていたお話と同じだけど、知らないことばかりだった』」
ゆりこ「えっ、同じでしょう？　かぐや姫(ひめ)は竹の中から発見されて、月の世界に帰っていくのでしょう？」
しょうこ「姉がね、『話の筋はもちろん同じ。だけど、求婚者(きゅうこんしゃ)たちのことを比べたり、かぐや姫が月から来た理由を考えたりしたことはなかった。それに昔の文章は知っていた内容より情報量が多くて複雑だったから、本当にびっくりした』って話していたわ」
みなみ「　③　」
しょうこ「そういうこと。他にも色んな発見があるらしいよ」

2022年度

湘南白百合学園中学校　▶解説と解答

算　数　＜４教科入試＞（45分）＜満点：100点＞

解　答

1 (1) $2\frac{2}{5}$　(2) 3　(3) 14700cm^3　(4) ア 33個　イ 67個　(5) 7通り　2 (1) 5：2　(2) **食塩水Ａの濃度**…10％，**食塩水Ｂの濃度**…4％　3 (1) 時速5km　(2) 11時0分　(3) 解説のグラフを参照のこと。　(4) 9時$54\frac{7}{22}$分　4 (1) 2：1　(2) 27cm^2　(3) 54cm^2　5 (1) 288cm^3　(2) 452.16cm^3　(3) 56.52cm^2

解　説

1 四則計算，逆算，単位の計算，整数の性質，場合の数

(1) $2.8 \div \left\{2.5-\left(1\frac{1}{3}-\frac{1}{2}\right) \div 0.625\right\}=\frac{28}{10} \div \left\{\frac{25}{10}-\left(\frac{4}{3}-\frac{1}{2}\right) \div \frac{5}{8}\right\}=\frac{14}{5} \div \left\{\frac{5}{2}-\left(\frac{8}{6}-\frac{3}{6}\right) \div \frac{5}{8}\right\}=\frac{14}{5} \div \left(\frac{5}{2}-\frac{5}{6} \times \frac{8}{5}\right)=\frac{14}{5} \div \left(\frac{5}{2}-\frac{4}{3}\right)=\frac{14}{5} \div \left(\frac{15}{6}-\frac{8}{6}\right)=\frac{14}{5} \div \frac{7}{6}=\frac{14}{5} \times \frac{6}{7}=\frac{12}{5}=2\frac{2}{5}$

(2) $1\frac{3}{5}-\left\{4 \times \left(\square-\frac{1}{2}\right) \div 3\right\} \div 2\frac{1}{2}=\frac{4}{15}$より，$\left\{4 \times \left(\square-\frac{1}{2}\right) \div 3\right\} \div 2\frac{1}{2}=1\frac{3}{5}-\frac{4}{15}=\frac{8}{5}-\frac{4}{15}=\frac{24}{15}-\frac{4}{15}=\frac{20}{15}=\frac{4}{3}$，$4 \times \left(\square-\frac{1}{2}\right) \div 3=\frac{4}{3} \times 2\frac{1}{2}=\frac{4}{3} \times \frac{5}{2}=\frac{10}{3}$，$\square-\frac{1}{2}=\frac{10}{3} \times 3 \div 4=10 \div 4=\frac{10}{4}=\frac{5}{2}$　よって，$\square=\frac{5}{2}+\frac{1}{2}=\frac{6}{2}=3$

(3) 1mL＝1cm^3，1L＝1000cm^3，1dL＝0.1L＝100cm^{3}より，22000mL－7dL×13＋0.3L×6＝22000cm^3－700cm^3×13＋300cm^3×6＝22000cm^3－9100cm^3＋1800cm^3＝14700cm^3

(4) 約分して整数になるものは，分子が6の倍数のものだから，200÷6＝33余り2より，33個(…ア)ある。次に，6＝2×3より，まったく約分できないものは，分子が2の倍数でも3の倍数でもないものである。ここで，200÷2＝100，200÷3＝66余り2より，2の倍数は100個，3の倍数は66個あり，そのうち2と3の公倍数(6の倍数)は33個あるから，右の図のように表すことができる。よって，2または3の倍数は，100＋66－33＝133(個)あるので，まったく約分できない分数の個数は，200－133＝67(個)(…イ)と求められる。

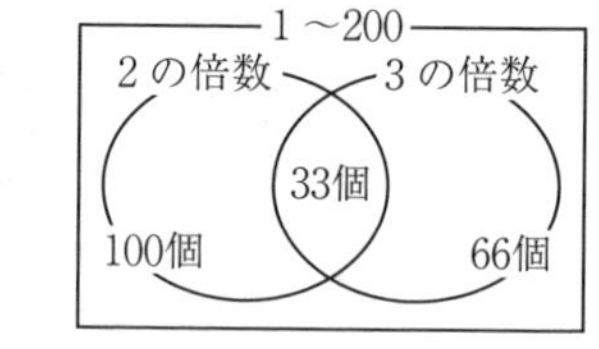

(5) 2回の目の和が5または10になればよい。このような目の出方は，(1，4)，(2，3)，(3，2)，(4，1)，(4，6)，(5，5)，(6，4)の7通りある。

2 濃度，比の性質

(1) 右の図のように，Ａ，Ｂに含まれる食塩の重さをそれぞれ②，①とし，Ａ，Ｂに含まれる水の重さをそれぞれ③，④とする。そして，Ｂの食塩，水の重さをそれぞれ$\frac{4}{5}$倍したＢ′を考えると，食塩の重さは，①×$\frac{4}{5}$＝(0.8)，水の重さは，④×$\frac{4}{5}$＝[3.2]，食塩水の重さは，5×$\frac{4}{5}$＝

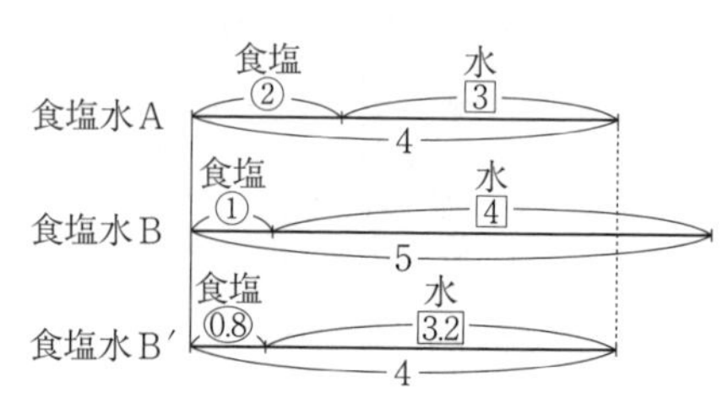

４となる。すると，食塩水の重さが等しくなるから，ＡとＢの濃度の比は，含まれる食塩の重さの比と同じになり，②：(0.8)＝５：２とわかる。

(2)　ＡとＢ′を比べると，②－(0.8)＝[3.2]－[3]より，(1.2)＝[0.2]，[1]＝(1.2)÷0.2＝⑥とわかる。よって，Ａの濃度は，②÷(②＋[3])×100＝②÷(②＋⑥×３)×100＝②÷⑳×100＝10(％)，Ｂの濃度は，$10\times\frac{2}{5}$＝４(％)と求められる。

[3]　グラフ―速さ，旅人算

(1)　問題文中のグラフより，AB間の距離（きょり）は2.5kmとわかる。この距離を進むのに30分かかったから，AB間の速さは時速，$2.5\div\frac{30}{60}$＝５(km)となる。

(2)　AB間，BC間，CD間にかかった時間はどれも30分で，Ｂ地点とＣ地点で休憩（きゅうけい）した時間はどちらも15分である。よって，Ｄ地点に到着（とうちゃく）した時刻は，９時＋30分×３＋15分×２＝９時＋120分＝９時＋２時間＝11時０分とわかる。

(3)　BC間の速さは時速，５－１＝４(km)だから，BC間の距離は，$4\times\frac{30}{60}$＝２(km)とわかる。また，百合子さんは30分進んで15分休憩することをくり返している。よって，グラフを完成させると下のようになる。

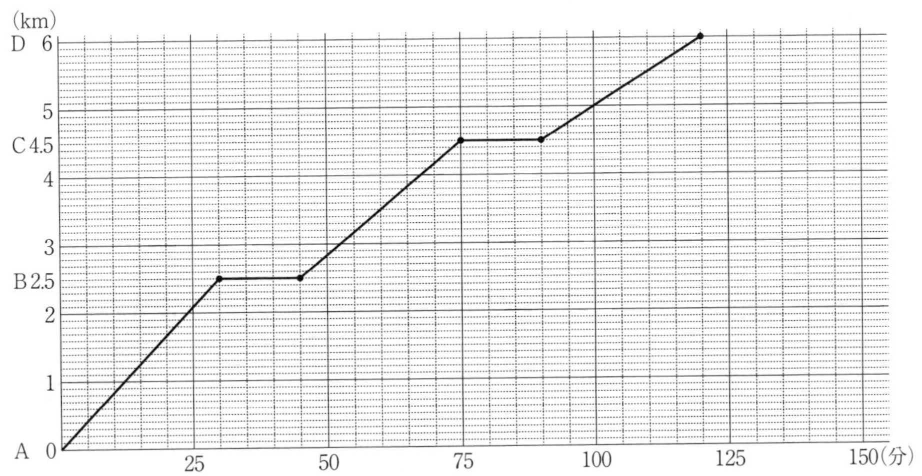

(4)　グラフより，百合子さんがＡ地点をスタートしてから50分後，百合子さんとタクシーは，$6-\left(2.5+4\times\frac{5}{60}\right)=\frac{19}{6}$(km)離（はな）れている。その後，百合子さんとタクシーは１時間に，４＋40＝44(km)の割合で近づくので，$\frac{19}{6}\div44=\frac{19}{264}$(時間)後，つまり，$60\times\frac{19}{264}=4\frac{7}{22}$(分)後にすれ違（ちが）う。よって，百合子さんとタクシーがすれ違う時刻は，９時＋50分＋$4\frac{7}{22}$分＝９時$54\frac{7}{22}$分である。

[4]　平面図形―相似，面積

(1)　下の図１のように，ＥとＧを結ぶ直線はＱを通る。三角形DQGと三角形DFCは相似であり，相似比は，DG：DC＝１：２だから，GQ＝$9\times\frac{1}{2}$＝4.5(cm)とわかる。また，三角形BFPと三角形GQPも相似であり，相似比は，BF：GQ＝９：4.5＝２：１なので，BP：PG＝２：１となる。

(2)　三角形BFPの底辺をBFとすると，(1)より，高さは，$9\times\frac{2}{2+1}$＝６(cm)になる。よって，三角形BFPの面積は，９×６÷２＝27(cm^2)と求められる。

(3)　下の図２で，斜線（しゃせん）部分の三角形は合同であり，面積はどれも27cm^{2}となる。また，太線で囲んだ三角形も合同であり，面積はどれも，９×９÷２＝40.5(cm²)とわかる。さらに，正方形ABCDの面積は，18×18＝324(cm²)である。よって，色を付けた部分の面積は，324－27×４－40.5×４＝54(cm²)と求められる。

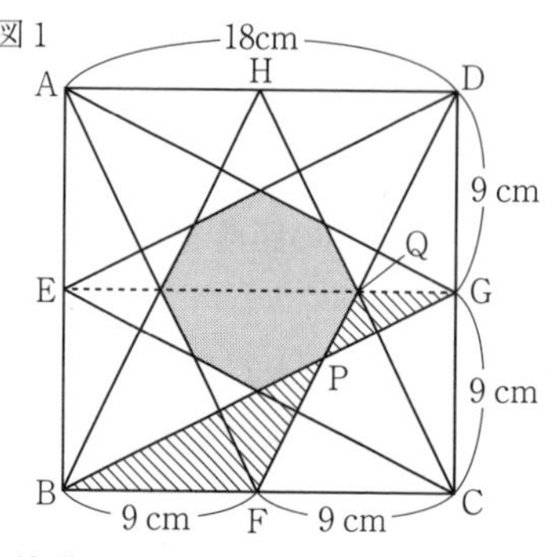

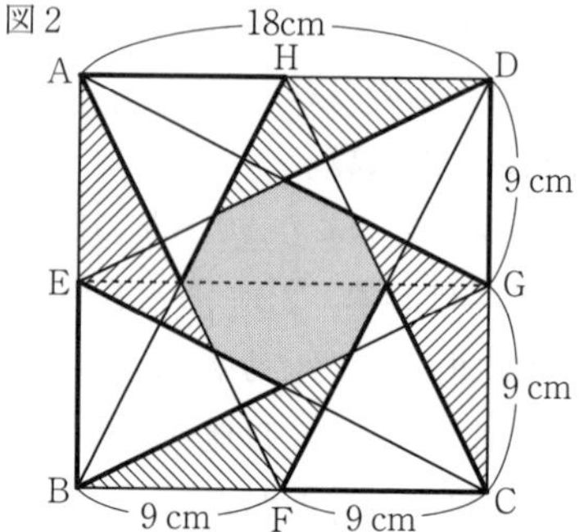

5　立体図形―体積，面積

(1)　下の図１で，四角形BCDEは正方形で，その面積は，12×12÷２＝72(cm²)である。また，四角形ABFDも正方形だから，OA＝OF＝OB＝12÷２＝６(cm)である。よって，四角すいA－BCDE，四角すいF－BCDEの体積はどちらも，72×６÷３＝144(cm³)なので，立体ABCDEFの体積は，144×２＝288(cm³)と求められる。

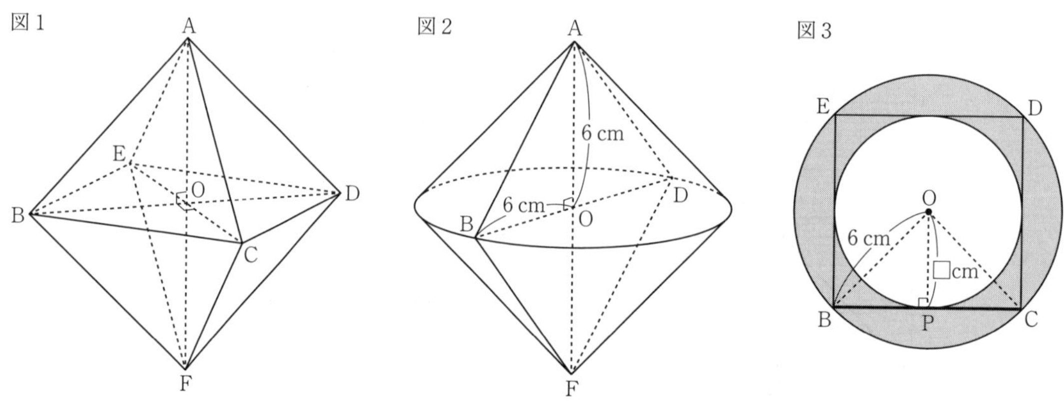

(2)　四角形ABFDが通過した部分は，上の図２のように円すいを２個組み合わせた形の立体になる。このとき，底面積は，６×６×3.14＝36×3.14(cm²)だから，この立体の体積は，36×3.14×６÷３×２＝144×3.14＝452.16(cm³)となる。

(3)　上の図３のように，辺BC上でＯから最も近い位置にある点をＰとすると，辺BCが通過した部分は，OBを半径とする円とOPを半径とする円にはさまれた部分(色を付けた部分)になる。ここで，三角形OBPと三角形OPCを組み合わせると，OPを１辺とする正方形になり，その面積は，６×６÷２＝18(cm²)となるから，□×□＝18(cm²)とわかる。よって，色を付けた部分の面積は，６×６×3.14－□×□×3.14＝36×3.14－18×3.14＝(36－18)×3.14＝18×3.14＝56.52(cm²)と求められる。

社 会 ＜４教科入試＞（40分）＜満点：100点＞

解 答

1 1 **日生駅付近**…オ　**安和駅付近**…ウ　2 エ　3 オホーツク海　4 イ　5 信濃川　6 ア　7 黒潮　8 ウ　9 (1) ウ　(2) エ　(3) ア　(4) (例) 岬や島々に囲まれていて外洋からの波が入りにくいから。　10 エ　11 (例) スロープが設置されているので，高齢者や車いすを使用する人がのぼりやすい。　2 1 (1) ア，b　(2) **魚かい類**…ア　**大豆**…ウ　2 ウ　3 オ　4 エ，オ　5 田植え　3 1 1 大山(大仙)　2 石見銀山　3 聖徳太子　4 承久の乱　2 エ　3 え→あ→お→う→い　4 (1) **都道府県名**…青森県　**記号**…エ　(2) イ，オ　5 ウ　6 ウ，エ　7 調　8 イ，エ，ア　4 1 1 浦賀　2 日米修好通商条約　3 渋沢栄一　4 日中　2 ウ　3 エ　4 イ　5 エ　6 イ　7 (1) 全国水平社　(2) 核兵器禁止条約　(3) イ　5 1 (1) ウ　(2) **あ** 被告　**い** 検察官　**う** 裁判員　2 (1) 立法　(2) ア，イ，エ　3 ア，イ　4 (1) イ，エ　(2) ア　5 (1) 基本的人権　(2) 納税　6 選挙権

解 説

1 各地の「海が見える駅」を題材とした問題

1　新潟県は冬の降水量(降雪量)が多い日本海側の気候に属するので，イは青海川(おうみがわ)駅(新潟県)付近と判断できる。また，高知県は夏の降水量が非常に多い太平洋側の気候に属するので，ウは安和(あわ)駅(高知県)付近とわかる。次に，残ったア，エ，オの１・２月の平均気温に注目すると，－５℃を下回っているエ，０℃前後であるア，４℃前後であるオの順に緯度が高いと考えられるので，エが北浜駅(北海道)付近，アが堀内(ほりない)駅(岩手県)付近，オが日生(ひなせ)駅(岡山県)付近となる。

2　北海道は，夏のすずしい気候と広い牧場や牧草地を生かし，乳牛を飼育して牛乳やバターなどの乳製品をつくる酪農(らくのう)がさかんに行われている。また，小麦は寒さや乾燥に強い穀物で，日本での生産量は北海道が約３分の２を占(し)めている。よって，牧草と小麦の割合が第１位となっているエが選べる。なお，アは岡山県，イは岩手県，ウは高知県，オは新潟県。

3　地図中で，北浜駅はオホーツク海に面している。北海道北東部のオホーツク海沿岸は，北から押し寄せてくる流氷が２～３月ごろに接岸することで知られる。

4　間伐(かんばつ)は，樹木の密集を避けるため一部の木を伐採すること。日照や風通しが確保されることで，残った樹木がよく生長する。間伐は森林の育成に必要な作業なので，イが誤っている。

5　新潟県を流れる日本最長の河川は信濃(しなの)川である。長野県東部を水源とする千曲(ちくま)川が犀(さい)川などの支流と合流しながら北上し，新潟県に入って信濃川となるもので，下流域には越後平野が形成されている。

6　「備前(びぜん)」は岡山県南東部の旧国名で，備前焼は岡山県で生産される伝統的工芸品の陶磁器(とうじき)である。なお，イの有田焼は佐賀県，ウの信楽(しがらき)焼は滋賀県，エの美濃(みの)焼は岐阜県の伝統的工芸品の陶磁器。

7　地図中で，安和駅は太平洋に面しており，沖合には暖流の黒潮(日本海流)が流れている。

8　「伊予」は愛媛県，「阿波」は徳島県，「土佐」は高知県，「讃岐」は香川県の旧国名である。

9　⑴　ア　市役所(◎)は「すさき駅」の北西に位置しているが，両者の間には「城山」などの小高い山があるので，駅から市役所は見えないはずである。　イ　「しんじょう」駅の南に港があるので，「新荘川」は西から東に流れていると考えられる。　ウ　「山崎鼻」は地形図中の右下に位置しており，付近には灯台(☼)が２つある。　エ　「道の駅」の近くの川沿いにあるのは発電所等(-☼-)で，工場(☼)ではない。なお，工場の地図記号は現在，２万５千分の１地形図では使われなくなっている。　⑵　ラムサール条約(特に水鳥の生息地として国際的に重要な湿地に関する条約)は湿地の保全・再生を目的とする条約なので，これによりニホンカワウソのエサが取れなくなることはない。よって，エが誤っている。　⑶　手前からまっすぐに海岸線がのび，向かって右側が陸地，左側が海になっていることや，海岸線の先のほうを見ると左側に向かって岬が突き出す形になっていることなどから，アが選べる。　⑷　【地形図③】を見ると，「野見湾」は岬や島々に囲まれていて外洋からの波が入りにくいため，穏やかな海だと予想することができる。

10　高知県の平野部では，沖合を黒潮が流れているため冬でも比較的暖かい気候を利用し，ビニールハウスや温室などの施設を使って，なす・ピーマン・キュウリなどの野菜を，ほかの産地の露地ものの出荷量が減って価格が高くなる秋から春ごろにかけて栽培・出荷する促成栽培がさかんである。よって，10月から５月ごろにかけて大きなシェアを占めているエが高知県と判断できる。

11　Ｂの津波避難タワーは，建物の周囲にらせん状にスロープが設けられている。これは，階段を利用することが難しい高齢者や車いすを使う人がのぼりやすくするための工夫と考えられる。

2　食料の生産と輸入についての問題

1　⑴　食料自給率の説明はア，食料自給率を求める計算式はｂが正しい。近年の日本の食料自給率(供給熱量自給率)は40％を下回っており，先進国の中では最低の水準である。　⑵　近年の自給率は，大豆が６％程度，小麦が10％台，魚かい類や肉類が50％台なので，大豆はウ，小麦はエとわかる。残ったアとイのうち，1960年や1970年に100％を超えていたアが魚かい類で，もう一方のイが肉類となる。統計資料は『日本国勢図会』2021／22年版による(以下同じ)。

2　小麦の輸入先の第１位～第３位はアメリカ合衆国，カナダ，オーストラリアの順で，この３か国で輸入額の98％以上を占めている。なお，小麦の輸入は完全に自由化されているわけではなく，政府がこの３国などからまとめて輸入し，国内の業者に販売するしくみがとられている。

3　近年は，畜産物，野菜，米，果物の順に農業生産額が多い。

4　米の生産量が多いのは新潟県，北海道，秋田県であり，宮城県は第４位～第６位の年が多いので，エが誤っている。また，宮城県と県境を接しているのは岩手・秋田・山形・福島の４県で，このうち最も県境が長いのは山形県なので，オも誤っている。

5　一般に稲作では苗代で育てた苗を数本ずつ束にして田に植える「田植え」が行われるが，作業の手間を省くため，種もみを田に直接まく「じかまき」が行われることもある。

3　世界文化遺産を題材とした歴史の問題

1　**1**　大阪府堺市にある大山(大仙)古墳は，百舌鳥古墳群の中心となる日本最大の前方後円墳である。５世紀ごろにつくられ，仁徳天皇の墓と伝えられている。　**2**　石見銀山は現在の島根県中部にある鉱山で，16～17世紀に多くの銀を産出し，その多くが南蛮貿易や朱印船貿易などを通して海外に輸出された。　**3**　７世紀初めに聖徳太子が建てた法隆寺(奈良県)は，現存する世界最古の木造建築物として知られる。　**4**　源実朝が暗殺されて源氏の将軍が３代で絶えたのをきっかけに，政権を朝廷に取りもどそうと考えた後鳥羽上皇は，1221年，鎌倉幕府の第２代執権北条義時を討つ命令を全国の武士に出した。しかし，よびかけに応じて集まった武士は少なく，幕府の大軍にわずか１か月で敗れ，上皇は隠岐(島根県)に流された。これを承久の乱という。

2　世界遺産の登録や管理を行っているのはUNESCO(国連教育科学文化機関)である。なお，アのUNICEFは国連児童基金，イのWHOは世界保健機関，ウのASEANは東南アジア諸国連合の略称。

3　「あ」の藤原清衡は平安時代，「い」の松尾芭蕉は江戸時代，「う」の豊臣秀吉は安土桃山時代，「え」の小野妹子は飛鳥時代，「お」の北条政子は鎌倉時代の人物である。よって，活躍した時期の早い順に，え→あ→お→う→いとなる。

4　(1)　三内丸山遺跡は，青森県で発見された日本最大級の縄文時代前～中期の遺跡である。最大で500人前後が住んでいたと考えられている集落跡で，エの写真にあるような大型掘立柱建物跡や大型竪穴住居跡などが発掘されているほか，クリやマメなどを栽培していたことが確認されている。なお，アは蘇我馬子の墓といわれる石舞台古墳(奈良県)，イは東大寺(奈良県)の正倉院，ウは吉野ケ里遺跡(佐賀県)である。　(2)　イの埴輪は古墳時代，オの石包丁は弥生時代の遺物なので，ふさわしくない。なお，アの土偶とウの縄文土器は，縄文時代につくられた。エは三内丸山遺跡から出土した樹皮を編んだかごで，「縄文のポシェット」ともよばれている。

5　埼玉県の稲荷山古墳から出土した鉄剣と，熊本県の江田船山古墳から出土した鉄刀には，ともに「ワカタケル大王」の名が記されている。ワカタケルは５世紀に中国の南朝に使いを送った「倭の五王」のうちの「武」と同一人物と考えられており，雄略天皇のことと推定されている。そのため，それらの鉄剣や鉄刀は当時，大和政権の支配が九州地方から関東地方にまでおよんでいたことを示す有力な証拠となっている。よって，ウがあてはまる。

6　南蛮貿易は南蛮人とよばれていたポルトガル人やスペイン人との間で行われた貿易なので，ウは誤っている。また，南蛮船は平戸(長崎県)や長崎，堺など西日本各地に来航しているから，エも誤っている。

7　律令制度のもと，農民は朝廷から口分田を支給され，租・庸・調などの税や労役・兵役を負担した。租(収穫の約３％にあたる稲)は地方の役所に納め，庸(都での労役のかわりに麻布などを納めるもの)と調(各地の特産物を納めるもの)は，自分たちで中央(都)の役所(九州は大宰府)まで運んで納めなければならなかった。木簡は文字を墨書きした木札のことで，奈良時代ころに紙のかわりとして，役所間の事務連絡や都へ送られる税の荷札などに用いられた。なお，写真の木簡に書かれた文字の中にも，「調」の字が見られる。

8　アは明治時代の1894年に起こった日清戦争，イは鎌倉時代後半に起こった元寇，ウは平安時代末期に行われた日宋貿易，エは室町時代に行われた日明貿易について述べた文である。よって，鎌倉時代前半の承久の乱より後に起こったできごとを時期の早い順に並べると，イ，エ，アとなる。

4　外国人の日本訪問を題材とした歴史の問題

1　**1**　1853年，アメリカの東インド艦隊司令長官ペリーが４隻の軍艦(黒船)を率いて浦賀(神奈川県)に来航すると，江戸幕府は翌54年に日米和親条約を結んだ。　**2**　1858年，江戸幕府はアメリカとの間で日米修好通商条約を結び，さらにイギリス，フランス，ロシア，オランダとも同様の条約を結んだ(安政の五ヵ国条約)。　**3**　渋沢栄一は明治時代に日本で最初の銀行を設立したことで知られ，多くの企業の設立・経営にたずさわったため，「日本資本主義の父」ともよばれる。なお，2024年度から新しく発行される一万円札の肖像は，これまでの福沢諭吉から渋沢栄一に変わる。　**4**　1937年，北京郊外の盧溝橋で日中両軍が衝突。盧溝橋事件とよばれるこのできごとをきっかけに，日本は中華民国(中国)との全面戦争に突入した(日中戦争)。

2　日米修好通商条約は，日本にいるアメリカ人の犯罪はアメリカ領事が裁くという領事裁判権(治外法権)を認め，日本に関税自主権(国内の産業を保護するために，国が輸入品に自由に関税をかけることのできる権利)がない不平等条約であった。よって，ウだけが正しい。

3　ア　「寺子屋」ではなく「藩校」が正しい。寺子屋は江戸時代に全国に広まった教育機関で，浪人，僧，神官などが教師となり，庶民の子どもに読み書きのほか，商業地などではそろばんも教えた。　イ　「狂言」ではなく「歌舞伎や人形浄瑠璃」が正しい。狂言は室町時代に生まれ，能とともに演じられた芸能である。　ウ　「国学」ではなく「蘭学」が正しい。国学は，『古事記』や『万葉集』などの古典の研究を通して日本人固有の精神や文化を明らかにしようとする学問である。　エ　国学を大成した本居宣長の説明として正しい。

4　アの地租改正は1873年，イの物価上昇は江戸時代末期，ウの戊辰戦争は1868～69年のできごとで，エの「天下の台所」とよばれたのは「江戸」ではなく「大坂(大阪)」である。また，資料の浮世絵は「1865年に出版されました」と述べられている。よって，イが選べる。江戸時代末期の開国後，生糸を中心に茶や海産物がさかんに輸出されたため，そのぶん国内では品不足となった。この品不足は生活必需品の物価高も招いたため，人々の生活は苦しくなった。資料中で，「米」や「青物」(野菜)などの文字が記された笠や着物を身につけた人々が富士山に登っていくようすは，それらの商品の値段がどんどん上がっていくことを風刺している。

5　日本が台湾や遼東半島などをゆずり受け，多額の賠償金を手に入れたのは，日清戦争の講和条約である下関条約によるものなので，エが誤っている。なお，日露戦争(1904～05年)の講和条約であるポーツマス条約によって日本は，韓国(朝鮮)に対する指導権を持つことをロシアに認めさせ，樺太(サハリン)の南半分，旅順や大連の租借権(借り受ける権利)，南満州における鉄道や鉱山の権利の一部などをロシアからゆずり受けたが，賠償金を得ることはできなかった。

6　第一次世界大戦は1914～18年のできごとである。　Ⅰ　【資料Ｂ】で，日本の輸出額は1904年には３億円余りだが，1918年には20億円近くにまで増えているから，正しい。　Ⅱ　【資料Ａ】より，日本の鉱業生産額は，1914年が，30.9(億円)×0.051＝1.5759(億円)，1919年が，118.7(億円)×0.043＝5.1041(億円)と求められるので，誤っている。

7　(1)　江戸時代に幕府によって定められた身分制度のもとで，えた・ひにんなどとして特定の地域に住まわされ，差別されてきた人々は，明治時代初期に解放令が出されてからも，就職や結婚などさまざまな場面で差別を受けてきた。そうした部落差別に苦しめられてきた人々は，みずからの手で差別の解消に取り組むため，1922年に全国水平社を結成した。　(2)　あらゆる核兵器の製造や保有を禁止する核兵器禁止条約は，2017年に国連総会で採択され，2021年に発効した。ただし，アメリカなどのすべての核保有国と，日本をふくむその同盟国の多くは，この条約に参加していない。　(3)　アは1925年，イは1933年，ウは1940年，エは1918年のできごとなので，時期が早い順にエ→ア→イ→ウとなる。

5 夫婦別姓を題材とした問題

1 (1) ア　国会の召集を決めるのは内閣である。　イ　内閣の信任・不信任を決議できるのは衆議院だけである。　ウ　最高裁判所の裁判官は，任命後初めて行われる衆議院議員総選挙のときと，その後10年を経て行われる衆議院議員総選挙のときごとに，適任かどうかを国民による投票で審査される。これを国民審査といい，不適任とする票が過半数に達した裁判官は罷免(辞めさせること)される。　エ　最高裁判所の裁判官は長官をふくめて15人おり，長官は内閣が指名して天皇が任命し，その他の裁判官は内閣が任命する。　(2) あ，い　裁判には，国民どうしの利害関係の対立(お金の貸し借りや遺産相続など)を裁く民事裁判と，犯罪を裁く刑事裁判がある。民事裁判では，原告が被告を訴えることで裁判が始まる。刑事裁判では，警察が逮捕した容疑者(被疑者)を検察官が改めて取り調べ，容疑が固まれば容疑者を被告人として起訴する。被告人には必ず弁護人がつけられ，一般には弁護士がその任にあたる。　う　殺人などの重大な刑事事件の第一審(地方裁判所)については，有権者の中から抽選と面接で選ばれた者が裁判員として審理に加わる裁判員裁判が行われる。裁判員裁判では３名の裁判官と６名の裁判員が話し合って有罪か無罪かを判断し，有罪の場合には刑の重さも決める。判決は多数決で決定することになっているが，有罪とする場合には裁判官１名以上の賛成が必要である。

2 (1) 法律をつくる権限を立法権という。日本国憲法第41条は，国会を国の唯一の立法機関と定めている。　(2) ア　2022年２月の時点での議員定数は，衆議院が465名，参議院が245名(のちに３名増)であった。　イ　衆議院議員の任期は４年で，任期途中での解散がある。一方，参議院議員の任期は６年で，任期途中での解散はなく，３年ごとにその半数を改選する。　ウ　日本国憲法第67条には「内閣総理大臣は，国会議員の中から国会の議決で，これを指名する」と定められているので，必ず衆議院議員から指名しなければならないわけではないが，これまでに参議院議員から指名された例はない。　エ　国会議員の被選挙権は，衆議院議員が満25歳以上，参議院議員が満30歳以上である。

3 ア　市町村議会の議員は，すべて住民による直接選挙で選ばれる。　イ　補助金の説明として正しい。たとえば，国が地方公共団体(地方自治体)に支給する補助金には，国庫支出金がある。　ウ　法律は国の決まりであり，国会だけがこれを制定できる。　エ　子育て支援事業は国と自治体の協力の下で進められている。

4 (1) ア　「国会」ではなく「天皇」が正しい。国事行為は天皇が憲法の規定にもとづいて行う儀礼的・形式的な役目で，内閣がその責任を負う。　イ　条約は内閣が締結し，事前にもしくは事後に，国会の承認(批准)が必要である。　ウ　１の(1)のエの解説を参照のこと。　エ　衆議院の解散には，衆議院が内閣不信任案を可決または信任案を否決した場合(日本国憲法第69条による)のほかに，第７条の天皇の国事行為によるものがあるが，天皇の国事行為に対する「助言と承認」権は内閣にある。したがって，衆議院を解散する力を実際に持っているのは，内閣総理大臣といえる。　(2) グラフ中のＡは社会保障関係費でウ，Ｂは国債費でア，Ｃは文教及び科学振興費でエ，Ｄは防衛関係費でイにあてはまる。なお，国債費とは，政府が過去に発行した国債についての利子の支払いと，期限の来た国債の返済にかかる費用のことである。

5 (1) 人が生まれながらに持つ自由や平等などの権利を基本的人権という。日本国憲法第11条は，基本的人権を「侵すことのできない永久の権利」として保障することを規定している。　(2) 日本国憲法で明記されている国民の義務は，子どもに普通教育を受けさせる義務(第26条)，勤労の義務(第27条)，納税の義務(第30条)の３つである。

6　2016年から，選挙権の年齢はそれまでの満20歳以上から満18歳以上に引き下げられた。

理　科　＜４教科入試＞(40分)＜満点：100点＞

解　答

1 (1) ア　(2) **あ** 満潮　**い** 干潮　(3) **A** ウ　**B** ア　**C** エ　(4) **D** イ　**E** ウ　**F** ア　**G** エ　**H** カ　**I** オ　(5) F　(6) セキツイ動物　(7) 節足動物　(8) 軟体動物　(9) ① 温室効果ガス　② イ，オ　③ 酸　(10) 石油　(11) ① Ⅱ　② Ⅴ　③ Ⅳ　(12) エ　2 (1) ア，エ　(2) ① **aの洗剤の濃さ**…8.5％　**cの洗たくのりの濃さ**…３％　② (例) 温度を同じにする。／ストローの吹き方を同じにする。　③ ウ　④ (例) **洗剤**…１　**洗たくのり**…１　**水**…98　(3) ① **ア** 油　**イ** 密度　**ウ** 水　② (例) 汚れを水と混ざりやすくするはたらき。　③ **変化**…気化　**記号**…エ　3 (1) ① エ　② エ　③ イ　(2) **日食**…c　**月食**…g　(3) ① **東**…ア　**北**…カ　② 1) エ　2) イ　③ (星座・一等星の順に) わし座・アルタイル，はくちょう座・デネブ，こと座・ベガ　(4) **X** h　**Y** ア　**Z** 長い　(5) (例) 月が出ていないこと。　(6) (例) ４年に１度うるう年があるから。

4 (1) **X** a　**Y** d　(2) ① ア　② ウ　③ オ　④ エ　⑤ オ　⑥ エ　⑦ エ　(3) (例) せん抜き　(4) ２個　(5) (位置・個数の順に) ②・１個，④・３個　(6) ④　(7) ⑧　(8) **a** ４　**b** １　**c** 400

解　説

1 磯(いそ)の生物，環境(かんきょう)についての問題

(1) 自然の生物の観察では，原則として生物の採取は行ってはならない。これは，観察者が手を加えることで，自然の状態をこわしてしまう危険性があるためである。よって，アが誤っている。

(2) 一日のうちで海水面が最も高くなったときを満潮，最も低くなったときを干潮という。なお，満潮と干潮の水位(潮位)の差が大きいときを大潮，小さいときを小潮という。新月や満月のときには，月と太陽が海水におよぼす力の向きが重なるので，大潮となる。一方，上弦(じょうげん)の月や下弦の月のときには，月と太陽が海水におよぼす力の向きが90度ずれるので，小潮となる。

(3) Aはフジツボで，富士山形をした石灰質の殻(から)でからだが包まれていることからこの名がある。Bはカメノテで，見た目がカメの手(あし)のように見えることから名付けられた。Cは貝のなかまであるヒザラガイで，岩からはがすとからだを腹のほうに丸め，そのようすが膝(ひざ)の皿のように見えることから名前が付けられた貝のなかま。なお，フジツボ，カメノテ，イのフナムシは，いずれも甲殻類(こうかくるい)(エビやカニのなかま)に属する。

(4) Dのイソギンチャクはイ，Eのアメフラシはウ，Fの魚類(ハゼのなかま)はア，Gのヤドカリはエ，Hのカニはカ，Iの貝はオにあてはまる。

(5)，(6) 背骨をもつ動物をセキツイ動物，もたない動物を無セキツイ動物という。D～Iの中でセキツイ動物にふくまれるのはＦの魚だけであり，ほかはすべて無セキツイ動物である。

⑺　こん虫類，甲殻類，クモ類，ムカデ類などを合わせて節足動物という。いずれもあしやからだに節があり，外骨格をもっている。

⑻　カタツムリやイカ，タコ，貝などを合わせて軟体動物という。いずれも背骨や外骨格はなく，やわらかいからだの筋肉を動かして移動する。カタツムリやタニシ，ハマグリなどのように，殻をもつものもいる。

⑼　①　二酸化炭素やメタンなどは，太陽光で暖められた地面から宇宙へ放出される赤外線(熱線)を吸収してたくわえるという性質が強い。そのため，大気中に二酸化炭素が増加すると，大気に熱がこもるようになる。このようすは，ちょうど温室に似ていることから温室効果と呼ばれ，二酸化炭素やメタンなどのような気体を温室効果ガスという。　②　ア～ウ　北極海の氷は海に浮かんでいる。この氷がとけると，氷の水面下の部分の体積におよそ等しくなるので，海水面の上昇はほとんどない。一方，アラスカやグリーンランドの氷河や南極大陸の氷は陸上にあるため，これがとけて海に入るとそのぶん海水がふえるので，海水面の上昇は大きくなる。　エ　海水温が上昇すると，海水の体積が大きくなるため，海水面が上昇する。　オ　植物の蒸散が活発になって降雨量がふえても，そのぶん水蒸気と水の循環が速くなるだけで，海水面の高さは変化しない。

③　二酸化炭素は水に少し溶け，その水溶液(炭酸水)は酸性を示す。

⑽　プラスチックの主な原料は石油である。

⑾　①　フィジー共和国，ツバル，マーシャル諸島共和国などの海抜の低い国では，海水面の上昇により井戸水に海水が混ざるようになっている。　②　合成洗剤は一般に分解されにくく，川や海の水質を汚染することがある。これに対して，石けんは環境に対する負荷が小さい。　③　ペットボトルはプラスチックでできている。そのため，マイボトルを使用してペットボトルを買わないようにすることは，プラスチックゴミをへらすことにつながる。

⑿　下線部ⅱ)は「持続可能な開発目標」のことで，SDGsと略される。なお，アのWWFは世界自然保護基金，イのWHOは世界保健機関，ウのIOCは国際オリンピック委員会の略称。

2　シャボン玉のつくり方についての問題

⑴　石けん水はアルカリ性の水溶液である。また，BTB溶液やリトマス紙の反応は，右の表のようになる。

	酸性	中性	アルカリ性
BTB溶液	黄色を示す	緑色を示す	青色を示す
赤色リトマス紙	変化なし	変化なし	青色に変化
青色リトマス紙	赤色に変化	変化なし	変化なし

⑵　①　組み合わせａの溶液中の洗剤の濃さは，17÷(17＋17＋166)×100＝8.5(％)となる。また，組み合わせｃの溶液中の洗たくのりの濃さは，６÷(24＋６＋170)×100＝３(％)と求められる。　②　シャボン玉のでき方は，シャボン液の温度，シャボン玉を飛ばす場所の温度や湿度，ストローの太さや吹きこむ息の強さなどによって影響を受けると考えられるので，これらの条件をそろえる必要がある。　③　ア，イ　全体の重さが同じなのは組み合わせａと組み合わせｃだが，組み合わせａも組み合わせｃもシャボン玉ができているので，全体の重さが同じとき，洗剤の割合や洗たくのりの割合のちがいによるシャボン玉の作りやすさはこの実験だけではわからない。　ウ，エ　洗剤と洗たくのりの重さがちがうのは組み合わせｂ～組み合わせｅで，洗たくのりの方が多い組み合わせｂと組み合わせｄではシャボン玉ができず，洗剤の方が多い組み合わせｃと組み合わせｅではシャボン玉ができている。したが

って，ウが正しく，エは誤っている。　オ　洗剤と洗たくのりが同じ重さなのは組み合わせａだけであり，重さを変えた実験を行っていないので，ふさわしくない。　④　安定したシャボン玉ができている組み合わせａの水の割合は，166÷200×100＝83（％）である。よって，組み合わせａよりも洗剤と洗たくのりの割合をへらして水の割合をふやしたシャボン液を作って確認すればよい。たとえば，洗剤１ｇ，洗たくのり１ｇ，水98ｇという組み合わせの水の割合は，98÷（１＋１＋98）×100＝98（％）となる。

⑶　①　水と油は混ざり合いにくく，水の方が密度（みつど）（1 cm^3あたりの重さ）が大きい。そのため，水と油をよく混ぜた後に放置すると，油が上に，水が下になって分かれる。　②　界面活性剤の粒（つぶ）は，水になじみやすい部分と油になじみやすい部分がつながった形をしており，油の粒を界面活性剤の油になじみやすい部分がとり囲む。すると，その外側には水になじみやすい部分が向くので，界面活性剤にとり囲まれた油の粒は水に溶けやすい粒となり，水中に散らばる。界面活性剤を使うと，このようにして衣類の汚れを水に溶かして，落とすことができる。　③　液体から気体への状態変化を気化という。洗たく物が乾（かわ）くのは，洗たく物にふくまれている水が気化するからである。同様に，手指消毒用のアルコールを手にぬるとすぐに消えるのは，アルコールが気化するからである。なお，気化が液体の表面で起こる現象を蒸発といい，気化が液体の表面だけでなく内部からも起こる現象を沸騰（ふっとう）という。

3　月や星の動き，流星群についての問題

⑴　①　午前０時（真夜中）ごろに月が西にしずむときには，太陽の光，月，地球，北半球にいる観測者の位置関係は右の図のようになる。したがって，向かって右側の半分が明るく光る上弦の月が見られる。　②　満月は，上弦の月から約１週間後の月なので，９月20日ごろに観察される。③　９月13日から約１週間前の９月６日の月は，新月に近い形の月である。新月は太陽と同じ方向にあり，その月の出は日の出とほぼ同じ午前６時ごろである。

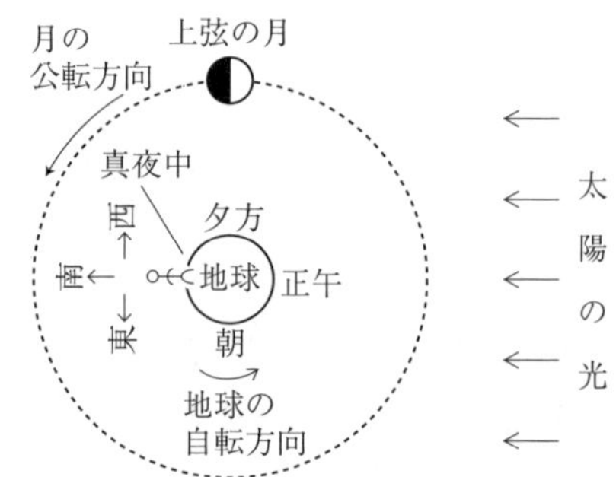

⑵　日食は，地球―月―太陽がこの順に一直線に並んだ新月のときに，太陽の一部またはすべてが月に隠（かく）される現象である。また，月食は，月―地球―太陽がこの順に一直線に並んだ満月のときに，地球の大きなかげの中に月が入りこむために見られる現象である。

⑶　①　地球が１日に１回，西から東に自転しているため，太陽や星座をつくる星などの天体は１時間におよそ，360÷24＝15（度）ずつ東から西に動いて見える。このような天体の動きを日周運動といい，日本では，天体は東の地平線から出て南の空を通り，西の地平線にしずむので，東の空ではア，南の空では右向き，西の空ではエのような星の動きが観測できる。また，北の空では，北極星を中心とするカのような反時計回りの星の動きが観測できる。　②　地球が太陽の周りを１年に１回公転しているため，太陽や星座をつくる星などの天体を毎日同じ時刻に観測すると，１日におよそ１度ずつ東から西に動いて見える。このような天体の動きを年周運動といい，図２で，８月１日午前０時に★の位置に見えた星は，ほぼ30日後の８月30日には★の位置から，１×30＝30（度）ほど西に移動したエの位置に見える。また，８月１日のほぼ15日前の７月16日の午前０時に見えた位置は★の位置から，１×15＝15（度）ほど東寄りになり，その３時間前の７月15日午後９時に見え

た位置はさらに，15×３＝45(度)東寄りのイとわかる。　③　こと座，はくちょう座，わし座は夏に南の空に見える代表的な星座で，それぞれの一等星(ベガ，デネブ，アルタイル)を結んだものを夏の大三角という。天の川は，はくちょう座をその内部にふくみ，ベガとアルタイルの間を通る方向にのびている。七夕伝説では１年に１度，７月７日の夜に，織姫星(ベガ)と彦星(アルタイル)が天の川を渡って会うことになっている。なお，おおぐま座とカシオペア座は１年を通して北の空に見られ，おおぐま座にふくまれる北斗七星やカシオペア座から，右の図のようにして北極星を見つけることができる。また，こいぬ座，おおいぬ座，オリオン座は冬に南の空に見える代表的な星座で，それぞれの一等星(プロキオン，シリウス，ベテルギウス)を結んだものを冬の大三角という。

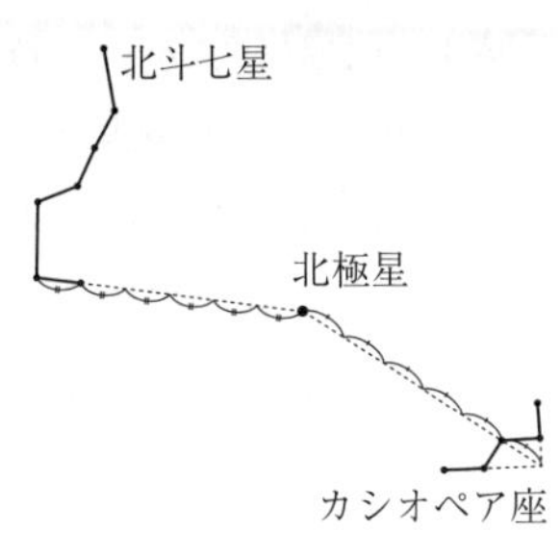

⑷　X　流星群が移動して見える方向は，地球の動く方向とは正反対になるので，hがふさわしい。　Y　地球上の観測者が流星群の中を進んでいくとき，真正面にあるもの以外はすべて自分から遠ざかる方向に動くので，アが選べる。　Z　地球の公転周期は365日より約４分の１日長いので，流星群が極大になる時間帯は１年ごとに約４分の１日ずつずれていく。

⑸　流星群などの天体を観測するときには，夜の街の明かりや月の明かりがじゃまになる。そのため，これらの明かりがなく，雲などがないことが，観測に適した条件となる。

⑹　流星群が極大になる時間帯は，１年ごとに約４分の１日ずつずれていき，４年たつとずれが約１日になる。そこで，４年に１度うるう年を入れて日数を調整している。そのため，４年たつと極大の時間はもとに戻る。

4　てこの利用とつり合いについての問題

⑴，⑵　図１の釘抜きや図２のハサミ，図３の刈りこみバサミなどは，てこを利用した道具である。てこには，力を加える力点，力がものに作用する作用点，てこを支える支点の３点がある。釘抜きは，A点に釘の頭を引っかけて使う場合，A点が作用点，B点が支点，a点やb点が力点となる。ハサミや刈りこみバサミは，刃の部分が作用点，交差しているところが支点，手で持つところが力点となる。これらの道具はいずれも，作用点が支点から近いほど作用点にかかる力が大きくなり，力点が支点から遠いほど力点にかかる力が小さくなって，使いやすくなる。また，体重の大きい大人と小さい子供がシーソーに乗って遊ぶとき，シーソーのバランスをとるためには，大人の方が子供よりも支点から近くに座らなければならない。

⑶　てこは，支点，作用点，力点の位置関係(これら３つを並べたときにどれが真ん中になるか)によって３種類に分類される。支点が真ん中になっているてこ(釘抜き，ハサミ，ペンチ，缶切りなど)を第１種てこ，作用点が真ん中になっているてこ(空き缶つぶし器，せん抜きなど)を第２種てこ，力点が真ん中になっているてこ(ピンセットなど)を第３種てこという。作用点ではたらく力の大きさは，第２種てこでは力点に加えた力よりも大きくなり，第３種てこでは力点に加えた力よりも小さくなる。また，第１種てこでは，支点—作用点間の長さが支点—力点間の長さよりも短い場合には，作用点ではたらく力が力点に加えた力よりも大きくなり，これと反対の場合には小さくなる。

⑷　棒のつり合いは，棒を回転させようとするはたらき(以下，モーメントという)で考えられる。

モーメントは，(加わる力の大きさ)×(回転の中心からの距離(きょり))で求められ，左回りと右回りのモーメントが等しいときに棒はつり合って水平になる。この実験では，おもりの重さはどれも25ｇで等しく，おもりをつるす位置の間隔(かんかく)はどれも５cmで等しいので，おもりの個数と棒につけられた目盛りの支点(糸)からの数で考えることにする。図５で，⑥の位置におもりを□個つるしたとすると，１×２＝□×１が成り立ち，□＝２÷１＝２(個)とわかる。

⑸　図６では，左回りのモーメントが，１×２＝２，右回りのモーメントが，１×５＝５となっているので，新たにつるすおもりによって左回りのモーメントを，５－２＝３だけふやす必要がある。よって，３＝１×３より②の位置におもりを１個つるすか，３＝３×１より④の位置におもりを３個つるせばよい。

⑹　棒の重さはおもり，100÷25＝４(個)分である。また，一様な棒の重心(重さが集中していると考えることができる点)は棒の中央，つまり⑤の位置にある。したがって，図７で，棒をつるしている糸を④の位置にずらすと，左回りのモーメントが，１×４＝４，右回りのモーメントが，４×１＝４となるので，棒がつり合って水平になる。

⑺　⑹の状態で⓪の位置におもりをさらに１個加えると，左回りのモーメントが，１×４＝４ふえる。よって，１個のおもりを⑧の位置につるすと，右回りのモーメントが，１×４＝４ふえるので，棒がつり合って水平になる。

⑻　下の棒のつり合いから考える。Ｂにおもりを□個つるしたとすると，２×２＝□×１＋１×３が成り立ち，□＝(４－３)÷１＝１(個)とわかる。すると，上下の棒をつないでいる糸にかかっている力は，25×４＋100＝200(ｇ)となるので，Ａにおもりを△個つるしたとすると，(25×△)×４＝200×２が成り立ち，△＝400÷４÷25＝４(個)と求められる。また，このときばねばかりが示す値は，100＋25×４＋200＝400(ｇ)となる。

国　語　＜４教科入試＞(45分)＜満点：100点＞

解　答

[一] ①～⑤　下記を参照のこと。　⑥　はぐく(まれ)　⑦　ちあん　⑧　ひたい　⑨　き(い)　⑩　るす　[二] ⑴　①　かい　②　い　⑵　①　き　②　え　[三] ①　エ　②　ア　③　ウ　④　イ　[四] ウ→イ→オ→ア→エ　[五] **問１**　**A**　ア　**B**　ウ　**C**　イ　**問２**　チャイムの　**問３**　言の葉　**問４**　ウ　**問５**　(例)　理緒の気持ちを考えていなかった　**問６**　(例)　理緒をもっと知りたいという朱理の言葉が，本音を言わなかった理緒の心を動かし，今話せることを精いっぱい答えるようになった。　[六] **問１**　エ　**問２**　イ　**問３**　ア　**問４**　①　八四×八四　②　結合パターン　**問５**　ア　**問６**　ウ　**問７**　(例)　四本さんの研究は小さなステップを踏んで，脳内のネットワークの男女差を明らかにするが，男はこうで女はこうだと単純化できない。科学的に誠実であろうとすれば，神話を望む世間には応じられないということである。

●漢字の書き取り

[一] ①　航海　②　飼(い)　③　主(に)　④　乗務　⑤　砂糖

解説

一 漢字の書きと読み

① 船で海を渡ること。　② 音読みは「シ」で，「飼育」などの熟語がある。　③ 音読みは「シュ」で，「主張」などの熟語がある。訓読みにはほかに「ぬし」などがある。　④ 交通機関で運転やその他の必要な仕事をすること。　⑤ 天然の甘味料のひとつ。　⑥ 音読みは「イク」で，「育児」などの熟語がある。訓読みにはほかに「そだ(つ)」がある。　⑦ 国や社会がおだやかに治まっている状態。　⑧ 音読みは「ガク」で，「金額」などの熟語がある。「猫の額」は，非常にせまいことのたとえ。　⑨ 音読みは「コウ」で，「効果」などの熟語がある。⑩ 外出をしていて家にいないこと。

二 複数の訓読みを持つ漢字

⑴ ①，② 「細かい」は，いくつか集まってひとまとまりになっているものの一つひとつが非常に小さいようす。「細い」は，幅がせまいようす。「細」の音読みは「サイ」で，「毛細血管」などの熟語がある。　⑵ ①，② 「生きる」は，“命を保って活動する”“能動的に暮らす”という意味。「生える」は，“歯やひげや草木の芽などが出てくる”という意味。「生」の訓読みにはほかに「う(まれる)」「お(う)」「き」「なま」などがある。音読みは「セイ」「ショウ」で，「生産」「一生」などの熟語がある。

三 会話文の読み取り

① 中学の教科書に『竹取物語』があると聞いたときの反応には，「知ってる！　かぐや姫のお話でしょう？」「わざわざ中学校の授業で習うなんて意味があるのかな」と疑問を述べているエが合う。　② 「わざわざ中学校の授業で習うなんて意味があるのかな」と疑問を持った直後に，しょうこさんとその姉も同様の疑問を持っていたと聞いたときの反応なので，“予想通りだ”という気持ちを表すアの「やっぱり」がよい。　③ 『竹取物語』は「かぐや姫」と筋は同じでも，「知らないことばかり」で「情報量が多くて複雑だった」と，しょうこさんが姉の感想を伝えている。これに対しては，ウのように「ということは，私たちが知っていることはまだほんの一部ということなの？」と聞き返すのがふさわしい。　④ イの「私は国語は苦手だけど，ちょっと楽しみになってきた気がする」を入れると，会話のしめくくりとして自然である。

四 地図の読み取り

駅からの道順なので，「駅」がふくまれているウが最初である。次に，図を見ると「海とは反対側の駅の改札」の北側に道路があり，橋が目印になると考えられるので，「橋」がふくまれているイとなる。すると，次は三本の木が目印になると考えられるので，オ→アとわかる。最後は「私の家」がふくまれているエである。

五 出典は村上雅郁の『りぼんちゃん』による。

転校生の理緒と気まずい雰囲気になってしまった朱理が，自分の思いを理緒に率直に伝える場面である。

問１　A　あかずきんちゃんは「なんて言ったら，いいんだろう」と自信なく言いながら手を伸ばしたのだから，“おそるおそるためらいながらものごとをするようす”を表す「おずおず」が合う。　**B**　直後に「こぶしをにぎった」とあるので，“力をこめてしめたりにぎったりしばったりするさま”を表す「ぎゅっ」が入る。　**C**　「言葉を探」しながら話しているようすには，“ものごとが少しずつゆっくり行われるさま”を表す「ぽつぽつ」がふさわしい。

問2　朱理が想像している「あかずきんちゃんのおはなし」は,「チャイムの音。わたしは心の森の中から,図書室にもどってくる」の直前まで続いている。

問3　続く部分で,魔法とは「言葉」のことかとたずねたあかずきんちゃんに対して,魔女は木の葉を差しだしながら「言の葉」だと示している。

問4　朱理はこの後「え……?」と言っているので,「意外で驚いている」とあるウが選べる。

問5　朱理が後悔している気持ちは,前の部分の「わたしばっかりしゃべっちゃって,理緒ちゃんの気持ち,考えてなかったって。それ,よくないなって思ったの」によく表れている。これをふまえてまとめればよい。

問6　朱理が使った「言の葉」の魔法は,「わたし,理緒ちゃんとほんとの友だちになりたい。だから,理緒ちゃんのこと,もっと知りたい」というもの。そして,この言葉を聞いた理緒は,「理緒自身の気持ち」をぽつぽつと語っている。これをふまえ,「本心を見せない理緒に,理緒と本当の友だちになりたいと伝えた朱理の言葉が届いて,本心を話してくれるように変わった」のようにまとめる。

六　**出典は川端裕人の『科学の最前線を切りひらく!』による。**人間が脳内でどのように情報を処理するのかについて,脳科学の研究者にインタビューをしている。

問1　「神経神話」については直前の段落で,「脳にかかわる世間の関心は強く,さまざまなことが語られる。科学的な根拠がなかったり,あったとしても曲解,拡大解釈して,結果,誤った理解を広めてしまうことが絶えない」と述べられている。よって,この内容を言いかえているエがよい。

問2　「女性は地図が読めない」という言葉には,“女性は男性よりも地図の読み取り能力が低い”という意味がふくまれていると考えられるので,女性と男性の比較にふれているイが選べる。

問3　「男性と女性のプロットを比べると,女性はちょっとだけ全体的に左にずれている」とあるので,●が女性とわかる。よって,アが合う。

問4　①　筆者の質問に対して四本さんは,「私たちの研究では,脳の中の場所を八四カ所に取り分けて,そのつながりの強さの違いを,八四×八四の組み合わせで考えてます」と答えている。

②　色分けした模様を「AIに分類させる」と,「ネットワークの結合パターンの違いは見えてくる」と述べられている。

問5　直前に「おそらくは『メンタルローテーション課題』の場合と同じで」とあることに注意する。前のほうの「メンタルローテーション課題」について筆者は,「すごく大事なのは,集団Aと集団Bの間に差があると分かった時,それが統計的に『有意』であったとしても,それだけで,集団Aの構成員はこうで,集団Bの構成員はこうだ,とは決めつけられないということだ。集団間にある分布の違いを明らかにすることと,構成員の個々の特性を明らかにすることは全く違うことなのに,しばしば混同される」と述べている。よって,空欄Aに「集団」,空欄Bに「構成員」とほぼ同じ意味の「個人」を入れると文意が通る。

問6　直後に「のを自制して,地味になる」とあるので,④には「地味」とは反対の意味の慣用句が入ると推測できる。よって,“その人では実現できないような大きなことを言う”という意味を表す「大風呂敷を広げる」がよい。なお,アの「脛をかじる」は,“経済的に親にたよりきる”という意味。イの「鵜呑みにする」は,“ものごとをよくわかりもしないでそのまま受け入れる”という意味。エの「肩で風を切る」は,“得意になって威勢よくする”という意味。

問７　本文では，「地味」な科学的研究と世間が求める「神話」が，対照的なものとして述べられている。四本さんの研究は「小さなステップ」を積み重ねる「地味」なもので，筆者にとっては「充分に知的好奇心を刺激」するものだが，社会が求める「神話」ではない。これをふまえ，「四本さんの脳科学の研究は，脳内のネットワークについて細心の技術と知識を使い，単純化できない統計的な二群の差を表すものである。知的好奇心を刺激するが，その男女差は人々が期待する神話ではないということ」のようにまとめる。

2022年度　湘南白百合学園中学校

〔電　話〕　(0466) 27－６２１１
〔所在地〕　〒251－0034　神奈川県藤沢市片瀬目白山４－１
〔交　通〕　小田急線 —「片瀬江ノ島駅」より徒歩18分
江ノ島電鉄 —「江ノ島駅」より徒歩15分

〈編集部注：この試験は，算数・国語のいずれかを選択します。〉

【算　数】〈１教科入試〉（60分）〈満点：100点〉

1　次の □ に当てはまる数を入れなさい。

（１）　$3-0.875\div\left(4\frac{1}{3}+1.5\right)=$ □

（２）　$1.125\times3\frac{1}{3}-\left(3.1-\frac{3}{10}\right)\times$ □ $\div0.6=\frac{5}{6}$

（３）　$1\times1\times1+3\times3\times3+5\times5\times5+7\times7\times7=$ （ア）
$=1+2+3+4+\cdots\cdots+$ （イ）

（４）　１から２００までの整数のうち、３でも５でも割り切れる数は （ア） 個、３でも５でも割り切れない数は （イ） 個あります。

（５）　ＡはＢの４割、ＢはＣの７５％のとき、ＡとＣの比を最も簡単な整数の比で表すと、Ａ：Ｃ＝ （ア） ： （イ） です。

（６）　□ 円で仕入れたある商品に仕入れ値の４割の利益を見込んで定価をつけました。しかし、売れなかったので定価の１割引きにしたところ売れ、４６８円の利益がありました。ただし、消費税については考えないものとします。

(7)　ある仕事を仕上げるのに、小学生６人だと８日かかり、中学生４人だと９日かかります。この仕事を仕上げるのに小学生４人と中学生６人だと［　　］日かかります。

(8)　６％の食塩水Ａと８％の食塩水Ｂを３：２の割合で混ぜたところ、４５０ｇの食塩水Ｃができました。この食塩水Ｃの濃度は［　　］％です。

(9)　一定の速さで流れる川があります。ある船がこの川を１４４０ｍ上るのに１２分、下るのに８分かかりました。この船の静水時の速さは毎分［　　］ｍです。

(10)　下の図のように、合同な平行四辺形を１６個並べました。色のついた部分の三角形の面積は元の合同な平行四辺形［　　］個分です。

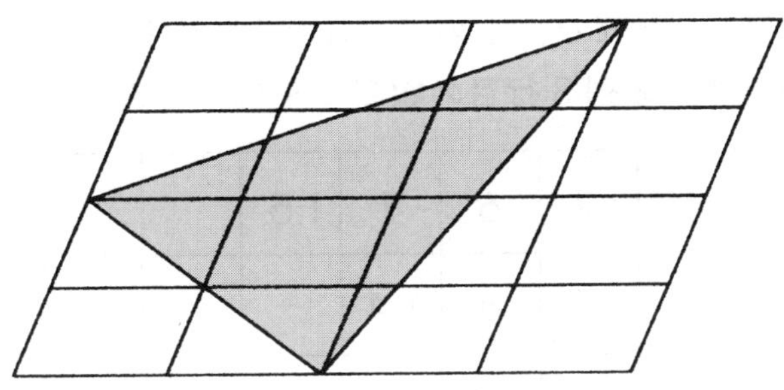

(11)　下の図のように、三角形ＡＢＣを面積が等しい５つの三角形に分けました。このとき、ＢＦの長さは［　　］ｃｍです。

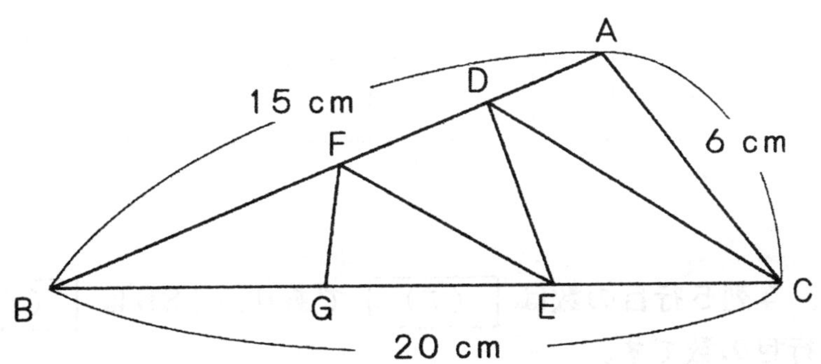

（１２）　次の表は、あるスポーツ大会で獲得した、国ごとのメダルの獲得数と、メダルの重さの合計を表しています。

	金メダル	銀メダル	銅メダル	メダルの重さ（g）
国A	5	6	2	3000
国B	3	4	5	2450

金メダルの重さが銅メダルの重さの２倍であるとき、金メダル、銀メダル、銅メダルの重さはそれぞれ［（ア）］g、［（イ）］g、［（ウ）］gです。

（１３）　０、１、２だけを使ってできる整数を下のように小さい順に並べます。

１、２、１０、１１、１２、２０、２１、２２、１００、……

このとき、１から数えて２０２２は［　　］番目です。

（１４）　下の図のようにある規則にしたがって数字が並んでいます。左の縦の列から、１列目、２列目……とよび、上の横の行から、１行目、２行目……とよぶことにします。例えば、２列３行目の数字は９になります。

1	2	6	7	15		
3	5	8	14			
4	9	13				
10	12					
11						

……

⋮

このとき、４列５行目の数は［（ア）］であり、185は［（イ）］列［（ウ）］行目の数です。

2 百合子さんと桜子さんが次のような会話をしています。[　　] に当てはまる数字、言葉、図を答えなさい。ただし、同じ番号には同じものが入るものとし、④では当てはまる方の言葉に丸をつけなさい。また、円周率は3.14として計算しなさい。

百合子さんと桜子さんは、平面図形を動かすといろいろな立体図形ができることに気づきました。そして、平面図形を回転させてできる立体図形に着目して考えてみることにしました。

百合子さん：1つの平面図形を、ある直線の周りに1回転させてできる立体を回転体というんだって。そしてその直線を回転の軸とよぶそうよ。

桜　子さん：そうなんだ。いろいろな平面図形を回転させてどんな回転体ができるか考えてみようか。

百合子さん：長方形や正方形は、どの辺を回転の軸として回転させても [**①(言葉)**] ができるね。

桜　子さん：私も考えたよ。円を、その直径を回転の軸として回転させると [**②(言葉)**] ができて、直角三角形を、直角をはさむ2辺のうちの一方を回転の軸として回転させると [**③(言葉)**] ができるよ。

百合子さん：いろいろあるね。それに同じ平面図形でも、回転の軸の位置によって全然違う回転体になるよね。

桜　子さん：例えば次ページの図の長方形を回転させてできる立体で考えてみようか。「辺ABを回転の軸にした**立体ア**」と「辺BCを回転の軸にした**立体イ**」を比べてみると、できる立体はどちらも [①] だけど……

百合子さん：体積も表面積も [**④(立体ア・立体イ)**] の方がもう一方の立体より、体積は [**⑤(数字)**] cm^3、表面積は [**⑥(数字)**] cm^2 大きいよ。

桜　子さん：じゃあ、この長方形を今度は対角線ACを回転の軸として回転させたらどんな立体になるかなあ。

百合子さん：えーと……。長方形をもとにして丁寧に考えたら、[**⑦(図)**] のような見取り図が描けたよ！

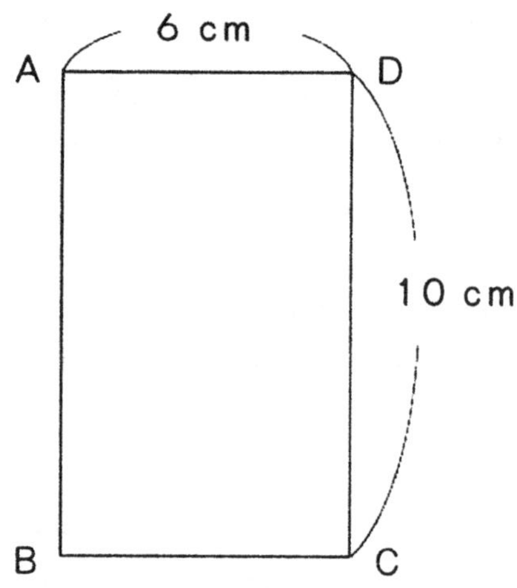

3　下の表は、日本の平成３０年度の食品ロスの発生量を示したものです。

食品ロスとは国民に供給された食料のうち本来食べられるにも関わらず廃棄されている食品のことをいいます。平成３０年度のデータでは、食品廃棄物等の発生量のうち食品ロスは６００万ｔで、事業系と家庭系の２つに分かれていてその内訳はそれぞれ表１、表２のとおりです。なお、表２では全体の量と内訳の割合がわかっています。

表１：事業系の食品ロス

事業系	外食産業	食品小売業	食品卸売業	食品製造業	合計
	１１６万ｔ	６６万ｔ	１６万ｔ	１２６万ｔ	３２４万ｔ

表２：家庭系の食品ロス

家庭系	食べ残し	過剰除去	直接廃棄	合計
	４５％	２１％		２７６万ｔ

（出典：「食品廃棄物等の発生量（平成３０年度推計）」農林水産省）

次の問いに答えなさい。ただし、答えが小数になる場合は、小数点以下は四捨五入して一の位まで答えなさい。

（１）　表１の事業系の食品ロスにおいて、全体３２４万ｔのうち、外食産業が占める割合が何％か求めなさい。

（２） 表１の事業系の食品ロスについて、円グラフにこれらの内訳を書き込み、完成させなさい。

（３） 表２の家庭系の食品ロスにおいて、直接廃棄の量が何万ｔか求めなさい。

（４） 以下の文章の空欄を埋めなさい。ただし、平成３０年度はうるう年ではありません。

食品ロスで発生する年間６００万ｔの量は、日本の人口を１億２千万人とすると、年間１人あたり［ ① ］ｋｇであり、１日１人あたり約［ ② ］ｇとなります。この１日１人あたりの食品ロスの量は約お茶碗１杯分です。

4 赤玉が４つ、白玉が４つあります。これらを机の上に円形に並べる方法は全部で何通りあるか求めなさい。その際に図を必ず用いて考え方を説明しなさい。ただし、回転して同じになるものは１通りとして考えます。

赤玉をⓇ、白玉をⓌなどとして用いてもかまいません。

ウ　社会を動かしつつある「Ｚ世代」に恐怖を感じた結果、現実主義という考えにたどり着き、その具体的な行動の一つとして子どもたちを見下す態度を取り、大人としての威厳を保とうとしているから。

エ　子どもたちは気候危機が直面する問題を直視し、その解決に向けて大胆に行動することを求めているが、経済活動に支えられた社会の実体をわかっておらず、ただ理想を語っているのに過ぎないと思っているから。

問七　━━線部「ポストコロナの時代には、大人たちに助言を求めるのを止めたほうがいい。偉そうに何かを言ってくる大人がいたら、無視していいのではないか」とありますが、筆者がこう述べるのはなぜですか。本文全体をふまえた説明として最もふさわしいものを次から選び、記号で答えなさい。

ア　今回のコロナ禍で引き起こされた原因は、これまで大人たちの切実な助言に耳を傾けてこなかった子どもたち側にもある。「ゆとり世代」であることを言いわけにして、子どもたちは政治のあり方をしっかり学ぼうとしたり身近な社会でできることに参加してこなかったりした。そのため、社会全体でコロナ禍への対応が十分でなかった点が生じてしまった。したがって、大人たちは現代社会のかかえる問題の解決案を「Ｚ世代」が今後新たに考え、行動するようにしてほしいと思っている。

イ　今回のコロナ禍で引き起こされた問題は、現代社会の抱える問題が表面化したことの一つであると考えられる。しかしその原因に責任を負わなければいけない大人たちは、問題解決の先送りをしているばかりでなく、実のところ今後どのような社会を作ったらいいのかを十分にわかっているわけでもない。したがって、子どもたちには大人たちに助言を求めるのではなく、むしろ今後の社会を一緒に考え、行動していってほしいと思っている。

ウ　今回のコロナ禍で引き起こされた様々な問題の原因は、子どもたちに忠告してきていたこととは反対に、自然環境の破壊に目をふせながら豊かで便利な生活を送ってきた大人たち側にある。そのため、大人たちはすぐにでも現代の生活態度を改める必要がある。したがって、もし大人たちが子どもたちに謝罪してきたとしても、これまでの生活態度を改めていこうとすることが証明されない限り、大人たちを仲間に入れる必要はないと思っている。

エ　今回のコロナ禍で引き起こされた出来事を考察してみると、国内では政治的な失態による問題が浮き上がってくるが、地球規模では人類の行き過ぎた経済活動の果てに環境を破壊し、危機的な気候変動を生じさせた問題にもつながっていることがわかった。したがって、子どもたちは大人たちと同様に人類の一員として現代の経済活動の恩恵を受けて生活する以上、今後は大人たちに助言を求めるだけでなく、むしろ大人たちに助言する立場になる必要があると思っている。

イ　コロナ禍において裕福な人々は海外に引っ越してウイルスと距離をとることができるだろうが、貧困層の人々は引っ越しをする金銭的余裕もなく、他者と距離をとることができないであろうという点。
ウ　コロナ禍において他人との接触機会を減らそうと意識しても、多くの人々の手を介さなければ私たちの生活は成り立たず、感染拡大のリスクを減らすことが難しいという点。
エ　コロナ禍において私たちは他人と一定の距離をとる生活を強いられてきたが、その結果、日本社会全体で人々の思いやりやぬくもりが感じられなくなってしまったという点。

問五　――線部⑤「有限な地球で無限の経済成長を目指すことは、どう考えても、不可能である」とありますが、どういうことですか。最もふさわしいものを次から選び、記号で答えなさい。
ア　地球の資源は限りがあるのにもかかわらず、それを使って人類がいつまでも経済的に成長し続けることはできないということ。
イ　地球の食料資源の量は決まっているのにもかかわらず、人類がその獲得だけを考えて行動することはできないということ。
ウ　地球上で人と人とがつながり合える数は限界があるのにもかかわらず、あたかも世界中の人とつながりを持つことができるかのように考えるのは不自然だということ。
エ　地球上で裕福な暮らしができる人は一握りに限られているのにもかかわらず、全員が富裕層になろうとする考えには無理があるということ。

問六　――線部⑥「冷笑的な大人たちは、『そんなことはムリ、子どもは現実をみていない』と言う」とありますが、「冷笑的な大人たち」はなぜそのようなことを言うのだと考えられますか。最もふさわしいものを次から選び、記号で答えなさい。
ア　子どもたちは現実に起こっている気候問題を正確に分析できていないので安易に解決できることだと思っているようだが、科学的な分析をした結果、有効な対策などほとんどないと判断しているから。
イ　現実主義であることを本気で素晴らしいことだと考えており、その結果、子どもを小馬鹿にすることで責任を逃れ、今後の問題解決に向けた行動はすべて子どもたちに任せようと思っているから。

問二 ――線部②「問題は、その憧れの生活が『自然を大切にする』ことと相容れないという事実である」とありますが、「その憧れの生活」とはどのような生活ですか。文章中から二十五字の部分を探し、その始まりと終わりの五字をそれぞれ書きぬきなさい。

問三 ――線部③「人類は今度こそ反省し、失敗から学ぶ必要がある」とありますが、どういうことですか。最もふさわしいものを次から選び、記号で答えなさい。

ア 人類はこれまで豊かな生活を送るために手段を選ばず、地球環境に極めて大きな犠牲を強いてきたので、気候変動や食糧危機、パンデミックを引き起こしてしまうことになってしまったが、今度こそ大人たちは子どもたちと一緒にその責任をとらなければならなくなったということ。

イ 人類は豊かな生活を手にすることができた一方、自然破壊に対する科学者たちからの忠告を意図的に無視し、結果として今回のようなパンデミックを招くような失敗をしたが、自然に対する向き合い方を改め、未来のことを考えた選択をするべきだということ。

ウ 人類は新型コロナウイルスの流行を招いてしまったことを反省し、今回の大流行が起こった原因を科学的に分析し、今後同じような未知の病原体が発生しないように衛生管理に気を配り、健康な状態を保つことができるように自然をコントロールすべきだということ。

エ 人類は自然界を我が物のように支配したツケとして今回の新型コロナウイルスの感染爆発が起こってしまった理由と、自然の脅威に何もできなかった現状を理解し、今後は自然に手を加えるようなことは一切せず、また人との距離を十分にとった生活をするべきだということ。

問四 ――線部④「私たちは『ソーシャルディスタンス』に、日々苦労している」とありますが、どのような点において苦労していますか。苦労している点として**ふさわしくないもの**を次から一つ選び、記号で答えなさい。

ア コロナ禍において最新テクノロジーを駆使して快適なテレワークを行える人がいる一方で、「エッセンシャルワーカー」と呼ばれる人々は、他者と距離をとることもできず、感染リスクの高い状況であるという点。

（注）＊1　ポストコロナ…コロナ禍（新型コロナウイルス感染症の流行による災難や危機的状況）の後のこと。
＊2　露呈…隠れていた事柄が表面に現れること。
＊3　不可逆…再びもとの状態に戻れないこと。
＊4　痴呆症…認知症を指し、脳の障害により記憶や認識などの能力が低下し、日常生活が困難になる病気。
＊5　パンデミック…感染症が世界的に流行すること。
＊6　多国籍アグリビジネス…複数の国に対して行う、産業としての農業のこと。
＊7　石油メジャー…石油事業を世界で幅広く展開している国際石油資本。
＊8　享受…受け取って自分のものにすること。
＊9　ツケ…「ツケを〜払わせる」の表現で、本人に代わって償わせるということ。
＊10　脆弱…もろくて弱いこと。
＊11　ビジョン…将来の構想。
＊12　欧州…ヨーロッパ。
＊13　惰性…これまでの勢い。

問一　――線部①「大人たちは忘れっぽい」とありますが、どういうことですか。最もふさわしいものを次から選び、記号で答えなさい。

ア　大人たちは、「自然を大切にしよう」と子どもたちに忠告しながらも、自分たちはその大胆な行動を起こすための計画作りの作業にばかり熱中し過ぎて、実際の行動に移せなかったということ。

イ　大人たちは、「自然を大切にしよう」と語っていたが、高齢化で痴呆症になる人が増え、何を説明していたかを少しずつ忘れてしまい、子どもたちに指摘されるまで気づかなかったということ。

ウ　大人たちは、大胆な行動を起こさなければいけない出来事が発生しているのにもかかわらず、自分たちの発言を忘れてしまったかのように、忠告とは矛盾した行動をとっているということ。

エ　大人たちは、大胆な行動を起こそうと思っても、大胆な行動の意味をはき違えているため、結果的に子どもたちに言った忠告とは相反する行動をとり、子どもたちの信用を失ってしまっているということ。

いからだ。スピーチのなかで、彼女はこう述べている。

「責任を負うべき人はいます。一部の人々――とりわけ一部の企業や決定権を握る人々――は莫大なお金を儲け続けるために、どれほど貴重なものを犠牲にしているか正確に知っているのです。私は、そうした企業や決定権を握る人たちに、気候に関して表面的でない大胆な行動を起こしてくれるよう要求します」

もちろん、⑥冷笑的な大人たちは、「そんなことはムリ、子どもは現実をみていない」と言う。それが現実主義でカッコいいと、本気で思っているのだ。そして、君たちを「ゆとり世代」なんて呼んで、小馬鹿にしながら、責任転嫁している。

けれども、気候変動についても、たった一人の抗議活動から始まったZ世代の運動が、社会を動かしつつある。これまで環境団体が必死に署名活動やデモをやってもなしえなかったような、大きな成果をもたらしつつあるのである。

例えば、＊12欧州は、2050年までに二酸化炭素排出をゼロにするために動き出している。「欧州グリーンディール」だ。ドイツは、2038年までに石炭火力発電もなくそうとしている。石炭火力発電を横須賀や神戸に建設中の日本と比べてみてほしい。未来を作るのは君たちだ。声を上げなければ、今までの古いやり方が＊13惰性で続けられてしまい、状況は悪化するだけだろう。それは、負担を先送りしたい大人にとっては都合がいい。だが、それはフェアでない。古いやり方ではうまくいかなくなっている時代だからこそ、若い世代の新しい発想が必要である。

冒頭で、偉そうに何かを言ってくる大人は無視して構わないと言った。理由はもう一つある。大人たちだって、これから作るべき新しい社会の答えを知らないのだ。答えはまだ誰にもわからないような危機に今人類は直面している。答えがわからないからこそ、一から一緒に、みんなで考えようという姿勢が、ますます大事になる。

だから、君たちが声を上げるときは、「ムリだ」という冷笑主義者の言うことは気にしないでほしい。「ムリ」かどうかも、本当のところ、誰にも「わからない」のだ。彼らはただ、今の不合理なルールに慣れ切ってしまっていて、考えることを止めてしまっているだけである。

でも、彼らも自らの誤りに、いつかは気が付くことはできるはず。大人も自分たちの過ちを反省し、君たちと一緒に行動することができるはずだ。だから、僕らが頭を下げてきたら、どうか仲間に入れてあげてくれないだろうか。

（内田樹編『ポストコロナ期を生きるきみたちへ』所収、斎藤幸平「ポストコロナにやってくるのは気候危機」）

可欠な仕事に従事している人は、他者と距離を取ることができない。そうした人は、大きなリスクに晒されながら、低賃金で必死に働いている。

気候変動の場合も、もしあなたがとても裕福であれば、別の国に引っ越せるかもしれない。水や食糧の価格が高騰しても、問題なく支払うことができるだろう。でも、そんなことができるのは、一握りの人だけだ。

その一握りのグループに入ろうとして、必死に頑張るのも一つの選択肢である。けれども、今のような大量生産・大量消費を続けるなら、「普通の」暮らしをできる人の数はますます減っていく。そう、コロナ禍で、「普通」の生活をできる人が大きく減ってしまったように。

危機が深刻化するときには、今まで通りのルールのもとで、自分だけが勝ち残ろうとしても、うまくいかない可能性が高い。地球は一つで、人々はみなつながっているのだから。

私たちはこのまま自然を破壊する道を突き進んで、分断や孤立化を推し進めるような社会をつくるのか。それとも、人々とのつながりや相互扶助、連帯や平等を重視し、自然を大切にする持続可能な社会への転換を図るのか。その分岐点に、私たちは立っている。

未来がどうなるかはわからない。けれども、⑤有限な地球で無限の経済成長を目指すことは、どう考えても、不可能である。だからこそ、経済成長を最優先にしたシステムからの大転換が今こそ必要なのではないか。経済成長ではなく、自然との共存や人々の幸福を重視する経済への転換が。

ところが、資本主義で競争して、自分だけが生き残ることに必死になっている大人たちには、この社会を変えるための*11ビジョンを思いつくことができない。

だとすれば、新しい世代が立ち上がって、社会を動かすしかない。

未来は自分たちで作る

いま、世界では、Z世代と呼ばれる2000年頃以降に生まれた子どもたちが、社会を変えるために必死に声を上げている。そう、みなさんと同じ世代である。

なかでも有名なのは、15歳の時に、たった一人で、国会議事堂の前で座り込みを始めたスウェーデンの環境活動家グレタ・トゥーンベリだろう。

彼女が行動した理由は単純だ。大人たちが自分たちの家（＝地球）が燃えているにもかかわらず、気候危機を危機として扱わな

一見、とても豊かで、なんでも売っているようにみえるけれど、実は、日本は生活に必要不可欠なものを作ることができない。利益優先で、効率性やコストカットだけをひたすらに求めていくと、最終的には、思わぬ形で、危機への対応力を失ってしまうのである。

ここでのスキャンダルは、＊6多国籍アグリビジネスや＊7石油メジャーは、ウイルスや気候変動の危険性を十分にわかっていたのにもかかわらず、自然の破壊を続けてきたということである。パンデミックも気候変動も、科学者たちは警告していた。けれども、そうした警告は、意図的に無視されたのだ。

なぜだろうか。大人たちは、乱開発から恩恵を受け、豊かな生活を＊8享受することができたからだ。だから、政治家も、企業も、そして私たち消費者も、そのような行為を黙認し、問題解決を、ひたすら先送りにしてきたのである。

そして今、大人たちが楽な選択をしてしまったことの＊9ツケを全部、未来の世代に払わせることになっている。間抜けな大人たちの尻ぬぐいを、子どもたちに押し付けてしまうことを、大人たちは本当に反省しなくてはならない。

未来への大分岐

そんななか、今回の新型コロナウイルスは多くのことを気付かせてくれた。③人類は今度こそ反省し、失敗から学ぶ必要がある。もしかすると生活を改めるためのラストチャンスかもしれない。その意味で、私たちは未来の分岐点に立っている。

まず、専門家や政治家は、ウイルス対策を必死に考えているけれど、なかなかうまくいっていない。これだけ経済や技術が発展していても、ウイルスのような自然の脅威を前にしては、結局人間は無力なのだ。社会の繁栄というのは、非常に＊10脆弱で、繊細なものなのである。だからこそ、人間は自然を自在に支配できるという驕りを捨てなくてはならない。自然を健康な状況にしておかなければ、そのしっぺ返しは、自分たちのところへ跳ね返ってくる。

また、④私たちは「ソーシャルディスタンス」に、日々苦労している。距離を取ろうとすればするほど、私たちは普段どれほど他者とつながっているかを痛感させられるのだ。今まで当然のように手にしていた商品も、生産、物流、販売、デリバリーなど、多くの人の手を通して、自分たちのところに届く。他者とつながることでのみ、私たちの生活は可能である。けれども、それが同時に感染拡大のリスクになっている。

そんななか、世の中には、大金持ちで、最新テクノロジーを駆使して、快適なテレワークをしながら、アプリで食事や買い物のデリバリーを頼んでいる人もいる。けれども、医療、保育、教育、介護などの「エッセンシャルワーク」と呼ばれる、社会にとって不

う。そうなれば、世界中で、深刻な食糧危機や水不足が発生し、もはや、東京や大阪のような大都市での生活は維持不可能になる。

忘れっぽい大人たち

だから、本当は今すぐにでも、大胆な行動を起こさないといけない。けれども、①大人たちは忘れっぽい。「自然を大切にしよう」親や先生から、何度もそう言われたに違いない。にもかかわらず、大人たちは、自然をまったく大切にしてこなかった。*4痴呆症のように自分で言ったことを忘れてしまうのだ。

子どもたちに忠告した後、大人はスマートフォンでインスタグラムやFacebookを開く。そこには、海外旅行、BMWやポルシェ、ブランドの洋服、高級レストランといった華やかな世界がある。たくさんお金を稼いで、SNSで自慢できるような生活をすることが、カッコいいと本気で思っている大人が、世の中にはどれだけ多いことか。②問題は、その憧れの生活が「自然を大切にする」ことと相容れないという事実である。

たしかに、華やかな生活は魅力的だ。スーパーやデパートに行けば、世界中のものがなんでも手に入る。欲しいものも、無限にあるだろう。

けれども、そうやって、何でも手に入るような暮らしを続けるためには、いろいろな資源を世界中で掘りつくして、日本に集めてこないといけない。例えば、和食は美味しいと言うけれど、日本は食料自給率がとても低く、3割台しかない。種子、肥料、耕作機なども入れると、ほとんどが海外からの輸入に頼っている。「日本の食卓の豊かさ」などというものは幻想だ。海外の食品を買い叩いているにすぎない。300円の牛丼は、まさにその象徴である。

食事だけでない。石油、石炭、アルミニウム、リチウム。私たちの日常に欠かせないものの原料は、多くが外国からの輸入品である。日本の豊かな生活の裏では、熱帯雨林の森林伐採が進行し、生態系が破壊されている。

要するに、今の日本の豊かな生活が地球にかけている負荷は計り知れない。今の生活は、便利で、快適だが、その便利さは、「遠くに」住む人々やその自然環境に極めて大きな犠牲を強いているのである。

ところが、これまでこうした犠牲は、ブラジルとかインドとか、日本人の生活には直結しない、「遠いところ」で繰り返されてきたため、無視されてきた。それがついに、気候変動や*5パンデミックという形で、日本でも深刻な問題を引き起こしつつある。

今後、気候変動によって、世界的な食糧危機が生じれば、食料自給率の低い日本も影響を被る。その時、私たちの生活はどうなるだろうか。今回のパンデミックの時に、マスクや消毒液も手に入らず、困ったのを思い出そう。

三 **次の文章を読んで、後の問いに答えなさい。なお、問いに字数指定がある場合には、句読点なども一字分に数えます。**

ウイルスと気候変動

＊1ポストコロナの時代には、大人たちに助言を求めるのを止めたほうがいい。偉そうに何かを言ってくる大人がいたら、無視していいのではないか。本来、大人たちに、これからの世代に助言を与える資格などないのだ。この危機を作り出したのは、大人たちなのだから。

だから、私自身を含め、大人たちはまず謝らなくてはいけない。

新型コロナウイルスが流行したせいで、君たちは学校に行けなくなり、勉強に遅れが出た。卒業式や修学旅行もなくなった。部活もできないし、友達と気軽にカラオケにも行けない。学校生活が一変してしまったことについて、私たちは、謝らなくてはならない。

同じ島国の台湾やニュージーランドのように、感染症が広がらないように、日本ももっとうまく対処できたはずだ。日本で、ここまで感染が広がってしまったことは、政治的失態である。

けれども、政治だけのせいではない。大人たちは、もっと別のことを謝らないといけない。今回の感染症の大流行は、現代社会が抱えているもっと根本的な矛盾が、たまたま感染症という形で＊2露呈したにすぎない。真の、問題はもっと深いところにある。そして、それは今回のウイルスに対するワクチンが開発されたとしても、なくならないものだ。

そう、大人たちが地球全体で、向こう見ずな環境破壊を続ける限り、同様の危機は繰り返し、また別の形でやってくる。人間は自然の一部であるにもかかわらず、自然を破壊しつくそうとするなら、そのしっぺ返しは、コロナだけでは終わらない。

私たちの時代は「人新世」と呼ばれる。人類の経済活動が地球全体を変容しているという意味だ。

なかでも、特に深刻な人新世の危機が気候変動である。このまま突き進めば、気候変動はもっと深刻な危機的状況を、今後数十年のうちにもたらすことになる。しかも、気候変動は＊3不可逆的で、元の状態に戻す治療薬は存在しない。

実際、産業革命前と比較して、わずか1℃の気温上昇であっても、すでに、世界中で、豪雨、洪水、干ばつ、熱波、山火事などの異常事態が発生している。日本でも、スーパー台風や梅雨の集中豪雨、酷暑など、気候変動の影響が出てきている。

ところが、このままのペースで二酸化炭素排出が続くなら、2100年には、世界の平均気温は、なんと約4℃も上がってしま

問十一 この物語では、朋樹も戸川も岩石の種類をどのように分類していけばよいのかという疑問に向き合う場面が描かれていました。このように何か疑問が生じたことに対して、論理的・科学的に向き合う場合、次の図に示すような取り組みが基本になるといわれています。空らんa～dにあてはまる1～4の組み合わせとして最もふさわしいものを後のア～エから選び、記号で答えなさい。

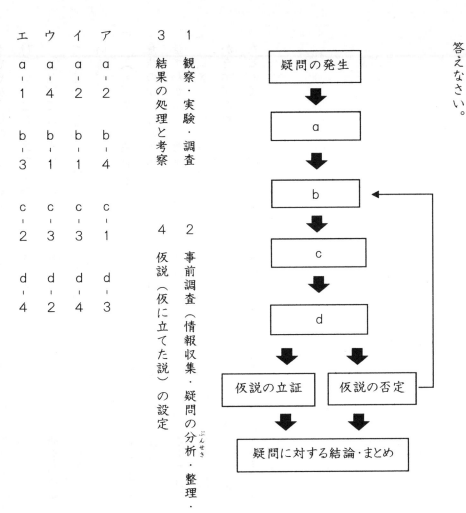

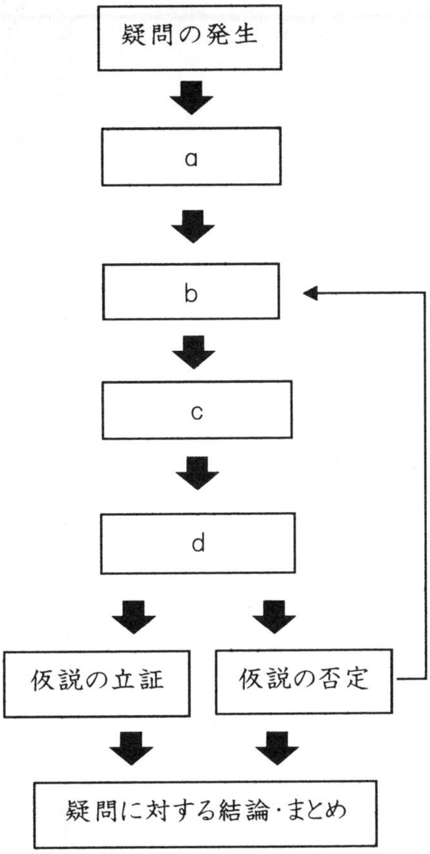

疑問の発生
↓
a
↓
b
↓
c
↓
d
↓
仮説の立証　／　仮説の否定（→bへ戻る）
↓
疑問に対する結論・まとめ

1　観察・実験・調査
2　事前調査（情報収集・疑問の分析・整理・予備観察・予備実験）
3　結果の処理と考察
4　仮説（仮に立てた説）の設定

ア　a－2　b－4　c－1　d－3
イ　a－2　b－1　c－3　d－4
ウ　a－4　b－1　c－3　d－2
エ　a－1　b－3　c－2　d－4

ア　(X)では、化石の発掘をする者たちが十分な知識と技術を持ち合わせていないため、たびたび大学士に注意を受ける姿が冷ややかに描かれているが、(Y)では、未熟な知識と技術しかない朋樹が、熟練の技能を戸川から教わり、専門性を身につけていくことに喜びを感じる姿が感動的に描かれている。

イ　(X)では、大学士は、だれがどのような調査研究をしても過去の地層や化石が確かに存在していたことを証明しようとしているが、(Y)では、朋樹の行動をとおして、古代に生きたアンモナイトがどのように生息していたかを証明しようとしている。

ウ　(X)では、地層や化石を調べている理由を、大学士は、それらが風や水などと同じように、どこにでもある平凡でさして意味のないものと同じであることを証明しようとしているが、(Y)では、地層や化石を研究する中で、戸川は、私たちの生活でわからない物事に出会った場合は、まずわからないという事実を自己認識する必要があると考えている。

エ　(X)では、地層や化石を調べている理由を、大学士は、だれから見てもそのものがこの世界に確かに存在していたかどうかを示すためであると考えているが、(Y)では、地層や化石の研究をとおして、戸川は、私たちの前に困難な出来事が生じたとしても、その問題にしっかり向き合うことで解決の手がかりが見つけだせるという考えにいたっている。

問十　この物語は、化石を発掘する場面が描かれている点で、次に示す『銀河鉄道の夜』と共通します。『銀河鉄道の夜』（X）と、この物語（Y）との比較の説明として最もふさわしいものを後から選び、記号で答えなさい。

「[*1]君たちは参観かね。」その[*2]大学士らしい人が、眼鏡をきらっとさせて、こっちを見て話しかけました。
「くるみが沢山あったろう。それはまあ、ざっと百二十万年ぐらい前のくるみだよ。ごく新しい方さ。ここは百二十万年前、第三紀のあとのころは海岸でね、この下からは貝がらも出る。いま川の流れているとこに、そっくり塩水が寄せたり引いたりもしていたのだ。このけものかね、これはボスといってね、おいおい、そこ[*3]つるはしはよしたまえ。ていねいに[*4]鑿でやってくれたまえ。ボスといってね、いまの牛の先祖で、昔はたくさん居たさ。」
「標本にするんですか。」
「いや、証明するに要るんだ。ぼくらからみると、ここは厚い立派な地層で、百二十万年ぐらい前にできたという証拠もいろいろあがるけれども、ぼくらとちがったやつからみてもやっぱりこんな地層に見えるかどうか、あるいは風か水やがらんとした空かに見えやしないかということなのだ。わかったかい。けれども、おいおい。そこも[*5]スコープではいけない。そのすぐ下に肋骨が埋もれてる筈じゃないか。」大学士はあわてて走って行きました。

（宮沢賢治『新編　銀河鉄道の夜』）

（注）＊１　君たち…登場人物のジョバンニとカムパネルラのこと。
＊２　大学士…役人か学者を指すと思われる。
＊３　つるはし…主に固い地面などを砕く道具。
＊４　鑿…木材や石材や金属などに、細かく穴を掘ったり彫刻したりする道具。
＊５　スコープ…スコップ（土砂を掘ったりすくったりする道具）を指すと思われる。

問八　――線部⑥「ハンマーがめり込むような手応えとともに、鈍い音が響いた」とありますが、これはどのようなことが表現されていると言えますか。その説明として最もふさわしいものを次から選び、記号で答えなさい。

ア　アンモナイトへの強い興味から懸命に発掘作業をしてみたが、その努力が実り、今までにない重大な発見になるであろうことが実感的に表現されている。

イ　アンモナイトの実体が一体何であるのかという関心が、やがて朋樹自身の本心を探すことに重なり、その存在の確かさに手応えを感じ始めたことが象徴的に表現されている。

ウ　アンモナイトの実体が何であるのかは諸説あるが、イカやタコの仲間であろうという説にしたがって取り組んだ発掘作業に、間違いはなかったことが実証的に表現されている。

エ　アンモナイトを先に発掘することで、未熟な子供あつかいする戸川に対して負けまいとする朋樹の熱い思いを示し、その様子が肯定的に表現されている。

問九　この物語の表現や内容における特徴の説明として、最もふさわしいものを次から選び、記号で答えなさい。

ア　会話文でたびたび記されている「――」は、相手に遠慮してあえて語らないときに用いられ、「……」は、言うべき言葉が見つからず、悩んでいたり考えていたりするときに用いられている。

イ　「ゴーグル」、「ハンマー」、「キャップ」や「キンキンキン」などのカタカナ表記の言葉は、物語全体を躍動的な雰囲気にする働きがあり、小学生の朋樹のひと夏の冒険を印象づけている。

ウ　多用される科学的な用語が物語の世界観を作り出し、その中で現代の若者らしい口調や態度をとる朋樹の、年長の戸川との出会いをとおして、少しずつ心の成長をしていく姿が描かれている。

エ　物語の前半では、現代社会に生きる一人の少年の現実的な状況を印象的に描き出し、後半では、科学的に過去の歴史に向き合うことこそ、現代人が前向きに生きられる方法であることを暗示している。

ア　地質学などを十分に学んだからこそ新しい発見ができた体験を伝え、朋樹にも将来大学に進学し、立派な研究者になってもらいたいと思っている。
イ　自らの学問研究において抱いた悩みや苦しみの経験から学べることを、今悩み苦しんでいる朋樹に向けて力強く伝えたいと思っている。
ウ　岩石の採取や種類の特定に何日もの時間が必要であったという話をすることで、朋樹に何事を成すにも継続した努力が必要であることを伝えたいと思っている。
エ　調査区域の地質構造が部屋全体に浮かび上がるような不思議な感覚の体験は貴重であるため、若い世代の朋樹に伝えたいと思っている。

問六　［1］にあてはまる言葉として最もふさわしいものを次から選び、記号で答えなさい。
ア　動ずることなく　　イ　目を丸くしながら
ウ　身じろぎもせず　　エ　なす術をなくして

問七　――線部⑤「ここへ来てわかったのは、ただ一つ」とありますが、このときの朋樹の心情を説明したものとして、最もふさわしいものを次から選び、記号で答えなさい。
ア　志望校や塾や家族のことで悩み、自分がどのように歩むべきであるかをわからないでいるが、まずそのことを認め、行動に移していくことが必要なのだと実感している。
イ　志望校や塾や家族のことで悩むことが重なり、自分がどのように行動するべきかを見失いがちになっていたが、夏空の下で汗を流していると、すべてのことをいったん白紙にできるのだと実感している。
ウ　充実した気持ちになれない理由を見つけられずに過ごしていたが、自分の悩みの根本的な原因が見つかり、その問題解決に向けた具体的な方法が何であるのかをはっきりわかったと実感している。
エ　充実した気持ちになれないで苦しんでいたが、アンモナイトが環境の変化に適応できずに絶滅したことがわかり、自分はどんな環境にいても、化石のようになってしまわないようにしようと実感している。

イ　a～eは、自分の体験をとおして得た知識から理解したことを示す言葉だが、fは、先人たちの研究内容と一致(いっち)したことを示す言葉として用いているという違いがある。
ウ　a～dは、実際には理解していないことを相手に悟(さと)られないようにあえて用いている言葉だが、e・fは、本当に理解したことをうそいつわりなく伝えるために用いている言葉だという違いがある。
エ　a・c・fは、自分の行動や体験から独りよがりに導き出して理解したことを示す言葉だが、b・d・eは、他者の思いを推(お)し量り理解したことを示す言葉として用いているという違いがある。

問三　──線部②「岩石の名前をいくつ知っていても分類など無理だろう」とありますが、なぜ戸川はこのように言ったのでしょうか。最もふさわしいものを次から選び、記号で答えなさい。
ア　同じ岩石どうしにわけることを求めているのに、朋樹は一つひとつの岩石の種類名を特定することに必死となり、疑問に答えることはできないだろうと思っているから。
イ　岩石の種類は多種多様にあるため、学校や塾で覚えた知識だけでは不十分であり、専門的知識を持っていない朋樹には十分に分類することはできないだろうと思っているから。
ウ　岩石の種類の知識ぐらい受験勉強でしっかり身につけておかなければいけないのにもかかわらず、間違えたり悩んだりする朋樹の様子から、十分に分類することはできないだろうと思っているから。
エ　岩石の種類を受験勉強のような知識として覚えたとしても、実物と向き合い丹念(たんねん)に観察することをしなければ、分類することはできないだろうと思っているから。

問四　──線部③「正しくわけるというのは、人が思うほど簡単ではない」とありますが、戸川がこのように思うのはなぜでしょうか。戸川が大学生であったときに行った地質調査について書かれた文章中から、その理由が最もよくわかる一文を探し、その始まりと終わりの五字をそれぞれ書きぬきなさい。

問五　──線部④「視線を朋樹に向けた」とありますが、このときの戸川の心情として最もふさわしいものを次から選び、記号で答えなさい。

「アンモナイトがほんとにイカやタコの仲間なのかどうか、この目で確かめてやろうと思ってるだけです」

次の瞬間、⑥ハンマーがめり込むような手応えとともに、鈍い音が響いた。

（伊与原 新『月まで三キロ』所収、「アンモナイトの探し方」）

（注）＊１　アンモナイト…巻貝の形の殻を持つ化石。物語に登場する博物館では「―サザエなどの巻貝と混同されるが、分類学的にはイカやタコの仲間―」と表示している。

＊２　ノジュール…地質体中に見られる、周囲と成分の異なる塊。この中に化石を閉じ込めていることがある。

＊３　混沌…様々なことが入り混じって区別がつかないさま。

問一　――線部①「無意識にキャップの後頭部に手をやった」とありますが、それはなぜだと考えられますか。最もふさわしいものを次から選び、記号で答えなさい。

ア　中学受験に向けた学習を続けてはいるが、ひと時とはいえ祖父母のもとでのんびりと夏休みを過ごしていることに後ろめたさを感じたから。

イ　中学受験に向けた学習にはげむことができない原因を戸川にあたかも知られているかのように感じられ、おのずと隠そうとしたから。

ウ　中学受験のために通う塾を休んでいる理由を、出会ったばかりの人にいきなり話す必要はないであろうととっさに感じられたから。

エ　中学受験に向けた学習を中断している本当の理由を、のんびりと間を置いた話し方をする戸川はまったく知らないであろうと安心したから。

問二　a［わかる］・b［わかる］・c［わかってる］・d［わかります］・e［わかる］・f［わかった］は、それぞれどのような意味合いの言葉として用いられていますか。その説明として最もふさわしいものを次から選び、記号で答えなさい。

ア　a～eは、物事の本質を追究することなく表面的な事がらの理解に留まる言葉だが、fは、自らの行動や体験から実感をともなって理解した上で用いている言葉だという違いがある。

握りしめた。

キンキンキン、キンキンキンキン。

ハンマーは勢いよく弾き返される。ノジュールには傷もつかない。手のマメが痛むが、もっと力を込める。

キンキンキン。あごをつたう汗が、ノジュールの上に落ちた。いったん手を止め、Tシャツの袖で顔をぬぐう。

ハンマーの音が止んだ途端、やかましいセミの声が谷間に鳴りわたる。昨日スマホで調べてみた。エゾゼミというらしい。

北の空に目をやると、絵に描いたような入道雲が見えた。今日も夕立があるかもしれない。急がないと――。

キンキンキン、キンキンキンキン。

ノジュールをにらみつけ、声にならない言葉とともに、力いっぱい打ちつける。

わかんねーよ、何もかも。

志望校のことも、塾に行けるかどうかも、自分の本当の気持ちさえ。

⑤<u>ここへ来てわかったのは、ただ一つ</u>。このまま化石になってたまるかってことだ――。

時おり浮かぶそんな思いも、ハンマーを振り続けているとすぐに消え去る。代わって頭を埋めつくすのは、いずれ目の前に現れる、見事なアンモナイトの姿――。

キンキンキン、キンキンキンキン。

暑い――。頭からキャップをもぎ取って、放り出す。

キンキンキン。腕がだるくなってきても、叩くリズムは緩めない。

戸川が近づいてくるのが視界の隅に見える。だが朋樹は、地面のキャップを拾おうとはしなかった。

「叩けるようになってきたじゃないか」

そばで戸川が言ったが、顔も上げない。

キンキンキン。

「夢中だな」戸川がにやりとする。

キンキンキン。

「ていうか、僕は――」

朋樹はハンマーを振り下ろしながら、ノジュールに向かって言った。

ていったんだ。畳の上にずらーっとな。ところが、石が増えていけばいくほど、わけがわからなくなった。しまいには布団を敷く場所がなくなって、廊下で寝たよ」

　民宿の一室で石に囲まれ、途方に暮れる戸川。その姿が、川原を埋めた名も知れぬ石の上にいる自分と重なった。

「そんなある晩のことだ。相変わらず部屋でうんうん唸っていた私は、何気なく一つの石を手に取った。正体がわからず、放ったらかしにしてあった石の一つだ。それをじっと見ているうちに、ふと、似たような石が他にもあったような気がしてきた。私は、今まで考えに入れていなかった正体不明の石たちを、あらためて観察した。種類を同定しようってことじゃない。ただ単に仲間わけしてみようと思ったわけだ。そして、気がついた。その石たちは、ある特徴で二つのグループにわけられる。それだけじゃない。そいつらを畳の元の位置に戻してやると、二つのグループの分布の境界が、見事に一本の線になっていることが f わかったのさ。夜中だってのに、思わず叫んだよ。次の瞬間には、調査区域の三次元の地質構造が、八畳間全体にぼんやり浮かび上がってきた。あの不思議な感覚は、今も忘れられん」

　ずっと川面を見つめて話していた戸川が、④視線を朋樹に向けた。話に引き込まれていたので、何の反応もできない。朋樹は［ 1 ］次の言葉を待った。

「私はそのとき思い知った。わかるための鍵は常に、わからないことの中にある。その鍵を見つけるためには、まず、何がわからないかを知らなければならない。つまり、わかるとわからないを、きちんとわけるんだ」

（中　略）

　戸川は地面のハンマーを二本拾い上げると、一本を朋樹の目の前に差し出した。

「科学に限らず、うまくいくことだけを選んでいけるほど、物事は単純ではない。まずは手を動かすことだ」

　コンビニ弁当をかきこむと、石を枕に寝そべる戸川を尻目に、崖へと戻る。不発に終わった午前中とはうって変わって、掘り始めて五分もしないうちにハンマーが目当てのものを引っかけた。今までで一番の大物。ドッジボールのようなノジュールだ。

　両手で抱えて小石の上に据え、表面の土をはらう。その大きさと形からして、かなり手強そうだ。ゴーグルを装着し、ハンマーを

いのなら、②岩石の名前をいくつ知っていても分類など無理だろう」
「そうかもしれないけど、こんな曖昧な違い――」
「わかるは、わけるだ。③正しくわけるというのは、人が思うほど簡単ではない」
戸川は、安山岩と呼んだ石と砂岩を一つずつ握り、断面を朋樹に向ける。
「わけるポイントを知っていれば、うまくいく場合もある。安山岩などの火山岩は、溶岩が冷え固まったものだ。だからよく見ると、結晶の――粒の形が角ばっている。かたや砂岩は、陸地で削られた砂粒が海まで運ばれてできたものだ。だから粒子は角が取れていて、丸い」
戸川はベストのポケットから小さな金属製のルーペを取り出し、朋樹に手渡した。使い方を教わって、二つの石を見比べる。
「……ほんとだ」戸川の言ったとおりだった。
「だがまあこんなこと、君にはできなくて当然だ」戸川は平然と言う。「私は大学で地質学を専攻したが、大学四年になっても、今の君と同じようなものだった」
「そんな、嘘でしょ」
「嘘ではない」戸川はきっぱりと言った。「昔の地質系の学生は、三年か四年になると、ある地域の地質図を独力で描かされるのが普通だった。まあ、実地のトレーニングだな。一人で何週間も山の中を歩き回り、岩石を採取して、地質の分布を地図にするわけだ。私に割り当てられたのは日高のほうだったが、民宿に泊まり込んで、来る日も来る日も山に入ったよ」
戸川は、体を川のほうに向けてあぐらをかき直し、続ける。
「私は、それなりにやれると思っていた。構造地質学も岩石学も堆積学も学んでいたし、岩石薄片の偏光顕微鏡観察もマスターしていた。君と同じで、すべてわかっているつもりだったわけだ。ところが、ハンマーとルーペだけ持っていざ野外に放り出されてみると、まるで歯が立たん。実際の自然は例外に満ちていて、＊3混沌としていた。岩石の面構えだけを見る限り、同じものなど一つもないように思えたよ」
朋樹は、さっきの安山岩と砂岩にあらためて目を向けた。この二つは、まだわかりやすいものを戸川が選んだのだろう。川原にある無数の石を細かく見ていけば、それこそ無限のバラエティがあるのかもしれない。
「とりあえず、採ってきた石を宿に持ち帰り、毎晩ひたすら眺めた。八畳間を調査区域に見立てて、歩いたルートに沿って毎日並べ

（中　略）

朋樹の頭と心は、中に泥でもつまったかのように、機能を停止してしまった。あふれ出した泥は、とうとう体まで侵し始めている。朋樹が化石になってしまうのは、もはや時間の問題だった——。

ハンマーの音で我に返った。見れば、戸川が手近な石を拾っては叩き割り、断面を確かめている。どれも似たような川原の丸石で、＊2ノジュールではない。ある石は捨て、ある石はテーブル状の岩の上に並べていく。

並んだ石が七つになったところで、戸川は言った。

「わかった気になるというのは、危険なことだ」

「え——」かすれた声しか出なかった。

「君みたいに頭のいい子にとっては、とくに。親の話でも授業でもニュースでも、耳で聞いただけですんなり頭に入ってくるだろうからな」

「それのどこが——危険なんですか」それ以上聞きたくないのに、確かめずにいられない。

「たとえば君は、ここにある石を分類することができるか？」戸川は七つの石を示した。どれも一部が割り取られ、中の新鮮な面が見えている。「名前はどうでもいい。同じ石はどれとどれだ。幼稚園でやる、仲間にわけてみましょうというやつだよ」

試される苦痛を感じながら、端から順に断面に触れていく。まず二個をよりわけた。

「この二つは……」喉を絞るようにして答える。「たぶん、泥岩だと思います」

「そうだな」戸川がうなずく。

他の五つはやや粒が粗く、それぞれ微妙に色合いが異なっていた。同じだと言われればすべて同じに見えるし、違うと言われたらすべて違って見える。決め手がなかった。しばらく悩んだ末、半ば投げ出すように言う。

「あとは……全部砂岩」

「違う。砂岩と呼べるのは、これとこれだけだ」戸川は二つの石をわきにどけた。「残り三つのうち、この二つは安山岩。火山岩の一種だな。最後の一つは、私にもよくわからない。おそらく変成岩の一種だと思うが」

「いや、だってそんなこと——」

「習っていないから仕方ないか。だが、私が訊いたのは石の種類ではない。同じ石どうしにわけろと言っただけだ。それさえできな

「僕自身はどうなのかってことですよね？」朋樹は先回りした。「でもそれって、今決めることじゃなくないですか。大学に入るまでの間に考えだって変わるだろうし。とにかく、今から勉強しとけば将来の選択肢が増えるってことはｃわかってるんで。でも母はそこがよくわかってないんですよね。自慢できるような職についてほしいって気持ちは、ｄわかりますけど」

言い訳でもするようにまくしたてる朋樹を、戸川はじっと見つめていた。

「君は、何でもｅわかるんだな」

不意の言葉に、胃がぎゅっと締めつけられた。戸川に悟られぬようわずかに身をかがめ、浅い呼吸を繰り返す。

痛みが和らぐにつれ、胸の奥底に沈めていたことが、あぶり出しのように浮かび上がってくる。塾に行けなくなった本当の理由だ。

朋樹は今、泥の中にいる。海底の泥にとらわれたアンモナイトのように、身動きがとれないでいる。何が問題かということは、全部わかっているはずなのに――。

朋樹には、ずっと憧れている学校がある。鎌倉にある中高一貫の私立男子校だ。父方のいとこが通っていて、以前から学内の様子を詳しく聞かされていた。伝統校でありながら、自由な雰囲気。教師陣は個性的で、受験一辺倒の授業はしない。それでも進学実績は素晴らしく、最近ではアメリカの一流大学に進む生徒も増えている――。

そんな話を刷り込まれていれば、当然自分もその学校に、と思うようになる。朋樹は何ら疑問を抱くことなく、四年生から進学塾に通い始めた。成績は順調に伸び、すぐに最上位のＡ１クラスに上がることができた。

五年生になると、状況に二つ変化が起きた。一つは、両親の別居。父親が帰宅しない日がだんだん増えていたので、その気配は感じていた。父親のことは好きだったし、父親も多忙ながら朋樹には精いっぱいのことをしようとしてくれていたと思う。だから、「明日からパパとは別々に暮らすんだよ」と母親に告げられたときの衝撃は、今なお残響として朋樹の胸の奥にある。二、三ヵ月は勉強が手につかず、もう少しでＡ２クラスに落ちるところだった。

もう一つ変わったのは、鎌倉の学校の受験資格だ。来春の入試から、「通学時間が片道九十分以内であること」という制限が設けられることになったのだ。豊洲の自宅から学校まで、どんなに急いでも百分以上かかる。他の学校が眼中になかった朋樹は、愕然とした。

二 次の文章を読んで、後の問いに答えなさい。なお、問いに字数指定がある場合には、句読点なども一字分に数えます。(設問の都合上、本文を一部省略しています。)

《小学校六年生の朋樹(ともき)は、北海道富美別町(とみべつちょう)にある祖父母のもとに一人で来ている。ここでは町立自然博物館の元館長であり、ユーホロ川で*1アンモナイトの発掘(はっくつ)調査をしている戸川と出会う場面が描かれている。》

「何年生だ」戸川が水筒(すいとう)のふたを開けながら言った。

「六年」

「中学受験するんだろう。夏休みの間も塾(じゅく)があるんじゃないのか」

「ありますけど……今ちょっと休んでて」

「——そうか」

見透(す)かすような戸川の視線を受け、①無意識にキャップの後頭部に手をやった。無理に声を明るくする。

「でも大丈夫(だいじょうぶ)ですよ。僕(ぼく)、これでも結構成績いいんで。どれぐらい休んだらヤバくなるかは、自分でわかります。そう簡単には追いつかれない」

「上に追いつくこともできないんじゃないのか」

「いや、偏差値(へんさち)の高い学校ならいいってわけじゃないんで。やっぱ、偏差値と校風のバランスっていうか。ほら、人に聞いたりネットで調べたりしたら、その学校のリアルな校風って、ａ［わかる］じゃないですか」

言っているうちに、胃のあたりに不快感が広がった。

「大人びてるな」戸川は水筒の中身をひと口含(ふく)んだ。「いい学校を出て、将来は何になりたいんだ」

「母は、医者か弁護士ってずっと言ってますね。でもこの先、弁護士は生き残り競争が激しくなるってこと、わかりきってるし。リスクが少ないのは、やっぱ医者かな。父も同じ意見だと思いますよ。具体的な話まではしませんけど、父が考えてそうなことはｂ［わかる］んで」

「私が訊(き)いているのは——」

問五　次の会話文を読んで、[1]・[2]にあてはまる季節として最もふさわしいものを後から選び、それぞれ記号で答えなさい。

(注) かつては一月から三月は【春】、四月から六月は【夏】、七月から九月は【秋】、十月から十二月は【冬】と区分していました。

さくら「今日、国語の授業でリズミカルな[1]の歌を習ったよ。『せりなずな　ごぎょうはこべら　ほとけのざ　すずなすずしろ　これぞ七草』っていう歌なの。」

きくみ「あ、知ってる。その七草を入れたおかゆを食べると、万病を防いで寿命(じゅみょう)が延びると言われているらしいね。」

ゆりや「季節を歌うといえば、芭蕉(ばしょう)の『たなばたや　[2]をさだむる　夜のはじめ』っていう俳句もあるわね。いよいよ[2]がやってきたって詠(よ)んだものもいいなって思うわ。」

ア　春
イ　夏
ウ　秋
エ　冬

【B】

	情	
予	①	告
	道	

	要	
勝	②	習
	子	

	効	
結	③	物
	実	

	順	
反	④	用
	対	

ア　言うことが取りとめなく、その理由も考えもないこと。
イ　いろいろと心をくだいて工夫(くふう)し、物事をやりとげようとすること。
ウ　軽はずみにことを起こし、向こう見ずな行動をすること。
エ　前世や過去の行いの善悪に応じて、必ずそのむくいがあること。

問四　次の――線部の語を言いかえたものとして、最も ふさわしいものを後から選び、それぞれ記号で答えなさい。

①　持続可能で多様性のある社会づくりが求められている。

ア　グローバル　　イ　モチベーション
ウ　サスティナブル　　エ　ユニバーサル

②　文化祭の出し物をみんなで討論して決めた。

ア　ジャッジ　　イ　セッション
ウ　ディベート　　エ　ディスカッション

問三　次の（１）・（２）の問いに答えなさい。

（１）【Ａ】・【Ｂ】の①〜④には、それぞれ上下左右で二字熟語が成り立つ漢字一字が入ります。その漢字の順番を入れかえ、組み合わせてできる四字熟語をそれぞれ答えなさい。

（２）（１）で答えた四字熟語の意味として、最もふさわしいものを後のア〜エから選び、それぞれ記号で答えなさい。

【Ａ】

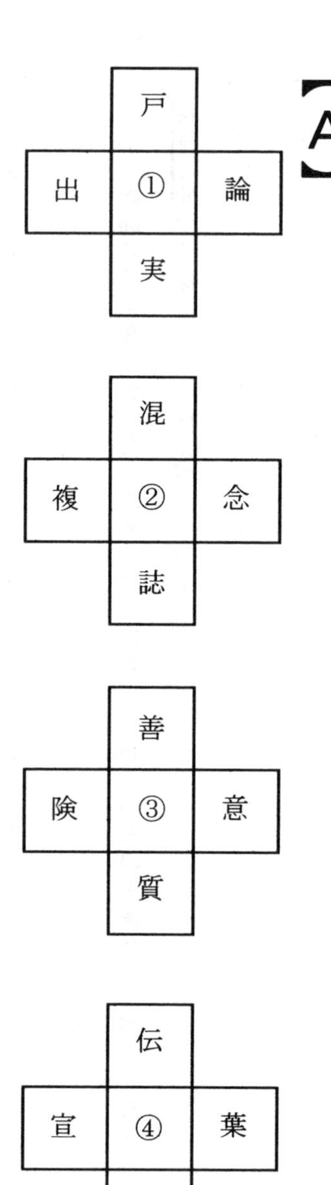

ア　死にものぐるいで戦うこと。

イ　さまざまにののしること。

ウ　身勝手でいいかげんなふるまいをすること。

エ　自分の利益になるように取り計らうこと。

二〇二二年度 湘南白百合学園中学校

【国　語】〈一教科入試〉（六〇分）〈満点：一〇〇点〉

一　次の問いに答えなさい。

問一　次の――線部の漢字は読みをひらがなで、カタカナは漢字で答えなさい。

①　君はぼくの竹馬の友だ。
②　姉は血相を変えて走った。
③　画一的な生活様式。
④　人の命に軽重はない。
⑤　彼は経営の第一線から退く。
⑥　審査員（しんさいん）が演奏のコウヒョウをする。
⑦　ユウシュウの美を飾（かざ）り卒業する。
⑧　イッシ乱れず行動する。
⑨　会議のために時間をアける。
⑩　印刷前の文章を赤いペンでコウセイする。

問二　次の慣用句やことわざの□にあてはまる生き物の名前を、それぞれ**ひらがな**で答えなさい。

①　□の手も借りたい。
②　能ある□は爪（つめ）を隠（かく）す。
③　□の一声。
④　□のはい出る隙（すき）もない。

2022年度
湘南白百合学園中学校 ▶解答

※　編集上の都合により，１教科入試の解説は省略させていただきました。

算数 ＜１教科入試＞（60分）＜満点：100点＞

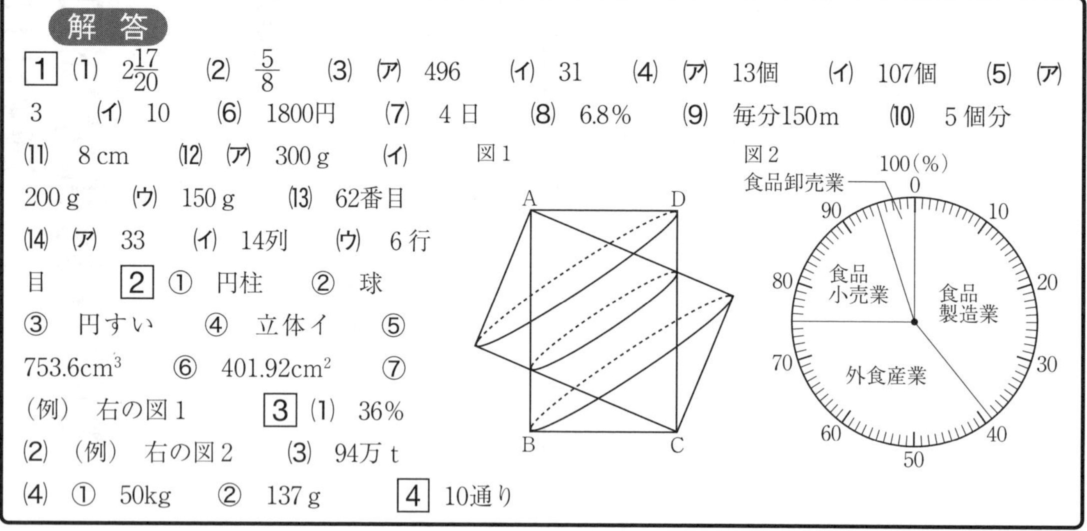

解答

[1] (1) $2\frac{17}{20}$　(2) $\frac{5}{8}$　(3) (ア) 496　(イ) 31　(4) (ア) 13個　(イ) 107個　(5) (ア) 3　(イ) 10　(6) 1800円　(7) 4日　(8) 6.8％　(9) 毎分150m　(10) 5個分　(11) 8 cm　(12) (ア) 300 g　(イ) 200 g　(ウ) 150 g　(13) 62番目　(14) (ア) 33　(イ) 14列　(ウ) 6行目　[2] ① 円柱　② 球　③ 円すい　④ 立体イ　⑤ 753.6cm³　⑥ 401.92cm²　⑦ (例) 右の図1　[3] (1) 36％　(2) (例) 右の図2　(3) 94万 t　(4) ① 50kg　② 137 g　[4] 10通り

国語 ＜１教科入試＞（60分）＜満点：100点＞

解答

[一] **問1** ① ちくば　② けっそう　③ かくいつてき(な)　④ けいちょう　⑤ しりぞ(く)　⑥〜⑩ 下記を参照のこと。　**問2** ① ねこ　② たか　③ つる　④ あり　**問3** (1) **A** 悪口雑言　**B** 因果応報　(2) **A** イ　**B** エ　**問4** ① ウ　② エ　**問5** **1** ア　**2** ウ　[二] **問1** イ　**問2** ア　**問3** エ　**問4** 実際の自然〜していた。　**問5** イ　**問6** ウ　**問7** ア　**問8** イ　**問9** ウ　**問10** エ　**問11** ア　[三] **問1** ウ　**問2** たくさんお〜ような生活　**問3** イ　**問4** エ　**問5** ア　**問6** エ　**問7** イ

●漢字の書き取り

[一] **問1** ⑥ 講評　⑦ 有終　⑧ 一糸　⑨ 空(ける)　⑩ 校正

2021年度　湘南白百合学園中学校

〔電　話〕（0466）27－６２１１
〔所在地〕〒251-0034　神奈川県藤沢市片瀬目白山４－１
〔交　通〕小田急線―「片瀬江ノ島駅」より徒歩18分
江ノ島電鉄―「江ノ島駅」より徒歩15分

【算　数】〈**４教科入試**〉（45分）〈満点：100点〉

1　次の□にあてはまる数を入れなさい。

(1)　$(5.15-1.9)\div1.3-0.125\times2\frac{2}{15}-\frac{2}{3}=\square$

(2)　$0.75\div\left(\frac{4}{9}-\square\right)\times\frac{5}{18}=1\frac{1}{14}$

(3)　4.3時間＋２分＋１秒＝$\frac{1}{6}$日＋$\frac{5}{18}$時間＋□秒

(4)　Ａさんは1200円，Ｂさんは900円を持って店に行き，１冊□円のノートをそれぞれ４冊ずつ買ったら，Ａさんの残金がＢさんの残金の２倍より80円少なくなりました。ただし，消費税は考えないものとします。

(5)　12％の食塩水 300ｇに□ｇの食塩を加えると，20％の食塩水になります。

(6)　半径８cmの円を右の図のように４つ重ねて並べました。このとき，ぬりつぶした部分のまわりの長さは□cmとなります。ただし，円周率は3.14として計算しなさい。

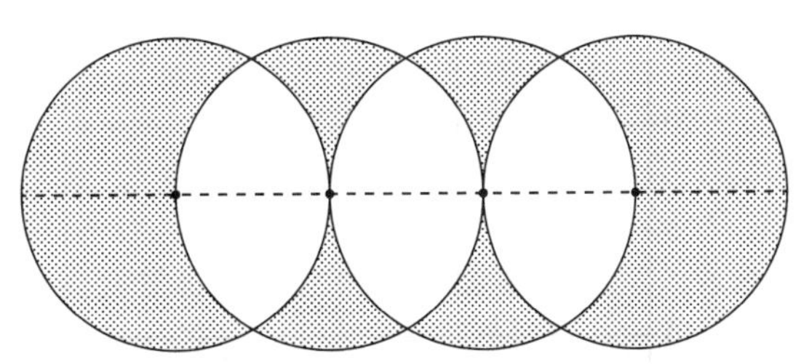

2　１周 2400ｍの円形の池の周りを花子さんと百合子さんの２人が，Ｐ地点から互いに反対向きに同時に歩き始めます。花子さんは分速 80ｍ，百合子さんは分速 120ｍで歩くとき，次の問いに答えなさい。ただし，点Ｏを円の中心，花子さんのいる地点をＡ地点，百合子さんのいる地点をＢ地点とします。

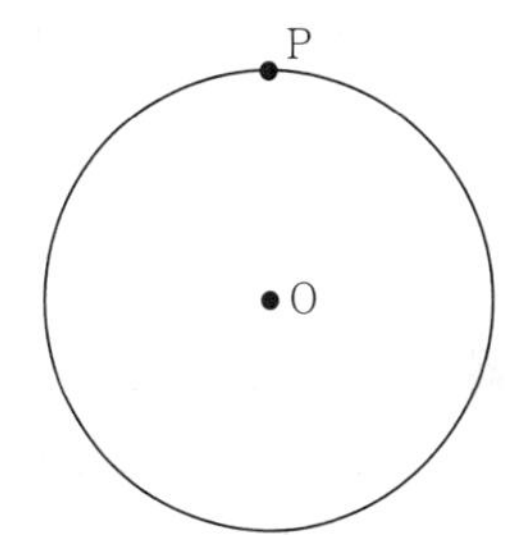

(1)　初めて２人が出会うのは，出発してから何分後ですか。

(2)　３点Ａ，Ｏ，Ｂが初めて一直線上に並ぶのは，出発してから何分後ですか。

(3)　三角形PABが２度目に二等辺三角形になるのは，出発してから何分後ですか。

3　縦 30cm，横 40cm，高さ 25cmの直方体の水そうと，右の図のような鉄のおもりＡとＢがあります。おもりＡは底面が正方形の直方体で，おもりＢは三角柱の形をしています。ただし，おもりの向きは右の図のまま変えないものとします。あとの問いに答えなさい。

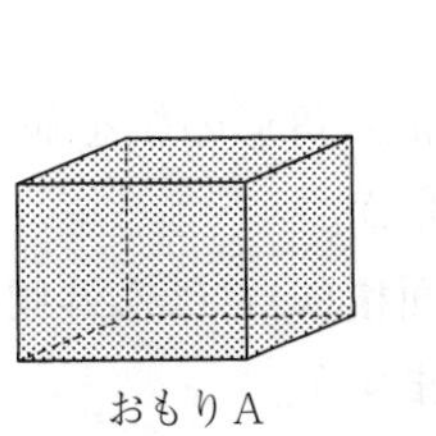
おもりＡ

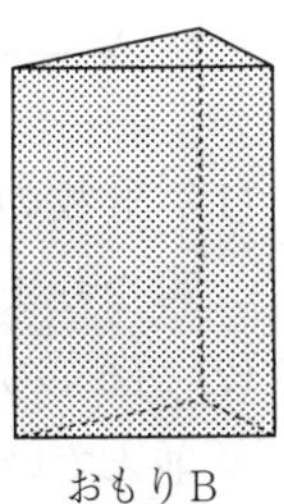
おもりＢ

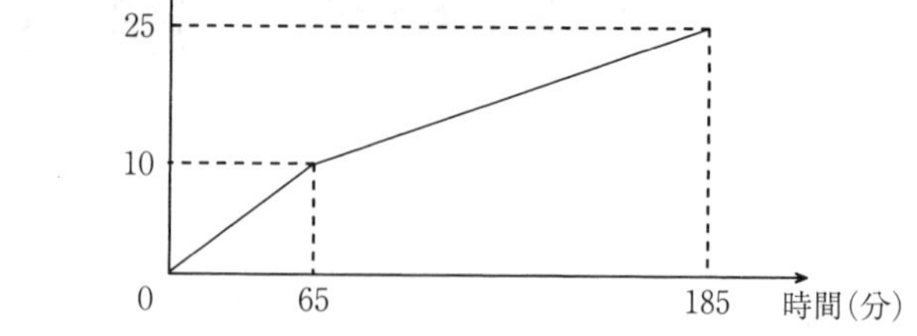

　最初に，おもりＡだけを水そうの底に置き，水を一定の割合で入れました。右のグラフは水を入れ始めてからの時間と水面の高さの関係を表しています。

(1)　水を毎分何cm^3の割合で入れましたか。

(2)　おもりＡの底面の１辺の長さを求めなさい。

　今度は，おもりＡとおもりＢの両方を水そうの底に置き，空の水そうの状態から(1)と同じ割合で水を入れました。

(3)　①　おもりＡとおもりＢの底面積の比が３：１のとき，水そうが水でいっぱいになるのに175分かかりました。おもりＢの高さを求めなさい。

②　このときの水を入れ始めてから，水そうの水がいっぱいになるまでのグラフを解答欄にかきなさい。

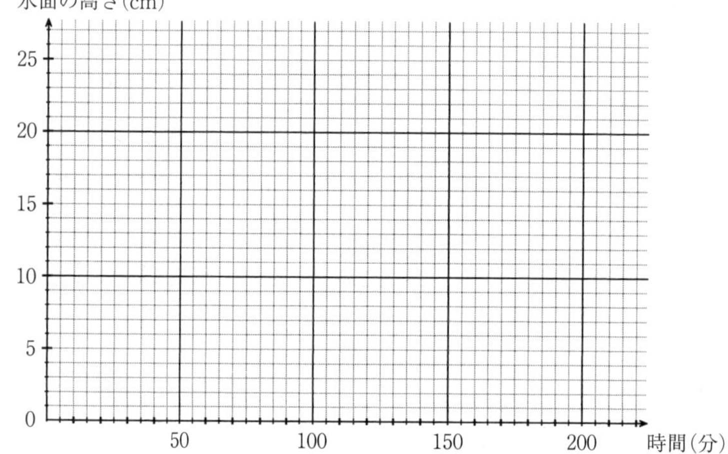

4　面積が12cm²の正六角形の紙を１枚ずつ重ね合わせながら並べて，図ａをつくっていきます。図ａのぬりつぶした部分は正六角形の重なっているところを表しています。このとき，あとの問いに答えなさい。

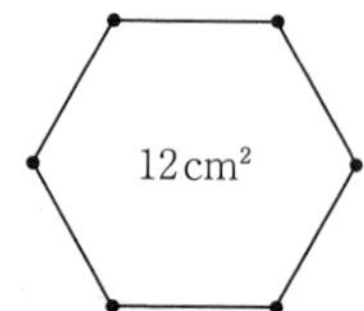

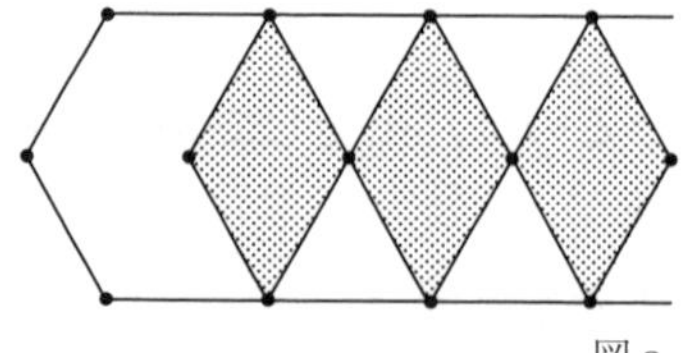

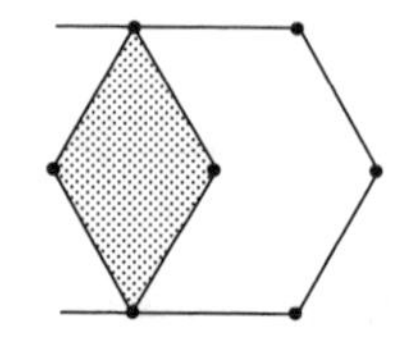

図ａ

(1)　８枚の正六角形の紙を並べたとき，重なっているところの面積を合わせると全部で何cm²になりますか。

(2)　図ａの面積(いちばん外側の線で囲まれた面積)が116cm²になるとき，正六角形の紙は何枚並んでいますか。

5　右の図の台形ABCDを，辺CDを軸として１回転させてできる立体について次の問いに答えなさい。ただし，円周率は3.14として計算しなさい。

(1)　この立体の体積を，式を書いて求めなさい。

(2)　下の図はこの立体の展開図です。(図は正確ではありません）空欄 ア ～ オ にあてはまる長さ，角度を求めなさい。また，この立体の表面積を求めなさい。

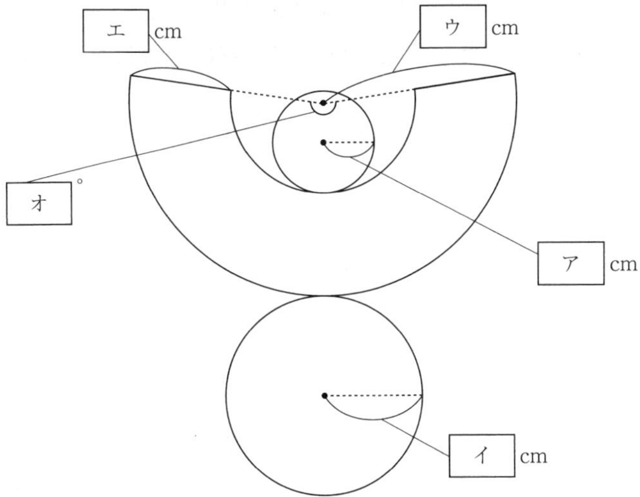

【社　会】〈４教科入試〉（40分）〈満点：100点〉

1　**次の文章を読んで，１～11の問いに答えなさい。**

湘南白百合学園には a 北海道函館市，岩手県盛岡市，宮城県仙台市，東京都千代田区，神奈川県箱根町，熊本県八代市に姉妹校があります。1878年に函館にフランスから３人の修道女がやってきて，キリスト教のカトリックに基づく学校を全国につくっていきました。

函館市には路面電車があります。b 近年，路面電車の役割は見直されており，富山市などでは路面電車を活用した町づくりがされています。岩手県や宮城県の沿岸部にはリアス海岸が広がっており，c 養殖が盛んです。熊本県八代市は d 農業が盛んで，特に e 畳に使う作物の生産量は日本で最も多いです。

八代市は日本三大急流の一つ，球磨川の下流域に位置します。2020年７月に日本各地で発生した集中豪雨の際に球磨川は12か所ではんらんを起こし，記録に残っている球磨川水害で最大の被害をもたらしました。f 気象庁は熊本県を含め全国７県に g 特別警報を出して警戒を呼びかけました。私たちはつねに h 自然災害に対する意識を高め，備えておく必要があります。

2019年11月，カトリックで最も地位の高い聖職者であるローマ教皇が日本を訪れました。ローマ教皇は i 被爆地である j 長崎と広島を訪れました。長崎では「人の心にある最も深い望みの一つは，平和と安定への望みです。核兵器や大量破壊兵器を保有することは，この望みへの最良の答えではありません。」と訴えました。日本はアジア太平洋戦争が終わってから戦争をしていませんが，k すべての人が同じ社会に共に生きる人間として平和に暮らせるように，私たちに何ができるか考えてゆきたいですね。

１．下線部 **a** について，次の問いに答えなさい。

⑴　次のうち，道庁や県庁の所在地に新幹線の駅がない道県を１つ選びなさい。

ア．北海道
イ．岩手県
ウ．宮城県
エ．熊本県

⑵　次のうち，世界遺産が存在しない道県を１つ選びなさい。

ア．北海道
イ．岩手県
ウ．宮城県
エ．熊本県

２．下線部 **b** について，次の問いに答えなさい。

⑴　路面電車は自動車と比べて，地球温暖化を防ぐという点から環境に優しいとされています。それはなぜか，解答欄にあう答えを漢字５文字で答えなさい。

⑵　宇都宮市では，2022年の開業に向けてLRTという次世代の路面電車を新しく建設しています。宇都宮市は何県の県庁所在地か答えなさい。

3．下線部**c**に関連し，養殖や漁業に関する次の問いに答えなさい。

(1) 次のグラフは，養殖で育てられたある水産物の都道府県別の生産量の割合を示したものです。この水産物は何か，記号で答えなさい。

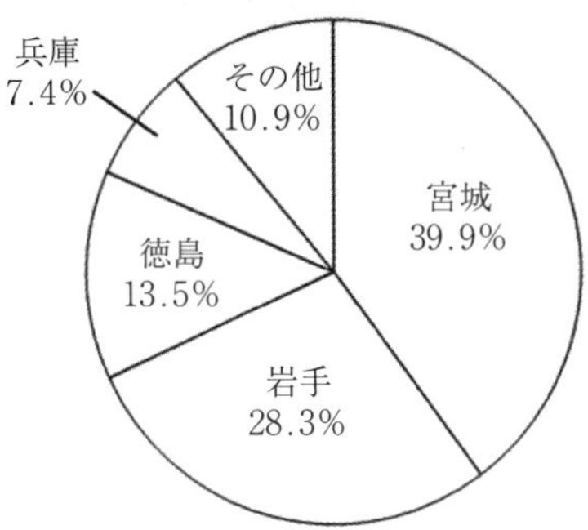

(令和元年漁業・養殖業生産統計(農林水産省)より作成)

ア．ほたて

イ．かき

ウ．わかめ

エ．こんぶ

(2) スーパーなどで次のようなラベルを見ることが増えてきました。これを海のエコラベルといいます。魚は獲(と)りすぎると，やがて獲れなくなってしまいます。近年，将来にわたって魚を獲り，食べることができるように，資源の管理や海の環境にも配慮(はいりょ)した漁業を行うべきだという考えが広がっており，このラベルは適切な漁業によって獲られた水産物であることを示しています。ラベルの空欄部分には，このような漁業を表す言葉が入ります。空欄に入る言葉を，漢字4文字で答えなさい。

4．下線部**d**について，次の問いに答えなさい。

(1) 農作物の生産には，さまざまな工夫がされています。きゅうりを生産するときに行われている工夫について説明したものはどれですか，次の中から選んで記号で答えなさい。

ア．収穫(しゅうかく)したあとカントリーエレベーターで保管し，全国に出荷する

イ．夜でも電灯を当てながら，一番良い値段で売れる時期に出荷する

ウ．冬でも暖かい気候を利用して，市場に出回る量が少ない冬に出荷する

エ．夏でも涼(すず)しい気候を生かして，市場に出回る量が少ない夏に出荷する

(2) 地球温暖化が進むと，農業にも影響(えいきょう)が出ると考えられています。みかんとりんごでは，どちらの方が温暖化が進むことで今よりも栽培(さいばい)に適した場所が少なくなると考えられるか答えなさい。

(3) 次の**あ**～**う**は，東京の市場，大阪の市場，福岡の市場における，きゅうりとじゃがいもの取引量の割合を，生産地の都道府県別に表したものです。これを見てあとの問いに答えなさい。

(2018年)

	あ 生産地	(%)	**い** 生産地	(%)	**う** 生産地	(%)
きゅうり	福岡	33.1	群馬	16.6	佐賀	53.0
	佐賀	22.8	埼玉	16.0	鹿児島	10.3
	熊本	17.1	福島	13.9	福島	6.9
	鹿児島	13.1	宮崎	11.9	愛媛	4.5
	長崎	6.9	千葉	10.4	高知	3.8
	その他	7.0	その他	31.2	その他	21.5
じゃがいも	北海道	45.9	北海道	54.3	北海道	50.6
	長崎	27.3	鹿児島	18.3	長崎	22.8
	鹿児島	20.3	長崎	16.3	鹿児島	22.6
	その他	6.5	その他	11.1	その他	4.0

(東京都中央卸売市場市場統計情報(月報・年報)，大阪府中央卸売市場年報，福岡市中央卸売市場青果年報より作成)

① 東京の市場の取引量を表したものは**あ**～**う**のうちどれか答えなさい。

② じゃがいもはどの市場でも取引量の割合が高い生産地が同じです。この3つの生産地にはじゃがいもの生産に適した土地の共通点があります。それを次の中から選んで記号で答えなさい。

ア．下流に大規模な平野をつくる大きな川がある

イ．近くを流れる寒流の影響で，海から冷たい風が吹(ふ)く

ウ．海に面しているところに，大きな砂丘(さきゅう)がある

エ．水はけの良い土をつくる火山がある

5．下線部**e**について，この作物は何か答えなさい。

6．下線部**f**について，気象庁は国の防災事業に関わる省に属しています。それはどこの省ですか，次の中から選んで記号で答えなさい。

ア．環境省

イ．防衛省

ウ．厚生労働省

エ．国土交通省

7．下線部**g**について，特別警報とは，大雨，暴風，大雪など6種類の現象で，重大な災害の起こるおそれが著しく高まったときに出される警報のことです。警報が出された対象地域の住民は，「ただちに【　　】を守る行動をとる」ように呼びかけられます。【　】に入る漢字を1字答えなさい。

8．下線部**h**について，自然災害が起きた場合の被災(ひさい)予想などを知らせる地図のことを何といいますか，カタカナで答えなさい。

9．下線部 **i** について，学校の授業で「なぜ広島や長崎が攻撃(こうげき)されたのか」を地図を使って説明するとき，地図にかき込(こ)むとよいものを，次の中から2つ選び，五十音順で答えなさい。

ア．学校の場所

イ．軍の施設(しせつ)の場所

ウ．お寺や神社の場所

エ．工場の場所

オ．銀行の場所

10．下線部 **j** について，次の問いに答えなさい。

(1) 下の地図1は1970年の，地図2は2009年の長崎市郊外(こうがい)の同じ場所の2万5千分の1地形図です。次のうち，地形図から読み取れることとして正しいものを1つ選びなさい。

ア．みちのお駅の南西，岩屋町付近には，高等学校の隣(となり)に新たに博物館が建設された

イ．新たに作られた有料道路は，地点A付近でJR線の下をくぐっている

ウ．みちのお駅とながよ駅の間にあった駅は1970年から2009年の間に廃止(はいし)された

エ．ながよ駅の南西にある南陽台団地や青葉台団地は，山を切り崩(くず)して作られた

地図1　(日本地図センター『地図で見る長崎の変遷』より作成)

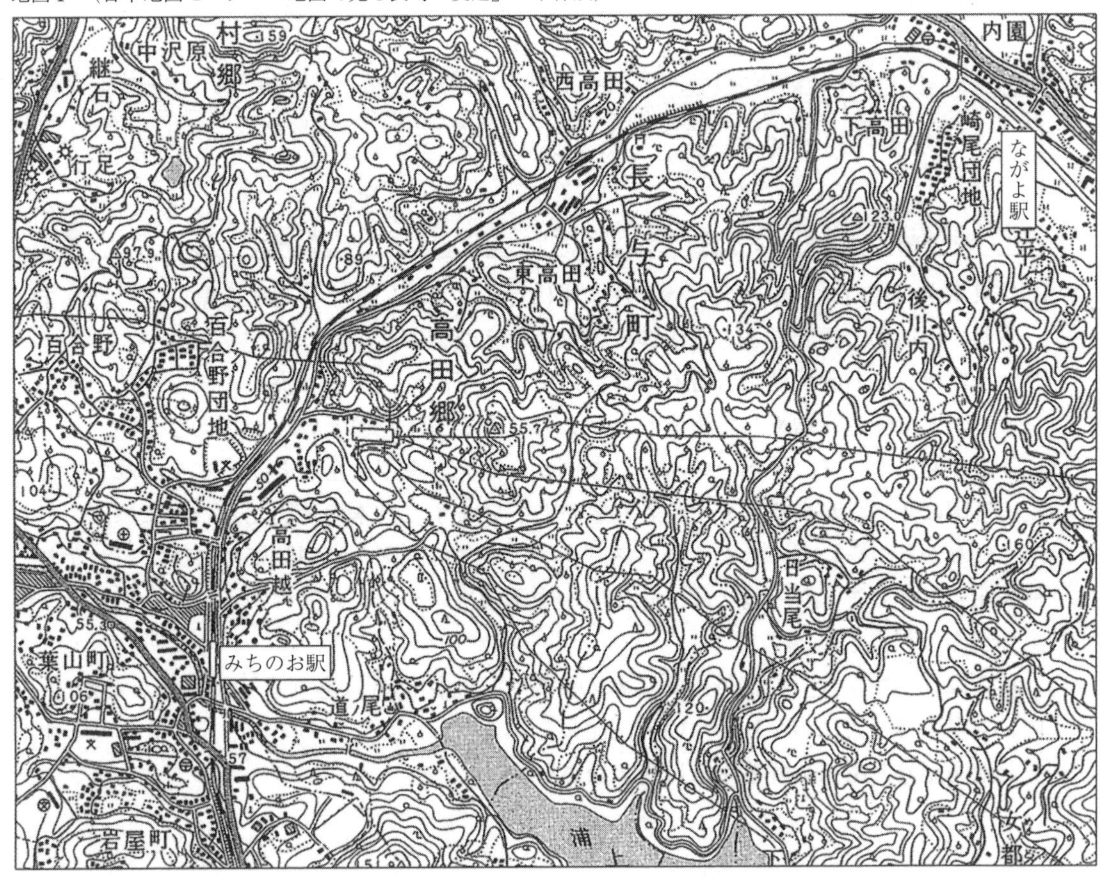

地図２　(1：25,000「長崎西北部」2009年発行より作成)

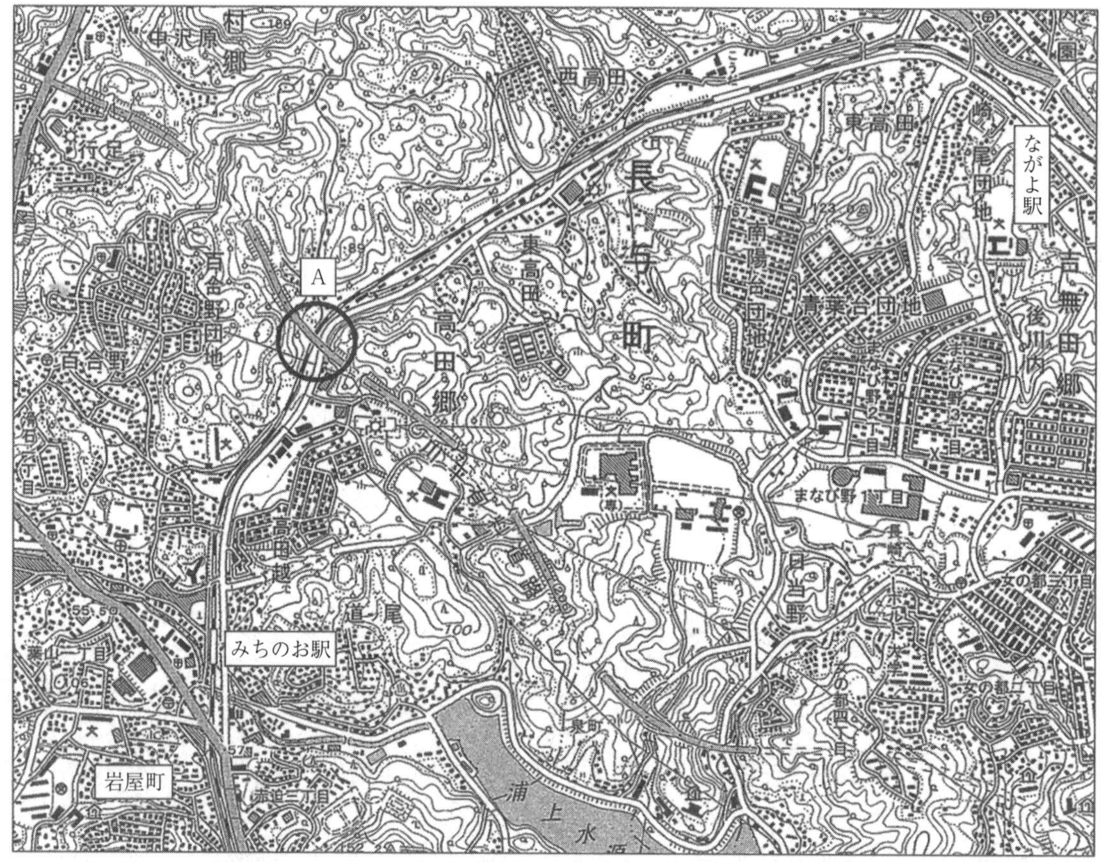

(2)　東京から長崎まで船と飛行機を使わずに行くときに，必ず通過する県が４つあります。兵庫県，山口県，福岡県ともう１つは何県か答えなさい。

(3)　長崎県にある諫早湾(いさはやわん)を含む有明海沿岸では，干潟や浅瀬(あさせ)など海の一部を堤防(ていぼう)で囲み，排水(はいすい)することで陸地を増やしてきました。このような方法を何というか答えなさい。

11．下線部**k**について，近年，いろいろな国から観光客や留学生などが日本を訪れています。また，外国にルーツがある人もたくさん暮らしています。日本の地図記号の中には，こうした人たちにわかりづらいものもたくさんあります。そこで，国土地理院では外国人にわかりやすい地図記号を作りました。例えば，郵便局や交番は次のページの図のように，わかりやすい地図記号が作られました。

現在は「小中学校」には外国人にわかりやすい地図記号はありません。あなたが，「小中学校」を表す外国人にわかりやすい地図記号を作るとしたら，どのような記号を作りますか。考えた地図記号と由来を解答用紙に書きなさい。

地図記号	由来	外国人にわかりやすい地図記号	由来
	郵便を取り扱っていた通信省の頭文字「テ」を図にした。		封筒の形を表す絵文字。
	警棒を交差させた形。		警官が敬礼する姿に建物の枠。
	文字を習う場所から。		

2 **次の文章を読んで，１～16の問いに答えなさい。**

右の絵画は，a葛飾北斎が描いた「琉球八景」のうちの一つです。「琉球八景」には琉球の景勝地が描かれており，1832年に制作されました。その年は，b琉球から江戸へ使節が送られ，江戸ではc琉球関連の出版物が多く出回るなど関心が高まっていました。葛飾北斎は琉球を訪れたことはありませんでしたが，他の書物を参考に「琉球八景」を制作しました。

1832年の琉球ブームとともに流行したのが当時「琉球風」と呼ばれたインフルエンザでした。そこで，人の往来と病気の歴史について，次の【Ⅰ】～【Ⅳ】の文章に時系列でまとめました。

【Ⅰ】 d縄文時代や弥生時代の人が苦しんだ病気は，骨を調べることで知ることができます。縄文人には，その生活の特性から骨折が多くみられます。一方，感染して重症化すると骨に跡が残る結核は，弥生時代から始まったと言われます。この病気は，結核菌という細菌が体の中に入って増えることで起こる病気で，大陸からもたらされたと言われています。e弥生時代にはむら同士の争いが起こるようになり，それとともに様々な病気が広がりました。

【Ⅱ】 奈良時代の735年には天然痘という病気が大流行しました。この年には新羅からの使節が都にやってきたり，中国へ渡った使節が，中国やペルシアからの人を連れて帰国するなど，f大陸との往来が盛んでしたが，同じ頃から大宰府から疫病が流行し始めました。病気などによる社会の不安を仏教の力でしずめようとし，大仏を造立したのが（　あ　）天皇です。この天皇の頃，g中国から６度目の航海でようやく来日した（　い　）は，仏教のみならず医薬に詳しかったことでも知られています。

【Ⅲ】 1858年にアメリカとの間でh（　う　）条約を結び，さらにiヨーロッパの国々とも同様の条約を結びました。この条約が結ばれる少し前，上海から長崎に入港したアメリカ船の船員がコレラという病気に感染していました。そして長崎から関西，江戸へとまたたく間に感染が広がりました。コレラの流行で，人々の中には日本を外国に開放したからだと考える者も増え，j外国の勢力を追いはらおうという動きを刺激しました。

【Ⅳ】 ペストはkペスト菌による感染症(かんせんしょう)で，ヨーロッパで大流行が繰(く)り返され，皮膚(ひふ)が黒くなって亡くなるため，「黒死病」として恐(おそ)れられてきました。日本では，l1899年に流行し，港で厳重な防疫(ぼうえき)体制を敷(し)いてもペストが発生するため，政府は古着や古紙などの輸入禁止の措置(そち)を取りました。しかし，m紡績(ぼうせき)業は日本にとって重要な産業であったため，綿花はその対象にはなりませんでした。

1．文中の空欄(あ)～(う)にあてはまる語をそれぞれ答えなさい。

2．下線部**a**について，この人物が描いた絵画は次のうちどれですか。正しいものを次から１つ選び，記号で答えなさい。

ア

イ

ウ

エ

3．下線部**b**に関連して，江戸時代には琉球から幕府へ計18回使節が送られました。その目的の一つとして正しいものを次から１つ選び，記号で答えなさい。

ア．一年おきに江戸のやしきに住み，将軍に対して服従の態度を示すため

イ．幕府に領地の支配を認めてもらう代わりに，江戸を警護するため

ウ．調という税として課されていた，地方の特産品や布を江戸まで運ぶため

エ．幕府の将軍の代替(だいが)わりに，お祝いのあいさつをするため

4．下線部**c**に関連して，鎖国(さこく)のなかでの対外関係について，誤っているものを次から１つ選び記号で答えなさい。

ア．蝦夷地(えぞち)のアイヌの人々は不正な取引に不満を持ち，シャクシャインを指導者に松前藩(はん)と戦った

イ．薩摩(さつま)藩は琉球王国を征服すると，琉球王国が中国と貿易を行うことを禁止させた

ウ．出島ではオランダとの貿易が行われ，決められた日本人しか出入りできなかった

エ．朝鮮(ちょうせん)との交流の窓口になった対馬藩は，プサンにある倭館(わかん)へ役人を送って朝鮮と貿易を行った

5．下線部**d**について，縄文時代の大規模な集落跡が発見された，青森県の遺跡(いせき)の名前を答えなさい。

6．下線部**e**について，なぜそのようなことが分かるのですか。証拠(しょうこ)として考えられないものを次から1つ選び，記号で答えなさい。

ア．大きな堀(ほり)やさくで囲まれた集落の跡が発見されているから

イ．大型化した矢じりを用いた，人を殺す武器としての弓矢が発見されているから

ウ．弥生時代につくられた『日本書紀』に，争いがあったことが書き記されているから

エ．武器で傷つけられたと思われる人骨が大量に出土しているから

7．下線部**f**について，この時期に大陸との往来が盛んだった様子をあらわす資料として適切なものはどれですか。正しいものを次から1つ選び，記号で答えなさい。

ア

イ

ウ

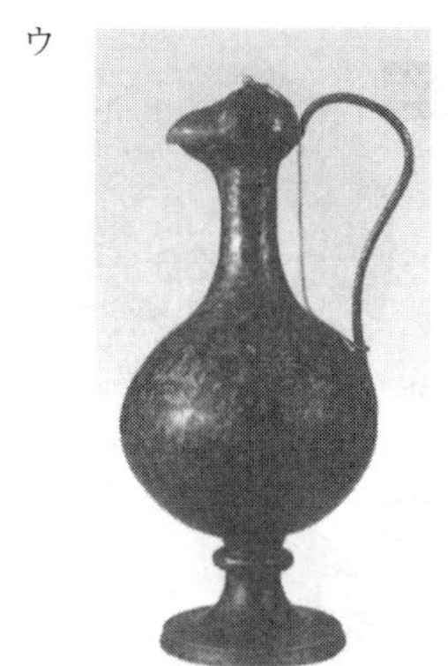

エ

8．下線部**g**について，(い)が開いた寺院名を答えなさい。

9．下線部**h**について，この条約によって新たに開港された場所を，右の地図中より2ヵ所選び，五十音順に記号で答えなさい。

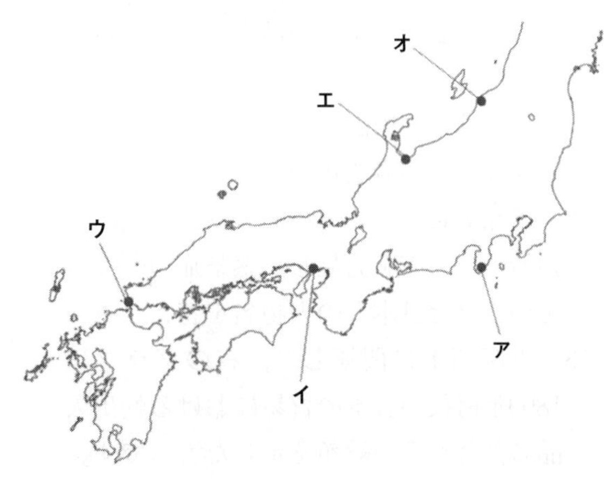

10．下線部 **i** について，これらの条約締結(ていけつ)より後に描かれた次の２枚の絵を見て，下のア～ウの文章を読み，正しいものを１つ選びなさい。全て誤っている場合はエと解答しなさい。

① ノルマントン号事件についての風刺画(ふうしが)

② 「日本の裁判官の前で」という風刺画

ア．①で描かれた事件後に日本が関税自主権を確立したため，②では日本の裁判官に外国人が裁かれている

イ．①で描かれた事件後，助かったイギリス人船長は，②の風刺画のように日本人の裁判官によって裁かれた

ウ．②の絵の状況(じょうきょう)に反発した欧米(おうべい)諸国によって条約改正が行われたので，①の絵で描かれた事件では，船長には軽い罰(ばつ)が与(あた)えられたのみだった

11．下線部 **j** に関連して，このような動きが高まった幕末，そして明治時代のできごとを記した次のア～オの文章のうち，内容が正しいものを３つ選び，時期が早い順に記号で並べかえなさい。

ア．長州藩の坂本龍馬(りょうま)が仲立ちをし，薩摩藩の西郷隆盛(たかもり)と土佐藩の桂小五郎(かつらこごろう)が同盟を結んだ

イ．西郷隆盛が不満を持つ士族の中心となって西南戦争を起こした

ウ．学制によって，６才以上の男子だけが小学校に通うことが定められた

エ．新政府は新しい政治の方針を，明治天皇の名で五か条の御誓文(ごせいもん)として示した

オ．ドイツの憲法を参考にして作られた大日本帝国(ていこく)憲法が発布された

12．下線部 **k** について，ペスト菌や破傷風の治療(ちりょう)の仕方を発見し，感染症の研究所をつくった日本人の人物名を答えなさい。

13．下線部 **l** に関連して，右のグラフは1899年前後の日本の貿易における輸出入品の割合やその総額を示したものです。

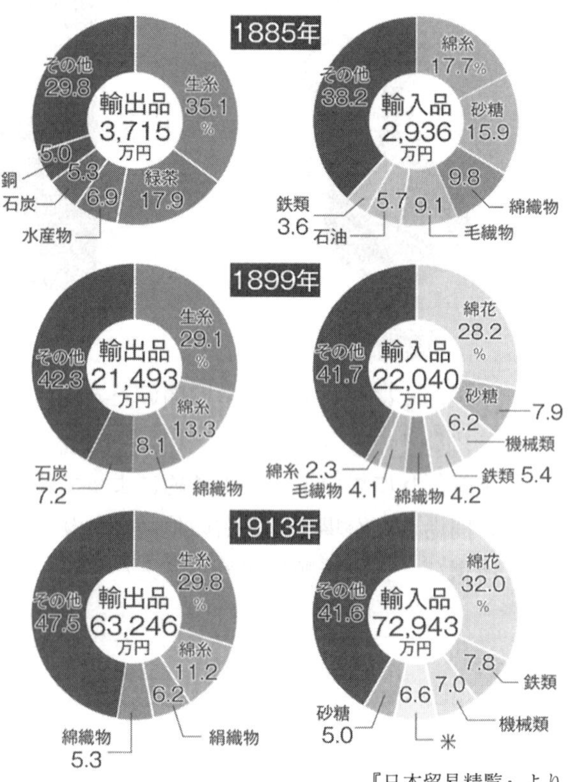

『日本貿易精覧』より

グラフを説明した文①・②を見て，文①のみ正しければア，文②のみ正しければイ，文①・②ともに正しければウ，文①・②ともに誤っていればエと答えなさい。

①　日清戦争以降，綿花を輸入して綿糸を輸出するようになった。
②　1913年の生糸の輸出額は，1885年の生糸の輸出額の８倍以上になった。

14．下線部**m**について，産業を盛んにし，富国強兵をおしすすめようとした政策を何といいますか，漢字４字で答えなさい。

15．次のア～エは，文【Ⅱ】と【Ⅲ】の間の時代のできごとを記したものです。時期が早い順に記号で並べかえなさい。

ア．朝廷(ちょうてい)が幕府をたおす命令を全国に出したが，幕府のもとに集まった御家人(ごけにん)たちにより朝廷軍は破られ，幕府の力が西国にまでおよんだ

イ．幕府は，武家諸法度という決まりを定め，これにそむいた大名は，他の土地に移されたり，領地を取り上げられたりした

ウ．将軍は明との貿易を行うとともに，能を大成した観阿弥(かんあみ)・世阿弥(ぜあみ)父子を支援(しえん)するなど文化や芸術の保護を行った

エ．太閤(たいこう)検地が行われ，村ごとに田畑の面積を測り，土地の良し悪しや耕作している人々の名前が記された

16．次の文は，糖尿病(とうにょうびょう)に苦しんでいたとされる歴史上の人物について記したものです。文を読み，後の問いに答えなさい。

『源氏物語』の光源氏のモデルとも言われる【　　】は，「この世をば　わが世とぞ思ふ望月の欠けたることも無しと思へば」という歌をよんで栄華(えいが)を極めましたが，一方で糖尿病による様々な症状に苦しみました。**n**織田信長もまた，糖尿病に苦しんだ歴史上の人物として知られています。

(1)　【　】にあてはまる人物名を答えなさい。

(2)　下線部**n**の人物について記した次の文のうち，正しいものを１つ選びなさい。

ア．キリスト教をはじめは保護していたが，全国統一の妨(さまた)げになると考え，やがて宣教師を国外追放した

イ．足利氏の将軍を追放して室町幕府をほろぼすと，天皇から征夷(せいい)大将軍に任命された

ウ．村に住む人々が一揆(いっき)を起こさないよう，刀狩(かたながり)令を出して刀や鉄砲(てっぽう)などの武器を取り上げた

エ．安土に城を築き，城下では市場の税をなくし，商人たちがだれでも自由に営業することを認めた

3 **それぞれ別々の小学校に通っているしょうさん，みなみさん，ゆりこさんが2020年を振り返って話をしています。会話文を読んで，1～7の問いに答えなさい。**

しょうさん：「去年はとにかく，学校の登校日が少なかったね。僕の学校は早めに再開したから，授業はほとんど遅れずに済むみたい。みなみさんは，7月頃まで休校が続いていたよね？」

みなみさん：「うん。だけど家のパソコンでオンライン授業を受けていたから a 学習自体は家で続けられていたよ。」

ゆりこさん：「私も家で学習できていたけどお母さんが近くでテレビを見ていて集中できなかったわ。何か法律の改正についてのニュースだったかしら。」

しょうさん：「検察庁法の改正案についてかな。検察庁は，法務大臣の監督を受ける機関で，罪を犯した疑いのある人を調べて，（ あ ）権を持つ b 裁判所に訴えるという仕事があるよ。」

みなみさん：「詳しいね。ワイドショーでは，（ い ）権を持つ c 内閣の介入によって検察官の独立性が損なわれる，ということを言っていたよ。」

しょうさん：「そうだね。ところで，2020年を振り返ってみると夏に祝日が集中していたみたいだね。」

みなみさん：「実は2020年だけ祝日をもともとの日付からずらしたそうよ。d オリンピックの開催を受けて『国民の祝日に関する法律』を改正したんだね。」

ゆりこさん：「なるほど，国会の（ う ）権に基づいて e 法律を改正することで祝日をずらすことができたということね。」

みなみさん：「その通り。ただ，延期になってしまったから国会では2021年も引き続き祝日をずらすことが決定したよ。」

しょうさん：「オリンピックには f 多額の費用がかかっているけれど，再延期を主張する声も聞いたよ。感染症がどれだけ猛威をふるったか，歴史に残る一年になってしまったね。」

1．文中の(あ)～(う)にあてはまる適切な語句をそれぞれ漢字二字で答えなさい。

2．下線部 **a** について，日本国憲法に定められる基本的人権の中には，教育を受ける権利があります。以下の基本的人権の尊重に関するア～エの文章で，正しいものを次から全て選び五十音順で答えなさい。

ア．日本国憲法第14条によれば，男女の差別は認められない

イ．国民はだれでも裁判を受ける権利が認められている

ウ．健康で文化的な最低限度の生活を営む権利のことを，環境権という

エ．国民は14歳になると，刑法で罰せられるようになるが，同時に選挙で投票をすることも認められるようになる

3．下線部 **b** について，一度の訴えに対して三回まで裁判ができる制度を何といいますか。

4．下線部 **c** について，次の(1)，(2)に答えなさい。

(1) 内閣が指揮監督する様々な省庁のうち，中学校の学習内容を決めているのは主に文部科学省です。文部科学省に関して，適切なものを次から1つ選びなさい。

ア．国務大臣の一人である文部科学大臣は内閣総理大臣によって任命される

イ．文部科学大臣をはじめ全ての国務大臣に国会議員は任命されない

ウ．歴史教育に力を入れるため，宮内庁(くないちょう)は文部科学省の下に設置されている

エ．国の一年間の支出のうち最も大きな割合を占(し)めているのは教育関係の費用で社会保障の費用は最も少ない

(2) 内閣を構成する内閣総理大臣を含め全ての国務大臣によって行われる，政治の基本方針を決める会議を何といいますか。

5．下線部**d**について，オリンピックは「平和の祭典」とも呼ばれていますが，日本国憲法には「平和主義」の規定があります。この規定から発展して示された，「非核三原則」にあてはまらないものを次から１つ選びなさい。

ア．もちこませない　　イ．つかわない　　ウ．もたない　　エ．つくらない

6．下線部**e**について，法律の改正も法律の制定時と同様の手続きで行われますが，法律の制定手続きに関する以下の各文について，正しいものには○を，誤っているものには×を書きなさい。

ア．法律の制定については衆議院のみで話し合われる

イ．法律はまず本会議で話し合い，その後委員会で可決されると成立する

ウ．法律案は国会議員だけでなく，内閣からも提出することができる

エ．新しく成立した法律は，天皇によって公布される

7．下線部**f**について，国民の納める税金がオリンピックの費用に使われています。これについて，次の(1)，(2)に答えなさい。

(1) 税金を納めることは憲法に定められた「納税の義務」に基づいています。憲法に定められる国民の義務に関する文ＡＢの正誤の組み合わせとして正しいものを下から１つ選びなさい。

Ａ．しょうさんは18歳になったら選挙に行く義務がある

Ｂ．みなみさんは中学校まで学校に通う義務がある

ア．Ａ：正　Ｂ：正　　イ．Ａ：正　Ｂ：誤

ウ．Ａ：誤　Ｂ：正　　エ．Ａ：誤　Ｂ：誤

(2) 税金と私たちのかかわりに関する文として正しいものを次から１つ選びなさい。

ア．国民は税金を，国と都道府県には納めるが，市区町村には納めない

イ．市区町村の予算は，その市区町村のある都道府県の議会で決められる

ウ．災害の復興に税金を使うことはできない

エ．選挙の実施(じっし)には税金が使われている

【理　科】〈４教科入試〉(40分)〈満点：100点〉

1　**次の文章Ⅰ，Ⅱを読んで，以下の問いに答えなさい。なお同じ記号の空らんには同じものが入ります。**

Ⅰ　私たちは，とくに意識しなくても，つねに鼻や口から息を吸ったりはいたりしています。これを呼吸といい，一般的に魚類では［あ］という器官で行われ，は虫類や鳥類，ほ乳類では［い］という器官で行われます。ヒトの呼吸では，息を吸うときには，［う］が引き上げられ，［え］が下がることで胸の体積が広がり，［い］が広がって空気が吸いこまれています。このとき，鼻や口から吸われた空気は，［お］を通り２本の［か］に分かれて［い］に到達(とうたつ)します。

［い］には小さな［き］というふくろが約３億個もあり，［き］をとりまく毛細血管を流れる血液との間で成分を交換(こうかん)します。

表１は，「吸う息(空気)」と「はく息」に含(ふく)まれている３つの成分の割合(%)を表しています。この表から，吸う息(空気)から酸素の一部を体内に取り入れ，はく息で体内で発生した二酸化炭素を体外へ出していることがわかります。

表１

	吸う息(空気)	はく息
ちっ素	78%	78%
酸素	21%	16%
二酸化炭素	0.04%	3％

表２は，ヒトが安静にしているときと運動をしているときの，１回の呼吸で吸う空気の量と１分間の呼吸の回数の一例です。

表２

	安静時	運動時
１回の呼吸で吸う空気の量(mL)	400	1500
１分間の呼吸の回数	15	40

(1)　文中の空らん［あ］～［き］にあてはまる語句を答えなさい。

(2)　**表１**と**表２**をもとに，次の①～④に答えなさい。ただし，１回の呼吸で吸う息の量とはく息の量は同じとします。

①　安静時に，１回の吸う息に含まれるちっ素の量は何 mL ですか。

②　安静時に，１回の呼吸で体内に取り入れる酸素の量は何 mL ですか。

③　安静時に，１分間の呼吸で体外に排出(はいしゅつ)する二酸化炭素の量は何 mL ですか。

④　運動時に，１分間の呼吸で体内に取り入れる酸素の量は，安静時の何倍ですか。

(3)　下線部に関して，次の①，②に答えなさい。

①　両生類では，呼吸を行う器官が成長段階によって変わります。どのように変わるか簡潔に説明しなさい。

②　両生類が①で答えたような特徴(とくちょう)を持つ理由を簡潔に説明しなさい。

Ⅱ　呼吸によって血液に吸収された酸素は血管を通って全身に運ばれます。血液は，酸素だけではなく糖などの栄養分や体内でできた不要物を運ぶ役割も持っています。血液の成分には酸素を運ぶ［く］のほかに，体内に侵入（しんにゅう）した細菌（さいきん）などを排除（はいじょ）する［け］，傷ついた血管からの出血を止めるときにはたらく［こ］などがあります。**図1**はヒトの体における主な血管，臓器，および血液の流れを表した模式図です。図中の［い］は**文章Ⅰ**の［い］と同じものです。

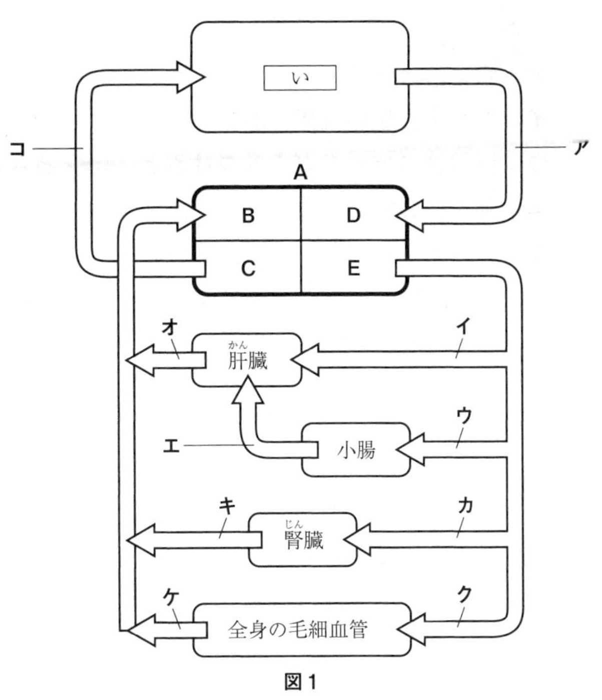

図1

(4)　文中の空らん［く］～［こ］にあてはまる語句を答えなさい。

(5)　**図1**の**A**は体中に血液を送るポンプの役割をする臓器で**B**～**E**に分かれています。**A**，**B**，**E**の名前を答えなさい。

(6)　下線部に関して，次の①～③に答えなさい。

①　酸素を最も多く含む血液が流れているのは**ア**～**コ**のどの血管ですか。記号で答えなさい。

②　不要物の一つであるにょう素が一番少ない血液が流れているのは**ア**～**コ**のどの血管ですか。記号で答えなさい。

③　肝臓（かん），小腸，血管**イ**～**オ**について述べた次の文章の空らん［さ］，［し］にあてはまる語句，および［a］，［b］にあてはまる記号（**イ**～**オ**）を答えなさい。

小腸では［さ］という器官で消化された食べ物から栄養分を吸収します。また，肝臓は栄養分の一つである糖を［し］に変えてためておくことができ，糖が体内で不足したときに［し］を糖にもどして放出することができます。したがって，満腹時に栄養分を一番多く含む血液が流れる血管は［a］で，空腹時に栄養分を一番多く含む血液が流れる血管は［b］です。

2　**次の文章Ⅰ，Ⅱを読んで，以下の問いに答えなさい。**

Ⅰ　うすい塩酸A 100 cm^3 に，さまざまな重さのマグネシウムを入れる実験をしたところ，どの場合も気体が発生したため，気体を集めて体積を測りました。マグネシウムの重さと発生した気体の関係は下の**表1**のようになりました。ただし，この後の問いでは，塩酸とマグネシウム以外の反応は起こらず，どちらかがなくなるまで反応が進むこととします。

表1

マグネシウムの重さ(g)	0.2	0.4	0.6	0.8	1.0
気体の体積(cm^3)	250	500	750	1000	1000

(1)　文中の下線部の気体の名前を答えなさい。

(2)　(1)の気体について述べた次の**ア**～**オ**のうち，正しいものはどれですか。1つ選び，記号で答えなさい。

ア：水に溶けやすい。

イ：空気より重い気体である。

ウ：試験管に集めて火を近づけると，ポンと音が出る。

エ：強いにおいがする。

オ：石灰水に通すと，白くにごる。

(3) うすい塩酸Aの量と，マグネシウムの量を次の①～③のように変えたとき，生じる気体の体積はそれぞれ何cm³になりますか。

① うすい塩酸A100cm³に，マグネシウム0.3gを入れる。

② うすい塩酸A200cm³に，マグネシウム1.2gを入れる。

③ うすい塩酸A300cm³に，マグネシウム3.2gを入れる。

(4) うすい塩酸B100cm³を用いて，同じようにマグネシウムを入れる実験をしたところ，マグネシウムを1.2g以上入れたとき，発生する気体の量が一定になりました。うすい塩酸Bの濃さは，うすい塩酸Aの何倍ですか。

Ⅱ 次に，うすい塩酸Aや，その他の水溶液の性質を調べるために，BTB溶液を使った実験をしました。BTB溶液は，酸性だと黄色，中性だと緑色，アルカリ性だと(　　)色を示す薬品です。

(5) 文中の(　)に入る色を答えなさい。

(6) うすい塩酸AはBTB溶液を加えると何色になりますか。また，BTB溶液を加えるとうすい塩酸Aと同じ色になる水溶液を次の**ア**～**エ**から全て選び，記号で答えなさい。

ア：アンモニア水

イ：レモン果汁

ウ：砂糖水

エ：お酢

(7) 水は本来中性ですが，BTB溶液を加えて長い時間放置すると，空気中のある気体が溶け込むため，色が変化します。何色に変化しますか。また，水に溶け込む気体は何ですか。名前を答えなさい。

(8) さまざまな体積のうすい塩酸Aに，うすい水酸化ナトリウム水溶液Cを加えて，ちょうど中性になるのに必要な体積を調べたところ，**図1**のようになりました。

① このように水溶液が混ざりあって，互いの性質を打ち消すことを何と言いますか。漢字2文字で答えなさい。

② 中性になった水溶液を加熱して水を蒸発させたところ，固体Dが残りました。固体Dの名前を答えなさい。

③ うすい塩酸A160cm³を中性にするには，うすい水酸化ナトリウム水溶液Cが何cm³必要ですか。

④ うすい塩酸Aを半分の濃さにうすめたものをうすい塩酸Eとします。うすい塩酸E100cm³を中性にするには，うすい水酸化ナトリウム水溶液Cが何cm³必要ですか。

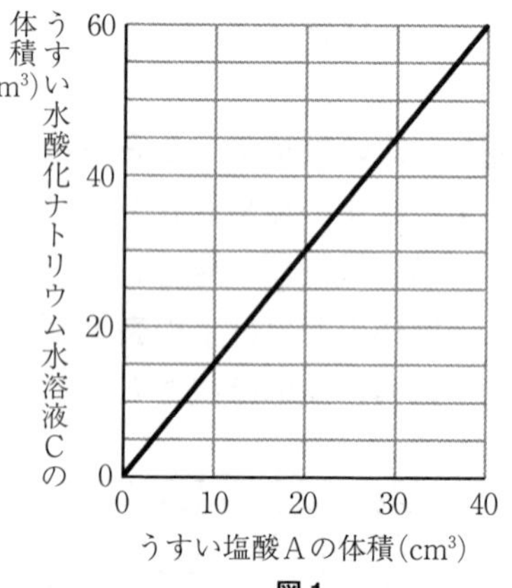

図1

3　**次の文章を読んで，以下の問いに答えなさい。**

図１は，神奈川県とその周辺の県を流れる河川の，標高と河口からの距離を示したものです。また，**図２**は**図１**に示した河川の上流付近にあるＭ湖周辺の地形と主な河川を示したものです。**図２**の太い線は主な河川，細い線は等高線であり，数字は標高(m)を示しています。水は，標高が高い場所から低い場所へと移動し，水の流れは等高線と垂直であると考えられます。

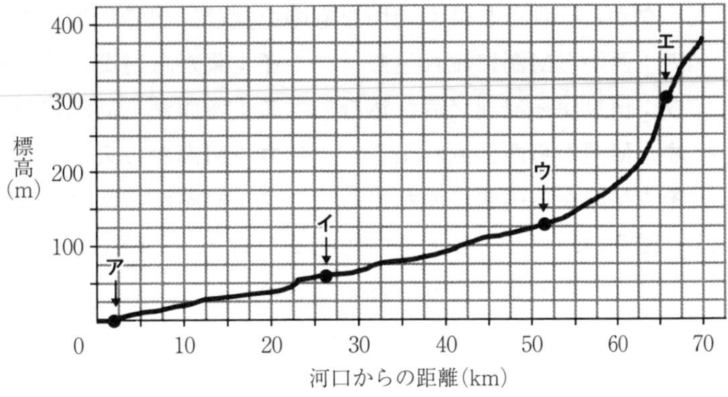

図１　神奈川県とその周辺の県を流れる河川の標高と河口からの距離

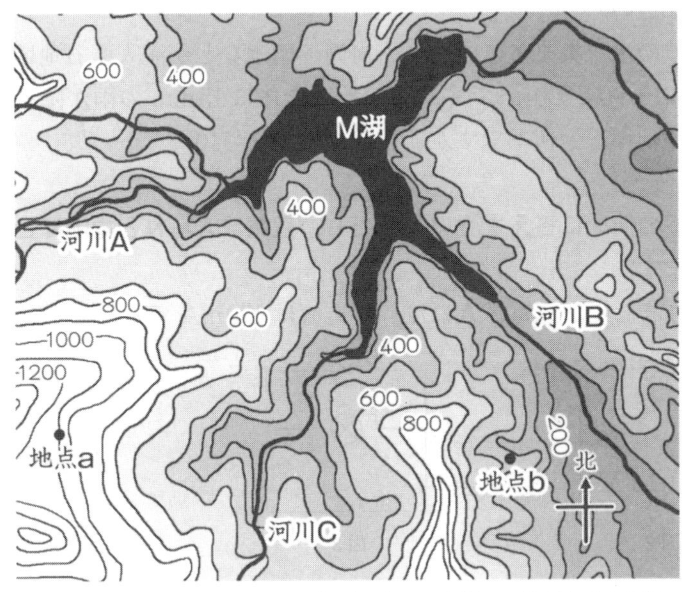

図２　**図１**に示した河川の上流付近にあるＭ湖周辺の地形と主な河川

(1)　次の①～③の地形がみられるのは，**図１**の地点**ア**～**エ**のどこですか。それぞれ記号で答えなさい。

①　山地が終わって流れがゆるやかになるため，丸みのある石や砂が積もり扇型の地形が広がる

②　河口に近くなり，流れが非常にゆるやかになるため，細かい砂が三角形に積もる地形ができる

③　水の流れが速く，岩をけずる作用が大きいため，深い渓谷ができる

(2)　(1)の①～③の地形は何という地形ですか。それぞれ答えなさい。

(3)　Ｍ湖は標高何ｍにある湖ですか。**図２**を参考に最も適切なものを次の**ア**～**エ**から選び，記号で答えなさい。

ア：290ｍ　　**イ**：380ｍ

ウ：410ｍ　　**エ**：520ｍ

(4) **図2**の河川**A**・**B**の流れは，M湖を基準にしてどのように表すことができますか。以下の**ア**～**ク**からそれぞれ最も適切なものを選び，記号で答えなさい。

ア：西からM湖に流れ込む　**イ**：東からM湖に流れ込む
ウ：南東からM湖に流れ込む　**エ**：南西からM湖に流れ込む
オ：M湖から西に流れ出る　**カ**：M湖から東に流れ出る
キ：M湖から南西に流れ出る　**ク**：M湖から南東に流れ出る

(5) **図2**の地点**a**・**b**で降雨があった場合，その雨水は河川**A**～**C**のどの流れに合流しますか。それぞれ**A**～**C**の記号で答えなさい。

(6) 日本では，一般的に降水量はmm(ミリメートル)で表しています。例えば，ある地域に100mmの雨が降ったとき，屋外にある底面が1m^2の容器の中には水深0.1mの水がたまったことになり，これは重さ0.1tにあたります。

① 15mmの雨が降ったとき，屋外にある底面が1m^2の容器の中には重さ何tの水がたまりますか。小数第3位まで答えなさい。

② **図2**のM湖には，付近の地域の水が集まってきます。M湖へ雨水などが流入する地域の面積(これを流域と呼びます)は213,900,000m^2です。この地域全体に15mmの雨が降ったとき，この湖に流入する水の重さは理論上何tですか。整数で答えなさい。

4 **次の文章Ⅰ，Ⅱを読んで，以下の問いに答えなさい。ただし，豆電球A～Nと電池はどれも同じ種類のものを使うこととします。**

Ⅰ **図1**～**図6**のような回路を作りました。豆電球**A**に流れる電流は120mAでした。

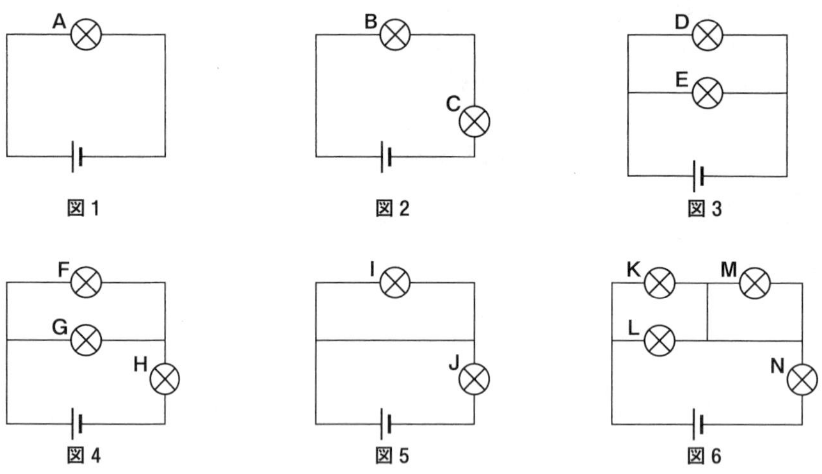

図1　図2　図3　図4　図5　図6

(1) 次の文章は**図1**～**図4**の豆電球**A**～**H**の明るさについて書かれたものです。(　)にあてはまる言葉を下の**ア**～**ウ**より選び記号で答えなさい。

「豆電球**A**の明るさと比べると，豆電球**B**は(①)。同じように，豆電球**A**の明るさと比べると，豆電球**D**は(②)。また，豆電球**C**の明るさは，豆電球**E**と比べると(③)。**図4**の回路では，豆電球**F**の明るさは，豆電球**H**と比べると(④)。この状態から，豆電球**G**をゆるめて消した。この瞬(しゅん)間に，豆電球**F**は(⑤)。また，豆電球**H**は(⑥)。」

ア：明るくなる　**イ**：暗くなる　**ウ**：変わらない

(2) 豆電球**C**，**D**，**H**に流れる電流はそれぞれ何mAですか。

(3) **図5**の回路では，豆電球**I**はつきませんでした。豆電球**J**に流れる電流は何mAですか。

(4) **図6**の回路において，つかない豆電球があればすべて記号で答えなさい。なければ「なし」と書きなさい。

Ⅱ **図7**のように，豆電球と乾電池1個で回路を作り，導線の近くに方位磁針を置きました。方位磁針aは導線の下にあり，方位磁針b，c，dは導線の上にあるものとします。スイッチを入れると，豆電球には120mAの電流が流れ，方位磁針aは**図8**の**ウ**のように針が振れました。

ア　**イ**　**ウ**　**エ**　**オ**　**カ**

図8

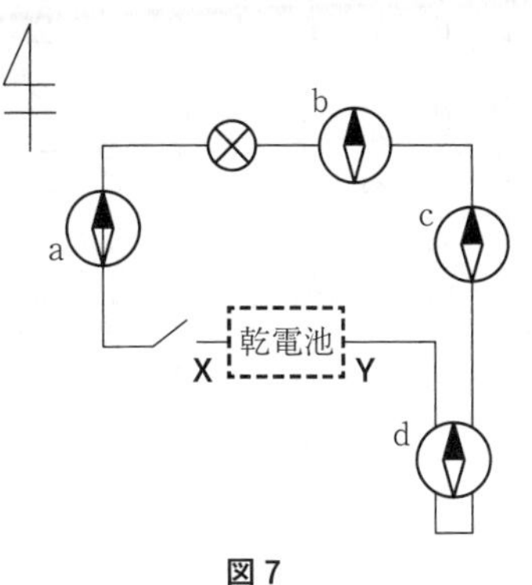

図7

(5) **図7**の乾電池の＋極は**X**，**Y**のどちらですか。記号で答えなさい。

(6) 方位磁針b，c，dの針のようすはそれぞれどのようになりますか。**図8**から選び記号で答えなさい。

(7) 次に，**図7**の乾電池を(5)の向きのまま2個直列つなぎにして同じように実験しました。方位磁針aの針はどのようになりますか。解答用紙に方位磁針のようすを**図8**のように示しなさい。

(8) 次に，**図7**の乾電池を(5)の向きのまま2個並列つなぎにして同じように実験しました。方位磁針aの針はどのようになりますか。解答用紙に方位磁針のようすを**図8**のように示しなさい。

(9) 次の文の(①)から(⑤)にあてはまる言葉を下の**ア**～**タ**から選び記号で答えなさい。

電流を流した導線のまわりには(①)ができる。また，方位磁針のN極の針がいつも(②)をさすのは，地球が北極付近に(③)極，南極付近に(④)極を持つ1つの大きな磁石のようになっていると考えられるからである。**図7**の回路を使った実験では，電流による(①)と地球による(①)の両方を合わせた向きに方位磁針が振れる。いま，**図7**の回路を地球による(①)の影響(えいきょう)をまったく受けないところに持っていき，スイッチを入れて同じように実験をしたとする。このとき，方位磁針の針が導線と垂直になるのは(⑤)である。

ア：電線　**イ**：磁力線　**ウ**：等高線　**エ**：N　**オ**：S
カ：東　**キ**：西　**ク**：南　**ケ**：北　**コ**：a
サ：b　**シ**：d　**ス**：aとc　**セ**：bとd　**ソ**：aとbとc
タ：aとbとcとd

が得られるような相手がいないと、安心して一人の時間を楽しむということができない。ゆえに、多少のリスクは覚悟のうえで、思い切って自己開示してみることも必要となる。

親密な絆を築いていく際には、「わかってほしい」という気持ちばかりを意識するのではなく、「わかってあげたい」という思いを相手に向けることも大切だ。

親との絆と違って、対等な関係の中での絆は、受け身で期待しているだけでは築くことができない。［D］な心の構えが必要だ。相手に期待するだけでなく、相手の気持ちを受け止めることができるようにする。＊9相互性が作用することが欠かせない。

お互いが自己愛の中に閉じこもっていては絆などできない。お互いに自分を超え出たところで気持ちが触れ合う。そんな感じのやりとりを通して親密な絆ができていく。それが③自立への歩みを押し進めてくれるはずだ。

（榎本博明『「さみしさ」の力　孤独と自立の心理学』筑摩書房）

（注）＊1　ＳＮＳ…ソーシャル・ネットワーキング・サービスの略。社会的なつながりを作り出せるサービスのこと。Twitter（ツイッター）、Facebook（フェイスブック）、Line（ライン）やInstagram（インスタグラム）などがある。
＊2　YouTube…世界最大の動画共有サービス。多くの動画を見ることができる。
＊3　沈潜…心を落ち着けて深く考えること。
＊4　翻弄…思いのままに相手をもてあそぶこと。
＊5　媒介…二つのものの間にあって、両者の関係のなかだちをすること。
＊6　介した…間においた。なかだちとした。
＊7　弊害…害になること。他に悪い影響を与える物事。
＊8　孤高…俗世間から離れて、ひとり自分の志を守ること。
＊9　相互…一つの物事に関係する両方の立場。また、その両方が同じことをしあうこと。

問一　［A］、［B］にあてはまる接続詞として最もふさわしいものを次から選び、それぞれ記号で答えなさい。

ア　さて　イ　だが　ウ　すると
エ　なお　オ　たとえば

問二　――線部①「退屈な時間をもつこと」によって得られることは何ですか。次の空らんにふさわしい部分を、本文中から二十字以内で書きぬきなさい。

［　　　　］を得られること。

問三　――線部②「一人でいられないことの弊害」とはどんなことですか。最もふさわしいものを次から選び、記号で答えなさい。

ア　スマートフォンやパソコンによる外部との接続を断ち切って、退屈になること。
イ　あらゆる刺激を絶つことで、心の中に言葉が充満し、生活に刺激が生まれること。
ウ　外的刺激に反応するだけで時間が過ぎてしまい、自分を見失ってしまうこと。
エ　本に書かれた言葉や視点に刺激を受け、それによって心の中が活性化されること。

問四　［C］、［D］に入る語として最もふさわしいものを下から選び、それぞれ記号で答えなさい。

C　ア　肯定的　イ　否定的　ウ　反抗的
D　ア　能動的　イ　受動的　ウ　自動的

問五　――線部③「自立への歩み」に必要なことは何ですか。★印以降をよく読んで、七十字以内でくわしく説明しなさい。

は難しいかもしれないが、学校などで群れる時間をもちながらも、一人の時間をもつようにしたい。

一人でいられないのは、自分に自信がないからだ。絶えず群れている人間は弱々しく見えるし、頼りなく見える。無駄に群れて時間を浪費しているということは、本人自身、心のどこかで感じているのではないか。

一人で行動できるというのは、かっこ悪いのではなく、むしろかっこいいことなのだ。一人で行動できる人は頼もしい。一人の時間をもつことで思考が深まり、人間に深みが出る。そこをしっかり踏まえて意識改革をはかることが必要だ。

幼児のアタッチメントの発達、つまり親子の愛着の絆の形成をみる際にも、安心して一人で活動できるかどうかが重視される。

たとえば、主な養育者である母親との愛着の絆がちゃんとできていれば、見知らぬ人がいる実験室に連れて行かれても、母親が実験者と話している間に、部屋に置いてあるオモチャで一人で遊んだり、部屋の中をうろうろして気になるものをいじって回るなどして過ごすことができる。

愛着の絆があれば、母親が近くにいるだけで、安心して一人遊びに没頭したり探索行動を取ったりできるのである。

ところが、母親との愛着の絆がしっかりできていないと、同じ部屋に母親がいても、慣れない場所で、しかも見知らぬ人がいると、気持ちが落ち着かず不安になり、母親にしがみつくような感じになり、探索行動を取ったり、一人で遊びに没頭したりすることができない。

このような心理学の実験結果に基づいて考えても、心の中に何らかの絆ができていれば一人でいても大丈夫なわけで、一人でいられるのは成熟の証ということになる。もちろん、絆となるような信頼関係を築いていることが前提となる。

精神科医ウィニコットも、だれかの傍で一人になれる能力というものを重視している。見守ってくれる人がいるから、安心して一人で楽しむことができるというわけだ。

そのうちに、愛着の対象が心の中に住むようになると、その人物が実際に傍にいなくても、安心して一人で楽しむことができるようになる。気持ちが通じている相手がいるという思いがあるからこそ、何の不安もなく一人でいることができるのである。

そうした心の中に住む愛着の対象が、児童期までは親であった。だが、青年期になり、親からの自立への道を歩むという課題に直面した際、親だけが心の支えというのでは前に進めない。親との心理的距離を取るためには、別の絆、同世代の仲間との絆が必要となる。

★その意味でも、深くつきあえる親密な相手をもつことが大切である。気をつかうばかりでホンネを出せないつきあいがいくらあっても助けにはならない。何でも遠慮なく言い合うことができる、気を許せる相手をもつことによって、孤独を恐れずに一人の時間を有意義に過ごせるようになる。

そのような親密な関係を築くには、自己開示する勇気、ホンネをさらけ出す勇気が求められる。ウケ狙いの雑談でいくら盛り上がっても、親密な関係にはならない。自己開示には不安がつきものだ。わかってもらえないんじゃないか、そんなこと考えているのかとバカにされたら傷つく、引かれちゃったらどうしよう、などと。

だが、思い切って自己開示すると、たいていは好意的反応が返ってくるものだ。向こうも自己開示してくれ、関係が深まっていくきっかけになることが多い。万一、［ C ］な反応が返ってきたら、この先ほんとうに親密な関係に進むことを期待できる相手ではないということがわかってよかったとも言える。

一人でいる時間が成長につながるし、大事だとわかっても、心の絆

五 **次の文章を読んで、後の問いに答えなさい。なお、問いに字数指定がある場合には、句読点なども一字分に数えます。（設問の都合上、本文を一部省略しています。）**

ときには退屈な時間を過ごすのもよい

今の時代、だれにも邪魔されない一人の時間をもつのは、非常に難しくなっている。電車に一人で乗っていても、家に一人でいても、＊1SNSでメッセージが飛び込んでくる。そうすると気になり読まないわけにいかない。読めば反応せざるを得ない。そうすると、他の人がどんな反応をするかが気になる。自分の反応に対してどんな反応があるかが気になって落ちつかない。

スマートフォンで他の人たちの動向をチェックする合間に、手持ちぶさただからいろいろネット検索をしたり、＊2YouTubeを楽しんだりして時間を潰す。そうしている間は、まったくの思考停止状態となり、自分の世界に没頭することなどできない。

人からのメッセージに反応する。飛び込んでくる情報に反応する。そのように外的刺激に反応するだけで時が過ぎていく。

そんな受身の過ごし方をしていたら、当然のことながら自分を見失ってしまう。そんな状態から脱するには、思い切って接続を極力切断する必要がある。

外的刺激に反応するだけでなく、自らあれこれ思いをめぐらしたり、考えを深めたりして、自分の中に＊3沈潜する時をもつようにする。外的刺激に＊4翻弄されるのをやめて、自分の心の中に刺激を見つけるのである。

もちろん、そのために外的刺激を利用するのも有効だ。［A］、読書の時間をもち、本に書かれた言葉や視点に刺激を受け、それによって心の中が活性化され、心の中をさまざまな言葉が飛び交う。そうした自らの内側から飛び出してきた言葉に刺激され、さらなる言葉が湧き出てくる。私たちの思考は言葉によって担われているため、それは思考の活性化を意味する。

外的刺激に反応するスタイルに馴染み過ぎてしまうと、スマートフォンやパソコンを＊5媒介とした接続を遮断されると、何もすることがなくなった感じになり、退屈でたまらなくなる。そこで、すぐにまたネットを＊6介したつながりを求めてしまう。

［B］、外的刺激に反応するだけの受け身の生活から脱して、自分の世界に沈潜するには、あえて①退屈な時間をもつことも必要なのではないか。

（中略）

近頃は退屈しないように、あらゆる刺激が充満する環境が与えられているが、あえて刺激を絶ち、退屈でしかたがないといった状況を自ら生み出すのもよいだろう。

そんな状況にどっぷり浸かることで、自分自身の内側から何かがこみ上げてくるようになる。心の声が聞こえてくるようになる。

それが、受け身で反射的な生活から、主体的で創造的な生活へと転換するきっかけを与えてくれるはずだ。

一人でいられるのは成熟の証

そこで問題なのは、「一人はかっこ悪い」という感受性である。

これまでにみてきたように、②一人でいられないことの＊7弊害を考えると、「ひとりはかっこ悪い」といった感受性を克服する必要がある。

かつてのように、若者たちが＊8孤高を気取る雰囲気を取り戻すの

□□□の花

問二 ――線部②「先ほどまでとは別の感情から、もっと泣きそうになった」について、次の⑴、⑵の問いに答えなさい。

(1) 「先ほどまで」はどのような感情から泣きそうだったのですか。最もふさわしいものを次から選び、記号で答えなさい。

ア 毎日いろいろな本を立ち読みすることが習慣だったのに、もう読めなくなるかもしれないという緊張感。

イ 他にも立ち読みをしている子供は大勢いるのに、自分だけが一度も本を買うことができなかった敗北感。

ウ 立ち読みをする自分を厳しい顔で見ていて、「もう来てはいけない」と言いそうな店員に対する恐怖心。

エ 唯一の楽しみだった図鑑の立ち読みができなくなり、貧しい生活のなかですべての喜びを失った絶望感。

(2) 自由に読めるようになった今はどのような感情で泣きそうなのですか。「**見本」という紙を貼った女性店員への気持ち**を六十字以内で答えなさい。

問三 ――線部③「とてもひたむきで誠実で、綺麗に見えた」とありますが、道二郎からなつがこのように見えたのはなぜですか。最もふさわしいものを次から選び、記号で答えなさい。

ア 戦時中、本を読みたくても読めなかったため平和な時代がきたら本屋を開こうと決心し、苦労しながら実現したと聞いたから。

イ 戦時中、本を読みたくて仕方なかった人が大勢いることにいちはやく気づき、地域文化の発展に貢献していると知ったから。

ウ 幼いころから本が好きだったということを知り、また苦労しているということで自分と重なる部分を感じ、憧れを抱いたから。

エ それまでただの怖い店員としか思っていなかったのに、思いがけず優しい一面を知って、急に近しい思いを抱き始めたから。

問四 〰〰線部A～Cの動作を行っているのは誰ですか。最もふさわしいものを次から選び、それぞれ記号で答えなさい。ただし、同じものが答えになる場合があります。

ア 中学生時代の道二郎

イ 二十歳の道二郎

ウ 現在の道二郎

問五 『ほろびた生き物たちの図鑑』と道二郎の関わりを、本文の時間の経過にしたがって六十字以内でまとめなさい。

問六 この物語文の表現の特徴として**ふさわしくないもの**を次から一つ選び、記号で答えなさい。

ア 貧しかった道二郎が挫折を乗り越えていく過程が客観的な描写で理路整然と書かれている。

イ 比ゆ表現が効果的に用いられることで、道二郎のその時々の心情が鮮やかに伝わる。

ウ 道二郎の幸本書店に関わる話が、彼の視点を通して、回想として語られている。

エ 幸本書店の初代店主の人柄が幸本書店の客からの話で浮かび上がるように書かれている。

するまでは、幸本書店を訪れるたび『ほろびた生き物たちの図鑑』を手にとって、ページをめくっていた。

それは道二郎の特別な本で、道二郎に確実に幸せをくれるものだったから。

いつか幸本書店に、この本を買いに来よう。

なつさんにお金を渡して、この本をくださいって言うんだ。

そう誓いながら就職のため十五歳で上京したが、初めて勤務した印刷工場での毎日は、道二郎にとって過酷なものだった。

残業につぐ残業で休みはないに等しく、給料は実家に仕送りをしたらほぼ残らない。とうとう五年目に体を壊し、会社を解雇された。

「夢も希望も全部打ち砕かれてね……私はこの町に、そりゃあ惨めな気持ちで戻ってきたんです……。久しぶりに幸本書店を訪ねたときも、ただもう申し訳なくて。お金を稼いで本をたくさん買って恩返しするはずが、なつさんは亡くなられていて、私ときたら借金まで作ってしまって、いつ働けるかもわからないんですからね……。お先真っ暗でしたよ。自分はこのまま図鑑の滅びた生き物たちのように死んでゆくんだろうかと、考えていました。あのころは、それが救いのようにさえ感じられていた」

廃人のようにＡふらふらと二階の児童書コーナーへ続く階段をのぼっていって、もうあの見本もないだろうと思っていたら。

「あったんです」

その一言に、万感の想いを込めるようにＢ声を震わせ、目をうるませ、道二郎は言った。

「私が最後に読んだ五年前よりだいぶ傷んでいて、端が破れているページもありました。それでも、私にとって宝物だった図鑑が、そこにまだあったことに、私はね――震えました」

喉もどんどん熱くなり、込み上げてくる涙を何度も飲み込んだ。まばたきを繰り返し、小さく震えながら、図鑑を手にとって。ページをめくって。

この本のおかげで満たされ幸せだった少年時代を思い返しながら、Ｃめくって、まためくって。

「おまえはまだ滅びてないだろうって、励まされているような気がしました。まだやれる、これからだ、まだ頑張れる、はじめられるって」

目を赤くし、熱のこもる声で道二郎が語る。

（野村美月『むすぶと本。『さいごの本やさん』の長い長い終わり』ＫＡＤＯＫＡＷＡ）

（注）＊１　至福…このうえない幸福。
＊２　安堵…安心すること。
＊３　脚立…短いはしごのようなものを両方から合わせて上に板をとりつけた高いふみ台。
＊４　兼定さん…なつの息子。

問一　――線部①「はるか山頂に咲く、手にふれることも香りをかぐこともかなわない幻の花」とありますが、このように「ただ見ているばかりで手に入らないもの」を表す次の慣用表現を、空らんにひらがな三字を入れて完成させなさい。

——これを捜(さが)しているのでしょう。

ぼやけた視界に映ったのは、失われたはずの図鑑だった。

『見本』と赤い字で書いた紙が貼(は)ってある。

それを道二郎に差し出しているのは、あの厳しい目をした怖い女性店員だった。

——これは試し読み用だから、好きなだけ読んでくれてもいいのよ。

女性店員の顔はいつもと同じように、厳しく引きしまっていた。声も硬(かた)い。

けれど道二郎が戸惑(とまど)って手を出せずにいると、道二郎の胸に、とん、と本を押(お)しあて、

——はい、どうぞ。

と言ってくれた。

——あなたが大きくなったら、うちでたくさん本を買ってね。

そう言って背筋を伸ばして離(はな)れていった。

『見本』と書かれた本を抱(だ)きしめて、道二郎は今度は②先ほどまでとは別の感情から、もっと泣きそうになった。

「なつさんが店長だということをそのとき知りましてね、いつも厳しい顔で立っていたのも、子供たちが怪我(けが)をしないように注意してくれていたんだということも、わかりました。きっと私のことも気にかけてくれていたんですね」

なつが戦争で夫を亡くしたこと。

戦時中、あらゆる娯楽(ごらく)が禁じられ、本を読むこともできなかった暗く苦しい時代——本が読みたくて読みたくてたまらなかったなつが、平和になったら書店を開くと決めたこと。

一生かかっても読み切れないほどのたくさんの本に囲まれて、あの店に行けば読みたい本がきっとある、素敵な本に出会えると、町の人たちが胸をはずませて訪れるような——そんな店を作るのだと。

幸本書店を訪れる大人たちから聞きかじったなつの話は、幼い道二郎には理解しきれない箇所(かしょ)もあったのだけれど。

もうなつのことを、怖い店員だとは思わなかった。

眼鏡の向こうの静かな瞳(ひとみ)は、③とてもひたむきで誠実で、綺麗(きれい)に見えた。

——なつさんが一番面白かった本はなんだい？　って尋(たず)ねたら、亡くなった旦那(だんな)さんが戦時中に聞かせてくれた物語だってさ。本を読みたがっていたなつさんのために、旦那さんが毎晩即興(そっきょう)で話してくれたんだと。なつさんにとっては旦那の空継(そらつぐ)さんが、特別な『本』だったって。＊4兼定(かねさだ)さんの読み聞かせが上手いのは、空継さん譲(ゆず)りなんだな。

そんな話も胸に染(し)みて、自分の特別な大切な一冊は、この赤字で大きく『見本』と表記された図鑑だと思った。

三年生に進級すると、完全に労働力と見なされるようになり、道二郎は以前ほど頻繁(ひんぱん)に幸本書店へ行けなくなった。それでも中学を卒業

せん、本が欲しければお金を持ってきなさいと言われるのではないかと、ドキドキした。

もし、そんなことになったらどうしよう？

考えただけで胸がきゅーっと締めつけられて、ひどく哀しい気持ちになった。

児童書のコーナーには、道二郎の他にも立ち読みをしている子供たちが大勢いたけれど、その子たちは親が迎えに来たときに、本を買っていったりもした。

おそらく道二郎だけが一度も本を買ったことがなく、そうした引け目から、あの怖い女性店員が姿を見せると、図鑑を閉じてこそこそと階段を下りてゆくのだった。

そんなときはいつも惨めで、泣きそうだった。

（中略）

その日も、道二郎は学校の帰りに一時間かけて、幸本書店へやってきた。

児童書のコーナーでは他の子供たちが立ち読みをしていて、店員の姿は見当たらなかった。

よかった……。

＊2安堵して、いつもの本棚へ行き、一番下の段から『ほろびた生き物たちの図鑑』を抜き出そうとしたとき。

そこに道二郎の宝物の図鑑はなかった。

え？　買われちゃったのか？

頭の中が真っ白になった。

まだ出版されたばかりで、しかも飛び抜けて高価なこともあり、学校の図書室に同じ本は置いていない。もし誰かが図鑑を買っていったのなら、もうあの本を読めない。

心臓がドキドキして、冷たい汗が出てきた。

本当に買われてしまったんだろうか？　もしかしたら別の場所に入れ間違えられたりしていないか？

本棚の下から上へ、息を止めるようにしてじりじりと目線を這わせて、道二郎はさらに絶望することになる。

「一番上の棚にね、移動されていたんですよ。大人でも＊3脚立を使わなければとるのが難しく、子供にはとても無理な高さでした」

まるで、①はるか山頂に咲く、手にふれることも香りをかぐこともかなわない幻の花を見上げる心境で、道二郎は大好きな図鑑を見上げた。

きっと、おれがあんまり毎日立ち読みしていたから、おれが読めないように、あんなに高い場所へ移されたんだ。

そう思って目の奥がジンと熱くなり、哀しくて哀しくて、胸が破れてしまいそうだった。

お金がなくて、立ち読みばかりしている自分が悪いのはわかっているので、なにも言えない。でも、読めないと思うと、道二郎の日々の暮らしのなかから、一切の楽しいことや幸せなことが根こそぎ奪い去られ、あとに大きな暗い穴がぽっかり空いているような気持ちになった。

淋しくて辛くて惨めで、どうしようもない。

目に涙をいっぱい浮かべて立っていたら、横からすっと本を差し出された。

四　**次の文章を読んで、後の問いに答えなさい。なお、問いに字数指定がある場合には、句読点なども一字分に数えます。（設問の都合上、本文を一部省略しています。）**

《福島県で地元住民から愛されている幸本書店は、三代目の店主が亡くなったのを機に、閉店することとなった。隣町で獣医をしている老人道二郎がその知らせを聞いて、久しぶりに訪ねてくる。この場面は店員たちを相手に道二郎が話している場面である。道二郎が子供だった頃に初代店長の幸本なつが開いた書店はとても立派で、町の人の誇りであり、にぎわっていた……。》

「私の家はそれは貧乏でしてね……兄妹も大勢いて、本なんて贅沢品は買ってもらえなかったので、学校の帰りに一時間歩いて幸本書店まで行って立ち読みをするのが、子供時代の私の、なによりの楽しみでした」

そんななか『ほろびた生き物たちの図鑑』に出会ったという。

見たこともない動物たちが描かれた表紙に一目で惹きつけられて、ページの隅から隅までなめるように読んだ。リアルな筆致で描かれたティラノサウルスや、トリケラトプス、ドードーやタスマニアタイガーに心が躍り、どれだけ見ても見飽きなかった。

この図鑑を知ってから、幸本書店へ行くのがいっそう楽しみになって、学校で授業を受けているときも、家で手伝いをしているときも、早く幸本書店へ行きたい、あの図鑑の続きを読みたいと考えてばかりいた。

図鑑は目の玉が飛び出そうなほど高価で、普通の本ですら購入の厳しい家の財布事情では、とても購入できるものではなかった。もちろん小遣いももらっていない。

「それでも、幸本書店へ行きさえすれば、この宝物のような図鑑があると思うと、それだけでじゅうぶん幸せだったんですよ」

雨がしとしと降りしきる日も、風が冷たく吹く日も、深く降り積もった雪にくるぶしまで足が埋まる日も、あの本に会いたくて、あの本を読みたくて、頬を赤くして幸本書店への道を急いだ。

――ああ、早く読みたい。読みたいなぁ。

そしていつもの場所で図鑑を手にとって、めくりはじめれば、あとは＊1至福しかなかった。

タスマニアタイガーの牙は、なんて鋭く強そうなんだろう。トリケラトプスもティラノサウルスも、うんと昔にこの地上を歩いていたんだ。地面に大きな足形ができたりしたんだろうか。ドードーはどうして翼があるのに、よたよた歩くばかりで飛べなかったんだろう。

広げた本の中から、今にも動物たちが飛び出してきそうに思えた。楽しくて、わくわくして。

が、ある日、店員の女の人に見られていることに気づいた。髪を後ろでひとつにぎゅっとひっつめて眼鏡をかけた、背の高い痩せた女性は、物差しでも入れているみたいに背筋がいつもピン！　と伸びていて、怒っているみたいな厳しい顔をしていたので、道二郎は彼女が怖かったという。

その人が、じっとこちらを見ている。

きっとおれが毎日タダで本を読んでいるから、怒っているんだ。

いつ、つまみだされやしないか、もうあなたはここへ来てはいけま

三 **次の〔文章〕は、赤ちゃんの体調が悪かった時の対応について説明したものであり、〔図〕は、その説明をわかりやすく示したものである。これらを読んで、後の問いに答えなさい。**

〔文章〕

　夜、赤ちゃんが嘔吐してしまった場合、病院に行くべきか家で様子を見るべきか迷うことが多いでしょう。赤ちゃんは大人と比べると、ちょっとしたことで吐いてしまいます。寒い中病院に行くことがかえって赤ちゃんの負担になってしまうことも考えられます。病院に行くかどうかの判断基準としてまず気にしてほしいのは、お子さんの様子です。ぐったりしているのか、元気に手足を動かしているか。嘔吐しただけで元気に動いている場合には、それほど心配ない状況であることがほとんどです。そんなときは様子を見ながら、必要であれば翌日以降落ち着いて病院に行く方がよいでしょう。元気でも熱がある場合は、翌日以降に受診する方が安心です。一方、ぐったりしているときは心配です。ぐったりしていても熱がなければ翌日以降の受診でよい場合がほとんどですが、特に熱が高いときはできるだけ早く受診する方がよいでしょう。いずれの場合も赤ちゃんの様子に注意して、心配であれば救急電話相談を利用してアドバイスを聞いてみるのがお勧めです。

〔図〕

赤ちゃんの嘔吐

大人に比べて起こりやすい。病院は赤ちゃんの［　1　］になるかも。

↓

病院に行くべき？？

どんな様子？
［　2　］→ 熱は？ → ある！→ 病院へ
　　　　　　　　　→ ない → 明日以降病院へ
［　3　］→ 熱は？ → ある！→ 明日以降病院へ
　　　　　　　　　→ ない → 様子を見る

明日以降病院へ／様子を見る ― 心配なら救急電話相談へ

（犬塚美輪『生きる力を身につける　14歳からの読解力教室』笠間書院）

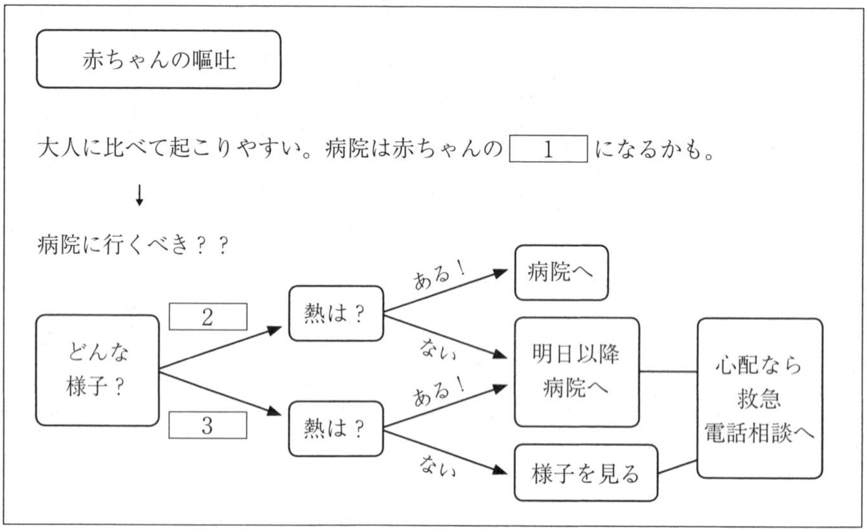

問一　［1］にあてはまる最もふさわしい漢字二字の語句を、**〔文章〕**から書きぬきなさい。

問二　［2］、［3］にあてはまる語句として最もふさわしいものを次から選び、それぞれ記号で答えなさい。

ア　元気　　イ　ぐったり

二〇二一年度 湘南白百合学園中学校

【国　語】〈四教科入試〉（四五分）〈満点：一〇〇点〉

一 **次の――線部のカタカナは漢字に、漢字はひらがなに直しなさい。**

① 具体例をマイキョする。
② ケイトウ立てて話す。
③ セイケツなガーゼを用意する。
④ クラスでトウロンをする。
⑤ 栄養の不足をオギナう。
⑥ 丁重なあいさつ。
⑦ お寺の境内。
⑧ その都度報告する。
⑨ 車窓から見る景色。
⑩ 身を粉にして働く。

二 **次の問いに答えなさい。**

問一 次の①、②には、□の部分の表記が**ふさわしくないもの**が一つずつ含(ふく)まれています。それぞれ選び、記号で答えなさい。

① ア 中学校生活がどういう［物］なのかは、まだわからない。
　イ ろうかに［物］を置いておくと、通行のさまたげになる。
　ウ 人工知能がほとんどの仕事をする時代とは、どんな［もの］なのだろうか。

② ア 時計を［見］ると、いつの間にか正午を過ぎていた。
　イ 言われて［み］れば、朝読書の時間はいつもあっという間に過ぎる。
　ウ 試合に勝てるかどうかは、やって［見］なければわからない。

問二 次の（　）にあてはまる語句として最もふさわしいものを後の語群から選び、それぞれ記号で答えなさい。

① 日々の（　）幸せをかみしめる。
② 子どもの（　）成長を願う。

〔語群〕
ア いたいけな
イ うららかな
ウ すこやかな
エ ささやかな
オ たからかな
カ なごやかな
キ まろやかな

2021年度 湘南白百合学園中学校 ▶解説と解答

算　数 ＜４教科入試＞（45分）＜満点：100点＞

解　答

[1] (1) $1\frac{17}{30}$　(2) $\frac{1}{4}$　(3) 201秒　(4) 130円　(5) 30 g　(6) 200.96cm　[2] (1) 12分後　(2) 6分後　(3) $8\frac{4}{7}$分後　[3] (1) 毎分150cm³　(2) 15cm　(3) ① 20cm　② 解説の図３を参照のこと。　[4] (1) 28cm²　(2) 14枚　[5] (1) 263.76cm³　(2) **ア**…３cm，**イ**…６cm，**ウ**…10cm，**エ**…５cm，**オ**…216度，**表面積**…282.6cm²

解　説

[1] 四則計算，逆算，単位の計算，相当算，濃度（のうど），長さ

(1) $(5.15-1.9)\div1.3-0.125\times2\frac{2}{15}-\frac{2}{3}=3.25\div\frac{13}{10}-\frac{1}{8}\times\frac{32}{15}-\frac{2}{3}=3\frac{1}{4}\div\frac{13}{10}-\frac{4}{15}-\frac{2}{3}=\frac{13}{4}\times\frac{10}{13}-\frac{4}{15}-\frac{2}{3}=\frac{5}{2}-\frac{4}{15}-\frac{2}{3}=\frac{75}{30}-\frac{8}{30}-\frac{20}{30}=\frac{47}{30}=1\frac{17}{30}$

(2) $0.75\div\left(\frac{4}{9}-\square\right)\times\frac{5}{18}=1\frac{1}{14}$より，$0.75\div\left(\frac{4}{9}-\square\right)=1\frac{1}{14}\div\frac{5}{18}=\frac{15}{14}\times\frac{18}{5}=\frac{27}{7}$，$\frac{4}{9}-\square=0.75\div\frac{27}{7}=\frac{3}{4}\times\frac{7}{27}=\frac{7}{36}$　よって，$\square=\frac{4}{9}-\frac{7}{36}=\frac{16}{36}-\frac{7}{36}=\frac{9}{36}=\frac{1}{4}$

(3) はじめに，単位を秒にそろえる。１分は60秒，１時間は60分，１日は24時間なので，１時間は，60×60＝3600(秒)，１日は，3600×24＝86400(秒)である。よって，与（あた）えられた式の等号の左側は，3600×4.3＋60×２＋１＝15601(秒)，等号の右側は，$86400\times\frac{1}{6}+3600\times\frac{5}{18}+\square=15400+\square$(秒)だから，□＝15601－15400＝201(秒)となる。

(4) ノート４冊分の代金を□円，Bさんの残金を①として図に表すと，右の図１のようになる。図１で，②－①＝①にあたる金額が，1200＋80－900＝380(円)だから，□＝900－380＝520(円)とわかる。よって，ノート１冊の値段は，520÷４＝130(円)と求められる。

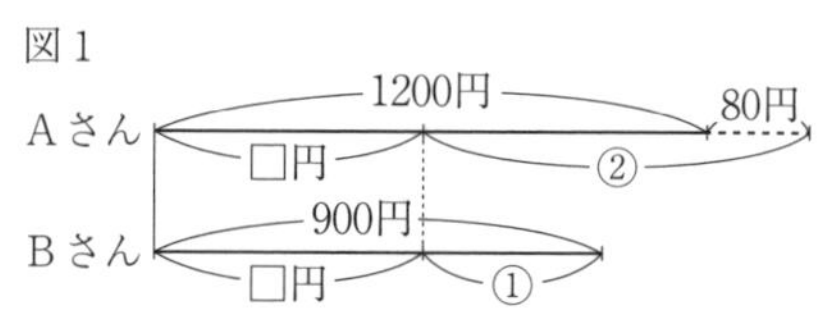

(5) 12%の食塩水300 gには水が，100－12＝88(%)，つまり，300×0.88＝264(g)ふくまれている。また，食塩を□ g加えた後の20%の食塩水には水が，100－20＝80(%)ふくまれているので，この20%の食塩水の重さは，264÷0.8＝330(g)とわかる。よって，□＝330－300＝30(g)である。

〔ほかの解き方〕 食塩は濃度が100%の食塩水と考えることができるから，加えた食塩の重さを□ gとして図に表すと，右の図２のようになる。図２で，ア：イ＝(20－12)：(100－20)＝１：10だから，$300:\square=\frac{1}{1}:\frac{1}{10}=10:1$とわかる。よって，$\square=300\times\frac{1}{10}=30$(g)と求めることもできる。

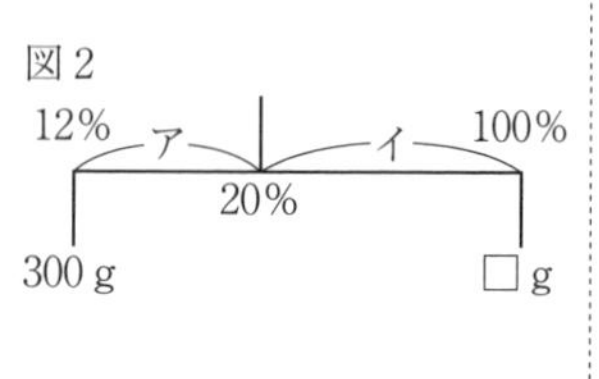

(6) 下の図３で，太実線部分と太点線部分は，ぬりつぶした部分を囲む線となっている。よって，

ぬりつぶした部分のまわりの長さは，半径８cmの円のまわりの長さ４つ分と等しいから，８×２×3.14×４＝64×3.14＝200.96(cm)と求められる。

図３

8 cm

2 旅人算

⑴　初めて２人が出会うのは，２人が歩いた道のりの和が池１周分，つまり2400mになるときである。また，２人が１分間に歩く道のりの和は，80＋120＝200(m)である。よって，初めて２人が出会うのは，2400÷200＝12(分後)とわかる。

⑵　３点A，O，Bが初めて一直線上に並ぶのは，下の図１のように，２人が歩いた道のりの和が池半周分，つまり，2400÷２＝1200(m)になるときである。よって，1200÷200＝６(分後)と求められる。

⑶　三角形PABは，下の図２のように，辺BAと辺BPの長さが等しくなるときに１度目に二等辺三角形になり，下の図３のように，辺APと辺ABの長さが等しくなるときに２度目に二等辺三角形になる。図３で，花子さんと百合子さんの速さの比は，80：120＝２：３だから，弧PAと弧PBの長さの比も２：３である。また，辺APと辺ABの長さが等しいとき，弧PAと弧ABの長さも等しい。よって，弧PAと弧PBと弧ABの長さの比は２：３：２となり，弧PAの長さは，$2400\times\frac{2}{2+3+2}=\frac{4800}{7}$(m)とわかるので，このようになるのは，$\frac{4800}{7}\div 80=\frac{60}{7}=8\frac{4}{7}$(分後)と求められる。

図１

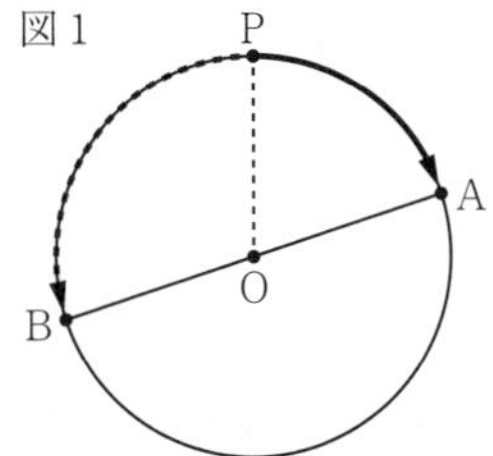

図２

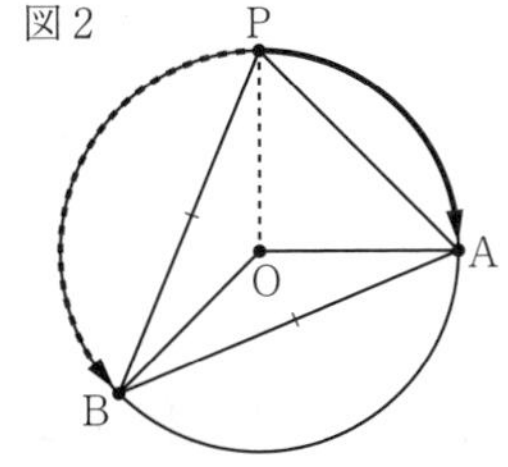

図３

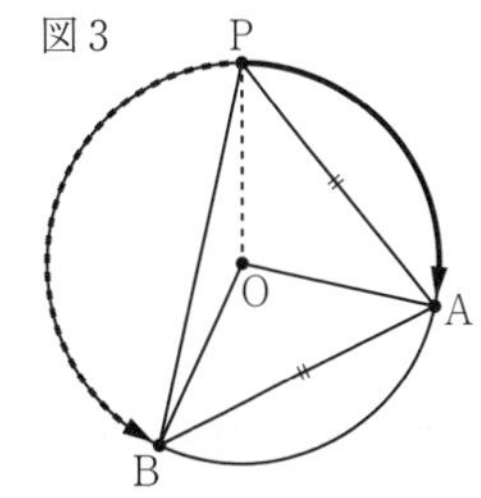

3 グラフ―水の深さと体積

⑴　水そうの底面積は，30×40＝1200(cm²)なので，おもりAだけを入れたときの水そうのようすを正面から見ると，右の図１のようになる。図１で，イの部分の容積は，1200×(25－10)＝18000(cm³)であり，問題文中のグラフより，イの部分に水を入れた時間は，185－65＝120(分)だから，水を入れた割合は毎分，18000÷120＝150(cm³)とわかる。

図１

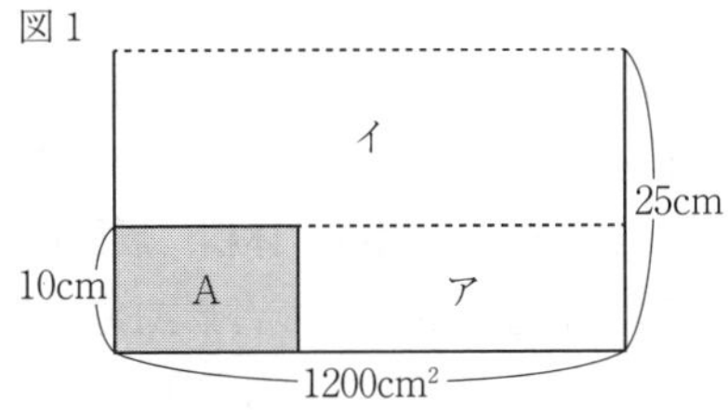

⑵　アの部分に入れた時間はグラフより65分なので，アの部分の容積は，150×65＝9750(cm³)とわかる。よって，アの部分の底面積は，9750÷10＝975(cm²)だから，おもりAの底面積は，1200－975＝225(cm²)と求められる。したがって，225＝15×15より，おもりAの底面の１辺の長さは15cmとわかる。

⑶　①　おもりBの底面積は，$225\times\frac{1}{3}=75$(cm²)なので，おもりAとおもりBを入れたときの水そうのようすを正面から見ると，右の図２のようになる。水そうの容積は，1200×25＝30000(cm³)であり，175分で入れた水の体積は，

図２

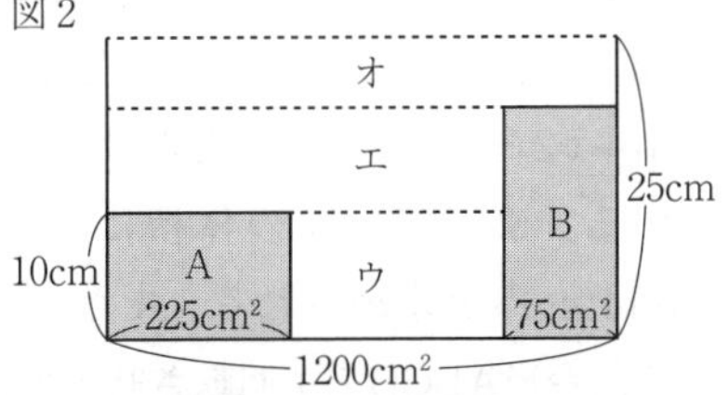

$150\times175=26250$(cm^3)である。また，おもりAの体積は，$225\times10=2250$(cm^3)である。よって，おもりBの体積は，$30000-(26250+2250)=1500$(cm^3)なので，おもりBの高さは，$1500\div75=20$(cm)とわかる。　② 図２のウの部分の容積は，$(1200-225-75)\times10=9000$(cm^3)だから，ウの部分に水を入れた時間は，$9000\div150=60$(分)となる。また，エの部分の容積は，$(1200-75)\times(20-10)=11250$(cm^3)なので，エの部分に入れた時間は，$11250\div150=75$(分)とわかる。つまり，水面の高さは，60分後に10cm，$60+75=135$(分後)に20cm，175分後に25cmになったから，グラフは右上の図３のようになる。

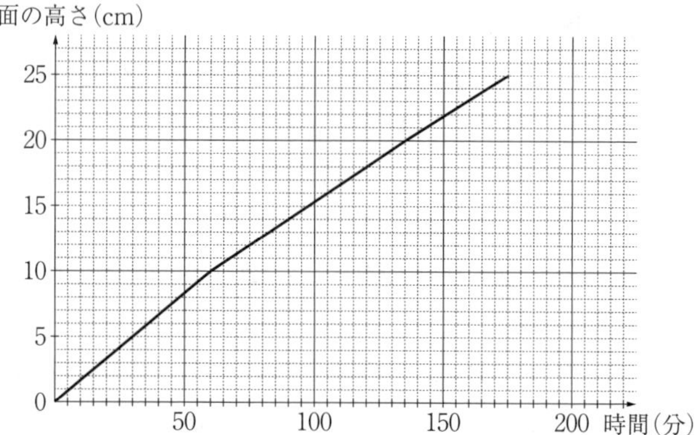

4 平面図形―図形と規則

⑴　右の図１のように，正六角形は６個の合同な正三角形に分けることができるので，かげの部分の面積は，$12\times\frac{2}{6}=4$(cm^2)とわかる。また，正六角形を８枚並べたとき，重なっているところは，$8-1=7$(か所)できる。よって，重なっているところの面積の合計は，$4\times7=28$(cm^2)と求められる。

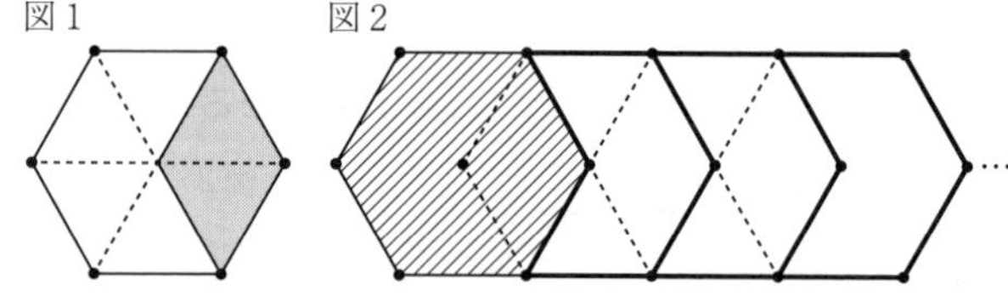

⑵　右上の図２のように，１枚目(斜線部分)の面積は12cm^{2}であり，紙を１枚増やすごとに太線で囲んだ部分の面積が増えていく。よって，全体の面積が116cm^{2}になるのは，太線で囲んだ部分の面積の合計が，$116-12=104$(cm^2)になるときとわかる。また，太線で囲んだ部分１か所の面積は，$12-4=8$(cm^2)である。よって，太線で囲んだ部分の数は，$104\div8=13$(か所)だから，紙の枚数は全部で，$1+13=14$(枚)である。

5 立体図形―相似，体積，展開図，表面積

⑴　問題文中の図の台形ABCDを，CDを軸として１回転させると，右の図１のように，三角形OBCを１回転させてできる円すい(…ⓐ)から，三角形OADを１回転させてできる円すい(…ⓑ)を取りのぞいた形の立体(円すい台)ができる。ここで，三角形OBCと三角形OADは相似であり，相似比は，BC：AD＝６：３＝２：１だから，OD：DC＝OA：AB＝１：(２－１)＝１：１となり，OD＝４cm，OA＝５cmとわかる。よって，ⓑの体積は，$3\times3\times3.14\times4\div3=12\times3.14$(cm^3)と求められる。また，ⓐとⓑの体積の比は，$(2\times2\times2):(1\times1\times1)=8:1$なので，台形ABCDを１回転させてできる立体の体積は，ⓑの体積の，$(8-1)\div1=7$(倍)とわかる。したがって，台形ABCDを１回転させてできる立体の体積は，$12\times3.14\times7=84\times3.14=263.76$

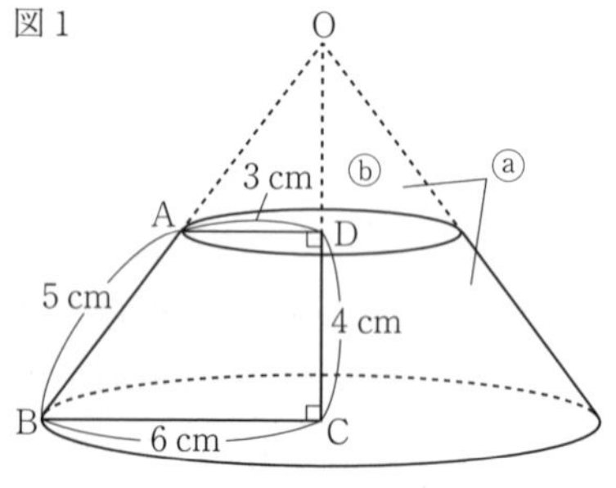

(cm^3)と求められる。

(2) 図１で，上の円の半径は３cm(…ア)，下の円の半径は６cm(…イ)，ⓐの母線の長さは，５＋５＝10(cm)(…ウ)，ABの長さは５cm(…エ)だから，右の図２のようになる。また，円すいの側面は展開図ではおうぎ形で表され，その中心角について，(母線)×(中心角)＝(底面の円の半径)×360という関係がある。これをⓐの側面に利用すると，10×□＝６×360となるので，□＝６×360÷10＝216(度)(…オ)と求められる。よって，ⓒの面積は，３×３×3.14＝９×3.14(cm^2)，ⓓの面積は，$10\times10\times3.14\times\frac{216}{360}-5\times5\times3.14\times\frac{216}{360}$＝45×3.14($cm^2$)，ⓔの面積は，６×６×3.14＝36×3.14(cm^2)だから，この立体の表面積は，９×3.14＋45×3.14＋36×3.14＝90×3.14＝282.6(cm^2)である。

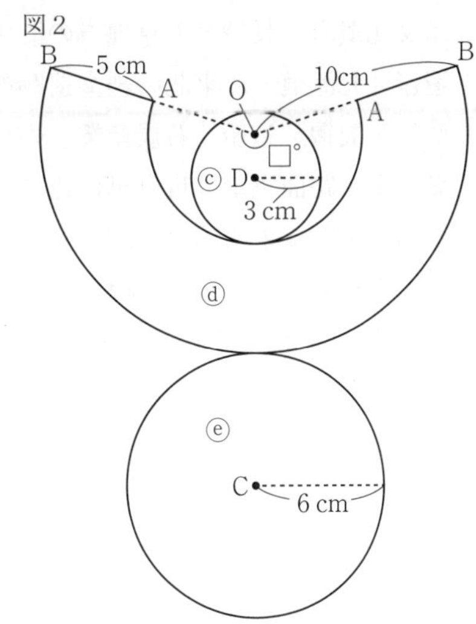

社　会　＜４教科入試＞(40分)＜満点：100点＞

解　答

1　１ (1) ア　(2) ウ　２ (1) (自動車よりも)二酸化炭素(の排出量が少ないから。)　(2) 栃木県　３ (1) ウ　(2) 持続可能　４ (1) ウ　(2) りんご　(3) ① い　② エ　５ い草　６ エ　７ 命　８ ハザードマップ　９ イ，エ　10 (1) エ　(2) 佐賀県　(3) 干拓　11 (例) **外国人にわかりやすい地図記号**…右の図Ａ　**由来**…校舎と教室での授業風景(**外国人にわかりやすい地図記号**…右の図Ｂ　**由来**…時計台のある校舎と，学校を表す英語のスクールの頭文字)

図Ａ　図Ｂ

2　１ あ 聖武　い 鑑真　う 日米修好通商　２ ウ　３ エ　４ イ　５ 三内丸山遺跡　６ ウ　７ ウ　８ 唐招提寺　９ イ，オ　10 エ　11 エ→イ→オ　12 北里柴三郎　13 ウ　14 殖産興業　15 ア→ウ→エ→イ　16 (1) 藤原道長　(2) エ

3　１ あ 司法　い 行政　う 立法　２ ア，イ　３ 三審制　４ (1) ア　(2) 閣議　５ イ　６ ア ×　イ ×　ウ ○　エ ○　７ (1) エ　(2) エ

解　説

1 本校の姉妹校がある地域を題材とした問題

１ (1) 北海道の道庁所在地である札幌市には，まだ新幹線が通っていない。北海道新幹線は2021年２月現在，新青森駅から新函館北斗駅までが開通しており，いずれは札幌駅まで延伸される予定である。なお，イの岩手県盛岡市には東北新幹線の盛岡駅，ウの宮城県仙台市には東北新幹線の仙台駅，エの熊本県熊本市には九州新幹線の熊本駅がある。　(2) 2021年２月時点で，宮城県にはユネスコ(国連教育科学文化機関)の世界遺産が存在しない。なお，北海道には自然遺産「知床(しれとこ)」が，

岩手県には文化遺産「平泉―仏国土(浄土)を表す建築・庭園及び考古学的遺跡群」が，熊本県には文化遺産「長崎と天草地方の潜伏キリシタン関連遺産」がある。また，北海道と岩手県には文化遺産「北海道・北東北の縄文遺跡群」の，岩手県と熊本県には文化遺産「明治日本の産業革命遺産　製鉄・製鋼，造船，石炭産業」の構成資産がある。

2　(1)　路面電車は自動車に比べ，地球温暖化の原因となる温室効果ガスである二酸化炭素の，走行時における排出量が少ない。　(2)　宇都宮市は栃木県の県庁所在地で，LRT(ライト・レール・トランジット)とよばれる次世代型の路面電車の建設がすすめられている。

3　(1)　養殖の生産量上位２道県は，ほたてが青森県，北海道の順，かきが広島県，宮城県の順，わかめが宮城県，岩手県の順，こんぶが北海道，岩手県の順となっているので，ウが選べる。統計資料は『日本国勢図会』2020／21年版などによる(以下同じ)。　(2)「将来にわたって魚を獲り，食べることができるように，資源の管理や海の環境にも配慮した漁業」と述べられていることから，「持続可能」がふさわしい。国連総会で採択されたSDGs(持続可能な開発目標)には，17の分野別の目標の１つとして「海の豊かさを守ろう」があり，「持続可能な開発のために海洋・海洋資源を保全し，持続可能な形で利用する」ことが主張されている。

4　(1)　宮崎県や高知県などでは，冬でも比較的暖かい気候を利用し，ビニールハウスや温室などの施設を使って，ピーマン・きゅうりなどの夏野菜を，ほかの産地の露地ものの出荷量が減って価格が高くなる秋から春ごろにかけて栽培・出荷する促成栽培がさかんである。よって，ウが選べる。なお，アは米など，イは電照菊などについての説明。エは長野県の野辺山原や群馬県の嬬恋村などで行われている，レタス，キャベツ，はくさいなどの抑制栽培(高冷地農業)の説明である。　(2)　みかんは温暖な地域で栽培されるのに対し，りんごは寒冷な地域で栽培される。よって，地球温暖化がすすむと，りんごのほうが栽培に適した地域が少なくなる。　(3)　①　きゅうりの生産地を見ると，「あ」は九州地方の県が多いことから福岡の市場，「い」は関東地方の県が多いことから東京の市場，「う」は九州地方と四国地方の県が多いことから大阪の市場と判断できる。　②　じゃがいもは水はけのよい土地を好むので，エがふさわしい。

5　熊本県の八代平野では畳表の原料になる工芸作物のい草の栽培がさかんで，熊本県のい草の生産量は全国の約99％を占める。

6　気象庁は国土交通省の外局で，気象や地震，火山活動などの自然現象の観測と，それらの情報の提供を行っている。

7　気象庁が出す警報のうち，きわめて重大な被害が予想される「特別警報」では，「ただちに命を守る行動をとる」ようによびかけられる。

8　国や地方公共団体が作製する，発生の可能性がある自然災害の被害予測や避難場所などを示した地図を，ハザードマップという。火山の噴火や洪水，土砂崩れなどに備えたものが各地でつくられている。

9　戦争中の広島・長崎への原子爆弾投下は，軍事基地と軍需工場を標的にしたものであった。よって，イとエの２つがあてはまる。

10　(1)　ア　「岩屋町」付近の高等学校(⊗)の隣には，博物館(🏛)ではなく老人ホーム(⌂)が建設された。　イ　地点Ａ付近で，有料道路(┄┄)はJR線(━━)の上を通っている。　ウ　「こうだ」駅は，新たに設けられた駅である。　エ　「ながよ駅」の南西部は，地図１では山の斜面だが，地図２では「南陽台団地」や「青葉台団地」となっているので，正しい。　(2)　長崎県が唯一陸続きで県境を接しているのは佐賀県なので，東京から長崎まで船と飛行機を使わずに陸上で行く場合，必ず佐賀県を通る。　(3)　遠浅の海や湖などで，沖に堤防を築いて内部の水を排水し，耕地を造成することを干拓という。有明海では古くから干拓が行われ，児島湾(岡山県)，八郎潟(秋田県)とともに三大干拓地に数えられる。なお，土砂などを埋めて陸地をつくる方法は「埋め立て」で，工業用地や住宅地などに利用される。

11　学校には一般に校舎と校庭があり，教室には教師と児童がいるので，学校を表す英語「スクール」の頭文字(Ｓ)を使って時計台や旗を図案化することや，教室の情景を図案化することなどが考えられる。

2　感染症の歴史を題材とした問題

1　**あ**　奈良時代には，天然痘などの疫病や貴族の反乱などの社会不安が広がった。仏教を厚く信仰した聖武天皇は，仏教の力で国を安らかに治めようと願い，地方の国ごとに国分寺・国分尼寺を建てさせるとともに，都の平城京(奈良県)には総国分寺として東大寺を建て，大仏をつくらせた。**い**　唐(中国)の高僧だった鑑真は，日本の招きに応じて日本に渡ることを決意し，５度の失敗や失明という困難をのりこえて，753年に６度目の航海で来日をはたした。そして，僧の守るべき規律である戒律を伝え，759年には奈良に唐招提寺を建てるなど，日本の仏教発展につくした。　**う**　1858年，江戸幕府の大老井伊直弼とアメリカ総領事ハリスとの間で，日米修好通商条約が結ばれた。なお，この条約と同様の条約を，幕府はイギリス，フランス，ロシア，オランダとの間でも結んだ(安政の五か国条約)。

2　葛飾北斎は江戸時代後半の化政文化を代表する浮世絵師で，浮世絵版画集「富嶽三十六景」で知られる。ウはその中の「神奈川沖浪裏」である。なお，ウ以外も化政文化を代表する浮世絵で，アは歌川(安藤)広重が描いた浮世絵版画集「東海道五十三次」の中の「日本橋」，イは東洲斎写楽の役者絵「三世大谷鬼次の奴江戸兵衛」，エは喜多川歌麿の美人画「婦女人相十品・ビードロ吹き」である。

3　江戸時代，琉球王国は薩摩藩(鹿児島県)の支配を受け，将軍の代替わりごとに江戸に使節を派遣した(琉球使節)。よって，エが正しい。

4　17世紀初め，薩摩藩は琉球王国に出兵してこれを征服し，琉球には明(中国)や清(中国)との朝貢貿易(貢ぎ物を差し出して臣下の礼をとり，その返礼として品物を受け取るという形式の貿易)を続けさせ，その利益を奪った。よって，イが誤っている。

5　三内丸山遺跡は，青森県で発見された日本最大級の縄文時代前～中期の遺跡である。最大で500人前後が住んでいたと考えられている集落跡で，大型掘立柱建物跡や大型竪穴住居跡などが発掘されているほか，クリやマメなどを栽培していたことが確認されている。

6　『日本書紀』は奈良時代の720年に成立した歴史書なので，ウが選べる。

7　奈良時代には遣唐使によって唐や西域の文物がもたらされ，その多くが東大寺の正倉院に納められていた。ウはその１つで，ペルシア(現在のイラン)製の水差し(漆胡瓶)である。なお，アは「漢委奴国王」と刻まれた金印で，１世紀に日本の小国の１つであった奴国の王が，後漢(中国)の皇帝からさずけられたものとされている。イは，戦国時代の南蛮貿易を描いた屏風絵である。エは宮島(広島県)にある厳島神社で，平安時代末に平氏の厚い保護を受けたことで知られる。

8　１の「い」の解説を参照のこと。

9　日米修好通商条約では，箱館(函館，北海道)，神奈川(横浜)，新潟，兵庫(神戸)，長崎の５港が貿易港として開かれた。よって，イの兵庫とオの新潟があてはまる。なお，アは下田(静岡県)，ウは下関(山口県)，エは富山。

10　ノルマントン号事件(1886年)では，日本人乗客が全員死亡したことを受け，船長が裁判にかけられた。この裁判は，日本の法律にもとづく日本人の裁判官による裁判ではなく，領事裁判権(治外法権)にもとづくイギリスの領事裁判所での裁判であったため，船長は１回目の裁判では無罪，２回目の裁判でも軽い罰が与えられただけとなった。よって，正しい説明文がないので，エになる。なお，幕末に結ばれた不平等条約の改正は，1894年に外務大臣の陸奥宗光が領事裁判権の撤廃に成功し，1911年に外務大臣の小村寿太郎が関税自主権の回復に成功したことで達成された。

11　アは「土佐藩(高知県)」と「長州藩(山口県)」が逆である。また，ウについて，学制は６歳以上のすべての児童に教育を施すことを定めていた。残りは内容が正しく，イは1877年，エは1868年，オは1889年のできごとである。

12　北里柴三郎は明治～大正時代に活躍した細菌学者で，ドイツに留学して細菌学の権威コッホに学び，破傷風の血清療法を発見した。帰国すると伝染病研究所を設立して初代所長となり，1894年には香港でペスト菌を発見した。なお，北里柴三郎は2024年度から新しく発行される新千円札の肖像となっている。

13　①　日清戦争(1894～95年)の前の1885年のグラフでは，綿糸が輸入されていた。しかし，戦後の1899年のグラフでは，綿花が輸入されて綿糸が輸出されている。よって，正しい。　②　生糸の輸出額は，1885年が，3715×0.351＝1303.9…より約1304万円，1913年が，63246×0.298＝18847.3…より約18847万円である。したがって，18847÷1304＝14.4…より，1913年の生糸の輸出額は1885年の約14倍なので，正しい。

14　明治新政府は富国強兵の一環として殖産興業政策をすすめ，全国各地に官営工場を設立するなど，産業の発展につとめた。

15　アは鎌倉時代に起こった承久の乱(1221年)，イは江戸時代に定められた武家諸法度，ウは室町幕府の第３代将軍足利義満，エは安土桃山時代に豊臣秀吉が行った検地(太閤検地)について述べた文である。よって，時代の古い順にア→ウ→エ→イとなる。

16　(1)　平安時代，藤原氏は自分の娘を天皇のきさきとし，生まれた子(孫)を天皇に即位させるなどして天皇家との関係を深め，天皇が幼少のときは摂政，成人後は関白となって，政治の実権をにぎった。これを摂関政治といい，11世紀前半の藤原道長・頼通父子のときにその全盛期を迎えた。「この世をば～」の短歌は，道長が３人目の娘を天皇のきさきにしたことを祝う席でよんだもので，「望月(満月)に欠けたところがないように，この世のすべてが自分の思い通りになって満足だ」という，道長の得意な気持ちが表されている。　(2)　織田信長は全国統一の根拠地として安土城(滋賀県)を築き，その城下で「楽市楽座」を行って商工業者の営業を自由化し，産業の振興をはかった。よって，エが正しい。なお，アとウは豊臣秀吉の政策。イについて，信長は室町幕府をほろぼしたが，征夷大将軍にはなっていない。

3　日本の政治についての問題

1　**あ～う**　日本では，法律をつくる立法権は国会が，法律にもとづいて実際に政治を行う行政権は内閣が，法律にもとづいて裁判を行う司法権は裁判所が受け持っている。これを三権分立といい，国民の自由や権利を守るため，相互に抑制(よくせい)して行き過ぎのないようにおさえ合うしくみをとっている。

2　ア　日本国憲法第14条は「すべて国民は，法の下(もと)に平等であって，人種，信条，性別，社会的身分又(また)は門地(もんち)により，政治的，経済的又は社会的関係において，差別されない」と規定しているので，正しい。　イ　裁判を受ける権利は第32条で保障されているので，正しい。　ウ「健康で文化的な最低限度の生活を営む権利」は生存権とよばれ，第25条で保障されている。なお，「環境権」は良好な環境で生活を営む権利で，知る権利（情報の公開を求める権利）やプライバシーの権利，自己決定権などとともに，日本国憲法には明記されていないが，「新しい人権」として主張されている。　エ　国民は満14歳になると刑法で罰せられるようになる。また，選挙権の年齢は満18歳以上である。

3　日本の裁判では，審理を慎重に行うため，同一事件について３回まで審判が受けられるようになっている。これを三審制といい，第一審の判決に不服で第二審の裁判所に訴(うった)えることを控訴(こうそ)，第二審の判決に不服で第三審の裁判所に訴えることを上告という。

4　(1)　ア　文部科学大臣は国務大臣の一人で，国務大臣は内閣総理大臣に任命される。　イ　国務大臣の過半数は国会議員でなければならない。　ウ　宮内庁は皇室を担当する機関で，内閣府の下に設置されている。　エ　国の支出（歳出）において，最も大きな割合を占めるのは社会保障関係費で，教育関係の支出の割合は小さい。　(2)　内閣総理大臣が主宰(しゅさい)し，すべての国務大臣が出席して開かれる会議を閣議といい，内閣の基本方針などが決定される。閣議は原則として非公開で行われ，その決定は全員一致により行われる。

5　非核三原則は，世界で唯一の被爆国である日本が掲(かか)げる核兵器に対する基本方針で，「核兵器をもたない，つくらない，もちこませない」としている。よって，イがあてはまらない。

6　ア　法律は衆参両議院で可決して成立するので，誤っている。　イ　法律案はまず専門の委員会で審議され，本会議で可決するので，誤っている。　ウ　法律案は内閣と国会議員が国会に提出するので，正しい。　エ　国会で成立した法律案は天皇が公布するので，正しい。

7　(1)　日本国憲法で明記されている国民の義務は，子どもに普通教育を受けさせる義務（第26条），勤労の義務（第27条），納税の義務（第30条）の３つである。　A　選挙は，国民の義務ではなく権利である。　B　子どもに普通教育を受けさせる義務があるのは，子どもの保護者である。
(2)　ア　税金には，国に納める国税と地方公共団体に納める地方税があり，地方税には道府県税（および都税）と市町村税（および特別区税）がある。　イ　市区町村の予算は，市区町村議会で決められる。　ウ　災害の復興にかかわる費用は，おもに税金でまかなわれる。　エ　選挙にかかわる費用には，税金が使われている。

理科　＜４教科入試＞（40分）＜満点：100点＞

解答

1　(1)　**あ**　えら　**い**　肺　**う**　ろっ骨　**え**　横かくまく　**お**　気管　**か**　気管支

き 肺ほう　(2) ① 312mL　② 20mL　③ 177.6mL　④ 10倍　(3) ① (例) 子のときはえら，親になると肺と皮ふで呼吸する。　② (例) 子のときは水中で生活し，親になると陸上で生活するから。　(4) **く** 赤血球　**け** 白血球　**こ** 血小板　(5) **A** 心臓　**B** 右心房　**E** 左心室　(6) ① ア　② キ　③ **さ** じゅう毛　**し** グリコーゲン　**a** エ　**b** オ　**2** (1) 水素　(2) ウ　(3) ① $375cm^3$　② $1500cm^3$　③ $3000cm^3$　(4) 1.5倍　(5) 青色　(6) 黄色／**水溶液**…イ，エ　(7) 黄色／**気体**…二酸化炭素　(8) ① 中和　② 食塩　③ $240cm^3$　④ $75cm^3$　**3** (1) ① ウ　② ア　③ エ　(2) ① せん状地　② 三角州　③ V字谷　(3) ア　(4) **A** ア　**B** ク　(5) **a** C　**b** B　(6) ① 0.015 t　② 3208500 t　**4** (1) ① イ　② ウ　③ イ　④ イ　⑤ ア　⑥ イ　(2) **C** 60mA　**D** 120mA　**H** 80mA　(3) 120mA　(4) M　(5) Y　(6) **b** ア　**c** ウ　**d** ア　(7) 右の図Ⅰ　(8) 右の図Ⅱ　(9) ① イ　② ケ　③ オ　④ エ　⑤ ソ

図Ⅰ　図Ⅱ

解説

1 呼吸と血液の循環についての問題

(1) **あ** 水中で生活する魚類の呼吸はえらで行われている。　**い** は虫類や鳥類，ほ乳類の呼吸は肺で行われている。　**う，え** ヒトの呼吸では，息を吸うときには，ろっ骨の間の筋肉が縮んでろっ骨が引き上げられ，横かく膜という膜状の筋肉が縮んで下がる。これにより，胸が広がって肺がふくらみ，肺の中に空気が入ってくる。　**お，か** 鼻や口から吸われた空気は，気管を通り，２本に分かれた気管支を通って左右の肺に入る。　**き** 気管支の先は，小さなふくろのようになっている肺胞につながっている。肺胞の数は約３億個あり，表面積を大きくして，気体の交換を効率よく行っている。

(2) ① 安静時に１回の吸う息に含まれるちっ素の量は，400×0.78＝312(mL)である。　② 安静時に１回の呼吸で体内に取り入れる酸素の量は，空気の，21－16＝５(％)，つまり，400×0.05＝20(mL)となる。　③ 安静時に１回の呼吸で血液中から肺を通して体外に排出する二酸化炭素の量は，400×(0.03－0.0004)＝11.84(mL)で，安静時の１分間の呼吸の回数は15回なので，安静時に１分間の呼吸で体外に排出する二酸化炭素の量は，11.84×15＝177.6(mL)と求められる。　④ １分間の呼吸で肺に出入りする空気の量は，運動時が(1500×40)mL，安静時が(400×15)mLである。また，運動時も安静時も，１回の呼吸で体内に取り入れる酸素の割合は空気の５％で等しい。したがって，運動時に１分間の呼吸で体内に取り入れる酸素の量は，安静時の，(1500×40)÷(400×15)＝10(倍)とわかる。

(3) 両生類は，水中で生活する子のときはえらで呼吸し，陸上で生活する親のときは肺と皮ふで呼吸する。

(4) ヒトの血液は固体成分と液体成分からできており，固体成分には赤血球，白血球，血小板が，液体成分には血しょうがある。赤血球は，両面の中央がくぼんだ円板の形をしていて，ヘモグロビンという赤い色素を含んでおり，酸素を運んでいる。白血球は体内に細菌が侵入したときに，細

菌をつつみこんで殺すはたらきをしている。血小板は，けがで出血したときに血液を固まらせるはたらきをしている。血しょうは，少し黄色がかった透明な液体で，小腸で吸収した栄養分や，からだの各部で出た二酸化炭素などの不要物を運ぶはたらきをしている。

⑸　図１のＡは心臓で，体中に血液を送るポンプの役割をしている。全身から大静脈を通って心臓にもどってきた血液は，右心房（Ｂ）→右心室（Ｃ）→肺動脈（コ）→肺（い）の順に流れる。そして，肺で二酸化炭素を捨てて酸素を取り入れた血液は，肺静脈（ア）→左心房（Ｄ）→左心室（Ｅ）→大動脈の順に流れて全身に送り出される。

⑹　①　酸素を最も多く含む血液が流れているのは，肺で酸素を取り入れたばかりの血液が流れている肺静脈である。　②　血液からにょう素などをこし取ってにょうをつくるのは腎臓なので，にょう素が一番少ない血液が流れている血管はキとなる。　③　さ　小腸の壁には細かいひだがたくさんあり，ひだの表面にはたくさんの柔毛があって，そこで栄養分を吸収している。　し　肝臓は，小腸で吸収されたブドウ糖をグリコーゲンという物質に変えてたくわえるはたらきを持つ。グリコーゲンはデンプンに似た物質で，必要に応じてブドウ糖に分解され，体内に放出される。

ａ　満腹時に栄養分を一番多く含む血液が流れる血管は，小腸で栄養分を吸収した血液が流れているエである。　ｂ　空腹時には，血液中のブドウ糖が減り，肝臓にたくわえられているグリコーゲンがブドウ糖となって血液中に放出されるので，栄養分を一番多く含む血液が流れる血管はオとなる。

2 塩酸とマグネシウムの反応，水溶液の性質についての問題

⑴　うすい塩酸にマグネシウムを入れると，マグネシウムが溶けて水素が発生する。

⑵　水素はすべての気体の中で最も軽い気体であり，無色無臭で水に溶けにくく，石灰水に通しても反応は起こらない。また，水素は非常に燃えやすく，試験管に集めて空気中で火を近づけると，ポンと音を立てて燃え，試験管の内側に細かな水滴がついてくもる。

⑶　①　表１で，マグネシウムの重さが0.2～0.8ｇの範囲では気体の体積が，500－250＝250（cm^3）ずつ増えているが，1.0ｇのときには増えていない。よって，うすい塩酸Ａ100cm^3とマグネシウム0.8ｇが過不足なく反応して気体（水素）が1000cm^3発生するので，うすい塩酸Ａ100cm^3にマグネシウム0.3ｇを入れると，マグネシウムがすべて反応して気体が，$1000\times\frac{0.3}{0.8}=375$（$cm^3$）発生し，うすい塩酸Ａが残る。　②　マグネシウム1.2ｇと過不足なく反応するうすい塩酸Ａの量は，$100\times\frac{1.2}{0.8}=150$（$cm^3$）である。したがって，うすい塩酸Ａ200$cm^3$にマグネシウム1.2ｇを入れると，マグネシウムがすべて反応して気体が，$1000\times\frac{1.2}{0.8}=1500$（$cm^3$）発生し，うすい塩酸Ａが残る。　③　うすい塩酸Ａ300cm^3と過不足なく反応するマグネシウムの量は，$0.8\times\frac{300}{100}=2.4$（ｇ）である。よって，うすい塩酸Ａ300$cm^3$にマグネシウム3.2ｇを入れると，うすい塩酸Ａがすべて反応して気体が，$1000\times\frac{300}{100}=3000$（$cm^3$）発生し，マグネシウムが残る。

⑷　うすい塩酸Ａ，Ｂ100cm^3はそれぞれマグネシウム0.8ｇ，1.2ｇと過不足なく反応するので，うすい塩酸Ｂの濃さはうすい塩酸Ａの，1.2÷0.8＝1.5（倍）とわかる。

⑸　BTB溶液は，酸性で黄色，中性で緑色，アルカリ性で青色を示す。

⑹　塩酸は酸性の水溶液なので，うすい塩酸ＡにBTB溶液を加えると黄色になる。また，うすい塩酸Ａと同じ酸性の水溶液は，レモン果汁とお酢が選べる。なお，アンモニア水はアルカリ性，砂

糖水は中性の水溶液である。

⑺　水は本来中性だが，BTB溶液を加えて長い時間放置すると，空気中の二酸化炭素が溶け込んで弱い炭酸水となり酸性を示すため，黄色に変化する。

⑻　①，②　酸性の水溶液であるうすい塩酸と，アルカリ性の水溶液であるうすい水酸化ナトリウム水溶液を混ぜあわせると，互いの性質を打ち消しあう中和反応が起こり，食塩と水ができる。この水溶液を加熱して水を蒸発させせると，固体の食塩が残る。　③　図１より，うすい塩酸A 10cm³とうすい水酸化ナトリウム水溶液C 15cm³が過不足なく反応することがわかる。したがって，うすい塩酸A 160cm³を中性にするには，うすい水酸化ナトリウム水溶液Cが，$160\times\frac{15}{10}=240$(cm³)必要である。　④　うすい塩酸E 100cm³にはうすい塩酸Aが，$100\times\frac{1}{2}=50$(cm³)含まれている。よって，うすい塩酸E 100cm³を中性にするには，うすい水酸化ナトリウム水溶液Cが，$50\times\frac{15}{10}=75$(cm³)必要である。

3　川の流れと地形についての問題

⑴　①　山地では川の傾きが大きいが，山地が終わるところではその傾きが小さくなるので，ウが選べる。　②「河口に近く」と述べられているので，アである。　③　水の流れが速いところは川の傾きの大きいところなので，エとなる。

⑵　①　川や海などの流れる水のはたらきには，ものをけずる侵食作用，けずったものを運ぶ運搬作用，運んできたものを積もらせる堆積作用がある。谷の出口では，川が山地から急に平地へ出ることで侵食作用と運搬作用が小さくなり，堆積作用が大きくなる。そのため，このようなところでは，粒の大きい土砂(小石や砂など)が堆積し，扇を広げたような地形ができることが多い。これを扇状地という。　②　河口付近では川の流れがかなりおそくなって，粒の細かい土砂が堆積するようになり，川のまん中に島のような地形ができることがある。それが三角形に近い形になることから，この地形は三角州と呼ばれる。　③　川の上流付近では，斜面が急なので，流れる水の勢いが強く，侵食作用と運搬作用により川底がどんどんけずられ，断面がV字形の深い渓谷ができやすい。これをV字谷という。

⑶　図２を見ると，100mごとに等高線が引かれていることがわかる。また，M湖に向かって等高線にかかれた数値が小さくなっており，400mの等高線の次の300mの等高線よりやや低いところにM湖があるので，その標高はアの290mと考えられる。

⑷　河川Aは，西側の方が標高が高いので，西からM湖に流れ込んでいる。また，河川Bは，南東側の方が標高が低いので，M湖から南東に流れ出ている。

⑸「水は，標高が高い場所から低い場所へと移動し，水の流れは等高線と垂直であると考えられます」と述べられているので，地点aで降った雨水はおおむね東に流れて河川Cに合流し，地点bでの雨水はおおむね東に流れて河川Bに合流する。

⑹　①　100mmの雨で１m²あたり0.1 tの水がたまるので，15mmの雨が降ったときには，１m²あたり，$0.1\times\frac{15}{100}=0.015$(t)の水がたまる。　②　①より，15mmの雨が降ったときには１m²あたり0.015 tの水がたまるので，流域全体に15mmの雨が降ったときにM湖に流入する水の重さは理論上，0.015×213900000＝3208500(t)と求められる。

4　回路を流れる電流，電流による磁力についての問題

⑴　①　図２の回路では，豆電球Ｂと豆電球Ｃが直列つなぎになっているので，回路全体の電気抵抗(電流の流れにくさ)は図１の回路の２倍である。したがって，豆電球Ｂと豆電球Ｃに流れる電流は，120÷２＝60(mA)となるので，豆電球Ｂは豆電球Ａより暗い。　②　図３の回路では，豆電球Ｄと豆電球Ｅが並列つなぎになっているので，豆電球Ｄと豆電球Ｅに流れる電流はそれぞれ120mAとなり，豆電球Ｄと豆電球Ｅは豆電球Ａと同じ明るさである。　③　①，②より，豆電球Ｃは豆電球Ｅより暗い。　④　図４の回路では，豆電球Ｆと豆電球Ｇが並列つなぎになっている部分の電気抵抗は豆電球0.5個分になるので，豆電球Ｈに流れる電流は，120÷(１＋0.5)＝80(mA)となり，豆電球Ｆと豆電球Ｇに流れる電流はどちらも，80÷２＝40(mA)となる。よって，豆電球Ｆは豆電球Ｈより暗い。　⑤，⑥　図４の回路で，豆電球Ｇをゆるめて消すと，豆電球Ｇには電流が流れなくなり，図２の回路と同じように，豆電球Ｆと豆電球Ｈが直列つなぎになっている回路になる。つまり，豆電球Ｇをゆるめて消した瞬間に，豆電球Ｆと豆電球Ｈに流れる電流はどちらも60mAとなるので，豆電球Ｆは明るくなり，豆電球Ｈは暗くなる。

⑵　⑴で述べたように，豆電球Ｃには60mA，豆電球Ｄには120mA，豆電球Ｈには80mAの電流が流れる。

⑶　図５の回路では，豆電球Ｉと並列に導線がつながれており，ほとんどの電流はこの導線を流れる。したがって，図５の回路は図１の回路と同じ回路と考えることができるので，豆電球Ｊに流れる電流は120mAとなる。

⑷　図６の回路では，豆電球Ｍと並列に導線がつながれており，ほとんどの電流はこの導線を流れるので，豆電球Ｍはつかない。

⑸　電流が流れている導線のまわりには磁界が生じ，生じる磁界の向きは，右の図のような右ねじの法則によって知ることができる。図７で，導線の下に置いた方位磁針ａのＮ極がウのように右に振れたので，方位磁針ａの上にある導線には，北から南の向きに電流が流れている。よって，乾電池の＋極はＹとなる。

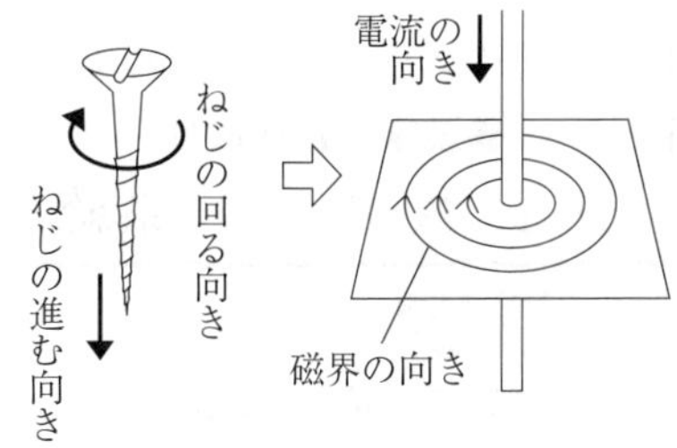

電流の向きを右ねじの進む向きに合わせると，右ねじを回す向きが磁界の向きになる

⑹　**方位磁針ｂ**…電流は方位磁針ｂの下を東から西の向きに流れ，方位磁針ｂの付近の磁界は南から北の向きになるので，方位磁針の向きは変わらず，アとなる。　**方位磁針ｃ**…電流は方位磁針ｃの下を南から北の向きに流れ，方位磁針ｃの付近の磁界は西から東の向きになるので，ウのように針が振れる。　**方位磁針ｄ**…方位磁針ｄの下には，南から北の向きに電流が流れている導線と，北から南の向きに電流が流れている導線があるので，発生する磁界が打ち消し合い，方位磁針ｄの向きは変わらない。よって，アとなる。

⑺　乾電池を２個直列つなぎにしたので，回路を流れる電流の大きさは２倍になり，発生する磁力も大きくなる。よって，方位磁針ａのＮ極は，ウよりさらに東の方向に振れる。ただし，地球による磁力があるので，真東よりは少し北寄りになる。

⑻　乾電池を２個並列つなぎにしても，回路を流れる電流の大きさは変わらないので，発生する磁力の大きさも変わらない。よって，方位磁針ａはウと同じ振れ方をする。

⑼　①　電流を流した導線のまわりには，磁界ができる。磁界の向きを線で表したものを磁力線と

いい，Ｎ極から出てＳ極に入る線になる。　②～④　磁石のＮ極とＳ極は引きつけ合い，Ｎ極どうし，Ｓ極どうしはしりぞけ合う。方位磁針のＮ極の針がいつも北を指すのは，地球が北極付近にＳ極，南極付近にＮ極を持つ１つの大きな磁石のようになっていると考えられるからである。
⑤　図７の回路を，地球による磁力線の影響(えいきょう)をまったく受けないところに持っていき，スイッチを入れて同じように実験をすると，近くの導線を流れる電流によって発生する磁界が打ち消し合う方位磁針ｄ以外の方位磁針ａ，方位磁針ｂ，方位磁針ｃの針は，導線と垂直になる。

国　語　＜４教科入試＞（45分）＜満点：100点＞

解　答

一　①～⑤　下記を参照のこと。　⑥　ていちょう　⑦　けいだい　⑧　つど　⑨　しゃそう　⑩　こ　二　**問１**　①　ア　②　ウ　**問２**　①　エ　②　ウ　三　**問１**　負担　**問２**　２　イ　３　ア　四　**問１**　たかね(の花)　**問２**　⑴　エ　⑵　(例)　見本という紙を貼って気にせずに自由にその図鑑を読んでいいと言ってくれたその女性店員のやさしさに感謝し，感動した気持ち。　**問３**　ア　**問４**　Ａ　イ　Ｂ　ウ　Ｃ　イ　**問５**　(例)　子供時代に書店でその本に出会い，中学を卒業するまで行く度に見本を読み，二十歳になりまだその本があったことに驚き感動した。　**問６**　ア　五　**問１**　Ａ　オ　Ｂ　イ　**問２**　主体的で創造的な生活へと転換するきっかけ　**問３**　ウ　**問４**　Ｃ　イ　Ｄ　ア　**問５**　(例)　まず自己開示をしてホンネをさらけだし，そして相手に期待するだけではなく相手の気持ちを受け止めて気持ちの触れ合いを持ち，親密な絆をつくること。

●漢字の書き取り

一　①　枚挙　②　系統　③　清潔　④　討論　⑤　補(う)

解　説

一　漢字の書き取りと読み

①　“一つひとつ数え上げる”という意味。　②　一定の順序を追って，または一定の原理によって並んでいること。「系統立てる」は，“順序をきちんと組み立てる”という意味。　③　よごれておらずきれいなこと。　④　たがいに意見をたたかわすこと。　⑤　音読みは「ホ」で，「補足」などの熟語がある。　⑥　ていねいで注意がいきとどいているようす。　⑦　神社や寺院の敷地(しきち)内。　⑧　そのたびごと。毎回。　⑨　列車や自動車などの窓。　⑩　音読みは「フン」で，「花粉」などの熟語がある。訓読みにはほかに「こな」がある。「身を粉にする」は，苦労を嫌(いや)がらずに働くようす。

二　言葉の知識

問１　①　具体的な物質や物体を表すときには漢字の「物」を用い，そうでないときにはひらがなの「もの」を用いる。よって，アは「物」ではなく「もの」とするのが正しい。　②　“視覚によってものごとの存在や状態をとらえる”という意味を表すときには漢字の「見る」を用い，「て」「で」を添(そ)えた形で“ある動作を試みる”という意味を表すときにはひらがなの「みる」を用いる。したがって，ウは「見」ではなく「み」とするのが正しい。

問２　①「ささやかな幸せ」で，“個人的で小さな幸せ”という意味になる。　②「すこやかな成長」で，“健康的な成長”という意味になる。　なお，アは“いたいけな子”(幼くていじらしい子)，イは“うららかな春の一日”(日ざしがやわらかでおだやかな天気の春の一日)，オは“たからかに笑う”(高い声で心地よく笑う)，カは“なごやかな人がら”(おだやかな人がら)，キは“まろやかな味”(やわらかくておだやかな味)のように用いる。

三　出典は犬塚美輪（いぬづかみわ）の『生きる力を身につける　14歳（さい）からの読解力教室』による。赤ちゃんの体調が悪かった時の対応について説明している。

問１　最初の三文に，「夜，赤ちゃんが嘔吐（おうと）してしまった場合」に「寒い中病院に行くことがかえって赤ちゃんの負担になってしまうことも考えられます」とあるので，「負担」がぬき出せる。

問２　嘔吐した赤ちゃんが，「ぐったりしていて」，「特に熱が高いときはできるだけ早く受診する方がよい」のだから，「病院へ」という結論につながっている空欄（くうらん）２には「ぐったり」が入る。すると，空欄３は「元気」となる。

四　出典は野村美月（のむらみづき）の『むすぶと本。「さいごの本やさん」の長い長い終わり』による。幸本（こうもと）書店が閉店すると聞いて店を訪（おとず）れた道二郎（みちじろう）は，店員を相手に書店にまつわる思い出話を語る。

問１　「たかね(高嶺)の花」は，“遠くからただ眺（なが）めるばかりで，手に入れることはできないもの”という意味。「高嶺」は，高い峰（みね）。

問２　⑴　『ほろびた生き物たちの図鑑（ずかん）』が一番上の棚（たな）に移動されていたのを見て「道二郎はさらに絶望」したのだから，「絶望感」とあるエが選べる。　⑵　女性店員は，高価な図鑑に「見本」と書いた紙を貼（は）って，「これは試し読み用だから，好きなだけ読んでくれてもいい」と言っている。道二郎は，図鑑を買うことができない自分に対する女性店員の思いやりをありがたく思い，心を打たれて「もっと泣きそうになった」のだと考えられる。

問３　少し前に，「戦時中，あらゆる娯楽（ごらく）が禁じられ，本を読むこともできなかった」，「平和になったら書店を開くと決めた」とあるので，「戦時中，本を読みたくても読めなかったため平和な時代がきたら本屋を開こうと決心し」とあるアがふさわしい。

問４　**A～C**　「夢も希望も全部打ち砕（くだ）かれてね……」以降は，「就職のため十五歳で上京した」道二郎が「五年目に体を壊（こわ）し，会社を解雇（かいこ）された」後の思い出の話，つまり，二十歳（はたち）の道二郎の思い出の話である。波線部Ａ，Ｃは当時の道二郎の動作で，波線部Ｂは当時の思い出によって感情を刺激（しげき）されている現在の道二郎の動作である。

問５　道二郎が「子供時代」に「『ほろびた生き物たちの図鑑』に出会った」こと，「中学を卒業するまでは～『ほろびた生き物たちの図鑑』を手にとって，ページをめくっていた」こと，二十歳の道二郎が故郷に戻（もど）り，久しぶりに訪れた幸本書店で「私にとって宝物だった図鑑が，そこにまだあったことに～震（ふる）え」たことなどのいきさつをまとめる。

問６　本文ではほとんどの部分で，道二郎の思い出と心情が，道二郎の視点から描（えが）かれている。よって，「客観的な描写（びょうしゃ）で」とあるアがふさわしくない。

五　出典は榎本博明（えのもとひろあき）の『「さみしさ」の力　孤独（こどく）と自立の心理学』による。あえて退屈（たいくつ）な時間を持つことの必要性を指摘（してき）し，そのためには一人で自立して活動できるようになる必要があると主張している。

問１　**A**　直前の一文の「外的刺激」の例として，続く部分で「読書」が示されているので，具体的な例をあげるときに用いる「たとえば」がよい。　**B**　「スマートフォンやパソコンを媒介とした接続を遮断されると～退屈でたまらなくなる」が，「あえて退屈な時間をもつことも必要なのではないか」と述べる文脈なので，前後で反対の内容を述べるさいに用いる「だが」が入る。

問２　「退屈な時間をもつこと」によって得られることについては，続く部分で，「主体的で創造的な生活へと転換するきっかけを与えてくれる」と説明されている。

問３　筆者が「外的刺激に反応するだけの受け身の生活」と「主体的で創造的な生活」を対照的なものとして説明し，前者よりも後者を読者に勧めていることに注意する。「一人でいられないこと」は前者にあたるので，ウが選べる。なお，ウ以外はいずれも後者の例である。

問４　**C**　二つ前の一文に「たいていは好意的反応が返ってくる」とあるので，「好意的」と反対の意味を持つ「否定的」を入れて，「万一，否定的な反応が返ってきたら」とするのがふさわしい。

D　直前に「受け身で期待しているだけでは築くことができない」とあるので，「受け身」の反対語の「能動的」を入れて，「能動的な心の構えが必要だ」とするのが合う。

問５　「自立への歩み」には，直前の一文にある「親密な絆」が必要であり，「そのような親密な関係を築くには，自己開示する勇気，ホンネをさらけ出す勇気が求められる」。また，その際には「相手に期待するだけでなく，相手の気持ちを受け止めることができるようにする」必要もあるといえる。

2021年度　湘南白百合学園中学校

〔電　話〕　(0466) 27－６２１１
〔所在地〕　〒251－0034　神奈川県藤沢市片瀬目白山４－１
〔交　通〕　小田急線 ―「片瀬江ノ島駅」より徒歩18分
江ノ島電鉄 ―「江ノ島駅」より徒歩15分

【算　数】〈算数１教科入試〉（60分）〈満点：100点〉

〈編集部注：実物の入試問題では，**2**，**3**の図はカラー印刷です。〉

1　次の□の中にあてはまる数を求めなさい。

（１）$3+25\times19.5\div\frac{65}{72}=\square$

（２）$13\frac{2}{7}-\left(2.8+1\frac{1}{3}\div\frac{16}{39}\right)\div2.31=\square$

（３）$\left(\frac{4}{15}+0.4\right)\div\left\{\left(4\frac{1}{2}+\square\right)\div0.75-2\frac{1}{3}\right\}=\frac{1}{7}$

（４）長さ８cmのリボンが25枚あります。それぞれのリボンに同じ長さで、のりしろを□cmにしてつなげると、全体の長さは164 cmになります。

（５）10％の食塩水200 gがあります。ここから20 g捨て、代わりに20 gの水を入れて混ぜます。この操作を１回行うと食塩水の濃度は［①］％になり、さらにもう一度この操作を行うと食塩水の濃度は［②］％になります。

（６）１から９までの数字の書かれたカードが１枚ずつ９枚あります。この中から２枚のカードを選びます。カードの数の積が８の倍数になる場合は□通りあります。ただし、カードを取り出す順番は考えないものとします。

（７）赤玉と白玉が合わせて 24 個あります。赤玉にはすべて 3 という数字が書いてあり、白玉にはすべて 5 という数字が書いてあります。玉に書いてある数字の合計が 94 のとき、白玉の個数は[　　]個です。

（８）ある数を 62 で割るのに、まちがえて 26 で割ってしまい、商が 77 、余りが 18 となりました。この割り算の正しい答えは、商が[①]、余りが[②]です。

（９）AさんとBさんの持っているお金の比は 2 : 3 です。BさんがAさんに 30 円渡したとき、AさんとBさんの持っているお金の比は 3 : 4 となりました。AさんとBさんが最初に持っていたお金は、Aさんは[①]円、Bさんは[②]円です。

（１０）6 で割って 1 余る数の和 $1+7+13+19+\cdots\cdots+115$ を 12 で割ったときの余りは[　　]です。

（１１）分速 20 m で歩く桜さんと、分速 45 m で歩く百合さんが、下の図のような歩道で AC 間を往復します。桜さんは A 地点を出発して AC 間を往復し、百合さんは A 地点から 100 m離れた B 地点を出発して C 地点に向かい、その後は AC 間を往復します。

2 人が同時に出発して 18 分後に 2 人が出会ったとき、AC 間の距離は[①] m であり、百合さんが桜さんを追い越すのは出発してから[②]分[③]秒後です。

A　B　　　　　　C

（１２）本日 2021 年 2 月 1 日は、月曜日です。

このとき、来年の 2022 年 4 月の最後の月曜日は、4 月 ☐ 日になります。

ただし、2021 年と 2022 年はともにうるう年ではありません。

（１３）下の図のように正方形と、正方形の一辺を直径または半径とする円の一部を組み合わせた図形があります。このとき斜線部分の面積は、正方形の面積の ☐ 倍となります。ただし、円周率は 3.14 とします。

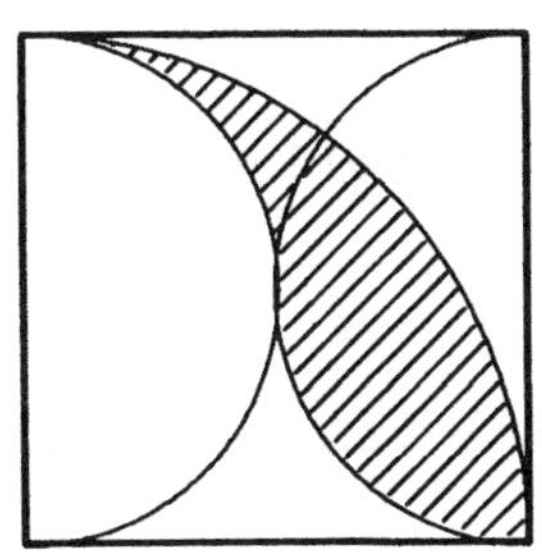

（１４）下の図のような円すいの容器に 375 cm^3 の水を入れたところ、水面の高さは 10 cm になりました。水面をさらに 2 cm 高くするには、☐ cm^3 の水を加えればよいです。

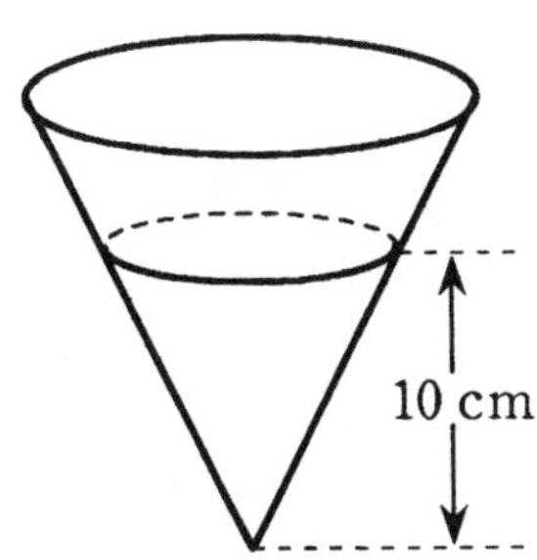

2 Aさんと B くんがサッカーボールを厚紙で作ろうと次のように会話をしています。

□にあてはまる数字または言葉を書きなさい。ただし、同じ番号には同じものが入るものとします。

A：下の図1のように厚紙に、正三角形を20個つなげた展開図があるね。

B：組立ててみよう。正三角形の2つの辺をつなげると立体の一辺ができるね。

A：その立体のとがっている頂点は、正三角形の頂点が［①］個集まって1つの頂点になっているね。

B：そうすると、正三角形が20枚で作られる正二十面体という立体（図2）ができるんだ。

A：この立体をどうすればサッカーボールになるんだろう？

B：この正二十面体の1つの頂点を頂点から測って、正三角形の1辺の$\frac{1}{3}$の長さのところで図3のように切ってみよう。そうすると切り口の形は［②］だね。

この図2の立体のすべての頂点で、同じように切ってみると、もとの正三角形だった面の形は［③］になるね。

この［②］の切り口に黒い［②］をあてはめるとサッカーボールができるよね。

A：わあ。このサッカーボールは白い面が［④］枚、黒い面が［⑤］枚になるんだね。

図1

図 2

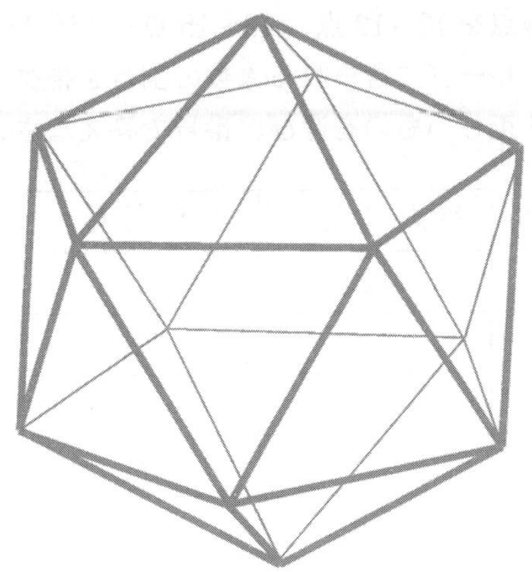

図 3

3 A組には 30 人の生徒がいます。１回目のテストの得点が次のページの表のようになりました。次の問いに答えなさい。

（1） 1回目のテストが 16 点の生徒の人数を答えなさい。

（2） 1回目のテストの平均点を答えなさい。

（3） 2回目の点数が、３点上がった人が７人、２点上がった人が４人、１点上がった人が４人いました。２回目のテストの平均点を答えなさい。

（４）１回目のテストの得点を10～12 点、13～15 点、16～18 点、19～20 点のグループに分けました。各グループに含まれる人数の割合を帯グラフにしたとき、下の①～③の中から正しいものを選び、番号で答えなさい。

得点（点）	人数（人）
10	1
11	2
12	2
13	4
14	3
15	6
16	
17	2
18	1
19	2
20	2

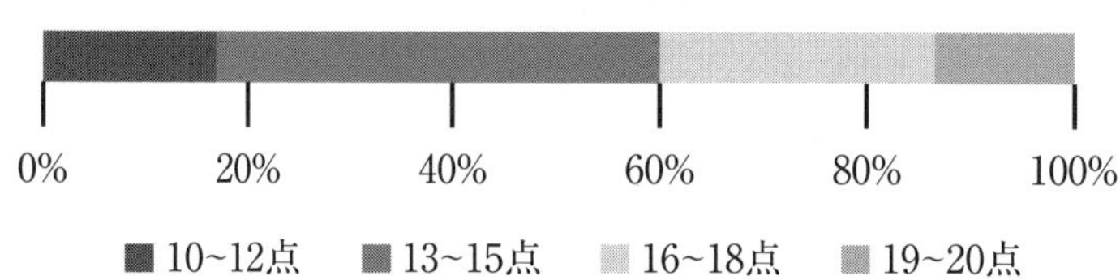

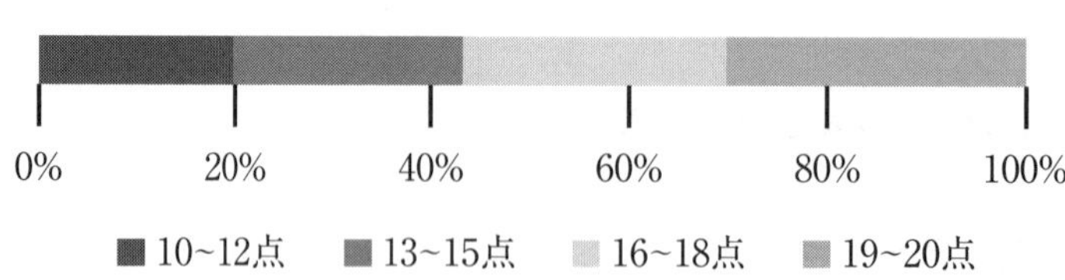

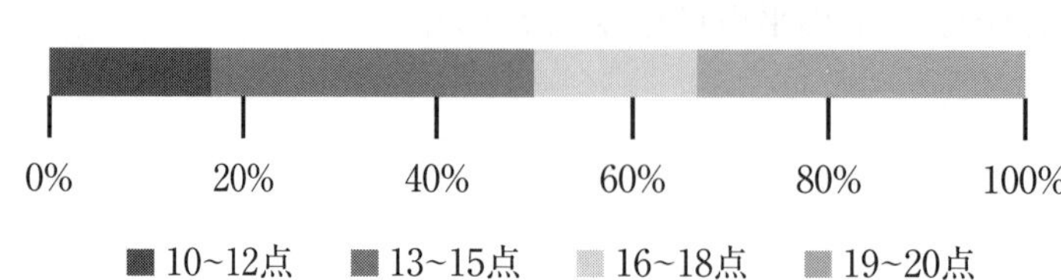

4 次の表は、AさんからEさんまでの5人が持っているあめ玉の数です。

A	B	C	D	E
15	17	18	19	21

（１）Fさんが３個のあめ玉をこの５人の誰か１人にすべてあげたところ、５人の中で３番目に多くあめ玉を持っている人のあめ玉の数が19個となりました。Fさんがあげた人はA～Eさんの誰が考えられますか。考え方が分かるように、すべて求めなさい。ただし、下の表のようなときは、３番目18個、４番目18個、５番目17個と数えます。

A	B	C	D	E
18	17	18	19	21

（２）Fさんが３個のあめ玉を残すことなく、この５人に好きなように配ったところ、５人の中で３番目に多くあめ玉を持っている人のあめ玉の数は19個となりました。このとき、Fさんが配った方法は 何通りありますか。考え方が分かるように書きなさい。ただし、同じ個数の場合は（１）のように数え、同じ人に２個以上あげてもよいものとします。

2021年度

湘南白百合学園中学校　▶解　答

※　編集上の都合により，算数１教科入試の解説は省略させていただきました。

算　数　＜算数１教科入試＞（60分）＜満点：100点＞

解　答

1 (1) 543　(2) $10\frac{2}{3}$　(3) $\frac{3}{4}$　(4) 1.5　(5) ① 9　② 8.1　(6) 10　(7) 11　(8) ① 32　② 36　(9) ① 420　② 630　(10) 8　(11) ① 635　② 46　③ 48　(12) 25　(13) 0.285　(14) 273　2 ① 5　② 正五角形　③ 正六角形　④ 20　⑤ 12　3 (1) 5人　(2) 15点　(3) 16.1点　(4) ①　4 (1) Bさん，Cさん　(2) 18通り

Dr.福井の 入試に勝つ！ 脳とからだのウルトラ科学

意外！　こんなに役立つ“替え歌勉強法”

病気やケガで脳の左側（左脳）にダメージを受けると，字を読むことも書くことも，話すこともできなくなる。言葉を使うときには左脳が必要だからだ。ところが，ふしぎなことに，左脳にダメージを受けた人でも，歌を歌う（つまり言葉を使う）ことができる。それは，歌のメロディーが右脳に記憶されると同時に，歌詞も右脳に記憶されるからだ。ただし，歌詞は言葉としてではなく，音として右脳に記憶される。

そこで，右脳が左脳の10倍以上も記憶できるという特長を利用して，暗記することがらを歌にして右脳で覚える“替え歌勉強法”にトライしてみよう！

歌のメロディーには，自分がよく知っている曲を選ぶとよい。キミが好きな歌手の曲でもいいし，学校で習うようなものでもいい。あとは，覚えたいことがらをメロディーに乗せて替え歌をつくり，覚えるだけだ。メロディーにあった歌詞をつくるのは少し面倒かもしれないが，つくる楽しみもあって，スムーズに暗記できるはずだ。

替え歌をICレコーダーなどに録音し，それを何度もくり返し聞くようにすると，さらに効果的に覚えることができる。

音楽が苦手だったりして替え歌がうまくつくれない人は，かわりに俳句（川柳）をつくってみよう。五七五のリズムに乗って覚えてしまうわけだ。たとえば，「サソリ君，一番まっ赤は，あんたです」（さそり座の１等星アンタレスは赤色――イメージとしては，運動会の競走でまっ赤な顔をして走ったサソリ君が一番でゴールした場面）というように。

Dr.福井（福井一成（ふくいかずしげ））…医学博士。開成中・高から東大・文Ⅱに入学後，再受験して翌年東大・理Ⅲに合格。同大医学部卒。さまざまな勉強法や脳科学に関する著書多数。

Memo

2020年度　湘南白百合学園中学校

〔電　話〕 (0466) 27－６２１１
〔所在地〕 〒251-0034　神奈川県藤沢市片瀬目白山４－１
〔交　通〕 小田急線－「片瀬江ノ島駅」より徒歩18分
江ノ島電鉄－「江ノ島駅」より徒歩15分

【算　数】〈４教科入試〉 (45分) 〈満点：100点〉

1　次の□にあてはまる数や記号を入れなさい。

(1) $3\frac{2}{5}\times0.6-\left(7\frac{4}{25}-5.12\right)\times\frac{2}{3}+\frac{8}{15}=$□

(2) $\frac{17}{65}:0.5=(7-$□$):13$

(3) 2020＋2021×2022×2023×2024 を11で割ったときの余りは□です。

(4) 家から山の上の学校まで行きは毎分 50m，帰りは毎分 60m の速さで往復したところ，行きは帰りより10分長くかかりました。家から学校までの道のりは□mです。

(5) A，B，C，D，Eの５人が駅で待ち合わせをしました。駅に到(とう)着した順番について，５人は次のように話しています。

A：私の次に来たのは，Eではありません。
B：私が到着したのは，１番目でも５番目でもありません。
C：私が来たとき，もうEは来ていました。
D：私が到着したのは，３番目です。
E：私が来たとき，もうAは来ていました。

５人を到着した順番に並べると，□→□→D→□→□です。

2　パンケーキを作って売るお店を出店したいと思います。小麦粉と砂糖と卵を合わせて作ります。パンケーキ10枚を作るのには，小麦粉 500g と小麦粉の20％の重さの砂糖と卵２個を使います。次の問いに答えなさい。

(1) パンケーキ１枚を焼くのに必要な砂糖の重さは何 g ですか。

(2) このお店は１日で，30kg の小麦粉を使用してできるパンケーキを作ります。毎日，卵１個20円，砂糖は 200g で230円のものを，小麦粉は１kg 240円のものを仕入れる予定です。お店が利益を上げるには，パンケーキ１枚の価格をいくら以上に設定すればよいか答えなさい。
　ただし，パンケーキを焼く際の燃料代にはお金はかからないとします。

3 右の図のような水そうがあり，真ん中は仕切りで区切られていて，仕切りで区切られた左側のそうをＡそう，右側のそうをＢそうと呼ぶこととします。図のＡそう，Ｂそうの二か所に同時に同じ量の水を流し入れます。

また，下の図は，水を流してからの時間と水そう内の最も高い水面の高さを表したグラフを途中までかいたものです。６分後に20cm，16分後に40cmの高さになります。

次の問いに答えなさい。

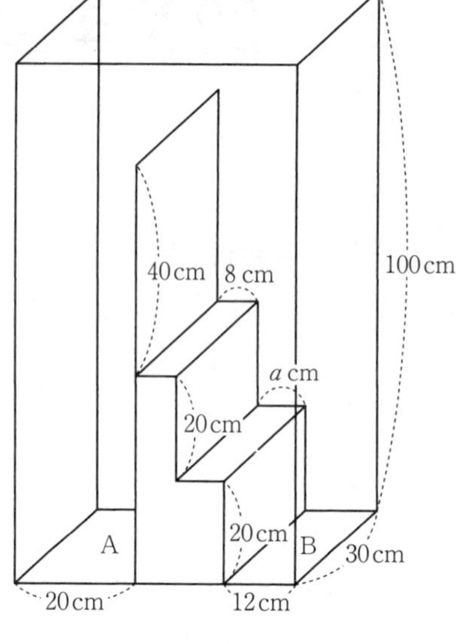

(1) Ｂそうには毎分何 cm^3 の水が流れていますか。

(2) 図の a の値を求めなさい。

(3) ＡそうとＢそうの水面の高さが最初に同じになるのは，水を入れ始めて何分後か求めなさい。

(4) 水そうの水がいっぱいになるまでのグラフを完成させなさい。

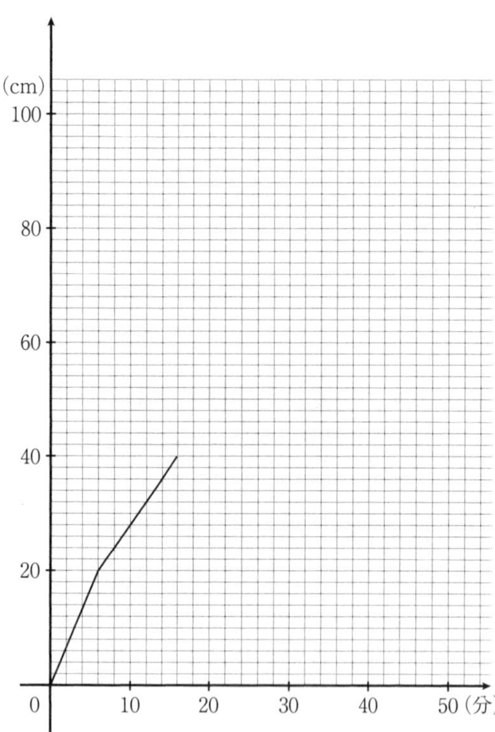

4 図１のように，円Ｏの内側に正方形ABCDがあり，２つの頂点Ａ，Ｂが円Ｏの周上にくるようにおかれています。頂点Ｂを中心として頂点Ｃが円周上にくるように正方形を矢印の方向に $x°$ だけ回転させると図２のようになります。

次に図３のように，頂点Ｃを中心として頂点Ｄが円周上にくるように正方形を矢印の方向に $x°$ だけ回転させます。

このようにして，$x°$ の回転を８回行ったところ，正方形は円の内側を１周し，最初の位置に重なりました。

円周率を3.14として，次の問いに答えなさい。

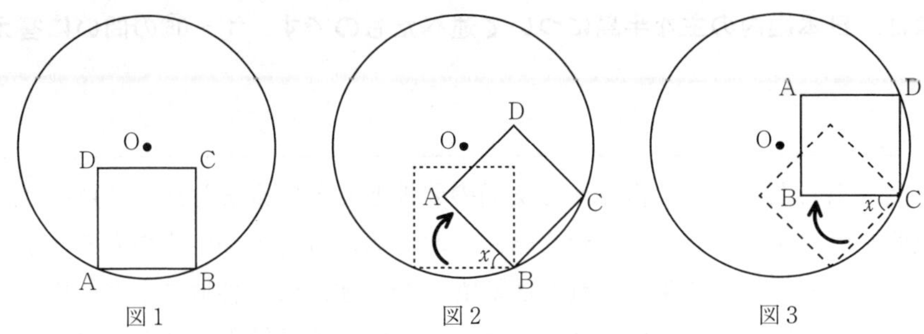

図１　　図２　　図３

⑴　角 x の大きさを求めなさい。

⑵　正方形ABCDの対角線の長さが18cm，２つの対角線の交点をＰとするとき，点Ｐが動いてできる線の長さを求めなさい。

5　１辺が８cmの立方体ABCDEFGHがあります。点Ｐと点Ｑはそれぞれ辺BF，辺CGの真ん中の点であり，点Ｒは辺ADを４等分した点で一番点Ａに近い点です。図のように，立方体を４点Ａ，Ｐ，Ｑ，Ｄを通る面で２つの部分に分け，上側の小さい方の部分には，立方体の表面に色をぬりました。

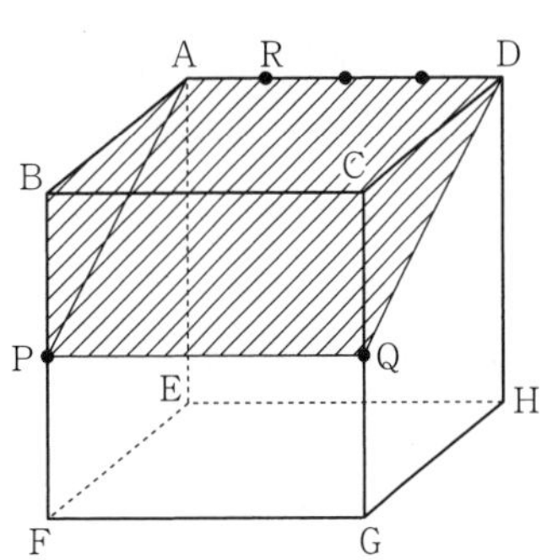

次の問いに答えなさい。

⑴　下の図はこの立方体の展開図で，色がぬられている部分の一部が斜線で示されています。

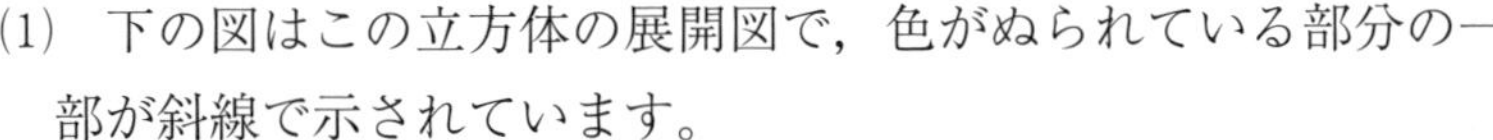

残りの色がぬられている部分を斜線で示しなさい。

展開図の中の点は，立方体のそれぞれの辺の真ん中を示しています。

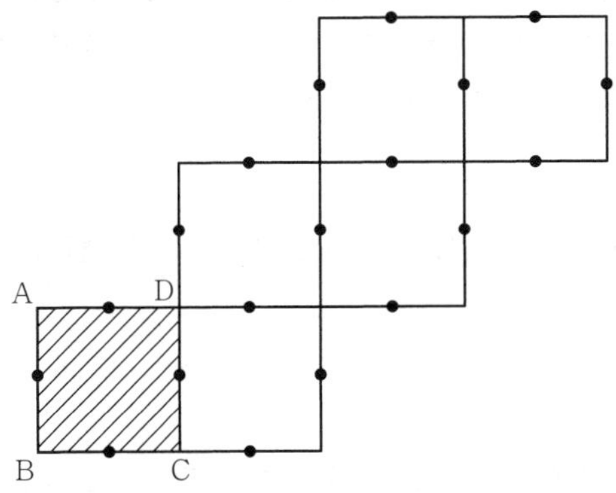

⑵　色のついた上側の小さい方の立体を切りとり，残った立体をさらに３点Ｒ，Ｑ，Ｇを通る平面で切りました。このとき，辺GHをふくむ方の立体の体積を式を書いて求めなさい。

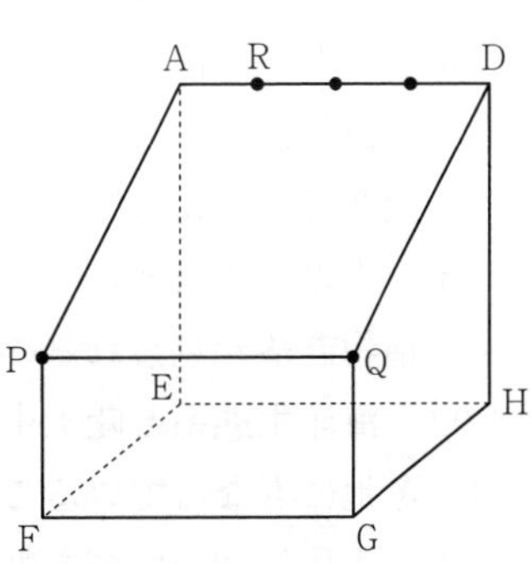

【社　会】〈４教科入試〉（40分）〈満点：100点〉

1　次のＡ～Ｆの文章は，日本国内の主な半島について述べたものです。①～⑯の問いに答えなさい。

Ａ

日本海に大きく突き出した半島で，古くから交通の要地として栄えました。江戸時代には，大阪と北海道間を商品を売り買いしながら結んだ北前船の寄港地がいくつもできました。その寄港地の一つである輪島で生産された漆器も，船で運ばれて各地に広がりました。この漆器は輪島塗といい，経済産業大臣によって指定されている伝統工芸品の一つとなっています。

① 「北前船」は風の向きと，本州に沿って北東に流れる海流を利用して航行していました。日本海を流れる暖流を何といいますか。

② 「北前船」が運んだ物資について，北海道から大阪へ運ばれた産物として最もふさわしいものを次から１つ選び，記号で答えなさい。

ア．まぐろ　　イ．にしん　　ウ．さとう
エ．鉄　　　　オ．綿

③ 経済産業大臣によって指定されている伝統工芸品のうち，「輪島塗」と同じ県内で生産されているものを次から１つ選び，記号で答えなさい。

ア．高岡銅器　　イ．南部鉄器　　ウ．備前焼
エ．西陣織　　　オ．九谷焼

Ｂ

北半球で流氷が見られる南端の場所にある半島で，オホーツク海に面する北側半分は国立公園に指定されています。半島の名の由来は先住民族の言語で「地の果て」を意味しています。2005年に周辺の海域とともに世界自然遺産に登録されました。

④ この地域の「先住民族」を何といいますか。

⑤ 「世界自然遺産」の認定を行っている国連の機関として正しいものを次から１つ選び，記号で答えなさい。

ア．FAO　　イ．WHO　　ウ．IMF
エ．UNESCO　　オ．UNIDO

⑥ この半島が「世界自然遺産」に登録されたのは，どのような点が評価されているためですか。正しいものを次から１つ選び，記号で答えなさい。

ア．樹齢1000年を超える木が美しい自然景観を生み出し，海岸線から山頂にかけて亜熱帯から亜寒帯の植物の植生が連続的に分布すること
イ．人の手がほとんど入っていない原生的なブナ林が東アジア最大級の規模で分布し，多様な植物群落が見られること
ウ．海洋生態系と陸上生態系が関係し合う独自の生態系が見られ，国際的希少種の生息地や越冬地にもなっていること
エ．山岳信仰の伝統を鼓舞し，多様な信仰の対象として崇拝されてきたこと

C

太平洋に突き出た山がちの半島で，プレートの境界付近に位置していることから，地震・火山・温泉が多い地域です。富士山や箱根，八丈島まで含めた国立公園の一部となっており，都心から近い観光地としても有名です。半島の西側に広がる駿河湾は，プレートの境界の影響で日本で一番深い湾となっており漁業が盛んです。

⑦　**【図１】**は，日本列島付近の「プレート」の位置を示しています。２つの陸のプレートが接するあたりの陸地には本州を２つに分ける大地溝帯があります。この大地溝帯を何といいますか。カタカナで答えなさい。

【図１】

陸のプレート
陸のプレート
海のプレート
海のプレート

⑧　「富士山や箱根，八丈島まで含めた国立公園」は，４つの都県にまたがっています。この４つの都県の組み合わせとして正しいものを次から１つ選び，記号で答えなさい。

ア．神奈川県・静岡県・山梨県・東京都
イ．千葉県・茨城県・東京都・埼玉県
ウ．静岡県・山梨県・長野県・東京都
エ．静岡県・神奈川県・東京都・愛知県

⑨　駿河湾にある，遠洋「漁業」の基地として知られる漁港を次から１つ選び，記号で答えなさい。

ア．境港
イ．銚子
ウ．釧路
エ．枕崎
オ．焼津

⑩　「漁業」種類別生産量の変化を示した**【図２】**のグラフのア～オのうち，遠洋漁業を示したものを１つ選び，記号で答えなさい。

【図２】

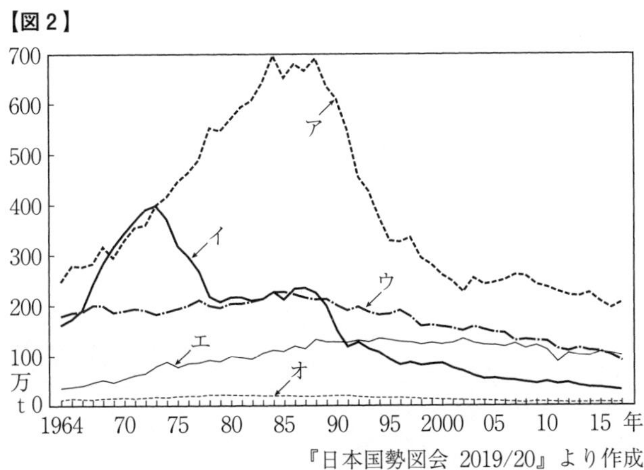

『日本国勢図会 2019/20』より作成

D

九州南部に位置する半島で，半島北西部には1914年の大爆発(ばくはつ)で陸続きとなった桜島があります。ほかの火山も多く分布しているため，白い火山灰が厚く積もった台地が形成されています。そのため稲作(いなさく)には不向きですが，畑作や畜産業(ちくさん)が盛んに行われています。

⑪ この地域に広がる，「火山灰が厚く積もった台地」を何といいますか。

⑫ 「畜産業」について，次の表は，乳用牛，肉用牛，豚(ぶた)，採卵鶏(さいらんけい)，肉用若鶏を飼育している割合の高い上位５都道府県を示したものです。表中のＸ～Ｚに適する都道府県の組み合わせとして正しいものを次から１つ選び，記号で答えなさい。

(%)

	乳用牛		肉用牛		豚		採卵鶏		肉用若鶏	
1位	X	59.6	X	20.9	Y	13.8	茨城県	7.6	Z	20.5
2位	栃木県	3.9	Y	13.1	Z	8.9	千葉県	6.8	Y	19.3
3位	熊本県	3.2	Z	9.7	X	6.8	Y	5.9	岩手県	16.2
4位	岩手県	3.2	熊本県	5.1	千葉県	6.7	岡山県	5.8	青森県	5.1
5位	群馬県	2.6	岩手県	3.6	群馬県	6.7	群馬県	5.3	X	3.6

『日本国勢図会 2019/20』より作成

ア．Ｘ：北海道　Ｙ：宮崎県　Ｚ：鹿児島県
イ．Ｘ：北海道　Ｙ：鹿児島県　Ｚ：宮崎県
ウ．Ｘ：宮崎県　Ｙ：北海道　Ｚ：鹿児島県
エ．Ｘ：宮崎県　Ｙ：鹿児島県　Ｚ：北海道
オ．Ｘ：鹿児島県　Ｙ：北海道　Ｚ：宮崎県
カ．Ｘ：鹿児島県　Ｙ：宮崎県　Ｚ：北海道

E

太平洋に突き出た日本で最も大きな半島で，３県にまたがっています。半島中央部に山地が走り，古くから木材の産地として林業が盛んでした。半島最南部の潮岬(しおのみさき)は，台風の通過が多く被害(ひがい)を受けやすい地域で，台風の位置を示す指標としてよく用いられます。

⑬ 「木材の産地」であるこの半島内には「人工の三大美林」が２つ含まれます。その２つを次の中から選び，五十音順に記号で答えなさい。

ア．尾鷲(おわせ)ひのき
イ．木曽(きそ)ひのき
ウ．津軽(つがる)ひば
エ．吉野(よしの)すぎ
オ．天竜(てんりゅう)すぎ
カ．秋田すぎ

⑭　次のア～オのグラフは，「潮岬」・札幌(さっぽろ)・高田・高松・松本のいずれかの気温と降水量を示しています。潮岬を示したグラフを選び，記号で答えなさい。

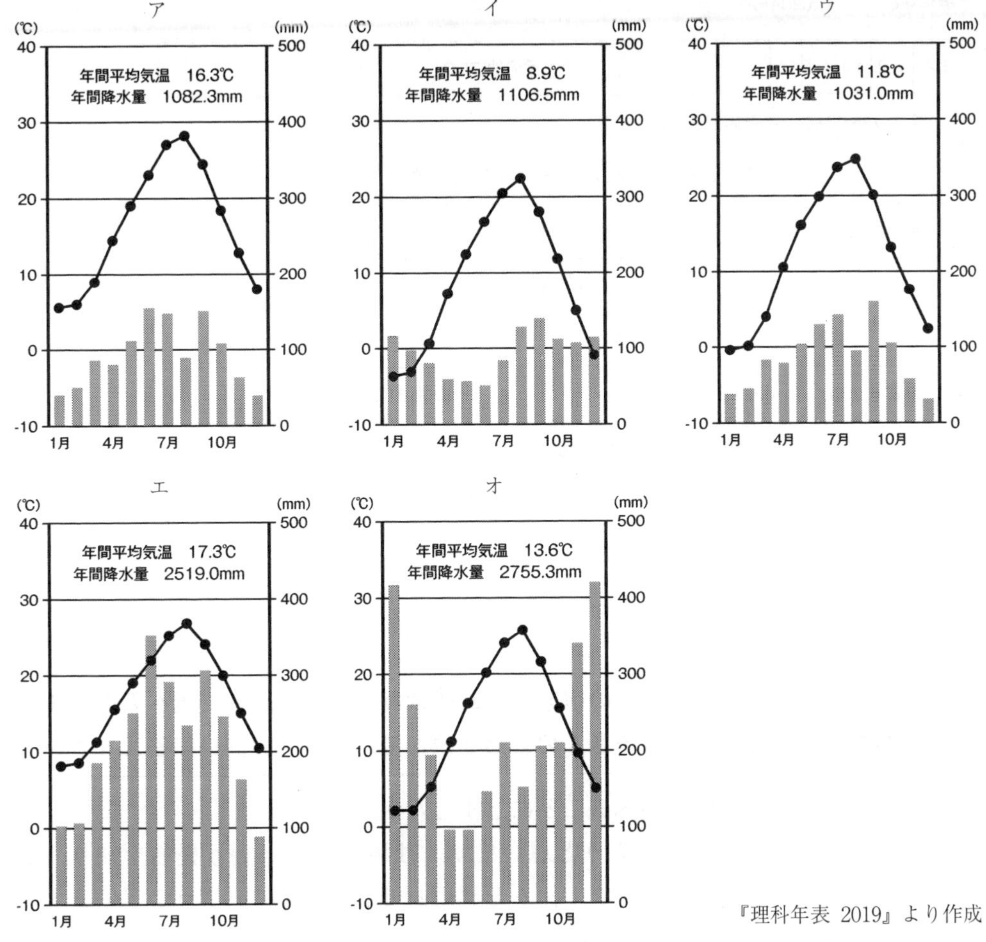

『理科年表 2019』より作成

F

東は三河湾，西は伊勢(いせ)湾に突き出た細長い半島で，大きな川がないため長い間水不足に悩(なや)まされてきました。1961年に大きな用水路が完成して以降，半島南部で野菜・花・果物の栽培(さいばい)や酪農(らくのう)が行われるようになりました。北部の沿岸部は日本を代表する工業地帯の一部で，湾の奥(おく)には名古屋港があります。半島の中部の人工島には，2005年の万博開催(かいさい)にあわせて国際空港もつくられました。

⑮　次のア～ウのグラフは，「名古屋港」・横浜港・成田国際空港の輸出総額とその内訳を示しています。名古屋港を示したものを選び，記号で答えなさい。

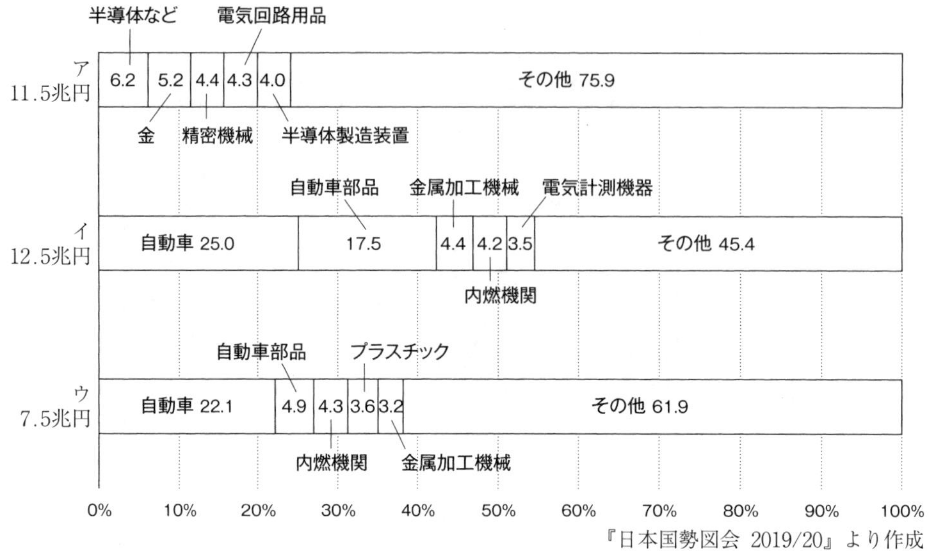

『日本国勢図会 2019/20』より作成

⑯　**A**・**B**の文章に書かれた半島の，全域または最も大きな面積を占める都道府県の，都道府県庁所在地名をそれぞれ答えなさい。

2　**小学6年生の百合子さんは，夏休みの宿題で，戦国武将の一人を選んで調べ新聞にまとめることになりました。次の先生と百合子さんの会話を読んで，1～4の問いに答えなさい。**

先生　　　：百合子さんはだれを調べることにしましたか。

百合子さん：私は，伊達政宗を調べようと思います。独眼竜政宗という異名を知り，かっこいいと思っているからです。休みを利用して，仙台を訪れようと思います。

先生　　　：仙台市は100万人と東北地方で最も人口が多く，全国で20市ある(　1　)の一つです。都市部は伊達政宗が青葉山に築城したことで，城下町として発展しました。ここに2万5千分の1地形図があるので見てみましょう。まずは仙台駅(地点A)を，次に青葉山(地点B)を見つけてください。

百合子さん：青葉山と仙台城址に同じ地図記号があります。

先生　　　：この記号は(　2　)であることを示しています。仙台城址の東側には等高線が密に見られますが，これは斜面の傾きが(　3　)であるということでしたね。地形図をよく読むと，伊達政宗は，川によってつくられた自然の崖の上に城を建てたことがわかります。実際に目で見て地形を確認してきてください。

百合子さん：わかりました。博物館の記号もいくつかありますね。

先生　　　：仙台城址の北方向に位置する博物館(地点C)が，仙台市博物館です。伊達氏の企画展をしているし，新聞の作成例のプリントをいただけるので参考になりますよ。

百合子さん：時期があえば，東北三大祭りの一つである(　4　)祭りも見られるといいです。ありがとうございました。

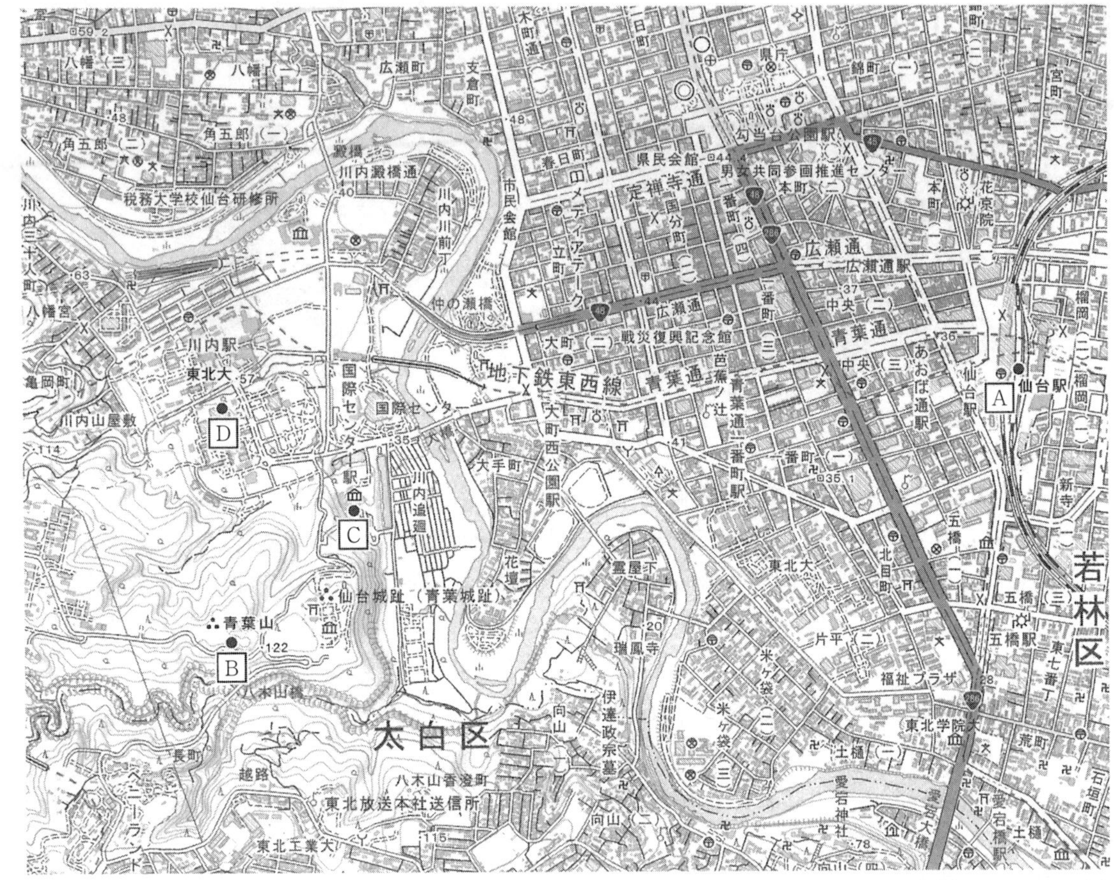

2万5千分の1地形図「仙台西北部」(平成30年発行)

1．文中の空欄(くうらん)(1)には適することばを答え，(2)～(4)には次のア～クから適する語を選び，記号で答えなさい。

ア．史跡(しせき)　イ．三角点　ウ．竹林　エ．ゆるやか

オ．急　カ．ねぶた　キ．七夕　ク．竿燈(かんとう)

2．地形図から市役所の記号をさがし，地点Aの仙台駅から見てどの方位にあるか，八方位で答えなさい。

3．地点Aの仙台駅と地点Bの青葉山の距離(きょり)は，地形図上で11cmはなれています。実際の距離は何キロメートルですか。小数点第2位を四捨五入して答えなさい。

4．地点Bと地点Dの東北大は，どちらの方が標高が高いですか。地形図から読みとり，記号で答えなさい。

3 **次の【一】～【五】の図版を見て，それぞれの問いに答えなさい。**

【一】 図あ

無垢浄光経
自心印陀羅尼
南謨薄伽伐
帝納婆納伐
底喃一三藐
三勃陀倶胝
瓢庾多設多

図い

図あは，現在確認されている中で最古の印刷物といわれるお経の巻物の一部です。764年称徳天皇の命令によって100万個つくられたという図いのような小さな木製の三重塔の中に入れられて，10の寺に分けて納められました。称徳天皇とは，752年に**a**東大寺の大仏が完成した時の孝謙天皇と同じ人物で，女性の天皇です。764年ふたたび即位したのでした。これらがつくられた目的は，政治的な対立からおこった**b**ある戦いで亡くなった人々の冥福を祈ることなどで，現在残っているものの多くは，**c**法隆寺にあります。

1．下線部**a**の東大寺の大仏をつくれという命令を発したのは，称徳天皇の父である天皇ですが，それは何天皇ですか。

2．1の天皇の時のできごとを次から選び，記号で答えなさい。複数ある場合は，五十音順に答えなさい。

ア．大宝律令を完成させた

イ．遣隋使を初めて派遣した

ウ．初めて平城京に都をさだめた

エ．行基に大仏づくりに協力するようはたらきかけた

オ．平安京に都を移した

3．このお経の巻物と小さな塔がつくられた目的は，下線部**b**の他にもあって，それは下線**a**の東大寺の大仏をつくる目的と同じでしたが，それはどんなことですか。最も適切なものを次から1つ選び，記号で答えなさい。

ア．天皇が個人的におがむため

イ．朝鮮との戦争で亡くなった人々の冥福を祈るため

ウ．仏教の力によって，国家にふりかかる災難をのぞき，国を守りしずめるため

エ．皇后の病気が治るように祈るため

4．下線部**c**の法隆寺を建てた人物はだれですか。

5．4の人物は新しい国つくりを目指そうとしました。そのことについて正しいものを次から選び，記号で答えなさい。複数ある場合は，五十音順に答えなさい。

ア．豪族が各地方の実情に応じて自分たちの領地を治められるようにしようと思った

イ．天皇中心の国にして，豪族を国家に仕える役人にしようとした

ウ．当時唐とよばれた中国を手本として中央集権的な国家をつくろうとした

エ．豪族に役人としての心構えを示すために，冠位十二階をつくった

オ．中臣鎌足(なかとみのかまたり)と力を合わせて天皇中心の国家づくりをすすめた

【二】

NIFON NO COTOBA TO Historia uo narai xiran to FOSSVRV FITO NO TAMENI XEVA NI YAVA RAGVETARV FEIQE NO MONOGATARI.

IESVS NO COMPANHIA NO Collegio Amacusa ni voite Superiores no go mengio to xite core uo fanni qizamu mono nari. Go xuxxe yori M. D. L. XXXXII.

これは，d キリスト教の宣教師たちがもたらした鉛(なまり)の活字を使った印刷技術によってつくられた本で，e『平家物語』がローマ字で印刷されています。宣教師たちが印刷技術を日本に導入しようとしたのは，日本人に布教するためにキリスト教の教えに関する本を印刷しようとしたからです。

宣教師たちが鉛の活字による印刷技術を伝えたのとほぼ同じころ，f 朝鮮出兵の時に日本に鉛の活字印刷の技術が持ち帰られ，それにならって木の活字をつくり，時の後陽成(ごようぜい)天皇の命で何冊か本が印刷されました。

6．下線部**d**について，日本に初めてキリスト教を布教した宣教師はだれですか。

7．キリスト教が日本に伝来したあとのキリスト教のあつかいは，時期ごとにことなりました。誤っているものを次から1つ選び，記号で答えなさい。

ア．織田信長は，宣教師たちが京都に教会(南蛮寺(なんばんじ))を建てることを許した

イ．豊臣秀吉は，初めはキリスト教の布教を許していたが，途中(とちゅう)から宣教師たちに日本の国外に退去するよう命じた

ウ．江戸幕府はキリスト教の信者が増えていったので，彼(かれ)らが幕府の命令に従わなくなるのをおそれ，徳川秀忠(ひでただ)が将軍のころの1613年，全国にキリスト教の禁教令を出した

エ．徳川吉宗の時に島原の乱がおき，キリスト教の禁教はより厳しくなり，九州では絵踏(えふみ)もおこなわれるようになった

8．江戸幕府はどうしてキリスト教を徹底(てってい)的に禁止するようになったのか，その理由として適切でないものを次から1つ選び，記号で答えなさい。

ア．キリスト教を禁止しないと，オランダが日本と貿易をしてくれないことになったから

イ．スペインやポルトガルの植民地になるおそれがあったから

ウ．キリスト教の平等の考え方が，幕府の支配の考え方に合わないから

エ．キリスト教の信者を中心とする農民が反乱をおこしたから

9．下線部**e**について，『平家物語』は，初めは本にはなっておらず，ある楽器をひきながら歌い語る人々によって語り伝えられていましたが，その人々を何といいますか。ひらがなで答えなさい。

10．平家一族が栄華(えいが)をきわめる前後のできごとについて，次のことがらを時代の早い順に記号で並べかえなさい。

ア．源義経が壇ノ浦の戦いで活躍した

イ．藤原道長は3人の娘を皇后にすることに成功し権力の絶頂をむかえた

ウ．天皇と上皇，貴族らの勢力争いにからみ，源氏と平氏が一族を二分して加わり戦った保元の乱がおこった

エ．源頼朝が朝廷から征夷大将軍に任じられた

オ．平清盛の娘徳子が天皇の后になった

11．下線部**f**に関連して，日本と朝鮮との関係について述べている次の文のうち，誤っているものを選び，記号で答えなさい。複数ある場合は，五十音順に答えなさい。

ア．秀吉が朝鮮出兵をしたきっかけは，明を征服しようとしたことがきっかけであった

イ．江戸時代初期，朝鮮と国交が回復し，朝鮮へは国王の代替わりごとに日本から通信使がおとずれた

ウ．明治時代，日本と清は朝鮮の支配をめぐって戦争をし，日本が勝利した。その結果日本は賠償金や台湾などの植民地を得た

エ．第一次世界大戦の勝利により大韓帝国(朝鮮)へのロシアの進出をとめた日本は，大韓帝国を併合し植民地とした

オ．太平洋戦争が長引き日本に働き手が少なくなると，日本は多数の朝鮮や中国の人々を強制的に日本に連れてきて，工場や鉱山などで働かせた

【三】 図あ

図あは，歌舞伎の役者を描いた(**g**)絵です。図いも(**g**)絵ですが，これは風景画を得意とした(**h**)の作品です。これらの(**g**)絵は一枚ずつ手がきしたものではなく，木版刷りにして大量印刷したもので，高度な多色刷りの技法で印刷されていました。陶磁器の輸出品の包み紙などに使われた(**g**)絵はヨーロッパの人々の手にもわたり，(**g**)絵を収集する人が現れたり，画家の作風に影響を与え，マネやゴッホなどのように自分の作品に(**g**)絵の表現方法を取り入れたりする画家も出ました。

12．(**g**)にあてはまる語句を答えなさい。

13．(**h**)にあてはまる人名を答えなさい。

【四】

あ

い

う

え

14．あ～え の図版を，それが描かれた時代の早い順に記号で並べかえなさい。

【五】 図あ

A
戰場に活かせ銃後の鐵と銅
B
大東亞戰爭を勝ち拔く爲めに！
大東亞共榮圏を打ち樹てる爲めに！
今こそ殘らず鐵銅をお國へ供出しませう
ぜひ供出して戴きたいものは
鐵や銅や眞鍮砲金などです
長野縣
大政翼賛會
戦時物資活用協會

図い

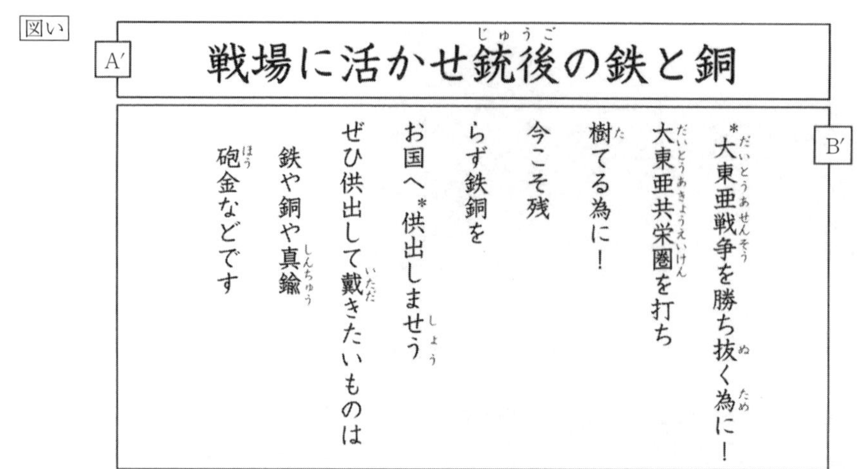

A′
戦場に活かせ銃後の鉄と銅
B′
*大東亜戦争を勝ち抜く為に！
大東亜共栄圏を打ち
樹てる為に！
今こそ残
らず鉄銅を
お国へ*供出しませう
ぜひ供出して戴きたいものは
鉄や銅や真鍮
砲金などです

注　＊大東亜戦争＝太平洋戦争
　　＊供出する＝政府に差し出すこと

15．図あは，太平洋戦争が始まってから国民に示されたものの1つです。A・Bそれぞれの部分の文字は，図いのA′・B′に，現代の活字に直して表しています。

どうして鉄や銅をお国に供出しなければならなかったのでしょう。このようなことを呼びかけた背景にはどんな事情があったのか，40字以内で説明しなさい。

4　**次のA・Bの年表を見て，それぞれの問いに答えなさい。**

A

年	できごと
1854年	ア…日米和親条約が調印される
1858年	イ…日米修好通商条約が調印される
1859年	ウ…アメリカやイギリスなどとの貿易が始まる
1883年	エ…蒸気の動力で動く大阪紡績工場が操業を開始する
1894年	オ
	カ…領事裁判権が撤廃される
1901年	キ
1902年	ク
1904年	ケ…日露戦争が始まる
1911年	コ…関税自主権が完全回復する
1918年	サ…第一次世界大戦で日本が参戦した側が勝利する
1931年	シ
1937年	ス
1941年	セ…太平洋戦争が始まる

1．空欄オ・キ・ク・シ・スにあてはまるできごとを次の あ～お より選び，記号で答えなさい。

あ．日中戦争が始まる　　　　　い．満州事変がおこる

う．初めての日英同盟を結ぶ　　え．日清戦争が始まる

お．官営八幡製鉄所が操業を開始する

2．ケの「日露戦争」で勝利した日本が得た領土として正しいものを次から選び，記号で答えなさい。複数ある場合は，五十音順に答えなさい。

あ．北緯50度以南の樺太　　い．澎湖諸島

う．千島列島　　え．山東半島

お．台湾　　か．琉球諸島

3．次の文の内容は，ア～セのどのできごとの歴史的意義ですか。最も適切なものを1つ記号で答えなさい。

【日本の軽工業の分野で，機械で生産する段階に入るところがでてきた】

4．次の文の内容は，ア～セのどのできごとがおこる背景にあったことですか。最も適切なものを1つ記号で答えなさい。

【ヨーロッパの大国との戦争で勝利したことで日本の国際的地位が認められたから】

B

1951年	ソ…サンフランシスコ平和条約に日本が調印する
1956年	タ…日本が国際連合に加盟する
1964年	チ…第18回オリンピックが東京で開かれる
1965年	ツ…日韓基本条約が結ばれる
1972年	テ…沖縄が日本に復帰する
1978年	ト…日中平和友好条約が結ばれる
1989年	ナ…昭和天皇がなくなる
1995年	ニ…［ a ］大震災がおこる
2002年	ヌ…日本と韓国の共催で［ b ］が開かれる
2011年	ネ…［ c ］大震災がおこる

5．次の歴史的意義があるできごとをソ～ネから選び，記号で答えなさい。あてはまるものがない場合は，解答欄に×をつけなさい。

あ．この条約が結ばれたことで，中華民国との国交が結ばれた

い．この条約が結ばれたことで，日本と朝鮮民主主義人民共和国との国交が回復した

う．この翌年，この条約が発効することで日本の主権が回復した

6．［ b ］にあてはまる催しものは何ですか，次から記号で答えなさい。

あ．万国博覧会　　い．冬季オリンピック

う．サッカーワールドカップ　　え．サミット

7．［ a ］・［ c ］にあてはまる語句の組み合わせで正しいものを答えなさい。

あ．a　関東－c　阪神淡路　　い．a　関東－c　中越

う．a　阪神淡路－c　東日本　　え．a　東日本－c　中越

5 **次の【一】～【五】の文は，2019年に起きた出来事について書かれたものです。それぞれの文中の下線部について，１～５の問いに答えなさい。**

【一】

　2019年７月に実施(じっし)された参議院選挙では，身体に重い障害のある人が議員として当選しました。それをうけ，国会はこれらの人達が議員として十分な活動ができるよう，「バリアフリー化の方針」を決めました。近年，ロボットや新しい技術の導入にともない重い障害を持つ人達が社会に参画する機会が増えつつありますが，介助者(かいじょ)の不足など課題も多く，これらの問題に関する議論が国会で進むことに期待が寄せられています。

１．「国会」および「内閣」に関する次の各文より正しいものを１つ選び，記号で答えなさい。

あ．参議院議員のＡさんは，25歳(さい)の誕生日を迎(むか)えたことをうけて衆議院議員選挙に出馬した。

い．衆議院議員のＢさんは，参議院から送られてきた来年度の予算案を無事可決させることができたと喜んでいた。

う．衆議院議員のＣさんは，内閣総理大臣の指名により，裁判官をやめさせるための裁判員となった。

え．内閣総理大臣に指名された参議院議員のＤさんは，閣議を開き，その後，内閣が最高裁判所の長官を指名した。

【二】

　2019年３月15日，神奈川県議会が「神奈川県自転車の安全で適正な利用の促進(そくしん)に関する条例」を可決したことをうけ，黒岩知事は22日この条例を公布しました。この条例は県内で自転車がらみの事故が増加していたため，これを改善する目的で制定されたものです。この条例は2019年10月に施行(しこう)されました。

２．「県議会」「知事」に関する次の各文より正しいものを１つ選び，記号で答えなさい。

あ．Ｅさんは，ちょうど20歳の誕生日の日に行われた県議会議員選挙へ投票に行った。

い．県議会は，Ｆ知事が出した解散命令に対して不服であったため，不信任の議決を行い，知事をやめさせた。

う．県議会議員のＧさんは，議会から指名された結果，知事となった。

え．県議会議員のＨさんは，翌年１月に始まる新年度の予算案を通過させなければならなかったため，12月中はとてもいそがしかった。

【三】

　2019年１月，家庭裁判所は創立70周年を迎えました。家庭裁判所は「家庭に光を，少年に愛を」という標語を掲(かか)げて，家庭の平和と少年の健全育成を図ることを目的に，家庭に関する事件を総合的かつ専門的にあつかう裁判所として創設されました。

3．「家庭裁判所」に関する次の各文より誤っているものを1つ選び，記号で答えなさい。

あ．他の人を傷つけて警察に捕(つか)まった大学生で18歳のIさんは，家庭裁判所で裁判を受けた。

い．Jさんは，家庭裁判所でうけた判決を不服として高等裁判所に改めて訴(うった)えた。

う．Kさんは夫との離婚(りこん)問題を解決しようと家庭裁判所に訴えた。

え．家庭裁判所の裁判官であるLさんは，裁判員達と共に話し合って少年への判決を下した。

【四】

> 2019年8月，カトリック教会の教皇フランシスコは，ヴァチカンのサン・ピエトロ広場で「アマゾンで広がる巨大(きょだい)な火災について，誰(だれ)もが心配している。全員が努力することで，近く消火されるよう祈りましょう。あの森の肺は，この惑星(わくせい)に不可欠なものです」と呼びかけました。なお，アマゾン川流域には世界最大の熱帯雨林が広がっており，世界の熱帯雨林の1/2～2/3を占めています。

4．「アマゾン」がある国に住んでいる人の自国紹介(しょうかい)の文として正しいものを1つ選び，記号で答えなさい。

あ．私の住んでいる国は自動車や半導体などの産業が発展している一方で，儒教(じゅきょう)などの古くからの文化を大切にしています。1988年に夏のオリンピック，2018年に冬のオリンピックが開かれました。

い．自動車の大量生産や，コンピューター産業など，私たちの生活を支える多くの技術や産業の多くが私の生活している国で生まれました。文化面でも映画や音楽が多くの人に親しまれています。

う．私の国にはイスラム教最大の聖地があり，多くのイスラム教徒達が巡礼(じゅんれい)にやってきます。また，宗教上の教えにより男女の区別があり，結婚(けっこん)式の披露宴(ひろうえん)などは男女別に行われます。

え．私の住む国は20世紀前半に多くの日本人が移住するなど深い関係があります。私たちの国は周辺の国と異なってポルトガル語が主に話されています。2016年には夏のオリンピックが開かれました。

【五】

> 2019年6月に大阪で開かれたG20では，近年問題視されている「海洋プラスチック問題」をテーマの1つとして採り上げました。会議の結果，新たな海洋プラスチック汚染(おせん)を2050年までにゼロにすることを目指す「大阪ブルー・オーシャン・ビジョン」を各国で共有することとなりました。また，各国はプラスチックの重要性は認めつつも，プラスチックごみの流出を減らすなど，幅(はば)広い試みによって海洋プラスチックごみによる海の汚染を減らすことを目指すこととしました。

5．みなさんが小学校内で行うことができる「海洋プラスチックごみ」を減らす取り組みとして，どのようなことがあげられますか，20～25字で述べなさい。

【理　科】〈４教科入試〉（40分）〈満点：100点〉

1　**次の文章を読んで，以下の問いに答えなさい。**

スーパーで売っている豆苗は，一度葉と茎の部分を切り取って食べた後，根の部分に水がつかるようにして数日育てると，根元にある芽が成長し，再収穫することができます。百合子さんは，この豆苗の再収穫に興味をもち，成長の様子を観察することにしました。以下は百合子さんの記録です。

まず，豆の近くの芽を残して切ったものを，根だけがつかる水が入ったトレーに入れた。水に肥料を入れると藻が発生することがあるそうなので，肥料は入れず水道水を使った。**a** 植物が成長するために，水はとても大切なので，毎日水をかえてきれいな水で育てた。豆苗を育て始めてからの様子を写真にとり，成長の様子を記録した(**図１**)。育て始めてから３日くらいすると，茎が伸び始めた。**b** 伸びた芽の先が全部右を向いていたので，４日後からは横から写真をとった。

図１

(1)　豆苗は，エンドウマメの若い葉と茎のことです。豆(種子)の中にたくわえられている栄養分で茎が育ったものということができます。①～④に答えなさい。

①　豆(種子)の中で，栄養分は何という部分にたくわえられていますか。

②　豆(種子)を半分に切った様子を示した図として，最も適切なものを以下の**ア**～**エ**から選び，記号で答えなさい。

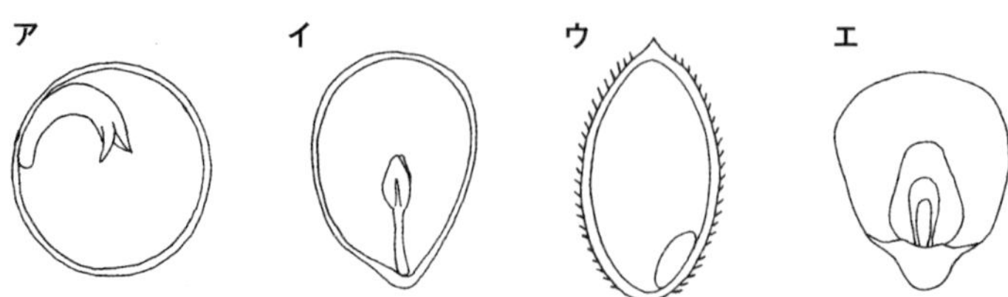

③　豆(種子)が発芽して出てくる最初の葉は何枚ですか。

④　茎を成長させ，収穫した後残った豆を半分に切って，ヨウ素液をつけてみました。発芽する前のエンドウマメにヨウ素液をつけたときと比べて，色はどのようになったと考えられますか。以下の**ア**～**ウ**から最も適切なものを選び，記号で答えなさい。

ア：発芽する前よりこい青むらさき色になった

イ：発芽する前と同じくらいの青むらさき色になった

ウ：発芽する前よりうすい青むらさき色になった

(2)　豆苗はエンドウマメの若い葉と茎ですが，ほかにもエンドウマメの食べ方があります。次の①～③の食材は，おもにエンドウマメのどの部位を食べていることになりますか。以下の部位から，あてはまる部分をすべて選んで答えなさい。ただし，エンドウマメではない食材は「×」と答えること。

①　スナップエンドウ　　②　グリーンピース　　③　枝豆

部位：**さや　　豆　　花　　茎　　葉　　根**

(3)　下線部**a**について，植物の発芽と成長に必要な条件は，水のほかにもいくつかあります。水のほかに，植物の発芽と成長に必要な条件を2つ，発芽には必要ないが成長に必要な条件を1つ答えなさい。

(4)　下線部**b**について，①～③に答えなさい。

①　8／16の写真を拡大してみると，**図2**の白矢印のように茎が曲がって伸びていました。茎はどのように伸びたと考えられますか。次の**ア**～**オ**から最も適切なものを選び，記号で答えなさい。

ア：茎の左側が右側より多く伸びた

イ：茎の右側が左側より多く伸びた

ウ：茎の左側は伸びたが右側が縮んだ

エ：茎の右側は伸びたが左側が縮んだ

オ：茎の左側も右側も同じように伸びた

図2

②　芽が向いている方向に窓があったので，豆苗は光の方に向かって伸びるのではないかと百合子さんは考えました。これを確かめるために，以下のⅰ～ⅴの条件で豆苗を5日間育てる実験をしました。結果はどうなると考えられますか。右に伸びる場合には**ア**，左に伸びる場合には**イ**，まっすぐ伸びる場合には**ウ**と答えなさい。ただし，ⅱ～ⅳの照明は晴れた昼間の日光と同じ強さで1日中当てたものとします。

ⅰ　左から日光が当たるようにした

ⅱ　暗い部屋で照明を右から当てた

ⅲ　暗い部屋で照明を左から当てた

ⅳ　暗い部屋で照明を真上から当てた

ⅴ　暗い部屋で育てた

③　②のⅰ・ⅲ・ⅴの実験を，葉の緑がこく大きく成長すると考えられるものから順に記号で答えなさい。

(5)　百合子さんは茎のどの部分が伸びているかに興味をもち，8／17(５日後)，伸びた茎のうち１本に１cmのはばで印をつけてみました(**図３**)。8／20(８日後)と8／21(９日後)に，印の間の長さを測り，測った長さ(cm)を**表１**にまとめました。ただし，**あ**～**お**は，それぞれの印の間の長さを指します。この観察結果をもとに①，②に答えなさい。

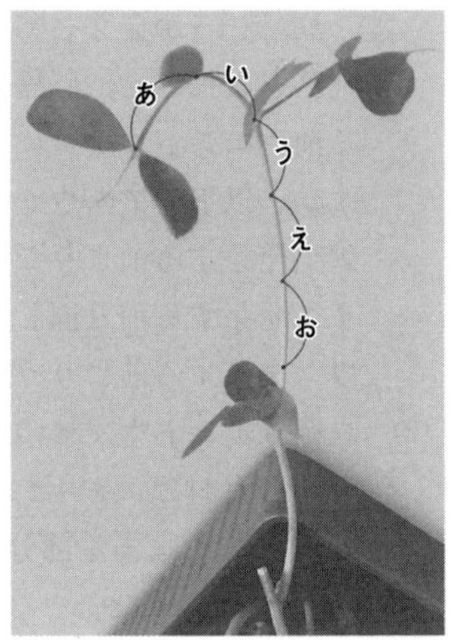

図３

表１

	あ	い	う	え	お
8／17(５日後)	1.0	1.0	1.0	1.0	1.0
8／20(８日後)	2.8	2.1	1.0	1.0	1.0
8／21(９日後)	3.9	3.0	1.0	1.0	1.0

①　茎の伸びが最も大きかったところは，8／17～21の４日間で何cm伸びましたか。

②　この観察結果から，茎が伸びている部分は，主にどの部分だと考えられますか。次の**ア**～**エ**から最も適切なものを選び，記号で答えなさい。

ア：根が生えている部分

イ：根元に近い部分

ウ：茎の先に近い部分

エ：葉が出ている部分

2　**次のⅠ，Ⅱの文章を読んで，以下の問いに答えなさい。**

Ⅰ　百合子さんは，理科の授業で，ものが燃えるということは，気体**Ａ**とものが結びつくことだと習いました。そこで，ものが燃えるということについて，学校の実験室で先生といっしょに確かめてみることにしました。

紙2.00gを用意し，それを燃やしたときの重さの変化と発生する気体を調べる実験をしました。

ふたができる容器に気体**Ａ**をふきこんでおき，その中に火をつけてすぐの紙を入れ，ふたを閉めて燃やしました。火が消えたところで，残った紙を取り出し，重さを測りました。実験は全部で５回行い，結果は以下の**表１**のようになりました。

表１

	１回目	２回目	３回目	４回目	５回目
実験後の紙の重さ(g)	0.25	0.04	0.43	0.37	0.35

(1)　気体**Ａ**は何ですか。漢字で答えなさい。

(2)　紙を燃やして発生した気体を確かめる実験として，どのようなものが考えられますか。使う薬品と結果をふくめ，簡単に答えなさい。

(3)　実験中，紙を燃やしている容器の内側のかべが，白くくもりました。これは，(2)で確かめた気体の他に，何という気体ができたからですか。

(4)　２回目の実験のとき，まだ容器内で紙が燃えている間に，容器のふたをまちがえて開けてしまいました。それ以外の実験は，ふたを閉めたまま，紙についた火が消えるまで実験しました。

実験の結果をどのようにまとめればよいか，百合子さんと先生が話しています。会話の空らん(**a**)～(**c**)にあてはまる語句または数値を答えなさい。

百合子：「2回目の実験は失敗してしまいました。燃えている途中(とちゅう)でふたを開けてしまって……。」

先　生：「他の実験はほとんど同じようにできたね。この場合，実験結果はどうすればよいだろう。」

百合子：「2回目を除くと，(**a**)回目の実験が一番よく燃えました。だからこの結果だけを使いたいところだけど。」

先　生：「どのような結果だろうと，全部実験した結果だから，全部の結果を(**b**)して実験結果にするのが基本的な方法だ。ただ，今回の場合は1回目～5回目のうち，2回目の実験が，他の回とは条件がちがってしまって，その原因も明らかだね。」

百合子：「じゃあ，2回目を除いた4回分の数字を実験結果とすると，紙2.00gを容器の中で燃やすと，紙は(**c**)g減りました。」

先　生：「除いた実験結果も，記録から消すのではなく必ず残しておくといいよ。今回は明らかにミスがわかっていたから除いたけれど，数字がちがう理由がその場ではわからないこともある。その場合は，数字がちがうものもふくめて，実験結果にして，原因を考えることが大切だ。」

(5)　なぜ2回目の実験だけ，燃えた後の紙の重さが小さくなったのでしょうか。考えられる原因を1つ，答えなさい。

Ⅱ　次に百合子さんは，金属が燃えるときについて考えるために，スチールウールと銅粉を燃やす実験をしてみました。スチールウールは，鉄でできた細い糸が集まってできており，銅粉は銅を細かく粉状にしたものです。

それぞれの金属を2.0g，4.0g，8.0gずつ用意し，十分に加熱して燃やしました。その後，重さを測りました。実験を数回ずつ行ってまとめた結果，次の**表2**のようになりました。

表2

燃やす前の金属の重さ(g)		2.0	4.0	8.0
燃やした後の金属の重さ(g)	鉄	2.8	(　　)	11.2
	銅	2.5	5.0	10.0

(6)　次の①～③について，鉄だけにあてはまる場合は**ア**，銅だけにあてはまる場合は**イ**，両方にあてはまる場合は**ウ**と答えなさい。

①　じ石につく

②　みがくと光る

③　硬貨(こう)(コイン)の材料に使われる

(7)　**表2**の空らん(　)に入る数字として最も適切なものを次の**ア**～**エ**から選び，記号で答えなさい。

ア：4.2

イ：5.6

ウ：6.0

エ：8.4

(8)　**表２**の結果から，次の値を求めなさい。

①　燃やした後に9.8gになる鉄の，燃やす前の重さ

②　銅4.2gとある量の鉄を混ぜたものを燃やして，燃やす前より重さが3.45g増えたとき，混ざっていた鉄の重さ

(9)　次の文を読み，①～③に答えなさい。

気体**A**と金属がふれている状態でいると，燃焼しなくても少しずつさびてしまうことがわかっています。

金属製品を長持ちさせる工夫として，金属を何種類か混ぜることで，さびにくい金属をつくる技術が使われています。これを合金といいます。合金にすることで，さびにくい以外にも様々な性質を持たせられることが知られています。金属を数種類混ぜるときのことを考えてみます。

金属**B**～**E**は次の**表３**のような性質を持っています。

表３

金属	B	C	D	E
＊密度(g/cm^3)	2.7	6.0	7.9	9.0

＊密度(g/cm^3)とは，１cm^{3}あたりの重さ(g)です。

①　金属**B**と金属**D**をそれぞれ４cm^{3}ずつ混ぜるとき，できあがる合金は何gになりますか。

②　金属**B**，**C**，**E**を27gずつ混ぜるとき，できあがる合金の密度は何g/cm^{3}になりますか。割り切れない場合は，四捨五入して小数第１位まで答えなさい。なお，金属を混ぜたことによる体積変化はないものとします。

③　金属製品がさびるのを防ぐ方法として，上の文のように合金をつくることの他に，どのような工夫が考えられますか。１つ答えなさい。

3　**次の文章を読んで，以下の問いに答えなさい。**

天気とは，地上から約10kmの範(はん)囲で起こる大気の変化です。

私たちは，地球を取り巻く気体を大気と呼び，大気の中で一番下層の部分を空気と呼んでいます。大気には，色々な気体が混ざり合っていて，割合の大きな順に78%の(**a**)，21%の(**b**)，0.93%のアルゴン，そして0.04%の(**c**)となり，この割合は大気全体でほとんど変わりません。

天気を考える上で大気中の「水」はとても重要な要素です。雨はもちろん，$_{\mathbf{A}}$雲，雪，雷(かみなり)などは，大気中の「水」によって起こります。しかし，大気中の「水」の$_{\mathbf{B}}$<u>量</u>や状態は，地形や気温，太陽からのエネルギーの影響(えいきょう)などで常に変化し，天気の予測を難しくしています。「水」の変化の例として，雪について考えてみます。雪は大気中の水蒸気が冷やされ，氷となって地上へ降下する現象です。水蒸気は氷となるときに，$_{\mathbf{C}}$<u>規則的な形の固体</u>へと変化します。この時，$_{\mathbf{D}}$<u>大気中の水蒸気量と温度のバランスによってできあがる氷の形が異なります</u>。つまり，天気は同じ雪でも，上空の大気の状態によって形の異なる雪になります。最近では，一般(ぱん)の人に，インターネットを通じて雪の形の写真と場所を投稿(こう)してもらい，局地的な上空大気の情報を収集する試みも行われています。

(1)　文中の空らん(**a**)～(**c**)にあてはまる物質名を答えなさい。

(2)　文中の下線部**A**について，右の写真は上空から見た雲の様子です。①～③の雲の名前として，最も適切なものを，次の**ア**～**オ**からそれぞれ答えなさい。また，①～③の雲についての説明として最も適切なものを，**カ**～**コ**からそれぞれ答えなさい。

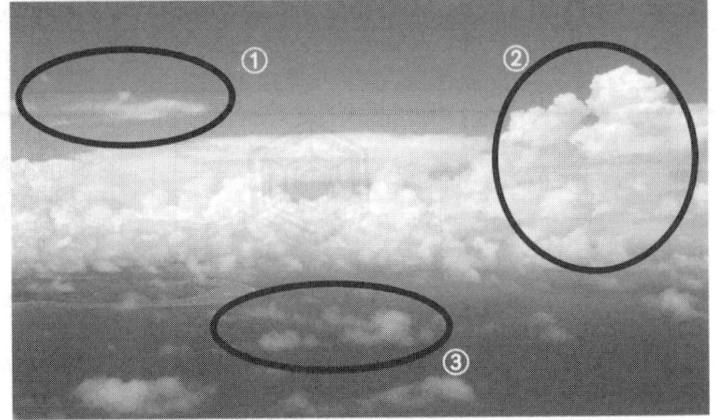

【雲の名前】

ア：高層雲　　**イ**：巻雲
ウ：乱層雲　　**エ**：積乱雲
オ：積雲

【雲の説明】

カ：雲の内部に上昇(しょう)・下降気流が発生し，短時間で激しい雨が降り，雷やひょうを伴(ともな)うこともある。
キ：晴れた日に大気の下層にできる雲で，夕方に消えることが多い。
ク：大気の高層にできる雲で，この雲だけが見える場合には晴れた日がしばらく続く。
ケ：地上からはうすいベールが広がったように見える雲で，日がさ・月がさができることがある。
コ：大気の下層にできる雲で，直接雨を降らせる雲ではないが，次第に天気が悪くなっていく。

(3)　文中の下線部**B**について，私たちは日常生活で大気中の「水」の量の指標として「湿(しつ)度」を使っています。これは正確には相対湿度を指し，以下の式で求めることができます。

$$\text{相対湿度}(\%)=\frac{\text{空気}1\,\text{m}^3\text{中の水蒸気量}(\text{g})}{\text{その気温でのほう和水蒸気量}(\text{g})}\times100$$

ほう和水蒸気量とは，空気１m^3にふくむことのできる水蒸気量(g)のことで，気温が高くなるほど大きくなります。ほう和水蒸気量と気温との関係を，以下の表に示しました。これらの式と表を参考に，以下の①，②に答えなさい。

気温(℃)	14	16	18	20	22	24	26	30
ほう和水蒸気量(g)	12.1	13.6	15.4	17.3	19.4	21.8	24.4	30.4

①　気温24℃，相対湿度が40％のとき，この空間には空気１m^3あたり何gの水蒸気がありますか。小数第２位まで答えなさい。

②　①の空気を，空気１m^3あたりの水蒸気量を変えないまま，気温を18℃まで下げると，相対湿度は何％になりますか。割り切れない場合は，四捨五入して小数第１位まで答えなさい。

(4)　文中の下線部**C**は，水だけでなく，食塩やホウ酸でも見られます。何と呼びますか。

(5)　文中の下線部**D**について，多様な雪の形のうち，角板と樹枝状の２つについて，観測点上空の水蒸気量(相対値)と温度のデータを次の表にまとめました。また，グラフは，大気中の水蒸気量と温度，できる雪の形の関係を簡単にまとめたものです。角板と樹枝状の形は，グラフの

ア～**オ**のどの部分になりますか。表を元にしてそれぞれ記号で答えなさい。

雪の形	角板	樹枝状
模式図		
1つ目の観測点上空	水蒸気量(相対値)：2.3 温度：－2℃	水蒸気量(相対値)：2.5 温度：－14℃
2つ目の観測点上空	水蒸気量(相対値)：1.2 温度：－15℃	水蒸気量(相対値)：3.1 温度：－13℃

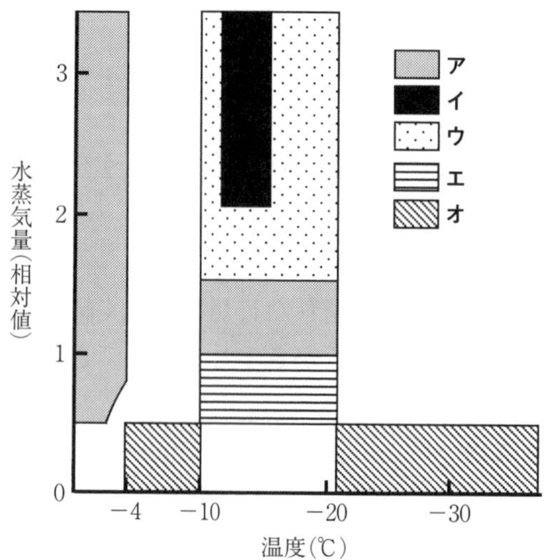

4 **ふりこやレールを使って運動のようすを調べてみました。Ⅰ～Ⅲの問いに答えなさい。**

Ⅰ **図1**のふりこは，**A**点から静かにボールを離(はな)し0.2秒ごとのボールの位置を表したものです。また，**図2**はなめらかなレール上を**D**点から静かにボールをころがすようすです。

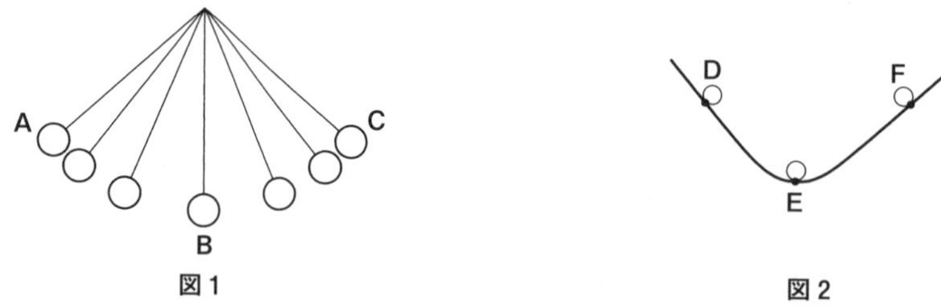

図1　　**図2**

(1) 下の文章の①～⑥には，次の**ア**～**ウ**のうち，どれかの言葉が入ります。それぞれ正しいものを選び，記号で答えなさい。ただし，同じ記号を何度答えてもかまいません。

ア：変わらないままで動き　　**イ**：速くなり　　**ウ**：遅(おそ)くなり

ふりこで往復するおもりは，**A**点から**B**点に向かうまでは速さが(①)，**B**点から**C**点に向かうまでは速さが(②)ます。**A**点と同じ高さの**C**点では，速さは0になり一瞬(しゅん)止まった状態になります。また，**図2**のようななめらかなレール上でころがるボールは，**D**点から**E**点に向かうまでは速さが(③)，**E**点から**F**点に向かうまでは速さが(④)，**D**点と同じ高さの**F**点では，速さは0になり一瞬止まった状態になります。

ふりこのおもりやレール上のボールは，おもりやボールの位置が最も低いときに速さは最も(⑤)，また，最初の位置が高いほど，一番低い位置(図のB点やE点)での速さは(⑥)ます。

Ⅱ　図3のようななめらかなレールを使い，ボールをいろいろな高さからころがしてみました。ころがし始める地点をA点，斜面の下の地点をB点，B点から水平面を30cmまっすぐにころがった地点をC点，C点から斜面を上がり，最高点の高さをD点とします。A点から速さ0で静かにころがし始め，B点でははねたりせずそのまま水平面をころがりました。摩擦や空気抵抗の影響は受けないものとします。

A点の高さとB点での速さの関係を調べたら，表1のようになりました。また，A点からC点までのボールの速さと時間の関係を図4に表しました。

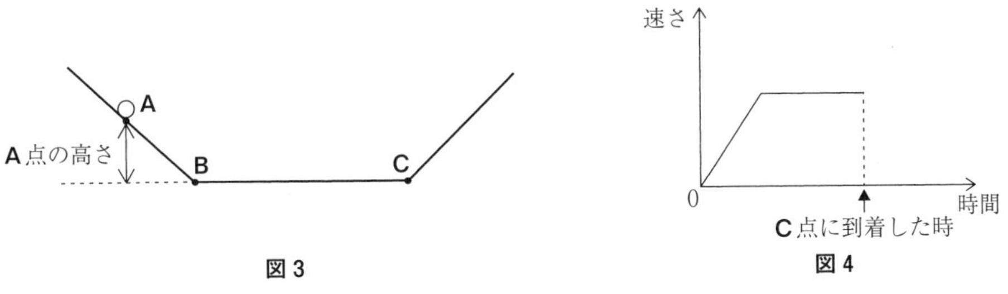

図3　　図4

表1

A点の高さ	5cm	11.3cm	20cm	ア cm	80cm	イ cm
B点の速さ	秒速1m	秒速1.5m	秒速2m	秒速3m	秒速4m	秒速5m

(2)　A点の高さが20cmのとき，D点の高さは何cmですか。

(3)　表1から言えることをまとめたのが次の文章です。(　)にあてはまる数を書きなさい。

B点での速さを2倍にするにはA点の高さを(①)倍にする必要があり，B点での速さを4倍にするにはA点の高さを(②)倍にしなくてはならない。よって，B点での速さを3倍にするにはA点の高さを(③)倍にしなくてはならないので，表中のアは(④)となり，同じように考えると表中のイは(⑤)となる。

(4)　A点からD点までのボールの速さと時間の関係はどのように表せますか。次のア～ウから選び，記号で答えなさい。

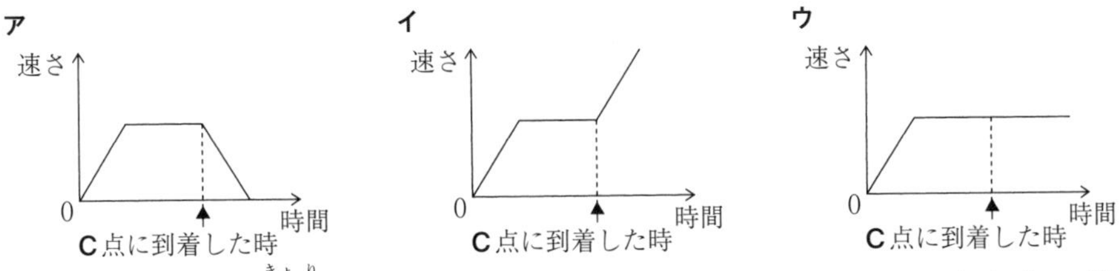

(5)　図3のBC間の距離は30cmでした。A点の高さを20cmにしたとき，ボールがB点からC点までころがるのにかかる時間は何秒ですか。

Ⅲ　次に，図5のように図3と同じ材質で形を変えたレールを2つ用意しました。(コース1，コース2とします。) そして，図3で使ったボールを2つ用意し，図5の左端のG点，J点をスタート地点とし，同時に速さ0で静かにころがしました。コース1のH点からI点までは水平で，コース2のK点とM点の高さは同じです。また，ボールはゴールまではレール上を離れずころがり，摩擦や空気抵抗の影響は受けないものとします。

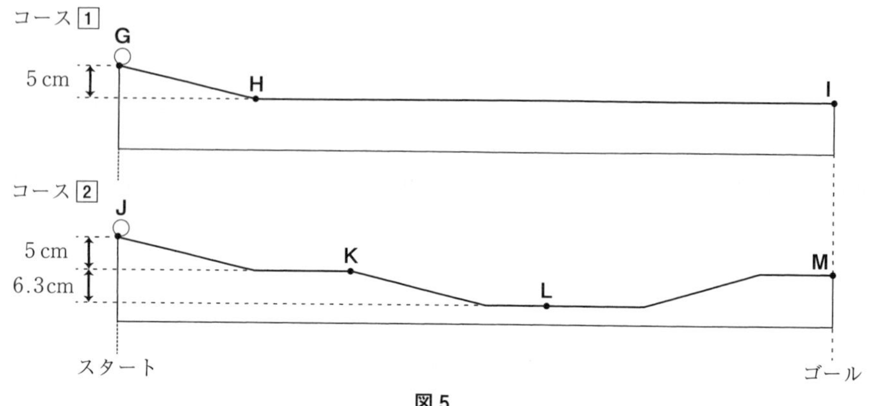

図5

(6)　ボールがコース[1]のレール上の**H**点を通過するときの速さは秒速何mですか。

(7)　ボールがコース[2]のレール上の**L**点を通過するときの速さは秒速何mですか。

(8)　**図5**の右端の**I**点，**M**点をゴールとします。どちらのコースとも，出発点からゴールまでの水平距離は同じです。2つのボールがゴールに到着するようすはどのようになりますか。最も適切なものを次の**ア**～**ウ**から選び，記号で答えなさい。

ア：コース[1]の方が先にゴールに到着する。

イ：コース[2]の方が先にゴールに到着する。

ウ：コース[1]とコース[2]では同時にゴールに到着する。

(9)　**図6**のようにそれぞれのゴールから，ボールは水平方向にレールから離れて飛び出しました。ゴール**I**点と**M**点の高さは同じです。飛び出したボールの水平方向の距離はどのようになりますか。次の**ア**～**ウ**から選び，記号で答えなさい。

ゴール

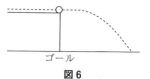

図6

ア：コース[1]から飛び出すボールの方が遠くに落ちる。

イ：コース[2]から飛び出すボールの方が遠くに落ちる。

ウ：両コースから飛び出すボールが落ちるまでの距離は同じである。

だけ選ぶように言われたのです。

　これだけなのですが、子どもがテストのときダックスとしてどれを選ぶかを見れば、この単語をどのように解釈したかがわかります。たとえば、表面の色と模様だけが同じ物体を選ぶなら、「ダックスとはそういう表面（色、模様）をしたモノのことだ」と考えたことになります。それで結果はどうだったでしょう。

　この研究がスタートしたときの子どもたちは平均17か月、話せる単語の数は40弱でした。それで最初の頃、「ダックスをちょうだい」と言われて子どもたちが選ぶ物体は、形が同じ物体のこともあれば、表面が同じ物体のこともあり、素材が同じ物体のこともある、という具合でさまざまでした。どのようなところが同じならダックスなのか、決めきれていない、といった感じでしょうか。

　それがしばらくすると、子どもたちは［Ｃ］物体ばかりを選ぶようになり、［Ｄ］物体や、［Ｅ］物体は選ばなくなりました。どうやら「モノを示して単語が言われたら、その単語はそういう形をしたモノの名前である」という、〝大人の常識〟がわかったらしいのです。

　このとき、子どもたちは平均で21か月半、話すことのできる単語の数はもう１００を越えていました。そしてこのとき既に子どもたちの単語学習のスピードは爆発的な勢いになっていたのです。

（針生悦子『赤ちゃんはことばをどう学ぶのか』）

（注）　＊社会的参照…子どもが、初めて見たモノや状況に対してどうふるまったらよいか迷ったときに、一緒にいる人の様子（表情や声など）を見て参考にすること。

問一　――線部①「そんな不器用さを補うべく、工夫して働きかけてくれる周囲の人たちにも支えられ」とありますが、周囲の人はどのようなことをしてくれるのですか。文中から二十五字以内で探し、初めと終わりの五字を書きぬきなさい。

問二　［Ａ］に入る言葉を文中から探し、書きぬきなさい。

問三　――線部②「散歩の途中で見かけたチワワのことを『ワンワン』と教えたら、チワワだけでなくすべての犬種、さらには、猫や熊のぬいぐるみもすべて『ワンワン』になってしまったりします」とありますが、なぜ子どもはチワワだけでなくすべての犬種や、猫、熊のぬいぐるみにも「ワンワン」という単語を使ってしまうのですか。この後に述べられている「ガバガイ問題」をふまえて次の書き方にしたがって説明しなさい。

【書き方】　大人は……、子どもは……

問四　［Ｂ］に入る言葉として最もふさわしいものを次から選び、記号で答えなさい。

ア　聞くことのできる機会が増える
イ　見ることのできる物体が増える
ウ　話すことのできる単語が増える
エ　選ぶことのできる機会が増える

問五　［Ｃ］、［Ｄ］、［Ｅ］に入る言葉を想定すると、［Ｃ］は**【図表】**の②〜④のどの物体のことを指していると考えられますか。最もふさわしいものを図表の②〜④から選び、番号で答えなさい。

問六　══線部「子どもは、単語と意味（モノ）を結びつけて、意味ある単語を使い始める」とありますが、子どもはどのような成長を通して意味ある単語を使えるようになるのですか。本文全体をふまえて百字以上で説明しなさい。

を示して単語が言われただけでは、その意味は定まらない」ということの問題は、彼が示したこの例話にもとづいて、ガバガイ問題と呼ばれたりもします。単語を学び始めたばかりの子どもも、まさにこのガバガイ問題に直面していると考えられるのです。

家の窓から外を走っていく車が見えた。そのときに、「ブーブ」と話しかけられた。ブーブというのは、窓から見えた、あんなふうに走り去っていく車のこと？

散歩の途中で、毛むくじゃらの、四本足で歩く生き物に出会った。お父さんは「ワンワン」と言っていたけれど、こういう感じの、毛むくじゃらで、四本足の生き物は皆「ワンワン」なんだろうか？

このように、新しい単語に出会うたびに子どもは、それがどのような意味なのかについて試行錯誤を繰り返しているのだとすれば、確かに、たくさんの単語を素早く覚えていくことなどできないはずです。

【中略】

では、子どもはいつ頃、大人の常識に気づいて、単語の意味をめぐる試行錯誤から抜け出すのでしょうか。子どもの単語学習がトップスピードにのるのは、話すことのできる単語の数が１００になるころ、月齢にすると20か月すぎだと思われます。

確かにこのくらいの時期、指さしの理解などもしっかりしたものになり、加えておおよそこの時期、単語の意味のとらえ方でも、子どもは〝大人〟に追いつくようです。その変化の一端は、アメリカの心理学者ガーシュコフ＝ストウとスミスの行った次の研究でもとらえられています。

この研究では、［　B　］にしたがって、子どもの単語解釈の仕方がどのように変わっていくかを検討しました。対象になったのは、研究のスタート時点において、単語を少し話し始めたくらいの子どもたちでした。この子どもたちはその後、3週間おきに、初めて聞いた単語をどのように解釈するかを調べられました。その調べ方とは、次のようなものです。

まず、学習段階においては、たとえば、素材は木で、表面は赤地に白の水玉模様に塗ってある、U字型の物体（図表の①）を見せて、「これはダックスよ」とその名前を教えます。

【図表】

⑴　学習段階「これはダックスよ」

①　形（U字型），素材（木），色と模様（赤地に白の水玉）

⑵　テスト段階「ダックスはどれ？　ほかにダックスはある？」

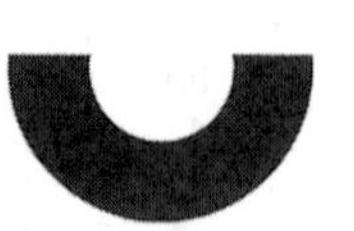

②　形だけ同じ（青色のU字型スポンジ）

③　色と模様だけ同じ（布製のクッション）

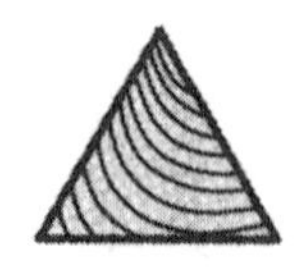

④　素材だけ同じ（木製の三角）

そして、そのあとのテスト段階においては、もとの物体と形は同じだけれども素材も表面の色や模様も違う物体（図表の②）、表面の色や模様は同じだけれど形や素材は違う物体（図表の③）、素材は同じだけれども形も表面の色や模様もまったく異なる物体（図表の④）を並べて見せました。そして、子どもたちはそのなかから〝ダックス〟をある

て「イヌ」と言うでしょうか。

たぶん、多くの人が、予定の変更を選ぶのではないかと思います。指さしの理解がまだ完璧でないときには、周囲の人の方がそんな子どもに歩み寄って、その理解を助けようとする、それが子どもとのやりとりに少し慣れてきた大人たちのすることです。

1歳が近づくと子どもは、たとえば＊社会的参照の場面では、自分は自分でモノと向き合いながら、同時にほかの人はどうしているのかを気にし始めます。あるいは、ほかの人と向き合いながら、そこに一緒に見たり、楽しんだりするためのモノを持ち込むようになります。

言語の学習でも、相手が言った単語の意味を知るために、相手の考えていることに気持ちを向け始めます。相手が考えていることを知るには、相手の視線や指さしが手がかりになります。もっとも、その努力は初めの頃はなんとも不器用で、指さしの指先からモノまでの距離が広がると、指さされているモノがわからなくなったりします。それでも、①そんな不器用さを補うべく、工夫して働きかけてくれる周囲の人たちにも支えられて、子どもの単語の意味の学習は始まるのです。

こうして1歳頃から子どもは単語を話し始めます。ただし、ここからすぐに、話すことのできる単語の数が爆発的な勢いで増えていくわけではありません。

この足踏みの理由ですが、一つは、この時期の子どもは［ A ］や視線の理解がまだ不安定で、相手が言った単語を結びつける先を探すのにまだまだ苦労しているから、ということがあるでしょう。

ただこの時期の子どもの単語の使い方を見ていると、足踏みの理由はほかにもありそうです。まず子どもの単語の使い方は、大人から見ると、ヘンに限定されている場合があります。たとえば「家の窓から見た車にしか『ブーブ』と言わない」といった具合です。

同時に、単語が、あまりにもさまざまな対象に使われすぎる、ということも見られます。つまり単語の意味が広すぎるのです。たとえば、②散歩の途中で見かけたチワワのことを「ワンワン」と教えたら、チワワだけでなくすべての犬種、さらには、猫や熊のぬいぐるみもすべて「ワンワン」になってしまったりします。

大人の方は、子どもにその対象を示して、「ブーブだね」とか、「ワンワンだよ」と教えれば、それでもうその単語の意味はわかってもらえるものと期待しています。ここで例に挙げた「ブーブ」や「ワンワン」の事例でも、子どもは、その単語をその対象と結びつけることには成功したようです。しかし、その単語の使い方を見ていると、狭すぎたり、広すぎたり、解釈の仕方がグラグラと定まらない感じです。どうしてこのようなことになってしまうのでしょう。

この問題について考えるために、次のような状況を想像してみてください。あなたは言語学者で、今まで知られていなかった言語の辞書を作ろうとしています。そのために、その言語を話す協力者と行動をともにし、彼が出した音声とその意味を書き留めていきます。今その協力者が、草むらから飛び出してきた白いウサギを指さして「ガバガイ」と言いました。

ここで、あなたなら、このガバガイの意味として、どのようなことを書き留めるでしょうか。「ウサギのこと」でしょうか。それとも、「動物のこと」ですか。あるいは、「この村でみんなに可愛がられている、このウサギの名前(固有名詞)」とか？　それとも「白くてふわふわしている」？

こうして考えてみると、何かを指さして単語を言うというだけでは、単語の意味を伝えるには十分でないことがよくわかります。意味の候補は、このようにいくらでも出てきてしまうからです。どれが本当の意味なのかは、なかなか決められません。

この問題を指摘したのは、アメリカの哲学者クワインです。「モノ

的な視点で考えなければいけないことを見落としてしまう恐れがあるということ。

問五 ――線部⑤「リビングから父さんがぼくを呼ぶ声がした」とありますが、この後の「航」と「父さん」の会話から、二人にはどのような考えのちがいがあることがわかりますか。解答らんに合うように、それぞれの考えを八十字以内で説明しなさい。

問六 ――線部⑥「思わず最後は敬語になってしまった」とありますが、それはなぜですか。次から最もふさわしいものを選び、記号で答えなさい。

ア　日ごろ子供の意見には耳をかたむけない父であるので、大人の言葉づかいなら反論できるだろうと思ったから。

イ　日ごろ子供の意見には耳をかたむけない父であるので、命の問題はていねいに伝えるべきだと感じたから。

ウ　子供の未熟な意見ではなく、動物愛護センターの職員が教え聞かせてくれたことを言ったものであったから。

エ　子供の未熟な意見ではなく、一人の人間として対等に渡りあえる正しい意見であると思ったから。

問七 次の①～⑤の文について、本文から読み取ることができるものは「○」、読み取ることができないものは「×」と答えなさい。

① この物語は現代のクローン技術がどのようなものに活用できるかが示されているのと同時に、大切な命というものをどのように考えていくべきなのかという問題も浮かび上がっていた。

② 物語全体に描かれているのは、周囲の人たちの無理解な様子の中にも、正しいことをつらぬこうとする少年の明るい姿であり、本文の終わりでは、希望に満ちた自分の考えや願いが将来実現されるであろうことが暗示されていた。

③ 航が調べてみた結果、優秀な盲導犬の細胞から生まれたクローン犬のうち、5パーセントは記憶を受けつぐことができないため、盲導犬になることはできないということであった。

④ 航が四本足で走れる希の姿を見たいと思ったのは、クローンの最新技術を実行し、社会に大きな驚きを与えた勇気ある存在として認めてもらいたいと考えたからであった。

⑤ 航は不幸な経験をした希の苦しさに心を寄せることができるからこそ、幸せそうに駆け回れる姿を望んでいるのだが、クローンはそのための方法であることを父に言い出すことができないもどかしさを感じていた。

四

次の文章を読んで、後の問いに答えなさい。なお、問いに字数指定がある場合には、句読点なども一字分に数えます。(設問の都合上、本文を一部省略しています。)

子どもが単語を話し始めるのは、1歳前後です。ということは、指さしの理解にしても、ほかの人が見ているモノを探しだすにしても、まだ完璧にできるようにはなっていない時期です。それにもかかわらず、子どもは、単語と意味(モノ)を結びつけて、意味ある単語を使い始めるのです。これはどういうことなのでしょうか。

このことについて考えるために、次のような状況を想像してみてください。

あなたは、指さしをしても、まだちゃんと見てくれない子どもと一緒に散歩をしています。きれいな花を見つけたので、「オハナ」と話しかけようと、子どもを見ました。すると、子どもは子どもでまったく違う方向からやってきた犬を見ています。このような場合、あなたはどうするでしょう。初めの予定どおり、花を指さして「オハナ」と言うでしょうか。それとも、予定を変更して、子どもの注意に合わせ

四本足で、思い切り駆け回る希を……。
ぼくは＊2パートナーズドッグＭＩＲＡＩのプリントアウトを、机の引き出しのいちばん下にしまった。
（これが必要になる日が、いつか来るかもしれない……）
そう思った。

（今西乃子『クローンドッグ』）

（注）＊1　自然の摂理…自然界の法則のこと。
＊2　パートナーズドッグＭＩＲＡＩ…クローン技術を使って、犬を誕生させることができる企業。

問一　――線部①「みんなが個人の感想をぶつぶつと言い始めた」とありますが、なぜですか。次から最もふさわしいものを選び、記号で答えなさい。

ア　繁殖された子犬の多くが盲導犬になれないのでつらい気持ちになり、新しい飼い主の探し方をお互いに考えていたから。

イ　盲導犬になれる犬の数があまりに少なく、訓練センターで子犬を繁殖させる意味があるのかないのか意見が分かれ始めていたから。

ウ　新しい飼い主が見つかることを納得する以上に、盲導犬になれる犬が少ないことを残念に思う感想が入り混じり始めていたから。

エ　今までみんなが知っていた盲導犬に関する知識と異なる話を聞き、本当はどうなのかという意見がそれぞれに高まっていたから。

問二　――線部②「可能性としてはそういうことが言えます」とありますが、どうして「そういうことが言え」るのですか。その理由が分かる三十字程度の部分を文中から探し、その初めと終わりの四字をそれぞれ書きぬきなさい。

問三　――線部③「ぼくが啞然としている」とありますが、なぜですか。次から最もふさわしいものを選び、記号で答えなさい。

ア　担任の先生は夏休みの自由研究の発表の場を航たち三人に与えてくれたのにもかかわらず、断りもなく保護者の一人である父の発言を許したから。

イ　盲導犬になれない犬がほとんど生まれることのないめざましい技術を、喜びや自信をもって説明していたのに、突然父に考え方そのものを否定されたから。

ウ　命の余りとか、余剰な命とかという考え方がまちがっているという判断は、父が獣医であるからこそ専門的に下せることだと感心したから。

エ　何よりも命を大切にできる先進的な技術を用いたクローンの盲導犬のすばらしさを、父があまりにも理解していないことに驚いたから。

問四　――線部④「命を合理性や理屈で考えるのは非常に危険」とは、どういうことですか。次から最もふさわしいものを選び、記号で答えなさい。

ア　命というものを、むだのない能率的な面やそれらしい理由づけで大切かどうか判断することには、大きな問題があるということ。

イ　命というものを、実績の年月がまだ少ない最新の技術であるクローンに置きかえて考えることには、取り返しのつかない問題があるということ。

ウ　命というものを、自然の法則や遺伝子の法則にもとづいて考えていくと、理解できない部分が生まれてしまい、不都合な問題になってしまうということ。

エ　命というものを、客観的な視点で考えていくと、本来、主観

「お前、クローンなんて調べているのか?」

父さんはおこっているようには見えない。その声はいつもどおり低くおだやかだ。

「ネットで調べてたら、たまたま盲導犬のクローンをつくってる会社を見つけたんだ。命のコピーでそのまま才能を受けつぐなんて、すっごく画期的だと思ったんだよ。それが悪いことなの?」

ぼくはランドセルをおろして、ソファに座った。

「いいか悪いかを決めるのはお前だ。画期的だの、合理的などと意見を言う前に、クローンというものがどういうものなのか、きちんと調べることだ。……それと、命に余りなんてない。いらない命なんてないんだぞ」

来たなとぼくは思った。

「あ、そう! じゃあ、ぼくも言わせてもらうけど、希はいらない命だから捨てられたんじゃないの? それと、去年、ぼくが自由研究で見学した動物愛護センターでの殺処分だけど、いらない余った命だから、処分されちゃうんでしょ? ちがいますか?」

⑥思わず最後は敬語になってしまった。それくらいぼくは自信たっぷりに、自分の意見を父さんにぶつけた。

「いらない命だから希は捨てられた? ところが、どうだ? いらないとだれかが捨てた命が、今のお前にはいちばんの宝物になっている。希はお前にとって自分の命と同じくらい大切だろう。ちがうか? だから、いらない命なんてない」

希のことを父さんに言われて、ぼくはぐうの音も出なかった。

「動物愛護センターで殺処分される犬たちも同じだ。命を命だと思わない人間が捨てる。逆にそうでない人は、いつくしみ大切にする。命を大切に思えるか、思えないかは、その人の心でしかない。だから、命は平等なんだ。どの命が大切で、どの命が大切じゃないなんて、決めることはできないんだ。航にはすべての命を、心から大切に思える人間になってほしい」

父さんはとなりで寝ている希の頭をやさしくなでた。

希は目を開けて父さんを見上げると、しっぽを振って首をきゅっきゅっと左右に振った。

「航……。父さんは、航が希を救ったことをうれしく思ってる。希を心から大切にしてくれることを、ほこりに思っている。

自分の命っていうのは、自分だけの力でかがやくもんじゃない。自分と自分の周りの人たちの力があって、初めてかがやくものなんだ。

希がきらきらとかがやけるのは、お前のおかげでもあるんだぞ。逆に今の航が明らかに変わって、以前より生き生きしているのは希のおかげだ。

どんな命だってかがやくことができる。だから、いらない命なんてこの世にはない。希を助けたお前なら、それくらいわかるだろう?」

説教されているのか、ほめられているのか、ぼくはわからなくなった。

「よく考えてみなさい。部屋に行きなさい」

ぼくがうなずくと、父さんは新聞を読み始めた。

希を抱いて自分の部屋へもどると、五時半を過ぎている。公園では勇輝と唯がすでに待っているはずだ。

父さんの話を聞いてもまだ納得（なっとく）できないでいたぼくは、父さんに言えなかった一言を、頭の中で何度もくりかえしていた。

(父さんは、いつか四本足で走る希を見たくないの?)

希に足が四本あれば、犬の希はもっと幸せなはずだ。そして、幸せそうに走る希は、ぼくをもっともっと幸せにしてくれるはずだ。

ぼくは、見たい。

先生がえんりょがちに言った。

「参観者が意見を言うべきではありませんが、わたしは獣医で、犬や猫の命を預かる仕事をしています。その立場から言わせていただくと、命の余りとか、余剰な命という考え方はまちがっていると、この場で申し上げておきたい」

③ぼくが唖然としていると、父さんは少しおこったような顔で続けた。

「命というのは、生まれるべくして生まれてくるものです。いらない命なんてないし、この世の中に余った命はないということです。まして、合理的であるという理由で＊1自然の摂理に反するような繁殖、つまりクローンだが、これはやってはならないことです。ほかに言いたいことはたくさんありますが、④命を合理性や理屈で考えるのは非常に危険だということです。以上、授業のじゃまをして申し訳ありませんでした」

教室が再び静かになったが、多くの保護者が父さんの言葉にうなずいている。

（そもそも、いらない命がないのなら、どうして希のように捨てられる命があるんだ！　ぼくが去年、調べたみたいに、捨てられて殺処分される命があるんだよ！）

ぼくは父さんにそう言い返したい気分だったが、さすがにそれはできなかった。ぼくがだまって下を向いていると、先生が助け船を出してくれた。

「貴重なご意見ありがとうございました。田川さん、では発表の続きをお願いします」

それからは、ぼくは盲導犬の繁殖にはふれず、唯が撮影した訓練センターの写真を順番に見せながら、盲導犬の仕事や視覚障がい者との暮らしのこと、引退してからのことなどを淡々と説明して発表を終えた。

出だしは上々だったぼくの気分は、どん底まで落ちこんでいた。

「なあ、お前のお父さん、おこってんのかな？」

放課後、昇降口のげた箱の前で勇輝が心配そうに聞いてきた。

「さあな。でも関係ないよ。人それぞれ考え方はちがうってもんだ！」

「でも、あたしはおじさんの意見に賛成！　生まれてくる命で、いらない命なんてないよ」

唯が少したしなめるような顔でぼくを見る。

「じゃあ、今日も六時前に公園でな！」

ぼくはそれだけ言うと、そそくさと学校を出た。

かなり気分が落ちこんだ。あんなこわい父さんの顔を見たのは初めてだった。

どこか寄り道でもしたい気分だったが、希のことを考えると、ぼくの足はいやでも自宅に向かわざるをえなかった。

玄関を開けると、希がいつものようにしっぽをぶんぶん振って、大歓迎してくれた。

希を抱いておでこにキスをすると、⑤リビングから父さんがぼくを呼ぶ声がした。今日が休診日だったことは、幸いではなく災いとなった。

希を連れてリビングに入る。

「今日の発表のことだけど……、ちょっと話があるから、そこに座れ」

別におこられるようなことは、何もしていない。こっちも聞きたいことがあったから望むところだと、ぼくは思った。

勇輝のかけ声にぼくはうなずき、大きく深呼吸して顔をあげた。
「えー、ぼくたち三人が共同で行った自由研究の発表を行います。テーマは人のために働く盲導犬の一生についてです」
言いながらぼくは、模造紙にはられた写真を指さして、盲導犬の誕生から順番に説明することにした。
「ぼくらが取材に行った盲導犬訓練センターでは、年間二百頭の子犬を繁殖させています。でも盲導犬になれる犬は30パーセントで、わずか六十頭しかいません」
「えー、そんなに少ないんだ……」
しゅんかん、教室内にざわめきが広がる。
「はーい、質問。残りはどうなるんですか？　盲導犬になれなかった犬は？」
「ちゃんと家庭のペットとして飼ってもらえるよう、新しい飼い主を見つけるそうです」
ぼくが答えると「見つからなかったら？」と、また質問が来た。
「見つからないことは今までないそうです」
「ふーん……。どんどん生まれても、たった三割しか盲導犬として役に立たないなんてなあ」
①みんなが個人の感想をぶつぶつと言い始めたので、ぼくは「えへん」と大きくせき払いしてみんなの集中を取りもどした。そして自分で調べたことを切り出した。
「ところが……、調べてみると繁殖した子犬のうち、盲導犬として95パーセントの合格率をほこるブリーダーがいたんです」
「えー、すっごいじゃん！　それって天才！」
みんなが一斉に声を出す。
この声でぼくは調子があがった。
「それはクローンの盲導犬です」
あれほどざわついていた教室が、いっしゅんで水を打ったように静まり返る。
その静寂を破るように、ぼくは発表を続けた。
「盲導犬としてかがやかしい成績を収めた親犬の細胞から生まれた、いわば命のコピーです。コピーなので親の遺伝子をそのまま受けついでいます」
「すごいー！　でもなんで１００パーセントじゃなくて95パーセントなの？」
「遺伝子構成が同じでも、記憶は受けつぎません。生まれてからの環境や体験のちがいで、多少変わってくるからです」
「じゃあ、生まれてから、その犬の親と同じ環境で同じ訓練士さんに訓練を受ければ、だいじょうぶってこと？」
クラスメートのひとりが興味深そうに聞いてくる。
「②可能性としてはそういうことが言えます」
自分でも信じられないほどすらすらと、ぼくはしゃべった。
「じゃあ、盲導犬になれなくて余る犬は、百頭のうち五頭だけってこと？　それってすごいね」
「すごーい！　画期的！」
方々から声があがる。
「余った犬、つまり余剰な命がほとんど生まれないという点では、画期的かつ合理的と言えます。余剰な命の行き場、つまり新しい飼い主を探す必要がなくなるわけですから」
次のしゅんかん、参観していた保護者の中から「はい！」と声があがった。
担任の先生がびっくりして教室の後ろを見る。父さんだった。
「ちょっと、一言いいですか？」
「ど、どうぞ……」

二〇二〇年度 湘南白百合学園中学校

【国　語】〈四教科入試〉（四五分）〈満点：一〇〇点〉

一 **次の――線部のカタカナは漢字に、漢字はひらがなに直しなさい。**

① シンソウを究明したい。
② シンカンセンの乗車券。
③ 情報はシュシャ選択すべきだ。
④ ヒンコンに悩む。
⑤ 見事なカショウ力。
⑥ これからの指針を明らかにする。
⑦ 綿密な計画。
⑧ 肉眼で見える星。
⑨ 家路を急ぐ。
⑩ 羊を率いる少年。

二 **次の問いに答えなさい。**

問一 次の①と②の文において、――線部の漢字や言葉の使われ方が正しいものをそれぞれ一つずつ選び、記号で答えなさい。

①
ア　新しい仕事を始めたばかりの頃は、五里夢中だった。
イ　学級会では異口同音にさまざまな意見が出てきた。
ウ　彼は最も有名な賞をもらい、有頂点である。
エ　明日こそ、気になっていたことを単刀直入に聞くつもりだ。

②
ア　ジャングルで絶対絶命の危機に追い込まれた。
イ　人をだましてお金をとるなんて、言語道断だ。
ウ　春から新しい環境で、心気一転がんばりたい。
エ　今はまだ正念場だから、ゆっくりしていよう。

問二 次の文の（　）の言葉を正しい敬語に直し、それぞれ指定字数の**ひらがな**で答えなさい。

① このメロンはお客様が（食べる）ものだから、冷やしておきましょう。［五字］
② 私は明日の展覧会に行って、先生の作品を（見る）予定です。［六字］
③ あなたのお母様が（言っ）ていましたよ。［五字］

三 **次の文章を読んで、後の問いに答えなさい。なお、問いに字数指定がある場合には、句読点なども一字分に数えます。**

《小学校六年生の田川航の拾った子犬は、心ない人の行為で後ろ足首から下がない。航は未来への希望をたくして希と名づけていた。希との出会いをきっかけに、犬に関することを夏休みの自由研究のテーマにして、保護者も参観に来る二学期の研究発表の授業に臨んだ。》

「それでは、自由研究発表を行います！　きりーつ！　礼！　着席」
日直の声でみんながあいさつすると、ぼくらはすぐに教壇に向かった。
勇輝と唯が、発表内容を書いた模造紙をマグネットで黒板にはる。その間にぼくは発表内容をまとめたノートを開いて、心の準備をした。
「準備オーケーです」

2020年度

湘南白百合学園中学校 ▶解説と解答

算 数 ＜４教科入試＞（45分）＜満点：100点＞

解 答

[1] (1) $1\frac{16}{75}$ (2) 0.2 (3) 7 (4) 3000m (5) A→B→(D)→E→C [2] (1) 10g (2) 28円 [3] (1) 毎分1200cm^3 (2) 8 (3) 30分後 (4) 解説の図３を参照のこと。 [4] (1) 45度 (2) 56.52cm [5] (1) 解説の図１を参照のこと。(2) 160cm^3

解 説

[1] 四則計算，比の性質，逆算，計算のくふう，速さと比，推理

(1) $3\frac{2}{5}\times0.6-\left(7\frac{4}{25}-5.12\right)\times\frac{2}{3}+\frac{8}{15}=\frac{17}{5}\times\frac{3}{5}-\left(\frac{179}{25}-\frac{512}{100}\right)\times\frac{2}{3}+\frac{8}{15}=\frac{51}{25}-\left(\frac{179}{25}-\frac{128}{25}\right)\times\frac{2}{3}+\frac{8}{15}$ $=\frac{51}{25}-\frac{51}{25}\times\frac{2}{3}+\frac{8}{15}=\frac{51}{25}-\frac{34}{25}+\frac{8}{15}=\frac{17}{25}+\frac{8}{15}=\frac{51}{75}+\frac{40}{75}=\frac{91}{75}=1\frac{16}{75}$

(2) $A:B=C:D$のとき，$B\times C=A\times D$となるから，$\frac{17}{65}:0.5=(7-\square):13$のとき，$0.5\times(7-\square)=\frac{17}{65}\times13$となる。よって，$0.5\times(7-\square)=\frac{17}{5}$，$7-\square=\frac{17}{5}\div0.5=3.4\div0.5=6.8$，$\square=7-6.8=0.2$

(3) 右の図１で，2020÷11＝183余り７であり，この式の割られる数を１ずつ増やすと，余りが１ずつ増え，割り切れると商が１増える。よって，2024は11で割り切れるから，(2021×2022×2023×2024)も11で割り切れることがわかる。したがって，問題文中の式を11で割ったときの余りは，2020を11で割ったときの余りと等しくなるので，７と求められる。

図１
2020÷11＝183余り７
2021÷11＝183余り８
2022÷11＝183余り９
2023÷11＝183余り10
2024÷11＝184

(4) 行きと帰りの速さの比は，50：60＝５：６だから，行きと帰りにかかった時間の比は，$\frac{1}{5}:\frac{1}{6}=6:5$である。この差が10分なので，比の１にあたる時間は，10÷(６－５)＝10(分)となり，行きにかかった時間は，10×６＝60(分)とわかる。よって，家から学校までの道のりは，50×60＝3000(m)である。

(5) Ａの発言から，Ａは５番目ではない。Ｃの発言から，Ｃは１番目ではなく，Ｅは５番目ではない。Ｅの発言から，Ｅは１番目ではない。これらにＢとＤの発言からわかることを加えると，右の図２のようになる。すると，１番目はＡ，５番目はＣと決まるので，右上の図３のようになる。さらに，Ａの発言からＥは２番目ではないので，右上の図４のように決まる。よって，５人が到着(とうちゃく)した順番は，Ａ→Ｂ→Ｄ→Ｅ→Ｃとなる。

図２

	1	2	3	4	5
A			×		×
B	×		×		×
C	×		×		
D	×	×	○	×	×
E	×		×		×

図３

	1	2	3	4	5
A	○	×	×	×	×
B	×		×		×
C	×	×	×	×	○
D	×	×	○	×	×
E	×		×		×

図４

	1	2	3	4	5
A	○	×	×	×	×
B	×	○	×	×	×
C	×	×	×	×	○
D	×	×	○	×	×
E	×	×	×	○	×

2 割合と比，正比例と反比例

(1)　10枚作るには，小麦粉が500ｇ，砂糖が，500×0.2＝100(ｇ)必要である。よって，１枚作るのに必要な砂糖の重さは，100÷10＝10(ｇ)となる。

(2)　１枚作るのに必要な小麦粉の重さは，500÷10＝50(ｇ)だから，30kg，つまり，1000×30＝30000(ｇ)の小麦粉を使用すると，30000÷50＝600(枚)作ることができる。このとき，砂糖は，10×600＝6000(ｇ)，卵は，$2\times\frac{600}{10}$＝120(個)必要である。よって，仕入れにかかる金額は，240×30＋230×$\frac{6000}{200}$＋20×120＝16500(円)なので，１枚作るのに必要な金額は，16500÷600＝27.5(円)とわかる。したがって，利益を上げるには１枚の価格を28円以上に設定すればよい。

3 グラフ―水の深さと体積

(1)　Ａそう，Ｂそうの二か所に同時に同じ量の水を流し入れるから，下の図１のアの部分がいっぱいになるまでは，はばが20cmであるＡそうよりも，はばが12cmであるＢそうのほうが，水面の高さが高くなる。そして，アの部分の容積は，30×12×20＝7200(cm³)である。この部分に水が入るのに６分かかるので，Ｂそう(およびＡそう)には毎分，7200÷６＝1200(cm³)の水が流れている。

(2)　水を入れ始めて16分後のＡそうの水面の高さ(イの部分の高さ)は，1200×16÷(30×20)＝1200×16÷600＝32(cm)であり，この高さは，20＋20＝40(cm)よりも低い。よって，６分後から16分後までの，16－６＝10(分)でウの部分に水が入るので，ウの部分の容積は，1200×10＝12000(cm³)とわかる。したがって，b＝12000÷(20×30)＝20(cm)だから，a＝20－12＝８(cm)となる。

(3)　下の図２のように，Ａそうのエの部分とＢそうのオの部分に水が入ったときに，水面の高さが最初に同じになるとする。エの部分とオの部分は，正面から見たときの面積が等しく，横の長さの比が，20：(８＋20)＝20：28＝５：７なので，高さの比は，$\frac{1}{5}:\frac{1}{7}$＝７：５となる。この差が，40－32＝８(cm)だから，比の１にあたる長さは，８÷(７－５)＝４(cm)であり，エの部分の高さは，４×７＝28(cm)と求められる。よって，ＡそうとＢそうの水面の高さが最初に同じになるのは，水を入れ始めて，16＋600×28÷1200＝16＋14＝30(分後)である。

(4)　(3)より，水を入れ始めて30分後の水面の高さは，32＋28＝60(cm)である。その後，カの部分がキの部分よりも早くいっぱいになり，続いてキの部分もいっぱいになり，最後にクの部分がいっぱいになる。そして，カの部分がいっぱいになるのに，600×(20＋20＋40－60)÷1200＝600×20÷

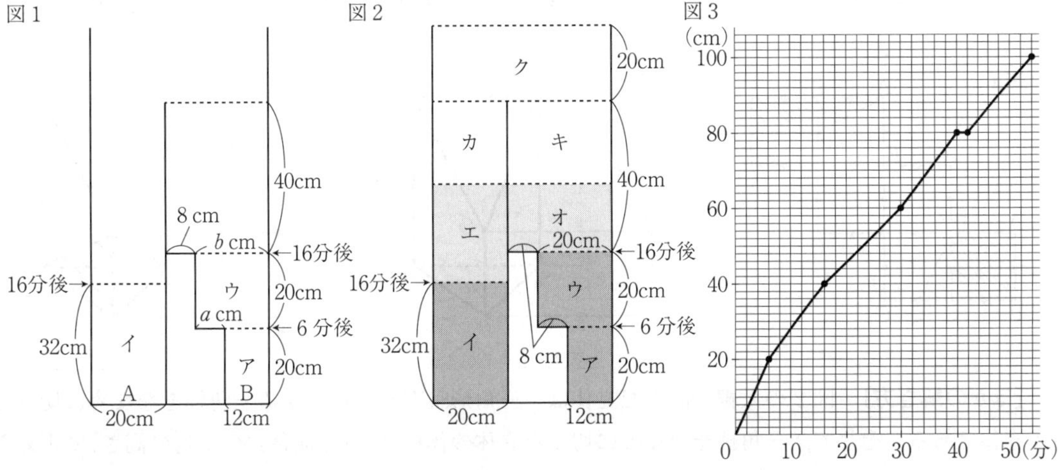

1200＝10(分)，カ，キの部分がいっぱいになるのに全部で，30×(20＋28)×20÷(1200＋1200)＝12(分)，クの部分(カ，キの部分と同じ20cmの高さ)がいっぱいになるのに12分かかる。つまり，水そう内の最も高い水面の高さは，水を入れ始めて，30＋10＝40(分後)に，60＋20＝80(cm)になってから，30＋12＝42(分後)まで変化せず，42＋12＝54(分後)に100cmになるので，グラフは上の図3のようになる。

4 平面図形—図形の移動，角度，長さ

(1) 正方形がx度の回転を8回行って最初の位置に重なるから，正方形が円に接した点を結ぶと，右の図の太実線の正八角形になる。また，N角形の内角の和は，180×(N－2)で求められるので，八角形の内角の和は，180×(8－2)＝1080(度)となり，正八角形の1つの内角は，1080÷8＝135(度)とわかる。よって，角xの大きさは，135－90＝45(度)である。

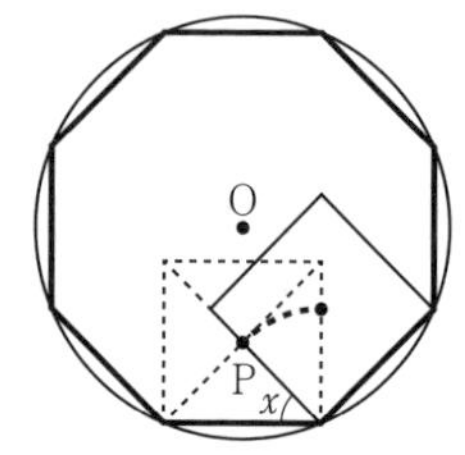

(2) 正方形が45度の回転を1回行うと，点Pが動いてできる線は太点線のようになる。これは，半径が，18÷2＝9(cm)，中心角が，90－45＝45(度)のおうぎ形の弧であり，これが全部で8か所ある。よって，点Pが動いてできる線の長さは，$9\times2\times3.14\times\frac{45}{360}\times8$＝18×3.14＝56.52(cm)と求められる。

5 立体図形—展開図，分割，体積

(1) 問題文中の見取り図を参考にして，展開図に頂点の記号をつけると下の図1のようになる。また，PはBFの真ん中にあり，QはCGの真ん中にある。さらに，色がぬられているのは正方形ABCD，長方形BPQC，三角形CQD，三角形BPAの4面である。よって，色がぬられている部分は図1のようになる。

(2) 下の図2で，RとQは同じ面上にあるから，結ぶことができる。次に，Rを通りQGと平行な直線を引き，EHと交わる点をSとすると，SとGは同じ面上にあるので，結ぶことができる。よって，切り口は四角形RSGQとなり，辺GHをふくむ立体は太線で囲んだ立体とわかる。この立体は，下の図3のように，三角すいQ－SGHと四角すいQ－RSHDに分けることができる。ここで，SH(RD)の長さは，$8\times\frac{3}{4}=6$(cm)，QGの長さは，$8\times\frac{1}{2}=4$(cm)だから，三角すいQ－SGHの体積は，8×6÷2×4÷3＝32(cm^3)と求められる。また，四角すいQ－RSHDの体積は，8×6×8÷3＝128(cm^3)である。したがって，辺GHをふくむ立体の体積は，32＋128＝160(cm^3)である。

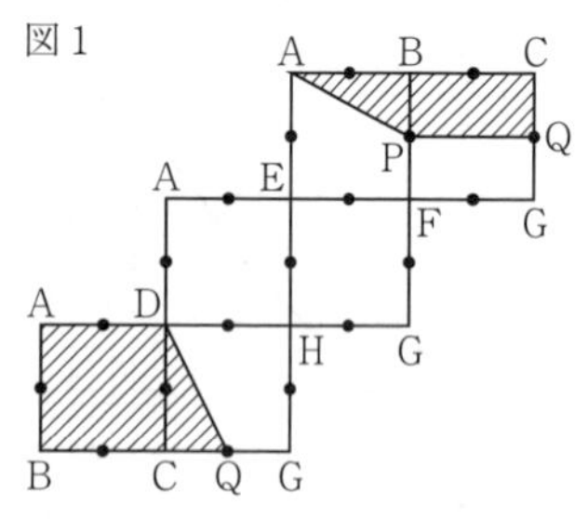

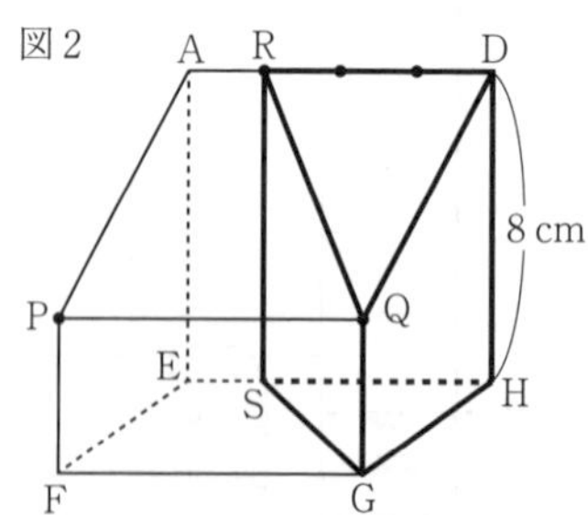

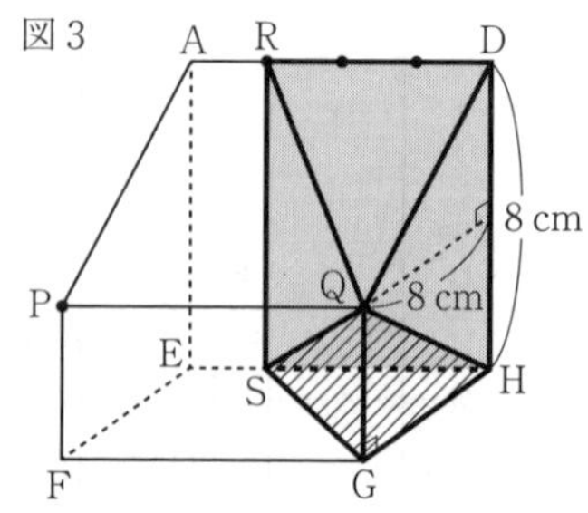

〔ほかの解き方〕 図2の太線で囲んだ立体は，三角形SGHを底面とする三角柱をななめに切った立体である。そして，三角柱をななめに切った立体の体積は，(底面積)×(平均の高さ)で求めら

れる。三角形SGHの面積は，$8\times6\div2=24$(cm^2)，平均の高さは，$(4+8+8)\div3=\frac{20}{3}$(cm)なので，体積は，$24\times\frac{20}{3}=160$(cm^3)と求めることもできる。

社　会 ＜４教科入試＞（40分）＜満点：100点＞

解　答

1 ① 対馬海流　② イ　③ オ　④ アイヌ　⑤ エ　⑥ ウ　⑦ フォッサマグナ　⑧ ア　⑨ オ　⑩ イ　⑪ シラス台地　⑫ イ　⑬ ア，エ　⑭ エ　⑮ イ　⑯ A 金沢(市)　B 札幌(市)　2 1 1 政令指定都市　2 ア　3 オ　4 キ　2 北西　3 2.8キロメートル　4 B　3 1 聖武天皇　2 エ　3 ウ　4 聖徳太子　5 イ　6 (フランシスコ＝)ザビエル　7 エ　8 ア　9 びわほうし　10 イ・ウ・オ・ア・エ　11 イ，エ　12 浮世　13 歌川広重　14 え・あ・う・い　15 (例) 戦争で資源の輸入ができなくなり，兵器をつくるのに必要な金属が不足したため。　4 1 オ え　キ お　ク う　シ い　ス あ　2 あ　3 エ　4 コ　5 あ × い × う ソ　6 う　7 う　5 1 え　2 あ　3 え　4 え　5 (例) プラスチック製の文房具や道具を使わないようにする。

解　説

1 日本各地の半島を題材とした問題

① 日本海を流れる暖流は対馬(つしま)海流で，本州に沿って北東に流れている。なお，Aは能登半島について述べた文章で，北前船は江戸時代，日本海沿岸を結ぶ西廻(まわ)り航路を使って，蝦夷(えぞ)地(北海道)や東北地方などの産物を大阪まで運んだ。当時の船の多くは帆(ほ)船であり，冬は北西，夏は南東から吹(ふ)く季節風をたくみに利用して航行した。また，日本海を北上する場合には，対馬海流に乗って進むことができた。

② 北前船は，蝦夷地からにしん・さけ・こんぶなどの海産物を運び，大阪から米・酒・塩・さとう・紙・木綿などを運んだ。

③ 輪島塗とともに石川県を代表する伝統的工芸品は九谷(くたに)焼で，金沢市や小松市の周辺で生産されている。なお，アの高岡銅器は富山県，イの南部鉄器は岩手県，ウの備前(びぜん)焼は岡山県，エの西陣織(にしじんおり)は京都府の伝統的工芸品である。

④ Bは北海道の知床(しれとこ)半島について述べた文章で，北海道の先住民族はアイヌである。北海道にはアイヌ語が語源とされる地名が多く，知床も「地の果て」「大地の先」を意味するアイヌ語の「シリエトク」に由来すると考えられている。

⑤ 世界遺産の認定は，国際連合の専門機関であるUNESCO(ユネスコ)(国連教育科学文化機関)に属する世界遺産委員会が行う。なお，アのFAOは国連食糧農業機関，イのWHOは世界保健機関，ウのIMFは国際通貨基金，オのUNIDOは国連工業開発機関の略称(りゃくしょう)で，いずれも国際連合の専門機関である。

⑥　「知床」が世界自然遺産に登録されたのは，ウで述べられているような点が評価されてのことであった。なお，アは世界自然遺産「屋久島」(鹿児島県)，イは世界自然遺産「白神山地」(青森県・秋田県)，エは世界文化遺産「紀伊山地の霊場と参詣道」(和歌山県・奈良県・三重県)に，それぞれあてはまる。

⑦　日本列島を地質学的に東北日本と西南日本に分ける大地溝帯をフォッサマグナという。ともに大陸プレートであるユーラシアプレートと北米プレートの境界部にあり，本州の中央部を南北に貫いている。その西の端は，新潟県糸魚川市と静岡県静岡市を結んでいるが，東の端ははっきりわかっていない。なお，Ｃは静岡県の伊豆半島について述べた文章である。

⑧　富士山は山梨県・静岡県境，箱根は神奈川県に位置し，八丈島などがある伊豆諸島は東京都に属しているので，アが選べる。なお，この国立公園は「富士箱根伊豆国立公園」である。

⑨　駿河湾(静岡県)にある焼津港は，遠洋漁業の基地として知られる。全国有数の水揚げ量を誇り，特にまぐろとかつおの水揚げ量が多い。なお，アの境港は鳥取県，イの銚子は千葉県，ウの釧路は北海道，エの枕崎は鹿児島県にある漁港。

⑩　遠洋漁業は1970年代前半には漁業種類別生産量が最も多かったが，各国が沿岸から200海里以内の海域を漁業専管水域(現在は排他的経済水域)として外国漁船の操業を制限するようになってから，生産量を大きく減少させた。よって，イと判断できる。なお，アは沖合漁業，ウは沿岸漁業，エは海面養殖業，オは内水面漁業・養殖業。

⑪　Ｄは鹿児島県の大隅半島について述べた文章である。大隅半島をはじめ，九州地方南部にはシラスとよばれる火山灰の積もった土壌の台地が広がっており，シラス台地とよばれている。水持ちが悪く稲作には不向きであることから，おもに畑作や畜産を中心に農業が行われている。

⑫　家畜の飼養頭(羽)数の全国第１位は，乳用牛と肉用牛が北海道，豚が鹿児島県，肉用若鶏(ブロイラー)が宮崎県となっているので，イが正しい。統計資料は『日本国勢図会』2019／20年版による。

⑬　Ｅは和歌山・奈良・三重の３県にまたがる紀伊半島について述べた文章である。人工の三大美林とよばれるのは吉野すぎ(奈良県)，尾鷲ひのき(三重県)，天竜すぎ(静岡県)なので，紀伊半島にふくまれるものはアとエである。なお，イの木曽ひのき(長野県)，ウの津軽ひば(青森県)，カの秋田すぎは天然の三大美林である。

⑭　紀伊半島最南端であり，本州最南端でもある潮岬(和歌山県)は，夏に高温多雨となる太平洋側の気候の中でも，特に年間降水量が多いことで知られるので，エがあてはまる。なお，冬の降水量が多いオは，日本海側の気候に属する上越市高田(新潟県)。年間降水量が少ないア～ウについては，１・２月の平均気温から，アが瀬戸内の気候に属する高松市(香川県)，イが亜寒帯の気候に属する札幌市(北海道)，ウが中央高地(内陸性)の気候に属する松本市(長野県)と判断できる。

⑮　半導体や金などが輸出品目の上位を占めるアは，成田国際空港(千葉県)である。イとウは，上位の品目が似ているが，輸出総額の多いイが名古屋港(愛知県)，残るウが横浜港(神奈川県)と判断できる。なお，Ｆは愛知県の知多半島について述べた文章である。

⑯　**Ａ**　能登半島は大部分が石川県に属しているから，金沢市があてはまる。　**Ｂ**　北海道の道庁所在地は札幌市である。

２　仙台市の自然や産業，地形図の読み取りについての問題

1　**1**　仙台市(宮城県)は東北地方で唯一の政令指定都市である。政令指定都市は内閣が定める政令に指定される人口50万人以上(実際には一定の条件を満たした人口70万人以上)の都市で，ほぼ都道府県並みの行財政権を持ち，都道府県を経由しないで直接国と行政上の手続きができる。2019年末現在，全国に20市ある(右の表)。　**2**　青葉山と仙台城址にある(∴)は，「史跡・名勝・天然記念物」の地図記号である。仙台市は，戦国大名の伊達政宗によって青葉山に築かれた仙台城の城下町として栄えてきた歴史を持ち，「杜の都」として知られている。なお，「三角点」の地図記号は(△)，「竹林」の地図記号は(亇)。　**3**　等高線が密である(間隔が狭い)ほど，斜面の傾斜は急になる。　**4**　毎年８月上旬に仙台市で行われる「七夕祭り」は，青森市の「ねぶた祭」，秋田市の「竿燈祭り」とともに，東北三大祭りとよばれる。

政令指定都市

北海道	札幌市
宮城県	仙台市
埼玉県	さいたま市
千葉県	千葉市
神奈川県	横浜市，川崎市，相模原市
新潟県	新潟市
静岡県	静岡市，浜松市
愛知県	名古屋市
京都府	京都市
大阪府	大阪市，堺市
兵庫県	神戸市
岡山県	岡山市
広島県	広島市
福岡県	福岡市，北九州市
熊本県	熊本市

2　この地形図には方位記号がないので，地形図の上が北を示している。市役所(◎)は地点Ａの仙台駅の左上に描かれているから，北西に位置する。

3　実際の距離は，(地形図上の長さ)×(縮尺の分母)で求められるから，２万５千分の１の地形図上で11cmの実際の距離は，11(cm)×25000＝275000(cm)＝2750(m)＝2.75(km)である。よって，小数点第２位を四捨五入すると2.8キロメートルとなる。

4　この地形図の縮尺は２万５千分の１なので，等高線は10mおきに引かれている。地点Ｂは，近くに標高122mを示す標高点(・122)があり，そこから斜面を20mほどのぼったところにあるので，標高は140m前後とわかる。また，地点Ｄは，近くに標高57mを示す標高点(・57)があることなどから，標高は60m前後と判断できる。

3　史料を用いた歴史的なことがらについての問題

1　奈良時代，仏教をあつく信仰した聖武天皇は，地方の国ごとに国分寺と国分尼寺を建てさせるとともに，平城京(奈良県)には総国分寺として東大寺を建て，大仏をつくらせた。なお，孝謙天皇は聖武天皇の娘で，のちに重祚(一度退位した天皇が再び即位すること)して称徳天皇となった。

2　ア　大宝律令は文武天皇の命により701年に制定された。　イ　遣隋使は推古天皇の時代の600年，初めて派遣されたとされている。　ウ　平城京に都が移されたのは，元明天皇の時代の710年である。　エ　東大寺の大仏づくりが決まると，朝廷は民衆の協力を得るために行基を大僧正の地位につけ，寄付集めなどを行わせた。よって，正しい。　オ　桓武天皇は，仏教と政治の結びつきを断つため，寺院勢力の強い奈良から都を移すことを決め，794年に平安京(京都府)に都を移した。

3　奈良時代には，疫病や貴族の反乱などの社会不安が広がった。聖武天皇らが仏教をあつく信仰したのは，仏教の力で国が安らかに治まることを願ったためであった。

4　法隆寺(奈良県)は607年に聖徳太子が大和国(奈良県)斑鳩に建てた寺で，現存する世界最古の木造建築物として知られ，世界文化遺産に登録されている。

5　ア，イ　聖徳太子は天皇を中心とした中央集権国家の建設を目指していたから，アは誤りで，イは正しい。　ウ　聖徳太子が手本としたのは隋(中国)で，唐(中国)が手本とされたのは大化の改新以降のことである。　エ　役人の守るべき心構えを示したものは憲法十七条(604年)である。冠位十二階(603年)は，身分や家柄にとらわれず，能力や功績のある人が役職につくことができるようにした制度である。　オ　中大兄皇子(のちの天智天皇)についての説明である。

6　1549年，スペイン人のイエズス会宣教師フランシスコ＝ザビエルが鹿児島に来航し，日本に初めてキリスト教を伝えた。

7　島原の乱(島原・天草一揆)は，徳川吉宗(第８代将軍)ではなく徳川家光(第３代将軍)の時代の1637年に起きているから，エが誤っている。

8　江戸時代の鎖国中，清(中国)のほかに，ヨーロッパの国ではオランダだけが，長崎での貿易を認められた。これは，オランダがキリスト教国(プロテスタント)でありながら，キリスト教の布教に熱心ではなく，貿易による利益のみを求めていたからである。よって，アが誤っている。なお，幕府がキリスト教を禁止した理由としては，神の前に人はすべて平等とする教えが幕府の支配体制に合わなかったことや，信者たちが一向一揆のような勢力になることを幕府がおそれたことがあげられる。さらに，貿易の利益を独占しようとしたオランダが，イエズス会などと結びつくスペインとポルトガルには領土的野心があると幕府に警告したことも，幕府の姿勢に影響をあたえた。

9　『平家物語』は鎌倉時代に成立した軍記物語で，平氏一門の繁栄から滅亡までを描いている。琵琶をひきながら物語を語る琵琶法師によって，全国各地に広められた。

10　アは1185年，イは11世紀初め，ウは1156年，エは1192年，オは1172年のできごとである。よって，年代の古い順にイ→ウ→オ→ア→エとなる。

11　通信使は，江戸時代に日本の将軍の代替わりごとに朝鮮から送られた慶賀の使節なので，イは誤っている。また，韓国併合(1910年)は，日露戦争の講和条約であるポーツマス条約により，韓国における優越権を認められたために行われたので，エも誤っている。

12，13　「図あ」は東洲斎写楽の役者絵(三世大谷鬼次の奴江戸兵衛)，「図い」は歌川(安藤)広重の浮世絵版画集「名所江戸百景」の一枚(大はし　あたけの夕立)で，どちらも江戸時代後期の化政文化を代表する錦絵(多色刷りの浮世絵版画)である。

14　「あ」は室町時代に描かれた雪舟の水墨画(天橋立図)，「い」は明治時代初期の東京・銀座のようすを描いた絵，「う」は江戸時代中期に出版された『解体新書』の表紙の絵，「え」は平安時代末期に描かれた「源氏物語絵巻」の一場面である。

15　日中戦争が長期化し，さらにアジア太平洋戦争が始まると，戦争で資源の輸入が止まっていたことから，石油や金属などの資源の不足が深刻になった。特に，鉄や銅は兵器の製造に不可欠であったため，国家総動員法にもとづき，政府は国民に金属製品の供出をよびかけた。なお，史料中に見られる「銃後」とは「戦場の後方」という意味の語で，この時代には，「国内にあって前線で戦う兵士らを支える国民」という意味で用いられた。

4　近代の歴史についての問題

1　「あ」は1937年，「い」は1931年，「う」は1902年，「え」は1894年，「お」は1901年のできごとである。

2　あ　日露戦争に勝利した日本は，ポーツマス条約によりロシアから樺太の南半分(北緯50度以南)，遼東半島南端の旅順や大連の租借権(借り受ける権利)などを譲り受けた。　い，お日清戦争に勝利した日本は，下関条約で遼東半島，台湾，澎湖諸島を獲得したが，ロシア・フランス・ドイツによるいわゆる三国干渉を受け，遼東半島を清に返還した。　う　千島列島は1875年の樺太・千島交換条約により，すでに日本領となっていた。　え　第一次世界大戦が始まると，日本は日英同盟を理由に連合国側に立って参戦し，ドイツの根拠地であった中国の山東半島やドイツ領の南洋諸島などを占領した。そして大戦終了後の講和条約(ベルサイユ条約)によって，日本はこれらの地域の支配を認められた。　か　琉球諸島は清と領有権を争ったが，琉球処分(1879年)で日本領となり沖縄県が置かれた。

3　それまでの手工業に代わり，機械を用いて製品の大量生産を行うしくみが広がることを産業革命といい，日本では日清戦争の前後に軽工業の分野で，日露戦争の前後には重工業の分野で進んだ。蒸気機関を用いた紡績工場が登場したことは，そうした動きを象徴するものであるから，ここではエがあてはまる。

4　日露戦争の勝利は，日本の国際的地位を大きく向上させる結果となった。1911年にアメリカとの間で関税自主権の回復に成功し，条約改正を達成できたのも，そうした背景があったからである。

5　**あ**　日中戦争により断絶状態にあった日本と中華民国(台湾)との国交は，1952年の日華平和条約の調印により回復した。　**い**　韓国との国交は1965年の日韓基本条約の調印により正常化したが，北朝鮮(朝鮮民主主義人民共和国)との正式な国交は，現在にいたるまで開かれていない。

う　1951年9月，日本は48か国との間でサンフランシスコ平和条約に調印。翌52年4月，同条約が発効したことで占領軍による支配が終わり，日本は主権を回復した。

6　2002年，日本と韓国の共同開催という形でサッカーワールドカップが開かれた。

7　1995年に起きた大災害は，阪神・淡路大震災(兵庫県南部地震)。神戸市(兵庫県)を中心に大きな被害が発生し，多くの死者・行方不明者が出た。また，2011年3月11日，宮城県沖で発生したマグニチュード9.0の大地震(東北地方太平洋沖地震)は，地震と津波により1万8000人以上の死者・行方不明者を出す大災害を引き起こした(東日本大震災)。なお，関東大震災は1923年のできごとで，新潟県中越地震は2004年，新潟県中越沖地震は2007年に発生した。

5　2019年のできごとを題材とした問題

1　あ　参議院議員の被選挙権は満30歳以上なので，25歳以前に参議院議員をつとめていることはありえない。なお，一般に，参議院議員をつとめている人が衆議院議員選挙に出馬(立候補)する場合，日本国憲法第48条の「何人も，同時に両議院の議員たることはできない」という規定により，立候補の届け出を出した時点で参議院議員を失職する。　い　予算は衆議院に先議権があるので，予算案が参議院から送られてくることはありえない。　う　裁判官をやめさせるかどうかを決定するのは，国会に設置される弾劾裁判所である。その裁判員は，衆・参両議院でそれぞれの議員の中から選挙で選ばれるので，「内閣総理大臣の指名により」は誤っている。　え　内閣総理大臣は国会が国会議員の中からこれを指名し，天皇が任命する。また，内閣総理大臣は閣議を主宰し，内閣の基本方針を決定する。さらに，最高裁判所長官は内閣が指名し，天皇が任命する。したがって，この文の内容は正しい。ただし，日本国憲法施行後，参議院議員から内閣総理大臣となった人物はいない。

2　あ　選挙権の年齢は2016年から満18歳以上に引き下げられているので，正しい。　い　都道府県知事が議会を解散することができるのは，議会から不信任の議決を受けたときだけであり，その場合，議会は必ず解散されるので，県議会が「解散命令に対して不服」という事態はありえない。なお，不信任の議決を受けてから10日以内に議会を解散しない場合，知事は失職する。　う　都道府県知事は住民の直接選挙で選ばれる。　え　会計年度は毎年４月１日から翌年３月31日までである。

3　あ　20歳未満の者が起こしたいわゆる「少年犯罪」の審理は，家庭裁判所で行われる。なお，民法の改正により2022年から成人年齢が20歳から18歳に引き下げられるのにともない，少年犯罪の対象年齢も引き下げるべきではないかとする声が高まり，議論となっている。　い　家庭裁判所を第一審とする裁判の第二審は，民事事件・刑事事件とも，高等裁判所で行われる。　う　離婚など家族の間の争いを裁く民事事件の審理も，家庭裁判所で行われる。　え　裁判員裁判は重大な刑事事件の第一審に取り入れられた制度であり，行われるのは地方裁判所である。

4　「アマゾン」とは熱帯雨林が広がるブラジルのアマゾン川流域のこと。ブラジルについて述べているのは「え」である。なお，「あ」は韓国，「い」はアメリカ合衆国，「う」はサウジアラビア。

5　小学校内で行うことができる取り組みであるから，学習で用いる道具になるべくプラスチック製品を使わないようにすることや，使う場合はできるだけ長く大切に使うようにすること，ごみの分別をしっかり行うことなどが考えられる。具体的には，シャープペンシルやボールペンではなく鉛筆や色鉛筆を使うようにする，道具箱や袋などは木製や布製のものを使うようにする，定規のようなプラスチック製品はできるだけ長く使うようにする，といった行動があげられる。

理　科　＜４教科入試＞（40分）＜満点：100点＞

解　答

1　(1)　①　子葉　②　ア　③　２枚　④　ウ　(2)　①　さや，豆　②　豆　③　×　(3)　**発芽と成長に必要**…(例)　適当な温度，空気　**成長に必要**…(例)　日光　(4)　①　ア　②　**i**　イ　**ii**　ア　**iii**　イ　**iv**　ウ　**v**　ウ　③　iii＞i＞v　(5)　①　2.9cm　②　ウ　**2**　(1)　酸素　(2)　(例)　容器に石灰水を入れてふると白くにごる。(3)　水蒸気　(4)　**a**　1　**b**　平均　**c**　1.65　(5)　(例)　新しい空気が入ったことで，燃えた紙の部分が多かったから。　(6)　①　ア　②　ウ　③　イ　(7)　イ　(8)　①　7.0 g　②　6.0 g　(9)　①　42.4 g　②　4.6 g/cm^3　③　(例)　と料をぬる。　**3**　(1)　**a**　ちっ素　**b**　酸素　**c**　二酸化炭素　(2)　①　**名前**…イ　**説明**…ク　②　**名前**…エ　**説明**…カ　③　**名前**…オ　**説明**…キ　(3)　①　8.72 g　②　56.6％　(4)　結しょう　(5)　**角板**…ア　**樹枝状**…イ　**4**　(1)　①　イ　②　ウ　③　イ　④　ウ　⑤　イ　⑥　イ　(2)　20cm　(3)　①　4　②　16　③　9　④　45　⑤　125　(4)　ア　(5)　0.15秒　(6)　秒速１m　(7)　秒速1.5m　(8)　イ　(9)　ウ

解　説

1　植物の成長についての問題

(1)　①　エンドウマメやインゲンマメ，ダイズなどマメ科の植物の種子(豆)は無胚乳(むはいにゅう)種子で，発芽のための栄養分であるデンプンを子葉にたくわえている。　②　マメ科の植物の種子はアのよ

うに，子葉が種子の大部分をしめ，発芽して根や茎，本葉になる部分が子葉の間にある。なお，イはカキ，ウはイネ，エはトウモロコシの種子である。　③　マメ科の植物は双子葉類なので，発芽のときに２枚の子葉が出てくる。その後，子葉の間から本葉や茎が出てきて育っていくと，子葉は枯れて落ちる。なお，エンドウマメの場合，子葉は地中に残る。　④　ヨウ素液はもともとうすい褐色（茶色）であるが，デンプンがあると青むらさき色に変化する。これをヨウ素デンプン反応といい，デンプンがあることを確認するさいに用いられる。デンプンは発芽のときに栄養分として使われるので，収穫した後残った豆にヨウ素液をかけると，発芽前と比べて青むらさき色がうすくなる。

⑵　①　スナップエンドウはエンドウマメの一品種で，青いさやと中の豆を食べる。　②　グリーンピースはエンドウマメの一品種で，熟していないうちにとった青い豆を食べる。　③　枝豆は，熟していないうちにとった青いダイズをさやごと切り取ったものである。

⑶　植物の種子が発芽するのに必要なのはふつう水，適当な温度，空気（酸素）の３つで，成長するためには，さらに日光と肥料が必要になる。

⑷　①　茎の長さが日に日に長くなっているので，茎の左側と右側はどちらも伸びている。図２の白矢印のように，茎が右側に曲がって伸びるのは，茎の左側の方が右側より多く伸びたためである。　②　豆苗が光の方に向かって伸びるならば，ⅰ，ⅲでは左に，ⅱでは右に，ⅳではまっすぐ伸びると考えられる。また，ⅴでは，曲がる方向が決まらないまま茎が成長するため，まっすぐ伸びると推測できる。　③　植物は，体内の葉緑体で光のエネルギーを利用して，二酸化炭素と水を材料に，デンプン（栄養分）をつくり出している。このはたらきを光合成といい，このとき酸素もつくり出されて放出される。葉が緑に見えるのは，葉緑体の中に緑色の葉緑素がふくまれているためである。②の実験では，光が長い時間葉にあたるほど光合成がさかんに行われ，葉の緑がこく大きく成長すると考えられるので，ⅲ＞ⅰ＞ⅴとなる。

⑸　①　表１で，茎の伸びは，「あ」では，3.9－1.0＝2.9（cm），「い」では，3.0－1.0＝２（cm），「う」～「お」では，1.0－1.0＝０（cm）となっている。　②　表１より，茎の伸びが最も大きかったのは「あ」なので，主に茎の先に近い部分が伸びていることがわかる。

２　ものの燃焼についての問題

⑴　ものが燃えるということは，ものと酸素が熱や光を出しながら結びつくことである。

⑵　紙を燃やすと，おもに二酸化炭素と水蒸気が発生する。このうち，二酸化炭素が発生したことを確かめるには，紙を燃やした後の容器に石灰水を入れてふればよい。石灰水は水酸化カルシウムの水溶液で，二酸化炭素の入っている容器に石灰水を入れてふると，水酸化カルシウムと二酸化炭素が反応して，水にとけない炭酸カルシウムができ，その粒が液に広がるために白くにごる。

⑶　紙などのように，炭素や水素を成分として持っている物質が完全燃焼すると，炭素は二酸化炭素に，水素は水になる。実験中，容器の内側のかべがくもったのは，紙の燃焼によって生じた水蒸気がかべにふれて冷え，水滴となってついたからである。

⑷　a　紙がよく燃えると，表１の実験後の紙の重さが軽くなる。２回目（0.04ｇ）を除くと，１回目（0.25ｇ）が一番軽いので，１回目が一番よく燃えたことがわかる。　b　実験で数値を求めるときには，実験を何回か行ってそれらの平均を計算することで，誤差を少なくすることができる。　c　２回目を除いた４回分の数字の平均をとると，実験後の紙の重さは，（0.25＋0.43＋0.37＋0.35）

÷４＝0.35(ｇ)となる。よって，紙が燃えて減った重さは，2.00－0.35＝1.65(ｇ)となる。

⑸　２回目以外の実験では容器にふたを閉めて紙を燃やしたので，容器内の酸素が減ると紙は燃えなくなる。２回目の実験では，ふたを開けてしまったので，容器の外から新しい空気が入り，紙が多く燃えるので，２回目以外の実験に比べて燃えた後の紙の重さが小さくなる。

⑹　①　鉄はじ石につくが，銅はじ石につかない。　②　鉄や銅は金属で，金属はみがくと光り，電気や熱をよく通す。また，金属を引っぱったりたたいたりすると，細長く伸びたりうすくひろがったりする。　③　日本の硬貨(こうか)(コイン)の材質は右の表のようになっており，銅は使われているが鉄は使われていない。

	材質
一円	アルミニウム
五円	黄銅(銅と亜鉛の合金)
十円	青銅(銅と亜鉛とスズの合金)
五十円	白銅(銅とニッケルの合金)
百円	白銅(銅とニッケルの合金)
五百円	ニッケル黄銅(銅と亜鉛とニッケルの合金)

⑺　表２より，燃やした後の金属の重さは，燃やす前の金属の重さに比例していることがわかる。鉄2.0ｇを燃やすと2.8ｇになったので，鉄4.0ｇを燃やすと，$2.8\times\frac{4.0}{2.0}=5.6$(ｇ)になる。

⑻　①　鉄2.0ｇを燃やすと2.8ｇになったので，燃やした後に9.8ｇになる鉄の，燃やす前の重さは，$2.0\times\frac{9.8}{2.8}=7.0$(ｇ)と求められる。　②　銅2.0ｇを燃やすと2.5ｇになったので，銅4.2ｇを燃やすと，$2.5\times\frac{4.2}{2.0}=5.25$(ｇ)になり，燃やす前より重さが，5.25－4.2＝1.05(ｇ)増える。よって，鉄によって増えた重さは，3.45－1.05＝2.4(ｇ)である。また，鉄2.0ｇを燃やすと重さが，2.8－2.0＝0.8(ｇ)増える。したがって，混ざっていた鉄の重さは，$2.0\times\frac{2.4}{0.8}=6.0$(ｇ)とわかる。

⑼　①　金属Ｂと金属Ｄをそれぞれ４cm^3ずつ混ぜるとき，できあがる合金は，2.7×4.0＋7.9×4.0＝42.4(ｇ)になる。　②　27ｇの金属Ｂ，金属Ｃ，金属Ｅの体積はそれぞれ，27÷2.7＝10(cm^3)，27÷6.0＝4.5(cm^3)，27÷9.0＝3.0(cm^3)である。よって，金属Ｂ，金属Ｃ，金属Ｅを27ｇずつ混ぜるとき，27×３÷(10＋4.5＋3.0)＝4.62…より，できあがる合金の密度は4.6ｇ/cm^3と求められる。

③　金属製品がさびるのを防ぐには，金属が空気中の酸素にふれないようにするため，表面にと料をぬったり，さびにくい金属を使って表面にメッキをほどこしたりすればよい。

３　雲や湿度(しつど)についての問題

⑴　空気の体積の約78％はちっ素，約21％は酸素がしめており，残りの約１％にはアルゴン(約0.93％)や二酸化炭素(約0.04％)などの気体がふくまれている。

⑵　①　空の高いところにあるので，巻(けん)雲とわかる。上空5000～13000ｍの高いところにあらわれる雲で，すじ状をしているためすじ雲とも呼ばれる。雲をつくる氷の粒が小さいので，雲はうすく白く見える。また，晴天のときに見られることが多い。　②　垂直に発達しているので，積乱雲とわかる。積乱雲は強い上昇(じょうしょう)気流によってできる巨大な雲で，雷(かみなり)雲または入道雲とも呼ばれる。積乱雲の下では激しく雨が降り，雷が発生することもある。　③　空の低いところにあるので，積雲とわかる。積雲は晴れた日によく見られる雲で，綿のような形をしているため綿雲とも呼ばれる。ふつう上空2000ｍ以下にできる雲である。　なお，高層雲は広い範囲(はんい)にうすく広がる雲で，上空2000ｍ～7000ｍにできる。太陽がぼんやりと透(す)けて見えるので，おぼろ雲とも呼ばれる。また，乱層雲は低気圧の中心付近や前線付近に発生する。空全体をおおい，暗い灰色をしていて，厚さや色にむらが少ない。雨雲または雪雲とも呼ばれ，雨や雪を降らせる。

⑶ ① 表より，気温が24℃のときのほう和水蒸気量は21.8gなので，相対湿度が40%のとき，この空間には空気1m³あたり，21.8×0.4＝8.72(g)の水蒸気がある。 ② 気温が18℃のときのほう和水蒸気量は15.4gなので，$\frac{8.72}{15.4}$×100＝56.62…より，①の空気の気温を18℃まで下げると相対湿度は56.6%となる。

⑷ 規則的な形の固体を結しょうという。

⑸ 表の1つ目と2つ目の観測点上空のデータより，グラフで，角板の形はアの部分にあり，樹枝状の形はイの部分にある。

4 ふりこのおもりやレール上のボールの運動についての問題

⑴ ① 図1で，0.2秒ごとのおもりの位置の間隔(かんかく)は，A点からB点に向かうまではしだいに大きくなっている。つまり，同じ時間での移動距離(きょり)が大きくなっているので，おもりの速さはしだいに速くなっている。 ② 0.2秒ごとのおもりの位置の間隔は，B点からC点に向かうまではしだいに小さくなっている。よって，おもりの速さはしだいに遅(おそ)くなっている。 ③ 図2で，D点からE点に向かうまでは，ボールは重力に引かれ続けて下の方に動いていくので，速さは速くなる。 ④ E点からF点に向かうまでは，ボールは重力に逆らって上の方に動いていくので，速さは遅くなる。 ⑤ ①～④より，ふりこのおもりやレール上のボールは，おもりやボールの位置が最も低いときに，速さが最も速くなる。 ⑥ 最初の位置が高いほど，重力に引かれ続けて下の方に動いている状態が長くなるので，一番低い位置での速さが速くなる。

⑵ 図3のような斜面(しゃめん)でボールを転がす場合，ふりこと同様に，ボールは，ボールをころがし始める地点とほぼ同じ高さまで上がる。よって，A点の高さが20cmのとき，D点の高さは20cmとなる。

⑶ ①，② 表1で，B点の速さが秒速1mから秒速2mと2倍になっているとき，A点の高さは5cmから20cmと，20÷5＝4(倍)になっている。また，B点の速さが秒速1mから秒速4mと4倍になっているとき，A点の高さは5cmから80cmと，80÷5＝16(倍)になっている。したがって，B点での速さを2倍，4倍にするには，A点の高さをそれぞれ4倍，16倍にする必要があると考えられる。 ③～⑤ ①，②より，B点での速さを□倍にするには，A点の高さを(□×□)倍にする必要がある。よって，B点での速さを3倍にするには，A点の高さを，3×3＝9(倍)にする必要があるので，アは，5×9＝45(cm)となる。同様に，イは，5×5×5＝125(cm)と求められる。

⑷ ボールの速さと時間の関係を表すグラフが図4のようになった後，ボールの速さはしだいに遅くなり，ボールがD点に到着(とうちゃく)したときに0になるので，アが選べる。

⑸ 表1より，A点の高さが20cmのとき，B点での速さは秒速2mとなる。したがって，ボールがB点からC点までころがるのにかかる時間は，30÷100÷2＝0.15(秒)と求められる。

⑹ コース1で，H点から見たG点の高さは5cmなので，表1より，ボールがH点を通過するときの速さは秒速1mとなる。

⑺ コース2で，L点から見たJ点の高さは，5＋6.3＝11.3(cm)なので，表1より，ボールがL点を通過するときの速さは秒速1.5mである。

⑻ コース1のボールは，G点から5cm下がったH点の右側では，ずっと秒速1mの速さで進む。一方，コース2のボールは，J点から5cm下がった点の右側では，秒速1m以上(たとえばL点では秒速1.5m)の速さで進む。よって，ボールは，コース2の方が先にゴールに到着する。

⑼　Ｉ点とＭ点から飛び出すボールの速さはどちらも秒速１ｍになる。したがって，ウが正しい。

国　語　＜４教科入試＞（45分）＜満点：100点＞

解　答

一　①～⑤　下記を参照のこと。　⑥　ししん　⑦　めんみつ(な)　⑧　にくがん　⑨　いえじ　⑩　ひき(いる)　二　**問１**　①　エ　②　イ　**問２**　①　めしあがる　②　はいけんする　③　おっしゃっ　三　**問１**　ウ　**問２**　盲導犬と～生まれた　**問３**　イ　**問４**　ア　**問５**　(例)　(航は)現実に捨てられて殺処分される犬がいて，希も捨てられた犬だったことを思えば，余剰の命をほとんど生まないクローン繁殖は画期的で合理的な，よい技術だと考えている。／(一方父さんは)捨て犬だった希が今の航にとって宝物になっているように，いらない命などないのだから，平等なはずの命を選別するクローン繁殖は，やってはならないことだと考えている。　**問６**　エ　**問７**　①　○　②　×　③　×　④　×　⑤　○　四　**問１**　子どもに歩～ようとする　**問２**　指さし　**問３**　(例)　大人は対象を指さして単語を言えばその意味は伝わるつもりでいるが，実は意味の候補は多く，子どもは選びきれないから。　**問４**　ウ　**問５**　②　**問６**　(例)　１歳前後には，指さされたモノと単語の関係，単語の意味は不安定ながら，試行錯誤を繰り返して新しい単語と対象を結びつけ，意味ある単語を使い始める。20か月すぎには，指さしを理解し，爆発的な勢いで意味ある単語を使うようになる。

●漢字の書き取り

一　①　真相　②　新幹線　③　取捨　④　貧困　⑤　歌唱

解　説

一　漢字の書き取りと読み

①　事件などの本当のなりゆきや事情。　②　JR(旧国鉄)の高速旅客列車。　③「取捨選択(せんたく)」は，必要なものを選び取り，不要なものを捨て去ること。　④　貧しく生活に困っていること。　⑤　歌をうたうこと。　⑥　ものごとを進めるときの基本的な方針。　⑦　細かなところまで注意がいきとどいていて，しっかりとしているようす。　⑧　めがねや望遠鏡などを用いないで，じかにものを見る目。　⑨　自分の家へ帰るみち。　⑩　音読みは「リツ」「ソツ」で，「能率」「率先」などの熟語がある。

二　熟語の知識，敬語の知識

問１　①　ア　「夢」ではなく「霧」が正しい。「五里霧中」は，ようすがまったくわからず，判断に迷うこと。　イ　「異口同音」は，大勢の者が口をそろえて同じことを言うこと。「さまざまな意見」が出ることとは矛盾(むじゅん)する。　ウ　「点」ではなく「天」が正しい。「有頂天(うちょうてん)」は，喜びで舞(ま)い上がるようす。　エ　「単刀直入」は，前置きをせずにいきなり本題に入ること。　②　ア　「対」ではなく「体」が正しい。「絶体絶命」は，どうにも逃(のが)れることができない，差し迫(せま)った状態にあること。　イ　「言語道断」は，言葉に表せないほど酷(ひど)いこと。　ウ　「気」ではなく「機」が正しい。「心機一転」は，何かをきっかけにして，気持ちがすっかり変わること。　エ

「正念場」は，真価を表すべき最も大切な場面。正念場で「ゆっくり」するのは不自然である。

問2　①「食べる」のは「お客様」なので，「食べる」の尊敬語の「めしあがる」が合う。　②話し手の「私」が「先生」の作品を「見る」のだから，「見る」の謙譲語の「拝見する」がよい。③「言っ」ているのは「あなたのお母様」なので，「言う」の尊敬語の「おっしゃる」を活用させて「おっしゃっ(て)」となる。

三　**出典は今西乃子の『クローンドッグ』による。**盲導犬の研究発表でクローン技術を画期的で合理的な方法だと紹介した航は，父と議論になる。

問1　ア　すぐ前に「見つからないことは今までない」とあるので，「新しい飼い主の探し方をお互いに考えていた」はあてはまらない。　イ　盲導犬を訓練センター以外のところで育てることはできないので，「訓練センターで子犬を繁殖させる意味」について議論をする理由はないと考えられる。　ウ　すぐ前で描かれている教室内のようすと合う。　エ「えー，そんなに少ないんだ……」という反応から，「みんな」は盲導犬に関する知識をほとんど持っていないことがわかる。よって，「知識と異なる話を聞き，本当はどうなのか」はふさわしくない。

問2　傍線部②の「そういうこと」は，すぐ前のクラスメートの質問にある「生まれてから，その犬の親と同じ環境で同じ訓練士さんに訓練を受ければ，だいじょうぶってこと」を指す。このようなことが言えるのは，クローンの盲導犬は「盲導犬としてかがやかしい成績を収めた親犬の細胞から生まれ」ており，優秀な盲導犬に育つことがほぼ確実だからである。

問3　「唖然」は，あきれて言葉も出ないようす。　ア　少し前に「『ど，どうぞ……』先生がえんりょがちに言った」とあることから，担任の先生は父に気をつかいながら，発言を許している。したがって，「断りもなく」はおかしい。　イ　航の「余剰な命の行き場，つまり新しい飼い主を探す必要がなくなる」という発言や，父の「余剰な命という考え方はまちがっている」という発言と合う。　ウ　航は「言い返したい気分だった」のだから，父の判断に「感心した」はふさわしくない。　エ　父は，クローン技術を「理解していない」のではなく，理解したうえで「命を合理性や理屈で考えるのは非常に危険だ」と考えているのだから，合わない。

問4　父は「いらない命なんてない」と考えているのだから，命の大切さに「むだ」かどうかという基準を持ちこむことにふれているアが選べる。

問5　二人の考えのちがいが，「クローン」の評価に表れていることに注意する。航は，クローン技術は「余剰な命がほとんど生まれないという点では，画期的かつ合理的」だと考えている。その背景には，希が捨てられた犬だったことや，犬が殺処分されている現実がある。一方，父は，「合理的であるという理由で」クローン技術を「やってはならない」と考えている。その背景には，捨て犬だった希が今の航にとって宝物になっているように，「いらない命なんてない」という思いがある。

問6　ア，イ「いいか悪いかを決めるのはお前だ」とあるように，父は航の意見を尊重しているので，「日ごろ子供の意見には耳をかたむけない父」は合わない。　ウ　航が「動物愛護センター」を見学したことは描かれているが，「職員が教え聞かせてくれた」ようすは描かれていないので，ふさわしくない。　エ　航は「人それぞれ考え方はちがうってもんだ！」という考えを持っているので，あてはまる。

問7　①　航は，クローン技術が盲導犬の育成に合理的に使える可能性について研究発表をしたが，父からは，「命を合理性や理屈で考えるのは非常に危険だ」という指てきを受けたのだから，合う。　② 本文の終わりで，航は「父さんに言えなかった一言」をかかえたままでいるので，「希望に満ちた自分の考えや願いが将来実現されるであろう」は合わない。　③「５パーセント」だけでなく，すべてのクローン犬が親犬の記憶を受けつぐことができない。　④「航が四本足で走れる希の姿を見たい」のは，「希に足が四本あれば，犬の希はもっと幸せなはずだ」と思っているからであり，「社会に大きな驚きを与えた勇気ある存在として認めてもらいたい」という動機からではない。　⑤ 航は，「希に足が四本あれば，犬の希はもっと幸せなはずだ」と思っている。そして，航は，クローンはそうしたことのための技術だとも考えているので，合う。

四 **出典は針生悦子の『赤ちゃんはことばをどう学ぶのか』による。**子どもが意味ある単語を使い始める１歳前後から，単語学習のスピードが爆発的に増す20か月すぎくらいまでの成長の経過を説明している。

問１　「そんな不器用さ」とは，直前の「指さしの指先からモノまでの距離が広がると，指さされているモノがわからなく」なるような，子どもの情報処理の不十分さを指す。こういう不器用さに対する周囲の人の対応は，最初から三つ目と四つ目の段落で，「子どもに歩み寄って，その理解を助けようとする」と説明されている。

問２　直後に「や視線」とあるので，「視線」と並べ立てられている言葉が入る。二段落前に「相手の視線や指さしが手がかりになります」とあるので，「指さし」がぬき出せる。

問３　傍線部②は，子どもの単語の使い方で単語の意味が広すぎる場合の例である。大人は対象を示して「ワンワン」と言えば「その単語の意味はわかってもらえるものと期待」するが，子どもは単語の「解釈の仕方」が定まらない。これは，アメリカの哲学者クワインが指摘した「モノを示して単語が言われただけでは，その意味は定まらない」という「ガバガイ問題」に通じる。以上のことがらをもとに，「大人はモノを示して単語を言えばその意味は伝わると期待するが，実際には意味の候補は数多く，子どもは選びきれないからである」のようにまとめる。

問４　続く部分では，「子どもの単語解釈の仕方」が，「単語学習のスピード」と「話すことのできる単語の数」にもかかわっていることが説明されているので，ウが選べる。

問５　次の文に，「モノを示して単語が言われたら，その単語はそういう形をしたモノの名前である」とあるので，空らんＣには①と「形」だけが同じである②が入る。

問６　【中略】の前の部分では，「指さし」の理解がまだ不安定である１歳前後のようすが説明されている。このころの子どもは，「試行錯誤」の繰り返しで新しい単語と対象を結びつけるが，単語の意味が狭すぎたり広すぎたりしている。また，【中略】の後の部分では，「指さし」の理解がしっかりする20か月すぎのようすが説明されている。このころの子どもは，「モノを示して単語が言われたら，その単語はそういう形をしたモノの名前である」という「大人の常識」に追いつき，単語学習のスピードが爆発的な勢いになる。

2020年度　湘南白百合学園中学校

〔電　話〕　(0466) 27－６２１１
〔所在地〕　〒251－0034　神奈川県藤沢市片瀬目白山４－１
〔交　通〕　小田急線 ―「片瀬江ノ島駅」より徒歩18分
江ノ島電鉄 ―「江ノ島駅」より徒歩15分

【算　数】〈算数１教科入試〉（60分）〈満点：100点〉

1 次の□にあてはまる数を求めなさい。

(1) $0.6+\left(0.45\times\square-\frac{3}{4}\right)\div6\times\frac{2}{3}-\frac{1}{5}=\frac{7}{15}$

(2) $8.7\div\left\{4\frac{17}{30}-\left(4.8-2\frac{1}{6}\right)\right\}-2.05=\square$

(3) $1.125\div\{(3.3\times0.84+6.7\times0.21\times4)\div7.2\}=\square$

(4) $\frac{3\times7}{2\times4\times16\times625}$ を小数で表すと□です。

(5) $\frac{1}{108}$ 日＋３分＋$\frac{2}{5}$ 時間 ＝□分□秒です。

(6) 濃度12％の食塩水540ｇがあります。水を□ｇ蒸発させると18％の食塩水になります。

(7) えんぴつ８本と消しゴム２個の代金は680円で，えんぴつ５本と消しゴム１個の代金は400円です。えんぴつ10本と消しゴム３個の代金は□円になります。

(8) ある連続する5つの3の倍数の和は150です。このとき，最も小さい3の倍数は□です。

(9)　2020 に 2 桁の整数を加えて 9 の倍数を作ります。加える 2 桁の整数のうち最も小さい数は［　　］です。

(10)　時計の針が 9 時ちょうどをさしています。長針と短針のつくる小さい方の角について，次に 90度の角をつくるのは［　　］時［　　］分です。

(11)　次の規則にしたがってタイルを並べていきます。

1 番目　2 番目　3 番目　・・・

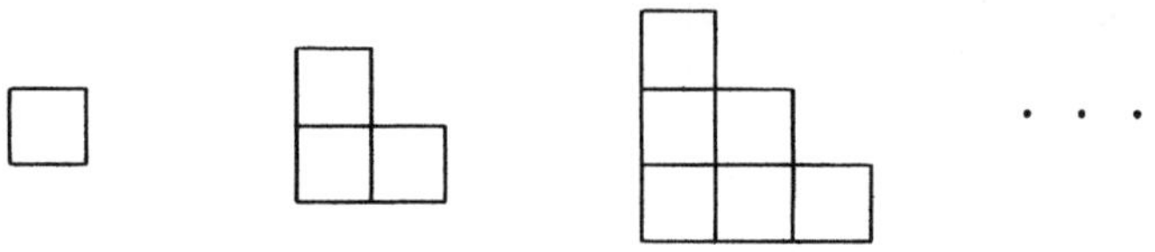

このとき，20 番目の図形で使用されるタイルの数は全部で［(ア)］枚です。

次に下の規則にしたがってタイルを並べていきます。

1 番目　2 番目　3 番目　・・・

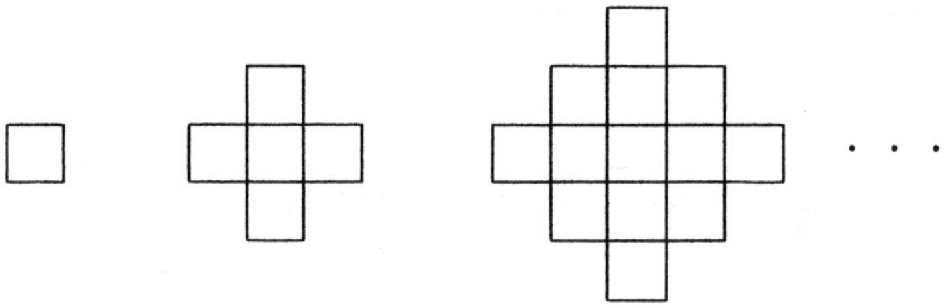

タイルの数が1405枚となるのは，［(イ)］番目の図形です。

(12)　右の図において、辺 ABと辺 EFおよび辺 CDは平行です。
AB= 21cm，CD=28 cmのとき，
辺 EFの長さは［　　］cm です。

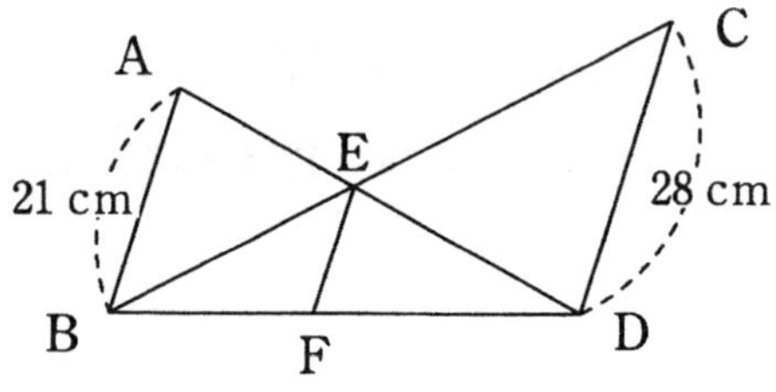

A　C　E　21 cm　28 cm　B　F　D

(13) 底面の半径が 5 cm、高さが 10 cmの円すいの容器に水がいっぱいに入っています。
この水を底面の半径が 10 cm，高さが 10 cmの円柱の容器に入れると、
円柱の容器の水面の高さは □ cmになります。ただし、円周率は 3.14 とします。

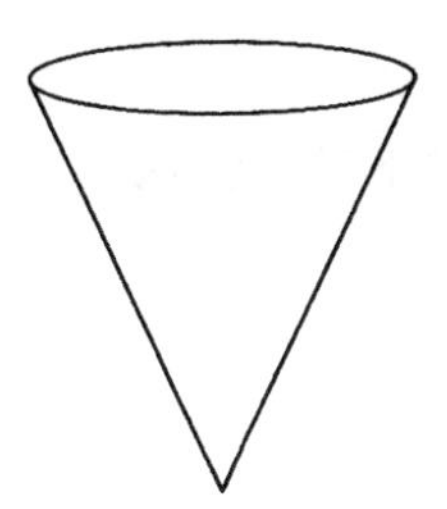

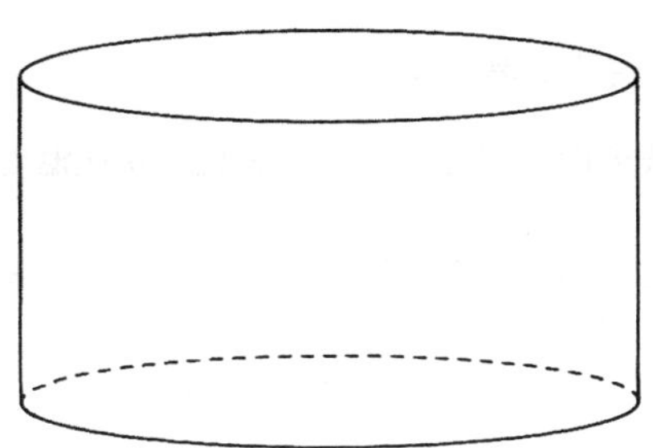

(14) 右の図において、四角形ABCD は１辺の長さが 6cm の正方形で，
A，E，C を通る曲線は点B が中心で半径 6 cmの円の一部です。
このとき、斜線部分の面積は □ cm^2 です。
ただし、円周率は 3.14とします。

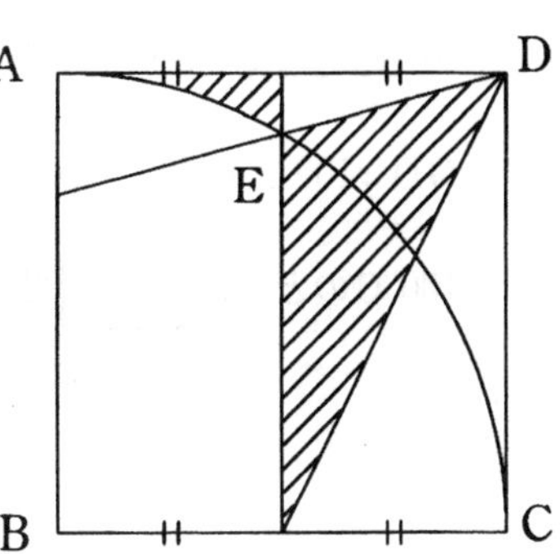

2 日本で主に使われている温度計は，水が氷になる温度を 0 度（単位は ℃） とし，水が水蒸気になる温度を 100 ℃ とする「せっ氏温度」で表されています。

これに対し、アメリカやイギリスなどでは日常的に「か氏温度」という表し方が使われています。「か氏温度」はドイツの学者が当時，人間が作ることのできる最低温度を 0 度（単位は °F ）とし，人間の平均的な体温を 96 °F としたものです。「せっ氏温度」と「か氏温度」には下の表の関係があります。次の問いに答えなさい。

せっ氏温度(℃)	0	10	20	30	40	50	100
か氏温度(°F)	32	50	68	86	104	122	◆

(1)　100 ℃ のところは ◆ °F になっています。この ◆ にあてはまる数字を求めることになりました。下に百合子さんと太郎さんの２人の考え方を書きました。□にあてはまる数を答えなさい。

≪百合子さんの考え≫

せっ氏温度が 10℃上がるごとに，か氏温度は［ア］°Fずつ上がっている。

だから　50℃から100℃までは［イ］°F あがると思うので、

100℃のときは［ウ］°F だと思う。

≪太郎くんの考え≫

下の図のようなグラフを書いてみました。

OA＝32，OB=50 の台形 OACB を考えて，辺 OB に平行で点Aを通る直線をかき，

辺 BC と交わる点を H とします。このとき，CH=［エ］です。

OD=100 とします。AE の長さはAHの長さの［オ］倍 だから FE=［カ］。

100 ℃のときは［キ］°F だと思います。

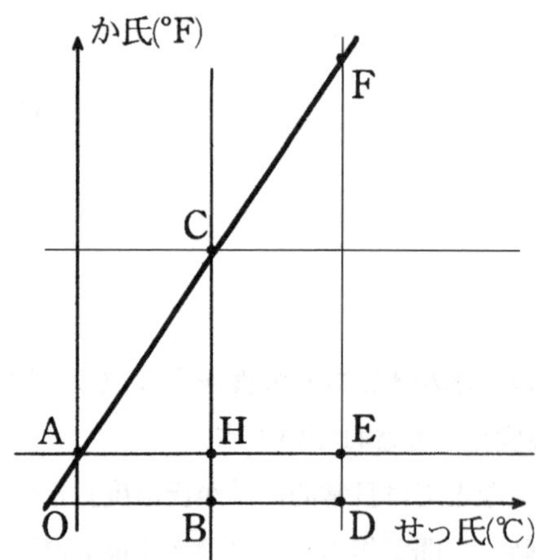

(2)　100 °F のときは何 ℃ですか。

3 次の数は，45 名の生徒に実施したテストの得点です。

33　21　35　46　66　56　79　46　27　63　39　54　74　69　67
57　51　25　59　51　15　36　43　60　33　45　57　67　68　80
47　59　67　40　52　76　44　98　47　50　68　58　37　63　82　(単位は 点)

(1)　下の表に人数を書きなさい。

得点（点）	人数（人）
0 以上 20 未満	
20 ～ 40	
40 ～ 60	
60 ～ 80	
80 ～ 100	
計	45

(2)　(1) の表を使って
ヒストグラム（柱状グラフ）を書きなさい。

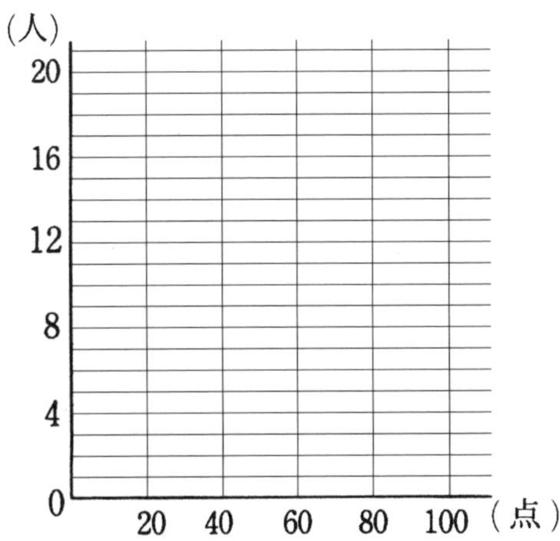

(3)　60 点以上 80点 未満の人数は，全体の何%か答えなさい。
割り切れないときは小数第２位を四捨五入して求めなさい。

4 下の図の四角形は１辺の長さが16 cmの正方形です。大きい円は正方形の４つの頂点を通っており，小さい円の直径の長さは正方形の１辺と同じ長さです。
このとき，大きい円と小さい円の面積の比を考え方とともに求めなさい。
考え方は図などを用いてもかまいせん。正確な図でなくてもかまいません。
また、円周率は3.14とします。

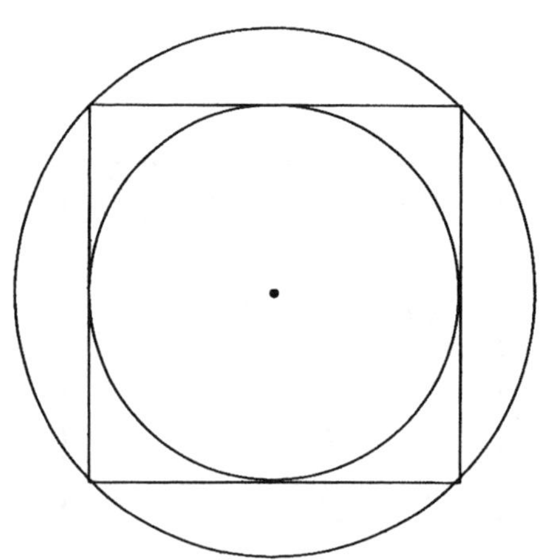

2020年度

湘南白百合学園中学校　▶解　答

※　編集上の都合により，算数１教科入試の解説は省略させていただきました。

算　数　＜算数１教科入試＞（60分）＜満点：100点＞

解　答

[1] (1)　3　(2)　2.45　(3)　$\frac{27}{28}$　(4)　0.0002625　(5)　40分20秒　(6)　180 g　(7)　900円　(8)　24　(9)　14　(10)　9時32$\frac{8}{11}$分　(11)　(ア)　210枚　(イ)　27番目　(12)　12 cm　(13)　$\frac{5}{6}$cm　(14)　8.58cm^2　[2] (1)　ア　18°F　イ　90°F　ウ　212°F　エ　90　オ　2　カ　180　キ　212°F　(2)　37$\frac{7}{9}$℃　[3] (1)　下の図１　(2)　下の図２　(3)　28.9％　[4]（例）　下の図３のように，円の中心をO，１辺の長さが16cmの正方形をABCDとする。また，大きい円の半径を□cmとすると，□×□の値は，正方形OCEDの面積と等しくなる。さらに，これは正方形ABCDの面積の半分にあたるから，□×□＝16×16÷２＝128(cm^2)とわかる。一方，小さい円の半径は，16÷２＝８(cm)なので，大きい円と小さい円の面積の比は，(□×□×3.14)：(８×８×3.14)＝(128×3.14)：(64×3.14)＝128：64＝２：１と求められる。

図１

得点(点)	人数(人)
０以上20未満	1
20～ 40	9
40～ 60	19
60～ 80	13
80～100	3
計	45

図２

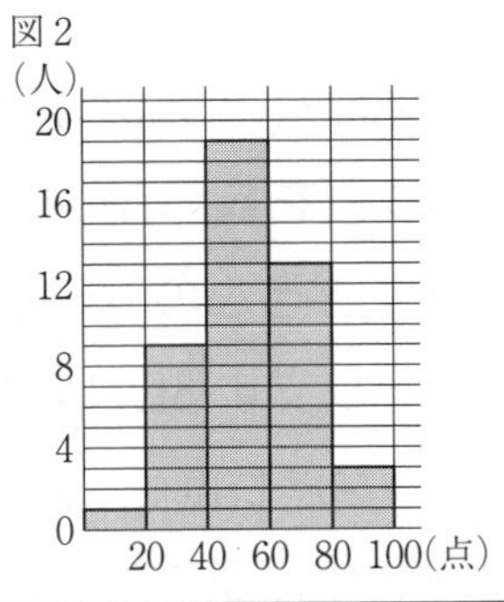

図３

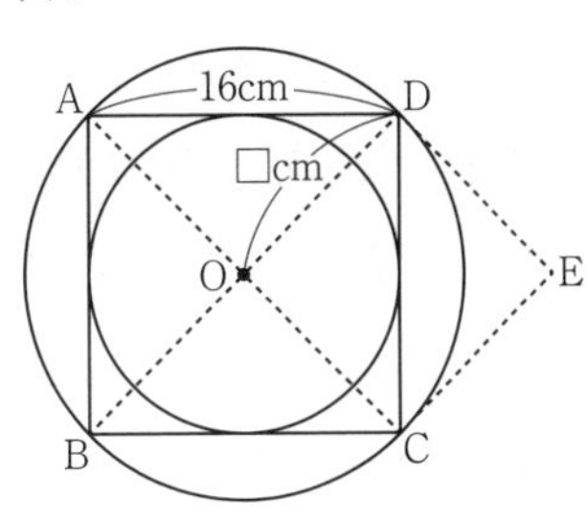

Dr.福井の

入試に勝つ！脳とからだのウルトラ科学

入試当日の朝食で，脳力をアップ！

朝食を食べない学生は，朝食をきちんと食べる学生に比べて成績が悪かった――という研究発表がある。まあ，ちょっと考えればわかると思うけど，朝食を食べないということは，車にガソリンを入れないで走らせようとするようなものだ。体がガス欠になった状態では，頭が十分に働くわけがない。入試当日の朝食はちゃんと食べよう！　朝食を食べた効果があらわれるように，試験開始の2時間以上前に食べるようにするとよい。

では，入試当日の朝食にふさわしいものは何か？

まず，脳の直接のエネルギー源はブドウ糖だけであるから，それを補給するためのご飯やパン，これは絶対に必要だ。また，砂糖や果物の糖分は吸収されやすく，効果が速くあらわれやすいので，パンにジャムをぬったり果物を食べたりするのもよいだろう。

次に，タンパク質。これは脳の温度を上げる作用がある。温度が低いままでは十分に働かないからね。タンパク質を多くふくむのは肉や魚，牛乳，卵，大豆などだが，ここでは大豆でできたとうふのみそ汁や納豆をオススメする。そして，記憶力がアップするDHAを多くふくんでいる青魚，つまりサバやイワシなども食べておきたい。

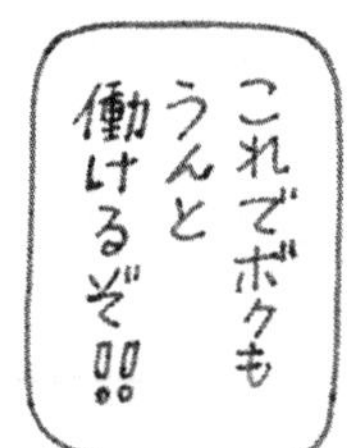

生野菜も忘れてはならない。その中にふくまれるビタミンBは，ブドウ糖を脳に吸収しやすくする働きを持つので，結果的に脳力アップにつながるんだ。

コーヒーや紅茶，緑茶は，カフェインという成分の作用で目覚めをうながすが，トイレが近くなってしまうので，飲みすぎに注意！　試験当日はひかえたほうがよいだろう。眠気を覚ましたいときはガムをかむといい。脳が刺激(しげき)されて活性化し，目が覚めるんだ。

Dr.福井(福井一成(ふくいかずしげ))…医学博士。開成中・高から東大・文Ⅱに入学後，再受験して翌年東大・理Ⅲに合格。同大医学部卒。さまざまな勉強法や脳科学に関する著書多数。

Memo

Memo

2019年度　湘南白百合学園中学校

〔電　話〕（0466）27－6211
〔所在地〕〒251-0034　神奈川県藤沢市片瀬目白山4－1
〔交　通〕小田急線―「片瀬江ノ島駅」より徒歩18分
江ノ島電鉄―「江ノ島駅」より徒歩15分

【算　数】（45分）〈満点：100点〉

1　次の□にあてはまる数を入れなさい。

(1)　$6+1\frac{1}{3}\times0.25\div\left(3-1\frac{1}{3}\right)-0.3\div0.15=$□

(2)　$0.875\div1\frac{13}{36}+$□$\div4.375=\frac{26}{35}$

(3)　下の図のように，あるきまりで白と黒の石が並んでいます。10段目には，白の石が□個，黒の石が□個，並んでいます。15段目まで完成させたとき，白と黒の石の個数を比で表すと□：□でした。
ただし，最も簡単な整数の比で答えなさい。

●　←── 1段目
○○○　←── 2段目
●●●●●　←── 3段目
○○○○○○○　←── 4段目
⋮

(4)　小百合さんはお正月にお年玉をもらい，先に$\frac{2}{3}$を貯金しました。残りの25％で2400円分の本を買いました。小百合さんのお年玉は□円です。

(5)　[0]，[1]，[2]，[3]，[4]，[5]の6枚のカードから3枚とって3桁または2桁の数を作ります。例えば[0][1][2]は2桁の数12と考えます。2桁の数は［(ア)］通りでき，また，偶数は［(イ)］通りできます。

2　次の問いに答えなさい。

(1)　赤，黄，青3本の傘の長さについて，次のことがわかっています。

> 赤色の傘の長さは，94cm
> 黄色の傘の長さは，赤色の傘の長さの0.8倍
> 青色の傘の長さは，黄色の傘の長さの1.4倍

①　3本の傘の長さの関係を正しく表している図はどれですか。ア～カの中から1つ選んで，その記号を答えなさい。

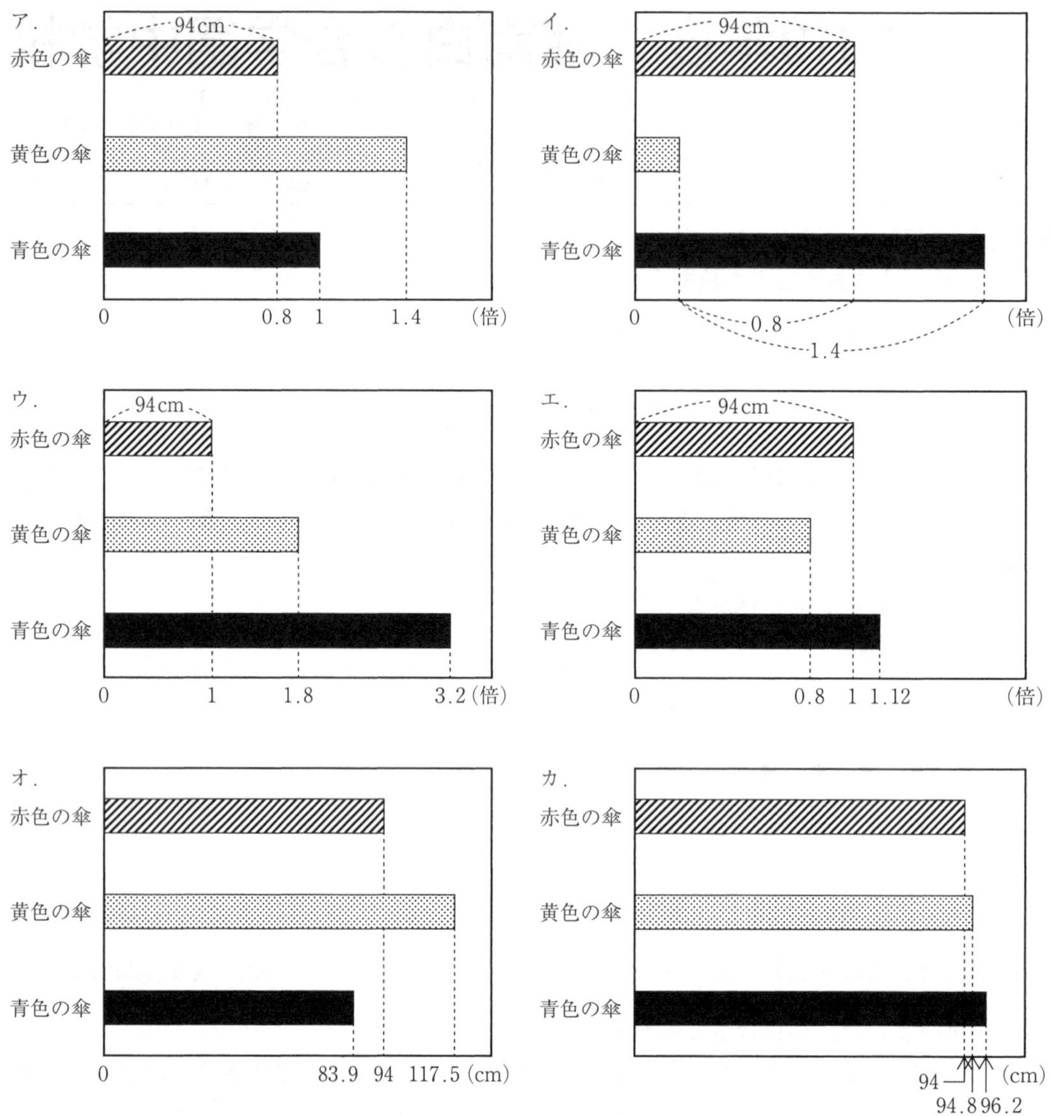

② 青色の傘の長さを求めなさい。

(2) A，B，C３本の傘を傘立ての同じ場所に垂直にさしたところ，Aはその長さの $\frac{1}{4}$，Bはその長さの $\frac{2}{5}$，Cはその長さの $\frac{4}{7}$ がそれぞれ傘立てからはみ出ました。３本の傘の長さの合計は 272cm です。傘立ての高さを求めなさい。

ただし，傘立ての底面の厚さは考えないものとします。

3　図のような多角形に対し，点Pは頂点Oを出発し，一定の速さで多角形の辺上をA，B，C，Dを通り点Eまで進みます。点Pは出発してから5秒後に点Bの位置にありました。下のグラフは点Pが点Oを出発してからの時間と，三角形OPEの面積の関係を表したものです。このとき，次の問いに答えなさい。

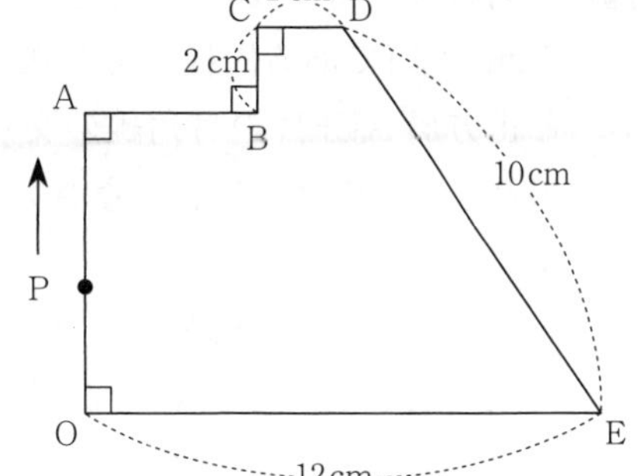

(1)　点Pが進む速さは毎秒何cmか答えなさい。

(2)　辺ABの長さを答えなさい。

(3)　点Pが点Eまで進むときのグラフを完成させなさい。

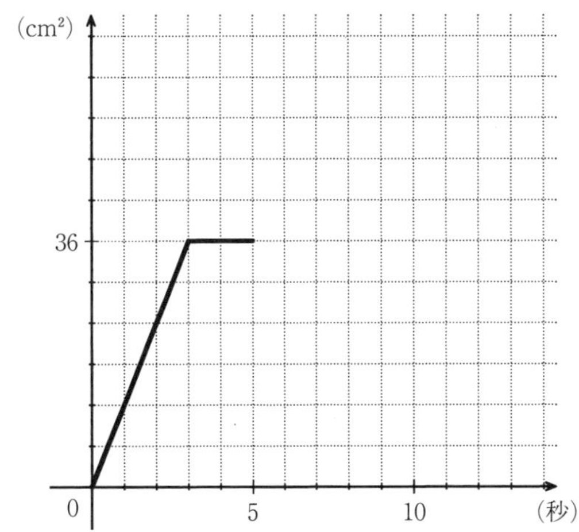

(4)　三角形OPEの面積が多角形の面積の半分になるのは，点Pが出発してから何秒後かすべて求めなさい。

(5)　□秒後と(□+2)秒後の三角形OPEの面積が等しいとき，□に入る数をすべて求めなさい。ただし，□には同じ数が入ります。

4　(1)　右の図のように，円周を8等分した点をとり，そのうちの4つの点をA，B，C，Dとします。次の問いに答えなさい。

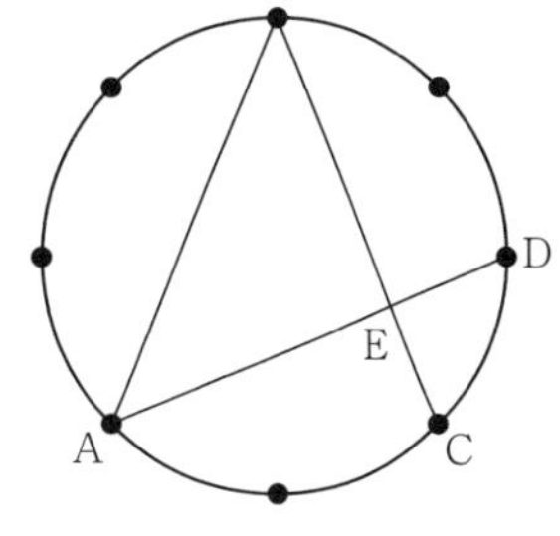

①　角ABCの大きさを求めなさい。

②　ABの長さが6cmのとき，三角形ABEの面積を求めなさい。

(2)　点Oを中心とする半径1cmの半円に長方形ABCDが点A，B，Eで接しています。対角線ACと半円との交点をF，OEとの交点をGとします。また点MはAB上の点で，角AMFは直角とします。

　このとき，次の問いに答えなさい。

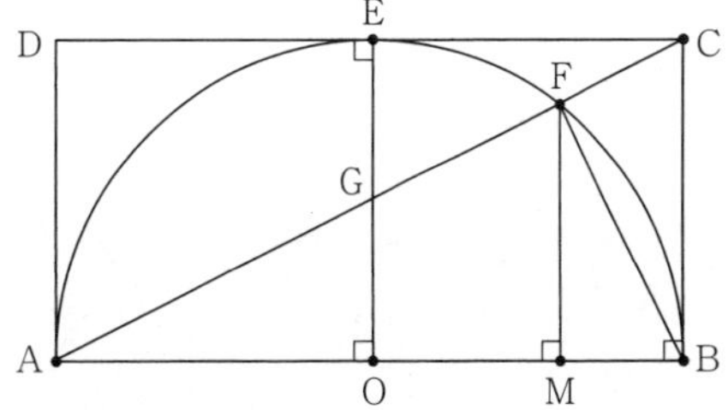

①　FM：BMを最も簡単な整数の比にしなさい。

②　四角形OBCFの面積を求めなさい。

5 図のような，１辺の長さが４cm の立方体を，底面が半径１cm の円である円柱でくり抜きました。このとき，円の中心と正方形 AEFB の対角線の交点が一致するものとします。このとき，次の問いに答えなさい。ただし，円周率は3.14とします。

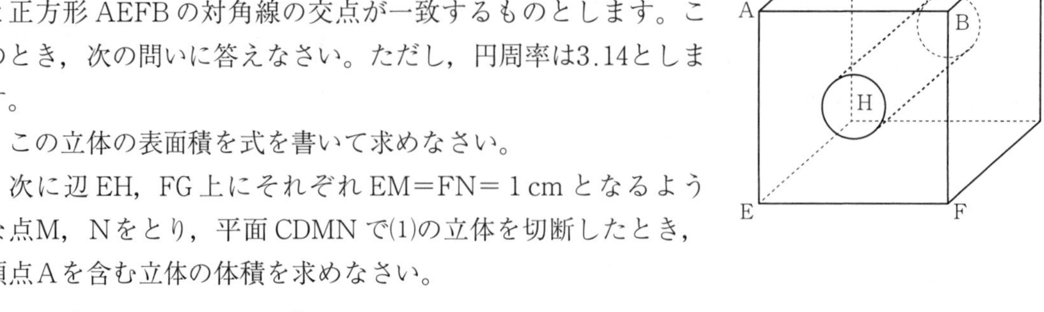

(1) この立体の表面積を式を書いて求めなさい。

(2) 次に辺 EH，FG 上にそれぞれ EM＝FN＝１cm となるような点M，Nをとり，平面 CDMN で(1)の立体を切断したとき，頂点Aを含む立体の体積を求めなさい。

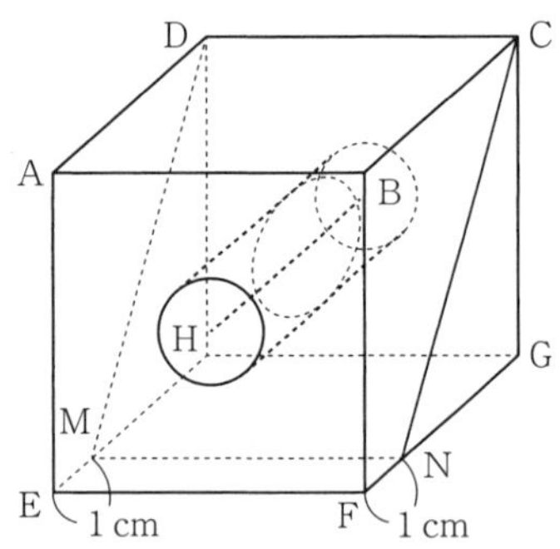

【社　会】（40分）〈満点：100点〉

1　次の文章と資料を見て，1～4の問いに答えなさい。

> 平成29年度の統計によると，ア日本の総人口は前年に比べ，22万7千人の減少であった。反面，イ世界の総人口は，今後も増え続けることが予測されている。

1．下線部アについて，右の**資料1**の**X**～**Z**は，「0歳から14歳」「15歳から64歳」「65歳以上」の年齢層のいずれかを表しています。「0歳から14歳」を表しているのはどれですか，**X**～**Z**から選び記号で答えなさい。

資料1　将来人口の動き

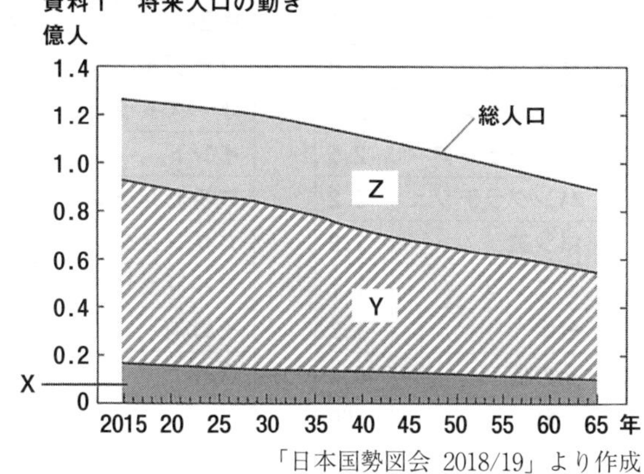

「日本国勢図会 2018/19」より作成

2．人口減少が問題となる一方，過密が問題となっている都市もあります。過密問題としてふさわしくないものを1つ選び，記号で答えなさい。

あ．交通渋滞　　い．土地の値段が下がる
う．騒音　　　　え．ごみの増加

3．次の あ～え の地図から，平成28年に比べて平成29年の人口減少が著しい都道府県上位5位がぬりつぶされた地図として適当なものを選び，記号で答えなさい。

あ

い

う

え

４．下線部イについて，次の**資料２・３・４**を見ながら，問①・②に答えなさい。

資料２　人口・面積が上位の国々

世界の人口(%)	
中国	18.7
インド	17.7
アメリカ	4.3
インドネシア	3.5
ブラジル	2.8
パキスタン	2.6
ナイジェリア	2.5
バングラデシュ	2.2
ロシア	1.9
メキシコ	1.7
日本	1.7
その他	40.4
合計	100

世界の面積(%)	
ロシア	12.6
カナダ	7.3
アメリカ	7.2
中国	7.1
ブラジル	6.3
オーストラリア	5.6
インド	2.4
アルゼンチン	2
カザフスタン	2
アルジェリア	1.7
その他	45.8
合計	100

「世界国勢図会 2017/18」より作成

資料３　地域別の人口の推移と予測

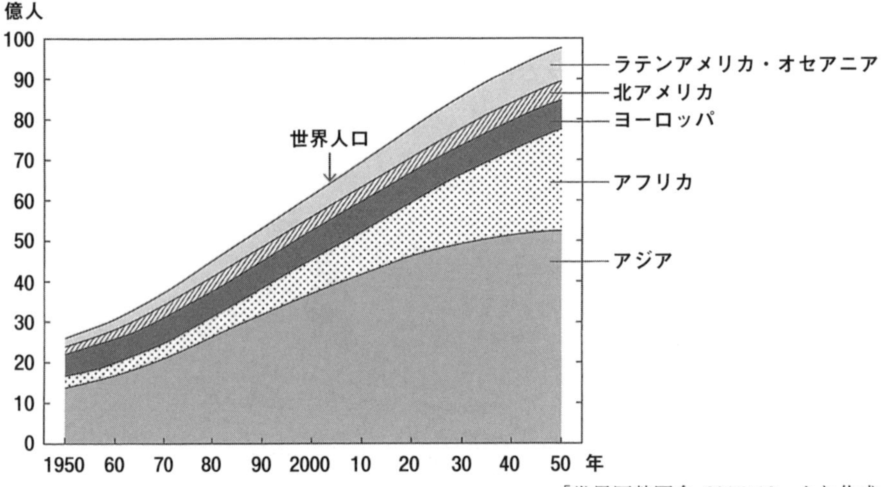

「世界国勢図会 2017/18」より作成

資料４　世界の人口密度(１km² あたり)

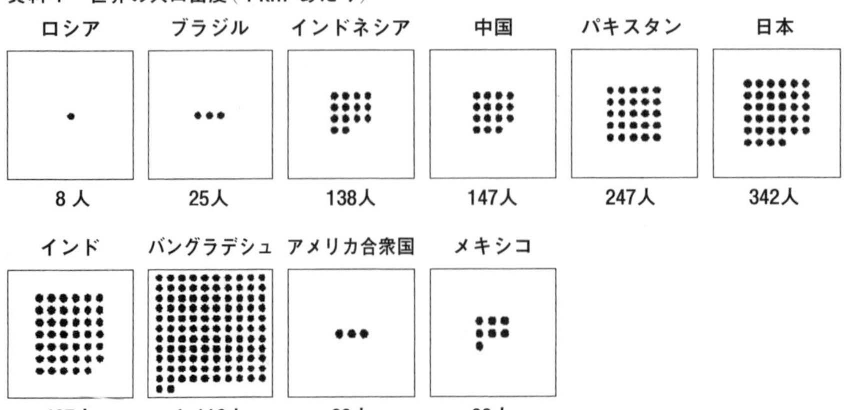

「世界国勢図会 2017/18」より作成

問①　次の文の空欄(くうらん)（ａ）～（ｄ）にふさわしい数字を考え，あ～く からそれぞれ選び，記号で答えなさい。

・日本の人口は世界の人口の約1.7％を占(し)めるので，インドの人口の約（　ａ　）分の１と言えるが，世界的にみると人口が多いほうである。
・世界の国の総面積は13,620万 km^2 であるので，そこから考えると，中国の面積は日本の面積の約（　ｂ　）倍である。
・世界の人口は現在，（　ｃ　）億人を超(こ)えたが，上位の３か国で全体の約（　ｄ　）％を占める。

あ．10　　い．25
う．30　　え．40
お．55　　か．65
き．75　　く．80

問②　次の各文のうち，**資料２・３・４**から読み取れることとして正しいものを選び，記号で答えなさい。複数ある場合は，五十音順に答えなさい。
あ．地域別に見たとき，現在最も人口が多いのはアジアである
い．地域別に見たとき，今後人口増加率が最も急激に高くなると予測されるのは北アメリカである
う．面積の広い国上位10か国は，いずれも北半球にある
え．世界人口は，2040年に現在の約1.5倍になると予測されている
お．面積が広い国ほど，人口密度が低いとは言えない

２　次の文章と資料を見て，１～３の問いに答えなさい。

気温が低く，泥炭(でいたん)地が広がる北海道は，もともとは$_{ア}$<u>稲作(いなさく)に不向きな土地柄(がら)</u>であり，米よりも小麦の栽培(さいばい)が奨励(しょうれい)されていた時代もあった。しかし，日本人にとって米は大切な作物であり，様々な工夫を重ねて$_{イ}$<u>**【資料１】**のように稲作の栽培範囲(はんい)を広げてきた。</u>結果，現在は（　ウ　）県に次ぐ，米の生産地になっている。

１．下線部アに関連して，現在の北海道で栽培されている主な作物としてふさわしくないものを１つ選び記号で答えなさい。
あ．たまねぎ
い．かぼちゃ
う．さとうきび
え．にんじん
２．空欄（ウ）にあてはまる県名を答えなさい。
３．①　**【資料１】**のＡ地点とＢ地点では，どちらが先に稲作が可能となったのか記号で答えなさい。

② 下線部イについて，稲作の栽培範囲を広げることが出来た理由として考えられることを，【資料1】と【資料2】をもとに説明しなさい。

【資料1】
「米を栽培できる限界線の変化」

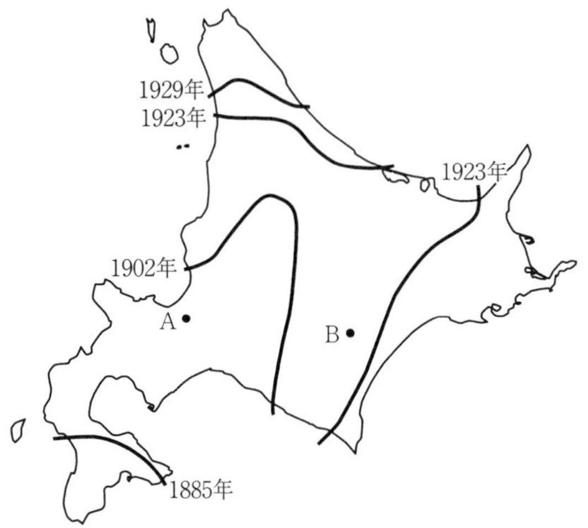

帝国書院地理シリーズ『日本のすがた⑦北海道地方』より作成

【資料2】
「8月の1日の最高気温の平均」

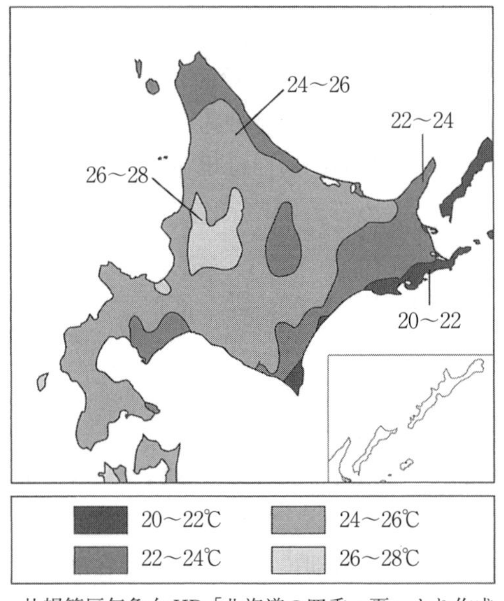

札幌管区気象台 HP「北海道の四季・夏」より作成

3 次の あ～え の各文が説明するそれぞれの県について，1～7の問いに答えなさい。

あ―この県には，日本でもっとも広い湖である（ A ）がある。この湖は釧路湿原などとともに，水鳥がえさをとる湿地（しっち）と，湿地にすむ動植物を保護することを目的とした ア条約に登録されている。

い―この県の嬬恋村（つまごいむら）は，キャベツやレタスなどの高原野菜の栽培が盛んである。夏の涼（すず）しい気候を生かし，出荷時期を遅らせる イ抑制栽培（よくせいさいばい）が行われている。

う―この県は，気仙沼（けせんぬま），石巻など水揚（みずあ）げ量の多い漁港があり，北海道に次ぐ漁業生産量を誇（ほこ）る。ウ三陸海岸は，エ複雑に入り組んだ海岸線となっており，好漁場である一方，津波（つなみ）の影響（えいきょう）を受けやすい。

え―この県は，四大工業地帯のひとつである（ B ）工業地帯の一部として発展したが，エネルギー革命による石炭産業の衰退（すいたい）で地位が低下した。その後 IC 工場が増え，この県を含む地域は（ C ）アイランドと呼ばれている。

1．空欄（A）～（C）にあてはまる語句を答えなさい。

2．あ～う の各文それぞれの県の県庁所在地を答えなさい。

3．下線部アの条約名を答えなさい。

4．下線部イとは逆に，旬（しゅん）より早くつくる栽培方法を何というか答えなさい。

5．下線部ウの付近は，黒潮と親潮がぶつかる潮境があります。そのうち親潮の海流名を答えなさい。

6．下線部エの海岸線を何というか答えなさい。

7．次のページの地形図は（A）に流れ込（こ）む安曇川（あどがわ）が表されています。問①・②に答えなさい。

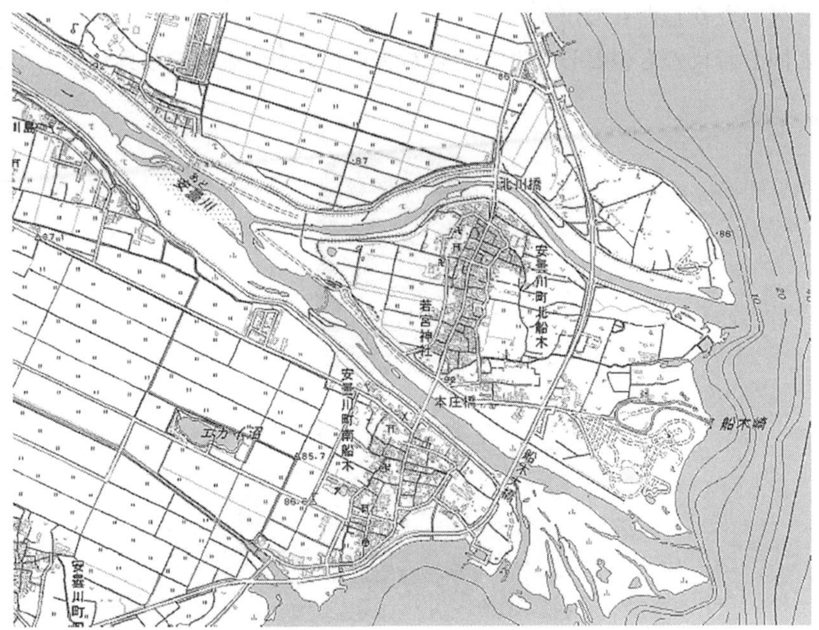

問①　この地形図でみられる河口に出来る扇(おうぎ)形の地形を答えなさい。

問②　次の各文のうち，下線部が正しいものを選び，記号で答えなさい。複数ある場合は，五十音順に答えなさい。

ア．安曇川は，この地形図の南東から北西に向けて流れている

イ．この地形図上の「〃」は水田を表す地図記号である

ウ．この地形図では等高線が密集していないが，これは土地の高低差が大きいことを示している

エ．一般(いっぱん)的に問①の地形は，水もちがよい土地となる

4　次の写真について，１～３の問いに答えなさい。

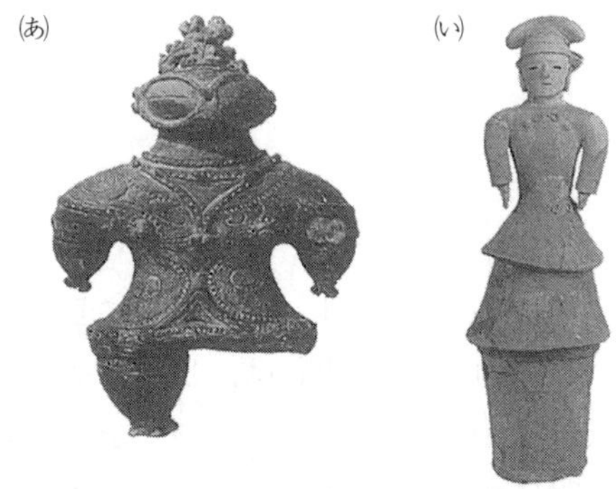

１．(あ)は何という文化財ですか。

２．次の文のうち，(あ)の説明としてふさわしくないものを１つ選び，記号で答えなさい。

ア．食べ物がたくさんとれるように祈(いの)ってつくられた

イ．女性をかたどったものが多い

ウ．墓にほうむられた人物の家臣や召使(めしつかい)をかたどっていることが多い

エ．体の一部をわざと欠いたりしたものが多い

3．(い)がつくられたのと同じ時代のものとしてもっともふさわしいものを次の写真から１つ選び，記号で答えなさい。

ア

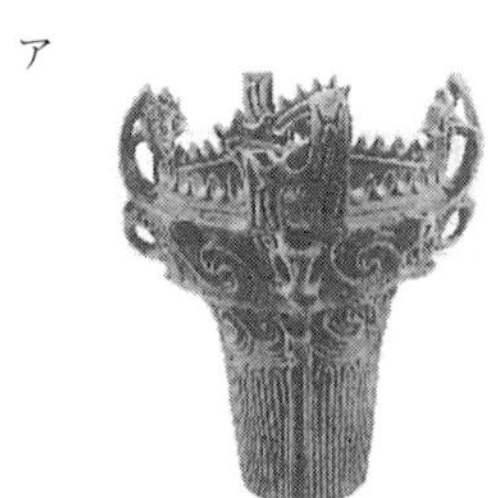

イ

ウ

エ

5 次の【一】～【四】の写真・絵とその説明の文章を見て，それぞれの問いに答えなさい。

【一】

写真の中の⬭で囲んだところにならんでいる５つの小さな石の塔は，ア1275年に日本に来た「ある国」の５人の使者をとむらったものといわれています。この使者は，日本に服属するように求めたのですが，イ当時の幕府の実権をにぎっていた執権の（ ウ ）は，彼らをすぐ近くの幕府の西の方にある刑場で処刑し，その国に対して服属する意志がないことをしめしました。エこの前年，ある国は九州北部を襲っています。

1．下線部アの「ある国」とはどこのことですか。当時の国名を漢字１字で答えなさい。

2．下線部イの「幕府」とは何幕府ですか。

3．この幕府の時代のようすとして正しいものを次のうちから選び，記号で答えなさい。複数ある場合は，五十音順に答えなさい。

あ．地頭は皆，京都に住むことになっていた

い．守護は皆，江戸と自分の領地を１年ごとに行ったり来たりすることになっていた

う．この時代の武士は，「やぐら」のある門をもった武家造の家に住むものが多かった

え．将軍と御家人は「御恩」と「奉公」で結ばれていた

お．この幕府の３代将軍は，京都の北山に金閣をつくった

４．空欄(ウ)にあてはまる人名を答えなさい。

５．下線部エで，この「ある国」が日本を襲った時に使って幕府軍を困らせた，火薬を用いた武器を何といいますか。ひらがなで答えなさい。

６．この「ある国」は，もう１回日本を襲っています。それは西暦何年ですか。

【二】 ①

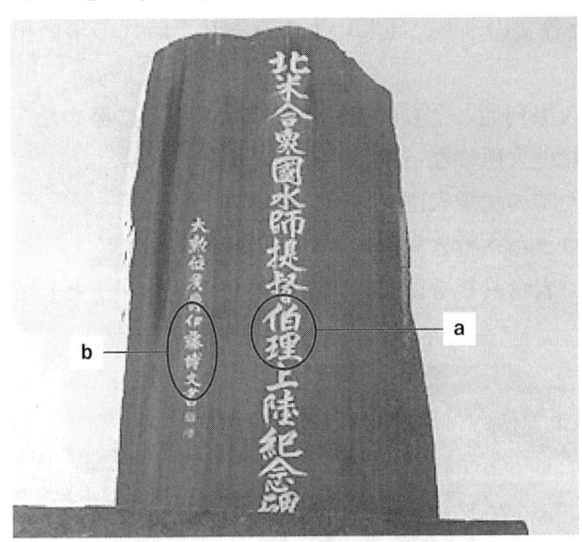

②

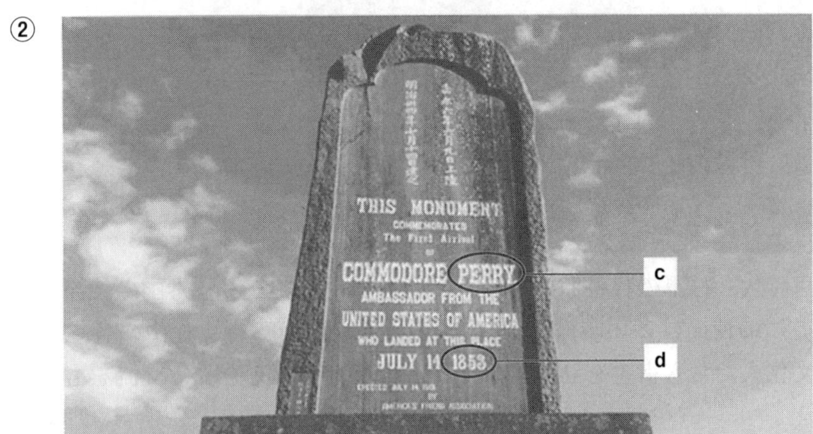

この①②は，神奈川県横須賀市に立っている石碑の表と裏の写真です。この石碑は$_{オ}$ある国から$_{カ}$◯d「1853」年に来日した使節の上陸を記念して，のちの1901(明治34)年に上陸の地の近くに建てられたものです。この記念碑の表の字は，◯b「伊藤博文」が書きました。

７．下線部オの「ある国」とはどこのことですか。

８．下線部カの「使節」の名前は，石碑の中の◯aと◯cに書かれています。その「使節」の名前をカタカナで書きなさい。

9．次の各文のうち，8の人物について述べたものとして正しいものを選び，記号で答えなさい。複数ある場合は，五十音順に答えなさい。

ア．彼はこの地に来航する前に，琉球へ立ち寄ってきた

イ．彼が持ってきた大統領の手紙には，開国を要求する内容が書いてあった

ウ．彼が来航したこの「1853」年から，日本との貿易が始まり日本は開国した

エ．彼は，最初に来航した翌年，長崎・新潟・兵庫などを開港するという内容をふくんだ条約を日本と結んだ

オ．彼が最初に来航した翌年に日本と結んだ条約では，日本に関税自主権が認められていなかった

10． **b** の人物について述べた各文のうち，正しいものを選び，時代の早い順に記号で並べかえなさい。

あ．薩摩藩に生まれ，幕末は大久保利通とともに薩長同盟を結ぶことに努めた

い．内閣制度ができた時，初代総理大臣になった

う．大日本帝国憲法が発布された時の総理大臣であった

え．憲法をつくるために，ヨーロッパへ行き憲法の調査と研究をした

お．不平等条約を改正するため，岩倉具視を団長とする使節団のメンバーとして欧米に派遣された

【三】

この絵は，江戸時代，将軍の代替わりの時にお祝いにやってくるキ外国の使節が江戸へ来た時のようすです。この使節は多い時は500人にものぼり，江戸へ行く途中の各地で歓迎を受けました。日本の文化人たちも宿舎を訪れて学問や芸術などの教えを受け交流をもったといわれています。

11．この絵に描かれた使節を何といいますか。

12．この使節はもともと，前の時代に日本とそのキ外国がおこなった戦争で相手国の捕虜になった者を交換する目的で来日したものでした。

その戦争があった時，日本の実質的統治をしていた人物は誰ですか。次のうちから選び，記号で答えなさい。

あ．織田信長　　い．豊臣秀吉　　う．徳川家康　　え．徳川家光

13．日本とこのキ外国のその後の歴史にかかわることについて，次のできごとを年代の早い順に

記号で答えなさい。

あ．日韓基本条約を結び，大韓民国と国交を回復した

い．大韓民国は北側にある同じ民族の国から攻め込まれて戦争になったが，日本の経済は，この戦争でアメリカ軍から多くの注文を受けたことによって多くの利益を得た

う．日本は大韓帝国を併合し，植民地として統治した

【四】

これは，昔，筑紫の鴻臚館とよばれた施設の遺跡が発掘されたところの写真です。現在の福岡市にあります。鴻臚館は$_{ア}$平安時代，$_{イ}$平安京・難波・筑紫の三か所に設置された外交施設です。

9世紀前半までは，筑紫の鴻臚館は，唐や新羅の使節を接待・宿泊させる迎賓館であり，また，遣唐使や遣新羅使が旅支度を整えるところでした。

14．下線部$_{ア}$平安時代のできごとを次から選び，記号で答えなさい。複数ある場合は，五十音順に答えなさい。

あ．大宝律令が完成した

い．紫式部が『源氏物語』を書いた

う．藤原氏が摂政や関白として政治の実権をにぎっていた

え．鑑真が唐から来日した

お．全国の国分寺の頂点にあたる東大寺に大仏がつくられた

15．下線部$_{イ}$平安京のあった場所はどこですか。現在の府県を地図の中から選び，記号で答えなさい。

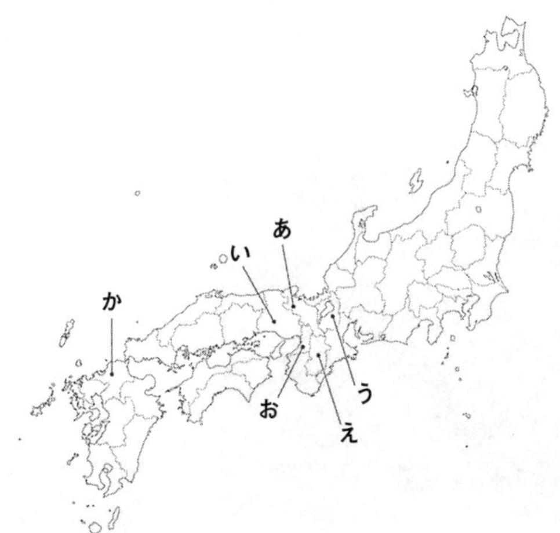

6 これは，江戸幕府が開国後につくった西洋式の城です。中心部には奉行所(ぶぎょうしょ)と役人の住まいがありました。この城についてあとの問いに答えなさい。

1．何という名前の城ですか。ひらがなで答えなさい。

2．これがある場所を地図から記号で選びなさい。

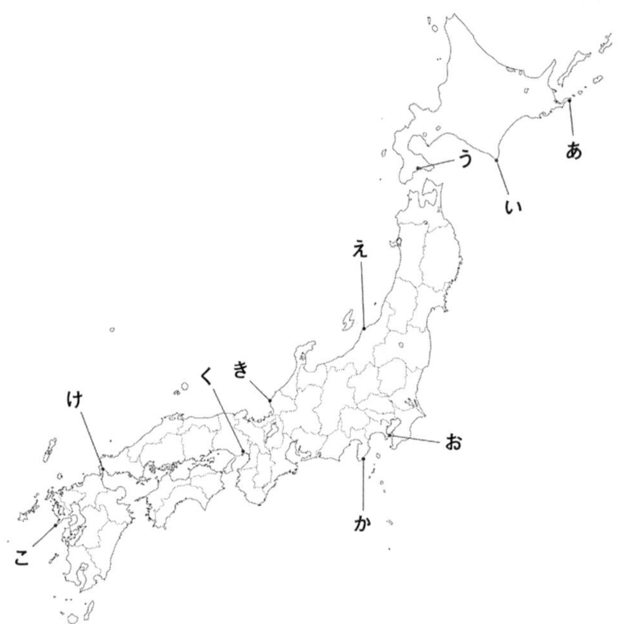

3．2の近くの港を開く，と日本がアメリカと約束した条約を何といいますか。

4．3の条約でもう1つ開くと約束した港はどこですか。地名を答えなさい。

5．この城の写真と，次の江戸城を描いた絵を見比べて，どんなところが似ているか，それはどういうはたらきをするところか，考えて答えなさい。

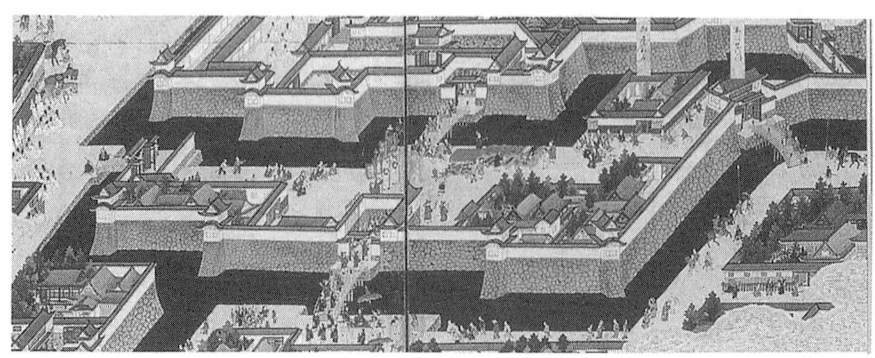

7 次の図を見て，各天皇の時代と時代の間の時期にあったできごととして，右側に正しいことが書いてあるものはどれですか。1つ選び，あ～え の記号で答えなさい。

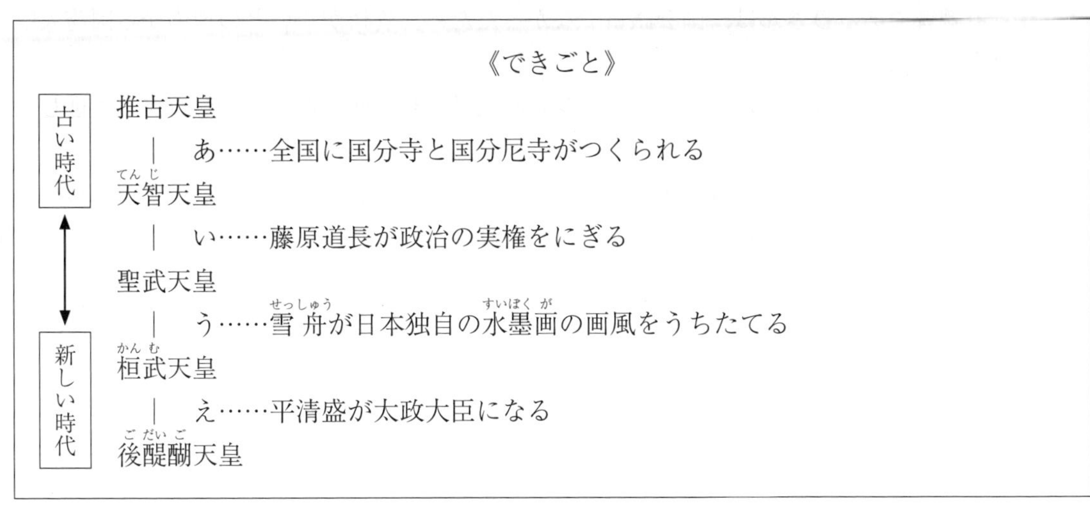

《できごと》
古い時代
新しい時代
推古天皇
あ……全国に国分寺と国分尼寺がつくられる
天智天皇
い……藤原道長が政治の実権をにぎる
聖武天皇
う……雪舟が日本独自の水墨画の画風をうちたてる
桓武天皇
え……平清盛が太政大臣になる
後醍醐天皇

8 次の**A**～**E**の文は2018年に起きたできごとについて書かれたものです。それぞれの文中の下線部について，1～5の問いに答えなさい。

A　2018年3月，東日本大震災の時の対応への反省から<u>災害救助法</u>が改正され，大きな災害が起こった際に被災者を支援する権限を，都道府県から政令指定都市へ移せるようにしました。これにより都道府県は，支援の仕事の一部を政令指定都市に任せることで他の市町村の支援に力を注ぐことができるようになり，災害時の対応が素早くなることが期待されます。

1.「災害救助法」に関する内容として正しいものを1つ選び，記号で答えなさい。

あ.「災害救助法」は東日本大震災からの復興にあたって適用された。

い. 東日本大震災の際，都道府県は「災害救助法」に基づいて災害対策本部を設置した。

う. 東日本大震災の際，「災害救助法」に基づき，日本赤十字社などの団体の協力の下，救助活動が行われた。

え. 東日本大震災では，「災害救助法」に基づき，市町村同士が災害時の対応や災害復旧に際して互いに応援し合った。

B　2018年6月，成人年齢を20歳から18歳に引き下げる法律が<u>国会</u>を通過し，成立しました。この法律は2022年4月1日に施行することとなりますが，これにより既に18歳以上に引き下げられた選挙権年齢と合わせ，若者が親の同意なくローンなどの契約を結べるようになります。また，女性が結婚できる年齢も16歳から18歳に引き上げられ，男女ともに18歳となります。

2. 国会に関する次の各文より正しいものを1つ選び，記号で答えなさい。

あ. 20歳の誕生日を迎えたAさんは，その年に実施された参議院議員選挙に立候補して見事当選した。

い．国土交通省に勤めるBさんは，法律を成立させるため，国会議員のCさんにお願いして法案を提出してもらった結果，見事成立させることができた。

う．有識者(ゆうしきしゃ)であるDさんは，国会議員でなかったため，資格がないとの理由から国務大臣になれなかった。

え．Eさんは，解散されたことを受けて参議院議員選挙に臨んだが，残念ながら落選した。

C　2018年6月，イスラム教の戒律(かいりつ)に厳格なサウジアラビアで，世界で最後まで認められていなかった女性による自動車の運転が認められました。サウジアラビアではこれまで，国籍(こくせき)を問わず女性の運転が禁止され，女性が車で移動するには親族の男性に頼(たよ)るか，男性運転手を雇(やと)わなければなりませんでした。このことから，女性の運転禁止については，女性に対する「抑圧(よくあつ)の象徴(しょうちょう)」と国際社会でも批判がありましたが，女性の社会進出や能力開発を打ち出す改革の目玉として認められました。

3．イスラム教についての説明として誤っているものを1つ選び，記号で答えなさい。

あ．イスラム教では，女性は男性と接することが制限されている。女性が外出する際は顔や体を布で覆(おお)う。

い．イスラム教徒は一生のうち一度は聖地メッカへ巡礼(じゅんれい)することが義務づけられている。

う．イスラム教徒は食事をする際は右手しか使わない。また，お酒を飲むことや豚(ぶた)肉などを食べることが禁じられている。

え．イスラム教では一日5回，聖地メッカへ向けてのお祈(いの)りが義務づけられている。また，一年のうち一か月の間，一日中断食することが義務づけられている。

D　2018年7月，国際連合(国連)のグテーレス事務総長は，加盟各国に対し国連が「破産寸前」であることを強調し，一刻も早く拠出金(きょしゅつきん)を支払うよう訴えました。グテーレス事務総長が加盟各国に宛(あ)てた手紙には「“あなた方の”国連」であり，「国連は“破産寸前”に追い込(こ)まれるべきではない」と悲痛な訴えが書かれていました。国連の資金難の最大の原因として，最大の拠出国アメリカが分担金を支払っていないことがあげられています。

4．国際連合の機関についての説明として正しいものを1つ選び，記号で答えなさい。

あ．WHOはイタリアのローマに本部が置かれた国連の機関で，すべての人々が栄養ある安全な食べ物を手に入れ健康的な生活を送ることができるように，飢餓(きが)，食料不安及(およ)び栄養失調の撲滅(ぼくめつ)や貧困の削減(さくげん)などにつとめている。

い．ILOは，自由貿易促進を主な目的として創設された国連の機関で，常設の事務局がスイスのジュネーブに置かれている。

う．UNESCOはフランスのパリに本部が置かれている国連の機関で，教育，科学，文化の発展と推進を目的としている。

え．UNICEFはアメリカのニューヨークに本部が置かれた国連の機関で，社会面でも環境(かんきょう)面でも持続可能なまちづくりを推進し，すべての人々が適切な住まいを得ることができる世界の実現を目指している。

E 2018年9月，自由民主党は総裁選挙を行い，安倍晋三首相は石破茂(いしばしげる)元幹事長を破り，連続3選を果たしました。任期は3年となります。2019年は統一地方選挙，参議院選挙が控(ひか)えており，安倍首相は憲法改正や景気対策，社会保障制度改革などの課題に取り組むこととなります。

5．以下の文は日本国憲法の前文です。空欄(くうらん)にあてはまる語句の組み合わせとして正しいものを選び，記号で答えなさい。

日本国民は，恒久(こうきゅう)の平和を念願し，人間相互の関係を支配する崇高な理想を深く自覚するのであつて，平和を愛する諸国民の（ A ）と信義に信頼(しんらい)して，われらの安全と生存を保持しようと決意した。われらは，平和を維持し，専制と隷従(れいじゅう)，圧迫と偏狭(へんきょう)を地上から永遠に除去しようと努めてゐる（ B ）において，名誉(めいよ)ある地位を占めたいと思ふ。われらは，全世界の国民が，ひとしく恐怖(きょうふ)と（ C ）から免(まぬ)かれ，平和のうちに生存する権利を有することを確認する。【注：ゐ＝い】

あ．A＝公正　B＝国際社会　C＝欠乏(けつぼう)
い．A＝友情　B＝世界　C＝圧政
う．A＝繁栄(はんえい)　B＝国際社会　C＝圧政
え．A＝公平　B＝世界　C＝欠乏

【理　科】（40分）〈満点：100点〉

1　次の会話文は，神奈川県にある小学校の６年生，小百合さんと友人のみなみさん，園子さんとの会話です。これについてつづく問いに答えなさい。

小百合「みなみちゃんと園子ちゃんは冬休みに旅行に行ったよね。楽しかった？」

みなみ「楽しかったよ！　Aマングローブ林の中をカヌーで冒険したり，Bヤンバルクイナも見たり！　Cマングースも可愛かった！」

園　子「マングースってあのイタチみたいな動物？　私，マングースはインドとかアフリカにいると思ってた。」

みなみ「元々マングースはいなかったけど，人間が連れてきてから野生化したって。」

小百合「うちの近くでよく見るDアライグマと同じだね。タヌキと似てるけど，元々は北アメリカにいて，ペットとして輸入されたらしいよ。」

園　子「暖かいところはうらやましいな。私は今年もスキーに連れていかれた。たまにE冬眠しないヒグマもいるって聞いたからこわかったけど，大丈夫だった。」

小百合「送ってくれた写真がすごくきれいだったね！　木の葉っぱが全部落ちて，雪が積もってて。」

園　子「一日中氷点下だったから，すごく寒くて大変だったよ。F神奈川県とは生き物がぜんぜん違う場所で面白かった。」

みなみ「小百合ちゃんはどこかに行ったの？」

小百合「ひどいの！　家族がGインフルエンザになって，予定がキャンセルになっちゃったの。」

みなみ・園子「それはお気の毒に……。」

(1)　右図は，下線部**A**で見られる木の花の構造です。

　次の①～③は，図の**ア**～**エ**のどの部分ですか。それぞれ１つずつ選び，記号で答えなさい。

①　おしべ

②　がく

③　めしべ

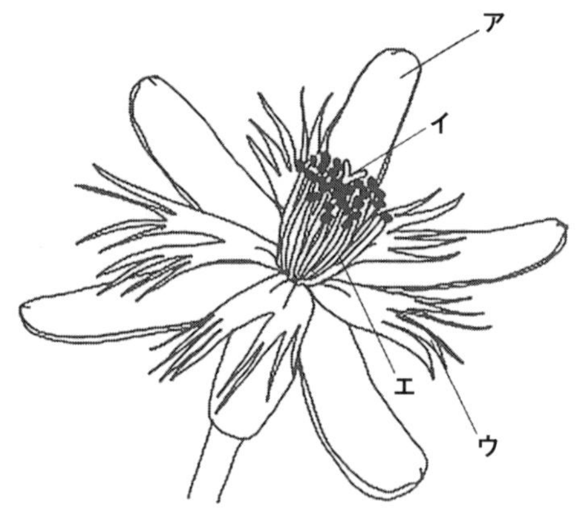

(2)　下線部**B**は鳥類です。これについて，次の①，②に答えなさい。

①　鳥類の特徴として**間違ったもの**を次の**ア**～**エ**から１つ選び，記号で答えなさい。

ア：魚類と同じ，背骨をもつせきつい動物である。

イ：ほ乳類と同じように，体温を一定に保てる恒温動物である。

ウ：心臓はは虫類と同じつくりの一心房二心室である。

エ：おとなの両生類と同じように，肺で呼吸をする。

②　鳥類は丈夫なからのある卵を産みます。一方，両生類はからのない卵を産みます。なぜ，鳥類の卵にからが必要なのかを，両生類と比べて簡単に答えなさい。

(3)　二重下線部**C**，**D**の動物を，次の**ア**～**エ**の図よりそれぞれ１つずつ選び，記号で答えなさい。

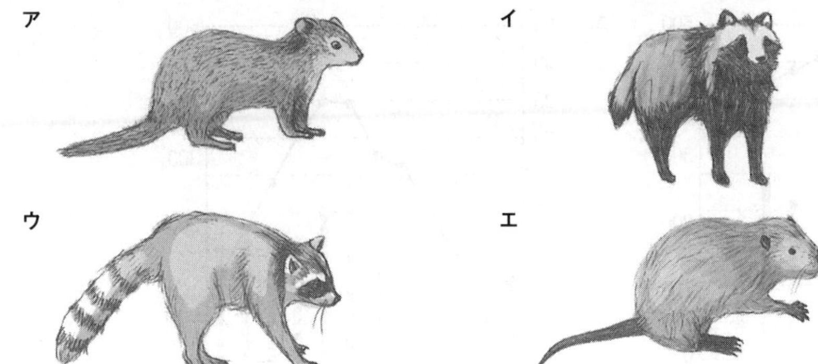

(4)　マングースやアライグマのように，人間によって運ばれ，本来生息していない場所で野生化した生物を何と呼びますか。

(5)　(4)はどのような生物ですか。最も適切なものを，次の**ア**～**エ**から選び，記号で答えなさい。

ア：この生物たちがいることで，生物種が増えるため，生態系が豊かになる。

イ：この生物たちの数が増えることで，人間生活には影響(えいきょう)はない。

ウ：この生物たちは，元々いる生物のすみかやエサを奪(うば)うこともあり，生態系に影響をあたえる。

エ：この生物たちは，人間にとって元々役立つ生物なので保護するための法律ができた。

(6)　下線部**E**について，次の①，②に答えなさい。

①　冬眠を行う生物を，次の**ア**～**オ**から２つ選び，記号で答えなさい。

ア：ヤマネ　　**イ**：カモシカ　　**ウ**：ニホンノウサギ　　**エ**：シマリス　　**オ**：ニホンザル

②　冬眠の説明として**間違ったもの**を，次の**ア**～**エ**から１つ選び，記号で答えなさい。

ア：冬眠中は，運動をほとんどしないためエサを節約できる。

イ：冬眠中は，呼吸数を下げることで生きるためのエネルギーを節約できる。

ウ：冬眠は，外敵に見つかりにくい安全な場所で行うことが多い。

エ：冬眠は，赤道付近の一年中温かい地域にくらす動物にも必要である。

(7)　次のグラフは，日本各地の月別平均気温と月別降水量合計です。みなみさん，園子さんが冬休みに行った場所のグラフを，**ア**～**エ**から選び，記号で答えなさい。ただし，グラフのたて軸(じく)は気温と降水量を，横軸は１月～12月を示し，折れ線グラフは月別平均気温の変化を，棒グラフは月別降水量合計を表しています。

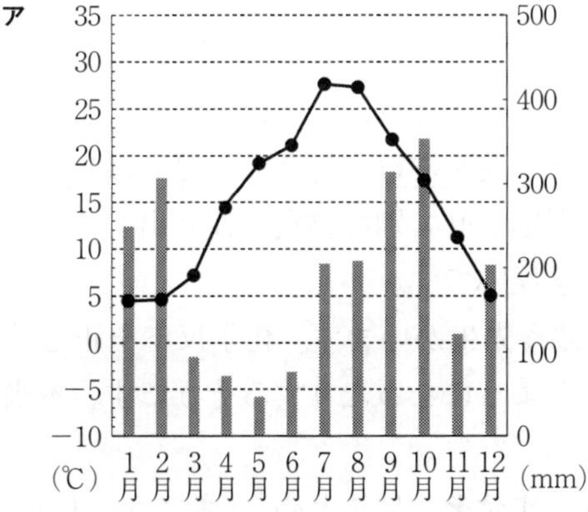

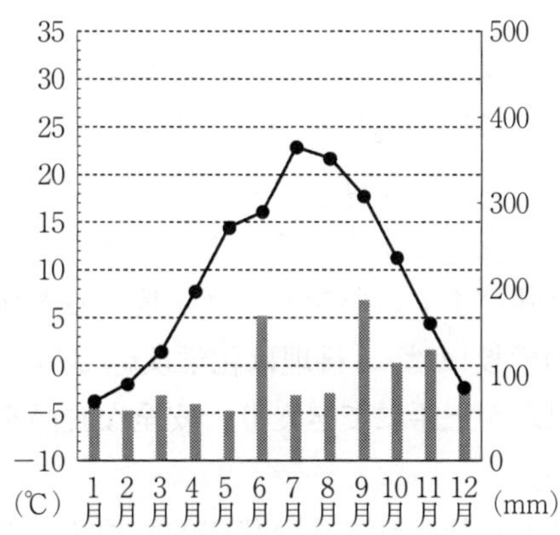

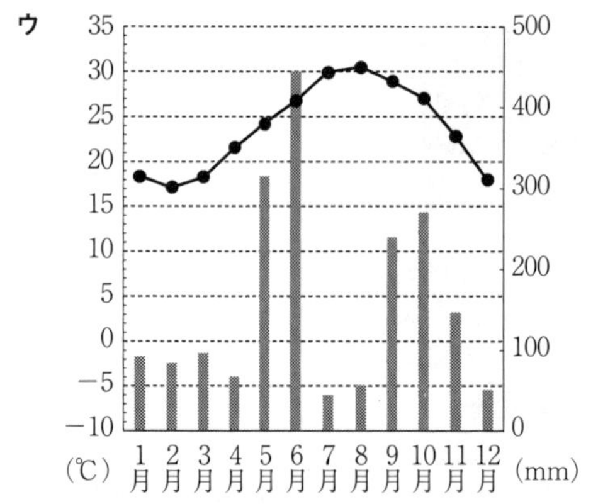

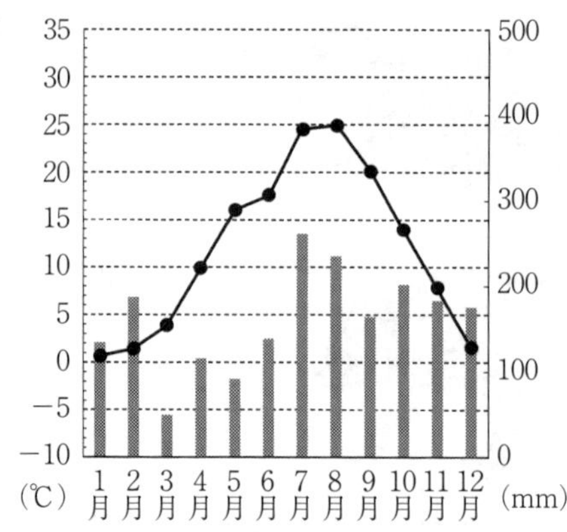

(8) 下線部**F**について，次の①～④に答えなさい。

① 次の**ア**～**エ**の生き物は，園子さんの旅行先で見られます。個体数が最も多いと考えられるものを選び，記号で答えなさい。

ア：エゾヒグマ　　**イ**：エゾフクロウ　　**ウ**：エゾヤチネズミ　　**エ**：キタキツネ

② 園子さんの旅行先の樹木は冬には葉がありません。このような樹木を何と呼びますか。

③ ②が冬に葉を落とす理由として最も適切なものを次の**ア**～**エ**から１つ選び，記号で答えなさい。

ア：葉をエサとする生物がいなくなるから。

イ：枯(か)れた葉を自分の栄養分とするため。

ウ：水分の蒸発を防ぐため。

エ：枯れた葉で自分のまわりの地面を保温するため。

④ 神奈川県南部の森林では，一年中葉のある樹木が見られます。このような樹木を何と呼びますか。

(9) 下線部**G**について，次の①，②に答えなさい。

① 下線部**G**は何という種類の病原体(病気の原因)で起こる病気ですか。**菌(きん)類**，**細菌類**，**ウイルス**から答えなさい。

② 下線部**G**などの感染症(しょう)を予防するために，弱くした病原体をからだの中に取りこみ，感染症を予防することができます。この医療(りょう)に使われるものの名前をカタカナ４文字で答えなさい。

2 次の文章を読んで，つづく問いに答えなさい。

私たちは，学校で薬品を使った実験をよく行います。たとえば，①<u>糸ほどに細くした鉄をからめたスチールウールは，ガスバーナーで加熱すると火花をあげて燃えて，黒くぼろぼろとした別の物質に変化します。</u>このように物質どうしを反応させて別の物質を作り出すことを「化学反応」と呼びます。ハンバーグが焼ける変化も化学反応です。

私たちの学校には，「料理は化学反応である」と言う先生がいます。化学反応を正しく理解すると，料理が上手にできたり，安全な食品を選べるようになったりするそうです。本当なのでしょうか。

Ⅰ．日本で昔から使われてきた代表的な調味料を「**さしすせそ**」にまとめ，「**さ**とう，**し**お，**す**，しょうゆ(**せ**うゆ)，み**そ**」と覚えておくと便利です。これは，②料理をするときに使う順番になっています。つまり，最初に加えるとよいものは，「しお」ではなく「さとう」なのです。これは，「さとう」よりも③「しお」のほうが食材にしみこむ力が強く，先に加えると塩味が濃くなってしまうためです。また，「しょうゆ」や「みそ」を最後に加えるのは，しみこみやすいことに加えて，味をととのえ，風味(香りなど)が加熱によって消えないようにするためです。

(1) 下線部①は，代表的な燃焼反応です。反応前のスチールウールと反応後の黒い物質のうち，片方だけがうすい塩酸につけたときに反応しました。どちらが反応しますか。また，発生する物質は何ですか。それぞれ答えなさい。

(2) ハンバーグをフライパンで焼くとき，最初はあまり変化が起こらず，とちゅうから，ジュウジュウと音を立てて，生肉の赤色からこげ茶色に変化し，焼きすぎると黒くこげます。これについて，「物質と加熱とのあいだには，どのような関係がある」とわかりますか。適切なものを次の**ア**～**エ**から２つ選び，記号で答えなさい。

ア：最初の加熱では，ハンバーグの内側だけで変化が起こり，後半の加熱で外側が化学反応を起こしてこげる。

イ：最初の加熱では，ハンバーグは温まるだけで化学反応は起こらず，ある温度より高くなるとこげはじめる。

ウ：火を強くすると，こげ茶色に変化するまでの時間が短くなる。

エ：火を強くしても，こげ茶色に変化するまでの時間は変わらない。

(3) 下線部②について，「しお」よりも「す」をあとに加える理由として，適切なものを次の**ア**～**エ**から２つ選び，記号で答えなさい。

ア：「しお」のほうが，「す」よりも食材にしみこみやすいから。

イ：「す」のほうが，「しお」よりも食材にしみこみやすいから。

ウ：「しお」は温めると別な物質に変わり，味が変わりやすいから。

エ：「す」は温めると風味が失われ，味が変わりやすいから。

(4) 下線部③の効果を利用して，日本で昔から作られている野菜料理を１つ答えなさい。

(5) 「さとう」と「しお」を比べると，味だけでなく，手ざわりやとけやすさも大きく異なります。同じ質量の「さとう」と「しお」を混ぜ合わせて加熱すると，どのような変化が起こりますか。適切なものを次の**ア**～**エ**から１つ選び，記号で答えなさい。

ア：「しお」だけがとけて，「さとう」は変化しない。

イ：「しお」だけがこげ茶色に変化して，「さとう」は変化しない。

ウ：「さとう」だけがとけて，「しお」は黒い物質に変化する。

エ：「さとう」だけがとけて，その後，茶色に変化する。「しお」は変化しない。

(6) 次に，「さとう」と「しお」の水へのとけやすさを比べてみます。溶解度(ようかいど)という値があり，それぞれの数字は100gの水に何gまでその物質がとけるかを表しています。

水100gに対する溶解度（g）

	20℃	40℃	60℃	80℃	90℃
さとう	204	233	288	362	**ア**
しお	37.8	38.3	39.0	40.0	**イ**

① 表の空らん**ア**および**イ**に当てはまる数字として適切なものを，以下の中から１つずつ選び

なさい。

32.0　40.5　49.8　69.2　362　416　598　724

② 20℃の水50gが入ったビーカーに，さとう150gを加えてよくかき混ぜました。何gのさとうがとけ残りますか。また，これを60℃まで加熱すると，何%のさとう水ができますか。さらに，80℃まで加熱すると何%のさとう水になりますか。それぞれ小数第1位を四捨五入し，整数で答えなさい。ただし，とけ残ったさとうは，計算に含めないものとします。

Ⅱ．赤キャベツ(ムラサキキャベツ)には，アントシアニンという色素が含まれています。このアントシアニンは，酸性で赤，中性で青，アルカリ性では緑になります。

(7) 赤キャベツを焼きそばの具にして，焼けたらソース(トマトや果物を原料としたもの)で味付けします。生の焼きそばには，「かんすい」というめんをやわらかくするアルカリ性の物質が混ざっています。次にしめす順に，フライパンの上で調理した場合，その色はどのように変化しますか。

(赤キャベツだけを加熱)→(めんを入れて加熱)→(ソースを加える)

青色　◯色　◯色

(8) こんにゃくを買って，ふくろの表示を見ると「水酸化カルシウム」という物質が少し入っていることがわかりました。この薬品は，強いアルカリ性をしめすので，この物質だけを口に入れるととても危険ですが，少量だけ含まれる食品を食べても，おもに胃(い)の中で胃酸と反応し，無害な物質に変わるため安全です。この下線部の反応を何と呼びますか。

(9) (8)の下線部を実験で確かめましょう。同じ濃度のうすい水酸化カルシウム水溶液を①～⑤のビーカーに15mLずつ入れて中性にととのえた赤キャベツの汁を加えました。そこに，胃酸に含まれるうすい塩酸を，表のように濃度を変えて15mLずつ加えました。すると，次の結果になりました。この実験から，下線部の反応をこのうすい塩酸15mL以内で完了させるためには，少なくとも何%の濃度で必要とわかりますか。表の値から，選んで答えなさい。

	①	②	③	④	⑤
うすい塩酸	2.4%	1.2%	0.50%	0.25%	0.10%
色	赤	赤	赤	緑	緑

(10) もし，同じ濃度の水酸化カルシウム水溶液を30mLに増やして同様の実験を行うと，15mLのうすい塩酸が(　　　)%のときに，緑色から赤色に変化すると考えられます。(　)の中に入る数値を，次の**ア**～**エ**から1つ選び，記号で答えなさい。

ア：0.10～0.25　**イ**：0.25～0.50　**ウ**：0.50～1.2　**エ**：1.2～2.4

3 天体に関する次の文章を読んで，つづく問いに答えなさい。

宇宙に存在する星は，恒(こう)星，惑(わく)星，衛(えい)星などに分類することができます。地球は［**あ**］に分類され，地球から一番近い恒星は太陽ですが，二番目に近い恒星はケンタウルス座アルファ星という星で，地球から約4.3光年の距離(きょり)にあります。太陽の周りをまわっている［**あ**］は地球を入れて［**い**］個あり，一番外側をまわっている［**あ**］は［**う**］です。

月は地球の周りをまわっている［**え**］で，公転と自転をしています。月は太陽と違(ちが)い自ら光を発していないので，太陽との位置関係によって満ち欠けを生じます。月の満ち欠けの周期は約［**お**］日ですが，月の公転周期は約［**か**］日です。

(1)　空らん[あ]～[か]に当てはまる語句または数字を答えなさい。ただし，[お]と[か]は以下の中から選んで答えること。

21　24　27　30　33　36

(2)　１光年はどんな距離を表していますか。簡単に答えなさい。

(3)　**図１**は地球の公転と太陽の位置を地球の北半球側から見たものです。**A**の位置において北半球が夏であるとき，**B**の位置の季節は春・秋・冬のどれですか。

(4)　**図１**の**A**の位置において地点**a**の時刻は何時ですか。最も近いものを次の**ア**～**エ**から選びなさい。

ア：０時　**イ**：６時　**ウ**：12時　**エ**：18時

図１

(5)　**図２**は月の公転，地球，太陽の位置を北半球側から見た図です。月が**E**，**H**，**K**の位置にあるとき，地球からどのように見えますか。以下の**ア**～**ク**から選びなさい。ただし，黒い部分は影で見えない部分を表しており，月食と日食は考えないものとします。

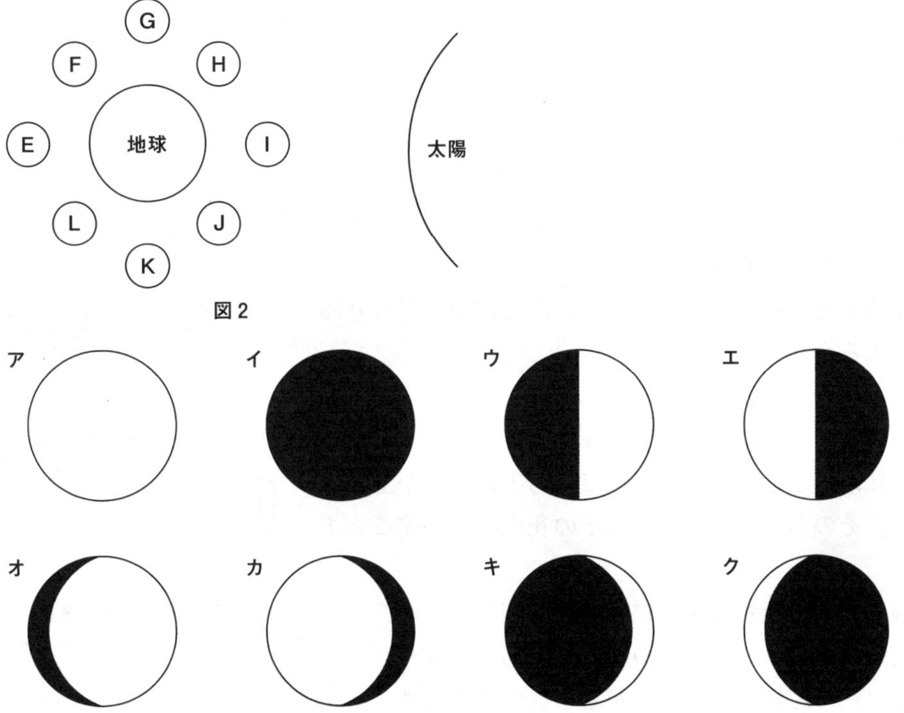

(6)　(5)の**L**の位置にある月が真南に見える時刻は何時ですか。最も近いものを次の**ア**～**オ**から選びなさい。

ア：18時　**イ**：21時　**ウ**：24時　**エ**：３時　**オ**：６時

(7)　地球から見る月は常に同じ面が見えています。この理由を簡単に答えなさい。

(8)　下線部のように，月の公転周期と満ち欠けの周期がずれる理由を簡単に答えなさい。

(9)　小百合さんはニュージーランド(南緯40度付近)旅行に行った際，星，月の動きを観察しました。次の①，②に答えなさい。

①　南の空の星の動きを表した図を次の**ア**～**エ**から１つ選びなさい。

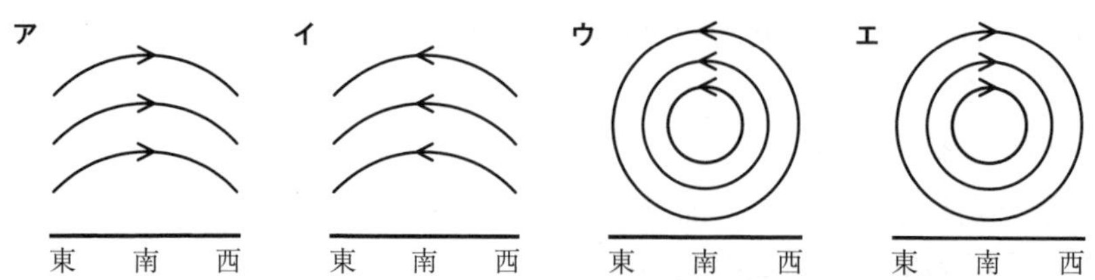

② (5)の**G**の位置にある月はどのように見えますか。(5)の**ア**～**ク**から選びなさい。

(10) **図3**のように地球の公転面に対して自転軸が傾いているため，ある地域では太陽が一日中沈まない白夜や，太陽が一日中昇らない極夜という現象が起こります。これらの現象が一年のうちに一回でも起こる緯度の条件を次の**ア**～**カ**からすべて選びなさい。

ア：北緯０度～23.4度　　**イ**：北緯23.4度～66.6度
ウ：北緯66.6度～90度　　**エ**：南緯０度～23.4度
オ：南緯23.4度～66.6度　　**カ**：南緯66.6度～90度

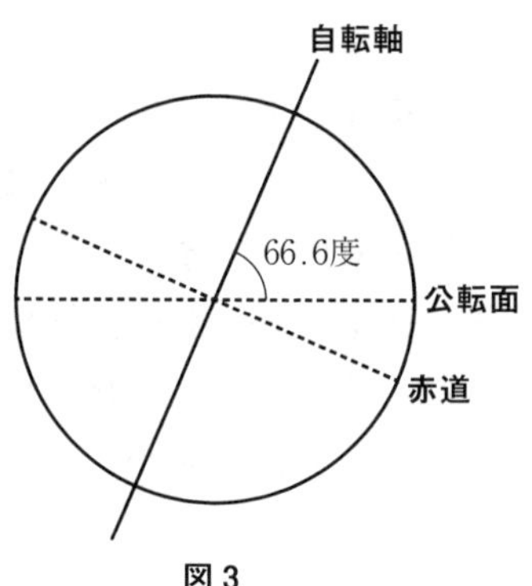

図3

4 光と音について，考えてみましょう。

(1) 次の**ア**～**オ**の中から，正しいものを２つ選びなさい。

ア：光と音はどちらも波であり，波長がある。
イ：光と音はどちらも真空中を伝わる。
ウ：空気中で音が聞こえるのは，音のエネルギーを持った空気の粒が振動しながら耳に向かって移動してくるからである。
エ：空気中で物が見えるのは，光源から出た光が物に当たり屈折して目に入るからである。
オ：光と音はどちらも反射する。

(2) 光と音の伝わる速さを考えてみましょう。

春子さん

右図のように，春子さんは遠くの方で打ち上げ花火が上がるのを見ました。そのちょうど５秒後にその花火の音が聞こえました。

① 音は気温によって伝わる速さが変わり，気温と伝わる速さの関係は右のように直線のグラフであらわされます。グラフから，気温が１℃上がると音の速さは秒速(　**ア**　)mだけ速くなるといえます。気温が28℃のとき，空気中を伝わる音の速さは秒速(　**イ**　)mといえます。**ア**と**イ**に入る数字を答えなさい。

空気中での音の速さ

(m/秒)　音の速さ　370　360　350　340　330　320　310
331　340　349
0　15　30　(℃)
気温

② 春子さんの見た打ち上げ花火は春子さんのところから何mの距離のところで上がったものだと考えられますか。気温は28℃，春子さんのところから花火までの間に建物などの障害物はないものとし，気温も一定とします。

③ 光は１秒間に30万kmの速さで進みます。春子さんのところから５km離れたところで光

った花火は光ってから何秒後に春子さんの目に届くと考えられますか。次の**ア**～**ク**から選び，記号で答えなさい。気温は28℃，春子さんのところから花火までの間に建物などの障害物はないものとし，気温も一定とします。

ア：$\frac{1}{10}$秒後　**イ**：$\frac{1}{1000}$秒後　**ウ**：$\frac{1}{10000}$秒後　**エ**：$\frac{1}{100000}$秒後

オ：$\frac{1}{60}$秒後　**カ**：$\frac{1}{6000}$秒後　**キ**：$\frac{1}{60000}$秒後　**ク**：$\frac{1}{600000}$秒後

④　光と音の伝わる速さについて，どのようなことがいえますか。「空気中を伝わる光と音の速さを比べると」という言葉に続けて文章で答えなさい。

(3)　直方体の水そうを使い，水を入れたときのものの見え方を観察しました。水そうのガラスの厚さなどは考えないものとします。

【実験1】　水そうに水を入れないときと，水を**図1**のように入れたとき，上から水そうをのぞくと，水そうに水を入れたときの方が水そうの底が浅く見えた。

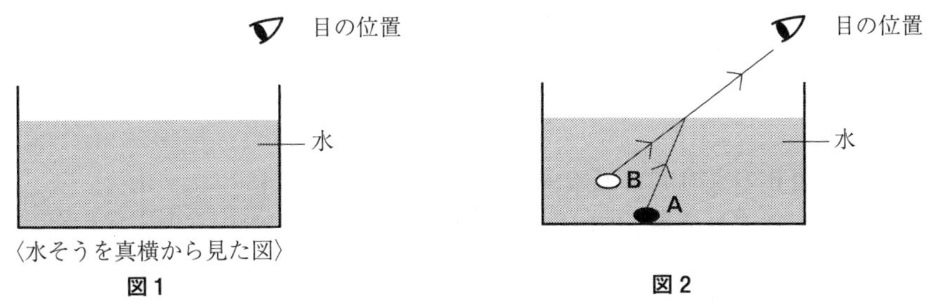

図1　　**図2**

この理由を考えてみましょう。このときの水そうの底から出る光が目にとどくようすを図であらわすと上の**図2**のようになります。わかりやすくするため，**図2**の**A**点に石を置いて考えます。水中の石から目に入る光は水中から空気中に進むときに(　　)します。しかし，目に入ってくる光はまっすぐに進んでくると判断してしまうため，**A**点の石は**B**点にあるように見えるので実際よりも浅いところにあるように見えるのです。

①　上の文の(　)に当てはまる言葉を答えなさい。

【実験2】　次に，水そうの横からのぞくときの水そうの底の見え方を，水を入れないときと水を満たしたときで比べてみた。水を入れないときの目の位置と水そうの底の見え方は**図3**のようであった。

図3

②　【実験2】で，目の位置は変えずに水そうに水をいっぱいまで入れてのぞく(**図4**の左)と，水そうの底はどのように見えますか。次の**図4**の**ア**か**イ**のどちらかで答えなさい。

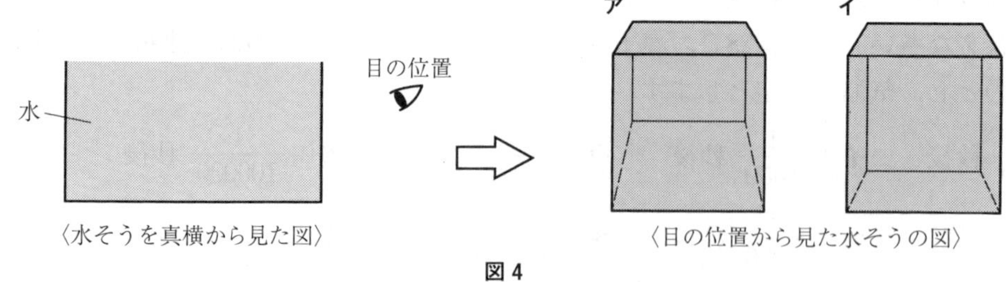

図4

③　②のときのように見えた理由を考えてみましょう。

図5のように水を満たした水そうの底に石を置いたとき，石から目に入る光の道すじの大体のようすをかき入れなさい。

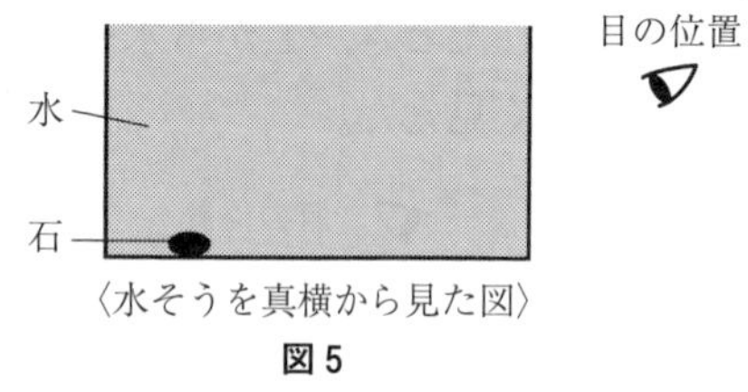

図5

【実験3】　次に，**図6**のように，石を糸でつるし，図のように水面から少し下の位置に固定した。すると，図の目の位置からでは石が見えなかった。

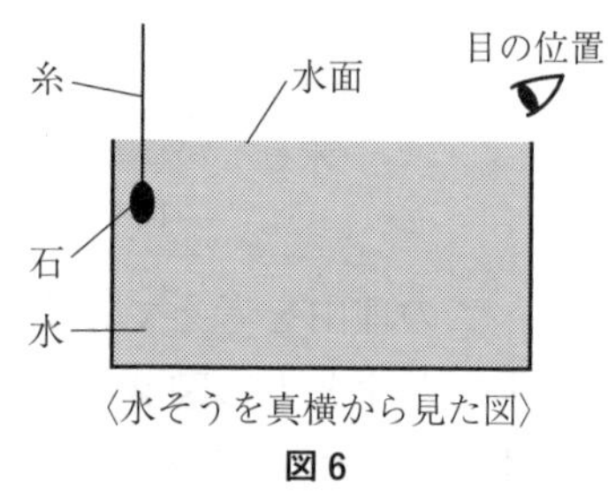

図6

これは，「光の全反射」という性質によるものです。「光の全反射」とは，水中から空気中へ進む光線と水面の角度がある角度より小さいとき，その光線は空気中に進むことはなくすべて水面で反射する，という性質のことです。

④　石から目の方向に向かった光が全反射するようすをかきなさい。解答の図中に光の道すじの続きをかくこと。

【実験4】　さらに，【実験3】の状態から，石を水中で静かに次の3通りのように動かして，石の見え方を調べた。目の位置は【実験3】と同じで変えないとする。

方法1　石を真上に水面近くまで引き上げた。

方法2　石を真下に下げていった。

方法3　石を【実験3】と同じ高さのまま右方向に(目の近くの方に)動かした。

この3通りのうち1つの方法だけ，石を見ることはできなかった。

⑤　石を見ることができなかったのは，**方法1**，**2**，**3**のうちどれですか。

⑥　次の文は，「光の屈折」，「光の直進」，「光の反射」のどれかによっておこる身のまわりの現象をあらわしたものです。「光の屈折」に関係しているものを次の**ア**～**エ**からすべて選び，記号で答えなさい。

ア：鏡の前に立つと，自分の姿が見える。

イ：凸(とつ)レンズに太陽の光を通すと光が集まり，黒い紙などを燃やすことができる。

ウ：水の入ったコップに入れたストローが水面で曲がって見える。

エ：太陽の光の当たるところでは，影(かげ)ができる。

植物たちの光合成のおかげ。つまり、ぼくやきみの「今」や「明日」は、植物たちの活動にかかっている。それは、自分がそんなにも弱く、脆い存在であることを自覚することを意味するが、一方で、自分がこうして生きているのは、すべての生命のおかげだと思えば、こんなにありがたいことはない。ぼくたちがよく口にする「ありがとう」「いただきます」「おかげさま」といった表現の中には、もともと、この依存と弱さの自覚、そして感謝の気持ちがこめられていたはずなのだ。

(辻　信一『弱虫でいいんだよ』)

(注)＊1　二元論…ものごとの根本的な成り立ちが、二つの要素から作られているという考え方。
＊2　倫理…人として守るべき道。
＊3　あのアメリカ大陸の先住民や宮沢賢治と同じように…前章で筆者は、「アメリカの先住民や宮沢賢治は周囲の動植物とコミュニケーションをとっていた」ということを説明している。
＊4　てぐす…カイコの繭からとった天然の繊維。
＊5　オーガニック食品…農薬を使わずに栽培された農作物から作られた食品。

問一　A・Bに入る語として最もふさわしいものを次から選び、それぞれ記号で答えなさい。
ア　思いかえす　イ　思いをはせる
ウ　思いあがる　エ　思い浮かぶ
オ　思いなげく　カ　思い残す

問二　C・Dに入る漢字二字の語句を、それぞれ本文中から探し、書きぬきなさい。

問三　――線部①「優劣や上下を示しているのではない」とありますが、それでは何を示しているのですか。二十字以内で答えなさい。

問四　――線部②「相対的」とありますが、この言葉のここでの意味を説明した次の文の□に入る語を本文中から十字以内で探し、書きぬきなさい。

□で評価が定まること。

問五　――線部(★)の文章中にある「三つの筋道」のうち、三番目の「筋道」を七十字以内でまとめなさい。

問六　次の文が、本文の内容と合っていれば「○」、異なっていれば「×」と答えなさい。なお、すべて同じ答えにしてはいけません。

1　近代科学は、「母なる大地」や「神聖な生命」と考えられていた自然を「モノ」に変え、その結果、経済が成長することとなった。

2　金子みすゞは、多くの生物の犠牲や無生物の奉仕によって成り立つ人間社会に身を置きながら、それは間違っていると強く主張し続けた人である。

3　人間だけの民主主義(デモクラシー)は既に失敗しており、人間以外の動植物を中心にした民主主義(デモクラシー)が必要だとヴァンダナ氏は考えている。

4　「植物の光合成のおかげで生きることができている」と自覚することで、私たちは様々な感謝の思いをあいさつとして口にしてきた。

り、[C]の側へとコミュニケーションの橋をかける方法であったようだ。

三つの筋道の二番目は、「ちがい」の大切さに注目すること。ここでも、金子みすゞの詩が助けになる。「私と小鳥と鈴と」という作品で、みすゞはこんなふうに、「私」を二つのものと比べてみせる。「私」は「鳥」のように空を飛べないが、「鳥」は「私」のように地面を走れない。「私」は「鈴」のようにきれいな音を出せないけれど、「鈴」は「私」のようにいろんな歌を歌えない。その結論が、最後の二行だ。

鈴と、小鳥と、それから私、
みんなちがって、みんないい。

男性と女性で考えてみよう。男女平等という考えは、現代社会に広く受け入れられている基本原則だ。しかし、同じ権利をもつことは、男性と女性とが、「同じ」であることを意味しないし、[D]とは両者の違いがなくなることではない。むしろ、両者の差異を認め合い、尊重しあうことによって、[D]は可能になるのだ。みすゞが「みんなちがって、みんないい」というのはそういうことだろう。

ここで「強弱」という二つの漢字に注目してみよう。漢字研究者の白川静によれば、漢字の「弱」は「弓」に装飾がほどこされているさまを表し、見た目には美しい儀礼用の弓が、強さにおいては軍事用の弓に劣ることを、同じ部首を二つ並べて強調しているのだという。一方、「強」の方は、ガの幼虫からとった＊4てぐすを弦に使った強靱な弓を表しているという。とすれば、「強」と「弱」は、もともと、よい弓と悪い弓といった①優劣や上下を示しているのではない。二通りの弓があって、ひとつは美しさに優れ、しかし実用性において劣る。もうひとつは、実用性において優れ、しかし美しさにおいて劣る。

ここで「②相対的」という言葉を思い出してほしい。一方の弓は競技や戦闘という場面で、他方は儀礼という文脈でその力を発揮する。その強さや弱さは、何を基準にするかによって決まる。一般に、ふたつ以上のものの優劣は、何を基準にするかで決まるものであって、絶対的でない。

三番目の筋道は「依存」という考え方だ。これについて考えるために、再び、ヴァンダナ・シヴァに登場してもらおう。＊5オーガニック食品は、健康に良いというので、日本でも人気が高まっている。しかし、ヴァンダナにとって、それは、単に人間の健康だけではなく、家畜の健康にも環境にも良い。つまり、地球全体にとって良いということ。映画『いのちの種を抱きしめて』の中で彼女は、「アース・デモクラシー」という考えについて、ぼくにこう話してくれた。

まず自分が、地球上の全生命に依存していることを理解することです。酸素がなければ呼吸ができない。だから私たちには木が必要。木は私たち自身だと言ってもいい。

何千万という種からなる生物の多様性に私たちは依存している。だれもが、いのちの織物の一部なのだ。だから、とヴァンダナは言う、人間だけの民主主義だけではなく、それをさらに超えた地球上の全生命の民主主義、「アース・デモクラシー」が必要なのだ、と。ヴァンダナはここで「依存」という言葉を使っている。私が「何かに依存している」とは、私が「それなしでは生きられない」ということ。だから、それを認めることは自分の「弱さ」を認めることでもある。ぼくたちが生物多様性に依存しているということは、無数の生きものたちのおかげで生きている、ということだ。たとえば空気ひとつとっても、

ア　知恵
イ　知識

問五　本文の最後で「リク」は、なぜ「叔母さん」の勧めを断り、福島で生活し続けることを選んだのですか。その理由を本文全体から読み取り、八十字以上、百字以内で説明しなさい。

四　次の文章を読んで、後の問いに答えなさい。なお、問いに字数指定がある場合には、句読点なども一文字分に数えます。（設問の都合上、本文を一部改変しています。）

科学者でもあり、哲学者でもあるヴァンダナ・シヴァによると、自然界に対する人間の暴力的な態度は、十七世紀から現代にいたる近代科学の中に根づいた「人間対自然」という＊1二元論からやってくるものだという。そこでは切り離された人間と自然が、一方は上位で、他方は下位というふうに、「優劣」「強弱」「上下」の関係に置かれる。

近代科学は、それまで「母なる大地」や「神聖な生命」として敬われていた自然を、「機械」や「資源」という単なる「モノ」に変えてしまった、とヴァンダナは言う。万物を生み出し、育む、たくましい母親のようだったそれまでの自然は、生命力を失い、受け身一方で、操作可能な単なる〝モノ〟へと落ちぶれてしまった。ただの〝モノ〟になってしまえば、もう、それまでのように、「自然を敬え」とか「自然を汚してはいけない」とかと、人間が自分自身に言い聞かせてきた「＊2倫理的な制約」もすべてとり払えることになる、と。

そして、これこそが、科学技術の飛躍を可能にしたのであり、経済の急速な成長による富の増大を可能にしたのだった。そして自然界の生き物たちは単なる生産マシンと化して、膨らむばかりの人間の欲望を満たすために奴隷のように奉仕させられることになる。「強い人間対弱い自然」や、それと密接に関係している「強い男性対弱い女性」という困った二元論から抜け出すことなしに、人類の幸せな未来はない、というヴァンダナの考えに僕は共感する。（★）こういう困った二元論から抜けだすためには、どうしたらいいのだろう。その筋道をつけることこそが、この文章の目的だと言ってもいい。ここで見えてきたことを「三つの筋道」としてまとめておきたい。

まず第一の筋道として、弱い者の視点に立ってみる、ということ。弱者の身になる、と言ってもいい。すぐに［　A　］のは、二六歳の若さで死んだ童謡作家の金子みすゞのことだ。たとえば、「大漁」という作品がある。漁港の町の朝、人々がイワシの大漁を祝っている。

浜は祭りのようだけど
海のなかでは
何万の
鰮のとむらい
するだろう。

みすゞは祭のような賑わいから、ふと、視点をずらして、たくさんの仲間の命を奪われた魚たちの悲しみのほうに［　B　］。

みすゞが描く世界では、強い側に立っているものはいつも、自分自身を含む人間たち。その人間の暮らしは、多くの生物の犠牲や無生物の奉仕によって成り立っている。それはしかたのないことだと思ってはみても、彼女にはどうしても「すまなさ」の意識をぬぐい去ることができなかったのだろう。

どうやら、みすゞにとっての童謡とは、＊3あのアメリカ大陸の先住民や宮沢賢治と同じように、「世界に耳を澄ます」ための方法であ

ことがある。ここに来たのも運命なんだ。そのことを思い出した。ありがとう、リク」

お父さんったら。照れるじゃないか。リクが繰り出したパンチを、お父さんは両手で受け止めた。えい、えい、えい。

「やるなー、おい！」

久しぶりに二人で大声で歌った。グーッグーッグーッグッド、ヴァイブレーショーン！

（田口ランディ『リクと白の王国』）

（注）＊1　原子炉…原子力発電所の核エネルギーを取り出す装置。
＊2　囲炉裏…床を四角に切って火を燃やすようにした所。

問一　――線部①「宇都宮にいた頃のリクは消えていた」とありますが、なぜですか。その理由として**ふさわしくないもの**を次から一つ選び、記号で答えなさい。

ア　移住した福島では、原子力発電所の事故の影響を心配する報道が連日続くため、リクの気持ちが沈んでしまったから。

イ　福島に移住したことで、放射線がリクの身体に害を及ぼし、明るく健康的に過ごしていた生活とは異なってしまったから。

ウ　福島にかかわるいたずらや、悪意のある差別的な行動の様子がリクの耳に伝わり、穏やかな気持ちを失ってしまったから。

エ　福島で不安を抱えながらも、医師としてがんばる父を励ましたいが、その力になれないことにむなしさを感じてしまったから。

問二　――線部②「心がぴかぴかになっていくようで、リクはうれしかった」とありますが、どうしてリクはうれしかったのですか。次から最もふさわしいものを選び、記号で答えなさい。

ア　良い返事をすることが、相手に対する感謝を伝えることであると同時に、自分の今までの悪い態度を取り消してくれるものだったから。

イ　良い返事をすることが、相手に対する尊敬の気持ちを示すことであると同時に、大人に一歩近づいたと思わせてくれるものだったから。

ウ　良い返事をすることが、相手に対するていねいな心づかいであると同時に、そんな自分自身をほめてあげたい気持ちにさせてくれるものだったから。

エ　良い返事をすることが、相手に対する誠実な受け応えであると同時に、前向きな気持ちにさせてくれるものだったから。

問三　――線部③「リクの髪が逆立った」とは、リクのどのような様子を表していますか。その説明として次から最もふさわしいものを選び、記号で答えなさい。

ア　ウサギの生態や性質への理解が十分ではなかったことに加え、そこには厳しい生存関係がかかわっていることに激しい驚きを覚える様子を表している。

イ　ウサギのような草食獣の命は肉食獣によって左右される運命だが、どうしたら少しでも生き延びることができるようになるのかを懸命に考えている様子を表している。

ウ　肉食獣に捕食されないように鳴き声を持たないというウサギの特性を知らなかったことに、その場でじっとしていられないほどの恥ずかしさを感じている様子を表している。

エ　動物に対する認識を新たにしたことで、同じ地球上に住む人間も他の動物と同様にどのように死んでいくのかを決めることができないことを知り、心配と恐れを感じている様子を表している。

問四　［a］～［e］にあてはまる語句として、次から最もふさわしいものをそれぞれ選び、記号で答えなさい。

を忘れて[c]ばっかり頭に詰め込むようになった。そして、[d]しか知らない奴がのさばるようになった。だから、世の中がめちゃくちゃになっちまったんだ。原発だってそうだ、[e]だけでつくったものは、かならず暴走するんだよ」

野村さんが「ゲンさん……」と目配せをした。子どもたちは敏感にとんがった雰囲気を感じ取って、息を詰めた。

ゲンさんは、ああ、と肩でため息をつき、＊2囲炉裏に薪をくべた。

人間ってそんなに悪役なのかな、人間は地球にとって悪い生き物なのかな。

「人間と動物は、どこが違うんですか？」

リクの質問に、ゲンさんは「難しいことを言うなあ」と笑った。

「人間は、意思ってのをもっている。そこが一番違うな。人間はことばを使って考える。動物は考えない。動物は本能で行動している。判断はするけど、あーだこーだと考えない。そもそも、ことばを知らないんだから考えるってことができない。人間は考える。人間は、考える葦である、って言うだろう、わかるか？　考えるから悩む。動物は悩まない」

なんで、人間だけが他の動物と違って悩むんだろう。悩みがないのなら、人間より動物でいたほうが、よっぽどいいんじゃないか。ぼくは、なんで人間に生まれたんだろう。そう思ったら、囲炉裏を囲んでいるみんなが急に遠くなって、リクだけ宙に浮いたような気持ちになった。

《リクの冬休みは終わり、福島県牧ヶ原の生活は続いている。》

みどり叔母さんは、冬休みにリクが一度も横浜に行かなかったのでご立腹だった。

「そっちは、まだ線量が高いみたいじゃないの。四月から横浜に転校したらどうかしら。来年はもう中学受験に向けて準備しなきゃいけないのよ。塾に通ったほうがいいでしょ。横浜ならいい塾がいっぱいあるわよ」

中学受験……そうか、来年はもう中学生。まるで実感がない。

「みどり叔母さん、ぼくは、牧ヶ原にいます。横浜には行きません」

「どうして、お父さんと離れるのが淋しいの？」

「違います。そうじゃなくて、ぼくはここにいることが、面白いんです。ここの生活は大変だけど、こんな経験ができるって、すごいことだって。だから、横浜には行きません」

みどり叔母さんはキーッとなってヒステリーを起こした。

「生意気なこと言って、わかったようなこと言って、まったく、もう、もう、もう！」

興奮して、まるで牛みたいだ。

「病気になったらどうするの？」

「みどり叔母さんだっていつか死ぬんだよ。どうしていつも、ぼくらを脅かすようなことばかり言うの？　ぼくらはここで生きているんだよ。北海道では、みんなが優しかった。だからぼくはすごく元気になった。ぼくは、人を勇気づける人になりたい。みんなが明るく元気になるような仕事をしたいんだ。そっちに行ったら、ぼくは別の人間になってしまいそうでいやだ。ぼくは、ここにいる。ぼくは、ここに越して来てよかったと思う」

「もう！　勝手にしなさい」

がちゃん、と電話を切られてしまった。

リクは携帯電話をお父さんに返した。

「まいったよ」

「えっ？」

「リクの言う通りだ。お父さんも、目が覚めた。ここでしか学べない

た。

　雪が音を吸い込んでしまうみたい。静かだった。牧ヶ原もすごく静かだけれど、それとは違う静けさ。ずっと二人で黙っていても、それでいいような、言葉なんかいらない感じの、豊かな静けさだった。

　おにぎりを食べ終わったリクは、野村さんに聞いてみたいことがいっぱいあったのだけれど、しゃべったらなにかが壊れてしまいそうで、そっと、小さく、つぶやいた。

「ウサギが、後ろ脚で地面を蹴るのは、なにをしているんですか?」

「あれは、スタンピングだ」

　野村さんの声も、小さかったけれど、よく聞こえた。

「ウサギはとても警戒心の強い動物なんだ。それに、臆病でストレスをためやすい。イライラして不安なときに後ろ脚で激しく地面を蹴る」

　リクは驚きの声をおにぎりと一緒に飲み込んだ。

「敵が近づいて来て、仲間に危険を知らせるときもスタンピングをする。ウサギは声をもっていないから、行動で合図を送るんだよ」

「ウサギは、声をもっていないんですか?」

「捕食される側の動物は声を出して鳴くと危険だからな。肉食獣に食べられる草食獣はあまり鳴かない」

　食べられる動物は、鳴かない！　③<u>リクの髪が逆立った。</u>

　いつのまにか湧いてきた雲が、太陽の光をすっと隠した。急に肌寒くなった。

「声はないが、ウサギには敵を察知するための大きな耳がある。それに、ウサギは多産で子どもをたくさん産む。食べられても減らないようになっている」

　常に食べられてしまう危険があるから、ウサギは遊ばない……。そうか！

「じゃあ、ウサギは食べられるために生まれてくるんですか?」

「ウサギだけじゃないよ。地球の生き物はみんな、それぞれの命を捧げ合って生きているんだ。そういうふうに、神さまがここをつくった」

　思わずリクの口から言葉が飛び出していた。

「じゃあ、人間は?」

　どさり、と樹の上から雪が落ちた。

「生き物は、必ず死ぬだろう。どのように死ぬかは、自分では決められない。人間だって、同じだよ」

　リクは、なにか言いたかったけれど、難しすぎて頭の中が真っ白だった。

　野村さんが立ち上がったとき、リクは思いきって言った。

「野村さん」

「なんだい?」

「ぼく、もっと山のこととか、動物のこととか知りたいです。教えてください」

　野村さんは照れたように笑って「いいとも」と言った。

《リクは自然体験に参加している子供たちとともに、ボランティアのゲンさんから話を聞いている。》

「どうして森には熊の食べ物がなくなったの?」

　セイラは怒っている。

　リクは、一文字に口を閉じ、押し黙っていた。

「森っていうのは、とっても大事なものだってことを、人間が忘れてしまったからな。昔の人間は知っていたんだよ。昔の人間は知識はなかったが知恵はあった。生きるための［ a ］だ。だからほんとうに大切なものは何かって知っていた。だが、だんだん、［ b ］

お父さんが、たまには外に出て遊ぼうと言っても、やだよ、汚染されるから、と言って外に出ようとしない。あちこちで除染作業が始まっていたけれど、まだ、牧ヶ原市の放射線量はまだらに高かった。

お父さんは、毎日、放射線量をチェックしている。だけど、リクの前では放射線なんかぜんぜん気にしていないような顔をしている。そのことが、リクをよけいにイラ立たせた。

目と鼻の先に原発がある。

＊1原子炉はまだ復旧のメドすら立っていない。

新聞には日々の放射線量が天気予報のように掲載されている。

気持ちが明るくなるようなニュースはなにもない。

病院はまだ人が足りなくて大変みたいだ。

福島に来てくれるお医者さんも、看護師さんもいないのはリクにも予想がついた。

お父さんは、夜中にへろへろになって帰って来る。

福島ナンバーの車がいたずらされたとか、福島から来たとわかると食堂に入れてもらえなかったとか、そういう悪意だけが、いろんな人の口を伝わって聞こえてきた。

大人は元気そうなふりをしているけど、ほんとうはとっても不安で怖いんだ。リクはそのことを敏感に感じ取っていた。がんばっているお父さんや、優しい岩本先生を、励ましてあげたい。でも、リクの心に毒のようなものがどんどん流れ込んできて、リクの力を奪っていた。

①宇都宮にいた頃のリクは消えていた。そんな自分を、リクはどうすることもできなかった。

《リクは父の勧めで、福島の子供たちに自然体験をさせるボランティア「ふくしまキッズプロジェクト」に参加して、冬休みを北海道で過ごすことになった。》

「さあ、ここから歩くよ」

さて、と野村さんは立ち上がり「じゃあ、行くぞ」と言った。

リクは「はい」と答えると、野村さんのあとについて行った。

「はい」って不思議な言葉。「はい」と返事をすると、心にぴっと芯が通る。

そういえば、学校でも、家でも、あんまり良い返事をしていなかったな。「はーい」とやる気なく返事をしたり「はいはい」といやいや返事をしたりすることが多かった。北海道に来て「はいっ」「はいっ」と良い返事をしていると、自分も気持ちいい。②心がぴかぴかになっていくようで、リクはうれしかった。

雪山を行く野村さんの歩き方は、しなやかだった。

「ほら、見てごらん。これはなんだと思う?」

雪の上に小さな動物の足跡。なだらかな白い丘陵の果てまでずっと続いていた。

「ウサギ……?」

「そうだ、よくわかったな」

雪の斜面に樹の影の黒。樹って、思いきり手や足を伸ばして、自由に踊っている人間みたいだ。

「こんなに天気がいいから、ウサギも遊んでいるのかな」

リクがそう言うと、野村さんは少し間をおいてから言った。

「ウサギは、人間のように遊んだりはしない」

「ウサギは、遊ばないんですか?」

思わず聞き返すと、野村さんはリクを見て言った。

「ウサギは、生き抜くことがすべてだ。遊んだりはしない」

冷たいくらいにきっぱりした口調だった。リクはそれ以上のことを聞くのをやめた。

それから二人で日当たりの良い雪の斜面に座って、おにぎりを食べ

二〇一九年度　湘南白百合学園中学校

【国　語】（四五分）〈満点：一〇〇点〉

一　次の——線部のカタカナは漢字に、漢字はひらがなに直しなさい。

① 時代のフウチョウに左右されない人だ。
② 人工エイセイを利用して位置を測定する。
③ チームのルールにシタガう。
④ この桃(もも)にはキズがあるが、味は保証する。
⑤ 学校までの坂道にナれる。
⑥ 宇宙飛行の夢を友に委ねる。
⑦ 彼はこのサッカーチームの要だ。
⑧ この小説が書かれた背景を考える。
⑨ 山の頂の空気は格別だ。
⑩ 優勝をかけた試合を前に武者ぶるいする。

二　次の問いに答えなさい。

問一　次の言葉の□には数字があてはまります。その数字が小さいものから大きいものの順になるように、ア〜エをそれぞれ並べ替えなさい。

① ア　悪事□里を走る
　イ　□歩百歩
　ウ　すずめ□までおどり忘れず
　エ　人のうわさも□日

② ア　無くて□くせ
　イ　□階から目薬
　ウ　仏の顔も□度
　エ　一寸の虫にも□分の魂(たましい)

問二　次の文の□にあてはまる否定の意味を表す漢字一字を、それぞれ答えなさい。

① 彼女(かのじょ)は□開発の薬の研究に着手し、成功を収めた。
② こんな時間に電話してくるのは□常識だ。
③ 父は料理が□得意だったが、努力して上達した。
④ はじめは□意味と感じた練習だったが、試合では大いに役立った。

問三　次の文は、係り受けに誤りがあります。正しく整った文になるよう、——線部をそれぞれ書き改めなさい。

① 私の夢は、テレビ放送局でニュース番組のアナウンサーになります。
② まるで春がおとずれたのに、庭の桜が咲きはじめた。
③ 週末は音楽を聴(き)いたり読書をして、家で過ごそうと思います。
④ 百合(ゆり)さんはきれい好きなので、机の上がよく整理している。

三　次の文章を読んで、後の問いに答えなさい。なお、問いに字数指定がある場合には、句読点なども一文字分に数えます。（設問の都合上、本文を一部改変しています。）

《宇都宮(うつのみや)に住んでいた小学五年生のリクは、東日本大震災(だいしんさい)によって医師が不足している福島県へ、医師の父とともに転居した。転居先の牧ヶ原市は、震災の影響(えいきょう)で原子力発電所（＝原発）の事故が起こり、放射線の影響が心配されている地域であった。》

夏休みのあいだ中、リクはずっと家でごろごろ寝(ね)ていた。

2019年度

湘南白百合学園中学校 ▶解説と解答

算数 （45分）<満点：100点>

解答

[1] (1) $4\frac{1}{5}$ (2) $\frac{7}{16}$ (3) **白の石**…19個，**黒の石**…0個，**白の石：黒の石**…7：8 (4) 28800円 (5) (ア) 20通り (イ) 60通り [2] (1) ① エ ② 105.28cm (2) 51cm [3] (1) 毎秒2cm (2) 4cm (3) 解説の図2を参照のこと。 (4) $2\frac{2}{3}$秒後，$8\frac{2}{3}$秒後 (5) 3，$5\frac{5}{9}$ [4] (1) ① 45度 ② 9 cm^2 (2) ① 2：1 ② 0.6 cm^2 [5] (1) 114.84cm^2 (2) 32.15cm^3

解説

[1] 四則計算，逆算，数列，相当算，場合の数

(1) $6+1\frac{1}{3}\times0.25\div\left(3-1\frac{1}{3}\right)-0.3\div0.15=6+\frac{4}{3}\times\frac{1}{4}\div\left(\frac{9}{3}-\frac{4}{3}\right)-2=6+\frac{1}{3}\div\frac{5}{3}-2=4+\frac{1}{3}\times\frac{3}{5}=4+\frac{1}{5}=4\frac{1}{5}$

(2) $0.875\div1\frac{13}{36}=\frac{7}{8}\div\frac{49}{36}=\frac{7}{8}\times\frac{36}{49}=\frac{9}{14}$より，$\frac{9}{14}+\square\div4.375=\frac{26}{35}$，$\square\div4.375=\frac{26}{35}-\frac{9}{14}=\frac{52}{70}-\frac{45}{70}=\frac{7}{70}=\frac{1}{10}$ よって，$\square=\frac{1}{10}\times4.375=\frac{1}{10}\times4\frac{3}{8}=\frac{1}{10}\times\frac{35}{8}=\frac{7}{16}$

(3) 問題文中の図で，□段目に並んでいる石の個数は，(2×□－1)個と表すことができる。また，奇数(きすう)段目には黒の石が，偶数(ぐうすう)段目には白の石が並んでいる。よって，10段目には白の石が，2×10－1＝19(個)，黒の石が0個並んでいる。次に，14段目には白の石が，2×14－1＝27(個)，15段目には黒の石が，27＋2＝29(個)並んでいるから，上の表のようになる。白だけを見ると，3で始まり4ずつ増える等差数列になっていて，白の段数は，(15－1)÷2＝7(段)なので，白の個数の合計は，3＋7＋…＋27＝(3＋27)×7÷2＝105(個)とわかる。同様に，黒だけを見ると，1で始まり4ずつ増える等差数列になっていて，黒の段数は，7＋1＝8(段)だから，黒の個数の合計は，1＋5＋…＋29＝(1＋29)×8÷2＝120(個)となる。したがって，白と黒の個数の比は，105：120＝7：8と求められる。

段	1	2	3	4	5	6	…	14	15
色	黒	白	黒	白	黒	白	…	白	黒
個数	1	3	5	7	9	11	…	27	29

(4) お年玉の金額を1とすると，貯金した金額は，$1\times\frac{2}{3}=\frac{2}{3}$なので，その残りは，$1-\frac{2}{3}=\frac{1}{3}$となる。よって，本の代金は$\frac{1}{3}$の25％だから，$\frac{1}{3}\times0.25=\frac{1}{12}$とわかる。これが2400円にあたるので，(お年玉の金額)×$\frac{1}{12}$＝2400(円)より，お年玉の金額は，$2400\div\frac{1}{12}=28800$(円)と求められる。

(5) 2桁(けた)の数になるのは，百の位が0のときである。このとき，十の位には残りの5通り，一の位には残りの4通りのカードを使うことができるから，2桁の数は，5×4＝20(通り)(…(ア))できる。また，偶数になるのは，一の位が{0，2，4}のときである。このとき，百の位が0になってもよいので，どの場合も，百の位には残りの5通り，十の位には残りの4通りのカードを使うことができる。よって，3桁または2桁の偶数は，$3\times5\times4=60$（通り）（…(イ)）できる。

2 割合と比，比の性質

(1) ① 赤色の傘(かさ)の長さを1とすると，黄色の傘の長さは，$1\times0.8=0.8$となり，青色の傘の長さは，$0.8\times1.4=1.12$となる。よって，エが正しい。 ② ①より，青色の傘の長さは赤色の傘の1.12倍なので，$94\times1.12=105.28$（cm）である。

(2) Aの長さの$\frac{1}{4}$が傘立てからはみ出るので，傘立ての高さはAの長さの，$1-\frac{1}{4}=\frac{3}{4}$であり，Aの長さは傘立ての高さの，$1\div\frac{3}{4}=\frac{4}{3}$（倍）となる。同様に，B，Cの長さは傘立ての高さのそれぞれ，$1\div\left(1-\frac{2}{5}\right)=\frac{5}{3}$（倍），$1\div\left(1-\frac{4}{7}\right)=\frac{7}{3}$（倍）である。よって，傘立ての高さの，$\frac{4}{3}+\frac{5}{3}+\frac{7}{3}=\frac{16}{3}$（倍）が272cmだから，傘立ての高さは，$272\div\frac{16}{3}=51$（cm）とわかる。

3 グラフ—図形上の点の移動，速さ，面積，相似

(1) 下の図1のように，点Pは3秒後にAにいて，そのときの三角形OPEの面積が36cm²である。よって，OAの長さは，$36\times2\div12=6$（cm）なので，点Pの速さは毎秒，$6\div3=2$（cm）とわかる。

(2) 点Pが辺AB上を動くのにかかる時間は，$5-3=2$（秒）だから，辺ABの長さは，$2\times2=4$（cm）と求められる。

(3) 点Pが辺BC上と辺CD上を動くのにかかる時間はどちらも，$2\div2=1$（秒）であり，点Pが辺CD上にいるときの三角形OPEの面積は，$12\times(6+2)\div2=48$（cm²）となる。また，点Pが辺DE上を動くのにかかる時間は，$10\div2=5$（秒）である。よって，グラフは下の図2のようになる（●は点Pがいる点を表している）。

(4) 図1で，台形FOEDの面積は，$\{(4+2)+12\}\times(2+6)\div2=72$（cm²），長方形FABCの面積は，$2\times4=8$（cm²）だから，多角形の面積は，$72-8=64$（cm²）である。よって，三角形OPEの面積が，$64\div2=32$（cm²）になる時間を求めればよい。図2より，点Pが辺OA上にいるとき，三角形OPEの面積は毎秒，$36\div3=12$（cm²）の割合で増えるので，三角形OPEの面積が1回目に32cm²になるのは出発してから，$32\div12=2\frac{2}{3}$（秒後）である。また，点Pが辺DE上にいるとき，三角形OPEの面積は48cm²から毎秒，$48\div5=9.6$（cm²）の割合で減るので，三角形OPEの面積が2回目に32cm²になるのは出発してから，$7+(48-32)\div9.6=8\frac{2}{3}$（秒後）と求められる。

(5) 図2より，1回目は，3秒後と，$3+2=5$（秒後）である。また，2回目は，下の図3のように，6秒後と7秒後の前後で，斜線(しゃせん)をつけた2つの三角形の底辺の和が，$2-1=1$（秒）になるときである。ここで，図2の左側のかげをつけた三角形に注目すると，底辺と高さの目盛りの比は1：2だから，たて軸(じく)と横軸の1目盛りの長さが等しいとすると，底辺と高さの比は1：2になる。

図1

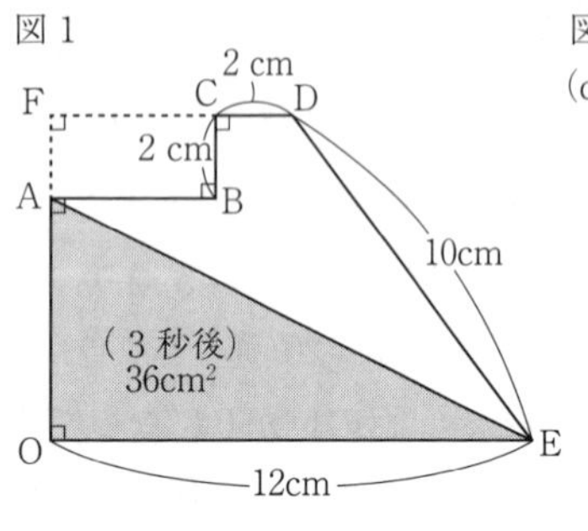

図2

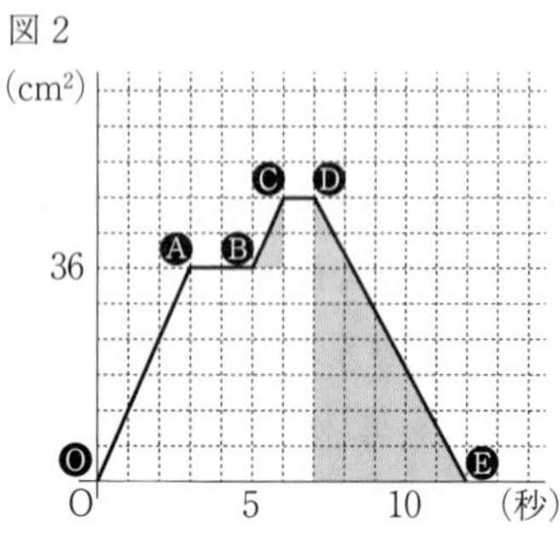

図3

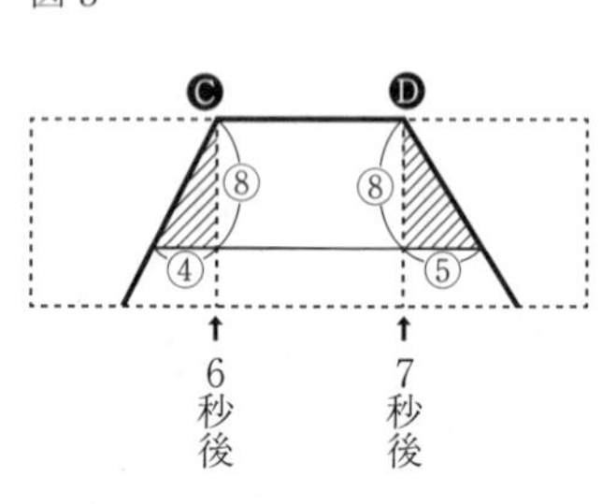

同様に，図２の右側のかげをつけた三角形の底辺と高さの比は５：８になる。そこで，図３の斜線をつけた三角形の高さを⑧とすると，ほかの長さは図３のようになり，④＋⑤＝⑨にあたる時間が１秒だから，④にあたる時間は，$1\times\frac{4}{9}=\frac{4}{9}$(秒)と求められる。よって，２回目は，$6-\frac{4}{9}=5\frac{5}{9}$(秒後)と，$5\frac{5}{9}+2=7\frac{5}{9}$(秒後)とわかる。

4 平面図形―角度，面積，相似

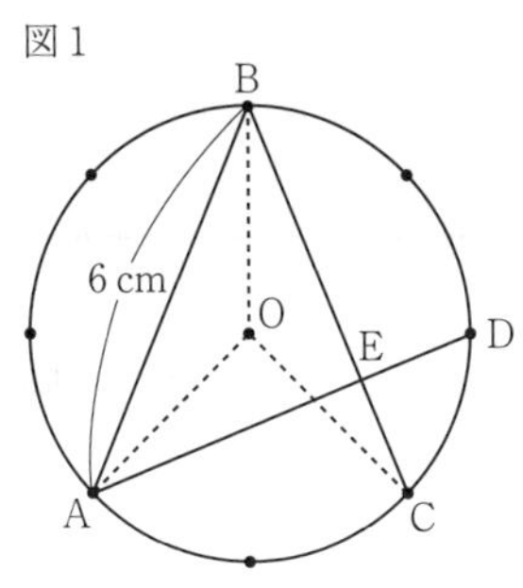

図１

(1) ① 左の図１のように，円の中心をＯとすると，角AOBの大きさは，360÷８×３＝135(度)であり，三角形OBAは二等辺三角形なので，角OBAの大きさは，(180－135)÷２＝22.5(度)とわかる。同様に，角OBCの大きさも22.5度である。したがって，角ABCの大きさは，22.5＋22.5＝45(度)と求められる。　② ①と同様に考えると，角BADの大きさも45度になるから，三角形ABEは直角二等辺三角形とわかる。よって，ABを底辺と考えたときの高さ(ＥからABと直角に交わるように引いた線の長さ)は，６÷２＝３(cm)なので，三角形ABEの面積は，６×３÷２＝９(cm^2)と求められる。

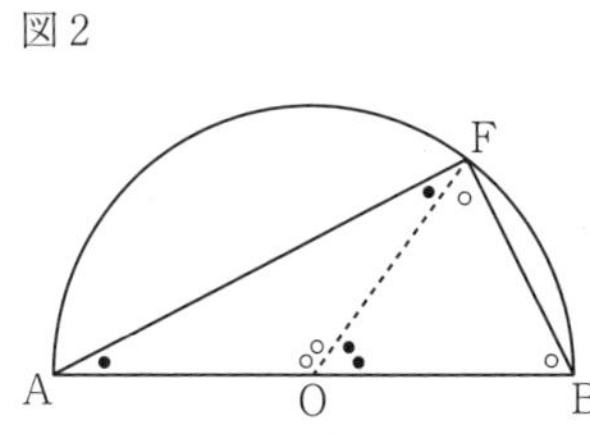

図２

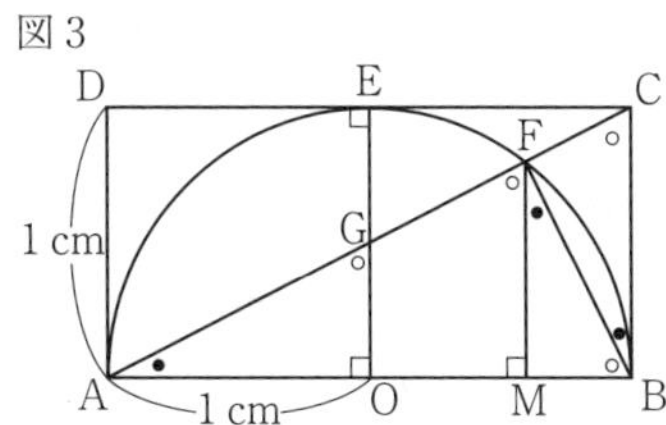

図３

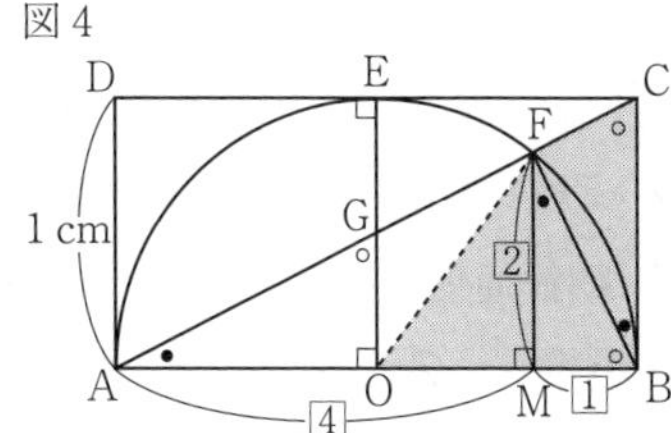

図４

(2) ① 上の図２で，同じ印をつけた角の大きさはそれぞれ等しく，○印２個と●印２個の大きさの和は180度だから，○印１個と●印１個の大きさの和は，180÷２＝90(度)になる。つまり，角AFBは直角なので，上の図３のようになる。図３で，三角形ABCと三角形FMBは相似だから，FM：BM＝AB：CB＝２：１とわかる。　② 上の図４で，三角形FMBと三角形AMFは相似だから，FMの長さを[2]，BMの長さを[1]とすると，AMの長さは，[2]×$\frac{2}{1}$＝[4]とわかる。よって，[1]＋[4]＝[5]にあたる長さが，１＋１＝２(cm)なので，FMの長さは，$2\times\frac{2}{5}=0.8$(cm)となり，三角形AOFの面積は，１×0.8÷２＝0.4(cm^2)となる。また，三角形ABCの面積は，２×１÷２＝１(cm^2)である。したがって，四角形OBCFの面積は，１－0.4＝0.6(cm^2)と求められる。

5 立体図形―表面積，体積

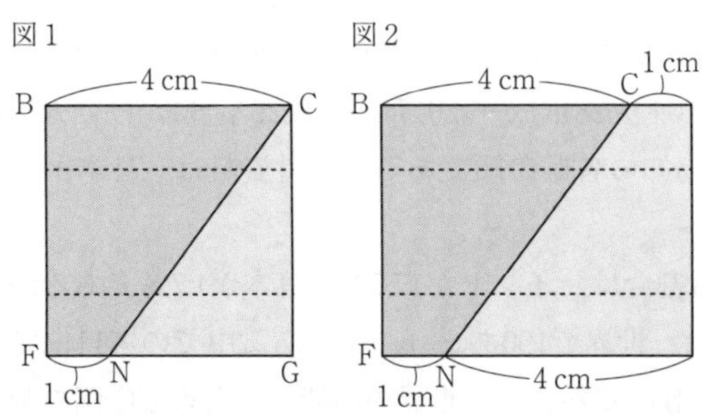

(1) もとの立方体の表面積は，４×４×６＝96(cm^2)である。また，円柱をくり抜くことによって，円柱の側面積１個分の，１×２×3.14×４＝８×3.14(cm^2)が増え，円柱の底面積２個分の，１×１×3.14×２＝２×3.14(cm^2)が減る。よって，この立体の表面積は，96＋８×3.14－２×3.14＝96＋(８－２)×3.14＝96＋６×3.14＝96＋18.84＝114.84(cm^2)となる。

(2) この立体を真横から見ると，上の図1のようになる。また，図1のかげをつけた立体を，向きを変えて2つ組み合わせると，上の図2のようになる。これは，底面が1辺4cmの正方形で高さが，4＋1＝5(cm)の直方体から，底面の半径が1cmで高さが5cmの円柱をくり抜いたものなので，その体積は，4×4×5－1×1×3.14×5＝64.3(cm^3)とわかる。よって，図1のかげをつけた立体の体積は，64.3÷2＝32.15(cm^3)と求められる。

社会 (40分) <満点：100点>

解答

[1] 1 X 2 い 3 い 4 問① a あ b い c き d え 問② あ，お [2] 1 う 2 新潟 3 ① A ② (例) 稲の品種改良により，寒さに強い品種がつくり出された。 [3] 1 A 琵琶湖 B 北九州 C シリコン 2 あ 大津(市) い 前橋(市) う 仙台(市) 3 ラムサール条約(特に水鳥の生息地として国際的に重要な湿地に関する条約) 4 促成栽培 5 千島海流 6 リアス海岸 7 問① 三角州 問② イ，エ [4] 1 土偶 2 ウ 3 エ [5] 1 元 2 鎌倉幕府 3 う，え 4 北条時宗 5 てつはう 6 1281年 7 アメリカ(アメリカ合衆国) 8 ペリー 9 ア，イ 10 お→え→い 11 通信使(朝鮮通信使) 12 い 13 う→い→あ 14 い，う 15 あ [6] 1 ごりょうかく 2 う 3 日米和親条約 4 下田 5 (例) 周囲に堀をめぐらせて，敵の侵入を困難なものにしている。 [7] え [8] 1 う 2 い 3 え 4 う 5 あ

解説

[1] 日本と世界の人口についての問題

1 最も人口が少ないXは「0歳から14歳」，人口は多いが減少率も大きいYは「15歳から64歳」，人口があまり変わらないと予測されているZは「65歳以上」である。今後の日本は，総人口の減少が続くことと，高齢化がますます進むことが予想されている。

2 人口が増加すれば，商業地区や住宅地で多くの土地が必要とされ，地価は上昇傾向が続くので，「い」がふさわしくない。

3 近年，日本で人口が増加しているのは東京圏(けん)の4都県(東京都，埼玉県，神奈川県，千葉県)と愛知県，福岡県，沖縄県だけなので，これらの都県がふくまれていない「い」が選べる。なお，ほかの道府県はすべて人口が減少しており，2016年(平成28年)から2017年(平成29年)にかけて人口減少率が高かったのは秋田，青森，岩手，山形，高知の各県の順である。統計資料は『日本国勢図会』2018／19年版による(以下同じ)。

4 問① a 資料2の「世界の人口」に占(し)める割合は，インドが17.7%，日本が1.7%であるから，17.7÷1.7＝10.4…より，「あ」がふさわしい。なお，世界で190あまりの国がある中での第11位であるから，人口の多い国ということができる。 b 資料2の「世界の面積」に占める中国の割合は7.1%であるから，13620×0.071＝967.02より，中国の国土面積は約967万km^2。日本の国土面積は

約38万km^{2}であるから，967÷38＝25.4…より，「い」が選べる。　c　資料３から，2017年における世界の人口は75億人あまりと読み取れるので，「き」がふさわしい。　d　資料２の「世界の人口」の上位３か国(中国，インド，アメリカ)の割合の合計は，18.7＋17.7＋4.3＝40.7(％)なので，「え」が入る。　**問②**　あ　資料３より，アジアはどの年でも世界の人口の５～６割前後を占めていることがわかる。　い　資料３より，今後人口増加率が最も急激に高くなると予測されるのは，アフリカである。　う　資料２の「世界の面積」の上位10か国のうち，オーストラリアとアルゼンチンは南半球にある国である。ブラジルも国の北部を赤道が通過しており，国土の大部分が南半球に属している。　え　資料３で，2017年の世界の人口は75億人あまり，2040年は約90億人あまりと読み取れるので，およそ，90÷75＝1.2(倍)である。　お　インドは資料２の「世界の面積」の第７位だから，日本よりも面積が広い。また，資料４を見ると，インドは日本よりも人口密度が高い。このように，面積が広く人口密度も高い例があるので，正しい。

2　北海道の稲作についての問題

1　たまねぎ，かぼちゃ，にんじんはいずれも北海道の生産量が全国第１位。さとうきびは気候の温暖な地域で栽培される作物で，日本では南西諸島(沖縄県や鹿児島県など)だけで生産されている。

2　近年，米の生産量上位３道県は，ほとんどの年で新潟県，北海道，秋田県の順となっている。

3　①　Ａ地点は1885年から1902年の間，Ｂ地点は1902年から1923年の間に栽培が可能になった地域にそれぞれふくまれている。　②　【資料１】と【資料２】を見ると，北海道では気温の高い地域から低い地域にかけて，稲作の栽培範囲(はんい)が広がっていったことがわかる。これは，品種改良により寒さに強い品種の稲が開発されたためと考えられる。

3　各県の特色と地形図の読み取りについての問題

1　Ａ　日本で最も広い湖は琵琶湖(滋賀県)である。　**Ｂ**　四大工業地帯とよばれていたのは京浜・阪神・中京・北九州の４つの工業地帯。そのうち，石炭産業の衰退(すいたい)などの理由から地位が低下したのは北九州工業地帯である。付近にあった筑豊炭田から供給される石炭を利用する鉄鋼業(八幡製鉄所)を中心に発展したが，戦後になると生産額が伸びず，ほかの新しい工業地域が生産額を伸ばすようになったため，現在では北九州工業地域とよばれている。なお，京浜・阪神・中京の３つの工業地帯は三大工業地帯とよばれるようになった。　**Ｃ**　IC(集積回路)の原材料はおもにシリコン(ケイ素)なので，ICを製造する工場が集中している地域は「シリコン○○」とよばれることが多く，アメリカ合衆国のIC生産の中心地であるシリコンバレーにちなんで，九州地方はシリコンアイランド(アイランドは「島」の意味の英語)，東北自動車道沿いの地域はシリコンロード(ロードは「道」の意味の英語)とよばれる。

2　「あ」は滋賀県，「い」は群馬県，「う」は宮城県であるから，県庁所在地はそれぞれ大津市，前橋市，仙台市である。

3　湿地や干潟の保護のために結ばれたのはラムサール条約。イランのラムサールで開かれた国際会議で調印された条約で，正式名称は「特に水鳥の生息地として国際的に重要な湿地に関する条約」という。日本では，釧路(くしろ)湿原(北海道)，谷津(やつ)干潟(千葉県)，琵琶湖などが登録地となっている。

4　旬よりも早い時期に生産・出荷する栽培方法は促成(そくせい)栽培。一般に，ビニルハウスなどの施設を用いて夏野菜を秋から春にかけて栽培する方法を指すことが多い。

5　暖流と寒流がぶつかる海域は潮境(潮目)とよばれる。魚のえさとなるプランクトンが多く発生することから魚がたくさん集まり，好漁場となる。日本近海では，暖流の黒潮(日本海流)と寒流の親潮(千島海流)がぶつかる三陸沖付近が潮境として知られている。

6　三陸海岸南部は典型的なリアス海岸として知られる。リアス海岸は，かつて山地であったところが沈降(下降)し，尾根であったところが半島に，谷であったところが入り江や湾になってできた海岸線の出入りの複雑な海岸地形である。入り江が多いため波が静かで，沿岸部の水深が深く船の出入りがしやすいことから，漁港が発達している場所が多く，養殖にも適している。

7　**問①**　地形図に見られるような扇形(三角形)の地形は三角州。河川が海や湖に流れ出るところに土砂が堆積することによってできる。　**問②**　ア　地形図の左上付近に注目すると，安曇川の流路に南東向きの矢印が描かれていることがわかる。よって，安曇川は北西から南東に向かって流れ，琵琶湖に注いでいる。　イ　(ıı)は水田を表す地図記号である。　ウ　等高線がほとんど見られないのは，土地の高低差が小さいからである。　エ　「水もちがよい」とは土に水をたくわえる力があるということで，「水はけがよい」と反対の意味になる。細かい土砂が堆積する三角州は一般に低湿地となり，水もちがよいため，水田に利用されることが多い。

4　古代の歴史についての問題

1　(あ)は土偶。縄文時代につくられた土製の人形である。

2　土偶には女性をかたどったものが多い。これは，子孫の繁栄や，多くの食料の収穫を祈ったためと考えられている。また，手足の一部などを欠いたものも多く出土する。これは，けがや病気になった部分を傷つけることで人形に身代わりになってもらい，早く回復するよう願ったためと考えられている。以上のことから，ア，イ，エは正しい。土偶は墓から出土するわけではなく，また，縄文時代には身分の差はなかったと考えられているから，ウがふさわしくない。

3　(い)の埴輪は古墳時代につくられた素焼きの土製品であるから，エの大山(大仙)古墳が同じ時代である。なお，アは縄文土器，イは江戸時代の絵踏に使われた踏絵，ウは江戸時代にさかんに生産されるようになり，長崎貿易により海外へも輸出された伊万里焼(佐賀県)である。

5　史料を用いた歴史的なことがらについての問題

1　1275年という時期と，その前年に九州北部を襲っているということから，本文は元寇について述べたものと判断できる。したがって，「ある国」とは元(中国)である。

2　元寇は鎌倉時代のできごとであるから，鎌倉幕府である。

3　あ　地頭は年貢の徴収や治安維持などがおもな職務で，荘園や公領(国司の支配がおよぶ土地)ごとにおかれた。　い　守護は国内の御家人の統率や軍事・警察などがおもな職務で，地方の国ごとにおかれた。江戸と領地を往復する参勤交代を義務づけられていたのは，江戸時代の大名である。　う　武家造は鎌倉時代の武士の館に多く用いられた建築様式。板葺きの簡素な住宅で，周囲を板塀で囲み，「やぐら」のある門を設けることが多かった。　え　鎌倉時代，将軍(幕府)と御家人は，領地を仲立ちとする「御恩」と「奉公」の関係で結ばれていた(封建制度)。将軍は御家人の領地を保護し，手がらがあれば新しい領地をあたえた(御恩)。一方，御家人は鎌倉の警備を行ったり，「いざ鎌倉」という一大事には，御恩に報いるため命をかけて戦ったりした(奉公)。お　京都の北山に金閣(鹿苑寺)を建てたのは，室町幕府の第３代将軍足利義満である。

4　元寇のさいに幕府の実権をにぎっていたのは，第８代執権北条時宗である。

5　元寇のさい，元軍は「てつはう」とよばれる火薬兵器を用いて幕府軍を苦しめた。

6　元寇は，1274年の文永の役と1281年の弘安の役の２度にわたる戦いのことである。

7　①に「北米合衆国」，②に「UNITED STATES OF AMERICA」とあることから，「ある国」とはアメリカ合衆国だとわかる。

8　1853年，アメリカの東インド艦隊司令長官ペリーが４隻の軍艦(黒船)を率いて浦賀(神奈川県)に来航し，開国を要求するアメリカ合衆国大統領の国書を江戸幕府の役人に手渡した。①の「水師提督伯理」と②の「COMMODORE PERRY」は，どちらも「艦隊司令長官ペリー」のことである。

9　ア　アメリカを出発したペリーは大西洋やインド洋を渡ってシンガポールや香港，上海などに立ち寄った。そして，琉球で琉球王国の開国を要求する国書を渡したのち，浦賀に来航した。
イ　８の解説を参照のこと。　　ウ～オ　アメリカとの間で貿易を始めることを認めたのは，1858年に幕府が調印した日米修好通商条約によってであり，箱館(函館，北海道)，神奈川(横浜)，新潟，兵庫(神戸)，長崎の５港が貿易港として開かれた。この条約は，日本に関税自主権がなく，日本に滞在する外国人に領事裁判権(治外法権)を認める不平等条約であった。

10　伊藤博文は1871年に出発した岩倉使節団に，大久保利通や木戸孝允らとともに副使として参加している。また，1881年に明治政府が10年後の国会開設を約束すると，翌82年，ヨーロッパに渡り，各国の憲法や政治制度を調査・研究した。さらに，帰国後の1885年には内閣制度を創設し，みずから初代の内閣総理大臣に就任している。したがって，「お」→「え」→「い」の順となる。なお，「あ」は薩摩藩(鹿児島県)出身の西郷隆盛について述べた文であり，伊藤は長州藩(山口県)出身。「う」は黒田清隆について述べた文である。

11　史料の絵は，江戸を訪れた通信使(朝鮮通信使)の一行を描いたもの。通信使は日本の将軍のほぼ代替わりのときごとに朝鮮から日本に派遣された慶賀の使節である。

12　前の時代に日本が朝鮮との間で行った戦争とは，豊臣秀吉が行った朝鮮出兵(文禄の役と慶長の役)のことである。

13「あ」は1965年のできごと，「い」は1950～53年の朝鮮戦争，「う」は1910年の韓国併合の説明である。

14　平安時代には藤原氏による摂関政治が行われた。また，かな文字が発明されたことで国文学が発達し，紫式部の長編小説『源氏物語』のようなすぐれた文学作品が数多く生まれた。したがって，「い」と「う」が正しい。なお，「あ」は飛鳥時代末期の701年，「え」と「お」は奈良時代のできごとである。

15　平安京は現在の京都府京都市にあったので，地図中の「あ」がふさわしい。

6 **江戸時代末期の歴史についての問題**

1　写真の城は箱館にある五稜郭。江戸時代の終わりに築かれた洋式城郭である。天守閣のような高い建物がなく星型につくられているのは，大砲を使った戦いに対応するためと考えられている。戊辰戦争(1868～69年)のさいには榎本武揚ら旧幕府軍の一部がここに立てこもって応戦したが，明治新政府軍の攻撃に降伏し，戊辰戦争は終結した(五稜郭の戦い)。

2　箱館の位置は地図中の「う」である。

3，4　1854年，幕府はペリーとの間で日米和親条約に調印。下田(静岡県)と箱館の２港を開き，アメリカ船に水や食料，燃料を提供することなどを認めた。なお，下田の位置は地図中の「か」である。

5　五稜郭も江戸城も，城の周囲に堀をめぐらしている。これは，戦いのときに敵の侵入を防ぐためのくふうである。

7 古代～中世の歴史についての問題

それぞれの天皇が在位したのは，推古天皇が6世紀末～7世紀初め，天智天皇が7世紀半ば，聖武天皇が8世紀前半，桓武(かんむ)天皇が8世紀末～9世紀初め，後醍醐(ごだいご)天皇が14世紀前半である。平清盛が太政(だいじょう)大臣になったのは1167年であるから，「え」が正しい。なお，全国に国分寺と国分尼(に)寺がつくられたのは聖武天皇の時代，藤原道長が政治の実権をにぎったのは11世紀初め，雪舟(せっしゅう)が日本風の水墨(すいぼく)画を大成したのは15世紀であるから，「あ」～「う」はいずれも誤りである。

8 2018年のできごとを題材とした問題

1　災害に関しては，「災害対策基本法」で基本的なことがらが定められており，この法律に沿って，①予防，②応急，③復旧・復興の各段階のための法律が細かく定められている。「災害救助法」は②にあたり，「う」が正しい。なお，「あ」の「復興」と「え」の「復旧」は③にあたる。「い」は，「災害救助法」ではなく「災害対策基本法」が正しい。

2　あ　参議院議員の被選挙権は，満30歳以上である。　い　法律案は，内閣または国会議員が作成し，いずれかの院の議長に提出するものであるから，国家公務員が国会議員に法律案の提出を働きかけても問題はない。　う　日本国憲法は第68条で，国務大臣について「その過半数は，国会議員の中から選ばれなければならない」と規定している。したがって，半数未満であれば民間人から任命することができる。　え　参議院に解散はない。

3　「え」は，「一日中」ではなく「日の出から日没までの間」が正しい。

4　あ　「WHO」(世界保健機関)ではなく「FAO」(国連食糧農業機関)についての説明である。WHOは世界の人々の健康を守ることを目的とした国連の専門機関で，本部はスイスのジュネーブにある。　い　「ILO」(国際労働機関)ではなく「WTO」(世界貿易機関)についての説明。ILOは労働条件の改善や雇用(こよう)の確保，労働者の生活の改善などを目的とした国連の専門機関である。　う　UNESCO(ユネスコ)(国連教育科学文化機関)についての説明であり，内容も正しい。　え　UNICEF(ユニセフ)(国連児童基金)は，発展途上国や紛争地域など困難な状況下にある子どもたちを支援することを目的とした国連の自治的機関である。なお，「持続可能なまちづくり」は，2015年に国連で定められた「持続可能な開発目標(SDGs)」の「世界を変えるための17の目標」のうちの1つ。

5　日本国憲法前文のうち，平和主義の精神について述べた部分である。Aには「公正」，Bには「国際社会」，Cには「欠乏(けつぼう)」が入る。

理　科　(40分) <満点：100点>

解　答

1 (1) ①　エ　②　ア　③　イ　(2) ①　ウ　②　(例)　鳥類は両生類と違い陸上に卵を産むから。　(3) **C**　ア　**D**　ウ　(4)　外来生物　(5)　ウ　(6) ①　ア，エ　②　エ　(7) **みなみさん**…ウ　**園子さん**…イ　(8) ①　ウ　②　落葉樹　③　ウ　④　常緑樹　(9) ①　ウイルス　②　ワクチン　**2** (1) **反応する物質**…反応前のスチ

ールウール　**発生する物質**…水素　(2)　イ，ウ　(3)　イ，エ　(4)　つけ物　(5)　エ
(6)　①　**ア**　416　**イ**　40.5　②　**とけ残る砂糖**…48g　**60℃まで加熱**…74%　**80℃まで加熱**…75%　(7)　**めんを入れて加熱**…緑色　**ソースを加える**…赤色　(8)　中和　(9)　0.50%　(10)　ウ　**3**　(1)　**あ**　惑星　**い**　8　**う**　海王星　**え**　衛星　**お**　30　**か**　27　(2)　(例)　光の速さで1年間に進む距離。　(3)　春　(4)　イ　(5)　**E**　ア　**H**　キ　**K**　エ　(6)　エ　(7)　(例)　月の自転と公転の向きと周期が同じだから。　(8)　(例)　月の公転と同時に地球も太陽の周りを公転しているから。　(9)　①　エ　②　エ　(10)　ウ，カ　**4**　(1)　ア，オ　(2)　①　**ア**　0.6　**イ**　347.8　②　1739m　③　キ　④　(例)　(空気中を伝わる光と音の速さを比べると)光の方が約88万倍速い。　(3)　①　屈折　②　イ　③　下の図Ⅰ　④　下の図Ⅱ　⑤　方法1　⑥　イ，ウ

図Ⅰ

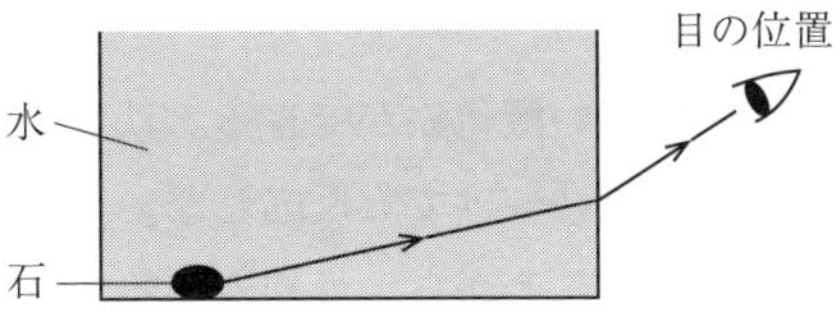

〈水そうを真横から見た図〉

図Ⅱ

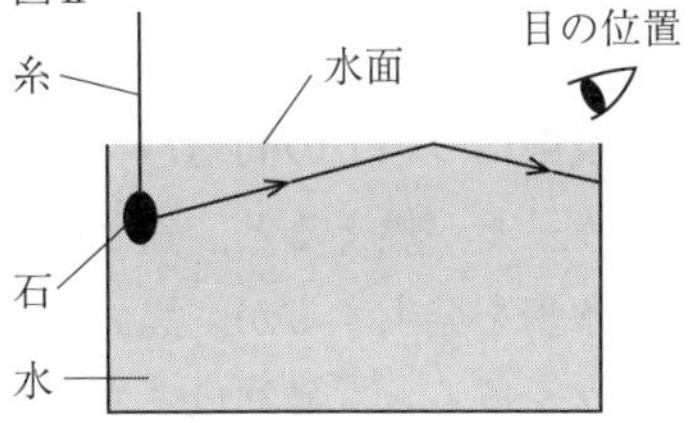

〈水そうを真横から見た図〉

解　説

1　動物や植物についての問題

(1)　花には中心から順にめしべ，おしべ，花びら，がくがある(一部が欠けている場合もある)。したがって，中心から順にイはめしべ，エはおしべ，ウは花びら，アはがくと判断できる。

(2)　①　鳥類の心臓はほ乳類と同じつくりの二心房(ぼう)二心室なので，ウが間違っている。　②　両生類はからのない卵を水中に産み，体外受精を行う。一方，鳥類は体内受精を行い，からのある卵を陸上に産む。卵のからの有無は，受精のしかたや産卵場所の環境(乾燥(かんそう)しているかどうかなど)などに関係がある。

(3)　マングースはアで，西アジアから東南アジアにかけて分布するほ乳類である。アライグマはウで，北アメリカ原産のほ乳類である。なお，イはタヌキ，エはヌートリア。

(4)　人間の活動によって，元々日本にすんでいなかった生物がほかの国や地域から持ちこまれ，それが繁殖(はんしょく)して野生化した生物を外来生物と呼んでいる。

(5)　外来生物のうち，その地域に元々すんでいた生物(在来生物)を補食したり，在来生物のすみかやエサを奪(うば)ったりして，在来生物の存続をおびやかしたり，生態系に影響(えいきょう)をあたえたりするものは特定外来生物と呼ばれ，持ちこみなどが法律で禁止されている。

(6)　①　冬になるとエサとなる生物が見られなくなってエサ不足となるため，冬の間は眠って過ごす動物がいる。このような行動を冬眠という。ヤマネやシマリスは冬眠するほ乳類の動物である。
②　赤道付近の一年中暖かい地域にすむ動物は，エサが不足することがないので，冬眠することは必要ではない。

(7)　みなみさんは，発言に「マングローブ林」「ヤンバルクイナ」「マングース」とあるので，沖縄

県に行ったことがわかる。このような場所は一年を通して気温が高いので，ウが適する。一方，園子さんは，発言に「スキー」「ヒグマ」「一日中氷点下」とあるので，北海道に行ったことがわかる。北海道のグラフとしては，冬の平均気温が０℃以下(氷点下)になっているイがふさわしい。

⑻　①　個体数が最も多いのは，食物連鎖の中で最も下位に位置する動物である。キタキツネやエゾフクロウはエゾヤチネズミを捕食し，ヒグマは食物連鎖の中では最も上位に位置するので，個体数が最も多いのはエゾヤチネズミである。　②　秋から冬になると葉を落とす樹木を，落葉樹という。　③　冬は，日光が弱くなるため光合成の量が減り，大気が乾燥するため樹木のからだから水分が蒸発しやすくなる。落葉樹が冬に葉を落とすのは，葉での養分の消費と水分の蒸発を防ぐためと考えられる。　④　一年中緑の葉をつけている樹木を，常緑樹という。

⑼　①　インフルエンザは，インフルエンザウイルスによって起こる病気(感染症)である。ウイルスは，細菌に比べて小さく，生物と物質の両方の性質をもっている。菌類とはキノコやカビなどのなかまである。　②　感染症の予防接種に用いられるものをワクチンという。

2　料理と化学反応についての問題

⑴　スチールウールが燃えると，鉄と酸素が結びついて黒い酸化鉄ができる。鉄をうすい塩酸につけるととけて水素を発生するが，黒い酸化鉄をうすい塩酸につけても反応しない。

⑵　ハンバーグを焼くと，最初はあまり変化が起こらないことから，最初の加熱では化学変化は起こらないといえる。しばらくすると，ジュウジュウと音を立て色も変化するので，ある温度より高くなると化学変化が起こりこげはじめることがわかる。また，火を強くすればこげはじめる温度に達するまでの時間が短くなるので，こげ茶色に変化するまでの時間も短くなると考えられる。

⑶　問題文中の「しお」と「さとう」の順番についての説明を参考にすると，「す」のほうが「しお」よりも食材にしみこみやすいことが理由の１つとわかる。また，「しょうゆ」や「みそ」を最後に加える理由を参考にすると，「す」は加熱によって風味が失われやすいと考えられる。

⑷「しお」には食物をくさりにくくする性質がある。この性質と，食材にしみこみやすい性質を利用して，野菜を塩漬けにする「漬け物」が古くからつくられている。

⑸「さとう」を加熱するととけてこげ茶色のねばり気のある液体に変化し，さらに加熱を続けると黒くこげる。「しお」は加熱しても変化が見られない。

⑹　①　**ア**　20℃～80℃のとき，「さとう」の溶解度は，温度が20℃上がるごとに，233－204＝29(g)，288－233＝55(g)，362－288＝74(g)と増えている。よって，90℃のときには80℃のときよりも，$74\times\frac{10}{20}$＝37(g)以上多くとけると考えられるので，362＋37＝399より大きく最も近い416が選べる。　**イ**　20℃～80℃のとき，「しお」の溶解度は，温度が20℃上がるごとに，38.3－37.8＝0.5(g)，39.0－38.3＝0.7(g)，40.0－39.0＝１(g)と増えている。したがって，90℃のときには80℃のときよりも，$1\times\frac{10}{20}$＝0.5(g)程度は多くとけると考えられるので，40.0＋0.5＝40.5がふさわしい。　②　さとうは，20℃の水100gには204gまでとけるので，水50gには，$204\times\frac{50}{100}$＝102(g)までとける。よって，さとうを150g加えたときには，150－102＝48(g)がとけ残る。さらに，さとうは60℃の水50gには，$288\times\frac{50}{100}$＝144(g)までとけるので，水温を60℃に上げると，150－144＝６(g)がとけ残り，144÷(50＋144)×100＝74.2…より，水溶液の部分の濃度は74%となる。また，さとうは80℃の水50gには，$362\times\frac{50}{100}$＝181(g)までとけるので，150gのさとうはすべて

とけ，濃度は，150÷(50＋150)×100＝75(％)となる。

(7) めんを入れて加熱すると，めんに含まれているアルカリ性の「かんすい」の影響で，赤キャベツの色は緑色に変化する。次に，ソースを加えると，トマトや果物に含まれている酸性の成分(すっぱい成分)の影響で，赤キャベツの色は赤色に変化する。

(8) 酸性の水溶液とアルカリ性の水溶液を混ぜ合わせると，たがいの性質を打ち消し合う中和という反応が起こる。胃液に含まれる胃酸は塩酸が主成分で，塩酸と水酸化カルシウム水溶液が過不足なく中和した場合には，中性の塩化カルシウムと水ができる。

(9) 赤キャベツの汁は，①～③では赤(酸性)，④，⑤では緑(アルカリ性)を示している。つまり，①～③ではうすい塩酸が，④，⑤では水酸化カルシウムが余っている。したがって，下線部の反応をこのうすい塩酸15mL以内で完了させるためには，少なくとも③の0.50％の濃度が必要である。

(10) (9)の表より，この実験で用いた水酸化カルシウム15mLと過不足なく中和するうすい塩酸15mLの濃度は，0.25％から0.50％の間とわかる。よって，同じ濃度の水酸化カルシウム水溶液を30mLに増やした場合に過不足なく中和するうすい塩酸15mLの濃度は，$0.25\times\frac{30}{15}=0.5$(％)から，$0.50\times\frac{30}{15}=1$(％)の間になると考えられるので，ウが選べる。

3 天体の動きと見え方についての問題

(1) **あ～え** 太陽のようにみずから光を出している天体を恒星(こうせい)といい，恒星の周りを公転する大きな天体を惑星(わくせい)という。太陽系の惑星は太陽に近い方から順に，水星，金星，地球，火星，木星，土星，天王星(てんのう)，海王星の8個である。また，地球の周りを公転する月のように，惑星の周りを公転する天体を衛星という。 **お** 月の満ち欠けの周期は約29.5日なので，30となる。 **か** 月の公転周期は約27.3日なので，27となる。

(2) 光は1秒間に約30万km進む。この速さで1年間に進む距離(きょり)を1光年という。

(3) 地球の北半球側から見たとき，地球は太陽の周りを反時計まわりに公転している。したがって，図1のAの位置で北半球が夏であれば，Dの位置は秋，Cの位置は冬，Bの位置は春となる。

(4) 地球の北半球側から見たとき，地球は反時計まわりに自転している。地点aは，夜の領域から昼の領域に入り始める明け方のころなので，イの6時がふさわしい。

(5) 図2で，月がEの位置にあるとき，地球からは太陽光に照らされた月面全体が丸く見える(アの満月)。月がHの位置にあるとき，太陽光に照らされた月面の太陽側(北半球から見ると右側)の一部が細く見える(キの三日月)。月がKの位置にあるとき，太陽―地球―月のつくる角度が90度なので，月面の太陽側(北半球から見ると左側)の半分が明るく見える半月(エの下弦(かげん)の月)となる。

(6) Eの位置の満月が真南に見える(南中する)のは午前0時ころ，Kの下弦の月が真南に見えるのは午前6時ころ(日の出のころ)で，満月から下弦の月にいたる間に南中時刻がしだいに遅くなっている。よって，EとKの間のLの位置にある月は，午前0時と午前6時の間の午前3時ころに南中すると考えられる。

(7) 月の公転と自転の向きはどちらも北半球側から見て反時計まわりで，月の公転周期と自転周期はどちらも約27.3日で等しい。そのため，下の図Aのように，地球からは常に同じ面が見える。

(8) 下の図Bで，①は満月のとき，②は月が地球の周りを1回公転したとき(約27.3日後)，③は次の満月のとき(約29.5日後)の月の位置を表しており，アとイは平行である。月が地球の周りを1回公転する間に，地球も太陽の周りをウの角度だけ公転するので，月が次の満月の位置にくるためには，さらにエの角度(ウの角度とほぼ等しい)だけ公転する必要がある(約2.2日間かかる)。そのため，月の公転周期と満ち欠けの周期がずれる。

(9) ① 星や月の１日の動きは，東から西への向きであり，これは北半球でも南半球でも同じである。この動きは，北半球の北の空では，地軸(ちじく)の北の端(はし)方向に位置する北極星の周りを反時計まわりにまわる動きとして見えるが，南半球の南の空では，エのように，地軸の南の端方向を中心とした時計まわりにまわる動きとして見える。　② 下の図Ｃのように，ニュージーランドなど南半球にいる人が月を見るときの姿勢は，北半球にいる人とは上下左右が逆になるため，南半球での月の見え方は，北半球とは上下左右が逆になる。月がＧの位置にあるとき，北半球ではウのような上弦の月が見えるが，このときニュージーランドではエのような下弦の月が見える。

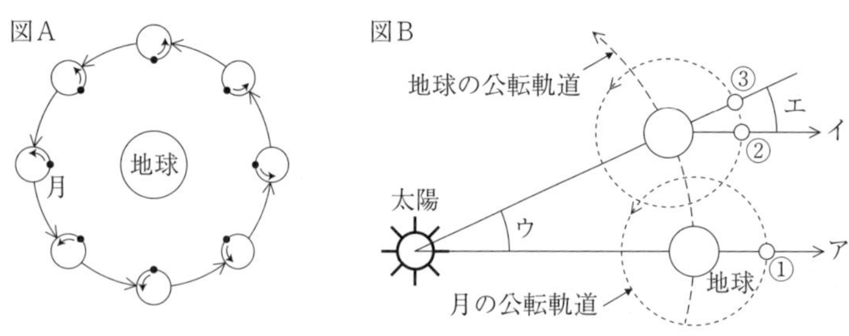

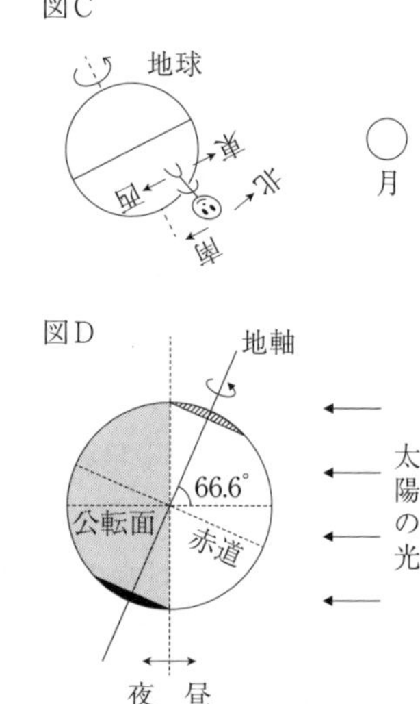

(10) 右の図Ｄのように，北半球が夏至(げし)の日(６月21日ころ)をむかえるころ，斜線(しゃせん)をつけた北緯66.6度以北の地域では，一日中太陽光に照らされる白夜(びゃくや)となる。一方，黒くぬった南緯66.6度以南の地域では，太陽が昇(のぼ)らない極夜になる。また，北半球が冬至(とうじ)の日(12月22日ころ)をむかえるころには，太陽光が図Ｄとは逆方向から当たるために，白夜の地域と極夜の地域が逆になる。

4 光と音についての問題

(1) ア 光と音はどちらも波であり，波長がある。たとえば，赤色の光は紫(むらさき)色の光よりも波長が長い。また，低い音は高い音よりも波長が長い。　イ 光は真空中でも伝わるが，音は真空中では伝わらない。　ウ 空気中で音が聞こえるのは，音のエネルギーをあたえられた空気の粒(つぶ)の振動(しんどう)が，粒どうしで伝えられるためである。粒そのものが移動するわけではない。　エ「屈折(くっせつ)」ではなく「(乱)反射」が正しい。　オ 光と音はどちらも，反射，屈折など，波の性質を共通して持っている。

(2) ① ア グラフで，気温が０℃から15℃まで上がると，音の速さは，340－331＝９(m/秒)だけ速くなっている。よって，気温が１℃上がると，９÷15＝0.6(m/秒)だけ速くなる。　イ 音の速さは，０℃のときには331m/秒であり，気温が１℃上がると0.6m/秒だけ速くなるので，気温が28℃のときの音の速さは，331＋0.6×28＝347.8(m/秒)と求められる。　② 光は花火が打ち上がったのとほぼ同時に春子さんに届くので，音が５秒間に進んだ距離が，春子さんのところから花火までの距離である。よって，その距離は，347.8×５＝1739(m)となる。　③ 光が進む速さは気温に関係なく毎秒30万kmなので，５km離(はな)れたところで光った花火の光が春子さんの目に届くのは，$5 \div 300000 = \frac{1}{60000}$(秒後)である。　④ 1000×300000÷340＝882352.9…より，光の速さ30万km/秒は，音の速さ340m/秒(15℃)に比べて約88万倍速い。

⑶ ① 光は，同じ物質中を進んでいるときは直進するが，異なる物質中に進むときはその境界面で道すじが折れ曲がって進むことがある。この現象を屈折という。

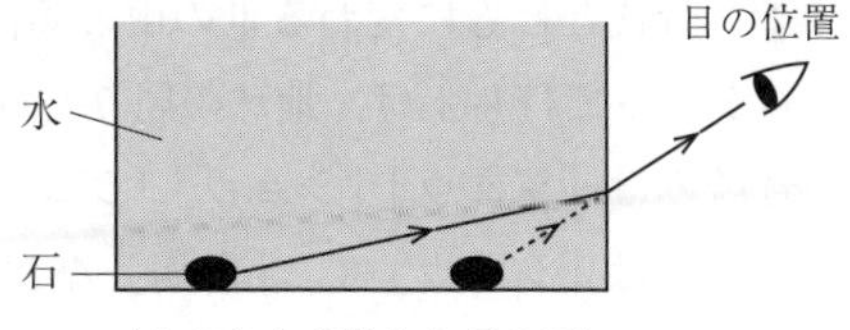

〈水そうを真横から見た図〉

②，③ 水そうに水をいっぱいまで入れたとき，図5のように水そうの底に置いた石から届く光は，水と空気の境界面で(ガラスの厚さは無視して考える)，右上の図の実線の道すじのように屈折するので，点線の道すじのように，石が実際よりも手前にあるように見える。同様に，水を入れた水そうの底も，奥行きが縮まって図4のイのように見える。 ④ 水中から空気中へ進む光は，境界面(水面)と光の道すじの間の角度がある大きさよりも小さくなると，境界面ですべて反射し空気中へ出てこなくなる。この現象を全反射といい，石が水面から少し下の位置にあるときは全反射が起こる条件に当たるため，石からの光が目に届かなくなる(つまり，石が見えなくなる)。 ⑤ 方法1では，水面と水面に入射する石からの光との間の角度がさらに小さくなるので，全反射が起こり石は見えないままである。 ⑥ ア 鏡は光の反射を利用する道具である。 イ レンズは光の屈折を利用する道具で，凸(とつ)レンズに入射した光はレンズの軸側に屈折し，凹(おう)レンズに入射した光はレンズの軸から遠ざかる向きに屈折する。 ウ 水面で光が屈折することで，水面下のストローが浮(う)き上がって見えるため，水面のところで折れ曲がって見える。 エ 光をさえぎる物体があると，その形と同じ形の影(かげ)が後方にできる。これは，光が直進する性質を持つためである。

国語 (45分) ＜満点：100点＞

解答

㊀ ①～⑤ 下記を参照のこと。 ⑥ ゆだ(ねる) ⑦ かなめ ⑧ はいけい ⑨ いただき ⑩ むしゃ ㊁ **問1** ① イ→エ→ウ→ア ② イ→ウ→エ→ア **問2** ① 未 ② 非 ③ 不 ④ 無 **問3** (例) ① アナウンサーになることです ② おとずれた(かの)ように ③ 読書をしたり(して) ④ 整理されている(整理してある) ㊂ **問1** イ **問2** エ **問3** ア **問4** a ア b ア c イ d イ e イ **問5** (例) 北海道で人の優しさにふれ，生きることについて考えるきっかけを得たことで，横浜に行って福島を差別する人間になるのはいやだと感じ，福島での経験をかてに人を勇気づける仕事につきたいと思うようになったから。 ㊃ **問1** A エ B イ **問2** C 弱者 D 平等 **問3** (例) 二通りの弓の，それぞれの長所と短所。 **問4** 何を基準にするか **問5** (例) 人間が地球上の全生命に依存していることを理解し，その弱く脆い人間を生物の多様性が支えてくれているというありがたさに気づくこと。 **問6** 1 ○ 2 × 3 × 4 ×

●漢字の書き取り

㊀ ① 風潮 ② 衛星 ③ 従(う) ④ 傷 ⑤ 慣(れる)

解説

㊀ 漢字の書き取りと読み

① 時代とともに変わる世の中の傾向。 ② 惑星の周りを回っている天体。「人工衛星」は，ロケットで打ち上げ，地球の周りを回るようにした物体。気象衛星や通信衛星などがある。 ③ 音読みは「ジュウ」「ショウ」「ジュ」で，「従順」「追従」「従三位」などの熟語がある。 ④ 音読みは「ショウ」で，「傷病」などの熟語がある。訓読みにはほかに「いた(む)」がある。 ⑤ 音読みは「カン」で，「習慣」などの熟語がある。 ⑥ 音読みは「イ」で，「委員」などの熟語がある。 ⑦ 音読みは「ヨウ」で，「要点」などの熟語がある。訓読みにはほかに「い(る)」がある。 ⑧ ものごとの背後にある事情。 ⑨ 音読みは「チョウ」で，「頂上」などの熟語がある。訓読みにはほかに「いただ(く)」がある。 ⑩ 戦いに従事する者，武士。「武者ぶるい」は，重要なことに臨んで興奮でふるえること。

二 慣用句・四字熟語・ことわざの完成，打ち消しの漢字のつく熟語の完成，言葉の係り受けの修正

問1 ① ア 「悪事千里を走る」は，悪い行いや評判はすぐに世間に知れわたるということ。 イ 「五十歩百歩」は，小さな差はあるがたいしたちがいではなく，似たり寄ったりであること。 ウ 「すずめ百までおどり忘れず」は，幼いころに身についた習慣は，年をとっても変わらないというたとえ。 エ 「人のうわさも七十五日」は，“世の中に流れるうわさは，さして長く続くものではなく，やがて忘れられてしまうものだ”という意味。 ② ア 「無くて七くせ」は，誰にでも多少はくせがあるものだということ。 イ 「二階から目薬」は，じれったいことのたとえ。 ウ 「仏の顔も三度」は，どんなにおとなしく情け深い人も，たびたびひどいことをされればついには怒ること。 エ 「一寸の虫にも五分の魂」は，小さく弱いものにもそれなりの意地があるので，ばかにできないということ。

問2 熟語の上について意味を打ち消す漢字である「未」「非」「無」「不」などは，それぞれの漢字がどの熟語に対応するかを，組にして覚えておく。 ① 「未開発」は，まだ開発されていないこと。 ② 「非常識」は，常識を欠いていること。 ③ 「不得意」は，苦手なようす。 ④ 「無意味」は，役に立たないようす。

問3 ① 言葉の係り受けでは，直接つなげてみて意味がまとまるようにするので，「夢は」→「アナウンサーになることです」となる。 ② 「まるで」は，後に「～のよう」「～みたい」などの表現を続けて，たとえであることを表す。よって，「おとずれた(かの)ように」「おとずれたみたいに」などが正しい。 ③ 並べて言う場合には「～たり～たり」の形にするのが正しいので，「音楽を聴いたり読書をしたり(して)」とする。 ④ 「机の上が」→「整理されている」とつながる。または，「机の上が」→「整理してある」としてもよい。

三 出典は田口ランディの『リクと白の王国』による。医師の父とともに震災後の福島へ転居したリクは，閉鎖された環境で鬱屈していたが，「ふくしまキッズプロジェクト」に参加して，冬休みを過ごした北海道で元気を取りもどす。

問1 リクの体に放射線が害を及ぼしているようすは描かれていないので，イがふさわしくない。

問2 リクは，「はい」と返事をすると「心にぴっと芯が通る」「自分も気持ちいい」と感じているので，「前向きな気持ち」とあるエが選べる。「芯が通る」は，ものの中心がしっかりしていること。転じて，動じない意志や気力が備わっているようす，考え方が一貫しているようすなどを表す。

問3 「髪が逆立つ」は，強い恐れや怒り，驚きなどを感じたことを表す言葉。リクが「食べられる動物は，鳴かない！」と驚いている場面なので，アがよい。

問4　a～e　すぐ前の「森っていうのは，とっても大事～昔の人間は知識はなかったが知恵はあった」という部分から，ゲンさんは，昔からある森のように大事なものについては「知恵」，現代的であまり大事でないものについては「知識」と言っていることがわかる。よって，a，bには「知恵」，c～eには「知識」が入る。

問5　福島県牧ヶ原や北海道が「知恵」にあたる場所，叔母さんのいる横浜が「知識」にあたる場所であることをふまえてまとめる。

四　出典は辻信一の『弱虫でいいんだよ』による。自然に対する暴力を生んだ「人間対自然」という二元論からぬけだす必要があると指摘し，そのための筋道を説明している。

問1　A　「弱者の身になる」例に金子みすゞをあげる文脈なので，“意識に上がる”という意味の「思い浮かぶ」がふさわしい。　**B**　金子みすゞは人間の側から魚たちの悲しみを想像しているのだから，“気持ちや考えを遠くに向ける”という意味の「思いをはせる」がよい。

問2　C　「弱者の身になる」とは，「弱者の側へとコミュニケーションの橋をかける」ことといえる。　**D**　空欄Dをふくむ段落では，「男女平等」について述べられているので，「平等」が入る。

問3　前後で，実用に優れた強靭な軍事用の弓が「強」で，装飾をほどこした儀礼用の美しい弓が「弱」だと説明されており，それぞれの長所と短所について述べられているので，その内容をまとめればよい。

問4　同じ段落で，「一般に，ふたつ以上のものの優劣は，何を基準にするかで決まるものであって，絶対的でない」と説明されているので，「何を基準にするか」がぬきだせる。なお，「絶対的」は，ほかのものに制限を受けないようすを表す。「相対的」の反対語である。

問5　「三番目の『筋道』」については，最後のほうの「三番目の筋道は『依存』という考え方だ」以降で説明されているので，その内容をまとめればよい。

問6　1　最初の三つの段落の内容と合う。　**2**　金子みすゞは，人間の暮らしが多くの生物の犠牲や無生物の奉仕によって成り立つことへの「すまなさ」を描いているが，「強く主張」してはいない。　**3**　ヴァンダナ・シヴァが提唱しているのは「地球上の全生命の民主主義」であり，人間は除外されていない。　**4**　「様々な感謝の思い」は，「植物」だけでなくほかの「無数の生きものたち」に対しても持つべきだと考えられる。

Dr.福井の 入試に勝つ！脳とからだのウルトラ科学

右の脳は10倍以上も覚えられる！

手や足，目，耳に左右があるように，脳にも左右がある。脳の左側，つまり左脳は，文字を読み書きしたり計算したりするときに働く。つまり，みんなはおもに左脳で勉強していることになる。一方，右側の脳，つまり右脳は，音楽を聞き取ったり写真や絵を見分けたりする。

となると，受験勉強に右脳は必要なさそうだが，そんなことはない。実は，右脳は左脳の10倍以上も暗記できるんだ。これを利用しない手はない！　つまり，必要なことがらを写真や絵などで覚えてしまおうというわけだ。

この右脳を活用した勉強法は，図版が数多く登場する社会と理科の勉強のときに大いに有効だ。たとえば，歴史の史料集には写真や絵などがたくさん載っていて，しかもそれらは試験に出やすいものばかりだから，これを利用する。やり方は簡単。「ふ～ん，これが○○か…」と考えながら，載っている図版を５秒間じーっと見つめる。すると，言葉は左脳に，図版は右脳のちょうど同じ部分に，ワンセットで記憶される。もし，左脳が言葉を忘れてしまっていたとしても，右脳で覚えた図版が言葉を思い出す手がかりとなる。

また，項目を色でぬり分け，右脳に色のイメージを持たせながら覚える方法もある。たとえば江戸時代の三大改革の内容を覚えるとき，享保の改革は赤，寛政の改革は緑，天保の改革は黄色というふうに色を決め，チェックペンでぬり分けて覚える。すると，「“目安箱” は赤色でぬったから享保の改革」というように思い出すことができ，混同しにくくなる。ほかに三権分立の関係，生物の種類分け，季節と星座など，分類されたことがらを覚えるときもピッタリな方法といえるだろう。

Dr.福井（福井一成（ふくいかずしげ））…医学博士。開成中・高から東大・文Ⅱに入学後，再受験して翌年東大・理Ⅲに合格。同大医学部卒。さまざまな勉強法や脳科学に関する著書多数。

Memo

Memo

2018年度　湘南白百合学園中学校

〔電　話〕(0466) 27－6211
〔所在地〕〒251-0034　神奈川県藤沢市片瀬目白山4－1
〔交　通〕小田急線―「片瀬江ノ島駅」より徒歩18分
江ノ島電鉄―「江ノ島駅」より徒歩15分

【算　数】(45分)〈満点：100点〉

1　次の□にあてはまる数を入れなさい。

(1)　$1.05-\left(\frac{3}{4}-\frac{3}{8}+\frac{1}{6}\right)\div4.875\times1.2=\square$

(2)　$4-2\div\left(\square+\frac{4}{45}\times1.5\right)=\frac{2}{3}$

(3)　秒速45cmの速さは時速2.7kmの□倍です。

(4)　12%の食塩水が210gあります。22%の食塩水を□g加えると16%の食塩水になります。

(5)　ある商品を何個か仕入れ，原価の5割増しの定価をつけました。このとき，全体の$\frac{3}{5}$だけ売れました。残りは定価の3割引きにして，全部売りました。全体では原価の□%の利益になりました。

2　商品を買うのに8%の消費税を加えて支払います。消費税は1円未満を切り捨てて計算することにします。次の問いに答えなさい。

(1)　712円の商品を買ったときの税込み価格はいくらですか。

(2)　消費税が1円となるような商品の税抜き価格は，全部でいくつありますか。

(3)　74円の商品は税込みで79円，75円の商品は税込みで81円なので，税込みで80円になることはありません。税込み価格として現れないもののうち，4番目に小さい価格はいくらですか。

3　A君とBさんは図書館で一緒に勉強することになりました。図は問題中の建物の位置を表しています。

A君は家を出発して歩いて駄菓子屋へ行き，6分間買い物をしてから同じ速さで図書館へと歩きました。BさんはA君が家を出発してしばらくしてから家を出発し，学校に歩いていきました。Bさんが学校に着いたのと同時に，A君は駄菓子屋に着きました。Bさんは学校に10分間いた後，毎分100mの速さで早歩きをして図書館へと向かいました。グラフはA君が家を出発してからの時間と，A君とBさんの間の距離の関係を表しています。次

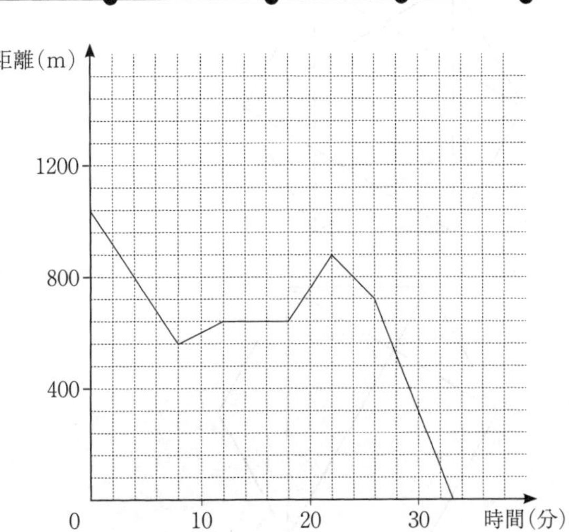

の問いに答えなさい。

(1)　Ｂさんが家を出発したのはＡ君が家を出発してから何分後か答えなさい。

(2)　Ａ君，Ｂさんの歩く速さをそれぞれ求めなさい。

(3)　Ａ君の家から図書館までの距離を求めなさい。

(4)　Ａ君が家を出発してからの時間と，Ｂさんと図書館との距離の関係をグラフにしなさい。

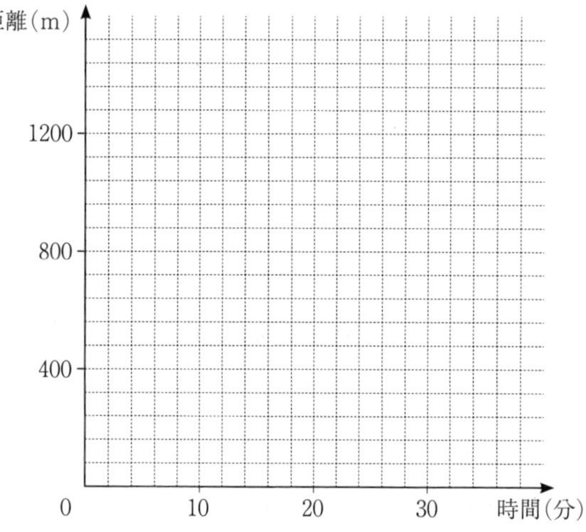

4　(1)　１辺の長さが６cmの正六角形の外側を，右の図のように１辺の長さが４cmの正三角形がすべることなく転がって１周します。このとき，頂点Ｘが動いたあとの長さを式を書いて求めなさい。ただし，円周率は3.14とします。

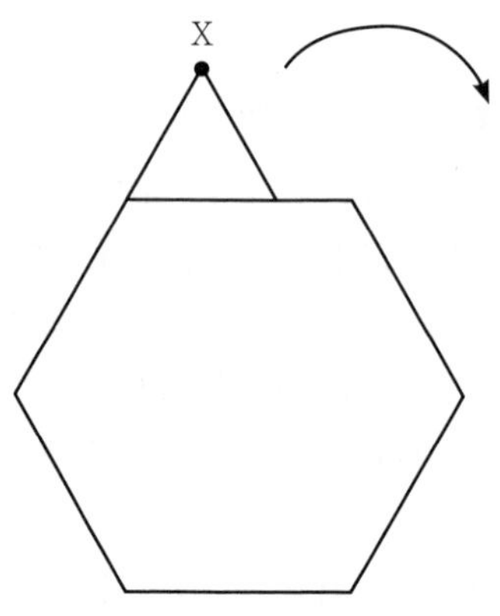

(2)　次の図のように正六角形の頂点を結び，内側に図１の斜線部分の正六角形を作ります。この内側の正六角形の面積を12cm²とするとき，①，②の図の斜線部分の面積をそれぞれ求めなさい。

図１

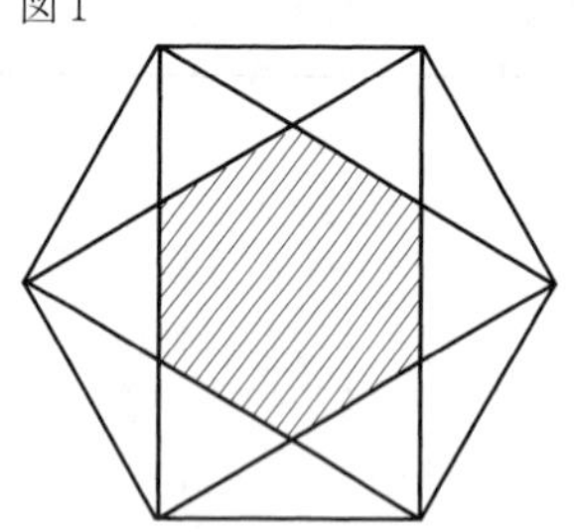

①

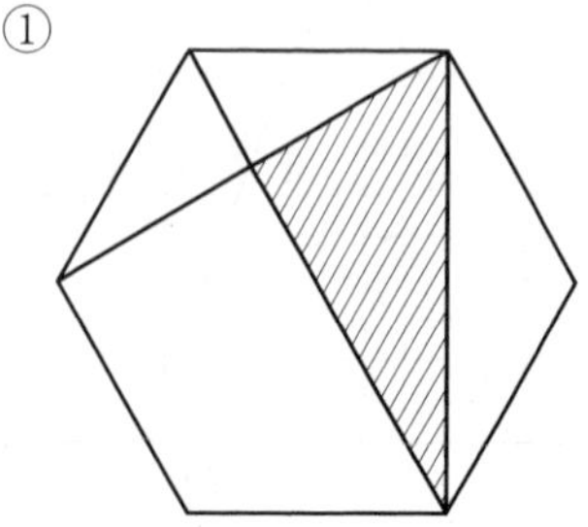

②

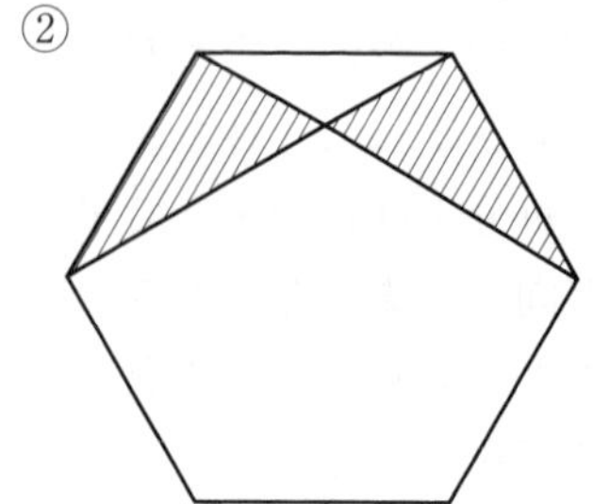

5 右の図１のように，１辺の長さが12cmの正方形から斜線部分を切り落とし，残った部分を折り曲げると図２のような四角すいができました。斜線部分は４つとも合同な二等辺三角形です。

このとき，次の問いに答えなさい。

(1) 底面の正方形の面積を求めなさい。

(2) 側面の１つの三角形の面積を求めなさい。

(3) 四角すいの体積を求めなさい。

図１

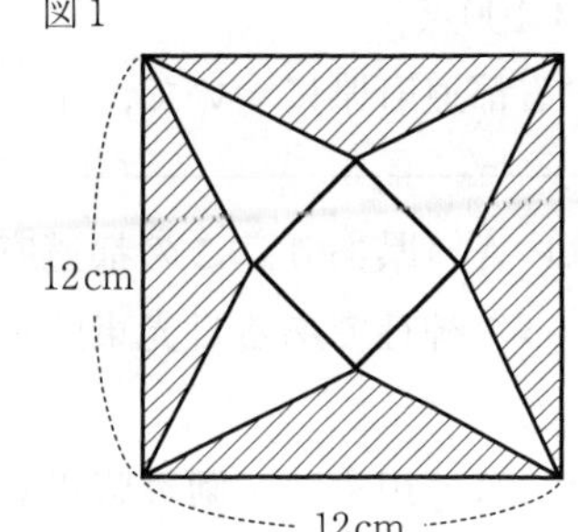

図２

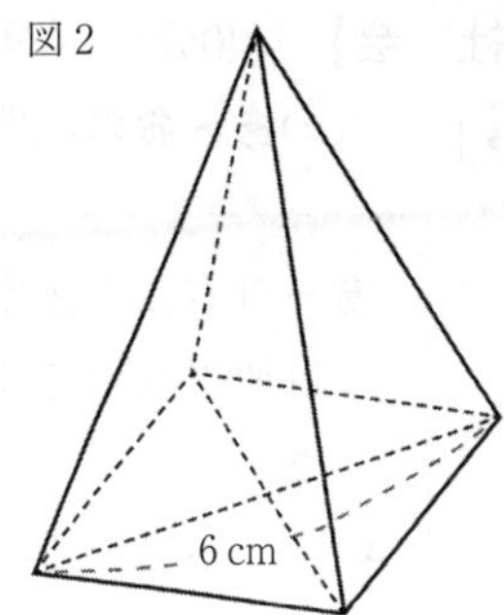

【社　会】（40分）〈満点：100点〉

1　次の**あ**～**お**の説明する都道府県について，1～11の問いに答えなさい。

あー日本に内陸県は(A)県あり，この都道府県はその中の1つである。この都道府県には徳川家康をまつった神社である日光東照宮が位置し，それは1999年①**世界遺産**に登録された。
いー日本で一番長い(B)川も，②**阿賀野川**も，この都道府県に位置する(C)平野から③**日本海**に流れ出る。(C)平野では，チューリップの栽培(さいばい)が盛んに行われている。
うーこの都道府県の大部分は火山灰におおわれたシラス台地が占(し)めている。(D)島は，かつては④**島**だったが，現在はこの都道府県の大隅(おおすみ)半島と陸続きとなっている。
えー日本の大部分は温帯に属すが，この都道府県は(E)帯に属し，また，梅雨がない。この都道府県に位置する⑤**石狩(いしかり)平野は泥炭(でいたん)地で農業に向かなかった**が現在は米の栽培が行われている。
おー2016年4月この都道府県を中心とする大きな地震(じしん)があり，この都道府県から大分県にかけて揺(ゆ)れが続いた。この都道府県にある重要文化財の⑥**城**も被害を受けた。

1．文中の空欄(A)には数字を，(B)～(E)にはあてはまる語句を，それぞれ答えなさい。
2．**あ**と**い**の文が説明している都道府県名をそれぞれ答えなさい。
3．下の「主要農畜(ちくさん)産物の産地上位5都道府県の産出額と割合」の表Ⅰ～Ⅴの中の**あ**～**お**は，上記の文で説明している**あ**～**お**の都道府県と同じです。各表が表す農畜産物を(カ～ケ)から選び答えなさい。

Ⅰ　(カ．りんご　キ．桃(もも)　ク．ぶどう　ケ．いちご)
Ⅱ　(カ．小麦　キ．米　ク．てんさい　ケ．茶)
Ⅲ　(カ．肉牛　キ．豚(ぶた)　ク．鶏(とり)　ケ．鶏卵(けいらん))
Ⅳ　(カ．肉牛　キ．小麦　ク．生乳　ケ．じゃがいも)
Ⅴ　(カ．きゅうり　キ．なす　ク．レタス　ケ．トマト)

「主要農畜産物の産地上位5都道府県の産出額と割合」

Ⅰ

順位	都道府県	産出額(億円)	割合(%)
1位	**あ**	271	15.9
2位	福岡	209	12.3
3位	長崎	111	6.5
4位	**お**	109	6.4
5位	静岡	108	6.4
全国計		1,700	100

Ⅱ

順位	都道府県	産出額(億円)	割合(%)
1位	**い**	1,284	8.6
2位	**え**	1,149	7.7
3位	秋田	854	5.7
4位	山形	752	5.0
5位	茨城	694	4.6
全国計		15,005	100

Ⅲ

順位	都道府県	産出額（億円）	割合（%）
1位	**う**	738	11.7
2位	宮崎	494	7.8
3位	千葉	490	7.8
4位	**え**	433	6.9
5位	群馬	422	6.7
全国計		6,305	100

Ⅳ

順位	都道府県	産出額（億円）	割合（%）
1位	**え**	3,544	48.3
2位	**あ**	345	4.7
3位	**お**	260	3.5
4位	群馬	258	3.5
5位	千葉	243	3.3
全国計		7,332	100

Ⅴ

順位	都道府県	産出額（億円）	割合（%）
1位	**お**	466	19.1
2位	**え**	254	10.4
3位	愛知	150	6.2
4位	千葉	149	6.1
5位	茨城	135	5.5
全国計		2,434	100

農林水産省「平成27年主要農畜産物における上位5都道府県の産出額と構成比」より作成

4．下線部①について，次のア～エは世界遺産に登録されているものです。地図中に示す所在地の府県が誤っているものを1つ選び，記号で答えなさい。

ア．原爆（げんばく）ドーム

イ．石見銀山

ウ．姫路（ひめじ）城

エ．平泉

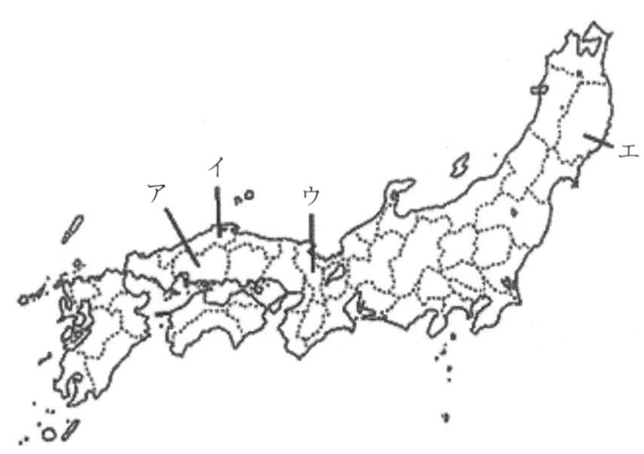

5．下線部②の流域で起きた4大公害の1つは何か，病名を答えなさい。

6．5で答えた公害の原因となった物質名を答えなさい。

7．下線部③を本州に沿って北上する暖流の名前を答えなさい。

8．下線部④について，日本の最南端（なんたん）に位置する島の名前を答えなさい。

9．8で答えた島がなくなると右の地図中の ▒ の部分が減少します。 ▒ の水域を何というか，答えなさい。

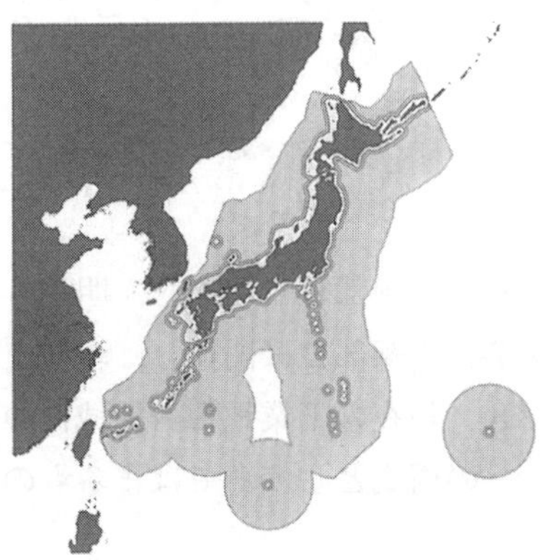

10．下線部⑤の状態は，他の土地から土を運び入れることによって改良されました。この土地改良方法を何というか，漢字2字で答えなさい。

11．下線部⑥について，城跡の地図記号をア～エから選び，記号で答えなさい。

2　次の工業の歴史に関する各文を読んで，1～8の問いに答えなさい。

・(**A**)の賠償金などで$_{\mathrm{B}}$**官営の八幡製鉄所**が建設された。そして，機械，造船業がさかんになった。

・(**C**)が起こるとヨーロッパなどの国に向け船舶などの輸出が増え$_{\mathrm{D}}$**貿易黒字**となった。また化学工業もさかんになった。

・(**E**)中，アメリカ軍は戦争に必要なものを日本から買い付けたため，日本は好景気をむかえた。エネルギーの中心が(**F**)から(**G**)に変わり，太平洋沿岸にはコンビナートが立ち並んで，重化学工業を中心に工業が発展した。

・『(**G**)危機』により，原料の価格が値上がりして，原料の多くを外国からの輸入に頼っていた日本の工業は大きな影響を受けた。

・円高がすすみ，日本企業は，働く人の給料や土地の値段が安いアジアなどの国に工場を移した。このことにより，『産業の(**H**)』と呼ばれる問題が出てきた。

1．(**A**)・(**C**)・(**E**)にあてはまる戦争名を答えなさい。

2．(**F**)(**G**)にあてはまる資源名を答えなさい。

3．日本は(**G**)をどこから輸入していますか。輸入相手国(2014年)の順位として正しい組み合わせをア～エから選び，記号で答えなさい。

ア．1位　アメリカ　　　　　2位　中国　　　　　　　3位　ブラジル
イ．1位　ドイツ　　　　　　2位　インド　　　　　　3位　カナダ
ウ．1位　オーストラリア　　2位　インドネシア　　　3位　ロシア
エ．1位　サウジアラビア　　2位　アラブ首長国連邦　3位　カタール

4．(**H**)にあてはまる語句を答えなさい。

5．下線部**B**の位置として正しいものをア～オから選び，記号で答えなさい。

6．下線部**B**に関連し，明治5年，群馬県に設立された官営模範工場を答えなさい。

7．下線部**D**に関連し，現在，日本で最も貿易額が高い貿易港を答えなさい。

8．現在の工業地帯・地域について，次のページの地図中のア・イの工業地域名を答え，出荷額の構成としてあてはまるものを①～⑤の帯グラフから選び，番号で答えなさい。

「工業地帯・工業地域の製造品出荷額等の構成(2013年)」

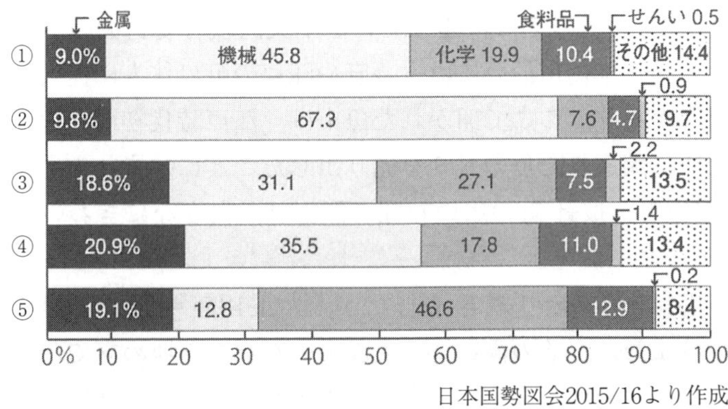

日本国勢図会2015/16より作成

3　次のグラフは，都心部である東京都千代田区大手町と，都心から離れた八王子市の夏と冬3日間ずつの気温の変化を表しています。千代田区大手町を示す線は**A**・**B**どちらですか，記号で答えなさい。またその記号を選んだ理由を50字以上70字以内で説明しなさい。

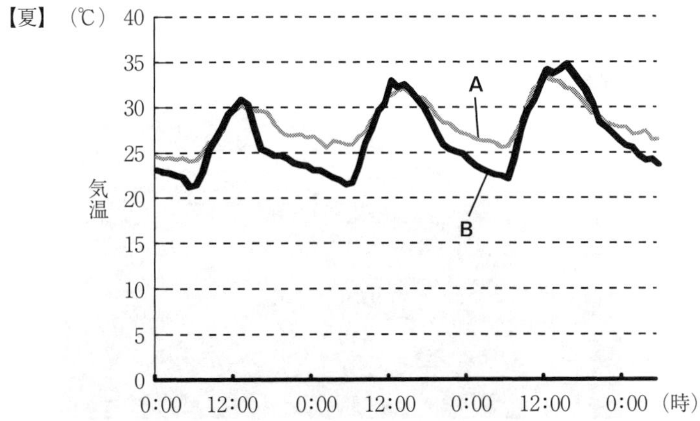

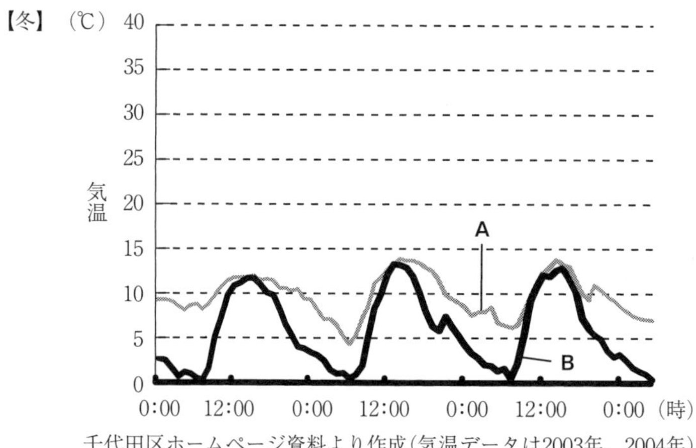

千代田区ホームページ資料より作成(気温データは2003年，2004年)

4 次の文章を読んで，１～10の問いに答えなさい。

写真ａは，東京都中央区日本橋室町１丁目の日本橋川沿いに立っている記念碑です。「日本橋魚市場発祥の地」と書いてあります。そのそばに建っている中央区教育委員会の解説板によると，日本橋から江戸橋にかけての日本橋川沿いには，幕府や江戸の町の住人に提供される鮮魚や干物などを荷揚げする魚河岸があり，ここで開かれた魚市は，江戸時代初期に近くの佃島の漁師たちが将軍や諸大名のために調達した魚の残りを売り出したことに始まります。魚市はここを中心として本船町・小田原町・按針町の広い範囲で開かれ，大変なにぎわいをみせたそうです。

この魚河岸を中心とする魚市場は300年余り続きましたが，大正12年＝西暦(　①　)年の(　②　)大震災で壊滅的な打撃を受けました。その後(　②　)大震災のがれきを埋め立てた(　③　)に移り，現在の東京都中央卸売市場へと発展しました。世界一の広さをほこるようになったこの(　③　)市場ですが，近年老朽化と狭さが問題となり，何度も立て替えや移転の計画がもちあがりました。計画が色々変わった末，ついに近くの(　④　)に移ることになったのですが，2016年に都知事になった(　⑤　)氏によって，計画の見直しがおこなわれて移転が延期になり騒動になりました。

写真ａ

写真ｂ

この日本橋川の上には**写真b**のように首都高速という道路の橋げたが立っています。この首都高速は，(⑥)年の東京オリンピックに間に合わせようと急きょつくったので，用地の買収(ばいしゅう)に手間取らないように，川の中に道路を支える橋げたを立てたところが多くあります。そのため，歴史のある日本橋の上に首都高速がおおいかぶさるようになっています。近年，景観が悪いという視点から，これも建て直そうという話がもちあがっています。

1．(①)にあてはまる西暦年を**あ**～**お**から選び，記号で答えなさい。

あ．1914　**い**．1923　**う**．1931　**え**．1937　**お**．1951

2．(①)年より前にあったできごとを**あ**～**え**から選び，記号で答えなさい。

あ．二・二六事件　**い**．日中戦争開始

う．日清戦争開始　**え**．太平洋戦争開始

3．(②)にあてはまる語句を答えなさい。

4．(③)(④)にあてはまる地名をそれぞれひらがな3文字で答えなさい。

5．(④)は(③)の南東に位置します。地図で，(③)の場所が**A**だとすると，(④)の場所はどこですか。**B**～**F**から選び，記号で答えなさい。

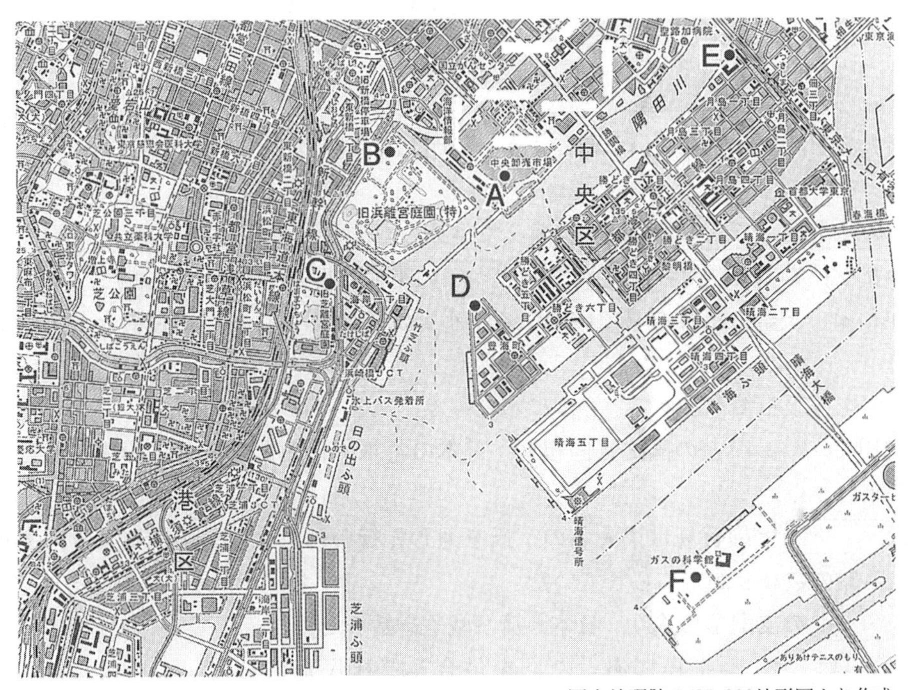

国土地理院 1/25,000地形図より作成

6．(⑤)にあてはまる人名を次から選び記号で答えなさい。

ア．石原慎太郎(しんたろう)　イ．舛添要一(ますぞえよういち)　ウ．小池百合子　エ．橋下徹(はしもととおる)

7．(⑥)にあてはまる西暦年を答えなさい。

8．古代の都にも，国がつくった<u>市</u>がありました。宮殿の正門から南へのびる朱雀大路(すざくおおじ)をはさんで東市(ひがしのいち)と西市(にしのいち)があり市司(いちのつかさ)という役人が管理し，税として納められた物品で役人に支給して余ったものなどを売っていました。このような<u>市</u>があったのは次のうち何時代ですか。下から記号で1つ選びなさい。

ア．奈良時代　イ．鎌倉時代　ウ．室町時代　エ．江戸時代

9．次の絵は，江戸時代初期の城下町江戸の様子を描いた屛風の一部分です。この中で魚河岸を描いているのはどれですか。ア～ウから選び，記号で答えなさい。

ア

イ

ウ

10．どうして諸大名が江戸に住んでいたのですか。説明しなさい。

5　次の①～⑧の文を読んで，あとの問いに答えなさい。

①　邪馬台国の女王（ ア ）は，使者を遣わし□の王朝に貢物を持っていった。

②　聖徳太子が（ イ ）天皇の摂政をしていたころ，小野妹子は□への使者として派遣された。

③　豊臣秀吉は明を征服しようと企て，２度にわたって□に大軍を送った。

④　江戸時代初期，□との国交は回復し，日本の将軍の代がわりごとにお祝いの使者である（ ウ ）が来日した。

⑤　江戸時代，□との貿易は，大名の宗氏を通じて行われていて，条約により，１年間に取引にあたる船の数などが定められていた。

⑥　1894年，□の支配をめぐり，日本と清が戦争を始めた。

⑦　1910年，日本は□半島にあった国を併合して植民地にした。この状態は，西暦（ エ ）年の第２次世界大戦終結まで続いた。

⑧　1950年□半島の２つの国が戦争を始め，日本に駐留していたアメリカ軍は日本の基地から（ オ ）軍として□半島に出撃していった。

問１　各文の□に「朝鮮」という語句があてはまらない文が２つあります。それらを選び，番号の早い順に数字で答えなさい。

問２　各文の空欄(ア)～(オ)にあてはまる語句を答えなさい。

問３　上記の①～⑧の文に関連して，次の各文の内容が正しいものを全て選び，数字で答えなさい。

①…このころ，日本に仏教は伝来していた

②…このころ，大宝律令は完成していた

③…このころ，日本にはキリスト教が伝来していた

④…琉球王国からも将軍の代がわりごとに日本にお祝いの使者が来た

⑤…宗氏は松前藩を治める大名である

⑥…この戦争の講和条約はベルサイユ条約である

⑦…台湾は日露戦争の講和条約により日本の領土になった

⑧…この戦争の５年前から日本は高度経済成長の時期に入った

6　右は，日本で初めて女性に選挙権が与えられた時の投票の様子を写したものです。これを見て，次の問いに答えなさい。

問１　日本の女性に選挙権が与えられたのは西暦何年ですか。

問２　女性が選挙権を得るまでの日本の立憲政治に関して，ア～オの出来事を時代の早い順に記号で並べかえなさい。

ア．大日本帝国議会の第１回議会が開催される

イ．大日本帝国憲法が発布される

ウ．内閣制度ができる

エ．25歳以上の全ての男子が，衆議院議員の選挙権をもつようになる

オ．自由党と立憲改進党ができる

問３　女性が参政権を獲得できるように運動を繰り広げた人物で，のちに参議院議員になったのは次のうちだれですか，記号で答えなさい。

ア．平塚雷鳥　　イ．市川房枝　　ウ．与謝野晶子　　エ．津田梅子

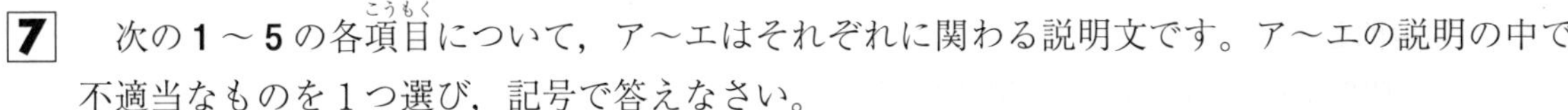

7　次の**１～５**の各項目について，ア～エはそれぞれに関わる説明文です。ア～エの説明の中で不適当なものを１つ選び，記号で答えなさい。

１．国際社会

ア．国連の安全保障理事会は国際社会の平和と安全を確保する機関である。紛争の解決に向けて武力制裁を行うことができるが，この決定には大国一致が原則となっている。

イ．石油危機による世界経済の混乱から始まったサミットの1975年第一回開催国はフランスであった。それ以降毎年行われており，2016年は日本で，昨年2017年はイタリアで開催された。

ウ．世界の平和維持のために国連が行う活動をＰＫＦという。日本は1991年の湾岸戦争をきっかけに法律を整え，自衛隊の海外派遣など国際貢献をする国に転換した。

エ．2001年のアメリカ同時多発テロ以降，国境を越えた国際テロの脅威と闘う時代となった。日本は，東京オリンピックが近づいていることもあり，テロ対策として昨年2017年に組織的犯罪処罰法を改正し，テロ等準備罪(共謀罪)を新たに加えた。

２．日本の政治

ア．国会が審議する議案の中で，予算案は衆議院が先に審議することになっている。また，法律案は衆議院で可決し参議院で否決された時は，衆議院が再び出席議員の３分の２以上の賛成で可決すれば法律となる。

イ．司法権は裁判所にある。最高裁判所以外の裁判所を下級裁判所という。高等裁判所は下級裁判所の中でも上位の裁判所で，全国８か所に設置されている。高等裁判所は主に第二審を扱う裁判所でもある。

ウ．国会の種類には，毎年１月から150日の会期(期間)で開催される通常国会，内閣または議院の要求による臨時国会，総選挙後に開催される特別国会がある。

エ．内閣総理大臣は国務大臣を任命する権限がある。憲法では，内閣総理大臣が属す政党の議員から国務大臣を任命することが定められている。また，内閣総理大臣は不適切な国務大臣を辞めさせることもできる。

３．日本国憲法

ア．基本的人権は，公共の福祉により制限されることもある。

イ．天皇が行う国事行為には内閣総理大臣の助言と承認が必要である。

ウ．憲法の改正には，国民投票で過半数の賛成が必要である。

エ．憲法全体の構成は，前文と103の条文から成り立っている。

４．核兵器

ア．北朝鮮が開発しているＩＣＢＭとは大陸間弾道ミサイルの略称で，核兵器を搭載したミサイルのことである。これは冷戦時代に旧ソ連によって開発された。

イ．国際原子力機関・ＩＡＥＡは，原子力の平和利用の促進と軍事利用の防止を目的とする国際機関であり，核の番人と呼ばれる。

ウ．1945年８月６日，広島に人類初の原子爆弾が投下されてから昨年で72年目の夏を迎えた。1945年に約14万人であった被害者数は今では30万人を超え，昨年2017年には新たに死亡が確認された５千人を超える人の名が原爆慰霊碑に納められた。

エ．1963年にアメリカ，イギリス，旧ソ連によって部分的核実験禁止条約が締結され，核実験は大気圏内・水中・宇宙空間で行うことが禁止された。

５．環境問題

ア．地球環境の問題に対する国際的な取り組みは，1972年の「かけがえのない地球」をテーマにした国連人間環境会議から始まった。この会議では人間環境宣言が採択され，人間環境の保全に国際社会で努力することが確認された。

イ．日本は，公害対策基本法に代わって環境基本法を1993年に制定した。これにより，温暖化防止などのさまざまな環境保全に取り組むことが決まった。環境省によって提唱されたクールビズは取り組みの一例である。

ウ．国連の発表によると，1950年におよそ25億人だった世界人口は2011年に60億人を超え，2030年までにおよそ86億人になると予測された。環境問題に加えて食糧難，貧困の増加，原燃料の不足などが国際社会の深刻な課題となっている。

エ．国連の気候変動会議で採択されたパリ協定は，2020年以降の地球温暖化を食い止めるための画期的な国際ルールである。パリ協定の採択により，二酸化炭素の排出を減らそうと電気自動車などの開発が世界的に加速し始めている。

【理　科】（40分）〈満点：100点〉

1　動物園に出かけた百合子さんは，色々なかたちや生活のしかたの動物がいることに興味をもちました。たくさんの動物の写真を撮(と)ってきたので，これらの動物について調べてみると，その中には共通した特徴(ちょう)と異なる特徴があることに気づきました。そこで，共通した特徴で動物をなかま分けすることにしました。以下の問いに答えなさい。

(1)　百合子さんが撮ってきた写真は上の**A**～**L**のものです。それぞれ何という動物ですか。あてはまるものを次の**ア**～**シ**から１つずつ選び，それぞれ記号で答えなさい。

ア：フトアオヒゲトカゲ　**イ**：ヒガシクロサイ　**ウ**：イリエワニ
エ：ケープペンギン　**オ**：ガラパゴスゾウガメ　**カ**：キンイロアデガエル
キ：アジアゾウ　**ク**：キリン　**ケ**：アオダイショウ
コ：ウグイ(コイ科)　**サ**：メキシコサンショウウオ(ウーパールーパー)
シ：ベニイロフラミンゴ

(2)　**A**～**L**の動物にはすべて共通する特徴があります。この特徴はカブトムシやイカなどにはない特徴です。どんな特徴か簡単に答えなさい。

(3)　**A**～**L**の動物を，下の**表1**のように「呼吸のしかた」・「おもにからだをおおうもの」などでなかま分けしてみます。特徴①・②・⑤・⑦・⑩にあてはまる動物を，**A**～**L**の記号ですべて答えなさい。

表1

特徴		動物
呼吸のしかた	①　えら	
	②　こどものときはえら／おとなになると肺と皮ふ	
	③　肺	
おもにからだをおおうもの	④　うろこ	
	⑤　しめったやわらかい皮ふ	
	⑥　うろこやかたい皮ふ	
	⑦　羽毛	
	⑧　毛	
体温調節	⑨　できない	
	⑩　できる	

(4)　百合子さんは，(2)の特徴をもつ動物は，魚類・両生類・は虫類・鳥類・ほ乳類というなかまに分類できることを知りました。これらのなかまは，それぞれ**表1**の①～⑩のどの特徴を合わせもつのでしょうか。あてはまる組み合わせを次の**ア**～**オ**から1つずつ選び，記号で答えなさい。

ア：①，④，⑨　　**イ**：③，⑥，⑨　　**ウ**：②，⑤，⑨

エ：③，⑧，⑩　　**オ**：③，⑦，⑩

(5)　これらの分類をもとに，**A**～**L**の動物を魚類・両生類・は虫類・鳥類・ほ乳類になかま分けしなさい。ただし，**A**～**L**の記号で答えること。

(6)　は虫類は両生類から進化してきたと言われています。その進化によって，両生類ではできなかったどんなことが可能になったと考えられますか。また，それを可能にした，両生類がもたず，は虫類がもつ特徴を答えなさい。

2　次の文章Ⅰ～Ⅲを読んで，以下の問いに答えなさい。

Ⅰ　酸素は，空気中に含(ふく)まれる割合が約［X］%で，［あ］番目に多い気体です。地球が約46億年前にできて，しばらくの間，主に［い］と水蒸気が空気の大部分を占(し)めていましたが，その後地表が冷えて水蒸気が雨となって降り注いで海になり，その海に［い］が溶(と)けていくことで少しずつ［い］の割合が減っていきました。また，約27億年前に［う］を行う生物が誕生し，［い］を使って［う］が行われるようになることで，さらに［い］の割合が減っていき，現在では空気中に含まれる割合が約［Y］%となっています。

(1)　文中の空らん［X］，［Y］に当てはまる数字として最も近いものを，次の**ア**～**ク**のうちから1つずつ選び，記号で答えなさい。

ア：60　**イ**：40　**ウ**：20　**エ**：10　**オ**：5　**カ**：0.1　**キ**：0.04　**ク**：0.01

(2) 文中の空らん［あ］～［う］に当てはまる数字または語句を答えなさい。

(3) 下線部に関して，水に［い］が溶けた水溶液を何といいますか。漢字3字で答えなさい。

Ⅱ 酸素は，［え］に二酸化マンガンを加えることで作ることができます。いま，［え］の量と二酸化マンガンの量をさまざまに変えながら発生する酸素の量を測定する実験を行いました。下の表が実験の結果です。ただし，実験に用いた［え］はすべて同じ濃さのものとします。

［え］の量(cm³)	二酸化マンガンの量(g)	発生した酸素の量(cm³)
50	1.0	300
100	1.0	600
50	2.0	300
100	2.0	600

(4) 空らん［え］に当てはまる水溶液の名前を答えなさい。

(5) この実験と同じ実験を次の①～③の条件で行った場合，発生する酸素の量は何 cm^3 になるか，答えなさい。

① ［え］40cm³ に1.5gの二酸化マンガンを加える

② ［え］20cm³ に2.0gの二酸化マンガンを加える

③ ［え］150cm³ に5.0gの二酸化マンガンを加える

Ⅲ 銅4.0gを酸素が十分にあるビンの中で加熱し，実験後の固体の重さを測る実験を行いました。加熱した時間と実験後の固体の重さの結果が上の表です。

加熱時間(秒)	0	5	10	20	30	40	50
実験結果(g)	4.0	4.2	4.4	A	B	5.0	5.0

(6) 表中の空らん［A］，［B］に当てはまる数字を答えなさい。

(7) 十分に時間がたったとき，できた物質の中に含まれる銅と酸素の重さの割合は何対何ですか。最も簡単な整数比で答えなさい。

(8) 銅5.6gを使って同じ実験を行ったところ，10秒後に6.0gになりました。実験後の固体の重さが変わらなくなるのは何秒後からですか，またそのときの重さは何gですか，それぞれ答えなさい。ただし，実験は1秒ごとに計測するものとします。

3 次の文章Ⅰ・Ⅱを読んで，以下の問いに答えなさい。

Ⅰ 図は，南関東の平野部にある**地点A～C**のがけに見られる地層の重なり方を示したものです。図中の［火山灰層の記号］は，細かな岩石の破片が含まれていて，すべて同じ時期の富士山の噴火によって降った火山灰でできた火山灰層だとわかりました。また，図中の［砂泥層の記号］は砂泥層で，細かい砂と泥でできています。この砂泥層には，イヌブナ，ナウマンゾウ，淡水で生活するカメなどの化石が含まれていました。その他，れき層や泥層もありました。また，このあたり一帯の地層は水平に積み重なっていて，断層もないことがわかっています。

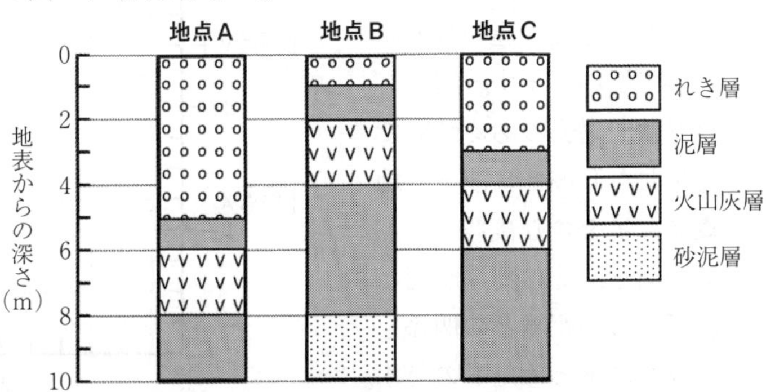

(1) 火山灰層や，そこに含まれる岩石の破片には，どのような特徴がありますか。最も適したものを次の**ア**～**エ**から選び，記号で答えなさい。

ア：噴火によってできた岩石の破片は丸みをおび，粒がそろっている

イ：火山灰でできた地層は，すべて赤土色をしている

ウ：噴火によってできた岩石の破片は角ばっていて，さまざまな形をしている

エ：火山灰でできた地層は，すべて黒色をしている

(2) 火山灰層は，離れた地点どうしの地層の比較や，地層のつながりを知る手がかりにも使われます。このような地層をかぎ層といいます。かぎ層の特徴として正しいものを，次の**ア**～**カ**よりすべて選び，記号で答えなさい。

ア：長期的につくられた地層　　**イ**：短期的につくられた地層

ウ：目立つ特徴をもつ地層　　**エ**：どこにでもあるような目立たない地層

オ：狭い範囲に局所的につくられた地層　　**カ**：広い範囲にわたってつくられた地層

(3) 火山灰が，長い年月の間に押し固められてできる岩石を何と呼びますか。

(4) 図中の火山灰層について，この火山灰層に含まれる岩石の破片の大きさの平均を調べたところ，**地点A**では3.1mm，**地点B**では2.7mm，**地点C**では2.9mmでした。富士山に一番近いのは，**地点A**～**C**のうちどこですか。

(5) 図の砂泥層の説明として，最も適したものを次の**ア**～**カ**から選び，記号で答えなさい。

ア：この地層ができたのは古生代で，川の中流の森の中だった

イ：この地層ができたのは古生代で，川の河口に近い三角州だった

ウ：この地層ができたのは古生代で，流れの静かな沢のある森だった

エ：この地層ができたのは新生代で，川の上流の森の中だった

オ：この地層ができたのは新生代で，川の河口に近い三角州だった

カ：この地層ができたのは新生代で，流れの静かな沢のある森だった

(6) **地点A**～**C**を，標高が高い順に並べなさい。

(7) 次の**ア**～**ウ**を，このあたり一帯の土地に起きた順番に並べ，記号で答えなさい。

ア：富士山が噴火した　　**イ**：土地が隆起した

ウ：土地が沈降した

Ⅱ 地震の揺れは速度の速いP波と，速度の遅いS波によって伝わります。右のグラフは，過去のある地震で発生したP波とS波を，**地点X**，**Y**を含む複数の地点で観測し，その到達時刻と震源からの距離との関係をグラフにまとめたものです。地震発生時，2つの波は震源を同時にスタートし，P波が到達するとはじめの小

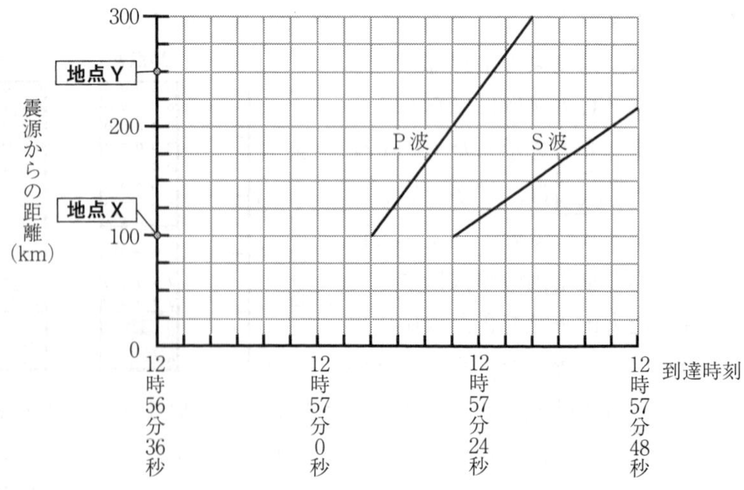

さな揺れ(初期微動)が，S波が到達すると大きな揺れ(主要動)が起こります。この地震について，続く問いに答えなさい。

(8) **地点X**では，初期微動は何秒間続きましたか。

(9) この地震のS波の伝わる速さは何km/秒ですか。ただし，割り切れない場合は，小数第2位を四捨五入し，小数第1位まで答えなさい。

(10) **地点Y**では，主要動は何時何分何秒に到達したと考えられますか。

(11) この地震の発生時刻は何時何分何秒ですか。

4 長さが20cmのばねAと12cmのばねBにいろいろな重さのおもりをつるして長さを調べると，**図1**のグラフのようになりました。ばねの重さは考えないものとして，以下の問いに答えなさい。ただし，ばねが並列につながれているとき，おもりの重さによってばねを引く力は，各ばねに均等に加わるものとします。

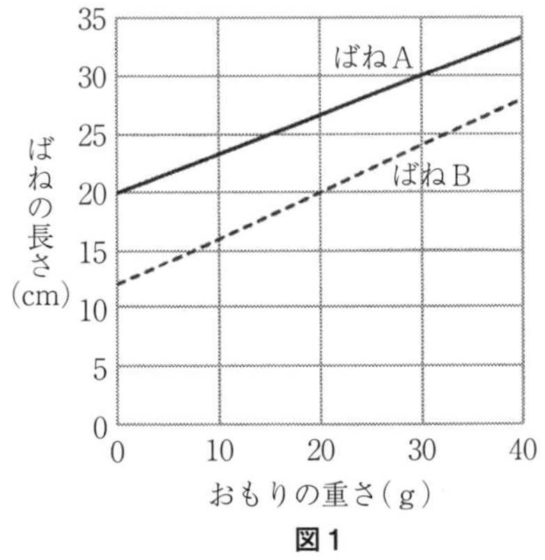

図1

(1) ばねAを1cmのばすのに必要なおもりの重さを求めなさい。

(2) ばねBに重さ60gのおもりをつるしたときの，ばねの長さを求めなさい。

(3) ばねAを何本かと，重さ45gのおもりを使って，**図2**～**図4**のようにしました。図の矢印で示すばねの長さを，それぞれ求めなさい。

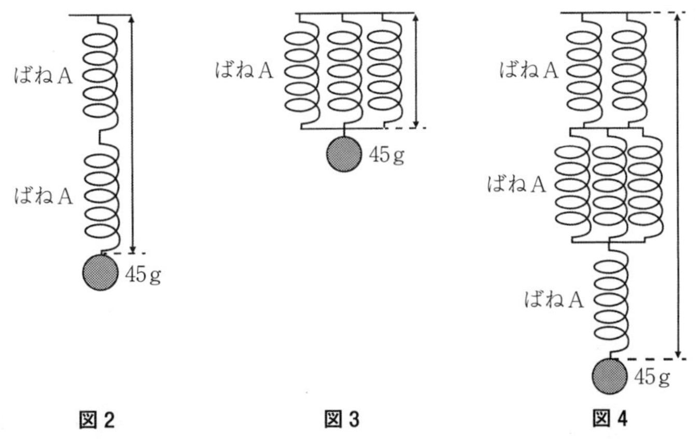

図2　**図3**　**図4**

(4) ばねAとばねBを使って次のページの**図5**のようにしたところ，ばねAとばねBの長さが等しくなりました。このとき，使ったおもりの重さと，図の矢印で示すばねの長さを求めなさい。

(5) ばねAを2本，ばねBを1本，重さが等しいおもりを3つ使って，**図6**のようにしたところ，全体の長さが122cmになりました。おもりの直径は1つあたり2cmです。このとき，使ったおもりの重さと，図の矢印で示すばねBの長さを求めなさい。

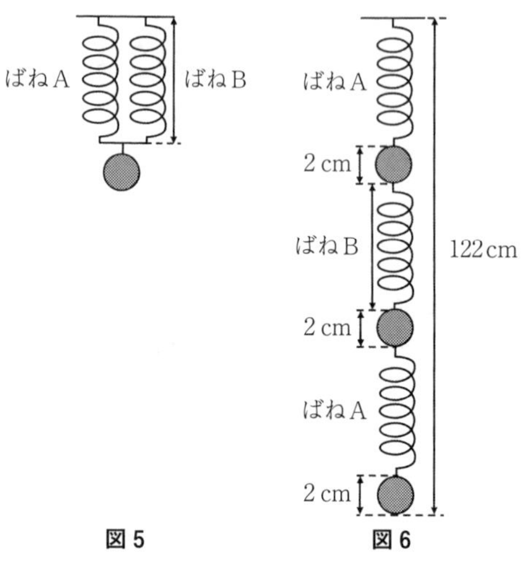

図5　図6

(6) **図7**のように，ばねA，ばねB，重さ66gで直径2cmのおもりを，長さ89cmの箱の中に直列につなぎました。おもりの直径は2cmです。このとき，図の矢印で示すばねAの長さを求めなさい。ただし，おもりと箱のまさつは考えないものとします。

(7) **図8**のように，(6)で用いた箱を90°回転させました。このとき，図の矢印で示すばねAの長さを求めなさい。ただし，おもりと箱のまさつは考えないものとします。

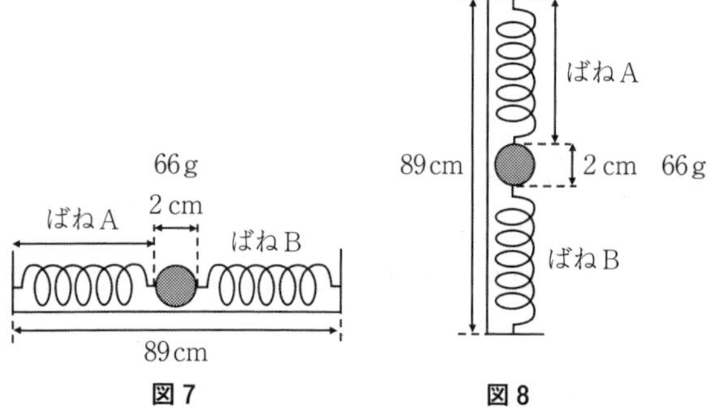

図7　図8

と。(『権力への意志』)

僕たちは、僕たちの「意味の世界」に照らし出されたかぎりにおいてしか、「事実の世界」を知ることはできないのだ。

無色透明な「事実の世界」(客観的な真理)なんて、僕たちは決して知り得ない。それはいつも、③僕たちの「意味の世界」の色を帯びているのだ。

これが、「意味の世界」は「事実の世界」に原理的に先立つということの意味だ。

こうして、「意味の世界」の本質を明らかにする哲学は、科学の営みの土台をなすものだということができる。

繰り返しいってきたように、「事実の世界」は「意味の世界」を土台にして成り立っている。それはつまり、僕たちは「意味の世界」のことを深く理解しないかぎり、「事実の世界」のこともちゃんと理解できないということだ。

(苫野一徳『はじめての哲学的思考』)

(注)
＊1 メカニズム…仕組み
＊2 原理…根本となる法則
＊3 汝…相手を指す言葉。「あなた」・「おまえ」
＊4 DNA…遺伝情報をになう物質
＊5 腹側被蓋野…脳の一領域
＊6 フェニルエチルアミンやドーパミン…脳内で出される物質

問一 ――線部①「世界の謎」とありますが、自然哲学者たちは具体的に何を探究しましたか。文中の言葉を用いて十五字以上、三十字以内で答えなさい。

問二 ――線部②「自然哲学からソクラテス哲学への展開」とありますが、どのような変化をしましたか。具体的に三十字程度で答えなさい。

問三 □に入る言葉を次から選び、記号で答えなさい。

ア 〝事実〟の本質
イ 〝事実〟の世界
ウ 〝事実〟のアンテナ
エ 〝意味〟の本質
オ 〝意味〟の世界
カ 〝意味〟のアンテナ

問四 ――線部③「僕たちの『意味の世界』の色を帯びている」とありますが、その例としてふさわしいものを次から二つ選び、記号で答えなさい。

ア 星の動きは、いつ種をまいたらよいか、収穫したらよいかの時期のめやすになるので、星空を観察する。
イ 地球は一年かけて太陽の周りを回り、地球自身は一日一回、回転している。
ウ 月は地球の周りを回っているので、地球から見ると太陽に照らされた部分が変わり、満ち欠けを繰り返す。
エ 血液は体の各部分で養分、酸素を渡し、二酸化炭素や不要になったものを受け取って運んでいる。
オ 肝臓は、小腸で血液中に取り込んだ養分をたくわえ、必要なときに送り出している。
カ 唾液には病気の元になる活性酸素を減らす働きがあると聞き、健康のために食事の際によく噛んでいる。

問五 ＝＝線部「哲学が探究する『意味の世界』は、実は科学が探究する『事実の世界』に原理的に先立つものだ」とありますが、筆者は、哲学と科学の関係をどのように考えていますか。八十字以上、百二十字以内でくわしく説明しなさい。

エニルエチルアミンがどうというより、その味わい深い恋の「意味の世界」をこそ生きる。

　哲学者の西研（1957―）がいうように、科学は、恋をしている人の脳からどんな化学物質が出ているかを明らかにすることはできる。でも、僕たちにとって恋とはいったい何なのか、その［　　　　］については、ほとんど何も教えてはくれない（『哲学的思考』）。

　それを明らかにするのは、哲学の仕事なのだ。

　さらにいえば、哲学が探究する「意味の世界」は、実は科学が探究する「事実の世界」に原理的に先立つものだ。

　え？　どういうこと？

と、多くの人は疑問に思うんじゃないかと思う。

　僕たちの多くは、ふだん、世界は科学的な法則に支配されていると思い込んでいる。天体法則とか人体のメカニズムとか、脳の働きとかDNAの仕組みとか、そういった〝事実〟こそが先にあるのであって、〝意味〟は、そうした事実に人間があとからくっつけたものだと考えている。

　でも、事態はまるっきり逆なのだ。

　というのも、いわゆる〝事実〟は、僕たちの「意味の世界」のアンテナにひっかからないかぎり、決して〝事実〟として認識されることがないからだ。

　たとえば、天体法則という〝事実〟が存在するのは、僕たちがこの法則に〝意味〟を見出しているからだ。

　太古の昔から、人類は農耕を行うためにそのメカニズムを知る必要があった。あるいはその〝美〟に魅せられて、天体を観察しつづけてきた。

　同じように、人体のメカニズムを僕たちが知っているのは、それが僕たちにとって意味あるものであるからだ。健康や長寿に〝意味〟を見出しているからこそ、人類はその謎に挑みつづけてきたのだ。

　もしも僕たちが、こうした〝意味〟のアンテナを持っていなかったなら、天体法則や人体メカニズムといった〝事実〟は、僕たちにとって存在することさえなかっただろう。

　いやいや、それはそうかもしれないけど……と、まだ腑に落ちない方も多いだろう。

　たしかに、〝事実〟は僕たちの〝意味〟のアンテナにとらえられないかぎり、僕たちにとって存在しないのかもしれない。でも、たとえそうだったとしても、天体法則はやっぱり客観的に存在するし、DNAは太古の昔から二重らせん構造をなしていたんじゃないの？　つまり、科学的な事実は、人間がいようがいまいが、やっぱり客観的な事実といえるんじゃないの？　そう思う人もいるだろう。

　でもそれは本当だろうか？

　犬やネコは、人間のようには色が認識できないといわれている。一方カラスは、人間には認識できない紫外線を認識できるという。だから、どうやらお互いを黒色とは認識していないらしい。

　要するに、犬やネコやカラスは、僕たちにとっての「事実の世界」と、いくらか異なった世界を生きているのだ。

　それはつまり、僕たちもまた、「僕たちにとっての事実の世界」をしか生きられないということだ。

　哲学者のニーチェ（1844―1900）は、次のような有名な言葉を残している。

> まさしく事実なるものはなく、あるのはただ解釈のみ

と。そしていう。

> 事実がありうるためには、一つの意味がつねにまず置き入れられていなければならない

七 次の文章を読んで、後の問いに答えなさい。(設問の都合上、本文を一部改変しています。)

タレスやアナクシマンドロス、アナクシメネスといった古代ギリシアの哲学者たちは、一般に「自然哲学者」と呼ばれている。文字通り、自然はいったいどういう＊1メカニズムで動いているのか、その＊2原理を〝神話〟ではなく観察を通した〝思考〟によって明らかにしようとした人たちだ。

哲学(philosophy)の語源は、philia(愛)とsophia(知)。古代においては、知を愛し探究することは、なんでも哲学とされていた。だから、今なら「自然科学者」と呼ばれる人たちもまた、当時は「自然哲学者」と呼ばれていたのだ。

彼ら自然哲学者たちは、満足な実験道具も技術も持っていなかった。だから、もっぱら〝考える〟ことに頼って①世界の謎に取り組んだ。

今の科学から見れば、それはほとんど子どもだましみたいなものだ。だからその観点からいえば、古代の自然哲学は、たしかに科学にとって代わられたといえるかもしれない。いや、むしろ、自然哲学は自然科学へと〝進化〟したのだというべきだろう。

でもその一方で、哲学は科学とは別の方向にも自らを進化させてきた。その生みの親こそ、タレスら自然哲学者たちから一世紀あまり後に登場した、西洋哲学の父ソクラテス(とその弟子プラトン)だった。

ソクラテスはこんなことを考えた。

哲学が真に考えるべき問題、それは、自然哲学が問うているような〝自然〟や〝世界〟についてじゃない。むしろ、この世界を問うているわたしたち〝人間〟自身である!

古代ギリシアのアポロン神殿には、「＊3汝自らを知れ」という格言が刻まれていた。ソクラテスは、まさにこれこそ、哲学が探究すべき根本テーマだといったのだ。

〝外〟から〝内〟へと目を向けること。これはある意味では、人間の精神が幼年期から青年期へと成長したことのあらわれだったともいえる。

赤ちゃんや子どもは、いつでも〝外〟の世界に興味津々だ。虫や葉っぱや土なんかをさわって、大げさにいえば、世界がどうなっているのかを知ろうとする。

でも、思春期をむかえるころから、僕たちはだんだんと自分自身に目を向けるようになる。「どんな人生を生きるべきだろう?」「自分には何が向いているんだろう?」「幸せってなんだろう?」そんなことを考えるようになる。

②自然哲学からソクラテス哲学への展開もまた、おそらくはそれと同じような出来事だったのだ。

ソクラテスの考えを、哲学と科学の関係という観点から、僕なりに大胆にいい直してみたい。

科学が明らかにするのは、いわば「事実の世界」のメカニズムだ。それはたとえば、物を手放せば落ちるとか、＊4DNAは二重らせん構造をなしているとか、人は恋をしている時、脳の＊5腹側被蓋野が活性化しているとか、＊6フェニルエチルアミンやドーパミンが分泌されているとかいった、文字通り「事実」の世界だ。

それに対して、哲学が探究すべきテーマは、〝真〟〝善〟〝美〟をはじめとする、人間的な「意味の世界」の本質だ。

「〝ほんとう〟のことってなんだろう?」「〝よい〟ってなんだろう?」「〝美しい〟ってなんだろう?」そして、「人生いかに生くべきか?」こうした意味や価値の本質こそ、哲学が解き明かすべき問いなのだ。

僕たちは、科学が対象とする「事実の世界」だけじゃなく、豊かな「意味の世界」もまた同時に生きている。恋をした時の僕たちは、フ

イ　さりげなくお互いを気づかっていたよ
ウ　ほとんどお互いに何も話さなかったよ
エ　よくお互いの意見を交わしていたよ

問二　――線部①「なんだか悲しいな、と私は思っていた」とありますが、この時の「私」の「悲しい」気持ちの説明として最もふさわしいものを次から選び、記号で答えなさい。

ア　母を亡くして精神的に不安定になっている「彼」を見守ろうと思いつつも、つい面倒を見てしまう自分の意志の弱さに対して悲しんでいる。
イ　「彼」の母親が去年の秋、心臓発作で亡くなったことで、これまでの彼女と自分との思い出が次々と浮かんできてしまい悲しんでいる。
ウ　孤独になりたがっている「彼」の気持ちを考えて自分が実家に帰る提案をしたのに、予想に反して彼からやつあたりされてしまい悲しんでいる。
エ　母を亡くして落ち込む「彼」をなぐさめようと言葉を尽くしても、かえって関係が不自然になってしまい、どうしてよいかわからず悲しんでいる。
オ　大雪の降る寒い日に風邪のために声が出なくなってしまい、「彼」のことよりも自分の体調を気にしなければならないことを悲しんでいる。

問三　[B]に入る言葉として最もふさわしいものを次から選び、記号で答えなさい。

ア　ふきだまり
イ　入りびたり
ウ　気もそぞろ
エ　引きこもり

問四　――線部②「また何かを感じた」とありますが、この「何か」とはどのようなものですか。それを言い表している四十字程度の部分を本文中から探し、はじめと終わりの五字を書きぬきなさい。

問五　――線部③「声を出さないで彼は泣いていた」とありますが、この時の「彼」の気持ちを、本文全体をふまえて八十字以内で説明しなさい。

問六　この物語に描かれた「雪」に関する表現について述べた文として**不適切なもの**を次から一つ選び、記号で答えなさい。

ア　この物語のはじめに降りだした雪は、「私」が風邪になってしまった原因であり、さらにその雪は「私」の心にも影響を与えている。
イ　この物語のなかばで、「彼」と母親が北国で暮らしていたことを想像するが、そのきっかけとなったのが雪景色である。
ウ　この物語の後半で、母親の死によって沈んでいた「彼」の心が変化し涙を見せた時、昔母親と見た雪景色と目の前の雪景色を重ねて見ている。
エ　この物語の最後に描かれている雪景色は、「私」と「彼」の間が、かまくらの中にいるように温かく包まれた関係になっていることを表している。
オ　この物語の全編を通して、雪が少しずつ降りつもっていく様子が描かれているが、それは物語上の時間の経過を表すことにもなっている。

問七　この物語全体を通して、「言葉」はどのようなものとして描かれていますか。「コミュニケーション」という語句を文中に必ず用いて説明しなさい。

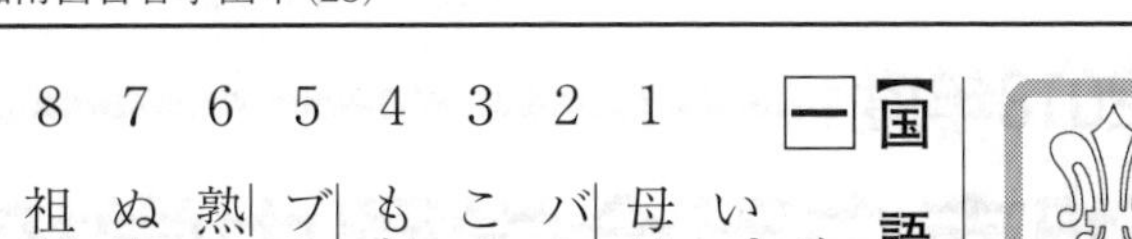

二〇一八年度 湘南白百合学園中学校

【国語】(四五分)〈満点：一〇〇点〉

一 次の――線部のカタカナは漢字に、漢字はひらがなに直しなさい。

1 母はおツトめに出ている。
2 バンゼンな準備をして試験に臨む。
3 この先どうなるのかケントウもつかない。
4 もとの意味からハセイした言葉。
5 ブナンな考え方だけでは局面は打開できない。
6 熟れていないイチゴは食べないでください。
7 ぬかるみだらけの道に閉口する。
8 祖父の遺言で、友人の悪口を言わないことにしている。
9 カズオイシグロが著した文学作品。
10 計画の骨子を明らかにする。

二 次の四字熟語(じゅくご)の空らんには同じ漢字が入ります。その漢字を答えなさい。

(例) □長□短 【答え】 一

1 □材□所　2 右□左□

三 対義語の関係になるよう、(　)に入る漢字を答えなさい。

1 否決↔(　)決
2 天災↔(　)災
3 異質↔(　)質

四 次の――線部の熟語には二種類の読み方があります。意味を考えて、それぞれの読みを答えなさい。

1 ア 私は母に頼(たの)まれて、藤沢(ふじさわ)市の決まりのとおりゴミの分別をした。
イ 私たちも、もうすぐ分別のつく年頃(ごろ)と言われるような年代になる。

2 ア 幼い頃(ころ)に生き別れとなった母に一目だけでも会いたい。
イ 彼(かれ)は絵を描(えが)くのがとても上手いので、みんなから一目置かれている。

五 次の慣用句の「手」の意味と最も関わりが深い熟語をそれぞれア～カから選び、記号で答えなさい。

1 手を焼く　2 手を打つ　3 手を引く

ア 提供　イ 世話　ウ 関係
エ 実力　オ 方法　カ 対策

六 次の文章を読んで、後の問いに答えなさい。(設問の都合上、本文を一部改変しています。)

〔編集部注：課題文は著作権上の問題により掲載しておりません。作品の該当箇所につきましては次の書籍を参考にしてください〕

・吉本(よしもと)ばなな著『吉本ばなな自選選集2 Ｌｏｖｅ ラブ』(新潮社 二〇〇〇年十一月発行) 三四五ページ冒頭～三五三ページ最終行

(途中省略した箇所があります)

問一 [A]に入る言葉として最もふさわしいものを次から選び、記号で答えなさい。

ア いつもお互(たが)いを避(さ)けて過ごしていたよ

2018年度 湘南白百合学園中学校 ▶解説と解答

算　数　（45分）＜満点：100点＞

解　答

1 (1) $\frac{11}{12}$　(2) $\frac{7}{15}$　(3) 0.6倍　(4) 140 g　(5) 32％　**2** (1) 768円　(2) 12個　(3) 53円　**3** (1) 8分後　(2) **A君**…毎分60m，**Bさん**…毎分80m　(3) 240m　(4) 解説のグラフを参照のこと。　**4** (1) 69.08cm　(2) ① 9 cm^2　② 8 cm^2　**5** (1) 18cm^2　(2) 13.5cm^2　(3) 36cm^3

解　説

1 四則計算，逆算，速さ，濃度，売買損益

(1) $1.05-\left(\frac{3}{4}-\frac{3}{8}+\frac{1}{6}\right)\div4.875\times1.2=1.05-\left(\frac{18}{24}-\frac{9}{24}+\frac{4}{24}\right)\div4\frac{7}{8}\times1\frac{1}{5}=1.05-\frac{13}{24}\div\frac{39}{8}\times\frac{6}{5}=1.05-\frac{13}{24}\times\frac{8}{39}\times\frac{6}{5}=1\frac{1}{20}-\frac{2}{15}=\frac{63}{60}-\frac{8}{60}=\frac{55}{60}=\frac{11}{12}$

(2) $4-2\div\left(\square+\frac{4}{45}\times1.5\right)=\frac{2}{3}$より，$2\div\left(\square+\frac{6}{45}\right)=4-\frac{2}{3}=3\frac{1}{3}$，$\square+\frac{6}{45}=2\div3\frac{1}{3}=2\div\frac{10}{3}=2\times\frac{3}{10}=\frac{3}{5}$　よって，$\square=\frac{3}{5}-\frac{6}{45}=\frac{9}{15}-\frac{2}{15}=\frac{7}{15}$

(3) $2.7\times1000\div60=45$，$45\times100\div60=75$より，時速2.7km＝分速45m＝秒速75cmとなる。よって，秒速45cmの速さは時速2.7kmの，$45\div75=0.6$(倍)である。

(4) 右の図で，長方形の面積はそれぞれの食塩水にふくまれる食塩の量を表すから，2つの長方形の面積の和は点線部分の面積と等しい。よって，あの部分といの部分の面積も等しいので，22％の食塩水を，$210\times(16-12)\div(22-16)=210\times4\div6=140$(g)加えたことになる。

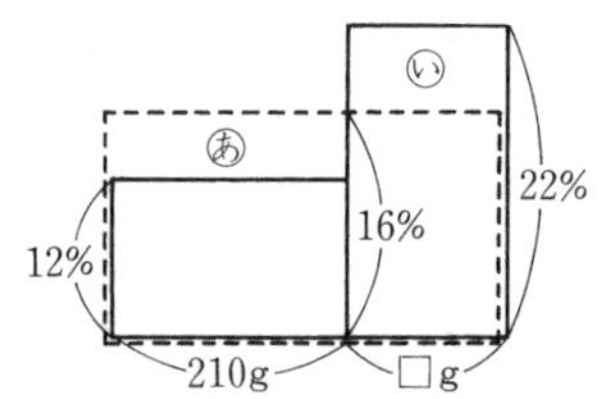

(5) 原価を1とすると，原価の5割増しの定価は，$1\times(1+0.5)=1.5$だから，定価の3割引きで売るときの値段は，$1.5\times(1-0.3)=1.05$である。よって，仕入れた個数を1としてその$\frac{3}{5}$を定価で，残りを定価の3割引きで売ると，原価の合計は，$1\times1=1$，売り上げの合計は，$1.5\times\frac{3}{5}+1.05\times\left(1-\frac{3}{5}\right)=0.9+0.42=1.32$になる。したがって，利益は原価の，$(1.32-1)\div1\times100=32$(％)とわかる。

2 割合

(1) $712\times0.08=56.96$より，712円の商品を買ったとき，消費税は56円となる。よって，税込み価格は，$712+56=768$(円)である。

(2) $1\div0.08=12.5$，$2\div0.08=25$より，消費税が1円となるのは，税抜き価格が13円以上24円以下のときだから，全部で，$24-13+1=12$(個)ある。

(3) $12\times0.08=0.96$より，12円の商品に消費税はかからないから，税込みでも12円であるが，13円の商品には消費税が1円かかるので，税込みで，13＋1＝14(円)になる。つまり，税込み価格で13円になるものはない。次に，(1)より，24円の商品は税込みで，24＋1＝25(円)であるが，25円の商品は税込みで，25＋2＝27(円)になる。よって，税込みで26円になるものはない。同様に，3÷0.08＝37.5より，25円から37円までの商品の消費税は2円なので，税込み価格で，37＋2＋1＝40(円)になるものはない。さらに，4÷0.08＝50より，税込み価格で，49＋3＋1＝53(円)になるものもない。したがって，税込み価格として現われないものは小さい順に，13円，26円，40円，53円，…となるから，4番目に小さい価格は53円である。

3 グラフ―速さ

(1)　Bさんが学校に着いたのと同時に，A君は駄菓子屋(だがしや)に着き，A君はそこで6分間買い物をし，Bさんは10分間学校にいたので，問題文中のグラフより，A君が駄菓子屋に着いたのは，家を出発してから12分後である。また，8分後から12分後まで2人の間の距離(きょり)は大きくなっている。よって，Bさんが家を出発したのはA君が家を出発してから8分後であるとわかる。

(2)　グラフのたての1目盛りは，400÷5＝80(m)なので，A君は8分間に，80×6＝480(m)歩いている。よって，A君の歩く速さは毎分，480÷8＝60(m)である。また，8分後から12分後までの4分間に2人の間の距離は80m大きくなっているから，2人の速さの差は毎分，80÷4＝20(m)とわかる。つまり，Bさんの歩く速さは毎分，60＋20＝80(m)と求められる。

(3)　Bさんは，A君が家を出発してから，12＋10＝22(分後)に学校を出発し，その4分後から2人の間の距離の減り方は大きくなる。つまり，A君は18分後に駄菓子屋を出発し，22＋4＝26(分後)に図書館に着いたから，駄菓子屋から図書館まで，26－18＝8(分)かかっている。また，A君の家から駄菓子屋までは12分かかる。よって，A君は家から図書館まで，12－8＝4(分)かかるので，A君の家から図書館までの距離は，60×4＝240(m)と求められる。

(4)　グラフより，A君の家からBさんの家までの距離は，80×13＝1040(m)であり，Bさんの家から図書館までの距離は，1040－240＝800(m)，Bさんの家から学校までの距離は，80×(12－8)＝320(m)，学校から図書館までの距離は，800＋320＝1120(m)とわかる。よって，Bさんと図書館との距離は，家を出発するまでの8分間は800mで，学校に着くまでの4分間に320m大きくなる。また，次の10分間は学校にいるので，図書館との距離は1120mのままであり，学校を出発してからは4分間に，100×4＝400(m)(5目盛り)の割合で図書館に近づく。したがって，A君が家を出発してからの時間と，Bさんと図書館との距離の関係は右上のグラフのようになる。

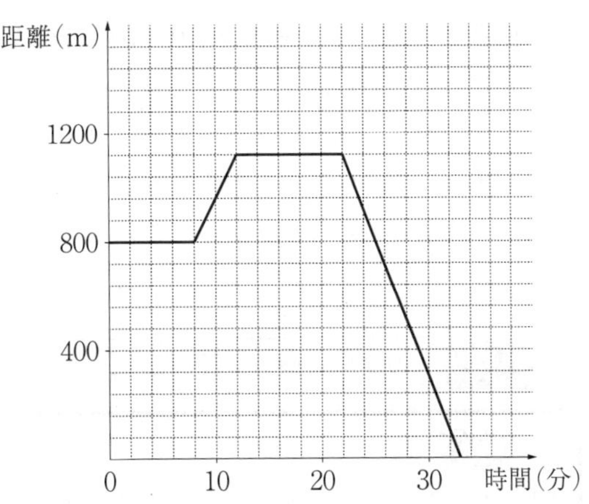

4 平面図形―図形の移動，長さ，面積

(1)　1辺が4cmの正三角形が，1辺6cmの正六角形の外側をすべることなく$\frac{1}{3}$周するとき，頂点Xは下の図アのように，半径4cmで，180－60＝120(度)と180度の回転を1回ずつ，半径，6－4＝2(cm)で，180－120＝60(度)の回転を1回行う。よって，正三角形が正六角形の外側を1周するとき，この動きを3回ずつ行うから，頂点Xが動いたあとの長さは，$4\times2\times3.14\times\left(\frac{120}{360}+\frac{180}{360}\right)\times3+2\times2\times3.14\times\frac{60}{360}\times3=24\times3.14\times\frac{300}{360}+2\times3.14=(20+2)\times3.14=69.08$(cm)となる。

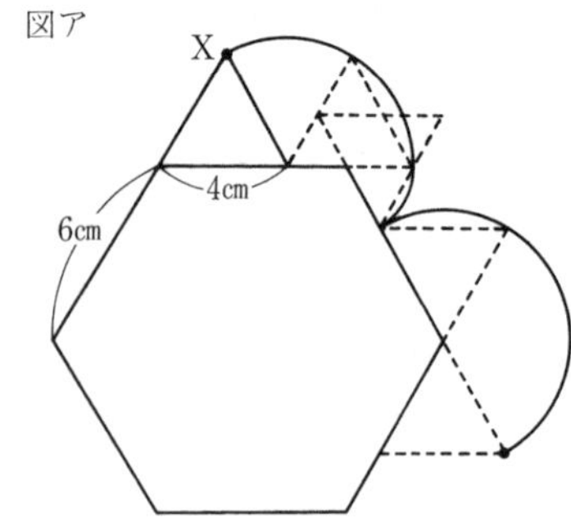

⑵　①　正六角形は6個の合同な正三角形に分けられるから，下の図イの三角形の面積はすべて，12÷6＝2(cm²)である。よって，三角形BDFの面積は，2×9＝18(cm²)だから，下の図ウの斜線(しゃせん)部分の面積は，18÷2＝9(cm²)となる。　②　下の図エで，三角形ABHの面積は，2×2＝4(cm²)だから，斜線部分の面積は，4×2＝8(cm²)である。

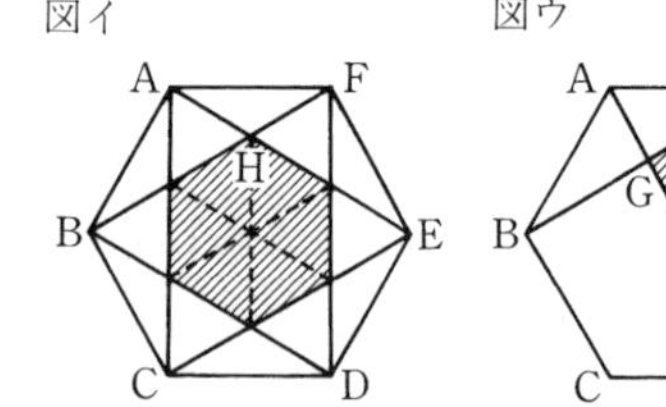

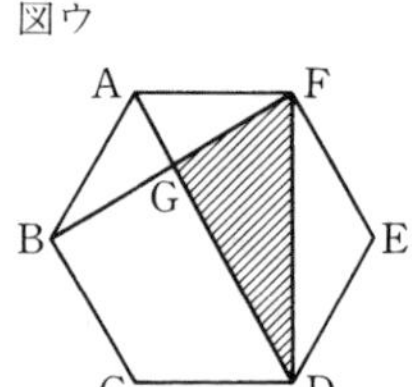

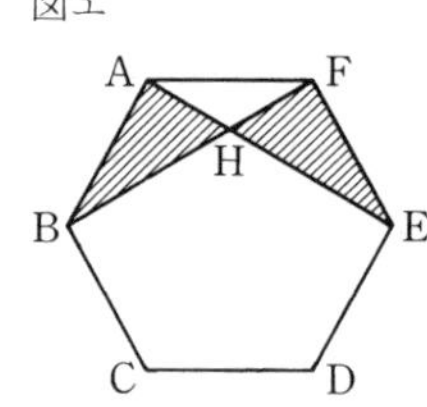

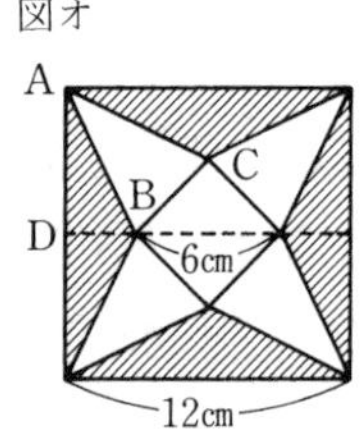

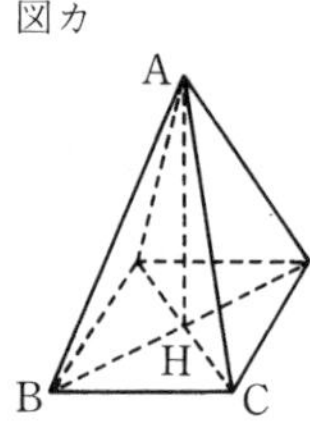

5　立体図形―展開図，面積，体積

⑴　底面の正方形の対角線の長さは6cmだから，底面の正方形の面積は，$6\times6\times\frac{1}{2}=18$(cm²)である。

⑵　もとの正方形の面積は，12×12＝144(cm²)，切り落とした三角形の高さは，(12－6)÷2＝3(cm)だから，切り落とした部分の面積の和は，12×3÷2×4＝72(cm²)である。よって，側面の面積の和は，144－(18＋72)＝54(cm²)なので，側面の1つの三角形の面積は，54÷4＝13.5(cm²)と求められる。

⑶　上の図オ，カで，BD＝3cm，BH＝6÷2＝3(cm)，角ADB＝角AHB＝90度なので，三角形ABDと三角形ABHは合同である。よって，AH＝AD＝6cmで，角すいの体積は，(底面積)×(高さ)×$\frac{1}{3}$で求められるから，この四角すいの体積は，$18\times6\times\frac{1}{3}=36$(cm³)とわかる。

社　会　(40分)＜満点：100点＞

解　答

1　**1**　**A**　8　**B**　信濃　**C**　越後　**D**　桜　**E**　冷(亜寒)　**2**　**あ**　栃木県　**い**　新潟県　**3**　Ⅰ　ケ　Ⅱ　キ　Ⅲ　キ　Ⅳ　ク　Ⅴ　ケ　**4**　ウ　**5**　新潟水俣病(第二水俣病)　**6**　有機水銀(メチル水銀)　**7**　対馬海流　**8**　沖ノ鳥島　**9**　排他的経済水域　**10**　客土　**11**　イ　**2**　**1**　**A**　日清戦争　**C**　第1次世界大戦　**E**　朝鮮戦争　**2**　**F**　石炭　**G**　石油　**3**　エ　**4**　空洞化　**5**　イ　**6**　富岡製糸場　**7**　成田国際空港　**8**　**ア**　瀬戸内工業地域，③　**イ**　京葉工業地域，⑤

3　**記号**…A　**理由**…(例)　内陸部にある八王子市は昼と夜の気温差が大きく，都心部にある千代田区大手町はヒートアイランド現象で夜でも気温が下がりにくいと考えられるから。
4 1 い 2 う 3 関東 4 ③ つきじ ④ とよす 5 F 6 ウ 7 1964 8 ア 9 イ 10 (例) 参勤交代の制度により，大名には江戸と領地に1年おきに住むことが義務づけられていたため。 5 問1 ①，② 問2 ア 卑弥呼 イ 推古 ウ 通信使(朝鮮通信使) エ 1945 オ 国連 問3 ③，④ 6 問1 1945年 問2 オウイアエ 問3 イ 7 1 ウ 2 エ 3 イ 4 ア 5 ウ

解 説

1 各都道府県を題材とした地理の問題

1 **A** 海に面していない県を内陸県という。内陸県は，関東地方に栃木・群馬・埼玉の3県，中部地方に山梨・長野・岐阜の3県，近畿地方に滋賀・奈良の2県あり，全国では8県ある。 **B** 日本で一番長い川は信濃(しなの)川。長野県内では千曲(ちくま)川とよばれ，長野盆地で犀(さい)川と合流しておおむね北東へと流れたのち，日本海に注ぐ。 **C** 信濃川と阿賀野(あがの)川の下流域には越後(えちご)平野が広がる。かつては腰まで泥(どろ)につからないと農作業ができないほどの低湿地だったが，治水や暗きょ排水(はいすい)の整備などによって，日本を代表する稲作地帯となった。また，越後平野東部に位置する五泉市では，チューリップの栽培がさかんに行われている。 **D** 鹿児島県は，西部の薩摩(さつま)半島と東部の大隅(おおすみ)半島が鹿児島湾(錦江湾(きんこうわん))を囲むような形になっている。鹿児島湾の中央に位置する火山島の桜島は，かつては島であったが，1914年の大噴火で海に流れ出た溶岩(ようがん)によって大隅半島と陸続きとなった。 **E** 石狩平野が広がる北海道は，冬の寒さが厳しい冷帯(亜(あ)寒帯)の気候に属している。また，本州に比べて梅雨前線の影響(えいきょう)を受けにくいことから，一般に梅雨はないとされている。

2 **あ** 栃木県は関東地方北部に位置する内陸県で，県北西部の日光市には江戸幕府の初代将軍徳川家康をまつった日光東照宮がある。日光東照宮は1999年，「日光の社寺」としてユネスコ(国連教育科学文化機関)の世界文化遺産に登録された。 **い** 新潟県は中部地方北部に位置し，県西部で日本海に面する。長野県内で犀川と合流した千曲川は，新潟県に入ってから信濃川とよばれる。

3 Ⅰ 「あ」の栃木県と福岡県が第1位，第2位を占(し)めているので，いちごがあてはまる。栃木県では「とちおとめ」，福岡県では「あまおう」という品種がさかんに栽培されている。 Ⅱ 「い」の新潟県と「え」の北海道が第1位，第2位で，秋田県・山形県といった東北地方の県が上位にあるので，米だとわかる。米の産出額は，例年新潟県と北海道が全国一，二を争っている。 Ⅲ 産出額の第1位が「う」の鹿児島県，第2位が宮崎県となっている畜産物は豚。鶏(肉用若鶏)は宮崎県が第1位，鹿児島県が第2位である。また，千葉県でも，県北部を中心に豚の飼育がさかんに行われている。 Ⅳ 「え」の北海道が第1位で非常に大きな割合を占め，「あ」の栃木県がそれにつぐことから，生乳だと判断できる。北海道で生産された生乳はチーズやバターなどの加工品として出荷されることも多いが，関東地方各県でつくられた生乳は，そのまま東京へ出荷されるものが多い。なお，「お」は熊本県である。 Ⅴ 「お」の熊本県が産出額第1位となっているのはトマト。熊本県では秋から春にかけて出荷され，夏には近郊農業で栽培された露地(ろじ)ものが多く出回る。

4 アは広島県，イは島根県，ウは兵庫県，エは岩手県にある世界(文化)遺産。地図中のウは京都

府を示しているので，これが誤っている。

5　新潟県の阿賀野川流域では，上流の化学工場の廃水によって汚染された魚を下流域の住民が食べたことで，新潟(第二)水俣病が発生した。新潟水俣病は，水俣病(熊本県)，四日市ぜんそく(三重県)，イタイイタイ病(富山県)とともに，４大公害の１つに数えられる。

6　水俣病や新潟水俣病の原因物質である有機(メチル)水銀は，体内にたまると中枢神経系をおかされ，手足のしびれや言語障害などの神経障害を引き起こし，病気が重くなると死にいたる。

7　日本海を流れる暖流は対馬海流。南西諸島付近で黒潮(日本海流)から分かれ，東シナ海から対馬海峡を経て日本海に入り，本州の日本海沿岸の沖合を北上する。

8　日本の最南端に位置し，東京都小笠原村に属する沖ノ鳥島はさんご礁からなる島で，満潮時に２つの岩が海面に出るだけで消滅するおそれがあったため，巨額の工費をかけて周囲をコンクリートでおおう工事が行われた。

9　沖ノ鳥島で護岸工事が行われたのは，この島が失われた場合，周囲に広がる排他的経済水域も失われてしまうからである。排他的経済水域は沿岸から200海里(約370km)までの海域をいい，船の航行は自由だが，沿岸国に海域内の水産資源や海底資源の主権的権利が認められている。

10　石狩平野には植物が分解しきらずに炭化し，堆積した土壌である泥炭地が広がっており，農業には不向きだった。そのため，ほかの土地から土を運びこんで土地を改良する客土が行われた。

11　城跡の地図記号はイで，築城時に縄を張る形を図案化したものである。なお，アは博物館・美術館，ウは採鉱地，エは税務署の地図記号。

2　工業の歴史についての問題

1　**A**　官営の八幡製鉄所(福岡県)は，日清戦争で得た賠償金の一部と多額の政府資金を投じて設立され，1901年に操業を開始した。　**C**　1914年に第１次世界大戦が起こると，ヨーロッパ諸国の貿易が停滞する間に日本では輸出が大きくのびて好景気となった。造船業や海運業はとくにさかんになり，急激に富を得て「船成金」とよばれる人も現れた。　**E**　1950年に朝鮮戦争が起こると，韓国を支援するために出撃したアメリカ軍が大量の軍需物資を日本に発注したことから，日本国内は特需景気とよばれる好景気となった。

2　第２次世界大戦後，石油はあつかいが容易になって価格が下がり，タンカーやパイプラインなどの輸送手段も進歩した。そのため，日本でも1960年代に，エネルギー源の中心が石炭から石油に代わるエネルギー革命が起こった。また，1973年には第４次中東戦争，1979年にはイラン革命の影響で２度にわたって石油危機が起き，先進国の経済が混乱した。

3　日本は石油(原油)の多くを西アジア(中東)の国々からの輸入に頼っており，とくにサウジアラビアからの輸入が多い。

4　1980年代から，日本では製造業を中心として，円高の進行や貿易摩擦などに対応するため，多くの企業が人件費や土地代の安い中国や東南アジアなどに生産拠点を移すようになった。このようにして国内から製造業が流出し，停滞するような状況を「産業の空洞化」とよぶ。

5　八幡製鉄所はイの福岡県北九州市につくられた。この地が選ばれたのは，原料となる石灰石や石炭の産地が近くにあり，鉄鉱石を中国から輸入するのに便利だったためである。

6　1872年(明治５年)，従来から養蚕がさかんだった群馬県の富岡に官営の富岡製糸場が設立され，フランス人技師の指導とフランス製機械の導入によって，製糸の熟練工が養成された。

7　千葉県北部に位置する成田国際空港は，1978年に新東京国際空港として開港され，おもに国際線が発着する日本の「空の玄関(げんかん)口」として発展してきた。貿易品目では集積回路や科学光学機器，医薬品など，小型・軽量で高価なものが上位を占め，輸出・輸入を合わせた合計の貿易額では日本最大の貿易港となっている。

8　地図中のアは瀬戸内工業地域，イは京葉工業地域をさしている。京葉工業地域では，市原の石油化学コンビナートを中心とした化学工業がさかんに行われており，製造品出荷額等に占める化学工業の割合が非常に多いことが特徴(とくちょう)となっているので，⑤があてはまる。また，瀬戸内工業地域も倉敷(岡山県)の水島地区に広がる石油化学コンビナートを中心とした石油化学工業がさかんで，製造品出荷額等に占める割合も比較(ひかく)的多い。よって，③があてはまる。なお，①は京浜工業地帯，②は中京工業地帯，④は阪神工業地帯のグラフ。

3 気温の地域差についての問題

一般に，内陸部のほうが昼と夜，あるいは夏と冬の気温差が大きいので，Bが内陸部に位置する八王子市だと判断できる。千代田区大手町のほうが夜の気温が下がりづらいのは，都心部に位置しているため昼夜とも人の活動がみられ，これによってヒートアイランド現象が引き起こされるためだと考えられる。

4 日本橋周辺の歴史を題材とした問題

1～3　1923(大正12)年９月１日，相模(さがみ)湾を震源とするマグニチュード7.9の大地震が起こり，関東地方南部を中心に大災害が発生した。ちょうど昼食どきで火を使っていたこともあり，東京や横浜では火災による被害が拡大して多くの死者・行方不明者が出た。２の「あ」は1936年，「い」は1937年，「う」は1894年，「え」は1941年のできごとなので，「う」が関東大震災より前のできごとということになる。

4　東京都中央区築地(つきじ)の東京都中央卸売(おろしうり)市場(築地市場)は，施設が老朽(ろうきゅう)化し，狭(せま)くなったことなどを理由に移転されることとなり，移転先には東京都江東区豊洲(とよす)が選ばれた。しかし，ガス工場の跡地につくられた新市場(豊洲市場)の土壌から国の環境基準を大きく上回る有害物質が検出されたり，本来なされるべき盛り土がなされていなかったりしたため，市場の移転は大幅に延期された。なお，関東大震災で出たがれきは，豊洲やその周辺地域の埋(う)め立てに利用された。築地市場は関東大震災後，軍用地を借り受けて造成されたもので，土地そのものは江戸時代に埋め立てられている。

5　地図には方位記号が示されていないため，地図の上が北，右が東，下が南，左が西をさす。「豊洲」は「築地」の「南東に位置」するのだから，Fがあてはまる。

6　小池百合子(ゆりこ)は自民党(自由民主党)の政治家として環境大臣や防衛大臣を歴任したのち，2016年７月の東京都知事選挙に無所属で立候補して当選し，初の女性都知事に就任した。なお，アとイは小池百合子以前に東京都知事を務めた人物，エは大阪府知事や大阪市長を務めた人物。

7　1964年，東京でアジア初となるオリンピックが開催された。これに合わせて，東海道新幹線や首都高速などのインフラ(社会資本)の整備が急ピッチですすめられた。

8　奈良時代の都であった平城京や，その後に都が移された平安京は，中国の都にならって条坊制が用いられ，都の中央を南北に走る朱雀(すざく)大路を中心として，道路が碁盤(ごばん)目状に整備された。朱雀大路を境に都は東西に分けられ，それぞれに役人が監督(かんとく)する市が立った。よって，アが選べる。

9　文章から，魚河岸(うおがし)は「日本橋川沿い」にあったことが読み取れるので，「日本橋」の文字がみられ，河岸にいくつもの船がつけられているイの絵だとわかる。なお，資料の絵はいずれも17世紀半ばに描かれたとされる「江戸図屏風」の一部分で，アには朝鮮通信使の一行が江戸城内に入るようすが，ウには芝の増上寺付近のようすが描かれている。

10　1635年，江戸幕府の第3代将軍徳川家光は武家諸法度を改定し，参勤交代を制度化した。これによって大名は1年おきに江戸と領地に住むことが義務づけられ，大名の妻子は人質として江戸に住まわされた。このため，江戸の城下町には多くの大名屋敷が立ち並んだ。

5　朝鮮や中国との関係を中心とした歴史的なことがらについての問題

問1　邪馬台国の女王が使者を遣わしたのは魏，聖徳太子が小野妹子を派遣したのは隋であるから，①と②は中国との関係を表したもの。ほかはいずれも朝鮮との関係にかかわるものである。

問2　**ア**　中国の古い歴史書『魏志』倭人伝には，239年，邪馬台国の女王卑弥呼が魏に使いを送り，皇帝から「親魏倭王」の称号や金印，銅鏡などを授けられたことが記されている。　**イ**　推古天皇は592年，蘇我馬子に支持されて初の女性天皇になると，翌593年にはおいにあたる聖徳太子を摂政として政務に参加させ，天皇中心の国づくりをめざした。　**ウ**　豊臣秀吉の朝鮮出兵によってとだえていた朝鮮との国交は徳川家康の時代に回復し，それ以降，江戸幕府の将軍の代がわりごとに朝鮮から通信使という使節が来日するようになった。　**エ**　日清戦争(1894～95年)，日露戦争(1904～05年)という2つの戦争に勝利した日本は1910年，韓国併合を実施して朝鮮を植民地化した。日本による植民地支配は，1945年の第2次世界大戦終結まで続いた。　**オ**　1950年に朝鮮戦争が起こると，国際連合(国連)の安全保障理事会はこれを北朝鮮による侵略だとして武力制裁を決議。アメリカ軍を中心とする国連軍が韓国を支援するため，朝鮮半島に出撃した。

問3　①　朝鮮半島から日本に仏教が伝来したのは6世紀のことである。　②　大宝律令は文武天皇の命により刑部親王や藤原不比等らが編さんした法令で，701年に完成した。　③　豊臣秀吉の朝鮮出兵は，文禄の役(1592～93年)と慶長の役(1597～98年)の2度。キリスト教はこれ以前の1549年に来日したイエズス会のスペイン人宣教師フランシスコ＝ザビエルによって伝えられている。　④　琉球王国は江戸時代初めに薩摩藩(鹿児島県)の支配下に入り，江戸幕府の将軍の代がわりには慶賀使という祝いの使節を送った。　⑤　宗氏は対馬藩の大名で，朝鮮との交易の権利や利益を江戸幕府から独占的に認められていた。蝦夷地南部にあった松前藩の大名は松前氏である。　⑥　日清戦争(1894～95年)の講和条約は下関条約で，ベルサイユ条約は第1次世界大戦(1914～18年)の講和条約。　⑦　台湾は下関条約によって，遼東半島や澎湖諸島とともに日本の領土となった。　⑧　日本が高度経済成長の時期に入ったのは，1950年代後半である。

6　婦人参政権を題材とした近現代の歴史についての問題

問1　1945年8月の第2次世界大戦敗戦直後から，日本はGHQ(連合国軍最高司令官総司令部)の指導のもとで民主化政策をすすめていった。この一環として同年12月に衆議院議員選挙法が改正され，選挙権が20歳以上のすべての男女に与えられた。このとき初めて，女性に参政権が認められた。

問2　アは1890年，イは1889年，ウは1885年，エは1925年，オは1881年と1882年のできごとなので，時代の早い順にオ→ウ→イ→ア→エとなる。

問3　市川房枝は平塚雷鳥らとともに1920年に新婦人協会を設立，1924年には婦人参政権獲得期成同盟会を結成するなど，女性の権利獲得に力をつくし，戦後は参議院議員として活躍した。

7　現代の日本と国際社会についての問題

1　世界の平和維持のため，国連が紛争地域に人員を派遣して行うのはPKO(平和維持活動)で，停戦の監視や復興のための援助などを行う。PKF(平和維持軍)は，PKOの一環として国連が派遣する軍隊のことである。

2　日本国憲法第68条には「内閣総理大臣は，国務大臣を任命する。但(ただ)し，その過半数は，国会議員の中から選ばれなければならない」とあるが，国務大臣の所属政党についての規定はない。また，過半数が国会議員であれば，民間から大臣を登用することもできる。

3　日本国憲法第７条の規定により，天皇は内閣の助言と承認にもとづいて国事行為を行う。したがって，イは「内閣総理大臣」ではなく「内閣」が正しい。

4　ICBM(大陸間弾道ミサイル)は海をへだてた大陸に到達する能力を持つ長距離航行が可能なミサイルのことで，小型の核兵器を搭載(とうさい)できるものも多いが，必ず搭載しているとは限らない。

5　世界の人口は，2011年には70億人を超(こ)えている。

理　科　(40分)＜満点：100点＞

解　答

[1] (1) **A** エ　**B** ク　**C** ケ　**D** カ　**E** オ　**F** ア　**G** イ　**H** サ　**I** ウ　**J** コ　**K** キ　**L** シ　(2) (例)　背骨がある。　(3) ①　J　②　D，H　⑤　D，H　⑦　A，L　⑩　A，B，G，K，L　(4) **魚類**…ア　**両生類**…ウ　**は虫類**…イ　**鳥類**…オ　**ほ乳類**…エ　(5) **魚類**…J　**両生類**…D，H　**は虫類**…C，E，F，I　**鳥類**…A，L　**ほ乳類**…B，G，K　(6) **可能になったこと**…(例)　乾そうした陸上で生活すること。／**可能にした特徴**…(例)　からのある卵をうむ。　[2] (1) **X** ウ　**Y** キ　(2) **あ** 2　**い** 二酸化炭素　**う** 光合成　(3) 炭酸水　(4) 過酸化水素水　(5) ①　240cm³　②　120cm³　③　900cm³　(6) **A** 4.8　**B** 5.0　(7) 銅：酸素＝4：1　(8) 35秒後，7.0 g　[3] (1) ウ　(2) イ，ウ，カ　(3) ぎょう灰岩　(4) A　(5) カ　(6) A→C→B　(7) ウ→ア→イ　(8) 12秒間　(9) 4.2 km/秒　(10) 12時57分56秒　(11) 12時56分56秒　[4] (1) 3 g　(2) 36cm　(3) **図２**…70cm　**図３**…25cm　**図４**…87.5cm　(4) **おもりの重さ**…240 g　**ばねの長さ**…60cm　(5) **おもりの重さ**…30 g　**ばねＢの長さ**…36cm　(6) 45cm　(7) 57cm

解　説

[1] 動物の分類についての問題

(1)　Aは鳥類のペンギンのなかまであるケープペンギン，Bはほ乳類のキリン，Cはは虫類のヘビのなかまであるアオダイショウ，Dは両生類のカエルのなかまであるキンイロアデガエル，Eはは虫類のカメのなかまであるガラパゴスゾウガメ，Fはは虫類のトカゲのなかまであるフトアオヒゲトカゲ，Gはほ乳類のサイのなかまであるヒガシクロサイ，Hは両生類のサンショウウオのなかまであるメキシコサンショウウオ(ウーパールーパーともよばれる)，Iはは虫類のワニのなかまであるイリエワニ，Jは魚類のコイのなかまであるウグイ，Kはほ乳類のゾウのなかまであるアジアゾウ，Lは鳥類のフラミンゴのなかまであるベニイロフラミンゴが当てはまる。

(2)　A～Lの動物はすべてせきつい動物で，からだの内部に背骨を中心とする骨格(内骨格)をもっている。なお，節足動物のカブトムシやなん体動物のイカは背骨をもたない無せきつい動物である。

(3)　A～Lの動物の分類は(1)の解説を参照のこと。　①，②　魚類は，一生えら呼吸をおこない，水中で生活をする。両生類は，こどものときはえら呼吸，おとなになると肺呼吸や皮ふ呼吸をおこなう。は虫類や鳥類，ほ乳類は一生肺呼吸をおこなう。　⑤，⑦　魚類はからだの表面にうろこがある。両生類は皮ふ呼吸をさかんにおこなうため，しめったやわらかい皮ふでからだがおおわれている。は虫類はからだの表面にうろこやかたい皮ふが見られる。鳥類はからだの表面が羽毛でおおわれている。ほ乳類はからだの表面にふつう毛(体毛)が見られる。　⑩　体温調節ができてまわりの温度が変わっても体温をほぼ一定に保つことができるものを，こう温動物という。鳥類とほ乳類はこう温動物である。なお，魚類や両生類，は虫類はまわりの温度により体温が変化する変温動物で，体温調節ができないといえる。

(4)　(3)の解説を参照のこと。

(5)　(1)の解説を参照のこと。

(6)　両生類は肺呼吸もおこなうが皮ふ呼吸の割合も高く，皮ふはつねにしめっていることが必要なので，乾(かん)そうした陸上での生活にはそれほど適していない。これに対し，は虫類のからだはうろこやかたい皮ふでおおわれていて，からだの表面からの水分の放出がおさえられるので乾そうに強く，陸上での生活に適したつくりになっている。また，両生類は卵に乾そうから中身を守るようなかたいからがなく，水中に卵をうみつける。そのため，水辺から離(はな)れた場所では生活しにくい。一方，は虫類は卵にかたいからがあり，陸上に産卵することができるので，陸上での生活には適している。

2　酸素についての問題

(1)，(2)　空気中には体積の割合で，ちっ素が約80％，酸素が約20％含(ふく)まれており，酸素は空気中で2番目に多い気体である。光合成をおこなう生物は，二酸化炭素を使って光合成をして酸素を放出している。現在，空気中に含まれる二酸化炭素の割合は約0.04％になっている。

(3)　二酸化炭素が水に溶(と)けた水溶液(すいようえき)を炭酸水という。

(4)　二酸化マンガンに過酸化水素水を加えると，過酸化水素水に溶けている過酸化水素が分解して酸素と水になる。このとき，二酸化マンガンは反応の前後で変化しない。

(5)　この実験では過酸化水素水の濃(こ)さが同じなので，発生する酸素の体積は，過酸化水素水の体積に比例する。このとき，二酸化マンガンの重さは発生する酸素の体積に関係しない。表より，過酸化水素水50cm^{3}から酸素300cm^{3}が発生するため，①では，$300\times\frac{40}{50}=240$(cm^3)，②では，$300\times\frac{20}{50}=120$(cm^3)，③では，$300\times\frac{150}{50}=900$(cm^3)の酸素が発生する。

(6)　加熱時間が0～10秒のとき，5秒間で，4.2－4.0＝0.2(g)，10秒間で，4.4－4.0＝0.4(g)増えている。この重さは銅と結びついた酸素の重さである。この割合で酸素が結びつくと，10秒後から20秒後までにさらに0.4g増えて，Aは，4.4＋0.4＝4.8(g)になる。加熱時間が40秒以上のときには重さが5.0gのまま増えていないので，4.0gの銅には最大で，5.0－4.0＝1.0(g)の酸素が結びつく。よって，20秒後から30秒後までは0.4g増えるのではなく0.2g増えて，Bは5.0gとなる。

(7)　(6)に述べたように，4.0gの銅を加熱すると最大で5.0gになるため，4.0gの銅には最大で1.0gの酸素が結びつく。したがって，銅が酸素と十分結びついてできた物質(酸化銅)の中には，銅と酸素が４：１の割合で含まれる。

⑻　5.6ｇの銅の重さが10秒後には6.0ｇとなっている。よって，10秒間に0.4ｇの酸素が銅と結びついている。この加熱時間と酸素が結びつく重さの関係は，表の場合と同じである。⑺より，5.6ｇの銅と結びつく酸素の最大の重さは，5.6÷４＝1.4（ｇ）であり，銅が完全に酸素と結びつくまでの時間は，$10\times\frac{1.4}{0.4}=35$（秒後）と求められる。

3　地層と地震についての問題

⑴　火山の噴火によって降った火山灰は，流れる水のはたらきを受けていないため，粒が角ばっている。形もさまざまで，決まった形をしていない。なお，火山灰層の色は，火山灰をつくる物質の成分とその割合などによって決まり，特定の色をしているわけではない。

⑵　かぎ層は，離れた地点の地層どうしの比較をするために手がかりとされる層であり，地層ができた時代を比べるためには，かぎ層が限られた短い時期につくられたものであることが必要な条件である。また，離れた２つの地層の中にあって同一の層であると判別されるには，同じ層であることを示す目立った特徴が必要となる。さらに，離れた地点の比較をおこなうのであるから，広い範囲にわたってつくられた層であることも必要な条件となる。

⑶　火山灰が積もり，長い年月の間に押し固められてできたたい積岩を，ぎょう灰岩という。

⑷　噴火により空中に噴き上げられ，風に流された火山灰のうち，粒の大きいものは早く落下して地表に積もり，粒の小さいものは火山から遠くまで運ばれて積もる。したがって，富士山に一番近いのは，破片の大きさの平均が最も大きい地点Ａといえる。

⑸　この砂泥層は，新生代に栄えた動物であるナウマンゾウの化石が含まれているので，新生代に形成されたと考えられる。また，砂や泥のような粒の小さい土砂がたい積するのはふつう，流れがおだやかな川の河口域や，海底，湖底などである。

⑹　一帯の地層は水平に積み重なっていて，断層もないので，図の火山灰層は同じ標高にある。よって，そこから地表までの高さが高いほど，その地点の標高が高いことになる。

⑺　地点Ｂのようすに着目すると，砂泥層→泥層→火山灰層→泥層→れき層の順にたい積している。はじめの砂泥層→泥層の変化は，積もる粒が小さくなったから土地が沈降して河口から遠ざかったといえ，最後の泥層→れき層の変化は，積もる粒が大きくなったので土地が隆起して河口に近づいたと考えられる。そして，それらの間に火山灰層があるので，土地の沈降→富士山の噴火→土地の隆起の順となる。

⑻　Ｐ波が到達してからＳ波が到達するまでの間，初期微動が続く。グラフで，地点ＸではＰ波が到達してからＳ波が到達するまで３目盛りあり，横軸の１目盛りは４秒なので，地点Ｘで初期微動が続いた時間は，４×３＝12(秒)とわかる。

⑼　グラフで，Ｓ波は12秒で50km進んでいることが読み取れる。よって，Ｓ波の伝わる速さは，50÷12＝4.16…より，4.2km/秒である。

⑽　Ｓ波は地点Ｘから地点Ｙまでの150kmを進むのに，$150\div\frac{50}{12}=36$(秒)かかる。地点ＸにはＳ波が12時57分20秒に到達しているので，地点ＹにＳ波が到達したのは，12時57分20秒＋36秒＝12時57分56秒である。

⑾　Ｓ波が震源から地点Ｘまでの100kmを進むのに，$100\div\frac{50}{12}=24$(秒)かかるので，地震の発生時刻は，12時57分20秒－24秒＝12時56分56秒である。なお，Ｐ波またはＳ波のグラフを左ななめ下の

方向にのばし，震源からの距離(きょり)が0 kmのときの時刻を読み取ってもよい。

4 ばねについての問題

(1) 図1のグラフより，ばねAは30 gのおもりをつるすと，30−20＝10(cm)のびている。よって，1 cmのばすには，30÷10＝3(g)のおもりの重さが必要である。

(2) ばねBに20 gのおもりをつるすと，20−12＝8(cm)のびるから，ばねBを1 cmのばすには，20÷8＝2.5(g)のおもりの重さが必要となる。したがって，60 gのおもりをつるすと，12＋60÷2.5＝36(cm)になる。

(3) **図2**…2本のばねAを直列につないでいるので，上のばねにも下のばねにも45 gの重さがかかる。よって，ともに，20＋45÷3＝35(cm)の長さになるので，全体では，35×2＝70(cm)となる。**図3**…3本のばねAが並列につながれているので，それぞれに，45÷3＝15(g)の重さがかかり，求める長さは，20＋15÷3＝25(cm)とわかる。　**図4**…上段は，2本のばねAが並列につながれており，それぞれに，45÷2＝22.5(g)の重さがかかるから，ばねAの長さは，20＋22.5÷3＝27.5(cm)になる。中段は，図3と同様なので，ばねAの長さは25cmである。下段は，図2の下のばねと同様に35cmとなる。よって，求める長さは，27.5＋25＋35＝87.5(cm)である。

(4) ばねAとばねBに同じ重さのおもりをつるしたとき(同じ重さがかかったとき)ののびの比は，(ばねA)：(ばねB)＝$\frac{1}{3}$：$\frac{1}{2.5}$＝5：6である。これより，図5のように同じ重さがかかって同じ長さになったとき，ばねAののびを⑤，ばねBののびを⑥とすると，20＋⑤＝12＋⑥となるから，①＝8(cm)と求められる。よって，ばねAののびは，8×5＝40(cm)なので，長さは，20＋40＝60(cm)となる。また，ばねAにかかっている重さは，3×40＝120(g)だから，おもりの重さは，120×2＝240(g)である。

(5) 上段のばねAにはおもり3個分，中段のばねBにはおもり2個分，下段のばねAにはおもり1個分の重さがかかっている。よって，下段のばねAののびを⑤とすると，中段のばねBののびは，⑥×2＝⑫，上段のばねAののびは，⑤×3＝⑮となり，その合計は，⑤＋⑫＋⑮＝㉜になる。また，3本のばねののびの合計は，122−2×3−20×2−12＝64(cm)である。したがって，下段のばねAののびは，64×$\frac{5}{32}$＝10(cm)とわかるので，おもり1個の重さは，3×10＝30(g)である。また，中段のばねBののびは，64×$\frac{12}{32}$＝24(cm)で，ばねBの長さは，12＋24＝36(cm)になる。

(6) おもりの重さは箱の底面で支えられてばねにはかからない。ばねAとばねBの間のおもりは，両側のばねに引かれて静止しているので，ばねAとばねBがおもりを引く力の大きさは等しい。つまり，ばねにかかっている力の大きさは等しいので，ばねAとばねBののびの比は(4)に述べたように5：6となっている。図7で2本のばねののびの合計は，89−2−20−12＝55(cm)であり，これが，ばねAののびを⑤としたときの，⑤＋⑥＝⑪に当たるので，①＝55÷11＝5(cm)となる。よって，ばねAはのびが，5×5＝25(cm)なので，その長さは，20＋25＝45(cm)である。

(7) 図8でつり合っているとき，ばねAがおもりを引き上げている力の大きさは，ばねBがおもりを引き下げている力とおもりの重さの合計に等しい。したがって，おもりの重さ66 gを除けば，ばねAとBにかかっている力の大きさは等しいので，この力によるばねAののびを⑤とすると，ばねBののびは⑥と表せる。おもりの重さ66 gによるばねAののびは，1×$\frac{66}{3}$＝22(cm)であり，全体ののびは図7と同様に55cmなので，55−22＝33(cm)が，⑤＋⑥＝⑪に当たり，①＝33÷11＝3

(cm)となる。よって，ばねAの長さは，20＋22＋3×5＝57(cm)と求められる。

国 語 (45分) ＜満点：100点＞

解 答

□一 1～5 下記を参照のこと。 6 う(れ) 7 へいこう 8 ゆいごん 9 あらわ(した) 10 こっし □二 1 適 2 往 □三 1 可 2 人 3 同 □四 1 ア ぶんべつ イ ふんべつ 2 ア ひとめ イ いちもく □五 1 イ 2 カ 3 ウ □六 問1 ウ 問2 エ 問3 イ 問4 何か，白っ～に似たもの 問5 (例) 私が言葉を話せなくなったことをきっかけにして，母と過ごした静かでありながら優しさに包まれた日々を思い出し，目前の雪景色もあいまって母の死を強く実感している。 問6 ア 問7 (例) コミュニケーションを取るさいに言葉は大切な役目を果たすが，時に言葉は強すぎて，上手に気持ちを伝えられない場合がある。言葉は完ぺきなものではなく，時にはほほえみや無言で手を握るなどの心の通わせ方にかなわないものとして描かれている。
□七 問1 (例) 天体や人体などの自然がどのように動くかのメカニズム。 問2 (例) 〝自然〟や〝世界〟から〝人間〟自身へと問う対象が変化した。 問3 エ 問4 ア，カ
問5 (例) 哲学は「意味の世界」を明らかにし，科学は「事実の世界」を明らかにするが，〝事実〟は「意味の世界」のアンテナにひっかからないかぎり存在が認識されず，「意味の世界」に照らし出されたかぎりにおいてしか，科学が解明するための対象とはならない。

●漢字の書き取り

□一 1 勤(め) 2 万全 3 見当 4 派生 5 無難

解 説

□一 漢字の書き取りと読み

1 音読みは「キン」「ゴン」で，「勤務」「勤行」などの熟語がある。 2 少しも手落ちがないようす。 3 だいたいの見こみ。 4 もとになるものから分かれて生じること。 5 特によい点もない代わりに，悪い点もないようす。 6 音読みは「ジュク」で，「完熟」などの熟語がある。 7 どうにもならなくて，困り果てるようす。 8 死後，自分の考えを実行してもらうために言い残したり書き残したりしたもの。 9 音読みは「チョ」で，「著作」などの熟語がある。訓読みにはほかに「いちじる(しい)」がある。 10 ものごとの中心となる，いちばん大事なところ。

□二 四字熟語の完成

1 「適材適所」は，それぞれの人の得意なことや才能にあわせて，適切な仕事や役目を割りあてること。 2 「右往左往」は，あわてたり，どうしてよいかわからなかったりしてうろたえるようす。

□三 対義語の知識

1 「否決」は，会議などで，ある議案を採用しないように話し合って決めること。対義語は「可決」。 2 「天災」は，地震(じしん)や台風など，自然現象によって引き起こされる災害。対義語は，人

の活動が原因となって引き起こされる災害を意味する「人災」。　**3**　「異質」は，性質などがほかのものとは異なっているようす。対義語は「同質」。

四　漢字の読み

1　「ぶんべつ」は，“種類ごとに分ける”という意味。「ふんべつ」と読む場合には，ものごとのよい悪いの判断ができるようすを表す。　**2**　「ひとめ」は，“ちょっとの間だけ見る”という意味。「一目置く」の場合は「いちもく」と読み，“相手のほうが自分よりもすぐれていることを認め，相手を立てた態度で接する”という意味の慣用句である。

五　慣用句の知識

1　「手を焼く」は，うまく世話をすることができずに，とても困ること。てこずること。　**2**　「手を打つ」は，あることがうまくいくように対策を取ること。　**3**　「手を引く」は，関係していることからぬけること。

六　出典は吉本(よしもと)ばななの「バブーシュカ」による。風邪(かぜ)をひいて声が出なくなってしまった「私」と，母親を亡くした「彼(かれ)」の心の交流を描(えが)いている。

問1　「私」と会う時の「彼」の「お母さん」は，「とてもおしゃべりで，明るくて〜華(はな)やかでおしゃれ」だったが，それは「外向きの顔」で，実際の「お母さん」は「人と会いたがら」ず，「彼」との暮らしでも「とても静かで，わりといつもそれぞれのことをやっていた」とある。また，最後の場面で「彼」が「家の中が静かで，君が黙(だま)っていて優(やさ)しいから，なんだか昔の，北海道のことを，思い出して……」と語っていることからも，ふだんからほとんど言葉を交(か)わさない関係だったものと考えられるので，ウが選べる。

問2　「私」は，「お母さん」を失って「うつ状態」におちいっている「彼」をなぐさめてあげたいと思いながらも，「どうすることもできなくて困っていた」ことをおさえる。特に，「彼」とのやりとりの中で，「言葉がどれほど害になるか」ということを「身をもって知ることになった」とある。それは，「どんなに思いやりを持って発せられても，言葉はすべて強すぎて，まるで毒みたいに，弱った彼の心をむしばんでしまう」からである。「お互(たが)いを好きで，なんとかなぐさめてあげたかったりありがたく思っているのに通じ合うことがない」ということに対して「私」は「悲しい」と感じているものと思われるので，エがふさわしい。

問3　「入りびたる」は，ある場所や店にしょっちゅう出向くようす。東京に引っ越(こ)してきた，画家であった「彼」の「お母さん」は，「東京には大きな画材屋さんがあるのが嬉(うれ)しくて」ひんぱんに出向いていたのである。

問4　言葉が出ないために，「私」と「彼」の心が通い合うようになったことを読み取る。最初のきっかけは，タオルについた「雪の結晶(けっしょう)」で，それを見て二人はともに「ほほえんだ」とある。「なにかひとつのものを見てゆっくりした気持ちになった」のであり，「まだ声出ないの？」という「彼」の問いかけに「私がうなずいた」時にも，同じ「何かを感じた」のだと言っている。具体的には「小さい音で流れる音楽のような調和」を指しているが，「私」はそのことを「何か，白っぽい光，ちょうど夕方の青い闇(やみ)ににじんだ光がともっているものに似たもの」と，たとえを用いて表現している。

問5　直後に「彼」が「雪で，家の中が静かで，君が黙っていて優しいから，なんだか昔の，北海道のことを，思い出して……」と語っていることに着目する。「母ひとり子ひとり」の家庭で育った「彼」は「お母さん」を亡くした後，ずっと落ちこんでいた。「私」は「彼」をなんとかなぐさめようと，いろいろと言葉をかけたり不自然にふるまったりしたことで，かえって「彼」をいら立たせてしまっていたが，「私」が話せなくなったことで逆に心が通い合うようになり，「ほほえみは言葉よりも何倍も多くを伝えるということ」に気がついたのである。それは「彼」の「お母さん」の接し方に通じるものであり，「静けさ，それに準ずるもの，雪……外の白い光が見たくて消した電気，赤く燃えるストーブの火」など，「言葉」以外のものが「母親を亡くした彼に」必要なものだったのだと言える。それらは，「彼」が「お母さん」と二人きりで暮らしていた日々を思い出させるものであり，母親の死を強く実感させるものでもあったので，「彼」は泣いたのだだろうと推測できる。

問6　本文の最初の場面からわかる通り，「私」が「風邪」を引き，「すっかり気管支をやられてしまった」のは雪が降る以前のことなので，「雪は，『私』が風邪になってしまった原因」だとあるアはふさわしくない。

問7　「言葉」は，コミュニケーションを取る時には必要不可欠なものである。しかし，「私」は「彼」とのやりとりを通じて，「言葉がどれほど害になるか」，「どんなに思いやりを持って発せられても，言葉はすべて強すぎて，まるで毒みたいに，弱った彼の心をむしばんでしまう」ことに気づく。そして，「ほほえみは言葉よりも何倍も多くを伝えるということを，言葉に甘えきっていた私は忘れかけていた」と語っている。つまり，「言葉」とは完ぺきなものではなく，時にはほほえんだり黙って手を握ったりするなどのほうが「何倍も多くを伝える」場合があるというのである。

七　**出典は苫野一徳の『はじめての哲学的思考』による**。「意味の世界」は「事実の世界」に原理的に先立つということを説明している。

問1　「自然哲学者」たちがどのような「自然」を探究したのかを読み取る。本文中では「天体法則や人体メカニズム」の二つの例が示されている。

問2　本文のはじめのほうで，「自然哲学」が「〝自然〟や〝世界〟について」問うものであるのに対し，「ソクラテス哲学」は「〝人間〟自身」を問うものであると説明されている。

問3　少し前の部分で，「哲学が探究すべきテーマ」は「人間的な『意味の世界』の本質」だと筆者が述べていることに着目する。いっぽう，「科学が明らかにするのは，いわば『事実の世界』のメカニズム」であり，「科学は，恋をしている人の脳からどんな化学物質が出ているかを明らかにすることはできる」が，「恋とはいったい何なのか」という「〝意味〟の本質」は，「哲学」によってしか明らかにすることはできないのだと言っている。

問4　ぼう線部③は，人間的な価値判断に立って，ということ。よって，「いつ種をまいたらよいか，収穫したらよいかの時期のめやす」とあるア，「健康のために」と書かれたカが選べる。

問5　筆者は，続く部分で「いわゆる〝事実〟は，僕たちの『意味の世界』のアンテナにひっかからないかぎり，決して〝事実〟として認識されることがない」と述べている。つまり，科学の対象となる「事実の世界」は，「意味の世界」のアンテナにひっかかることではじめて解明の対象となるのであり，「『意味の世界』の色を帯びて」いない，「無色透明な『事実の世界』（客観的な真理）なんて，僕たちは決して知り得ない」というのである。このように説明したうえで，「『意味の世界』は『事実の世界』に原理的に先立つ」のだと繰り返し述べている。

Dr.福井の

入試に勝つ！脳とからだのウルトラ科学

試験場でアガらない秘けつ

キミたちの多くは，今まで何度か模擬試験（たとえば合不合判定テストや首都圏模試）を受けていて，大勢のライバルに囲まれながらテストを受ける雰囲気を味わっているだろう。しかし，模擬試験と本番とでは雰囲気がまったくちがう。そういうところでも緊張しない性格ならば問題ないが，入試独特の雰囲気に飲みこまれてアガってしまうと，実力を出せなくなってしまう。

試験場でアガらないためには，試験を突破するぞという意気ごみを持つこと。つまり，気合いを入れることだ。たとえば，中学の校門前にはあちこちの塾の先生が激励（げきれい）のために立っている。もし，キミが通った塾の先生を見つけたら，「がんばります！」とあいさつをしよう。そうすれば先生は必ずはげましてくれる。これだけでもかなり気合いが入るはずだ。ちなみに，ヤル気が出るのは，TRHホルモンという物質の作用によるもので，十分な睡眠をとる，運動する（特に歩く），ガムをかむことなどで出されやすい。

試験開始の直前になってもアガっているときは，腹式呼吸が効果的だ。目を閉じ，おなかをふくらませるようにしながら，ゆっくりと大きく息を吸う。ここでは「ゆっくり」「大きく」がポイントだ。そして，ゆっくりと息をはく。これをくり返し何回も行うと，ノルアドレナリンという悪いホルモンが減っていくので，アガりを解消することができる。

よく「手のひらに“人”の字を書いて飲みこむことを3回行う」とアガらないというが，そのようなおまじないを信じて実行し，自分に暗示をかけてもいいだろう。要は，入試に対するさまざまな不安な気持ちを消し去って，試験に集中できるようなくふうをこらせばいいのだ。

Dr.福井（福井一成（ふくいかずしげ））…医学博士。開成中・高から東大・文Ⅱに入学後，再受験して翌年東大・理Ⅲに合格。同大医学部卒。さまざまな勉強法や脳科学に関する著書多数。

当社発行物の無断使用は固くお断りいたします。御使用の前はまずご相談ください。

当社発行物には500点余の首都圏中・高過去問をはじめ、６点の学校案内、そのほかいくつかの情報誌などがございます。その多くが年度版で、限られたスタッフが来るべき受験シーズン前に余裕を持って受験生へ届けられるよう、日夜作業にあたり出版を重ねております。

その中で、最近、多くの印刷物やネット上において当社発行物からの無断使用が見受けられ、一部で係争化しているところもございます。事例といたしましては、当社の新刊発行を待ち、それを流用して毎年ネット上に新改訂として掲載していたＡ社、当社過去問から三百箇所をはぎ合わせ「自社制作につき無断転載禁止」とし、集客材としてホームページに掲載していたＢ社、当社版誌面を無断スキャンし、記述式解答は一部殆ど丸取りして動画を制作していた家庭教師グループＣ社、当社発行物の表紙を差し替え、内容を複製し配布していた塾のＤ社などほか数社がございます。

当社発行物の全部もしくは一部を無断使用することは固くお断りいたします。

当社コンテンツの中にはリーズナブルな設定でご提供している事例もたくさんございますので、ご利用されたい方はまずは、お気軽にご相談くださいますようお願いします。同時に、当社発行物を無断で使用している媒体などにつきましての情報もお寄せいただければ幸いです（呈薄謝）。

株式会社 声の教育社

2025年度用
中学スーパー過去問

■編集人　声　の　教　育　社・編集部
■発行所　株式会社　声　の　教　育　社
〒162-0814　東京都新宿区新小川町8-15
☎03-5261-5061(代)　FAX03-5261-5062
https://www.koenokyoikusha.co.jp

※本書の内容についての一切の責任は当社にあります。内容・解説・解答・その他は当社ホームページよりお問い合わせ下さい。

よくある解答用紙のご質問

01

実物のサイズにできない

拡大率にしたがってコピーすると，「解答欄」が実物大になります。配点などを含むため，用紙は実物よりも大きくなることがあります。

02

A3用紙に収まらない

拡大率164％以上の解答用紙は実物のサイズ（「出題傾向＆対策」をご覧ください）が大きいために，Ａ３に収まらない場合があります。

03

拡大率が書かれていない

複数ページにわたる解答用紙は，いずれかのページに拡大率を記載しています。どこにも表記がない場合は，正確な拡大率が不明です。

04

１ページに２つある

１ページに２つ解答用紙が掲載されている場合は，正確な拡大率が不明です。ほかの試験回の同じ教科をご参考になさってください。

湘南白百合学園中学校

【別冊】入試問題解答用紙編

解答用紙は本体からていねいに抜きとり、別冊としてご使用ください。

※ 実際の解答欄の大きさで練習するには、指定の倍率で拡大コピーしてください。なお、ページの上下に小社作成の見出しや配点を記載しているため、コピー後の用紙サイズが実物の解答用紙と異なる場合があります。

●入試結果表

年度	回	項目	国語	算数	社会	理科	4科合計	合格者
2024	4教科	配点(満点)	100	100	100	100	400	最高点
		合格者平均点	68.9	76.6	69.4	61.9	276.8	333
		受験者平均点	65.1	62.5	63.3	54.1	245.0	最低点
		キミの得点						250
	1教科	配点(満点)	100	100				最高点
		合格者平均点	75.2	72.2				国 88 算 89
		受験者平均点	62.8	54.9				最低点
		キミの得点						国 70 算 63
2023	4教科	配点(満点)	100	100	100	100	400	最高点
		合格者平均点	69.6	65.2	68.2	66.5	269.5	338
		受験者平均点	63.4	52.1	59.9	58.1	233.5	最低点
		キミの得点						230
	1教科	配点(満点)	100	100				最高点
		合格者平均点	76.1	84.1				国 89 算 95
		受験者平均点	62.7	70.4				最低点
		キミの得点						国 71 算 78
2022	4教科	配点(満点)	100	100	100	100	400	最高点
		合格者平均点	72.0	58.8	67.8	60.5	259.1	342
		受験者平均点	68.3	51.7	61.7	55.9	237.6	最低点
		キミの得点						217
	1教科	配点(満点)	100	100				最高点
		合格者平均点	76.8	77.6				国 94 算 96
		受験者平均点	69.9	69.4				最低点
		キミの得点						国 69 算 68
2021	4教科	配点(満点)	100	100	100	100	400	最高点
		合格者平均点	65.0	60.7	69.2	68.3	263.2	335
		受験者平均点	62.2	54.9	65.4	64.0	246.5	最低点
		キミの得点						226
	算数1教科	配点(満点)		100				最高点
		合格者平均点		76.4				93
		受験者平均点		66.8				最低点
		キミの得点						63
2020	4教科	配点(満点)	100	100	100	100	400	最高点
		合格者平均点	69.7	62.1	69.8	68.2	269.8	314
		受験者平均点	64.0	54.3	61.9	60.6	240.8	最低点
		キミの得点						246
	算数1教科	配点(満点)		100				最高点
		合格者平均点		88.2				100
		受験者平均点		73.5				最低点
		キミの得点						78

〔参考〕満点(合格者最低点)　2019年：400(225)　2018年：400(196)

※ 表中のデータは学校公表のものです。ただし、4科合計は各教科の平均点を合計したものなので、目安としてご覧ください。

声の教育社

２０２４年度　湘南白百合学園中学校

算数解答用紙　４教科

番号		氏名		評点	／100

1	(1)		(2)	
	(3)	ア　　人	イ	個
	(4)	人	(5)	秒
2	(1)	kg		
	(2)	可燃ごみ　kg	プラスチックごみ　kg	空き缶　kg
		ペットボトル　kg	金属　kg	
	(3)	ポイント		
3	(1)		(2) 毎分　m	(3)　m
	(4)	毎分　m	(5)	分　秒後
4	(1)	DG ： GF ＝ ：		
	(2)	(三角形 CDG の面積)：(三角形 CGH の面積)：(三角形 CHF の面積) ＝ ： ：		
	(3)	(式)		cm²
5	(1)	(式)		cm
	(2)		(3)	cm²

（注）この解答用紙は実物を縮小してあります。Ｂ５→Ａ３（163%）に拡大コピーすると、ほぼ実物大の解答欄になります。

〔算　数〕100点(推定配点)

1　各４点×５＜(3)は完答＞　2　(1)　５点　(2)，(3)　各６点×２＜(2)は完答＞　3　(1)～(3)　各５点×３　(4)，(5)　各６点×２　4，5　各６点×６

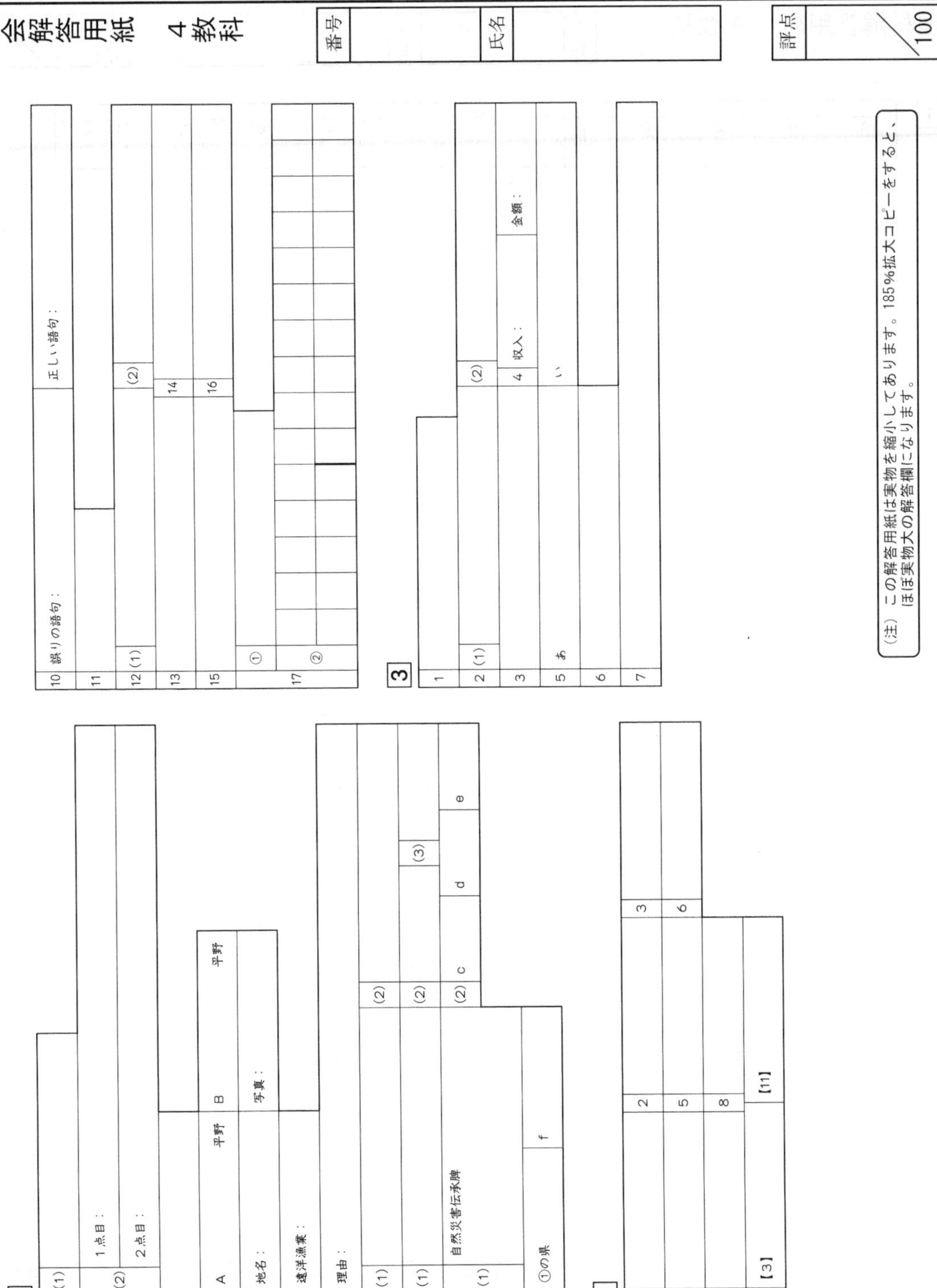

２０２４年度　湘南白百合学園中学校
社会解答用紙　４教科
番号
氏名
評点
/100
1
1 (1) (2) 1点目： 2点目：
2
3 A 平野 B 平野
4 地名： 写真：
5 遠洋漁業： 理由：
6 (1) (2)
7 (1) (2) (3)
8 (1) 自然災害伝承碑 (2) c d e
9 ①の県 f
10 誤りの語句： 正しい語句：
11
12 (1) (2)
13 14
15 16
17 ① ②
2
1 2 3
4 5 6
7 8
9 【3】 【11】
3
1
2 (1) (2)
3
4 収入： 金額：
5 あ い
6
7
（注）この解答用紙は実物を縮小してあります。185％拡大コピーをすると、ほぼ実物大の解答欄になります。

〔社　会〕100点(推定配点)

1　1～3　各２点×６　4，5　各３点×２<各々完答>　6～9　各２点×11<6の(1)は完答>　2　1～9　各２点×10　10　３点<完答>　11～16　各２点×７　17　３点　3　1，2　各２点×３　3　２点　4　３点<完答>　5，6　各２点×３<6は完答>　7　３点

２０２４年度　湘南白百合学園中学校

理科解答用紙　４教科

番号		氏名		評点	／100

1

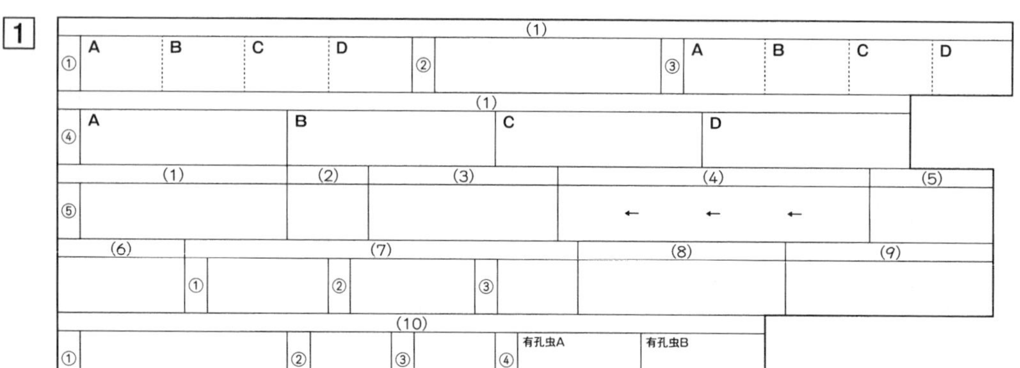

2

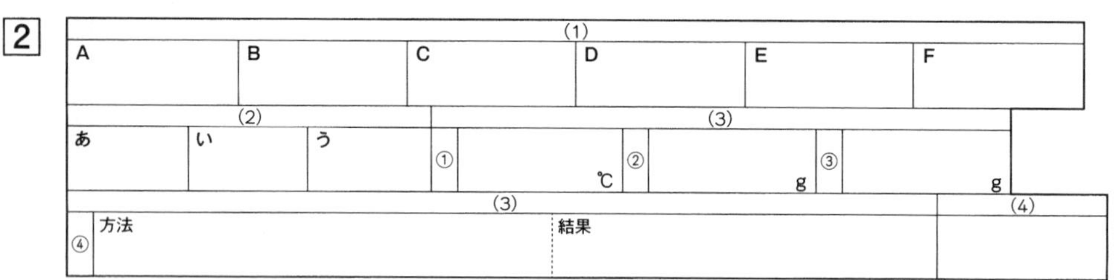

3

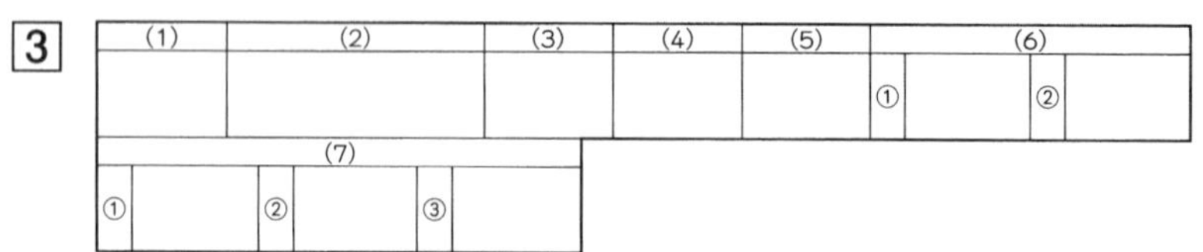

4

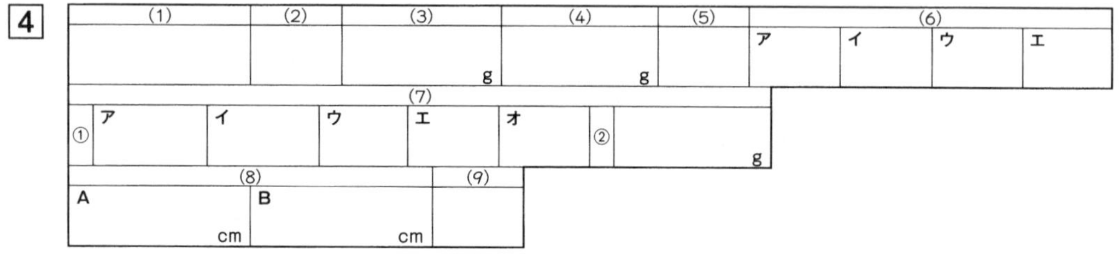

（注）この解答用紙は実物を縮小してあります。Ｂ５→Ａ３（163%）に拡大コピーすると、ほぼ実物大の解答欄になります。

〔理　科〕100点(推定配点)

1 (1) ① 2点＜完答＞ ②～⑤ 各1点×10＜④は各々完答＞ (2), (3) 各1点×2 (4)～(6) 各2点×3＜各々完答＞ (7)～(10) 各1点×10＜(7)の②は完答＞ 2 (1) 各2点×6 (2) 各1点×3 (3), (4) 各2点×5＜(3)の④は完答＞ 3 各2点×10 4 (1)～(6) 各2点×6＜(6)は完答＞ (7) ① 各1点×5 ② 2点 (8), (9) 各2点×3

2024年度　湘南白百合学園中学校

国語解答用紙　四教科

番号　氏名　評点 /100

一
問一 ①　②　③　④　⑤
⑥　⑦ う　⑧ く　⑨　⑩ る

問二 ①　②　③　④　⑤　⑥

問三 (1)　(2)　(3)　(4)

二
問一 Ⅰ　Ⅱ　Ⅲ　問二

問三　問四　問五

問六　40

問七　70

三
問一　問二　問三　問四

問五 初め　〜　終わり

問六　100　200

（注）この解答用紙は実物を縮小してあります。B5→A3（163%）に拡大コピーすると、ほぼ実物大の解答欄になります。

〔国　語〕100点（推定配点）

一　各2点×20　二　問1　各2点×3　問2〜問5　各3点×4　問6　6点　問7　8点　三　問1〜問4　各3点×4　問5　4点　問6　12点

２０２４年度　湘南白百合学園中学校

算数解答用紙　１教科

番号		氏名		評点	/100

1

(1)		(2)	
(3)	m²	(4)	個
(5)	番目	(6)	cm²
(7)	g	(8)	通り
(9)	m	(10)	日
(11)	cm³	(12)	km
(13)	人		
(14) (ア)		(イ)	

2

ア　日	イ　日間
ウ　月　エ　日	オ　曜日
カ　日	キ　人ずつ

3

(1)　%	(2)
(3)	

4

(1)

5cm　5cm

(2) 外側の正方形の（１辺）×（１辺）×

（注）この解答用紙は実物を縮小してあります。167%拡大コピーをすると、ほぼ実物大の解答欄になります。

〔算　数〕100点(推定配点)

1 各５点×14　2 ア，イ　各２点×2　ウ～オ　２点　カ，キ　各２点×2　3 (1)　３点　(2)　４点　(3)　３点　4 各５点×2

2024年度　湘南白百合学園中学校

国語解答用紙　一教科

番号　　氏名　　評点　/100

一
問一　①　②　③　ろ　④　⑤　ば　⑥　⑦　ぐ　⑧　⑨　⑩
問二　①　②　③
問三
問四　①　②　③　④
問五　(1)　(2)　(3)

二
問一　(1)　(2)
問二
問三
問四
問五
問六
問七
問八
問九　1　2　3　4　5
問十　1　2

三
問一
問二
問三
問四　C　D
問五
問六　E　F
問七
問八
問九
問十　1　2　3　4

(注) この解答用紙は実物を縮小してあります。B5→A3(163%)に拡大コピーすると、ほぼ実物大の解答欄になります。

〔国　語〕100点(推定配点)

一　各2点×21<問3は完答>　二　問1～問8　各2点×9　問9　各1点×5　問10　各3点×2　三　問1～問6　各2点×8　問7～問9　各3点×3　問10　各1点×4

２０２３年度　湘南白百合学園中学校

算数解答用紙　４教科

番号		氏名		評点	／100

1	(1)		(2)			
	(3)	けた目	(4)	人	(5)	毎時　km
2	(1)	大きい部屋　部屋		小さい部屋　部屋		
	(2)	人				
	(3)	小さい部屋　人		欠席者　人		
3	(1)	OA　cm	AB　cm	BC　cm		
	(2)	(グラフ)				
	(3)	秒後				
4	(1)					
	(2)	(式)　cm^2				
	(3)	cm^2				
5	(1)	cm	(2)	x　cm	y　cm	
	(3)		(4)	cm^2		

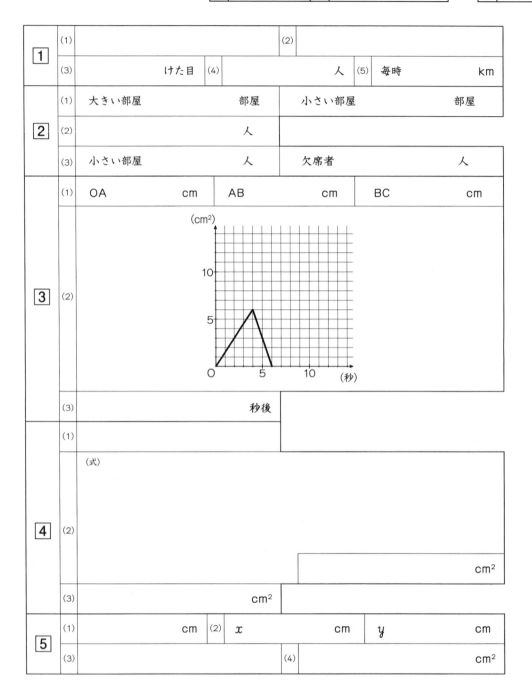

(cm^2)
10
5
0　5　10　(秒)

（注）この解答用紙は実物を縮小してあります。Ｂ５→Ａ３（163％）に拡大コピーすると、ほぼ実物大の解答欄になります。

〔算　数〕100点（推定配点）

1　各４点×５　2～5　各５点×16<2の(1)，(3)，5の(3)は完答>

2023年度　湘南白百合学園中学校

社会解答用紙　4教科

番号		氏名		評点	/100

1

1	①	②	③
2	(1) 県庁所在地：　　市	雨温図：
	(2)	
3		
4	(1)	(2)　　km
5		
6	図中の番号：	施設の名前：
7		
8	(1)	(2)
9		10
11		
12		

2

1	王朝名：　　記号：	2	
3		4	(1)　　(2)
5		6	
7		8	
9		10	カード番号：
11	カード　　とカード　　が同時期	12	

13		
14	「読み札」	(15/25マス)
	「取り札」	(15/25マス)

3

1	a	b　　省
2	(1)	(2) c
3	(1) d	e
	(2)	(3) f
4		
5	制度：	2回目の裁判：
6	(1) 憲法第　　条	
	(2) 文化財：	都道府県名：
	文化財：	都道府県名：

（注）この解答用紙は実物を縮小してあります。182％拡大コピーをすると、ほぼ実物大の解答欄になります。

〔社　会〕100点(推定配点)

1　1～11　各2点×18　12　3点　2　1～13　各2点×15　14　3点　3　各2点×14<6の(2)は各々完答>

２０２３年度　湘南白百合学園中学校

理科解答用紙　４教科

番号		氏名		評点	／100

1
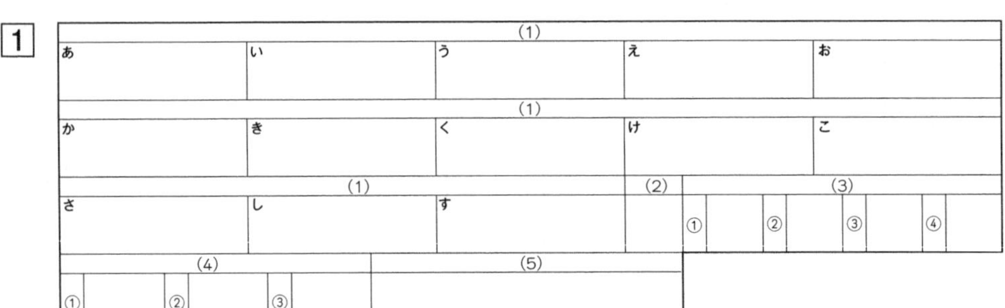

2
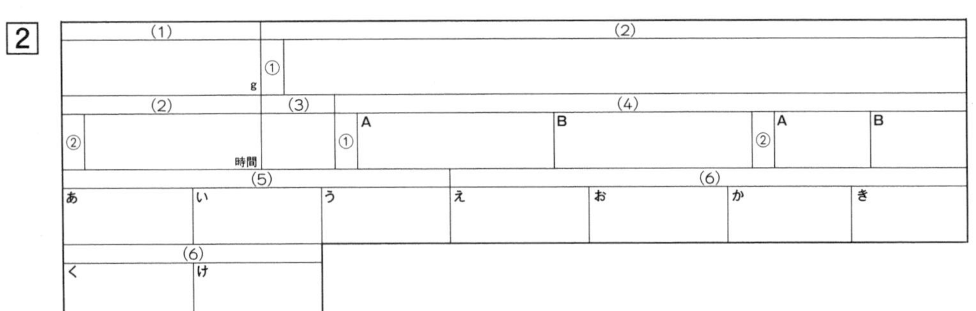

3
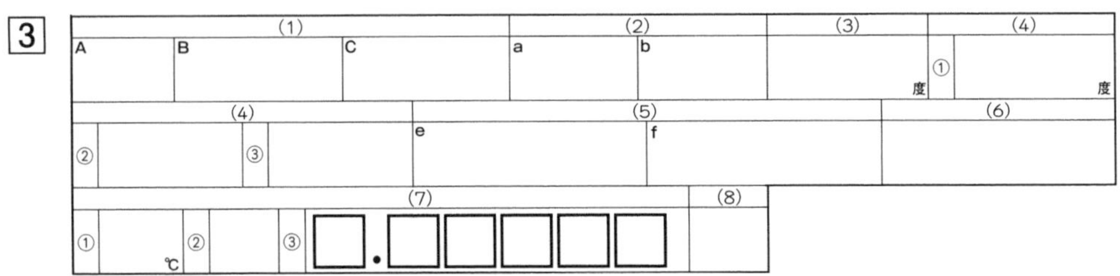

4
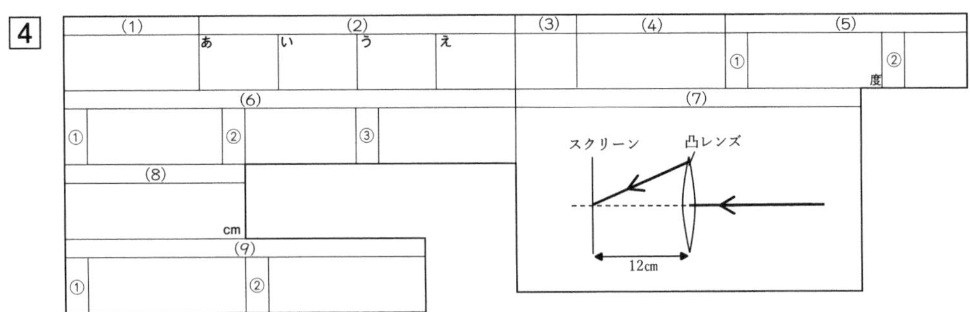

（注）この解答用紙は実物を縮小してあります。Ｂ５→Ａ３（163%）に拡大コピーすると、ほぼ実物大の解答欄になります。

〔理　科〕100点(推定配点)

1　(1)　各１点×13　(2)　２点　(3)　各１点×４　(4)，(5)　各２点×４<(5)は完答>　2　(1)～(3)　各２点×４　(4)，(5)　各１点×７　(6)　え，お　各２点×２　か・き　２点　く，け　各２点×２　3　(1)～(4)　各１点×９　(5)～(8)　各２点×７<(6)は完答>　4　(1)　２点　(2)　各１点×４　(3)～(5)　各２点×４<(4)は完答>　(6)　各１点×３　(7)～(9)　各２点×４<(7)は完答>

二〇二三年度　湘南白百合学園中学校

国語解答用紙　四教科

番号		氏名		評点	/100

一　問一　①　り　②　③　④　⑤　⑥　る　⑦　⑧　⑨　つ　⑩　る

問二　(1)　(2)　(3)　(4)

問三　(1)　(2)

二　問一

問二　20　25

問三　問四　a　b　c　d

問五　①　②

問六　60　70

三　問一　問二

問三　50　60

問四　問五

問六

問七

（注）この解答用紙は実物を縮小してあります。B５→A３（163%）に拡大コピーすると、ほぼ実物大の解答欄になります。

〔国　語〕100点(推定配点)

一　各２点×16　二　問１　４点　問２　６点　問３　４点　問４，問５　各２点×６　問６　９点　三　問１，問２　各４点×２　問３　８点　問４，問５　各４点×２　問６　５点　問７　４点

２０２３年度　湘南白百合学園中学校

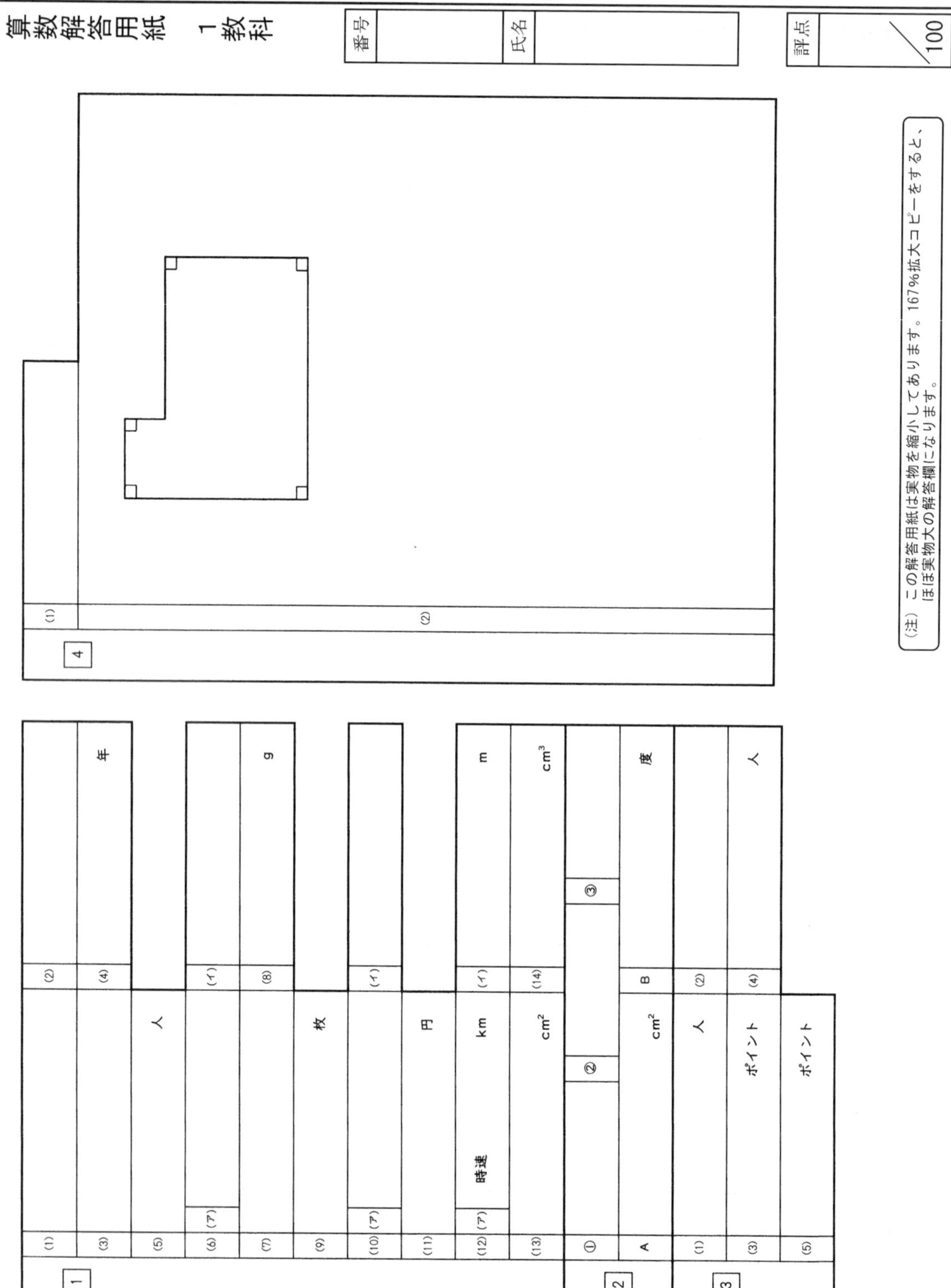

〔算　数〕100点(推定配点)

1　各5点×14＜(6)，(10)，(12)は完答＞　2，3　各2点×10　4　(1)　2点　(2)　図…4点，説明…4点

二〇二三年度　湘南白百合学園中学校

国語解答用紙　一教科

番号　氏名　評点 /100

一
問一 ① ② ③ ④ ⑤む ⑥ ⑦ ⑧ ⑨しい ⑩
問二 (1) (2)
問三
問四 (1) A B C D (2)

二
問一 問二 問三
問四 問五 問六
問七 問八

三
問一 問二 (1) (2)
問三 (1) (2) 問四 1 4
問五 問六 問七
問八 (1) (2)
問九 問十
問十一 ア イ ウ エ オ

(注) この解答用紙は実物を縮小してあります。B5→A3(163%)に拡大コピーすると、ほぼ実物大の解答欄になります。

〔国　語〕100点(推定配点)

一 各2点×18　二 各3点×8　三 問1　3点　問2～問4　各2点×6　問5　3点　問6　2点　問7～問10　各3点×5　問11　各1点×5

２０２２年度　湘南白百合学園中学校

算数解答用紙　４教科　番号　氏名　評点　／100

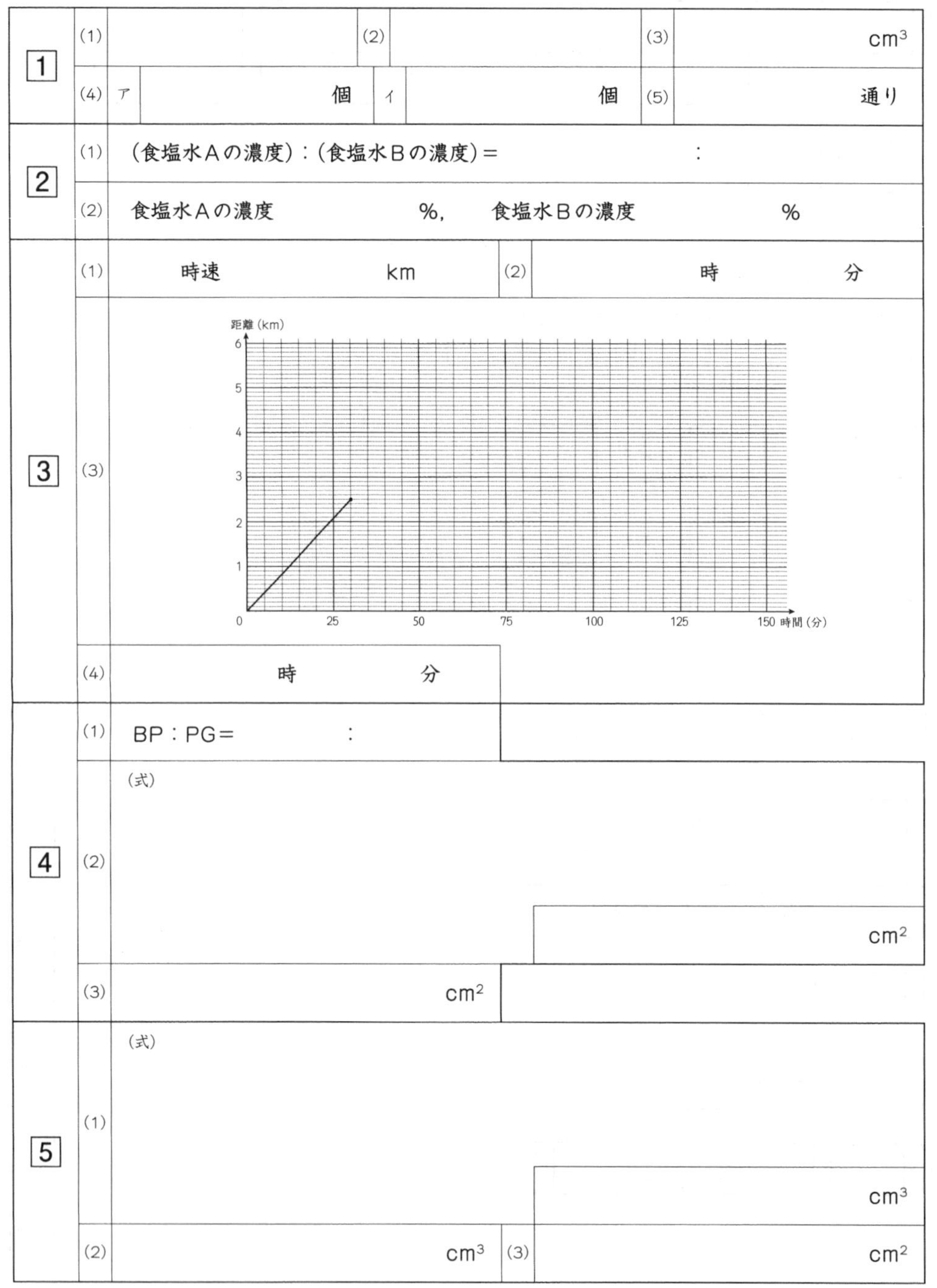

1
(1)
(2)
(3) cm³
(4) ア 個 イ 個
(5) 通り
2
(1) (食塩水Ａの濃度)：(食塩水Ｂの濃度)＝ ：
(2) 食塩水Ａの濃度 %, 食塩水Ｂの濃度 %
3
(1) 時速 km
(2) 時 分
(3)
距離 (km)
6
5
4
3
2
1
0
25
50
75
100
125
150 時間 (分)
(4) 時 分
4
(1) BP：PG＝ ：
(2) (式) cm²
(3) cm²
5
(1) (式) cm³
(2) cm³
(3) cm²

（注）この解答用紙は実物を縮小してあります。Ｂ５→Ａ３(163%)に拡大コピーすると、ほぼ実物大の解答欄になります。

〔算　数〕100点(推定配点)

1, 2　各５点×8<2の(2)は完答>　3～5　各６点×10

2022年度　　湘南白百合学園中学校

社会解答用紙　4教科

番号		氏名	

評点	/100

1
1 日生駅付近：　安和駅付近：　2　3　4　5　6　7　8　9 (1) (2) (3) (4)　10　11

2
1 (1) ・ (2) 魚かい類：　大豆：　2　3　4　5

3
1　2　3　4　2 → → → →　3　4 (1) 都道府県名：　記号：　(2)　5　6　7　8

4
1 1　2　3　4　2　3　4　5　6　7 (1) (2) (3)

5
1 (1) (2) あ　い　う　2 (1) (2)　3　4 (1) (2)　5 (1) (2)　6

（注）この解答用紙は実物を縮小してあります。185%拡大コピーをすると、ほぼ実物大の解答欄になります。

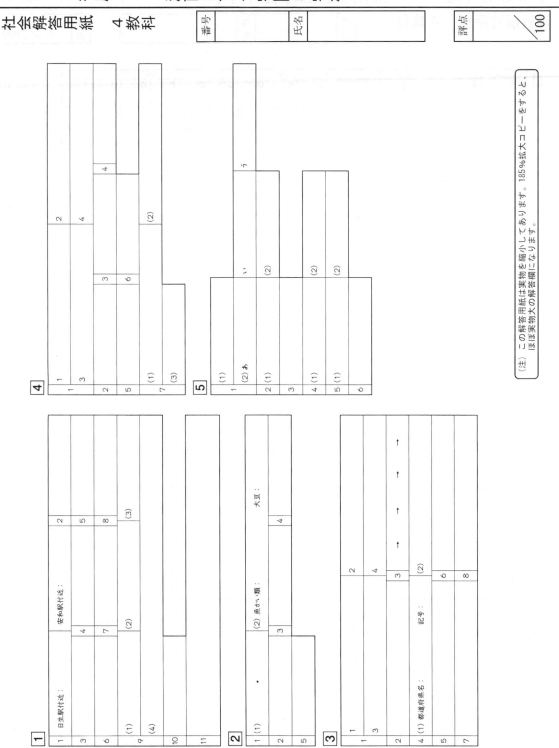

〔社　会〕100点(推定配点)

1　1　各1点×2　2〜11　各2点×13　2　各2点×6<1は各々完答，4は完答>　3　1　各1点×4　2〜8　各2点×8<3，4の(1)，(2)，6，8は完答>　4　1　各1点×4　2〜7　各2点×8<2は完答>　5　1　各1点×4　2〜6　各2点×8<2の(2)，3，4の(1)は完答>

２０２２年度　湘南白百合学園中学校

理科解答用紙　４教科

番号		氏名		評点	／100

1

(1)	(2) あ	(2) い	(3) A	(3) B	(3) C	(4) D	(4) E	(4) F	(4) G	(4) H	(4) I

(5)	(6)	(7)	(8)
	動物	動物	動物

(9) ①	(9) ②		(9) ③	(10)

(11) ①	(11) ②	(11) ③	(12)

2

(1)	(2) ① aの洗剤の濃さ	(2) ① cの洗たくのりの濃さ
	%	%

(2) ②	

(2) ③	(2) ④ 洗剤	(2) ④ 洗たくのり	(2) ④ 水	(3) ① ア	(3) ① イ	(3) ① ウ

(3) ②	(3) ③ 変化	(3) ③ 記号

3

(1) ①	(1) ②	(1) ③	(2) 日食	(2) 月食	(3) ① 東	(3) ① 北	(3) ② 1)	(3) ② 2)

(3) ③ 星座	一等星	星座	一等星

(3) ③ 星座	一等星

(4) X	(4) Y	(4) Z	(5)

(6)

4

(1) X	(1) Y	(2) ①	(2) ②	(2) ③	(2) ④	(2) ⑤	(2) ⑥	(2) ⑦	(3)

(4)	(5) 位置		(5) 位置		(6)	(7)	(8) a	(8) b	(8) c
個		個		個					

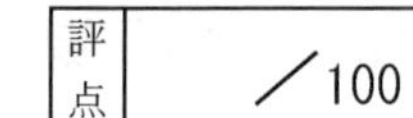

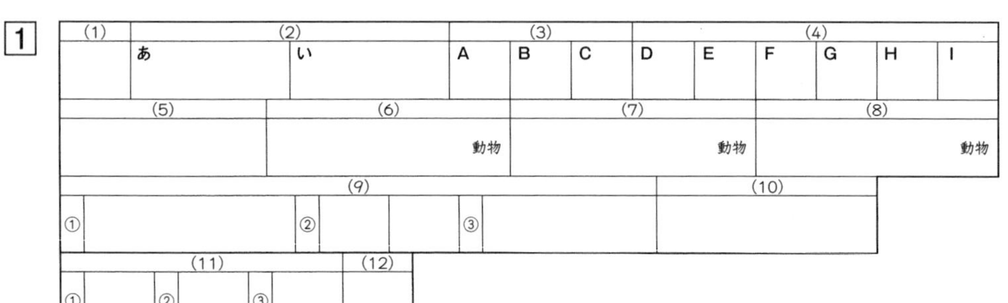

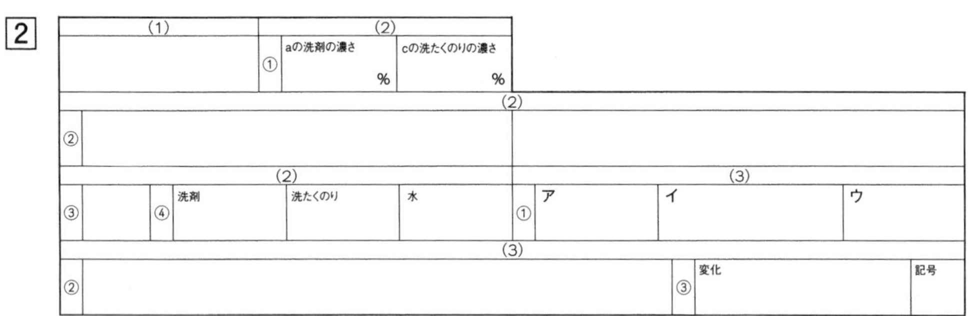

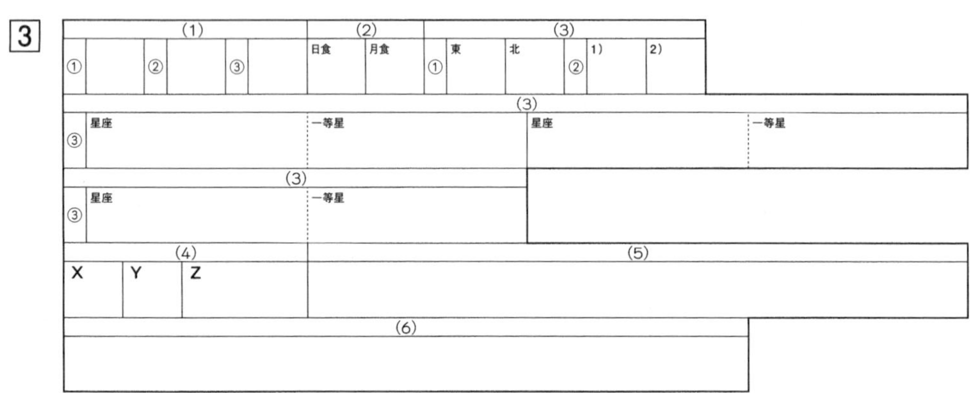

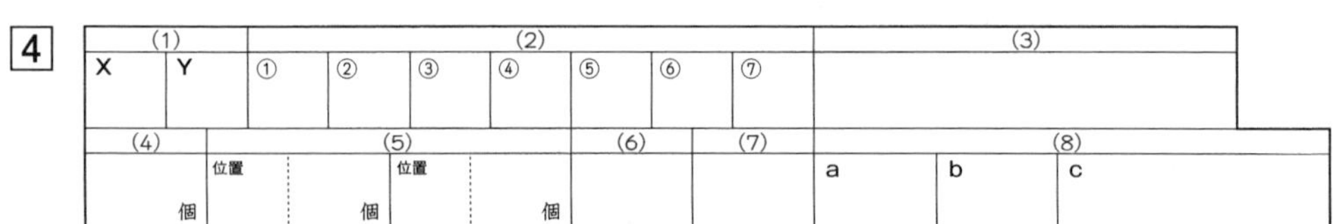

（注）この解答用紙は実物を縮小してあります。Ｂ５→Ａ３（163%）に拡大コピーすると、ほぼ実物大の解答欄になります。

〔理　科〕100点（推定配点）

1　各１点×25＜(5)は完答＞　**2**　(1)　１点＜完答＞　(2)，(3)　各２点×12＜(2)の④は完答＞　**3**　(1)，(2)　各１点×５　(3)　①，②　各１点×４　③　各２点×３＜各々完答＞　(4)～(6)　各２点×５　**4**　(1)，(2)　各１点×９　(3)～(7)　各２点×６＜(5)は各々完答＞　(8)　a・b　２点＜完答＞　c　２点

二〇二二年度　湘南白百合学園中学校

国語解答用紙　四教科

番号　氏名　評点 /100

一 ①　②　い　③　④　に　⑤
⑥　まれ　⑦　⑧　⑨　い　⑩

二 (1) ①　②　(2) ①　②

三 ①　②　③　④

四 →　→　→　→

五 問一 A　B　C　問二　問三
問四
問五 15
問六 60

六 問一　問二　問三
問四 ①　②
問五　問六
問七 100

（注）この解答用紙は実物を縮小してあります。B5→A3（163%）に拡大コピーすると、ほぼ実物大の解答欄になります。

〔国　語〕100点(推定配点)

一～四　各2点×19<四は完答>　五　問1～問4　各3点×6　問5　5点　問6　8点　六　問1～問6　各3点×7　問7　10点

２０２２年度　湘南白百合学園中学校

算数解答用紙　１教科

番号		氏名		評点	/100

4

通り

（注）この解答用紙は実物を縮小してあります。Ｂ５→Ａ３（163%）に拡大コピーすると、ほぼ実物大の解答欄になります。

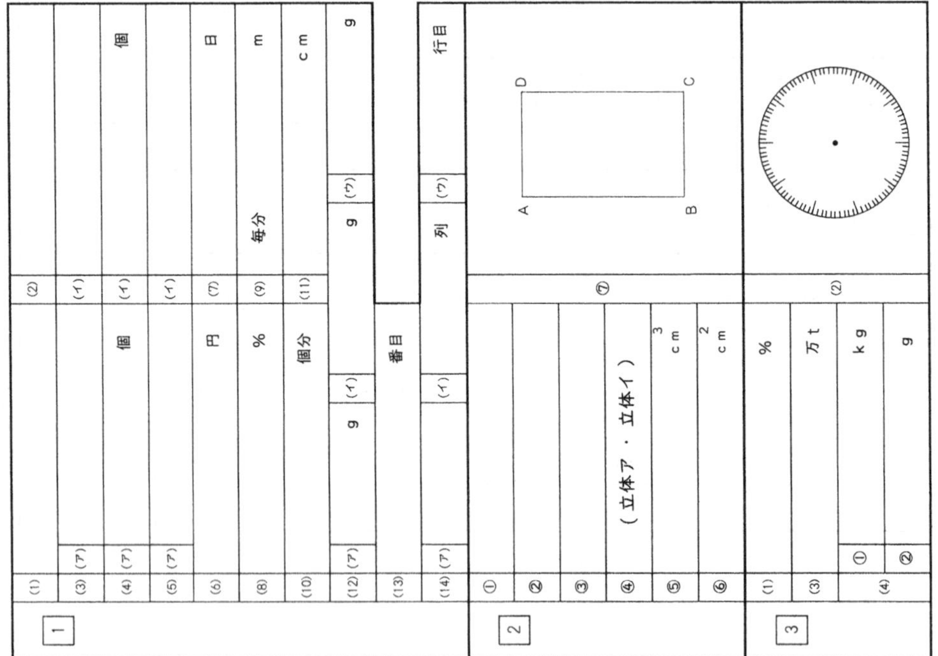

〔算　数〕100点(推定配点)

1　(1)～(11)　各３点×13＜(5)は完答＞　(12)　各２点×３　(13)　３点　(14)　(ア)　３点　(イ)・(ウ)　３点　2, 3　各３点×12　4　10点

二〇二二年度　湘南白百合学園中学校

国語解答用紙　一教科

番号　　氏名　　評点 /100

一

問一　①　②　③　④ な　⑤ く　⑥　⑦　⑧　⑨ ける　⑩

問二　①　②　③　④

問三　（1）A　B　（2）A　B

問四　①　②

問五　1　2

二

問一　問二　問三

問四　始まり　〜　終わり

問五　問六　問七

問八　問九　問十

問十一

三

問一

問二　始まり　〜　終わり

問三　問四　問五

問六　問七

（注）この解答用紙は実物を縮小してあります。B５→A３（163%）に拡大コピーすると、ほぼ実物大の解答欄になります。

〔国　語〕100点（推定配点）

一　各２点×22　二　問１〜問３　各３点×３　問４　４点　問５〜問11　各３点×７　三　問１　３点　問２　４点　問３〜問７　各３点×５

２０２１年度　湘南白百合学園中学校

算数解答用紙　４教科

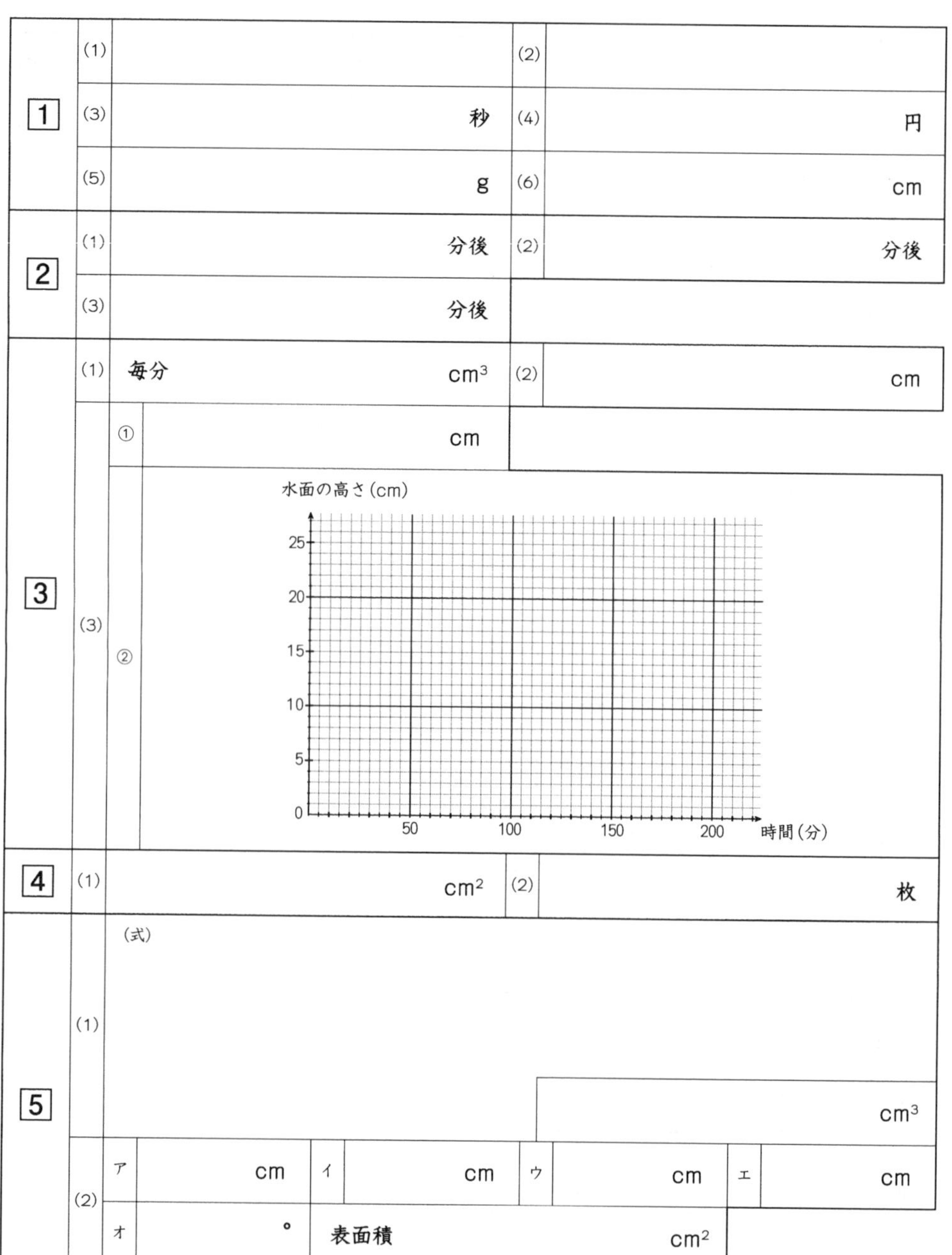

番号
氏名
評点
／100
1
(1)
(2)
(3)
秒
(4)
円
(5)
g
(6)
cm
2
(1)
分後
(2)
分後
(3)
分後
3
(1)
毎分
cm³
(2)
cm
(3)
①
cm
②
水面の高さ(cm)
25
20
15
10
5
0
50
100
150
200
時間(分)
4
(1)
cm²
(2)
枚
5
(1)
(式)
cm³
(2)
ア
cm
イ
cm
ウ
cm
エ
cm
オ
°
表面積
cm²

（注）この解答用紙は実物を縮小してあります。Ｂ５→Ａ３(163%)に拡大コピーすると、ほぼ実物大の解答欄になります。

〔算　数〕100点(推定配点)

1 各５点×６　2 各６点×３　3 (1) ５点　(2)，(3) 各６点×３　4 (1) ５点　(2) ６点　5 (1) ６点　(2) ア～オ ６点<完答>　表面積 ６点

２０２１年度　湘南白百合学園中学校

社会解答用紙　４教科

番号		氏名		評点	/100

（注）この解答用紙は実物を縮小してあります。179%拡大コピーをすると、ほぼ実物大の解答欄になります。

1

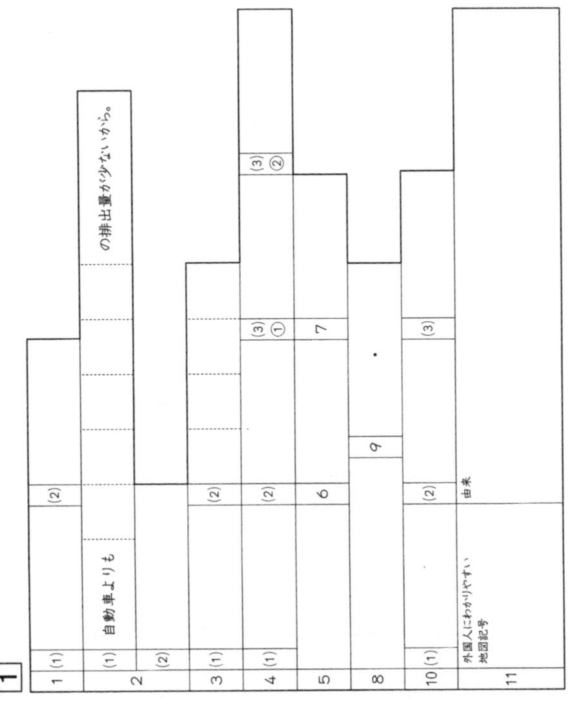

2

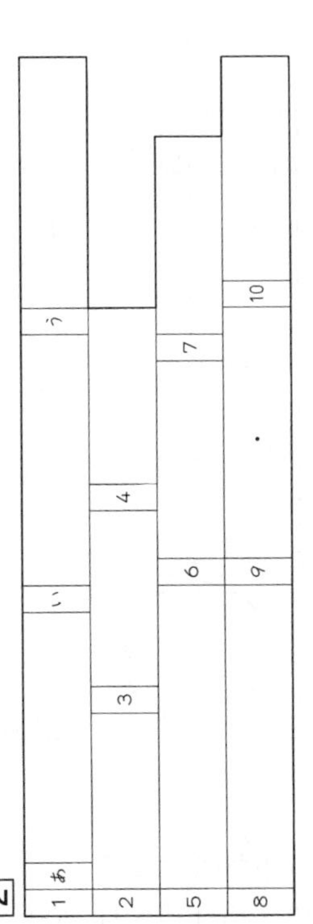

2 -11

11	→	→	12	
13		14		15	→	→	→
16 (1)		(2)	

3

1 あ		い		う	
2		3			
4 (1)		(2)			
5		6 ア		イ		ウ		エ	
7 (1)		(2)			

〔社　会〕100点(推定配点)

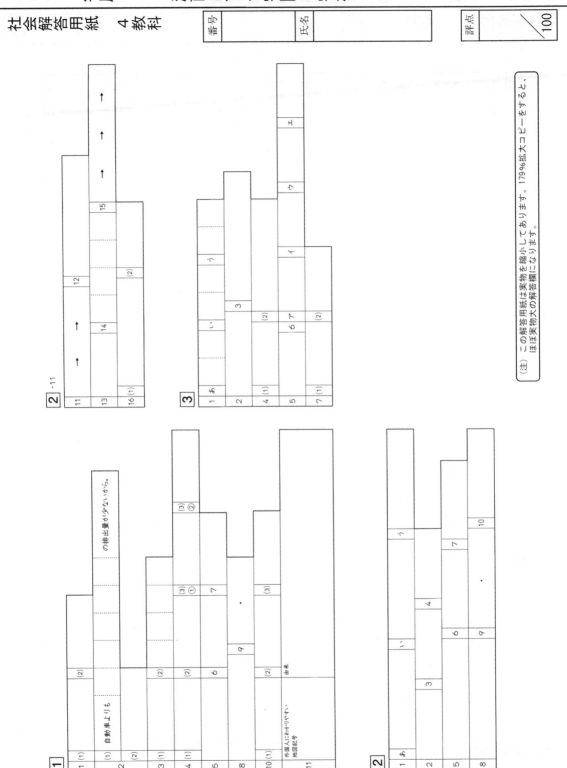

1　各２点×20＜9は各２点×２，11は完答＞　2　各２点×20＜9は各２点×２，11，15は完答＞　3　1～5　各２点×６＜1，2は完答＞　6　各１点×４　7　各２点×２

２０２１年度　湘南白百合学園中学校

理科解答用紙　４教科

番号		氏名	

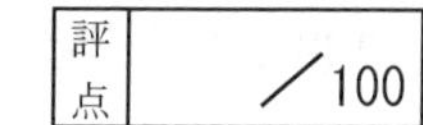

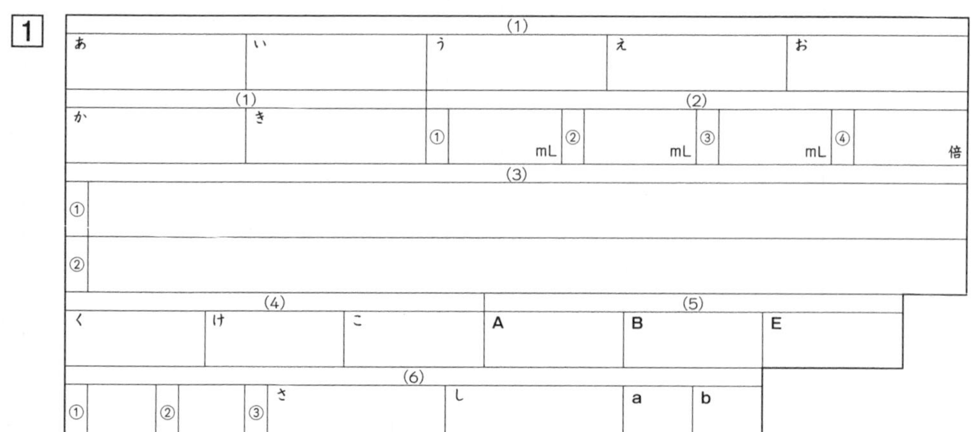

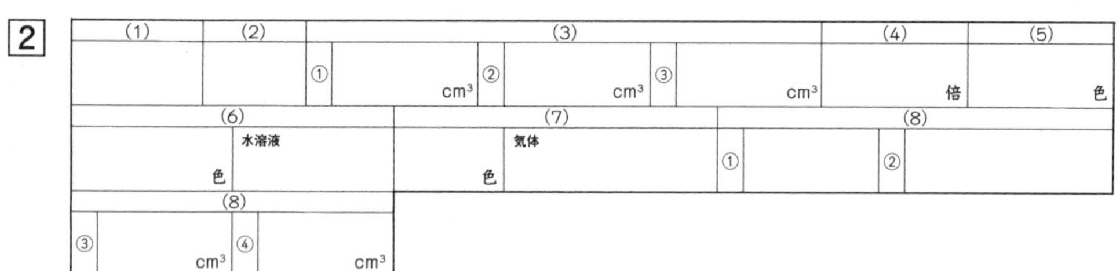

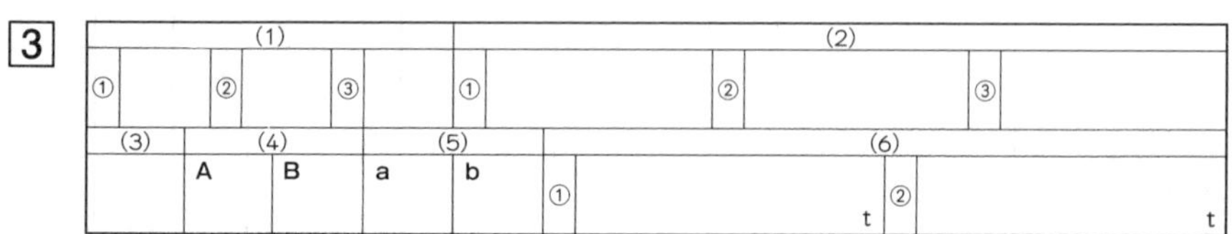

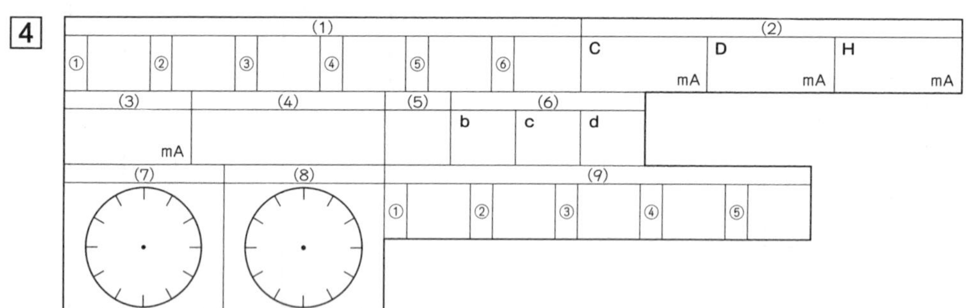

（注）この解答用紙は実物を縮小してあります。Ｂ５→Ａ３（163％）に拡大コピーすると、ほぼ実物大の解答欄になります。

〔理　科〕100点(推定配点)

1　(1)，(2)　各１点×11　(3)　①　１点　②　２点　(4)，(5)　各１点×６　(6)　①，②　各１点×２　③　各２点×４　2　(1)～(3)　各１点×５　(4)～(8)　各２点×10＜(6)の水溶液は完答＞　3　(1)　各１点×３　(2)　各２点×３　(3)　１点　(4)　各２点×２　(5)　各１点×２　(6)　各２点×２　4　(1)　各１点×６　(2)　各２点×３　(3)～(9)　各１点×13＜(4)は完答＞

二〇二二年度　湘南白百合学園中学校

国語解答用紙　四教科

番号　氏名　評点 /100

一　①　②　③　④　⑤ う　⑥　⑦　⑧　⑨　⑩

二　問一 ① ②　問二 ① ②

三　問一　問二 2 3

四　問一 の花
問二 (1)
(2) 60
問三　問四 A B C
問五 60
問六

五　問一 A B
問二 20
問三　問四 C D
問五 70

（注）この解答用紙は実物を縮小してあります。B５→A３（163%）に拡大コピーすると、ほぼ実物大の解答欄になります。

〔国　語〕100点(推定配点)

一～三　各２点×17　四　問１　２点　問２　(1)　３点　(2)　７点　問３　５点　問４　各１点×３　問５　７点　問６　５点　五　問１　各２点×２　問２～問４　各５点×４　問５　10点

２０２１年度　湘南白百合学園中学校　算数１教科

算数解答用紙

番号		氏名		評点	/100

（注）この解答用紙は実物を縮小してあります。182％拡大コピーをすると、ほぼ実物大の解答欄になります。

4

(1)

(2)

1

(1)　(2)　(3)　(4)　(5) ①② (6)　(7)　(8) ①② (9) ①② (10)　(11) ①②③ (12)　(13)　(14)

2

①　②　③　④　⑤

3

(1)　人　(2)　点　(3)　点　(4)

〔算　数〕100点(推定配点)

1　各５点×14＜(5)，(8)，(9)，(11)は完答＞　2　各２点×５　3　(1)，(2)　各２点×２　(3)，(4)　各３点×２　4　各５点×２＜(1)は完答＞

２０２０年度　湘南白百合学園中学校

算数解答用紙　４教科

番号		氏名		評点	／100

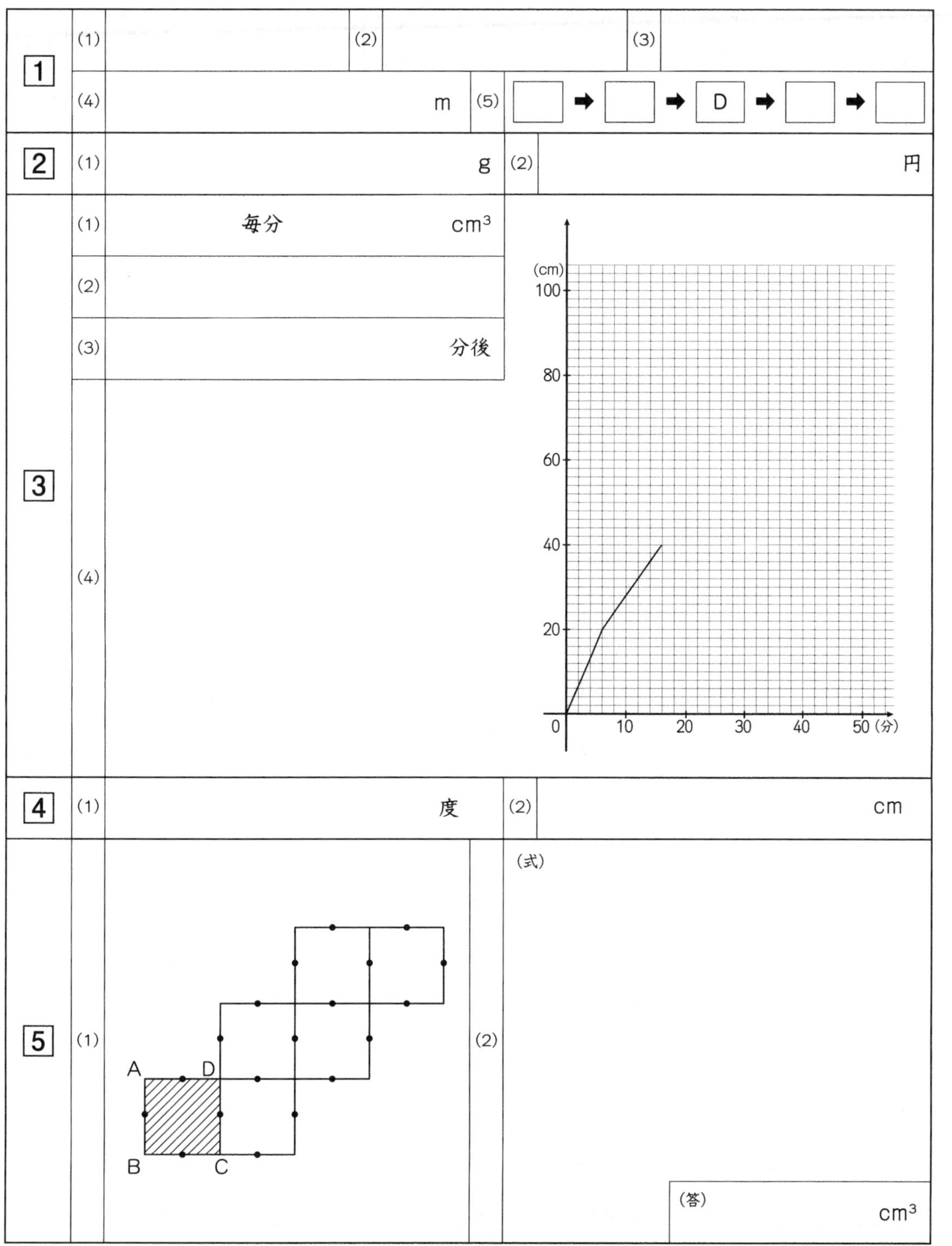

(注) この解答用紙は実物を縮小してあります。Ａ３用紙に145%拡大コピーすると、ほぼ実物大で使用できます。(タイトルと配点表は含みません)

〔算　数〕100点(推定配点)

1 各６点×5＜(5)は完答＞　2～5 各７点×10

２０２０年度　湘南白百合学園中学校

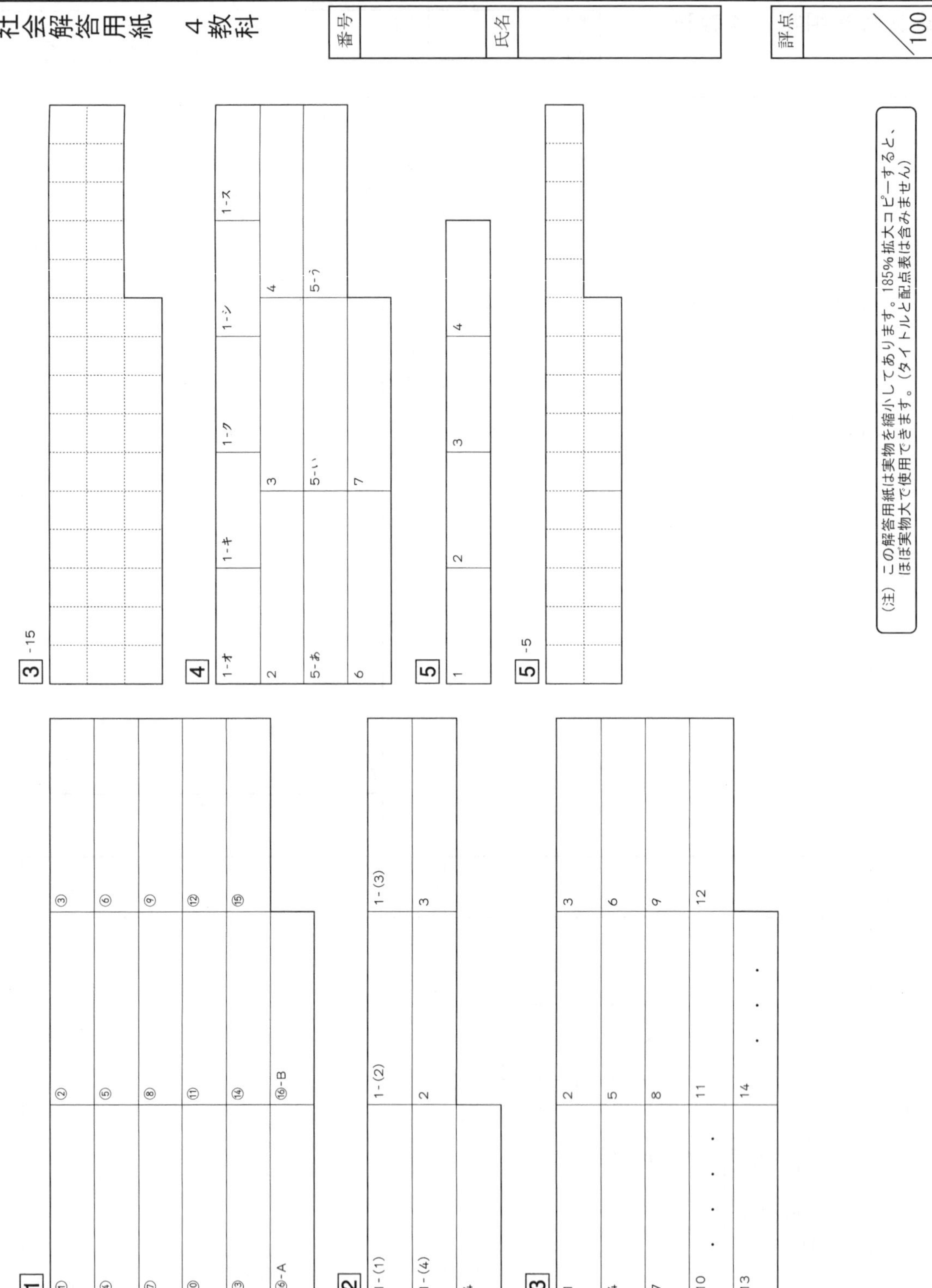

〔社　会〕100点(推定配点)

1　①～⑮　各２点×15＜⑬は完答＞　⑯　各１点×２　2　各２点×７　3　1～14　各２点×14＜2，5，10，11，14は完答＞　15　３点　4　各１点×13＜2は完答＞　5　各２点×５

２０２０年度　湘南白百合学園中学校

理科解答用紙　４教科

番号		氏名	

評点	／100

1

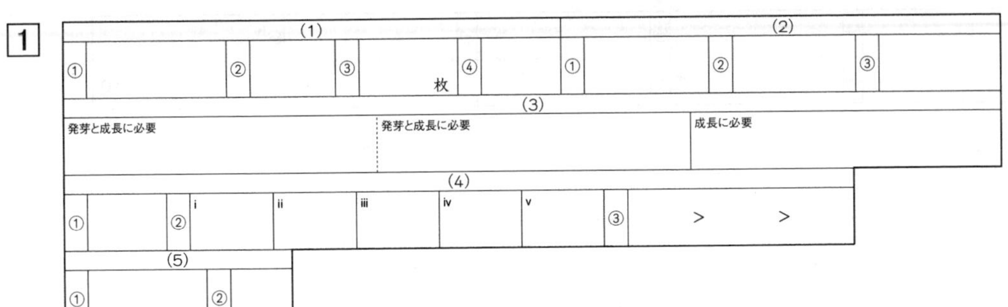

(1) ①　②　③　枚　④

(2) ①　②　③

(3) 発芽と成長に必要　発芽と成長に必要　成長に必要

(4) ①　② i　ii　iii　iv　v　③　＞　＞

(5) ①　cm　②

2

(1)　(2)　(3)

(4) a　b　c

(5)

(6) ①　②　③

(7)

(8) ①　g　②　g

(9) ①　g　②　g/cm³　③

3

(1) a　b　c

(2) ① 名前　説明　② 名前　説明　③ 名前　説明

(3) ①　g　②　%

(4)

(5) 角板　樹枝状

4

(1) ①　②　③　④　⑤　⑥

(2)　cm

(3) ①　②　③　④　⑤

(4)

(5)　秒

(6) 秒速　m

(7) 秒速　m

(8)

(9)

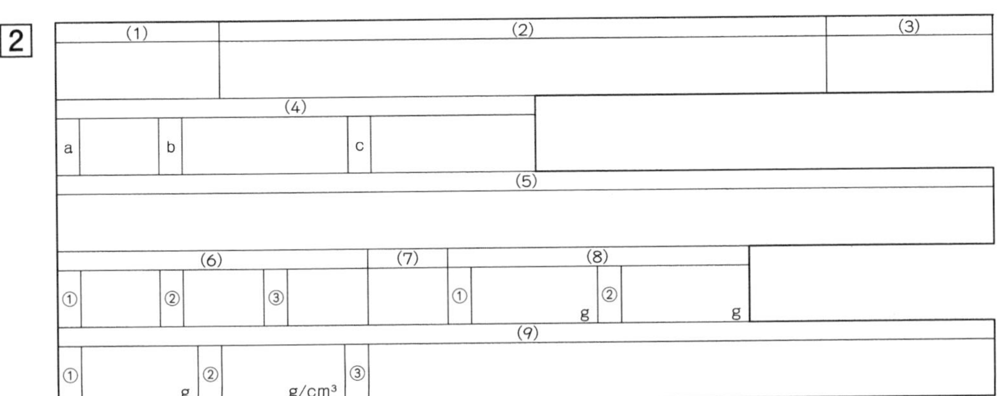

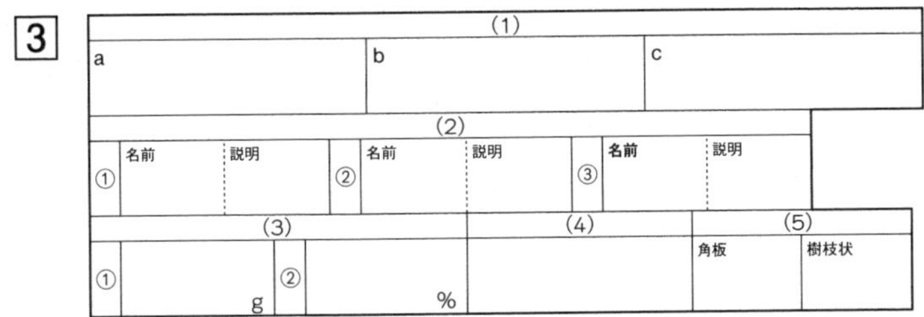

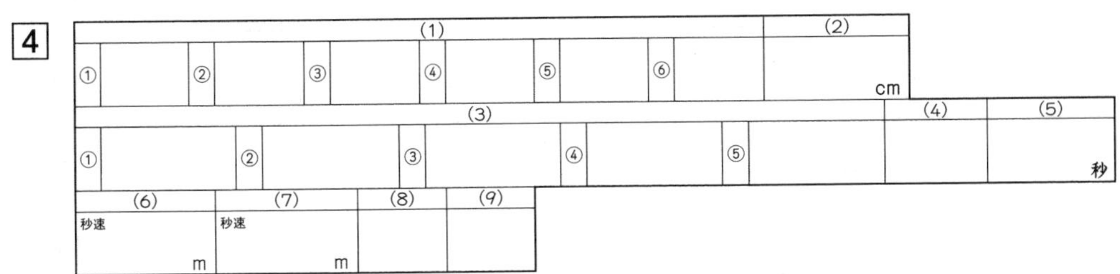

（注）この解答用紙は実物を縮小してあります。Ａ３用紙に159％拡大コピーすると、ほぼ実物大で使用できます。（タイトルと配点表は含みません）

〔理　科〕100点(推定配点)

1 (1)　①　２点　②～④　各１点×３　(2)，(3)　各１点×６＜(2)は各々完答＞　(4)　①　２点　②　各１点×５　③　２点＜完答＞　(5)　各２点×２　**2** (1)～(5)　各２点×７　(6)　各１点×３　(7)～(9)　各２点×６　**3** 各２点×11＜(2)は各々完答＞　**4** (1)　各１点×６　(2)　２点　(3)　各１点×５　(4)～(9)　各２点×６

二〇二〇年度　湘南白百合学園中学校

国語解答用紙　四教科

番号　氏名　評点 /100

一 ①　②　③　④　⑤　⑥　⑦ な　⑧　⑨　⑩ いる

二 問一 ①　②
問二 ①　②　③

三 問一　問二 初め 〜 終わり
問三　問四
問五 航は　　80
一方父さんは　　80
問六　問七 ①　②　③　④　⑤

四 問一 初め 〜 終わり　問二
問三
問四　問五
問六　　100

（注）この解答用紙は実物を縮小してあります。Ａ３用紙に161％拡大コピーすると、ほぼ実物大で使用できます。（タイトルと配点表は含みません）

〔国　語〕100点(推定配点)

一，二　各２点×15　三　問１〜問４　各３点×４　問５　各８点×２　問６　３点　問７　各１点×５　四　問１，問２　各４点×２　問３　８点　問４，問５　各４点×２　問６　10点

2020年度 湘南白百合学園中学校 算数1教科

算数解答用紙

番号		氏名		評点	/100

1

(1)		(2)	
(3)		(4)	
(5)	分　秒	(6)	g
(7)	円	(8)	
(9)		(10)	時　分
(11)	(ア)　枚（イ）　番目	(12)	cm
(13)	cm	(14)	cm^2

2

(1)	ア	°F	イ	°F	ウ	°F
	エ		オ		カ	
	キ	°F				
(2)	°C					

3

(1)

得点(点)	人数(人)
0以上20未満	
20 ～ 40	
40 ～ 60	
60 ～ 80	
80 ～ 100	
計	45

(2)

(3) %

4

(注) この解答用紙は実物を縮小してあります。A３用紙に154%拡大コピーすると、ほぼ実物大で使用できます。(タイトルと配点表は含みません)

〔算　数〕100点(推定配点)

1, 2　各３点×23<1の(11)は各３点×2>　3　各６点×3<(1)は完答>　4　13点

２０１９年度　湘南白百合学園中学校

算数解答用紙

番号		氏名		評点	／100

1	(1)		(2)		
	(3)	白の石　　個　黒の石　　個	白の石：黒の石＝　：		
	(4)	円	(5)	(ア)　通り	(イ)　通り
2	(1)	①	②　cm		
	(2)	cm			
3	(1)	毎秒　cm	(2)	cm	
	(3)	(cm²)　36　O　5　10　(秒)			
	(4)		(5)		
4	(1)	①　度	②　cm²		
	(2)	①　FM：BM＝　：	②　cm²		
5	(1)	(式)　(答)　cm²			
	(2)	cm³			

(注) この解答用紙は実物を縮小してあります。Ａ３用紙に152%拡大コピーすると、ほぼ実物大で使用できます。(タイトルと配点表は含みません)

〔算　数〕100点(推定配点)

1, 2　各５点×10　3　各４点×5＜(4), (5)は完答＞　4, 5　各５点×６

２０１９年度　湘南白百合学園中学校

社会解答用紙

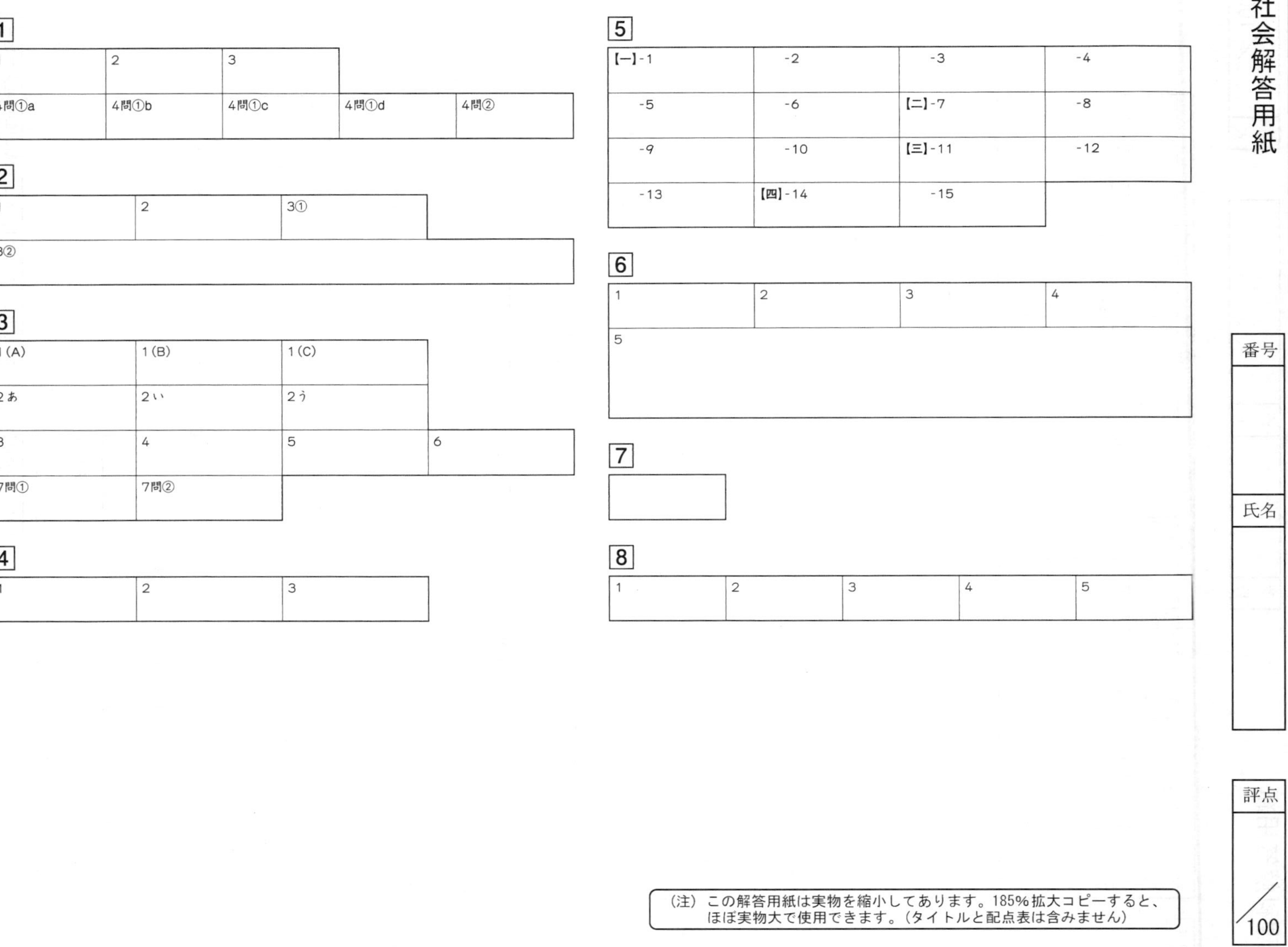

〔社　会〕100点(推定配点)

1　各１点×8＜4 の問②は完答＞　2　1，2　各２点×2　3　①　２点　②　３点　3～5　各２点×30 ＜3の７の問②，5の３，９，10，13，14は完答＞　6　1～4　各２点×4　5　３点　7，8　各２点×6

２０１９年度　湘南白百合学園中学校

理科解答用紙

番号		氏名		評点	／100

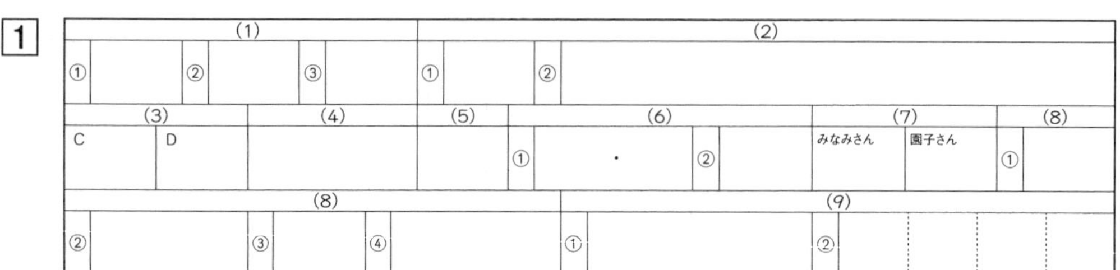

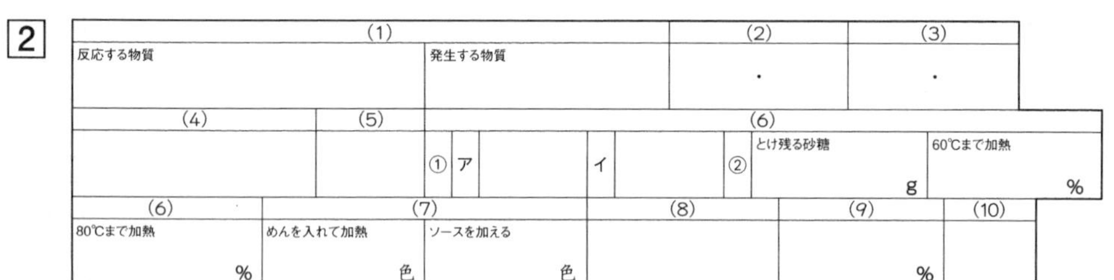

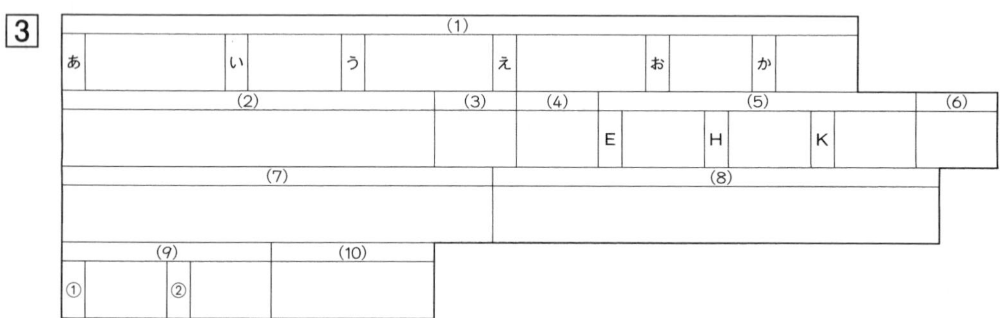

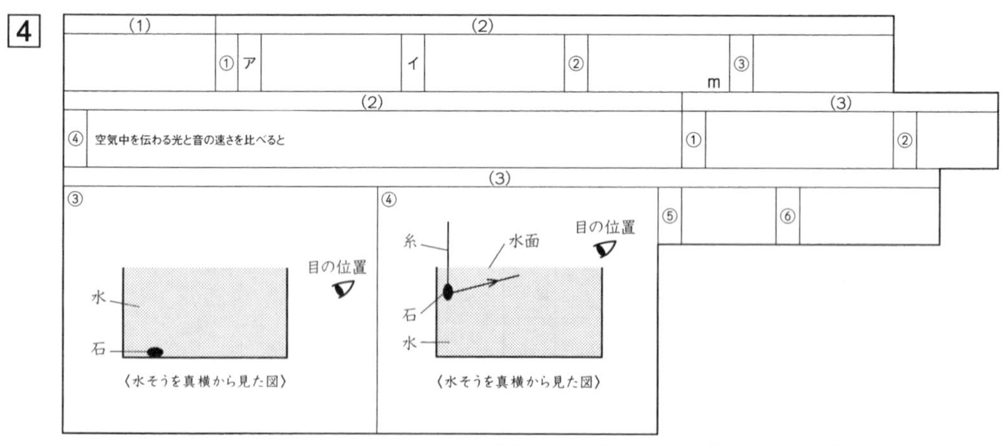

(注) この解答用紙は実物を縮小してあります。Ａ３用紙に159%拡大コピーすると、ほぼ実物大で使用できます。(タイトルと配点表は含みません)

〔理　科〕100点(推定配点)

1 (1) 各１点×３ (2) ① １点 ② ２点 (3)～(7) 各１点×８＜(6)の①は完答＞ (8), (9) 各２点×６ 2 (1)～(5) 各１点×６＜(2), (3)は完答＞ (6)～(10) 各２点×10 3 (1)～(5) 各１点×12 (6)～(10) 各２点×６＜(10)は完答＞ 4 各２点×12＜(1), (3)の⑥は完答＞

二〇一九年度　湘南白百合学園中学校

国語解答用紙

番号　氏名　評点　/100

一
①　②　③　う　④　⑤　れる
⑥　れる　⑦　⑧　⑨　⑩

二
問一　①　→　→　→　②　→　→　→
問二　①　②　③　④
問三　①　②　③　④

三
問一　問二　問三
問四　a　b　c　d　e
問五　80　100

四
問一　A　B　問二　C　D
問三　20
問四　10
問五　70
問六　1　2　3　4

（注）この解答用紙は実物を縮小してあります。A３用紙に161%拡大コピーすると、ほぼ実物大で使用できます。（タイトルと配点表は含みません）

〔国　語〕100点(推定配点)

一，二　各２点×20＜二の問１は各々完答＞　三　問１～問３　各３点×３　問４　各１点×５　問５　９点　四　問１，問２　各３点×４　問３　５点　問４　４点　問５　８点　問６　各２点×４

２０１８年度　湘南白百合学園中学校

算数解答用紙

番号		氏名		評点	／100

<table>
<tr><td rowspan="2">1</td><td>(1)</td><td></td><td>(2)</td><td></td><td>(3)</td><td>倍</td></tr>
<tr><td>(4)</td><td>g</td><td>(5)</td><td>%</td><td></td><td></td></tr>
<tr><td rowspan="2">2</td><td>(1)</td><td>円</td><td>(2)</td><td colspan="3">個</td></tr>
<tr><td>(3)</td><td>円</td><td colspan="4"></td></tr>
<tr><td rowspan="4">3</td><td>(1)</td><td>分後</td><td colspan="4"></td></tr>
<tr><td>(2)</td><td>A君　毎分　m</td><td colspan="4">Bさん　毎分　m</td></tr>
<tr><td>(3)</td><td>m</td><td colspan="4"></td></tr>
<tr><td>(4)</td><td colspan="5">距離(m)　1200　800　400　0　10　20　30　時間(分)</td></tr>
<tr><td rowspan="2">4</td><td>(1)</td><td colspan="5">(式)
(答え)　cm</td></tr>
<tr><td>(2)</td><td>①　cm²</td><td colspan="4">②　cm²</td></tr>
<tr><td rowspan="2">5</td><td>(1)</td><td>cm²</td><td>(2)</td><td colspan="3">cm²</td></tr>
<tr><td>(3)</td><td>cm³</td><td colspan="4"></td></tr>
</table>

(注) この解答用紙は実物を縮小してあります。Ａ３用紙に152%拡大コピーすると、ほぼ実物大で使用できます。(タイトルと配点表は含みません)

〔算　数〕100点(推定配点)

1, 2 各５点×８　3 (1) ６点 (2) 各３点×２ (3), (4) 各６点×２　4, 5 各６点×６

2018年度　湘南白百合学園中学校

社会解答用紙

番号　　氏名　　評点 ／100

1

1−A	1−B	1−C
1−D	1−E	
2−あ	2−い	

3−Ⅰ	3−Ⅱ	3−Ⅲ	3−Ⅳ	3−Ⅴ

4	5	6
7	8	9
10	11	

2

1−A	1−C	1−E
2−F	2−G	3
4	5	6
7		

8−ア　名称	番号	8−イ　名称	番号

3

記号−【　　】

理由

4

1	2	3
4−③	4−④	5
6	7	8
9		
10		

5

問1	問2−ア	問2−イ
問2−ウ	問2−エ	問2−オ
問3		

6

問1	問2	問3

7

1	2	3	4	5

〔社　会〕100点(推定配点)

1　各1点×20　2　各2点×12<8は各々完答>　3　記号…1点，理由…3点　4〜7　各2点×26 <5の問1，問3，6の問2は完答>

2018年度　湘南白百合学園中学校

理科解答用紙

番号　　氏名　　評点 ／100

1

(1) A　B　C　D　E　F　G　H　I

(1) J　K　L　(2)

(3) ①　②　⑤　⑦

(3) ⑩　(4) 魚類　両生類　は虫類　鳥類　ほ乳類

(5) 魚類　両生類　は虫類　鳥類　ほ乳類

(6) 可能になったこと　可能にした特徴

2

(1) X　Y　(2) あ　い　う　(3)

(4)　(5) ① cm^3　② cm^3　③ cm^3

(6) A　B　(7) 銅：酸素 ＝ ：　(8) 秒後　g

3

(1)　(2)　(3)　(4)　(5)　(6) → →

(7) → →　(8) 秒間　(9) km/秒　(10) 時 分 秒　(11) 時 分 秒

4

(1) g　(2) cm　(3) 図2 cm　図3 cm　図4 cm

(4) おもりの重さ g　ばねの長さ cm　(5) おもりの重さ g　ばねBの長さ cm　(6) cm　(7) cm

〔理　科〕100点(推定配点)

1　各1点×30<(3)，(5)は各々完答>　2〜4　各2点×35<3の(2)，(6)，(7)，4の(4)，(5)は完答>

二〇一八年度　湘南白百合学園中学校

国語解答用紙

番号　氏名　評点 /100

一　1 め　2　3　4　5
6 れ　7　8　9 した　10

二　1　2

三　1　2　3

四　1 ア　イ　2 ア　イ

五　1　2　3

六　問一　問二　問三
問四 はじめ 〜 終わり
問五 80
問六
問七

七　問一 15 30
問二 30
問三　問四
問五 80 120

(注) この解答用紙は実物を縮小してあります。A3用紙に154%拡大コピーすると、ほぼ実物大で使用できます。(タイトルと配点表は含みません)

〔国　語〕100点(推定配点)

一〜五　各2点×22　六　問1〜問4　各3点×4　問5　7点　問6　3点　問7　7点　七　問1　4点　問2　5点　問3, 問4　各3点×3　問5　9点

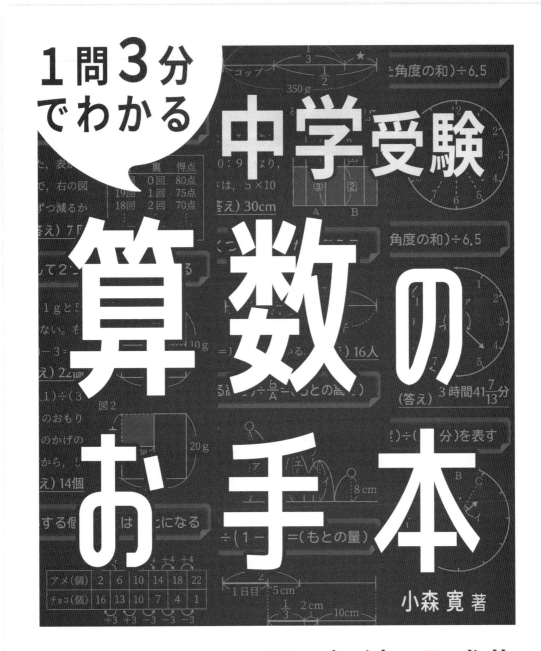